U0916074

珍藏本

纪念版

汉译世界学术名著丛书

美学史

〔英〕鲍桑葵 著

李步楼 译

2017年·北京

Bernard Bosanquet
A HISTORY OF AESTHETIC
London: Swan Sonnenschein & Co. 1904

根据伦敦斯万·索南沙因出版公司1904年英文版译出

汉译世界学术名著丛书
（120年纪念版·珍藏本）
出 版 说 明

2017年2月11日，商务印书馆迎来120岁的生日。120年前，商务印书馆前贤怀揣文化救国的理想，抱持“昌明教育，开启民智”的使命，立足本土，放眼寰宇，以出版为津梁，沟通中西，为中国、为世界提供最富智慧的思想文化成果。无论世事白云苍狗，潮流左右激荡，甚至战火硝烟弥漫，始终践行学术报国之志，无改初心。

迻译世界各国学术名著，即其一端。早在20世纪初年便出版《原富》《天演论》等影响至今的代表性著作，1950年代后更致力于外国哲学和社会科学经典的译介，及至1980年代，辑为“汉译世界学术名著丛书”，汇涓为流，蔚为大观。丛书自1981年开始出版，历时三十余年，迄今已推出七百种，是我国现代出版史上规模最大、最为重要的学术翻译工程。

丛书所选之书，立场观点不囿于一派，学科领域不限于一门，皆为文明开启以来，各时代、各国家、各民族的思想与文化精粹，代表着人类已经到达过的精神境界。丛书系统译介世界学术经典，引领时代思想，为本土原创学术的发展提供丰富的文化滋养，为推动中国现代学术和现代化进程做出了突出的贡献。

为纪念商务印书馆成立120周年，我们整体推出“汉译世界学术名著丛书”120年纪念版的珍藏本，寄望既利于文化积累，又便于研读查考，同时向长期支持丛书出版的译者、编者和读者致以敬意。

两甲子后的今天，商务印书馆又站在了一个新的历史时间节点上。我们不仅要铭记先辈的身影和足迹，更须让我们的步伐充满新的时代精神。这是商务人代代相传的事业，更是与国家和民族的命运始终紧密相连的事业。我们责无旁贷，必须做好我们这代人的传承与创造，让我们的努力和成果不仅凝聚成民族文化的记忆，还能成为后来人可以接续的事业。唯此，才能不负前贤，无愧来者。

商务印书馆编辑部

2017年10月

前　　言 xi

美学理论是哲学的一个分支，它是作为知识而不是作为对实践的指导而存在的。因此，本书主要是奉献给那些人，他们对有关人类生活体系中美的地位和价值问题有一种哲学的爱好。而这个问题正是那些了解世界历史发展不同时期的杰出思想家们所关注的。很重要的一点，就是坚定地认为，美学哲学家并没有以一种审美工具(*apparatus belli*)的批判原则和规则不适当地侵入艺术家的领域。这种意见给美学带来很多不好的名声，但如果这种意见是正确的，那也是完全应得的。有人说，艺术是无用的，在同样的意义上，美学也完全应当是无用的。总之，美学理论家想要了解艺术家，不是为了干预他们的领域，而是为了满足他自己的智识的兴趣。

1

但是，除了专门的哲学的研究者以外，还有大量日益增多的读者公众，他们真正被任何清楚的相互联系的哲学科学的论述所吸引，这些问题深深地打动他们，不管是逻辑学、伦理学、社会学，还是宗教理论，这些读者是通过他们已经关注的问题接近哲学的，而不只是由于它是哲学的组成部分而接近这些特殊问题的。我承认怀有一种希望，尽管这本书没有更高明的著作家可能会给予这些主题的那种魅力，但是许多聪明的爱美之人会乐于通过这本书，了解那些伟大人物对精神世界的这个重要成分的各种思想。

然而，我认为我的任务在于写美学史而不是写美学家的历史。我没有太多地注意历史的公正要求，我虽确信没有漏掉一个一流
xii 的著作家，但也不敢冒昧地说书中包括的所有著作家都比任何一个没有包括进去的著作家更为重要。我首先考虑的是，为了展示观念的由来以及它们最完全的形式，应进行怎样必要的和方便的安排，而对个人地位和作家的贡献，则放在第二位加以论述。

还有，在第一章就要指出，我不能认为，我的主题只是作为一种思辨的理论说明来处理的，任何一部分哲学史都不可能以这种方式作出适当的处理，美学史则更不能这样处理。因而，我的目的是把哲学意见只是作为审美意识和美感的清楚明晰的形式展示出来，而审美意识和美感本身则是由深深地包含在各个时代生活中的各种条件所决定的。事实上，我希望尽可能写出一部审美意识的历史。

许多读者可能会埋怨说，这本书几乎完全没有直接涉及东方的艺术，无论是古代世界的东方艺术，还是近代中国和日本的艺术。对于这种省略有几种相关的理由。即使我能够胜任这个任务，也不能要求我去论述这种就我所知还没有达到纯化为思辨理论的程度的审美意识。而且，我也必须对我的主题以某种确定的方式加以限制，除掉一切对欧洲艺术意识继续发展没有关系的东西。就早期希腊的发展以及后来拜占庭的发展受到东方艺术的影响来说，涉及这一点的内容隐含在黑格尔和莫里斯对这两个时期的论述中。最后，尽管在这里我实际上接触到一个超出我的职责范围的问题，这种省略并非没有正面的根据。莫里斯先生指出的中国和日本的艺术中的非构造性特征必定与这种脱离进步有着根

本的联系(第 615 页)。因此,我并不否定这种艺术的美,但我认为它与欧洲人的美感相差甚远,而且也不能很好地与欧洲人的美感形成同样互相联系的历史。如果有一位高手能够按照美学理论来研究这种艺术,那将会对近代思辨大有帮助。

至于我对权威论著的运用,由于我觉得把作者对权威著作的阅读过程公之于世常常不是谦虚的表现而更多的是一种自我炫耀,所以我感到必须在这方面提醒读者,我的著作各个部分所依据的材料是不相同的。在普罗提诺和但丁之间的中古时期,以及在更低的程度上,在亚里士多德到普罗提诺的希腊时期,我的知识大 xiii
部分都不是第一手的,是一种航海发现而不是在我所熟悉的土地上的旅行。对于这两个时期,我不可能遵照学者的黄金法则——决不引用一本自己没有从头到尾仔细阅读过的书。我引用了许多参考书中的材料,尽管通常我对这些材料都进行了仔细的求证,并且力求弄清它的背景,但我对作者地位的评述通常总是建立在权威论述的基础上,在许多情况下,埃德曼的《哲学史》和他在《大英百科全书》中写的条目都是我获取信息的来源。特别是对于托马斯·阿奎那,我根本没有任何关于他的原始资料。全部引述都是由吉尔达博士非常热心地提供给我的,这些材料显得非常重要,决不能忽略不用,他的权威性保证了我能够断定,在这些段落中,形成一个判断的主要材料已经有了。我希望,不要把这看成是他同意我对圣托马斯美学观点的评论。

我认为,中古时期艺术和美学见解发展中有几个比较明显之点,只要一提到它们,就会对我的读者有极大的启示,如果因为我没有研究过原始资料,只能从亚当森教授、塞思教授、米德尔顿教

授、莫里斯先生和佩特先生等著作家那里引证这些材料，而对这些点忽略不提，那是非常愚蠢的。当然，应当允许某种分工，但对依靠分工这个事实总要有所了解。

我首先要感谢 A. C. 布拉德雷教授的帮助，他不仅给我提供了一份最重要的书目，而且还从他的藏书中借给我许多难以找到的著作。我还要最诚挚地感谢 J. D. 罗杰斯先生允许我在一份附录中收进了他对某些音乐表达方式的实例进行的分析——我想，他提供了这种分析的典范——我还要最诚挚地感谢吉尔达博士提供
xiv 的上述信息。最后，我必须指出，由于家庭手工艺协会和工艺联合会的帮助，并且与它的工作人员的接触，使我懂得如何按照自己的希望在一定程度上公正地理解罗斯金先生和莫里斯先生的论著。有的人不能够从简单的事例中注意到制作工艺同生活的关系。对这样的人来说，罗斯金先生和莫里斯先生的论著很可能还是奥秘难懂的经典。许多熟悉这个联合会的一般工作的读者可能认为这种工作并没有体现出美的任何重大秘密，但我相信，这个联合会的领导人们具有良好的洞察力，而且经验也不断证明他们的原则的正确性。

1892 年 4 月于伦敦

第二版序

在准备本书的第二版时，我的主要任务就是以附注的形式，尽可能地纠正布彻教授的论文《论亚里士多德的诗和美术理论》（*Aristotle's Theory of Poetry and Fine Art*）发表之前，出版中产生的错误。我不敢说进行重写，因为那对我来说是不可能真正尝试的任务。因此我照旧保持原来的文本，仅指出明显印错的地方，或在有关篇章的附注中作了批评性的说明。这些附注用字母标明。我希望以此能够很好地同文中用数字标明的脚注区别开来。读者在见到一个附注"a"时，他需要翻到这一章的最后一页，找到相关的注释。

尽管我的美学理论总的来说得到了布彻教授关于亚里士多德的论文的支持，但我并不认为我对古代美学和近代美学之间相互关系的一般观点被这篇论文真正改变。作为一个希腊哲学家的崇敬者，我只是过于乐观而不能像他那样在整体上赋予希腊美学理论观点比我以前所发现的更深刻的启示。我担心走得太远，因而我也许走得不够远。但无论如何，我希望说明，我参考他的著作不致使关心这个主题的读者可能放弃亲自研究他的著作的责任和乐趣。

我不打算修改我对亚里士多德的悲剧艺术定义的解释，这种解释只是来自伯奈斯的著作。布彻教授发展了对这种观点的修改，研究者应当从布彻教授的著作中了解这种观点。

我希望，像本书第二版这样的著作引起人们的注意，这一事实可以表明，尽管这本书有许多缺点，它还是具有使人感到值得重视的观点。我希望，这种观点可以很快被那些比本书作者更有才能的批评家和更有吸引力的著作家们更有效地表现出来。

1904年3月

目　录

第一章　我们采取的研究方法及其与美的定义的关系 1

1．美学史与美的艺术史

直到十八世纪下半叶，“美学”（Æsthetic）这个词还没有采用现在所承认的意义，即用来称呼作为一个独特的研究领域的关于美的哲学。但是，事物的存在总是先于名称；在希腊思想家中对美和美的艺术的反思如果不能更早的话，至少早在苏格拉底的时代就开始了，在某种意义上，甚至还有比苏格拉底更早的哲学家进行了这种思考。

如果“美学”是意指美的哲学，那么，美学史就必须是意指美的哲学的历史；因而就必须把哲学家们试图用来解释与美相关的事实，或将这些事实联系在一起的一系列系统理论作为它的直接内容了。

但事情还不止于此。人们发现甚至在逻辑学和一般哲学的历史研究中，也必须把他们所考察的形式概念不断地与具体生活相联系，因为具体生活构成各种形式概念的基础。每一时代的思辨理论一方面来自过去的形式学说，另一方面也来自不断呈现于意识的现实世界。正如逻辑学或一般哲学的历史不可能完全脱离科学的历史或文明发展的历史，同样，伦理观念或美学观念的历史也必须与道德或美的艺术的历史建立某种联系来进行论述。

2 但是对这种类比，有一个需要注意的区别。例如，当我们联系逻辑理论的发展来观察归纳重新安排历史时，我们对过去阶段各种特殊部门的知识不会引起多大兴趣，除非它们能够帮助我们理解我们现时研究主题的人类精神的发展。我们对古代的化学或天文学不会产生多大兴趣和好奇心，正如古代的木屋和燧石斧不会引起人类学家多大兴趣一样。对许多其他文明成分，例如各种具体的政治形式或社会习俗、语言上的细微差异，以及宗教教义的细节等也是如此。在生活的所有这些方面，虽然辨别清楚过去的情况对我们理解现在会大有帮助，但是整个来说，除了进行科学研究和审查历史要有这种观点以外，我们对过去一般都习惯于不加深究。的确，道德观念和宗教观念在遥远的过去具有巨大的威力，一般说来，至今也能引起我们的兴趣，因为人类在道德本性上具有非常深刻的同一性，在所有方面都表现出来。但是在这方面，没有任何东西能达到伟大的美的艺术创作包括高雅的文学艺术的水平。只有这些伟大的美的艺术创作具有与日俱增的重要性，并不随着时代的推移而有所降低。因此，当我们试图探索美的意识的各个发展阶段时，我们面前的具体材料并不只是具有古董收藏意义，而很大一部分是在我们现在的生活环境中因其本身的价值而受到重视的东西。美的艺术史就是作为一种具体现象的现实的审美意识的历史；美学理论是对这种意识的哲学分析，而对它的历史的认识则是这种哲学分析的根本条件。同时，美学理论的历史，就是以美学理论的智识形式探讨审美意识的历史，但它从没有忘记，需要阐

述的中心问题是美对人类生活的价值，这种价值既包含在明确认识的反思过程中，也体现在人类的实践中。但对我们所欣赏的最美的事物进行分析性的解释，人们可能会自然地感到反感，但我们还是必须把它看作哲学史的这一分支具有的一种优点，因为它不仅让我们对过去已消逝的东西进行理论的阐释，而且至少还在某
种程度上有助于欣赏现实的事物——这个世界所拥有的似乎最不 3
容易消失的遗存。

2. 自然美与艺术美的关系

我在上一节提出一种设想，认为美的艺术可能从理论的目的上看作是美的世界的主要代表，即使不是唯一的代表。我们还必须说明这个设想何以能够成为合理的观点。

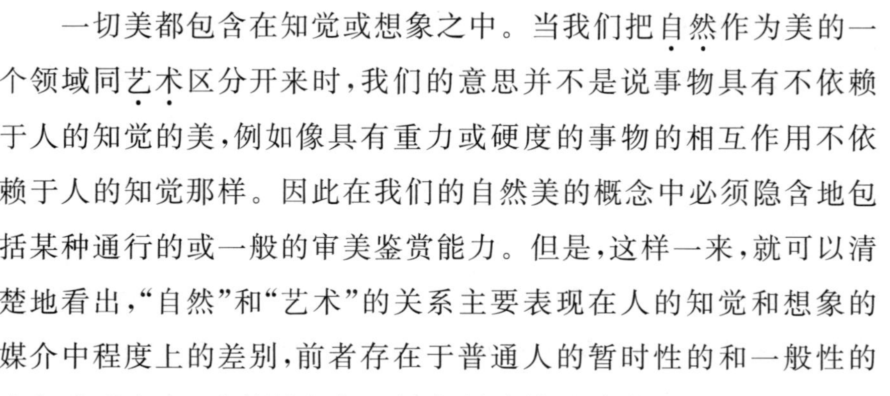

一切美都包含在知觉或想象之中。当我们把**自然**作为美的一个领域同**艺术**区分开来时，我们的意思并不是说事物具有不依赖于人的知觉的美，例如像具有重力或硬度的事物的相互作用不依赖于人的知觉那样。因此在我们的自然美的概念中必须隐含地包括某种通行的或一般的审美鉴赏能力。但是，这样一来，就可以清楚地看出，“自然”和“艺术”的关系主要表现在人的知觉和想象的媒介中程度上的差别，前者存在于普通人的暂时性的和一般性的表象或观念中，后者则存在于具有创造性天才的人经过固定和提高了的直觉之中，因而能够加以记载和说明。

在研究任何方面的物理因果关系时，我们不可能把自己限定在只考虑未经训练的观察者天天都见到的所谓事实上。我们必须

从科学中学会如何进行感知，无论是我们自己作为经过训练的合格的观察者进行的观察，还是其他人组织起来的和记录下来的知觉，都依靠科学，我们全部的自然知识实际上几乎都是从它而来的。

美学领域中的自然类似于在物理科学问题上普通观察者的知觉。首先，对于每一个感知者来说，它限定在他自己的眼耳视听对外部世界作用所及的范围，因为它还不是以记录的和可交流内容的形式存在的；其次，它不是通过突然的转变而进入艺术领域的，而是随着人们对自然美的洞察力和鉴赏力经过审美的训练和一般的教化得到锻炼和加强，通过不断的修改而进入艺术领域的。因此，正如我们一般所说的实在世界实际上是指科学所知道的世界，同样，一般说到的世界上的美，实际上指的是艺术所表现的美。在这两种情况下，我们依靠的都是那些感知能力最强的人记录下来的知觉，因为这些知觉是最恰当的知觉，同时又因为它们是记录下来的知觉。这种习惯并不排除用我们自己的知觉来解释、理解以及在可能的情况下修正这些记录下来的知觉的必要性。也不是说这样理解的艺术美就排除了自然美。一个完成了的“艺术作品”是一个确定的事物或行为，它在某些情况下甚至不表现任何自然对象，这个事实必须充分地考虑到，而且必须承认这种创造精神是构成艺术家创作的一个因素。然而，如果以为没有“艺术作品”就没有艺术，或者以为在画家没有对一幅画进行工作时，他就像我们一样观看同样的自然，别无其他，那就大错特错了。因此，对于哲学研究的目的来说承认美的艺术是美的主要代表，在理论上是合理的，在实践上是必要的。这样按照物理事实对自然美进行的分析，

是罗斯金在他的《近代画家》中所采用的，甚至这样的分析也主要是用来表明一些大艺术家怎样通过他们对自然景物和自然对象表现的高超的洞察扩展了所谓自然美的界限。当批评家们说他们是通过自然来衡量艺术家的成就时，他用来进行衡量的标准当然最终还是依靠他自己的艺术家的感觉和或多或少经过训练的知觉。对于美学理论来说，自然就是指每个人在其中都是他自己的艺术家那样一个美的领域。

3. 美的定义及其与美学史的关系

我们还不能说存在一个得到普遍接受的美的定义。然而，现在我们应当对这个用语在本书中使用的意义给出一种解释，这看来是一个方便的办法。如果在这种解释中能够把古代人的基本理论作为近代人意义丰富的概念的基础，那么这样产生的定义至少可以有助于写一部美学史的目的。

在古代人中，关于美的基本理论是与节奏、对称、各部分之间的和谐的观念相联系着的，简言之，是与多样性统一的一般公式相
联系的。而在近代人中，我们发现他们更多地注重生活中所包含 5
的意蕴、表现和表达的观念，也就是说，他们一般是注重特征概念。如果把这两个要素归并为一个共同指称，那么就可以提出一个全面的美的定义，即“对感官知觉或想象具有特征性或个体性表现并遵从相同媒介中一般或抽象表达的条件的东西”。

这样定义的性质比通常理解的“美的”(beautiful)这个谓词具有更广的范围。在随后的历史的论述中将会表明，无论是美的艺

术还是普通的美感最终都不可能局限于比这些定义规定的更狭窄的范围内。这里我还要加上几句话作为预先的解释。

平常的观点认为，古希腊人的伟大艺术的主要性质是和谐、规则性和宁静，这种观点并非全然错误。虽然整个近代美学理论可能在希腊的装饰、雕塑和诗歌的丰富的多样性和意蕴中得到运用和支持，然而，由于科学总是从最明显的东西开始，因而，毫不奇怪，美学的反思应当首先注意古希腊艺术中普遍的和谐和规则性。这种类型的性质，由于它们是以一种诉诸感官知觉的方式表示系统有序的活动或存在的最抽象的关系，因而完全可以把它们归于普遍的和抽象的表现一类。古代哲学认识到这些关系是美的组成要素，这是它对美学分析作出的主要贡献。

但是，随着近代世界的诞生，伴随着对自由的和激情的表达的追求，浪漫主义的美感开始觉醒，公正的理论已经不可能继续把有规则的和谐的，或多样性统一的简单表达看作是对“美”的恰当解释。这时，崇高理论开始出现，最初它的确是在美的理论范围之外，但是，继之而来的对丑的分析发展成为美学研究的一个公认的分支，结果最终确立了丑和崇高这两者在总的美的领域中的地位。
6 造成这两者调和的方法是特征和意蕴概念，由此得到承认的令人不快的两个因素，同一切美都应当引起快乐这种常识性要求，二者之间的矛盾之所以得到缓和，一方面是由于一般的审美鉴赏事实上在扩大，另一方面是由于人们接受了和谐、规则性、统一性等基本关系是一些根本的要素，可以有机地决定一切可想象的内容，并要求在一定程度上得到感官的特征表现。

因此，在上面提出的美的定义中，近代人所提供的内涵丰富的概念只是以更具体的方式重新运用了古代人提出的形式原则而已。如果在最广的意义上,我们不坚持特征这个词在个体特性的意义上这种较狭窄和普通的用法,不把它与形式的或对称的相对立,那么,把美定义为“感官知觉或想象所能表现出来的特征”也就够了。

事实上,如果我们试图对伴随或构成美的欣赏这种特殊欣赏的感觉进行心理学的规定,也许我们就必须涉及一个在上述定义中没有提到的词语——愉悦。但是,在试图分析能够产生这种愉悦的知觉和想象与不能产生这种愉悦的知觉和想象并在内容上加以区分时,在我看来,我们无论用美这个有待定义的词还是用“愉悦性”(pleasantness)这个并非与“美”这个有待定义的词自然具有相同外延的性质来限定“表现力”和“相似特征”,都可能在方法上犯严重的错误。前一种错误,在我看来,歌德也没有完全避免,因为他坚持认为,特征虽然对艺术来说是必不可少的,但它是一个受到严格意义的美的限定和制约的原则,因而特征的僵硬性和抽象性需要缓和。因此,对美的这种定义造成了自相矛盾,因为美是一个有待定义的词,但同时又是定义谓词中一个未经分析的限定条件。后一种错误表现在像施莱格尔所提出的定义上,他把美定义为令人愉悦的善的表现。事物之所以令人愉悦,有时是因为它们是美的,有时是由于别的原因。它们之所以美并不仅仅因为令人
愉悦,而是仅仅因为它们能够产生审美的愉悦才成为美的,而产生 7
审美愉悦的表象的性质还是有待弄清的问题。

我们将会看到,在歌德的论述中,美或优美这个词所起的作用是作为艺术处理的一个形式条件,而在施莱格尔的论述中,特有的

愉悦所起的作用意在防止夸张的描述或和谐的缺失，在我大胆提出的定义中，这两个词的作用转变成特征表现的形式要素或一般要素，即由各种线条、平面、颜色或声音的和谐的、匀称的或协调配置所表示出来的统一性或整体性的要素。如果愉悦性和特征这两个词是指相同的东西，那么把愉悦性的条件添加在特征的形式要素上，这种说法就是同语反复，我相信在审美经验中，这两个词的确是指相同的东西。可是，如果愉悦是在正常范围的心理意义上来使用，而不是被等同于审美的愉悦而限制了或扩大了它的意义，那么这个定义就毫无疑义是过于狭窄了。即使这个定义的其他要素能够防止使它也变得过于广泛，情况也依然如此。最高的美，无论是自然美还是艺术美，并不是在任何情况下都能使正常的感受力（甚至是文明化的人类的感受力）感到愉悦。它并不是按照普通人的感觉本身的一致性来进行判断的，而是按照与教育和经验发展程度相应的人类情感的一致趋向来判断的。最初对于未经训练的感觉——比受过教育和训练的感觉更加普遍的心理事实——来说，令人感到愉悦的东西，一般来说，并不是真正美的东西，尽管它在某种情况下是真正美的。

因此，对于接受为美的内容的定义要么应当是纯粹分析性的（如果我们愿意的话，也可称为纯粹形而上学的），要么是纯粹心理学的。如果把一种心理的特征引入通过对美的实际材料的比较获得的形而上学定义，那就是引入了一种我们无法控制的因素，因为这样引入的特征本身必须在纯粹心理学的基础上加以分析和限制，才能与所研究的材料相一致。在这个历史的过程中，某些心理分析的尝试将会记录下来并进行批判性考察。现在我只是提出一

个关于审美鉴赏的近似心理学的定义，“具有情感和表象性质的愉
悦[a]不同于对机体进行暂时的或预期的刺激而产生的愉悦”。我相
信这种愉悦事实上总是与情感内容的意蕴相联系的，但是心理学 8
的和形而上学的定义的交汇点并不落在心理学的范围内。

由于这一概念明显的理智主义的倾向，因而可能产生反对它的偏见，为了能够消除这种偏见，我要用几句话指出这种偏见是怎样由于考虑极端情况甚至是非审美情感领域的极端情况而产生的。如果在味觉、嗅觉、触觉、冷热等感觉领域有任何与美的价值密切相关的东西，那么它肯定既不是最强烈也不是最兴奋的感觉，而是最有启示性的感觉，或者最容易引起联想的感觉，这种联想观念非常正常以致我们并不把它们当作偶然出现的东西。有一种感觉，它不是科隆香水的香味，而是泥炭雾气或海水的气味，不是居室的令人舒适的温暖，而是早晨空气的清新，使我们可能感到某种心旷神怡超凡脱俗的愉快，这种感觉并非与审美的愉悦全然不同的感觉。这一点最细微的美感萌芽似乎都包含着刺激和意蕴之间的区别。

因此，我希望已经从三个方面论证了我打算采取的步骤。

第一，我已经提供了理由说明对美学史不是把它单纯地作为各种美学体系的叙述，而是尽可能把它作为对这些体系提供材料并形成产生环境的美学意识的叙述。

第二，我已经解释了美学理论接受艺术作为美的主要代表的必要性，我还力图表明，这种必要性并不会使我们忽略我们应当涉及的种种事实的任何重要因素。

第三，我简短地提出了一个美的定义，它有助于说明古代美学

到近代美学的发展。古代美学到近代美学的发展是一个通过从抽象到具体的自然的逐步发展过程，与从古典世界到基督教世界的艺术创作和对自然的洞察的自然发展过程相类似。我还试图把文化发展过程中逐步认识到的作为美的共同属性的美的表象进行的
9 分析和比较研究，同对这些表象产生的鉴赏性质和特征进行的心理学研究彻底地区分开来。显然这两种研究有一个使表象因素和鉴赏因素互相联系起来的共同的领域。但是，为了使这种研究能够进行有效的互相配合，很重要的一点就是从一开始就不要把它们混淆起来。

在下一章，我打算开始考察流行于古希腊的审美情感和美学理论。

附注：

a. 对这个定义有人提出责难，认为它含糊不清。但是，我没有看到任何别的可称之为更清楚明确的定义不是直接依据我们在这里指出的部分特征或系列特征的。关键之点在于，如果不加以注意，就不可能掌握它，因为这个定义包含对感官知觉的两个方面的区分，这两个方面很可能同时存在于各种感觉经验之中，但看起来好像一个方面在一定程度上可以代替另一方面。我想把一种感官知觉大体上称之为精神的方面和肉体的方面。感官知觉有一种独有的特征，以不同于其他的感觉内容的特别的方式在我们面前表现出来，例如，温暖、蓝色、声音的高或低等等。还有一些仅仅由感官知觉所引起的波动或激动，不论是愉快的还是痛苦的，我都假定它们是对感官知觉引起的刺激作出的肉体反应，与最终进入意识的各种肉体反应相同，例如，机体感觉。我们用“自然的”和“刺激”这两个词来表示这种区别。如果用“形式”代替“自然的”，能够清楚地理解，这不会特别地涉及空间与时间的不同，并且可能包括某种特别意义的强度，我就愿意用“形式”来代替“自然的”；或者用“关系”来代替“自然的”，如果不会把它理

解为会排斥一种颜色或声音的独特的感觉性质，只要这种代替使我们感到不同于任何具有相同意义或另一种意义的任何其他感觉的内容。

例如，在寒冷的天气炉火的温暖产生的愉快感觉，以及没有图案的窗帘或壁纸单纯的色彩令人愉快。在我看来非常明显的是，在对色彩的欣赏中具有两个可以区分开来的因素。一种因素是艺术和自然更高级的美感共同具有的，就是对颜色的特别意义犹如感觉世界的重要语言中一个词的一样。它对每种颜色和颜色的每种空间分布来说，都有各不相同的意义，而且它对于颜色的意义不同于它对其他感觉的意义，它不是一种抽象的理智的意义，但它对颜色来说，具有对一个词的意义。另一个因素可以通过"物理的"对比来描述。在一种感觉中我们感到愉快地激动、抚慰或温暖，在许多情况下具有机体感觉，这是一种纯粹的事实。所设想的颜色感觉与温暖感觉以及许多机体感觉的情况是共同的。我并不怀疑在这两种因素之间有某种因果联系。但是，我觉得无可辩驳的是，这种关系并不是直接相称的。享受温暖或热的感觉的一种方式正好像简单地享受色彩。但这似乎还缺少某种东西。它的精神的因素或"本质"很难找到；它的令人愉快的刺激几乎是(尽管不完全是)一个空白的事实存在。

现在我并不怀疑这两个方面实际上存在于从机体感觉到最高领域的审美鉴赏的所有感觉和感官知觉中。但它们并不是彼此相称的，而且在复杂情况下，它们可能是互不一致的，就像一种感觉会减损一部好的艺术作品的统一性而增加弱的观察者的愉悦感那样。我们之所以要承认始终存在着一种"特性"首先是由于每一种意识状态都有一种"特性"似乎是一个自明之理，只要我们有足够的耐心去发现它；其次，有些伟大的作家通过他们异乎寻常的精细的分析，有时在我们没有发现的地方指出有意义的特性的存在(见米德尔顿博士在《利己主义者》中对酒的赞美)；第三，这样，通过这个定义我们就可以克服感觉作用的物理吸引力早期阶段产生的困难——像儿童转向明亮的光那样。

10 # 第二章　一个诗意世界的创立及其与反思的最初接触

1. 最初的反思对艺术的排斥

如果我们研究早期的希腊哲学家，甚至是美的倡导者柏拉图，指望从他们的言论中找到对早期希腊人的造型艺术和诗歌艺术的直接的反映和赞赏，那会完全失望的。希腊人的思想经历了自然地发展为深刻而热情的智慧的各个阶段，最初，他们把目光自由地转向世界，然后，在他们陆续达到的局部真理中肯定而大胆地说出了对某些事物的最初印象，这些行为看起来似乎有些反常。

近代读者会发现，古老宗教的优美文学在最有智慧的早期哲学家那里却遭到严厉的谴责或讽喻式的错误解释，当他们发现这种情况时，即使不会作出推断说赫拉克利特、色诺芬、柏拉图以及柏拉图谈到的那些讽喻式的解释者没有理性批判的能力，也肯定会认为应当给予历史的同情。但这种针对刚刚开始同纪实历史区别开来的希腊诗歌艺术基本内容的道德的和形而上学的分析，实际上乃是艺术创作引起的自然结果，也是更有鉴赏力的理论的自然先驱。

2. 美的世界的创立

我们可以把希腊的诗歌和造型艺术的创立，看作是民间实践性宗教和批判的或哲学的反思之间的中间阶段。这种艺术的民间传说内容并不是诗人或造型艺术家的作品，而是在长期发展过程中逐步脱离野蛮状态以后的民族心理的产物。另一方面，虽然它的富于想象的形式的确来自民族心理，但这种民族心理所起的作用主要是通过诗歌天才施展个性化才能，对这种民族思想和情感赋予进步的意义和高雅的风格。虽然在远古的希腊整个范围内是
否使用过表示美或美的这样一个词，在意义上完全摆脱了同真或 11
善的混淆，对此人们可能会持怀疑态度，但是可以肯定的是，艺术超越自然状态是以美的形态明确表现的观念，由于发展了一种独特类型的情感表达和鉴赏意趣，因而就必然为明确的审美判断提供了充分的条件。

因此，在公元前五世纪中叶的希腊艺术和诗歌中，我们可以发现，其中体现了一种关于美的意识，尽管这种意识在理论上还缺乏明确性，但它决不只是实用性的和纯粹自然的表现。希罗多德有一句著名的言论表达了对一种深刻真理的朴素的理解，他说，荷马和赫西奥德创造了希腊的神谱，并且确定了希腊信仰的众神的形式和特征。这种反思的充分力量，可以通过早期的木刻像和菲狄亚斯的雕塑像之间的差距得到印证，或者通过野蛮人的迷信和安提戈涅关于责任的观念二者之间的差距来考虑。希腊的艺术天才主要记录在美的艺术世界中，并且在这种记录过程中造成了这二

者之间的转变。

3. 反思采取这种态度的原因

因此，当对艺术的存在和意义的最初认识采取排斥其中包含的神人同形的内容的形式时，我们就不仅可以知道，对美的反思观念的缺失仍然是明显存在的，而且还可以知道，走在民间信仰前面的理论也没有认识到诗歌艺术实际上提升了这种民间信仰，并且为非难它的思辨的批判开辟了道路。

另一方面，我们也必须注意到，这时所使用的标准——完全是非审美的实在性和道德的标准——来自我们在希腊古代历史范围内不可能完全避开的一项原则。

这项原则就是，不能把一种艺术的表现看作是在种类和目的上不同于日常生活的实在的东西。要把这两者区分开来，对于反思能力不成熟的人来说，无论如何都是一项艰巨的工作；对于一个古希腊的思想家来说，还有一些使这种区分完全不可能的原因。在各种哲学学派之前或在各种哲学派别之外，希腊人的观念世界是完全不受二元论影响的。希腊人眼中的世界各部分都是同质
12 的。比如，希腊人认为神并不是只能作为化身显现而不可能尽显全部神性的无形的存在，尽管在凡人面前显现其身是一种少有的恩惠。他们认为神的真身是人形，神就住在某一座山上，或某一个庙宇里。在希腊人看来，表现神的存在的图像并不是单纯的象征，而是逼真的肖像。他不是蒙胧显现只能领会其精神的象征，而是就住在大地上的某个神圣的肖像；神的本性是可以看得见的，而不

是不可见的。因此，谢林在谈到荷马诗歌中的超自然力量问题时说，在那里并不存在超自然的力量，因为希腊的神是自然的一部分。所以，虽然在最高超的雅典艺术达到顶峰的时代，希腊的雕塑艺术产生了一批富于创造性的理想化作品，它们在世界史上也是无与伦比的，但是由于没有一个不可见的实在秩序的任何神秘感，人们所产生的普遍印象倒是觉得这样的美的世界是模仿性的再现，而不是启示性的创作。

4. 模仿观念中包含被忽略了的启示

事实上，甚至在模仿观念中也包含着比希腊人思想所达到的更加丰富的审美真理的萌芽，因为要把一个对象转变成一种雕塑介质的作品涉及的就不是一个要素，而是两个要素——不仅要考虑到所要表现的对象，而且要考虑另一种介质造成了新的条件，使对象再生的行为具有想象的创造性。

在西方文献中记载的一个最早的审美判断有关人们的自然常识就表达了这一真理。诗人荷马在描写阿基里斯的盾牌时说，“犁后面的大地一片黝黑，就像耕耘过的土地，虽然这盾牌是用黄金制造，那也是一件绝妙的作品。”[①]

“绝妙”之处就在于，心灵能够给它所要表现的东西挑选一种介质使之极为生动逼真。从模仿这一方面——美在精神上的第二次诞生——涉及的各种问题来看，希腊科学中没有多少明确的论

① 《伊利亚特》，17.548。

述，只是在亚里士多德的不完善的公式的范围内提出过一些稍微
13 明确一点的论述。由于上述两个原因——一切不成熟的思考往往
都把实在性和功利性作为判断的标准；对于任何不能用看得见的
方式加以模仿的事物都不予置信——在古代对于艺术表现的诗意
的方面或创造性的方面，都没有得到应有的重视。也许，哲学家们
并不像叙事诗人和抒情诗人那样重视诗意的灵感意识，甚至柏拉
图本人除了对模仿性艺术的形而上学的形式论述以外，也是不重
视的。

5．“模仿”一词在古代哲学中的广泛使用

然而，“模仿”一词在古代美学理论中使用的实际情况是，它的涵义更多的是与工业制作相对立，而不是与艺术的原创性相对立，因此，它的涵义可以有相当大的变化和扩展。对这个问题，我将在另外一章中进行深入探讨。反思中最早采用的惯用语要一直沿用到它的断裂点才会放弃，这也是很自然的。

6．对希腊艺术何以被称之为“模仿性”艺术的进一步解释

在说过了这么多以后，我们也许还是觉得奇怪，希腊艺术同我们自己的艺术不同在于它有特殊意义的理想性，而且它既不追求狂热的幻觉，同样也不追求细节上正当的乐趣，尽管这样，在当时希腊的开明的意见仍然把它看成是一种模仿或单纯的再现。

如果我们有这种感觉的话，那么从以下两个方面来考察一下我们所讨论的那种艺术的本质，也许有所助益。

（1）模仿性艺术的简易灵便构成它的理想

首先，正是由于希腊艺术家和诗人没有那种对于精神意义的压倒一切的感觉（这是神秘的象征主义的本质），因而他才能够通过不太精细的观察，用夸大的和理想的轮廓把从生活中得来的总体印象描绘出来。这种艺术力求描绘一个完整的实际世界中吸引它注意的东西，因而它自然要比认为人类和自然的每一个最细微的特征都具有无法用语言表达的象征意义的那种艺术更多的恬静的意味，更少在细枝末节上费周折。

（2）希腊艺术并非像人们所设想的那样具有抽象的理想性

如果我们由此明白了，一种并不承担“传道”或启示使命的模仿艺术何以能够仅仅因为简易灵便就有了理想性，另一方面，在某种范围内我们也必须纠正关于希腊美缺乏一定程度的新奇、幽默
和生动表现的传统看法。我们现在关于“古代的”和“古典的”流行 14
观念都是来自一些批评家，当然他们在从事一项必要的工作，而且揭示了古代世界和近代世界像生活一样深刻的区别。但是，古代世界毕竟是有生命力的，并且具有一定范围的同情的表现力，近代的理论家只是依据他们从不朽的古代雕塑片断中得到的最初印象，对这种表现力是了解得很不够的。我们只要对希腊的文学艺术给予适当的注意，就可以立即看出，那种把古代希腊的理想等同

于一般的抽象的理想，是非常片面的看法。近一个多世纪以来，由于人们通过艰苦的工作搜集希腊古代生活环境中的雕塑作品，并对能够帮助我们认识这些作品的各种记载加以仔细的研究，已经使这种片面的看法得到进一步的纠正。有一位学者在这方面的著作对于不精通考古学的人来说一定是很有启发的。她写道："摆在我面前的任务难免使我感到痛心疾首。我们考察的记录，正是记录了我们所损失的东西。对于这种损失，若不是多亏有了坡舍尼阿斯的研究，我们也许永远也不会弄清楚。正是他，而且只有他给我们描绘了古代雅典艺术的真实而生动的画面。这位学识丰富的古典学者甚至还描绘了雅典的卫城阿克罗波里斯是一座壮丽的小山，靠近卫城的正门，装点着帕特农神庙的朴素的美景，除了这幅画面以外，他或许还对记忆中雅典守护神庙的某种情景作了一番描述，那是无色的大理石雕像的形象，一种严肃的、以敬畏之心进行严谨的和严格选择的形象。只有坡舍尼阿斯说出了那种颜色和生命，那种现实主义和古朴的风格以及那些林立的还愿者的雕像，那些黄金饰物、象牙雕刻、青铜制品，那些壁画、金灯、黄铜般的棕榈树，那个躲在爱神木树叶里的奇特的老者赫耳墨斯，那块曾被赛利纳斯坐过的古石，还有那些烟痕累累的雕像：雅典娜，身中万箭的迪特里菲，长着银指甲的克莱瓦塔斯，从特洛伊木马中向外窥探的英雄，举杯吟唱的阿那克列翁；所有这些，如想要把真实情景描绘出来，而不是只凭我们自己的想象，我们就必须向人求教，向坡舍尼阿斯求教。

"另一方面，我们的损失记录虽说是一种可悲的记录，但它也能给我们带来清醒愉快的补偿；因为它也是我们后来把丢失了的东西重新找回来的记录——尽管找回来的只是微乎其微的一点点。”①

希腊的工艺和装潢艺术的基本特征是和谐、纯朴和恬静，这种 15
看法是不错的，单是像莨菪叶形这样的装饰形式的历史，也足以说明古代艺术和近代艺术之间的区别是多么深刻。虽然希腊美学理论存在的一定的局限性在某种程度上可以用希腊艺术的相对局限性来解释——希腊艺术是希腊美学理论的材料；但是这样的解释只是相对的，并不意味着希腊美学是对希腊艺术的充分阐释，而只是意味着，这种阐释是自然的和明显的。

因此，我们将会发现，希腊人的真正的审美分析，只能提供希腊美中最多的形式因素，而希腊美中包含的激情，它对人的价值和对普通事物的感触则引起非审美批判的责难，并且促使人们把全部艺术表现都归在“模仿”这样一个表面性的名目之下。假如古代艺术的现实主义不是那么谦逊和优雅的话，它就会要求提出另外一种分析——用解释来代替责难。但是，这样的时刻终究会到来；而且我们将会看到，尽管遭到哲学家和讽刺喜剧家的反对，随着艺术的严肃的贵族气息逐步减弱，理论最终也不能不表现出比较敏锐的欣赏力。

7. 为美学理论奠定了基础

现在我们已经到了对审美现象进行严格的哲学思考的时刻

① J. E. 哈里逊小姐所著的《古代雅典的神话和古迹》(*Mythology and Monuments of Ancient Athens*)，xi，xii。

了。一个充满了美的形态和美的意境的世界已经产生。这就必然会使人们的知觉受到锻炼，从而去认识在相应的自然领域主要以人性的形式表现出来的美，而且也必然会培养出某种带有自觉性的能够同真和善相区别的美的意境。对于这种富于想象的世界，人们都以不同的方式承认它是一种新的创造，形而上学家和道德论者的议论以消极的方式承认它，而历史学家的朴素的欣赏和神秘主义者的寓言式的建构则以积极的方式加以承认。神秘主义者是后一个时期的先驱，历史学家通过默认，哲学家则通过非难，但都一致认为这种高于想象的世界应当是自然实在的单纯的再现。这样，希腊艺术所描绘的巨大的全景就以模仿性艺术或再现性艺术的名目进入哲学家的视野。

第三章　希腊人关于美的理论的基本轮廓 16

三项原则及其相互关系

在这一章，我们不是按照古代史的历史发展的顺序，而是按照逻辑联系来论述决定全体希腊思想家关于美的研究的一般原则。在下一章里，在篇幅许可和能力所及的范围内，我再从历史的角度来探讨先进的见解和经验是如何不断给这些原则添加新的内容并加以引申，最终达到极限的。

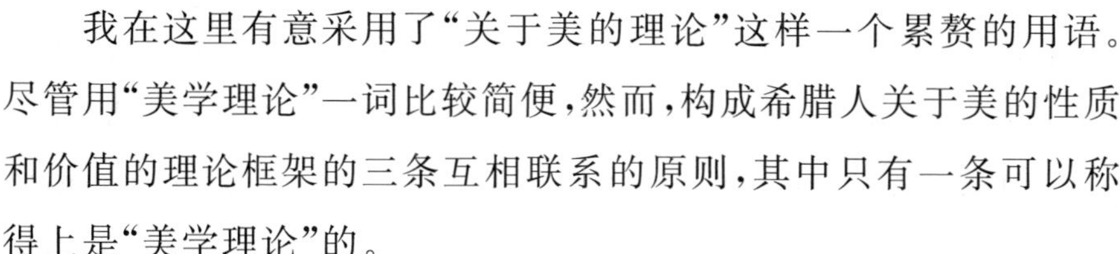

我在这里有意采用了“关于美的理论”这样一个累赘的用语。尽管用“美学理论”一词比较简便，然而，构成希腊人关于美的性质和价值的理论框架的三条互相联系的原则，其中只有一条可以称得上是“美学理论”的。

另外两条原则可以分别称之为道德主义原则和形而上学原则。不过这两条原则的共同根源本身是一项形而上学的设想，它是第三条原则中把真正的美学分析限定于抽象的表现条件的决定性原因。

这种形而上学的设想对于早期的思辨来说是十分自然的，其内容就是，艺术上再现的只是一种平平常常的现实——也就是在正常的感官知觉和感受中呈现出来的现实，而且它同普通的知觉对象一样与人及其目的相关联，只是它的存在方式要遵循某种限制条件,不像原来的对象那样稳固和完备。

这种信念同万物同源或万物同为彻底的自然现象的观念有着
17 十分密切的联系,因而它必然会设定,艺术和美的本质不是与隐藏于普通的感官知觉对象背后不可见的实在之间的象征性关系,而只是它同那些普通的感官知觉对象本身之间的模仿关系。正是这一普遍流行的观念决定了哲学家对于新近得到承认的艺术现象的看法,认为艺术只创造事物的形象,并不创造日常生活中所了解和掌握的有用的实在。当时人们还没有注意到,这些艺术现象的根本意义包含着把审美形象同实际上的实在完全区分开来,这同整个古代支配着对艺术现象解释的观念是不相容的。

我们可以从柏拉图和亚里士多德使用的概括方法中充分地印证这一原则在当时具有的优势地位,这两位哲学家都把我们今天称为美的艺术归在“模仿性的”或“造型的”名目之下,这种名称首先是同“制作性的”或“造物的”技艺相对立的[①]。甚至在普罗提诺那里,模仿一词也是作为一个总的名称,用来描述为了审美享受的目的而创造美的形式和意境的活动。我们还可以指出亚里士多德的《政治学》中的一段话[②],这段话的大意是说,人们当然是以同样的方式感受实在事物和感受对实在事物的再现的。因此,如果我们仅仅由于事物的形式而喜欢或不喜欢它的形象,那么我们也同样会喜欢或不喜欢现实中的这一实际事物。在下一章我们将会谈到,亚里士多德知道对这一理论多少有所保留;而柏拉图在关于想

① 柏拉图,《智者篇》,266D;亚里士多德,《物理学》,199a,15a。

② 亚里士多德,《政治学》,1340a.26;灵魂部分,645a.4(见布彻,155)。

象的全部理论论述中则毫无保留地遵循这一理论。

从这个形而上学的设想中，就产生了两条密切相关的原则，我们分别称之为道德主义原则和形而上学原则；而且也是由于这个形而上学的设想，才把美学理论本身限定于第三条原则所包含的内容。我将按照这三条原则的美学价值依次对它们进行论述。

道德主义原则

如果艺术上的再现同人的关系只是一种普通实在的关系，那么，对不道德的内容加以再现就只不过是把不道德的事例加以复制，而且还通过暗示加强了不道德内容的诱惑力。换言之，由此可
以得出的结论是，从道德方面来说，艺术上的再现在内容上必须按 18
照与实际生活中相同的道德标准来评判。

形而上学原则

如果艺术上的再现同它所再现的自然——无论是人还是别的东西——只有程度上和存在的完整性上的差别，那么艺术的再现就只能更加逊色了，而且它只是把世界上已经存在的东西毫无目的地加以复制。换言之，由此可以得出的结论就是，从形而上学来讲，艺术只不过是自然的不完备的复制品，在这个意义上说艺术是第二自然。

审美原则

如果艺术的再现决不能比它所表现的通常的知觉对象（也就是普通的知觉对象）更深刻的话，那么，就无法解释美何以会包含一些比通常知觉在普通事物中所领会到的更为深刻的属性，换言之，由此得出的结论是，从美学上说，美纯粹是形式的，这种形式存在于所要满足的某些非常抽象的条件，例如，某些基本的几何图形

正如某些美的艺术作品一样要满足那些抽象条件。

下面，我将按照这些原则在希腊理论中的重要地位和在美学上的意义依次对它们加以论述。

1. 道德主义原则

在探讨美的艺术的性质的整个过程中，柏拉图和亚里士多德两人一直处于道德主义考虑的困扰之中，这是一个无法否认的事实。根据近代公认的理论，一种艺术再现的美引起的审美兴趣是不同于那种可以满足欲望的实际存在事物所引起的实在的或自私的兴趣的。这两位哲学家在多大程度上接近这种近代理论呢？按照我的计划，这是一个要在下一章加以讨论的问题。在这里，通过以下论述提出希腊理论中实际存在的一般观点也就足够了。

(1) 道德主义原则是如何表现出来的

道德上和实用上的判断是有组织的社会生活产生的最初的智识成果。如果美的世界同构成实际行动的手段和目的的那些对象还没有区分开来，那么这种判断就不可避免地会运用到美的世界上来。这种见解的代表人物不仅有对荷马加以非难的赫拉克利特和色诺芬，而且还有赞美荷马是倡导善良生活的导师并相应地非难欧里庇得斯的阿里斯托芬。事实上，即使在近代世界中，这种见解仍然顽强地存在于那些缺乏训练的人的心中。

19 柏拉图和亚里士多德这两位伟大哲学家在这方面不同程度地流露出一种朴素的直接判断，这使得没有受到严格训练、不善于体会古人的思想习惯的近代读者感到难以理解。这两位哲学家几乎毫无疑义地坚持上述原则，认为相似的形象和正常的实在具有相同的效果。如果能够把形象和对象区别开来，终究会使人们逐渐认识到美和实际的事物对心灵的影响是非常不同的，但是对柏拉图来说，形象和对象的区别产生的主要影响却加深了他对想象力提供的非实在的模拟形象的道德主义的怀疑。因为他认为，想象①在心理学上是和情绪相联系的，因而，艺术的想象世界一方面拥有实在世界通过范例形成习惯的能力，另一方面又拥有在更大程度上造成情绪波动的能力。

而且，我们也不能认为亚里士多德就不受这一假定的束缚。我们可以看到，对这一假定他尽管作了很多引申，但他还是明确地加以表述。研究近代美学的人在阅读亚里士多德的《诗学》的时候，会觉得自己处在与其批判性观念完全格格不入的陌生领域。例如，对于激情或者性格决定个人的命运这样一个真正的悲剧性冲突②，亚里士多德采取了明显回避的态度。尽管有许多古代悲剧人物如普罗米修斯、克莱特姆奈斯特拉、俄狄浦斯、阿雅斯、安提戈涅和美狄亚等等，都清清楚楚地呈现在他的面前，但他还是避而不谈。原因显然在于，亚里士多德使他的一切批判都与他对性格的划分（善的、恶的、非善非恶的③）相一致。这样，在事实上他就把一切伟大的激情或目的与周围世界的冲突排除在外了，而这种

① 《理想国》，606。

② 《诗学》，xiii，3，4。参看苏塞米尔（Susemihl）的注释。他把亚里士多德的见解尽可能加上了近代的色彩。

③ 同上。

冲突正是悲剧的意义所在，而且也正是这种冲突使得当今伦理学界把性格称之为生活现象背后的力量的象征。他得出的结论是，悲剧的主人公既不太善，也不太恶①，而且他的命运必须是过错决定的[b]，而不是不道德行为决定的。这种结论对于近代人的判断来说是难以理解的。我们认为，太善和太恶的人都可以是悲剧的主
20 人公，也就是说，他首先应该是伟大的，他本身包含着可能成为最高的冲突又可能成为最高的和谐的矛盾因素。

而在亚里士多德用来对各种悲剧内容进行归类的道德主义范畴从一开始就完全排除了这些观念。而且，正如我们可能推测的那样，他还特地提出②，悲剧结局时的致命行为是在不知情的情况下做出来的，它的性质只是之后才揭示出来的。因为在他看来，如果性质能够及时发现，这种可怕的行动就会受到阻止而不致发生。他在谈到这个问题时，还提到《美狄亚》中的情节，自然是含蓄地责备这些情节令人厌恶。

同样，在艺术家分类问题上，也是这样。亚里士多德非常明确地提出道德主义观点自然应当占有优势地位。下面这段文字较短，非常便于引证（这段文字的目的是要把各种模仿品按照它们所模仿的对象加以区分）。③

“可是，一切艺术再现都是再现行动着的人，而这些人又必然区分为高贵的人和低贱的人，因为一切道德品格都同这种划分相

① 《诗学》，xiii，3，4。

② 《诗学》，xiv，6，8，9。

③ 《诗学》，ii。

符合；正是由于存在着道德品格的好坏，才能将一切人区分开来——也就是说，同我们相比，要么比我们好一些，要么比我们坏一些，要么同我们一样。如果我们来看看画家笔下的人物，他们也可以体现出这种区分：波吕格诺托斯笔下的人物比我们好些，泡宋笔下的人物比我们坏些，狄奥尼修斯笔下的人物和我们一样。由此可以看出，上述各种艺术表现中，都包含这种差别，而且按照所表现的对象不同又分为不同的种类。这样的差别甚至也出现在舞蹈或双管箫的演奏或竖琴的演奏里。在诗歌领域中，无论是韵律诗还是非韵律诗里，这样的差别也都存在。比如，荷马的诗中描写的人物比平常人高贵一些，克勒俄丰所描写的都是平常的人物，首创模拟讽喻诗体的塔索斯人赫革蒙和写了《得利阿德》(*Deliad*)的尼科卡瑞斯所描写的人物都是一些低于平常人的下等人物……悲剧和喜剧之所以不同，也正是由于有这样的差别的缘故，因为喜剧的目的是描写比今天现实中的人坏一些的人，而悲剧的目的则是描写比今天现实中的人好一些的人。”

在这里，不但莎士比亚和歌德的研究者，而且连荷马和希腊戏剧的研究者都会感到茫然失措。他会觉得富于诗情画意的世界在善的方面和恶的方面同样体现出来的属性，都要比天天观察到的 21
日常生活世界更为强烈，更为突出。马哈菲先生就提出这样的问题：瑟赛蒂兹[①]又怎么样呢？如果某个诗人笔下描写的人物全都比一般人好一些，或者全都比一般人坏一些，那么在我们看来，会觉得他简直就是个怪物，除非是在阿里斯托芬的喜剧里描写的人

① 瑟赛蒂兹(Thersites)是特洛伊城下最丑陋下流的希腊人。——译注

物。而且，即使在阿里斯托芬的喜剧艺术中，用“坏一些”这个具有道德主义联想的含义的词也根本不能表达艺术再现的真正意义，这种意义也许不可能受到亚里士多德的赞赏。

人们也许可能会提出亚里士多德的许多细致的论点来反对我们对亚里士多德的这种解释，而且在我们谈到希腊理论中的一些修正过的论点时，我们也力图对它作出公正的评价。但是，在我看来，我们不必让这些精致论点束缚我们，以致否认柏拉图和亚里士多德立足于朴素实用的道德主义领域这一事实。尽管他们也经常展望别的更丰富的领域，但他们的脚跟是坚定地立足于这种道德主义的领域之中的。

（2）道德主义原则的美学价值

不过，我们也应该记住，如果承认在这种艺术形式中完全没有任何明确的审美观点存在，那么，除了道德主义的批判以外，相对健康的价值感就没有任何能对艺术发挥作用的形式了。这种批判的内容就是规定生活的核心内容在生活的再现中得到公正的对待，这样的规定不但具有真正思辨的性质特征，而且最伟大的艺术作品也总是会创造这种规定。

柏拉图把道德的反思发展成对几乎全部古典美的世界的明显的否定，对这种否定从历史上说可以看作是一种反证，不是证明了他曾公开拥护的那个原则的合乎人性的内容，而是证明了那条原则的非审美的形式。我们很难相信，他对自己的思辨中的这一方面或另一方面包含着这样一些相反的内容竟然没有察觉。从这里表现出来的方法方面的缺陷在于他用美的领域和道德程序领域之

间的直接的从属关系代替二者之间的间接的并列关系。按照这种
从属关系，美就必须把道德秩序完全表现为道德的，别无其他；而
实际上美的一种表现，是作为一个整体与道德秩序相并列，而不是 22
从属于道德规则，它是一个更大的错综复杂的事物的统一体，一方
面以美感体现出来，另一方面也体现在社会意志上。

然而，早期的道德批判不但在内容上看是健全的，而且从形式上看，它在一定层面上也是合理的。

美在它本身的表现领域内，就其作为表现来说，的确是不能根据纯粹道德的理由加以褒贬的。但是，在任何不以表现为目的，而以促进德性、增进知识或刺激感官欲望等外在动机所决定的表现领域，它就处在审美的范围之外，对它的道德批判不仅在内容上而且在形式上都是合理的。古代的哲学是不是彻底地把审美的兴趣和实用的兴趣区别开来，这的确是值得怀疑的。但是，他们之所以不能在理论上把审美兴趣和实用兴趣区分开来，显然，在很大程度上是由于他们在实践上常常把这两者混淆起来的缘故，而且，他们非难许多审美的艺术是非道德的，这种非难就包含着意识到真正的审美兴趣必须是纯粹的，还意识到他们把他们所非难的东西错误地当成美的艺术。

按照实用性的是非标准来评价美，虽然从形式上来看不是审美的，却包含着具有审美价值的两个因素。这种评价标准证明，人们对艺术的深度和完整性有着本能的要求，在再现那种世界秩序的各种力量时，道德秩序只是各种有意义的思考的一个方面。其次，这种评价方法体现了一种信念，即相信存在着伪造的美和伪造的艺术。它们不是超脱实用的或感官的目的，而是服务于这些目

的，因而，就不再是审美判断的对象，而是成了道德谴责或道德赞赏的合理的捕捉目标。而且，对这些进行谴责总是要比赞赏更真实一些，因为欺骗不管表面上显得多么真诚，但它决不可能完全满足道德要求。在没有真正的审美趣味的表现中，美的表象总一定是某种程度的欺骗。

现在，我们遇到一个困难的问题，在我们还没有开始对近代分析方法的细微差别进行研究之前，是不可能对这个问题进行充分论述的。目前，我们只能说超脱的美和屈从的美（即伪造的美）之间的这种区别不是取决于艺术家或感知者对他自己的目的或乐趣
23 的原因进行怎样的描述，这种描述像一切语言一样必然是抽象的描述，而是取决于由任何一种外在目的在事实上造成的抽象有多大程度明显歪曲了这种表现。

2. 形而上学原则

公元前五世纪末，希腊的造型艺术和诗歌艺术本身已经趋于完备，它的发展的暂时停顿和出现新趋势的征兆就有力地说明了这一点。在这样一个时刻，要求这位同时代的伟大哲学家对它的意义给予关注乃是很自然的事，而他在论述这种艺术时自然也要把当时希腊人的看法明确地表达出来，一方面通过这种论述为一切健全的美学理论奠定基础，另一方面，也通过一种**反证法**，证明这一看法本身的片面性。在评价这样一种哲学的成就时，我们倒不必去考虑它在多大程度上是有意建立这种成就的。我们只要按照这一理论的实际意义来接受它，不必再去

探究柏拉图除了他认为必须加以分析的观点以外是否还对艺术和想象抱有其他看法。

(1) 形而上学原则是如何表现出来的

我在下面引证的一段话,可以概括地表明柏拉图反对一切再现艺术的著名学说①。

“(除了制造有用实物的工匠以外,)还有另外一种艺人。我想知道你对他有什么说法。

他是谁?

我说的是这样一种人,他制造所有其他工匠所制造的一切东西。……他不仅能制造各种器皿,而且还能制造植物和动物,他自身和一切其他东西——大地和苍天以及天上和地下的各种东西;他还能造神。……难道你不知道你自己也有一种办法可以制造它们吗?——有许多办法可以完成这件奇异的功绩,最快的办法莫过于拿一面镜子向四面八方转来转去——你立刻就可以在镜子里造出太阳、天、地,你自己,其他动物和植物,以及其他一切艺术创造物和自然创造物。”

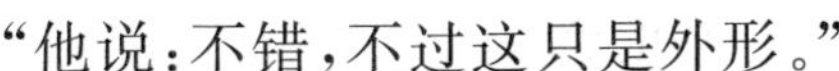

“他说:不错,不过这只是外形。” 24

“我说:你说得挺好。你快要抓住问题的要领了;在我看来,画家就属于这样一种创造者,是吗?”

“当然是。”

“不过,我以为你会说,他所创造的并不是真实的事物,但是从

① 《理想国》,x。朱维特注释本,596—597。

某种意义上说，画家不是也能创造一张床吗？”

“他说：是的，不过那并不是一张实在的床。”

“制造床的木匠又怎样呢？你不是说过，按照我们的看法，构成床的本质的是那个理念，木匠是不可能制造出理念来的，他只能制造一张具体的床，是吗？”

“是的，我说过这样的话。”

“他既然不能制造存在着的东西，那么他就不能制造实存，而只能制造某种近似实存的外形；如果有人说制造床的木匠或任何其他工匠的作品中有实存，我们就很难说他所说的是真理。因此，说他的作品是对真理的不确切的表现也就毫不奇怪了。——这样说来，不是存在着三种床吗？一种是自然界中存在的床，我想我们可以说它是神造的，另一种是木匠的作品，画家的作品是第三种。因此，床不是就有了三种，而且有三种艺术家监造它们：神，造床的木匠和画家，对吗？——神，不管是出于选择还是出于必然，创造了自然界中的一张床，而且只有一张。神从来没有、而且永远也不会去制造两张或两张以上这样理想的床，……既然如此，我们能不能把神称为床的自然创造者或制造者呢？”

“他回答说：可以，因为凭借自然的创造力，神是这种事物和一切其他事物的创造者。”

“木匠不也是床的制造者吗？我们又该如何称呼他呢？”

“是的。”

“但是，你愿意把画家也称为创造者或制造者吗？”

“当然不能。”

“如果他不是制造者，那么他和床是什么关系呢？”

“他说：我们完全可以把画家称之为神和木匠制造的东西的模仿者。”

“我说：很好；那么你所说的模仿者，从自然界算起，他就是第三层了；既然悲剧诗人是一个模仿者，他应该像一切其他模仿者一 25
样，是同国王[①]和真理相隔的第三层吧？”

“看来是这样的。那么，关于模仿者，我们的意见算是取得一致了。现在再来谈画家，我想知道，他是模仿原来存在于自然界的东西呢，还是只模仿工匠的作品呢？”

“工匠的作品。”

“他是模仿工匠作品的实际存在呢，还是模仿它们的外形呢？这一点你还没有说清楚。——我的意思是说，你可以从不同的角度来看一张床，横看、竖看或从别的任何角度看，选择不同的角度，床就现出不同的外形，但实在事物本身并没有不同。绘画艺术是模仿事物本来的面目呢，还是它们显现出来的外形呢？——是模仿外形还是模仿实在呢？”

“外形。”

“我说：这样说来，模仿者离真理还相距甚远。他看起来无所不能，这是因为他只是轻轻地接触事物的一小部分，而且接触到的那一部分还是一种形象。举例来说，画家能画出鞋匠、木匠或任何其他匠人，虽然他对他们的技艺毫无所知。而且，倘若他有本领，他可以把给木匠画的像放到一定的距离之外，来骗小孩子或头脑简单的人，使他们以为自己看到的是一个真实的木匠。倘若有人

① 《理想国》，ix。朱维特注释本译注，第 586 页以后的提示。

告诉我们，说他见过一个人，这个人精通一切技艺、懂得任何人所懂得的一切其他事情，而且精确的程度超过任何其他人——我想，无论是谁向我们这样说，我们只能把他看成一个傻子，他很可能上了什么江湖术士或戏子的当，受了蒙骗，真的以为那个人无所不知，无所不晓，其实是因为他自己分不清什么是有知，什么是无知，什么是模仿。因此，如果我们听到有人说悲剧家和他们的大师荷马通晓一切技艺、一切人事的善恶，乃至神灵之事，只因为优秀的诗人必须熟悉他所描绘的事物，否则就不成其为诗人了，那么我们就应当想一想这里是不是也有类似的错觉。也许他们可能受了模仿者的欺骗，也许在他们看到模仿者的作品时，从来就没有想到，
26 这些作品只是与真理相隔三层的模仿品罢了，因为它们只是外形，不是真正的实体，所以根本不需要对真理有任何知识就可以很容易地做成的吧？要不然，也许他们的认识毕竟是对的，对很多人认为诗人描写得很好的那些东西，诗人们的确是熟悉的吧？——你以为，如果一个人既能够创造形象，又能创造原来的实物，那他还会专在创造形象这方面下功夫吗？他会让模仿作为他的生活的主导原则，好像就再也不能做别的更好的事了吗？——对自己所模仿的事物有真知硕见的艺术家，他不愿模仿它们，宁愿制造它们，留下丰功伟绩，供后人纪念，宁愿做被诗人歌颂的英雄，而不愿做歌颂英雄的诗人。”

在这里我们看到的就是以明确的形而上学形式阐述出来的模仿理论。从表面上这种批判把艺术的价值和实在性批驳得一无是处，虽然它只是把当时人们关于艺术的观念表述出来罢了。在这段文字中有三个关键性的论点引起我们的注意。

i. 审美的形象

艺术所使用的并不是在日常生活环境中起作用或受到作用的实在事物，而只是形象。

ii. 与普通实在事物的关系

这些形象并不是上帝创造的终极实在的象征；用我们的语言来说，这些形象并不是对于完全知识来说决定或构成了自然秩序中任何实在对象的那些关系或条件的象征。构成美的艺术的形象是对与日常生活目的和感官知觉相关的普通实在事物即第二实在的表面性的模仿。

iii. 按照这一标准，艺术应居次要地位

艺术形象要按照它们是否能够以感官知觉的完备性和理智的彻底性再现一般事物来判断——因而，也必须按照这一标准对它进行指责；实在事物无论从哪一方面看都更优于模仿品①，而且，后面还要进一步谈到，即使是美，也要取决于对其应用的正确再现。

在上述三个各有特点的论断中，第一个论断要在“美学价值”

① 柏拉图，《理想国》，601。

一节中加以论述。在这里，我们只需指出，这一论断根本上是完全正确的。

27 第二和第三个论断构成了非审美艺术观的特征。这种艺术观对希腊人来说是非常自然的。我们可以完全有把握地说，如果不对他们这些非审美艺术观点进行断然的反对和驳斥，就不可能建立起真正再现性艺术（即具体艺术）的美学。因为只要承认了这些论点，那么判断的标准就建立在日常行为和经验所接受的实在事物的外形和效用的假设上了。

柏拉图认为，与艺术相关的不是“第一”实在，而是“第二”实在。他持有这种看法时是否诚恳认真，是否前后一贯，与我们这里讨论的问题没有什么关系。我们只要指出，假定柏拉图的第一实在即最高实在，对我们来说具有的可理解的意义实际上符合人类心灵中关于自然秩序可以形成的最完全的观念（对于这一假定，我相信是无可辩驳的），那么这种对实在的分类方法便把模仿说的本质阐述得足够明确了。

读者可能会觉得，亚里士多德并没有坚持柏拉图在上面那段引文中表现得非常明确的形而上学的二元论，因而他不需要像普罗提诺后来那样十分明确地否定那段引文中所阐述的艺术和普通实在事物的关系。或许读者会说，在亚里士多德那里，真正的实在性和普遍性就包含在可感知的一般实在事物中，所以，亚里士多德认为，艺术对真正的实在性和普遍性的依赖与对可感知的一般实在事物的依赖是不能明确分割开来的。由此，读者会极力主张，亚里士多德理论和批判中包含的优化和提升不只是通过日益增长的批判经验和对美的有益的热爱的更加仔细的观察，而对他旧的观

念作了实用性的修正，而且充分地表明，他的观点已经从模仿艺术观向象征艺术观作了根本性的转变。然而我却认为，这样一种看法可能是错误的。首先，柏拉图和亚里士多德在哲学二元论上的区别根本不像通常所设想的那样，也不像一位不熟悉柏拉图著作中的所谓“理念论”包含的不同的微妙层次的读者，只是看了上面所引的《理想国》中的那段文字以后所产生的想象那样。二元论现
象的产生是由于要力求掌握客体与主体相关的原则，如果我们记 28
住了这一原则，那么我们就会发现这两位伟大哲学家的形而上学立场只是在程度上有所不同。对于这两位哲学家来说，感知中的实在和思考中的实在之间的差别本质上是相同的。

其次，如果我们把所引证的亚里士多德关于形象的效用和实在事物的效用相比较的观点加到上面提到的关于他的道德主义立场的证据上，如果我们能够注意到，他只是从心理学上提出一条薄弱的、有保留性的原则来对后一原则[①]加以限制，那么我们就会毫无疑问地认识到，事实上亚里士多德在形而上学批判上和道德批判上一样彻底地坚持了艺术是以正常行动和知觉的形式对世界的模仿性的再现这样的观点。

(2) 形而上学原则的美学价值

在柏拉图著作中，这种对创造形象的美的艺术的形而上学评价，至少是与一种对想象的类似心理学的评价有密切联系的，虽然在形式上看，这种形而上学的评价是非审美的，并且对于诗

---

① 见第四章。

意世界的价值抱有深深的敌意，但它在实质上却是美学理论的重要基石。

i. 审美形象

也许，人们还没有足够地认识到，如果把柏拉图的《理想国》第十章中的论战性的叙述同他的其他著名篇章结合起来，就可以看出，柏拉图在这里已经明白地提出了审美形象的基本理论，并且同席勒和黑格尔著作中关于这一理论的论述一样清楚明确。对低一级表现的责难——外观同感官所接触的实在相比只是表面性的——本身只有短暂的意义，但作为一个评价的阶段却具有极高的意义，因为审美形象必须自然地通过这个阶段才能使人们完全认识到它同普通事实的区别。模仿现象的双重性质必然在这时开始显示出来。“模仿”当然意味着产生一种相似性，但什么是相似呢？它存在于什么媒介之中呢？它同实用的事物、同实在的事物能够有什么样的关系呢？对于所有这些问题，朴素的形而上学的批判作出了自己的回答。一种相似性就是一种实在事物的投射或表面性的复制，通过一种媒介既不能完全表现原来实在的内容，也
29 不能实现它的目的，也不能满足它所引起的兴趣。而艺术却完全是由各种相似性构成的，它的心理媒介就是想象或接受形象的能力。这种突出的差别引起了关于艺术无用的责难，但由于它否定了相似性与实在事物之间有恰当关系的朴素观念，这就使我们不能不认识到有一种审美兴趣，它既不是对效用的兴趣，也不是同感官冲动的任何满足相关的兴趣。另外，当柏拉图坚持认为艺术家

使用的形象不是同一个不可见的世界——思维和法则的世界——相关联，而是同一个比较低级的实在相关联，而这个比较低级的实在本身就是那个不可见世界的影像。这就不能不使人们注意到，这种见解中包含着一种强烈的——尽管是以消极的方式——启示，认为美具有作为精神性事物的象征的功能。事实上，柏拉图在关于美的问题上，虽然不是关于艺术的问题上，甚至还以积极的方式提出了启示，他认为[①]，造物主必然是按照终极的根本秩序塑造世界，使世界成为美丽的世界的；而任何按照创造出来的世界本身塑造出来的东西，特别是那些艺术形象之类的东西，就不可避免地必然没有美。

对于后来的反思来说，这是一个极为明确的挑战，后来的反思不能不去追问，造物主创造的事物更深刻的意蕴中揭示美到底还是不是艺术的目的和本质。

ii. 形象不足以表现实在事物

除了肯定模仿理论中包含的真理以外，柏拉图还以归谬论证的方法证明了模仿理论的错误因素。大家一定还记得，柏拉图发现表现了他那个时代的反思见解中的这个因素[②]，正如他发现了在那个时代的艺术实践中的非审美意义的因素一样。他只要把公认的见解完全首尾一贯地表述出来，并且作出直接表现出来的推

---

① 《蒂迈欧篇》，28B。

② 参看前面第 25 页。

论。至于他自己心中是否赞同这种推论，我认为我们永远也不得而知。如果我们可以根据他的那些一般的和不完全科学的言论进行推测的话，我倒是敢于猜想，这可能对他来说是一个具有根本重要性的问题；他发现他投身其中的当时的希腊理论与现存艺术的某些现象太一致了，因而这使这位伟大的思想家很不满意；于是，他就认真地考查了这种理论，结果就是，“如果这就是对艺术的真
30 正解释，**并且只有这样的解释**，那么艺术就没有公众判断归于它的那种价值。”我们有时也多少可以看出，他一定还以各种不同的形式、以不同程度的明确性和紧迫性进一步提出，“其中包含的价值一定不止于此。”但是作为一个形而上学的理论家，关于再现性艺术就是实在事物的模仿问题，他所作的最后的论述概括说来就是，“就审美形象的价值在感觉方面或智识方面与依赖于自然实在和人的实在的程度来说，至今还是不成功的，还不值得引起严肃认真的人们的注意。”这就是说，艺术再现要么是没有价值的，要么由于复制表现的媒介产生某些条件和显示某些可能性，必定会产生它的目的和兴趣，这种目的和兴趣完全不同于它所再现的实在显示出来的目的和兴趣。这里需要补充的是，尽管我们这里陈述的结论和推论是完全恰当的，但是在讨论艺术家拥有实际知识的程度时，还会涉及有关真正美学的一个次要问题。虽然艺术家的目的并不是同实在事物相抗争，而是要掌握实在的启示，但是他也深深地并且越来越依赖于他对实在事物的知识。在我们看来，柏拉图对这一点似乎估计不足。

上面谈到的消极结论，再加上前面的一个积极结论即“艺术的存在在于外观”（但还没有进一步概括为“美存在于外观”），这就构

成了永久的美学价值的要素，包含在希腊人关于美的艺术理论所依据的形而上学原则之中。

3. 审美原则

我们现在可以对古希腊人一般所认识的一项真正的审美原则进行讨论了。这项原则可以表述为，美就在于多样性统一的想象性表现即感官愉悦的表现。

我把这项原则称之为审美原则，是同我们在此之前所考察的道德主义原则和形而上学原则相对而言的，因为它并没有提出美的对象的其他属性或关系问题，如弘扬美德，增进实在性的程度，而且也不包含像艺术只是对自然的反映这类问题所依据的假设；但是它的确试图直接地以概括的形式解决这样一个问题："美作为所经验到的形象的一个特征，它的性质是什么？"

对于这样一个问题，希腊人的答案只能是形式的。他们之所 31
以不能坚持对人体美和自然美的具体意蕴进行审美分析，与他们最初就把艺术看作是对实在事物的单纯复制这样的看法具有相同的原因。

只要是把一般的实在事物——正常的普通知觉对象——看作是艺术的标准，那么，就存在着一个不可逾越的障碍，使我们无法将美视为只有更高级的知觉才能领会的精神表现。或者换句话说，如果承认最广意义上模仿自然[a]是艺术的功能，那也不过是以尽可能最粗略的方式**陈述**这个具体美的问题，承认完全不能解决这个问题。因为，如果我们说美的表现的材料是以某种方式从感官知觉的对象取得的，这也没有涉及这样一个问题，“艺术能比自然有**什么更大的作用**？”但是，如果我们要问，一个实在，不管是表象中的还是再现中的实在，**在哪些方面是美的**，也就是说，由于什么样的一般性质或条件才成为美的，那么，我们就提出了美学科学的一个专门问题。对这个问题模仿说是无法解答的。因为对于模仿说而言，不管是哪一种实在，严格说来作为模仿的模型，都是同样适用的。

但是也有一些美的单纯实例和特点，它们或者与生活和自然的直接再现没有关系，或者能够在这些再现中找到的也只是由相同原则规定的限制条件，这些相同原则构成了前一种比较单纯的美的实例的全部内容。对这些实例和特点，用模仿说来进行分析也不是完全不行，但是模仿说只能以隐喻方式间接地应用到这些实例和特点上。尽管我们说过，对于平常的希腊生活来说，并不存在一个与感官表象只有单纯象征关系的看不见的精神世界，但是，这些行动和认识的最一般的原则很快就被一个天赋极高的民族精英所熟悉，因而很自然地由这个民族的思想家们用来作为分析这种形式美和抽象美的精神原则，这种形式美和抽象美显然不是由于复制自然实在而产生的。

在研究一个真正的美学观念时，我们不需要像从前那样，离开对它的审美价值的评估来说明它的运用。对这项原则进行的最好
32 的批判就是考察它所适用的各种实例，首先对它的运用范围加以最一般的叙述。到本章结束时，再把它和某些近代的研究成果加以比较，这样就可以把这项原则阐述得更清楚了。

(1) 古代著作家的一般论述

大家都知道，一和多的综合统一是希腊哲学的中心问题和主要成就。多样性统一的观念是相互依存的各部分组成完整的体系（即整体）的观念必不可少的基础。这种学说必然成为近代思想领域在希腊思想家奠定的明确的基础上建构起来的宏伟大厦。对整体和部分的关系——多样性统一的更具体一点的表达——柏拉图和亚里士多德阐发得最为完善、体会得最为确当，而且正是由于他们认识到整体与部分的这种关系在感性上的表现或想象性的表现能给心灵带来满足，才能在真正的审美分析方面迈出了第一步。

当我们以赞赏的态度谈到一首诗或一首乐曲，说它有开端、有中段、有结尾时，也许我们还不知道，我们的这种说法，正是重述了亚里士多德当年谈到戏剧时以朴素深刻的论断阐述过的一项原则，而亚里士多德又是依照柏拉图著作不太明确的文字提出的先例[①]，以朴素的深刻性界定了这个原则，他说："悲剧[②]就是对一个完整的行动——有开端、有中段、有结尾的一个整体——的描写。所谓开端是指不前承他事，但其后有他事相承；所谓结尾，恰恰与此相反，是指需要前承他事，但其后无他事相承；所谓中段是指承前启后的事件。——因为美有赖于尺寸的组合（为的是各部分的关系可以被人感觉得到）和井然有序的安排。"

因此，我们还常常听到人们在谈到某种美的对象时说，"增之

① 《斐多篇》，268D，参看第四章。

② 亚里士多德，《诗学》，vii，1－4。

一分或减之一分都必定使美受损。”这就是真正的希腊美学。亚里士多德说[①]，“正如在一切其他再现性艺术中一个单独的再现作品都只对某个单独的对象的描写，一出戏的故事作为对一个行动的描写，同样必须是描写一个单独的完整的行动，事件系统中的各个部分必须进行周到的安排，以致任何一部分的变动或删减，都会导
33 致整体的紊乱和破碎，因为那种可有可无、无关紧要的东西并不构成整体的部分。”

此外，一和多的关系，或部分与整体的关系，总是比较纯粹地表现在几何图形或相互之间具有数量关系的节奏或空间间隔之中。由于这个原因，希腊哲学往往挑选数学形式，比率或比例作为美的纯粹的和典型的体现。

“既然善和美是不同的（因为善总是行动的一个特性，而美则扩展到没有运动的对象），那么，那种认为各门数学科学丝毫没有谈到美和善的问题的看法就是错误的。因为数学科学特别注意到并且论证了美和善相关的事实和定义，既然它们论证了同美和善相关的事实和定义，即使没有直接使用美和善的名称，也不能说它们没有谈到美和善的问题。美的主要元素（eiδη）是秩序、对称、明确的限制，而这些要素正是数学科学关注的主要特性。”[②]

在这里，我还要加上柏拉图的一段论述，而且这段文字在后面还要再加引证。值得注意的是，亚里士多德的思想的实际材料几乎全部都可以在柏拉图的著作中找到，只是叙述方法有所不同。

① 《诗学》，viii，4。

② 亚里士多德，《形而上学》，1078a。

在这里，“善的原则归结为美的法则，因为量度和比例总要转变为美和优美。”①

“许多人以为我所说的形式美是指动物的美或绘画的美这一类美，但我的意思并不是这样；（那个论证中说）请理解，我所指的是直线和圆，以及通过圆规、直尺和量角器用直线和圆构成的平面和立体图形；因为，我断定这些图形不但像其他事物那样相对地是美的，而且它们是永恒地和绝对地是美的，这些图形能使人们产生特殊的快感，与刺激发痒的部位产生的快感（如前文所说，这是一种与痛感混合起来的快感）全然不同。还有一些具有同样性质的、能够给人以同样特殊快感的色彩……当一组噪音圆滑而清澈，发 34
出一个单独纯粹的乐音时，那么我就要说，这样的噪音不是相对为美，而是绝对为美，而且还有一种自然的快感与它们联系在一起。”②在这段话中，生活和生活画面被排除在绝对美的领域之外，因为规律性和统一性对绝对美来说是不可少的。这是一个突出的例证，可以说明我们已经提到的希腊哲学固有的局限性。但是，表面上显得混乱无序的生活美却是建立在具体的个性统一的基础上的，这种具体的个性的统一，一直要到体现这一原则的比较抽象或比较形式化的实例和条件中认识到同样的原则时，才可能被人们所理解。

因此，显然，在这段文字中所认识到的形式美（在全部希腊哲学中充满了类似这样的文字）是由一种象征关系——表现于感官

① 《斐里布篇》，边注，64。

② 同上书，边注，51。

的一条非感官性原则——构成的。由于缺乏更确切的术语，这种“表现”有时可以称之为“模仿”[①]，但是，若要在感官性媒介中“模仿”一条非感官性原则，那是不可能的。

（2）特定的实例

我们发现，下面关于这种象征（表现）的主要实例引起了柏拉图或亚里士多德的关注。

i. 色彩和乐音

诉诸感官统一性的最明显的类型莫过于在空间中扩展的色彩或在时间中扩展的乐音表现出来的自我同一的性质。从上面所引的《斐里布篇》中的一段话中可以看出，柏拉图认为这些东西是美的[②]，而且根据上下文和他描写噪音时所使用的措辞来看，按照这里提出的理由，这些事物就是统一的感官性表现。当然，这里提出的理由并不意味着就是欣赏者本人所理解的理由。如果真的是那样的话，那就会使美立刻从知觉转移到反思中去了。这里提出的理由，只是从外部进行分析的理论家所观察到的和提出的原因。

康德也同样把纯粹的色彩和声音看作是多样性统一的两种类型。因此，应当把这种看法当作是近代美学的一个问题。显然，不仅是艺术知觉的事实，而且由科学所提供的物理分析，都给这种解

① 《理想国》，iii，400A。

② 参看《蒂迈欧篇》，80B。

释带来一定的困难。因为，如果像康德那样把“纯粹”规定为“不混 35
杂的”，即使我们可以说这种纯粹的声音或色彩是存在，难道它们竟然是最美的吗？不过，我们将会看到，以后还是有人坚持这种解释，只不过比柏拉图或者甚至比康德所提出的解释更加微妙。罗斯金先生就认为“纯粹是一种神圣的能量”[①]这种看法虽然解决了上述困难，但与柏拉图最初产生的理念有着惊人的相似。

ii. 基本的几何形式

基本的几何形式，甚至是直线，特别是某些三角形都被认为是绝对美的[②]。我们已经对这一点作了解释，就是说，统一性包含在有规律的或具有对称性的简单图形中，而基本的几何形式就是最能体现这种统一性的纯粹范例。

我们的美感要求更多样地、更具体地揭示秩序或统一性，对于这种要求来说，上述说法可能显得很奇怪。但我还是认为否定它是不合理的。任何一种形状或结构，只要在一定程度上能够有对规律性或对称性（也就是对没有高度具体分化的整体中各部分的统一）的知觉，那么这种形状和结构就具有一定程度的美。

如果我们了解希腊文明所赞赏的那一种优美而严谨的建筑和装饰并不属于模仿性复制的范围，那么我们就能够更好地理解一个希腊理论家怎么会满足于简单的曲线，竟把它当作一种美的典

① 《近代画家》，第 2 卷。

② 《斐里布篇》，I. C. ，《蒂迈欧篇》，I. C. ，亚里士多德，《形而上学》，I. C. 。

型，这样的典型又怎么会在实际上包含着一定程度的令人愉悦的精美，后代人用这样简单的图形从来未能达到如此精美的程度。柏拉图考虑过的显然只是直线和圆这样的例子；而我们的专家如果是可以信赖的话，实际上，在希腊的建筑和装饰中，依靠艺工精巧的眼睛和双手，复杂的曲线已经代替了这些最抽象的形状。但是，这样的差异也只是表明，整个美学史必须说明的是，理论从来都只是缓慢迟疑地跟在实践的后面。

在上述这几种实例中，虽然统一性原则是在非常不同的感官方面的体现中呈现出来的，然而它们全都一致地具有高度的抽象
36 性，因此，这一原则看来是它们的实质，而不是对它们的限制形式。无论如何，我们在这里已经有了对审美事实的稳固的见解。尽管希腊理论提供的解释还很不充分，但它毕竟能够有助于引导人们去关注这些简单的美的例证。因此，人们在解释关于美的这些简单例证时，就必须按照两种极端观点中的一种观点加以处理，这两种观点分别称之为形式美学和情感美学。

现在，我们转到另外一些例证的研究上来。在这些例证里，抽象的统一原则显然不适合于说明这种内容的具体意蕴，然而，它仍然是希腊理论所能提供的对这种内容的具体意蕴的唯一的审美解释。因此，在这里，尽管有机的统一被说成是美的内容，但事实上只不过是美的条件。

iii. 简单的歌曲音乐

柏拉图把可以容许的音乐限定于非常简单的严肃型的曲调。

尽管这种看法具有道德主义的色彩,但却是他真诚而有所不足的美学成果和例证。在《理想国》第三卷里,他对音乐和韵律的冗长讨论,一再地把贯穿于理想国中的统一性理念与模仿性音乐或戏剧音乐所固有的多重性和多样性加以对照。这些论述清楚地表明,简单的曲调之所以为柏拉图所接受,部分的原因在于这种曲调能够对自己表达出它所具有的象征功能,即表达出一种对灵魂具有深刻意义的原则的功能。他所反对的音乐,在他看来,的确是部分地表现了恶——就他对这类音乐持反对态度来说,这是出于道德主义的动机,而不是出于审美的动机——但在他看来,这种音乐的缺点更大程度上在于具体地复制了自然实在,因而不能表现理念,也不能以他所能领悟的方式表现与生活的关系。出于这样的理由,柏拉图拒绝承认这种音乐是健康的艺术,这也正是真正的审美洞察力的证明。没有表现力的就不是美的。事实上,非常简单的曲调[①]都具有极好的表征基本情绪和理念的能力。在柏拉图之后,亚里士多德也对这一现象作过论述。对于这种论述的结果,我们在下一章再来讨论。

iv. 伦理的和逻辑的整体

我们现在要探讨的原则的极其广泛的应用,很有造成混乱的
危险,希腊哲学也没有能够完全避免这种危险。但是,我们也不能 37
过高地估计这种弊端。

---

① 内特尔希普先生,参看艾博特的《希腊》(*Hellenica*),118。

的确我们常常可以看到，在柏拉图那里，美的艺术和美的艺术作品总是在系统的合理性方面[1]同道德关系或政治关系相比较，还同工业技艺或非再现性的技艺相比较。但是，我们必须记住，只要这种比较有助于我们运用美的艺术提供的典型例子来坚持有机统一的共同性质，那么这种比较就是完全合理的。柏拉图把一个政治整体中的一个成员同一座塑像[2]的面部部分作为在两种情况下必不可少的主从关系的实例进行比较，这种比较对于柏拉图用来说明的问题来说，是完全恰当的。任何一个人都不能责备他把道德和美学混淆起来，因为他是把恰当和美放在完全可比的地位上加以比较的。

如果我们根据这个理由去责备柏拉图把审美观念引入伦理的或逻辑的推理之中，那当然是错误的，但是，由于原则的普遍性，希腊美学无疑在一个方面把网撒得太宽了。

按照我们的理解，美是专为感官感知、专为感官想象的。近代浪漫主义作品中"美的灵魂"这个名称的意义似乎来自一种隐喻，这种隐喻是表示通过思考灵魂的精神品质所产生的某种直接性的愉悦。

希腊哲学[3]所认识的灵魂的美或超越感官世界的美，也是依据某种类似的隐喻。希腊哲学家之所以采用这种隐喻手法，是由于他们在一定程度上还没有把"美的"一词的非思辨的传统用法区分开来，因而造成一些混乱，尽管只是一种表达上的混乱。更具体

① 《理想国》，i，349D。

② 同上书，iv 的开头。

③ 柏拉图，《斐德罗篇》各处及亚里士多德《修辞学》，1366A。

地说，把美本身的理智观念或美的原型的观念看成是美的，是美学上一个非常严重的错误。我们更愿意看到美本质上是一种感官表现——不是对美的、甚至也不是对善的感官表现，而只是对实在事物的感官表现。这种要把美和善区分开来的观念本是轻而易举、 38
随手可得的，但是由于把美和善并列起来，看作同样是一个超感官世界中的两种原型，那就破坏了这种观念。

不过，我们不必把事情说得太糟。尽管在几段隐喻性的文字中，美的原则被说成是美的，但它并没有被当成唯一真正的美而使感官性的事物被排除在外。柏拉图认为，相信受过教育的感官知觉明显可见的美并不是一种错误。相反，他和亚里士多德都认为，取得这样的知觉能力是教育的一个主要目的。他所非难的并不是相信许多美的事物，而是相信许多互相矛盾的“美”①，也就是相信许多矛盾的美的原则或标准。

v. 小型艺术和造型艺术

不过，即使我们假定整体和部分关系的普遍性误导了希腊人，使他们的美学理论在一个方面过于宽泛，但它至少也鼓励他们，使他们的美学理论在另一方面不要过于狭窄。如果说他们犯了把道德和精神品质都包括在美当中的错误，但他们却没有犯过忽视小型技艺和手工艺、把它们排除在美的范围之外的错误，而这正是近

① 《理想国》，v，479D，众人对于美好事物和其他事物的种种世俗的概念。（Tὰ τῶν πολλῶν πολλὰ νόμιμα καλοῦ τε πέρὶ καὶτῶν ἄλλων.）

代哲学很容易犯的错误。我们已经知道，在公元前五世纪，人们就开始注意到再现性艺术和直接的制作性艺术的区别。然而，艺术和工业之间的这种区别还没有进入普通的语言之中；人们对于专门职业、行业、手艺和美的艺术都用同一个名称来称呼，并且都被认为是合理的系统性活动的例证。不管在什么地方，只要这种活动具体化为诉诸感官知觉对象，在希腊哲学家看来，这种活动就进入了审美的领域。

但是，从各种各样的具体形式——从建筑作品、装饰作品，以及附带而来的小型日常工艺品直到独立的两大造型艺术绘画和雕塑——所表现的内容来说，古代希腊留给我们的理论分析的深度
39 似乎只能适合于说明一条简单曲线的美、一件简易模具的美，或一种单独的色彩或音调的美。在上面提到的柏拉图的《理想国》中那段讨论音乐和韵律的文字结束时说[①]，“全部生活中充满了这些东西，一切建构性的或创造性的艺术——绘画、编织、刺绣，建筑艺术、器皿制作的艺术，乃至于动物和植物的形体都是如此。这一切当中，有优美的，也有缺乏优美的。”值得注意的是，这里把动物的美、植物的美同各种艺术的美相提并论，说明当时的任何理论分析还不可能把直接的知觉或自然美同艺术知觉或艺术美区别开来。这种理论的局限性和包容性同样显著。在这里，我们丝毫没有看到对高山、大海、天空的美的论述，如果不是阿里斯托芬没头没尾地把对彩云运动的极敏锐的感觉揭示出来[②]，我们也许会大胆地

① 《理想国》，朱维特注释本，旁注，401。

② 《云》(*Clouds*)，第 323 页以下。

设想，各种形式的无生命自然可能从来都没有得到希腊艺术家和批评家的青睐。不过，希腊人用来称呼绘画艺术家——描绘活的东西的画师——的用语，却充满了奇特的暗示性。

在全部这种富有表现力的工艺制品的领域里（对于这种古代的工艺制品，我们不只是根据古代的遗迹来判断，而且还根据文字记载来判断），希腊美学理论仅仅指出了形式上的恰当（“优美”）、节奏、对称和平衡。然而，在面临具体意义和具体表现时，所有这些观念就都变成了表明多样性统一关系或整体与部分关系应当是正确而合理的先决条件，也就是说，不管这种表现的个别内容有什么样的要求，总的方面都要受系统的合理性原则的支配，因为在任何感官性或想象性表现中，如果忽视了这一原则，都会带来损失。这些先决条件对于希腊人来说，显然有很大意义。据说，希腊人的最普通的作品[①]不同于一切其他爱美之人的作品的地方就在于这些作品具有出众的结构。但是，在希腊人看来，这些先决条件本身只是一些抽象的公式或条件，只体现了系统是表现的首要法则这一基本事实。

vi. 诗歌和戏剧

即使在考虑所有艺术中具有最深刻的人性意义的艺术（即诗
歌和悲剧）的时候，亚里士多德在美学范围内的言论也很少不是出 40

① 《艺术讲演录》，波因特，69。

自必要条件的部分与整体关系[①]。我们已经知道，亚里士多德是多么富于创造性地论述了艺术的这一形式条件。而且，如果我们低估了近代批判理论从亚里士多德那里继承来的戏剧的统一性和连贯性的观念，那就是完全错误的。在这一方面，近代批判理论有很长时间未能领会到原作者的本意的全部深刻性。

我们已经看到，在希腊理论范围内，作为典型范例的那种形式表现和个性表现之间的关系包含在我们对美的定义之中，而且也决定了从古代美学到近代美学的发展方向。

这种关系在音乐和诗歌中表现得的确不太明显，因而很难在这两种艺术的任何一种中简单地划出两个领域之间的界限，虽然这种关系表现在难于领会它们的复杂形式，但是，在造型艺术的范围内，这种区别还是相当明显的。个性的表现力随着希腊人称之为“模仿”的艺术而一同出现，从运用自然主义装饰（不同于几何装饰）的建筑艺术和非表现性的小型艺术开始，直到雕塑和绘画这两种更高级的艺术，这种现象就显得愈来愈具体了。在这两种艺术中，合理表现力的抽象条件只是作为统一和构成的原则而继续得到运用。然而，对具体美的完全的解释需要有更深刻的精神内容来丰富审美分析，这对于希腊理论来说，必然是无力做到的。因此，希腊人的思想仅仅把这个问题当作一个“模仿”问题，当作一个力求接近实在的问题，并且以此来补充它的抽象的审美原则。我们已经谈到过，凭借这种不成熟的伦理思辨和形而上学思辨是不可能把这种抽象的审美原则加以深化的。我们知道，这种思辨至

① 参看《斐德罗篇》，268D。

少有一个功绩，就是证明了希腊人认识到生活和艺术之间的某些积极的和消极的本质关系，但是，这种思辨对于严格的审美研究并无贡献。

4. 形式美和具体美的关系　费希纳

在本章结束时，我要从近代研究成果中抽取一个例证，来说明抽象的表现条件本身以何种方式又在多大程度上能够成为理想内容的象征，同时，由于这种内容具有抽象的和普遍的性质，它又以什么方式和在多大程度上能够成为理想内容的象征，同时，由于这 41
种内容具有抽象的和普遍的性质，它又以什么方式和在多大程度上同更具体的表现发生形式和内容的关系。

为了便于论证，我们且提出一个像费希纳所设想[①]的那样的一个假定，观察证明了这样一种看法：某种类型的长方形只是作为空间中的一个图形（不涉及任何其他已知的关系），它比任何其他矩形更具普遍的赏心悦目的快感。如果我们这样假定，看来就必须承认，它之所以具有这种特性，是因为它以某种特殊的恰当方式体现了部分和整体的一般关系——也就是说，它的形式具有某种独特的对称与平衡。如果可以追问人们喜爱上述这种类型的矩形即“黄金分割”[②]的矩形的原因，把这种原因归于同效用的某种联想，那对我们现在的论证也没有什么影响。如果一种具有普遍性

① 费希纳，《美学导论》，第190页以下。

② 按照黄金分割构成的矩形是由它的两个边的比例所决定的矩形，其中小边与大边之比等于大边与大小两边之和的比。这种比例大致为8∶13或21∶34。

的联想关系足以引起人们的喜爱，而任何人也不能发现它有偏颇，那么就一定在对象的性质中有这种联想的根据。因此，这样的图形的确是数学上形式美的一个范例。

但是，除此以外，在费希纳所考察的实例中，还有很多图形都是矩形画框。在这里，我们马上就可能会遇到两种原则的冲突。对于黄金分割的矩形的喜爱只取决于它的形式。但在决定一幅画的形状时，它显然并不具有足够的分量以抵消由于主题的性质可能产生的任何要求。即使在人们可以自由选择这种形状时，也不会发现人们都认为同一个形状完全适合于所有的框架图。同时我们也知道，建筑师所规定的任何一种平面图形在一个擅长于绘画构图的大师笔下几乎都能够成功地加以利用。

不过，作为一个纯粹的理论问题，人们仍然会提出，矩形的美绝大部分是由于它自身的优点，因此，在一幅矩形的画中，如果明显地偏离了矩形，就必然会使表现力有所损失。毫无疑问，我们可以通过组成内容的要素的更大提高使这种损失得到补偿，然而，如果这种损失是恣意妄为引起的，那么就在这种程度上是一个缺陷。

42 我现在并不打算讨论相同的统一原则在这幅画本身的构图中更细微的表现。我的目的只是提出一个极其明显的例证来说明，美这个最形式化的要素，它本身就具有的一种实在的然而不够充分的实质性的内容，与包含在自然形态中的精神洞察力的具体显示到底是什么关系。例如，坎特伯雷大教堂里的斯托特哈德画的朝圣图，画布的形状是根据主题的需要来确定其合理安排的，这样就很明显地丧失了黄金分割的矩形的细微的表面美。至于这样的损失能否得到充分的补偿，甚至根本算不得一种损失，这个问题需要在论述近代美学时再加以讨论。现在，我们要尽力阐明的问题是，形式上的对称和具体的意蕴并不是美的两个异质要素，而纯粹是一种抽象与具体的关系。在下一章，我们将着重探讨希腊思想家向着更加彻底的理论推进的进程。我们首先将在现在已经描述的轮廓中进行探讨，最终将越出这个范围。

附注：

a. 布彻教授使我信服地认识到，亚里士多德的《物理学》中的这段话并不是这里所说的内容。但是，艺术理论的一般意义（布彻，《亚里士多德的艺术理论》（*Aristotle's Theory of Art*））支持了我的论点。

b. 见布彻，同上书，viii。关于悲剧的道德意义，我不能完全承认，即使这样解释"亚里士多德的用语将包括悲剧冲突的最显著的意义"，我只要指出布彻教授对安提戈涅的评论。也许就我的观点来说，恳请读者注意亚里士多德的理想戏剧是《俄狄浦斯的统治》，而黑格尔的理想戏剧，比如说，则是《安提戈涅》，这就够了。

c. 这段话也许非常接近于提出近代再现艺术的概念。关于亚里士多德的审美模仿的对象，"行动的人"或"规范的行动和感觉"，见布彻，同上书，第122—123页。

d. 近代意义上对自然的模仿，大体上相当于柏拉图在《理想国》第十章对艺术的说明，这与亚里士多德的同一论述的意义并无关系，因为这个论述并不能像用于工业艺术那样用于美的艺术。

43 第四章　希腊人关于美的理论进步的标志

1. 三个对比

我们在上一章中看到，希腊的诗歌艺术遭到最早的反思的批判家们的坚决的反对。而且，这种决然的反对态度还只是希腊思想中包含的本质上由于误解而产生的最初始的形式。显然柏拉图觉察到了这种批判的反对态度的存在，他自己的观点就是这种反对态度在更深意义上的再现。本章的目标是要按实际的顺序指出希腊的思辨领域对于美的朴素观点最初经历了哪些最重要的变化而逐渐改变的。而这些变化又怎样为以后的变化铺平道路，以致在下一时期开始时这种观点就发生了根本的变化。

现在，我们需要按照分别与上一章讨论的三项原则的内容相对应的三个对比来考察决定希腊理论的根本观点。模仿与象征主义的对比同形而上学的原则相对应；实在兴趣和审美兴趣的对比同道德主义的原则相对应；抽象分析和具体分析的对比同审美原则相对应。

这三个对比中每一个对比都表现了希腊观点和以后时期的观点之间的差别，从而指出了日益明显的变化方向，尽管这种变化是在古典思想方式的范围之内。只要牢牢把握住这三个主要的对比，在通过历代思想家的思辨来探索这种变化过程时，就可以保持一定程度的统一性。

2. 前苏格拉底时期的哲学家

我们必须联系模仿和象征主义这一对比来分析后期的前苏格拉底的哲学家。我们可以看到，由于他们对艺术和实在的关系都抱有一种朴素的看法，因而都对想象性的艺术持反对态度，但是他们还表现出一种相反的、同样是片面的艺术观点的种种迹象，认为艺术是寓言。他们把一些神秘的、虚幻的意义加在荷马身上，对他 44
给予牵强附会的解释，这种现象是当年柏拉图所熟知的。后来的流传的说法还把这种解释归于阿那克萨戈拉学派。不管怎样，这种观点的产生显然是由于赫拉克利特和恩培多克勒的著述中用了许多神话用语的缘故。当然，如果我们以为这些哲学家所说的伊林尼斯[①]或赫法斯托斯，奋斗之神或友谊之神同今天的思辨哲学家所说的是相同的，那就不合乎历史的状况了。在今天，这些名称显然是根据纯粹的模拟有意识地从不同的领域吸取来的，指的是纯自然的作用。显然，就是在柏拉图之前的那个时代，人们对各种作品采用寓言式的解释，在各种与寓言相近的作品诸如寓言故事、人为编造的神话和科学叙事诗中，人们反对粗糙的模仿，但这种态度又陷入了另一个同样粗糙的极端。因为在寓言中，反思的意义

① “如果太阳离开了他的道路，正义的盟友伊林尼斯会把他找到”。赫拉克利特：《里特和普雷勒尔》，第 37 条。

和感官性的体现并没有融为一体，而是清清楚楚地区分开来，各自不同而又并行不悖。因此，对荷马的寓言式解释看来其目的在于将诗歌的内容归于纯粹抽象真理的组合，以打破道德批判的束缚。

因此，寓言在本质上是一种不完善的象征主义——这种象征主义中的内容和形式根本互不相关——而且这个早期寓言无论在批评中还是在创作中的出现都表现了人们对“模仿说”的局限性的不满，但同时对于具体的象征主义的性质的把握又无能为力。

3. 苏格拉底

(1)“看不见的东西能够模仿吗?”

假定《苏格拉底言行录》中的苏格拉底相对来说可以看作历史上的苏格拉底，我要指出他的思想记录中两个有趣的观点。

从模仿和象征这一对比出发，非常值得注意的是，苏格拉底直接地提出了[①]“看不见的东西能够模仿吗?”这样一个问题。他所说的看不见的东西就是心理情绪，如好的心情或坏的心情。据记载，他在同帕哈秀斯讨论时争辩说，这些心情可以通过面部表情、
45 特别是通过眼神表现出来。还有一种值得注意的事就是，苏格拉底十分强调生命力的艺术表现[②]。尽管这些意见并没有在多大程

---

① 色诺芬，《苏格拉底言行录》，iii，10。

② 在色诺芬著作的第一章中，话题是逐渐引到这些特点上来的，这些特点被看作是超乎对称和色彩之上的东西。而在普罗提诺的著作中，术语的顺序也恰好一样。因此，我认为，普罗提诺的见解很大程度上得益于《苏格拉底言行录》中这段文字。

度上改变模仿再现观念——因为在普通用语中也完全可以说，愤怒就是通过它产生的效果而成为感官知觉的对象，但是“看不见的东西可以模仿吗?”这种表述至少是有启示性的，而且要求绘画艺术应当具有“表现力”这种看法对后代理论也是一个重要的预示。苏格拉底对于绘画能力的观点与亚里士多德的观点并不完全一致。亚里士多德的观点似乎是受到相反观点的启示。

还要说到的一点就是，苏格拉底已经认识到，除了单纯的模仿以外，还需要有某种东西通过一些原生的观念从不同的来源把原来没有联系起来的美的各种要素集合在一起。在这样早的时期，这样的观点是有意义的，因为它表明苏格拉底已经意识到艺术需要以某种方式把更加深刻的洞察力赋予实在，这种洞察力是未经训练的感知能力所不能提供的。如果把这种观点当作以后时期的形式理论，那是枯燥乏味的，因为它显然还只是一个非常简单的假设的未经批判审察的最初形式。

(2) 审美兴趣与实在兴趣

“美的事物本身能引起实在的兴趣吗?”也就是说，能够引起同实用的目的或欲望相关联的兴趣吗? 就我们所知，苏格拉底对这个问题的态度是无批判的，尽管他的思想历程可能会使我们想起康德的思想历程中的一个特征。据说，他决不承认除了与目的相关的情况以外，还有美存在的可能性。而在我们看来，这种关联似乎会损害审美观点和美的观念。不过我们应当记住，合理的系统假设是一种基本的审美要求，要求目的论的关联概念具有系统的形式是十分自然的。康德把美描述为一种合目的性，但它与一个实际目的又毫无关联。这一补充意见或许是对这种不成熟的相关性美的概念的一个很好的注释。在这个方面，柏拉图和亚里士多德都推进了苏格拉底的观点。

46 4. 毕达哥拉斯学派

关于早期的毕达哥拉斯学派，流传下来的只有一些传说，很难从中找出一些确定的历史事实。不过，根据亚里士多德的可靠记载，看来可以肯定的是，毕达哥拉斯学派哲学家在数学方面进行了成功的研究，但是他们对某些研究成果却按照神秘主义的方式进行解释。亚里士多德还明确地肯定，对于音阶的数的比例关系就是他们发现的。

（1）象征主义

从模仿和象征主义的对比来看，对数的比例关系进行神秘主义解释的习惯，以及用数的比例关系表示音乐效果的习惯，都为人们开辟了一条通道，从而避免把普通的感官实在作为终极标准和本原[①]。尤其是这种研究无疑也影响了柏拉图和亚里士多德对音乐具有突出的道德意义的看法。我们将会看到，他们两人在这方面的看法基本上是一致的。

按照亚里士多德的记述[②]，毕达哥拉斯学派实际上是把数当

---

① 参看《蒂迈欧篇》，80。

② 《形而上学》，A. 5 和 6。

作万物的本原，万物都是对数这个本原的“模仿”。接着，亚里士多德又说，柏拉图又用“分有”一词代替了“模仿”，意思是说，各种事物是通过分有抽象概念而存在，并不是抽象概念的再现。这就说明了，“模仿”一词可以被用得多么大胆，但也说明了，柏拉图整个说来倾向于对“模仿”一词采取更严格的用法。

我们且略去第二个对比，因为同我们这里的讨论没有什么关系，不过，我们可以指出以下几点。

（2）具体的分析

审美批判的产生是由于人们真正希望并且相信统一性原则可以用来分析形状、节奏、旋律和机体存在。因此，几何科学和基础数理声学的进步所开辟的前景很大程度上促成了审美批判的产生。当人们认识到可以证明音乐的效果或对称的图形所具有的魅力得自数的比例关系，也许这种想法本身就具有被人们大体正确地归于它的更深一层的意义。这种想法显然激发了科学的想象力，正像在今天光和声的物理理论激发了科学的想象力一样。

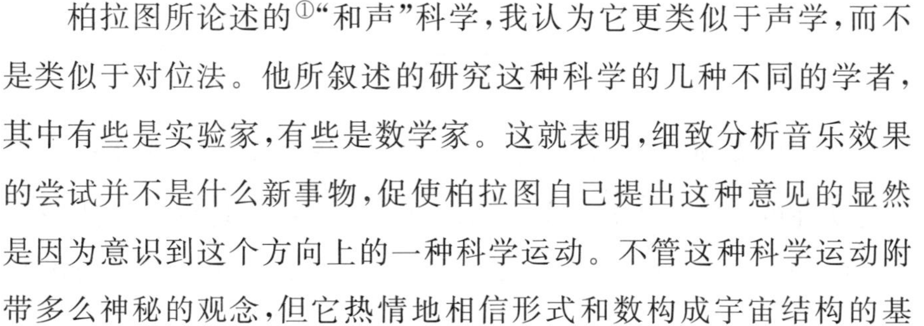

柏拉图所论述的[①]“和声”科学，我认为它更类似于声学，而不
是类似于对位法。他所叙述的研究这种科学的几种不同的学者，47
其中有些是实验家，有些是数学家。这就表明，细致分析音乐效果的尝试并不是什么新事物，促使柏拉图自己提出这种意见的显然是因为意识到这个方向上的一种科学运动。不管这种科学运动附带多么神秘的观念，但它热情地相信形式和数构成宇宙结构的基

① 《理想国》，vii，第530页以下。

础，这仍然在非常不同的实际知识水平上给批判的分析带来了近代思辨特有的全面性和勇敢精神。我们必须记住，公元前五世纪和公元前四世纪是数学理论取得真正进步的时期。生活在公元前四世纪末的欧几里得的《几何原本》中所包含的一部分知识内容就是在前两百年毕达哥拉斯的研究基础上培育起来的。在这方面，我们还必须提到一个传说，据说，波利克莱特斯在塑造多里福罗斯雕像时，曾把抽象比例的原则或规则体现到他所塑造的雕像中①。研究比例关系是一件事，而在艺术中用抽象规则代替创造性的知觉，则是另一回事。不过，在实行家的理论中，这两者常常被混淆起来。因此，在对具体表现力进行批判的分析时，也很有可能用抽象原则的分析来代替它。

5. 柏拉图

在柏拉图的著作中，我们既可以看到希腊理论中关于艺术的完备体系，同时也可以看到，势必要打破这一体系的种种概念。

(1) 象征主义

当我们发现，象征主义的观念，也就是在以感官形式体现看不见的实在的观念在柏拉图关于再现性艺术的明确理论中显然并不存在时，我们的结论一定会使人感到意外。因为，柏拉图极力反对

---

① 奥韦尔贝克，《希腊造型艺术史古代文献考据》(*Schriftquellen*)，第 953 页以下。

的自然一元论，一方面受到抽象的科学的鼓励，另一方面也受到抽
象的神秘主义的支持。他是以倡导自然和智力(或感觉和精神)的
二元论的先知的面目出现的。这种二元论可以说产生了把整个可
感知的世界转变成各种理念象征的结果。我们不能不做这样一种
猜测：同美的艺术有着深刻联系的后来的欧洲神学的根本来源就 48
在于《理想国》中那个重要的比喻，即把太阳和它的光芒比作绝对
的善及其表现或表达的产物和象征。《蒂迈欧篇》中独一无二的宇
宙，感官可感知的神，是终极理性的形象，也是同样方式的比喻，只
是排列略有不同。正是这种终极理性的形象，也启发了在后来几
个世纪中成为象征主义想象的主要内容的那些观念。

不过，柏拉图本人并没有确立这种联系。在他看来，形象和想象是低于自然和科学的。每一个持赞同态度的研究者都会感觉到他所关心的是本原的实在；而进一步作出再现性艺术是派生的实在的概括性结论，在他看来，这仍然是新鲜的和严肃的事情。

所以，柏拉图关于艺术创作的品级和目的的理论，与后来产生的新的象征艺术之间并无实质联系。

即使柏拉图主义的神话是真正的诗意想象的作品，情况也仍然如此。谁也不会怀疑伟大的希腊艺术在事实上包含着象征因素；但我们所探讨的主要是关于这一艺术的自觉意识的理论，理论家本人对这方面的艺术创作的说明并不比他可能了解的任何其他作品有更好的说明。不过，虽然这些神话绝不是纯粹的寓言，但神话中的寓言成分比象征主义的成分更多些。它们同《伊索寓言》或者普罗迪库斯的《赫拉克勒斯的选择》那样的寓言故事并不完全一样，不过，同这些故事的相似之处在于，它们都是为了传达抽象观

念，至于这些抽象观念体现的诗情画意，则被明白地认为是无关紧要的。柏拉图笔下的苏格拉底在结束有关斐多的伟大神话时说："一个明白人不应该说，我能一点不差地真实地描绘灵魂和灵魂的大厦，对此，就连我本人也难以置信。"严格意义上的诗歌是不可能如此冷酷地将内容和形式截然分开的。

因此，我们很难承认这些神话是象征主义艺术的真正范例；相反，我们应该从《对话集》的富有人情味的简单事件中，从这些对话表达的哀怜情绪、幽默的语言和形象的描绘中寻找这样的艺术。但是，我们已经说过，这些并不能真正说明柏拉图关于美的理论。

49 不过，有一点必须指出，柏拉图是很熟悉寓言式的解释方法的[①]。由于他的敏锐的辨别力使他拒绝用这样一种方法来解释伟大诗人的本意，看来，这倒使他避免对艺术作神秘的解释，而不认为这种办法是应当接受的。

另一方面，我们还可以看到，在柏拉图的论述中，有几个地方在理论上明确离开了那种认为再现性艺术只限于模仿普通实在事物的理论观点。

i. 形式美

在上一章中，我们比较充分地谈到了形式美的一般分析，认为其体现了统一性原则。在柏拉图看来，这种分析既适用于一切艺术和工艺，也适用于各种自然对象，而且，他实际上也用"模仿"这

① 《理想国》，378 D。

个词来表达以感官形式体现的精神观念[①]。

ii. 音乐的象征作用

就音乐来说，这一点特别值得近代读者注意。当我们从柏拉图那里知道[②]，某些节奏，显然还有某些旋律是对某种类型的生活或性情的“模仿”时，我们就感到他超越了形象和象征之间的界限。毫无疑问，在他看来，只有非常简单的音乐才具有这种明确的表现能力，而且从他的论述中，我们也不难看出他的思路转变的踪迹，这种转变就是，起初他主张在叙述中复制某种性格的人乐意使用的那种曲调和歌曲，也就是用相同的材料，用声音模仿声音，后来，他进而考虑按照表达当事人情感的曲调或节奏同当事人心绪的直接关系来加以复制。

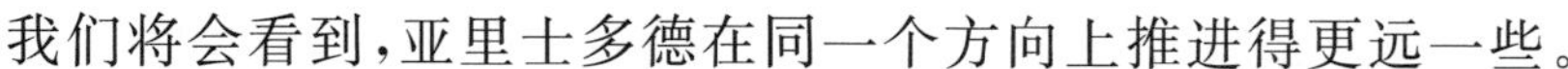

我们将会看到，亚里士多德在同一个方向上推进得更远一些。

iii. 美不只是形式美

值得我们记住的还有一点：在柏拉图关于艺术的明确理论以外，他还把美主要看作是智力的表现[③]。早期文学中持有的诗意灵感说，被主张模仿说的批评家们可能是不恰当地抛在一边，而柏

① 《理想国》，iii，401。
② 同上书，iii，400B 和 D。
③ 《克拉底鲁斯篇》，416。

拉图则以不同的讽刺的口吻加以采纳[①]。但是他大概是以一种合理的心理洞察力认识到，创作的才能和批判的才能都是独特而明确的，创造性想象中所包含的真理不是凭有条不紊的理性所能领悟的。

50 但是，柏拉图的这些意见同他对再现性艺术总的解释是不能协调一致的，而且在柏拉图看来，真正的爱美之人的地位在很大程度上要高于诗人和艺术家[②]，同哲学家的地位相当。因此，甚至有一种看法认为，对柏拉图来说，美的艺术不在美的领域之内[③]。我们已经谈到过，这种看法在什么限制条件下才是正确的。柏拉图认识到，理想内容事实上在展现人的作品中显得特别明显。然而，柏拉图的再现理论使他不能在这种意见的基础上建立任何关于美——尤其是艺术中显示的美——的明确观念。

（2）审美兴趣

我们已经知道，按照实用兴趣来评价美，不论这种兴趣是道德性的还是感官性的，都同样是非审美的兴趣。这些并不是说，通常意义上所说的快感，即描述愉悦的感觉，就是指一种非审美的兴趣；因为，如果我们说我们想要一种事物提供快感，我们只是说我们想要它使人愉悦。现在产生的问题比这种情况更为具体，答案取决于这种快感到底是从审美现象的单纯表现的效果中产生的呢，还是由于这一审美现象使我们想起实在对象的存在，因而从与

---

① 《斐德罗篇》，245A；《法律篇》719C；《美诺篇》，99D。

② 《斐德罗篇》，248F。

③ 夏斯勒的著作，i，89。

实在对象存在相联系的目的或联想中产生的。

因此，虽然柏拉图常常把以提供快感为目的的艺术和以增进道德为目的的艺术加以区分和对比，但我们决不能到这种对比中去寻找柏拉图对真正审美兴趣的态度。我们在上一章中已经说过①，早期的批评家们提出在艺术中增进道德的要求，就包含着美与生活的本质关系的健全判断。但是，在我们评估美学理论本身的进步过程时，我们决不能承认道德的增进是一种审美兴趣，正如我们不能承认作恶取乐是审美兴趣一样。我们倒是应该到柏拉图所设想的引人愉悦的表象领域以及这种表象的纯粹的和不纯的类型和条件之间的区别中，去寻找柏拉图对于与我们所注意的那个对比相关的意见。

但是，这种对比很容易以不直接回答我们的问题的方式表现
出来。按照柏拉图的看法，纯粹的快感是从真正的美中产生的。51
毫无疑问，这种纯粹的快感是完全排除任何坏的意义上的自私兴趣的。因此，这里的界限是相当清楚的。但这种快感是不是能够与比较高雅的实在情感和意志的令人愉悦的方面完全区别开来，常常是不清楚的。而不纯的快感又充满了感官的兴趣，甚至是痛苦或不安的兴趣；但是这种快感同真正的美产生的快感之所以能够区分开来，到底是因为它们同实在的欲望相联系（如同道德与实在欲望有关联一样）呢，还是因为它们作为快感本身被不安损了形象呢，或者只有在它们被人们看作是属于非道德类型的时候才能同真正的美产生的快感区分开来呢——这决不是一目了然的。

① 亦可参看内特尔希普的意见，载《希腊》。

我们可以引述柏拉图的两段文字作为这两个方面倾向的例证。第一段文字是上面引证的《斐里布篇》中的一段关于形式美或统一美的论述;第二段文字是《高尔吉亚篇》中的一段关于音乐艺术和悲剧艺术的论述,其中以讽刺的笔调将这两种艺术同日常的烹调技术——他否认这是艺术——作了比较[①]。例如,“而他们的严肃的姐妹(指合唱诗和赞美诗姐妹也提到了音乐演奏),也就是神奇美妙的悲剧女神缪斯,她又致力于什么呢?她的全部目的和愿望只是向观众提供快感呢,还是反对他们的罪恶的作乐而拒绝谈论此事,并且情愿以歌词和歌曲来宣示那些受欢迎的和不受欢迎的真理呢?到底哪一种是她的个性呢?

“毫无疑问,悲剧女神是转身面向快感和喜悦的。

“这种事情难道不就是我们刚才所说的取悦于人吗?”

在《斐里布篇》中,柏拉图认为快感至少应当是评价美的具有独特印象的一个必要因素,而在《高尔吉亚篇》中,他又含蓄地否定了这一点。不过,在《斐里布篇》中肯定这一点的那段话中,他又对那种快感加上了与下面几点相关的严格的限制:关于可以引起快感的感官知觉的种类,只有眼睛和耳朵的知觉可以引起快感,嗅觉稍微差一些,勉强可以列入;至于这些感官知觉在哪些情况下可以引起形式美的独特的快感,只有把不安的欲望排除在外,并且如同前面所说的那样具有独特的象征性质的情况下,这些感官知觉才可以引起那种快感。

① 《高尔吉亚篇》,501－502。

柏拉图在《大希比阿篇》中竭力坚持[①]审美感觉和非审美感觉 52
之间的分界，这就表明了审美兴趣和非审美兴趣的界限逐渐受到注意。即使《大希比阿篇》是伪造的，但也是有趣的，因为它说明了在审美兴趣和非审美兴趣的界限问题上，已经形成了明确的观念。从消极方面看，这些“理论感觉”同所感知的东西的物质消耗没有联系。从积极方面看，只有这些理论感觉才有认识结构的整体性的能力，我们已经知道，结构的整体性是构成美的首要条件。其他感觉都不具备这种能力，触觉和肌肉感觉或许是可以存疑的例外。柏拉图把嗅觉存疑地包括进来，这就极其有力地说明了，在柏拉图的心目中这种区分是怎样产生的。柏拉图所说的“纯粹性”是具有特殊意义的，那就是指不包含间隙发生的不安的欲望，如果我们按照这个特殊意义上的“纯粹”来判断，嗅觉的快感就是纯粹的；如果我们是在一种富于表现力的表象性质上呈现出来的有意蕴的统一或集中的精力[②]这个意义上来理解“纯粹”，按照这个意义上的“纯粹”来判断，那么，嗅觉的快感就不是纯粹的，而只是通常发生的令人愉快的感觉。

因此，如果在上面引述的《高尔吉亚篇》的这段文字中，柏拉图归于艺术的缺点只是说它所追求和产生的都是快感，那么，我们就应当发现这两段文字之间的差别。不过，在《高尔吉亚篇》中柏拉图归于艺术追求并加以责难的那个目的只是快感**本身**，这种快感是指不管有什么价值，不管是什么事物所产生的快感[③]。他说：

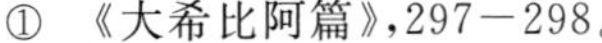

① 《大希比阿篇》，297—298。

② 参看罗斯金的《近代画家》，卷 2 中有关论纯粹性的部分。

③ 《高尔吉亚篇》，501A，朱维特本。

"烹饪之神在关照快感时从来不管她所关照的那种快感是什么性质或出于何种理由,也从来不作任何考虑或计算。"(他以讽刺的口吻把诗歌和音乐同烹饪相比较。在他看来,这些都同样是"取悦于人"的形式,也就是说仅仅只是提供愉悦而已)。这种比较说明,在柏拉图看来,既然具体艺术可以用来满足实际欲望,那么这差不多就是反对具体艺术的高贵性的一项理由了。极具启示性的一点是,为了要将这种比较贯彻到底,他主张撇开诗歌的诗体形式,仅仅考虑诗歌的内容,这也就是把诗歌变成另外某种东西。但是,他
53 并没有明确地提出这种理由,而是继续讨论早已提出的以提供快感为目的和以增进道德为目的的对比,因此,他实际上是赞同艺术的目的在于实在的兴趣,也就是道德兴趣,而不是审美兴趣。

我们只能得出这样的结论:柏拉图在认识到纯形式美的非常抽象的表现时,带有一种特殊的满足,仅就这一点来说,他对于审美兴趣不同于实在兴趣持有清楚的观点。在我们认为是高级艺术的那些具体的表现形式中,他未能把表现力引起的快感同他希望占主导地位的道德上的实际兴趣区别开来,也未能把表现力引起的快感同他所根本反对的现实主义的启示引起的快感区别开来。

在对话中的确有一项重复了好几次的重要论断,把美称为有教养者热爱的对象①。在我看来,人们不应当以此为理由就非常严厉地责备这种对柏拉图本意采取的看法。问题在于,他所说的这种对美的热爱之情应当怎样理解:究竟是指对于一个理念的实

① 《宴饮篇》;《理想国》,iii;《斐德罗篇》。

在的热情，还是对于转化为理念的一个人的实在的热情——一种要求对象具有实在性或者要求对象转化为实在的热情，抑或是极其具体的感官形象仅仅作为形象的魅力引起的理想的愉悦。对一个有吸引力的好朋友的纯粹的热爱，或者是对于秩序的原因或认识的原因的热情，也可能伴有精美的知觉，但是它本身同对美的热爱并不是一回事。此外，极其具体的想象或现象的表现力所产生的愉快由于脱离了原有对象的真实的实际的存在，因而除了在那些具有宏大崇高目标的人们的心中以外，实际上是很难存在的，但是，这种愉快本身并不是对任何现实的人的热爱，也不是对任何实际原因的热情。如果柏拉图的“美”是一种抽象的目的或原则，他所说的“对美的热爱”就是抽掉实在目的或原则的一种高雅的热情；如果他的“美”是在感官知觉的世界中的一种价值或意义，而这种价值和意义仅仅被看作具有表现力而不是达到任何目的的手段的话，那么，在这时，而且只有在这时，他所说的对美的热爱才是毫不涉及原有对象的实际存在的审美愉悦。

显然，这两个因素都进入了柏拉图的爱的哲学中，而且两者一般说来并不是截然分开的。前一种因素属于抽象的理想主义，后
一种属于具体的理想主义；因为，如果美从感官世界产生，那么，它 54
就不可能同意志和认识的对象区分开来；如果美在感官世界之中，那么它就属于一个完全确定的欣赏性知觉的领域。柏拉图的思想无疑徘徊于这两个极端之间。我们需要记住的是，艺术或美的目的在道德上的纯粹并不构成审美的纯粹，虽然艺术或美的目的在道德上的不纯洁的确构成了审美的不纯洁。

还值得注意的是，柏拉图已经看到想象和情绪之间存在着特

殊的联系[①]，而且多少还注意到，激情的自由表达[②]可以带来轻松和平静。他还觉察到，各种再现性艺术和各种实用性艺术之间的区别可以看作是逢场作戏和认真做事之间的区别[③]。后一种观念在近代被席勒这样的天才人物赋予重大意义，而在柏拉图看来，这是自然而然地伴随另外一种见解而来的，这种见解认为形象是低一级的实在，这就如同我们用一种轻蔑的口吻说某个外行人拿工作开玩笑一样。但是，就像柏拉图的许多为后人奠定了基础的思想一样，这也是包含了多种可能性的，只要在精神需要和成就方面有了更多的经验，这种可能性就会变成现实。

（3）具体的批判

上面所说的后一种看法使我们注意到，对于真正的具体的批判，柏拉图在极大程度上实质性地提供了所需要的材料。对于一个重大问题的理论的真正进展来说，思想家的立论能不能达到无懈可击并不重要，重要的是他应该把那种正确的经验综合成为紧密联系的整体并对它进行适当的论述，以致能够提出最重要的问题。

柏拉图对审美经验进行了条理清晰的综合，后来的历史证明这个综合是符合各种现象的本质的。他留给后人一个明确的观念：有一批再现性或想象性艺术，主要是雕塑、绘画、音乐和诗歌，再加上建筑及其附属的手工艺。它们互相联系统一至少是由于有

---

① 《理想国》，x，606D。

② 《法律篇》，790。

③ 同上书，889。

一个不同于单纯实用的制作性技艺的共同特点，因而，这些艺术的价值也就成了那些关心生活中最高尚事业的人们的一个难题。柏 55
拉图为了深入揭示这些现象的意义而提出的主要观点已经在上面谈到了。现在还需要指出一点，尽管他所关注的大量经验具有抽象的局限性，但这些经验仍然为后来的批判，也就是比他自己的批判更加具体的批判打下了坚实的基础。他指出了叙事诗、抒情诗和剧体诗之间的区别存在的原因，虽然这种区别本身并不是新的东西，但他通过分析[1]说明了这三种诗体中人物戏剧化的不同程度。他指出，一出悲剧是一个有机的整体[2]，并不是表现各种道德说教的一连串话语。他还作了一次尝试，想要确定他那个时代的声乐和器乐的诗韵旋律和其他特征同伦理和象征作用的密切关系[3]。这种尝试的内容大部分我们已经不得而知，但这个提议仍然是很有价值的。他指出，画家的第三个维度[4]是理想的而不是现实的，虽然他指出这一点主要是为了证明绘画与实在事物有很大距离。我们曾经提到，柏拉图认为一切造型性手工技艺（包括建筑术）与比较精致的各种再现性艺术，都具有象征价值，尽管还只是非常抽象的和简单的那种象征价值。他还以几何图形和简单的音调和彩色为例，对此作了比较具体的解释。如前面所说的，仅就审美感觉和非审美感觉的区分这个问题来说，柏拉图就为后代的哲学留下一个极其有趣而又困难的问题。而他赋予美在教育上的

① 《理想国》，i—iii，3。

② 《斐德罗篇》，268。

③ 《理想国》，i—iii；《蒂迈欧篇》，80B。

④ 《理想国》，x。

地位则证明了这位哲学家对美的实用情感，把美作为理性的感官表现，这一观点到最近又被人们重新提出来，成为近代生活中最深刻的指导思想之一。

这样，柏拉图凭着他哲学家的直觉，搜集并整理了一批比他的抽象的美学理论内容更富有启示性的经验，并且提出了许多只有比较具体的批判才能解决的难题。

6. 亚里士多德

我们在前面已经两次提到亚里士多德同希腊生活和思想的一般关系，这里无须细说。如果说过去从来没有像亚里士多德那样具有伟大智慧的人，那么，可以肯定从来也没有一个智慧杰出者遇到那样可贵的机会。在我们所研究的实在化的美的领域中，不仅
56 有许多已经产生并得到完全承认的最伟大的作品[①]，而且后来还有一个兴盛时期，就性质来说，这个兴盛时期一定会激发理论上的反思。这种理论反思不仅有完备的材料，而且这种材料大部分是按柏拉图的思想编制就绪的。这样，在一位最伟大的创始人之后，就会有一位后继的最伟大的研究家。

(1) 象征主义

按照我们在前面使用的方法，我们首先要研究亚里士多德在

① 如莱克加斯(Lycurgus，斯巴达的立法者。——译注)的法律就规定给三位伟大的悲剧作家建立雕像，准备并保存他们三人剧本的定本。

多大程度上修改了希腊人的一个基本观念：只有在普通经验中给人以愉悦的实在事物才能通过对它的复制使美的事物仍然可以给人以愉悦。换句话说，“模仿”一词的原有意义是指临摹某种可以临摹的东西，亚里士多德在给艺术下定义时并没有抛弃“模仿”一词，那么究竟他对这个词还保留多少原有的意义呢？“模仿”这个词在亚里士多德那里是不是完全偏到“象征主义”方面去了呢？

i. 现象的选择

很重要的一点是我们应当认识到，引起亚里士多德关注的主要是哪些审美现象。在美学上，正如在哲学的其他分支上一样，亚里士多德是最早给我们留下独立的专门著述的著作者。但是，这本专著的名称是《诗学》，这使得它的直接主题局限于文学，而在文学之内又局限于虚构的艺术或诗歌创作的艺术，尽管通常不一定都是韵文。《诗学》着重探讨叙事诗、悲剧和喜剧三种主要体裁。音乐只是在论述诗歌时附带提到。表演艺术和抒情诗的吟诵艺术被认为基本上是在戏剧艺术和叙事诗艺术之外的。所以在论述这三类诗歌时，虽然都始终联系到听众或观众的情感，但我们可以肯定地说，它们在本质上都是被作为文学看待的。抒情诗还没有一个单独的名称，而且也没有被看作一种体裁。造型艺术，包括建筑和小型装饰艺术，并不在这部专著的范围之内，尽管在举例时绘画被多次提及。有关音乐和绘画的论述都出现在其他著作中，但是对于这两种艺术所引起的快感，则没有进行系统的论述。因此，亚里士多德对这个主题的论述与美的艺术哲学并没有共同的外延。

我们从他那里能够推断他的美的艺术哲学有多大范围，我们以后就会明白。

按照我们的好奇心，就是希望他对帕特农神庙的山形雕塑或菲加雷亚的饰带给予批判的分析。如果说亚里士多德对现象的选择不能满足我们的好奇心，但对于美学科学的发展则是非常有利的。因为首先，我们就无法使希腊的诗歌同希腊思想本来就有的形式美学理论调和起来，尽管这种形式美学理论能够在不朽的希腊雕塑和庙宇建筑中找到某种根据。用术语来说，要探讨希腊叙事诗、悲剧和喜剧，其中至少必须包括有关崇高和丑的美学理论的一些基本要素。然而，要深入到美学的这些有特殊的近代色彩的领域，就必须抛弃艺术从属于日常知觉中给人快感的实在的观点。因此，《诗学》中关于喜剧的论述，原则上是对柏拉图关于戏剧的论述的最重要的发展，可惜的是，《诗学》中这一部分的具体内容失传了。

ii. 关于丑

亚里士多德认为滑稽是丑的一个分支[①]。这种看法同他选择的题材是一致的。既然滑稽是喜剧的主题，自然就应列入美的艺术及其基本特性的范围之内，不过，我这样说并不是肯定亚里士多德已经觉察到这种暗含的悖论。在这方面，具有更加自觉的启示性的是他一再强调的看法：一件模仿品常常是令人愉快的，尽管被

① 《诗学》，5，1。

模仿、被临摹的事物是令人不快的。他还把这种看法推广到整个"模仿性"艺术的领域。下面我要引证一段具有鲜明意义的文字，并试图对其中所说的现象加以解释[①]。

"看来，诗的起源完全是由于两个原因，这两个原因都在于自然的倾向。首先，模仿就是人的天赋的本性，从幼小的时候起就表现出来。人之所以不同于其他动物就在于人十分喜欢模仿。他们最早获得的知识就是通过模仿得来的。从模仿中得到快感也是所有人的天赋本性。事实可以证明这一点。因为有些事物，例如最 58
丑陋的动物或尸体的外形本身是我们不喜欢看到的，但是，把它精心绘制成图画以后，却能使我们看到就产生快感。"其次[a]，"还有这样的原因，不但科学家在发挥理解力时感到莫大的乐趣，就是一般人也是这样，只是他们在这方面的能力有限而已。正因为如此，人们在看到酷似原物的肖像时，就感到快乐，因为在看到这种肖像时，他们也就随之领会并推断眼前的每一件事物都是什么。比如说，'这就是他'；如果观赏者以前从来没见过原人原物，那么引起快感的就不是相似的肖像(模仿品)，而是处理技巧、着色之类的原因。"第二个"原因"是用来解释第一个原因的。从下面这段文字就可以看出[②]，"既然运用智力和感到惊奇二者都能给人带来愉悦，我们就必然会得出这样的结论：凡是属于模仿性艺术这一类的事物，如绘画、雕塑和诗歌(最值得注意的一点是，与下面所要讨论的问题有联系，这里没有提到音乐)以及一切模仿得生动逼真的事物

① 《诗学》，4。

② 《修辞学》，1371b，4。

都能给人以愉悦,即使在对象本身不能使人感到愉悦时,也是如此。因为给人愉悦的并不是那个对象本身,而是进行了推断,‘这正是它’,在这种推断中,智力的运用得以实现。”

亚里士多德在这里竭力加以阐述的现象开辟了通向浪漫主义艺术和近代理论的广阔前景。亚里士多德在多大程度上认识了它的意义呢?在这里我们再次遇到了一个由亚里士多德思想表面上的朴素性引起的难题。我们在下面就会知道,如果我们只是把他的术语变成现今的对等词语,对这些术语加以粗糙的、随便的解释,一定会步入歧途。不过,在原文中看不出什么微言大义的地方,如果把这种微妙含义加进去,也不能说是正确的。照原文理解,上面这段话说明了,我们之所以能够从令人不快的事物的形象中获得快感,因为我们只要认出所描绘的对象,就能从这一过程所涉及的智力活动和智力成就中感到乐趣。而这种快感的存在是没有任何疑问的[①]。但是,很明显,如果单是把“μανθάνειν”这个词的词义解释为“领悟”,把“συλλογίζεσθι”这个词的词义解释为“推断”,
59 我们也可以引出这样的概念:以充分欣赏的态度取得艺术再现中所体现的观念,甚至是心情。在这种情况下,我们就会达到一种与近代理论的解释相差无几的对亚里士多德的解释。在我看来,亚里士多德没有提到心情或情绪,这就有力地证明了前一种解释是正确的。对于希腊的批判理论的朴素性几乎怎样高估都不过分,至少对于近代读者看来是这样。不过,就这段文字来说,我相信,

① 参看弗拉·菲利波·利比(Fra Lippo Lippi,1406?—1469,佛罗伦萨画家。——译注):“僧侣们围成一个圆圈,高声唱着赞美歌”等等。

这种比较质朴的解释更接近真理，在下面我们就会知道，如果我们选择了比较表面的对亚里士多德的解释，那就会感到如履薄冰一样。我们无须再提醒读者注意，任何希腊术语都无法找到准确对应的英语词。我们根本不可能根据任何单一的译法进行严格的论证，但是，我们首先必须考虑到一个简单术语可能包含多么广泛的含义，然后才能认识到用比较复杂的语句来翻译的必要性。

不管怎样，很清楚的是，与那种认为形象同相应的实在事物一样影响我们的简单假设相比，再现性艺术中丑的魅力在当时是一个新观察到的现象。亚里士多德提示我们注意的是，肖像的吸引力的秘密不在于肖像的内容，而在于它是一个肖像这个事实中包含的某种东西，不论这种东西是什么。

iii. 诗歌的哲学意味

当我们在《诗学》中读到①，“诗歌[b]比历史更富有哲学的（或科学的）意味，更具严肃性”，我们就很容易感受到一种近代的气氛。而且这句话也的确可以表明，亚里士多德认识到的艺术的理想与柏拉图的很不相同。然而，这条原则是从戏剧的情节或行动的**统一性**假设推导产生的，这种统一性假设认为统一的和自我完成的行动或多或少是同人的个性的描绘相对照的，诗歌中的“科学的”要素在于它的典型的普遍性，如果我们注意到这些，我们就难免会怀疑，亚里士多德在这里所承认的理想化究竟是更接近于对希腊

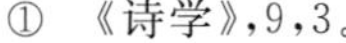
① 《诗学》，9，3。

戏剧的形式限制还是更接近于肯定希腊戏剧的伟大呢。从上面这段话的后面文字来看，如果亚里士多德根据这一理由真正喜欢变得衰落的后期的喜剧类型和风格[1]，而不怎么喜欢阿里斯托芬寓意丰富的幽默喜剧和肖像讽刺喜剧，那么他的观念远不像他的语言所表现的那样同我们的观念相似。当我们开始研究亚里士多德
60 对具体的特征刻画的态度时，我们还必须再谈到这一点，在这里，我们只要指出他是如何清晰地阐明了表象不应该完全受特定实在事物的束缚这个原则的，也就够了。

iv. 音乐中的象征主义

我们应当还记得，色诺芬笔下的苏格拉底讨论过造型艺术表现看不见的东西的可能性，并且还举出了眼神和姿势如何表示心理情绪作为例证。在柏拉图看来，全部艺术都能够具有这样的意义，但他特别注意的是音乐和节奏的表现能力[2]。而在亚里士多德那里，我们发现，他认为能够表现心理上或精神上的情绪的，严格说来只有音乐和诗歌，而把造型艺术[3]和心理情绪之间的关系明确地排除在外。因为，在亚里士多德看来，这些情绪在绘画艺术中只是通过姿势和面部表情等外部迹象**表示出来**，而这些外部迹象**本身**并不是与心理情感相似的表现。但是音乐曲调及伴有音乐的歌词“**本身**就包含着精神情绪的相似物（模仿物）”。这种表述看

---

① 参看《诗学》5，3，关于克莱兹（Crates）的一段。

② 《理想国》，ii，400B。

③ 《政治学》，1340；参看《法律篇》，654－655。

来肯定表明亚里士多德有意排除苏格拉底提出的观点，并且有意限制柏拉图所采取的观点。这样，“模仿”这个词的意义就不仅扩展到感情与节奏、旋律之间的任何一种直接表现的关系上，同时也限定在这种直接表现的关系上。

让我们把这一点同亚里士多德在一系列有待研究的问题中提出的极有意义的见解比较一下：“为什么只有从感官对象听到的声音才具有情绪意义呢？[①] 因为就连一个没有配词的曲调也具有情绪意义；但是色彩（这里指色彩本身[②]，排除通过色彩进行的间接描绘）、气味和滋味则没有情绪意义。”

因此，“模仿”一词最终排除了与某种感官实在“逼真相似”的意义，那么，我们在这里是不是就把音乐看作是精神情绪的直接体现而持有一种浪漫主义的观点呢？我认为，不能这样看。亚里士多德证明音乐直接包含情绪的本质的中心证据就是，情绪实际上是音乐引起的，特定的曲调似乎总能引起特定种类的激动[③]，如舞蹈、进行曲或赞美诗的音乐能够重新唤起某些基本的情感和活动趋势，几乎同一种药物所起的一定作用一样。我觉得他的意思是 61
说，音乐的运动不同于绘画的间接表现，它是在听到音乐时引起的精神或刺激的实际运动[④]。因此，他在这里决没有把“模仿”提升

① 《问题集》，919，6，26. διᾱ τί τὸ ἀκουστὸυ μόνου ἔχειήθοζ τῶυ αἰσθητῶυ. ἔχει ἤθοζ 这一简单用语是亚里士多德用语简洁的一个很好的例子。我们对这一用语的译法决定了我们对他的美学的整个看法。

② 这一有关色彩的严格性的提法同康德的看法十分相似。正文中所表示的意见的真实性至少是可疑的。

③ 《政治学》，1c Cont。

④ 《问题集》，1c。

为象征主义学说的意思，甚至“模仿”这个词所指的是不是一种审美效果，也是值得怀疑的，如果我们所说的审美效果不仅是指对一种刺激引起的反应，而且是指表现给人的快感。但是，亚里士多德喜欢从物理事实出发引申出它的理想意义。因此，我们这样说大概是接近真实的：从音乐刺激引起的不随意的反应的事实出发，他接受了柏拉图所坚持的心理情绪和音乐表现之间有类似的性质的论点。因此，像我们一眼看到就可以肯定判断的那样，他的确把一个象征性的因素吸纳到他的“模仿性”再现的学说中，同时把通过造型艺术的临摹这种简单情况从这种学说中排除出去。

v. 艺术对自然的矫正作用

最后，人们可能会注意到，乍看起来，亚里士多德关于艺术和自然相类似的论点，同康德以后的某些思辨理论有显著的相似之处。但是，就我们目前研究的目的来说，必须记住的是，虽然在这两种方案中，自然都被看作是与某种低级艺术相似的东西，然而在亚里士多德看来，可以弥补自然之不足的艺术是工业性的艺术[d]，它与那种复制自然创造物的临摹性的艺术是大不相同的。这里没有丝毫的暗示表明，称之为再现的艺术，用近代语言来说就是，能够从普通事物的假象中“把现象的真正意义解放出来①”。

因此，我们必须得出的结论是，亚里士多德不得不把模仿说加以引申，但他并没有抛弃模仿说而接纳象征说。他仍然把既定的

① 参看黑格尔的《美学》英译本序论，15。

实在事物作为标准，但是，他看到经过处理的实在事物有了不同——他看到这种实在事物一定要加以理想化。这种态度同艺术的表面的实际过程是非常吻合的，但从根本上说，其本身并不前后 62
一贯，而且也是不稳定的。因为如果既定的实在事物是标准，那么又是由什么来指出使它理想化的方向呢？真正的答案是："一个更深刻的实在。"但是，只要既定的实在事物是标准，我们就只能假定，这个答案是被排除的。非审美的答案是："道德原则是导向"。这个答案是极其明显的，我无法设想亚里士多德会完全排斥这种观念而不受其影响①。抽象美学的答案是："统一和对称是标准。"这个答案把艺术的抽象条件同艺术的具体内容混淆起来了，这就等于告诉我们，只有理想的树，没有具体的树。只有理想的戏剧，它们的主要事务是遵守统一规则。亚里士多德的美学的局限性往往使他难以避免把两者混淆起来的趋势，具体地说，他到底能在多大程度上避免这种混淆，我们将在后面设法加以探讨。同时，看来我们完全可以把他关于美的艺术和自然的关系的看法概括为：对既定实在事物的理想化的模仿。

（2）审美兴趣

我们现在要问，亚里士多德既然认识到应当划清美所提供的特殊快感同实在事物的实用关系所带来的一切满足（不论是道德的、非道德的，还是不道德的）的界限，那么，他究竟在多大程度上摆脱了希腊理论固有的道德主义的局限性呢？

① 参看前面第三章。

i. 美、美德和快感

当我们开始研究亚里士多德在美的问题上的一般论述时，我们发现他所作的许多区分显然都具有上面所说的那种性质。但是，这种区分的每一要素，按照亚里士多德的一贯方式，都是为了当时的目的才加以坚持的，因此，在某一段文字中是已经清楚了的问题，在另一处又显得模糊起来。

在他认为数学可以处理属于美的属性时[1]，美就同善区分开来；在把平凡的生活[2]与高尚的生活相对比时，美就同急功近利的权宜之计区别开来，但又同一种形式的善等同起来；在他把性的选择[3]与审美的选择加以对比时，真正的美就同仅与欲望相关的美区别开来。这样，他在划分美和单纯的愉悦之间的界限时，就比确定美和道德之间的界限更为坚决。而在亚里士多德提出的最引人
63 注意的美的定义“美就是那种因其为善，故能使人愉悦的善”[4]的行文中没有发现把美德明确地包括在美的名目下。不过，这样对美德的归类大概不是出于道德训导的理由，而是因为美德具有同感官美类似的某种直接的辉煌壮丽的性质[5]。但我们也可以看到，把美局限于感官和想象领域的原因明显是由于美德的缺乏，只

① 《形而上学》，1078。
② 《修辞学》，1390。
③ 《问题集》，896b。
④ 《修辞学》，1366。
⑤ 同上。

有从他对“模仿性”艺术的高度关注的事实中，才能看出这种原因。

如果让亚里士多德按美的一切关系同时对美加以界定，无疑他一定会满意地找到美的边界。但是，事实上，他并没有给我们留下一个关于这个总的问题的系统的论述，而且他自己似乎也没有打算作这样的系统论述。

ii. 教育上的兴趣

有人提出[①]，亚里士多德对美的兴趣主要是从教育方面出发的。诚然，他对音乐和绘画的主要论述都见于《政治学》中论述教育的几节。但是，我们必须记住，把审美上的兴趣引入教育与把教育上的兴趣引入美学并不是一回事。亚里士多德至少有一次肯定是把审美上的兴趣引入教育中的。至于他在多大程度上把教育上的兴趣引入美学中，最好是在论述他的著名的悲剧定义时再来加以讨论。

亚里士多德在批评把绘画看作教育的一个要素这个公认的见解时有一段有名的话，这段话可以证明，他认为教育若不致力于培育真正的美感，就是不完备的。他指出[②]，之所以要教绘画，是为了使学生对事物的美具有良好的观察能力，而不是仅仅为了向学生灌输估计物品的商业价值的技巧。在讨论音乐教育的目的时，亚里士多德在多大程度上表现出一种类似的审美兴趣，这主要要

① 参看“论美的灵魂”，本书第 50 页。

② 《政治学》，1338。

靠我们对他的悲剧定义的解释。这一悲剧定义在探讨教育问题的部分章节中也有所反映。事情的确很明显，亚里士多德之所以重视音乐和戏剧，不仅仅是因为他作为教育家重视音乐和戏剧对性格的影响，而且是因为他是一个深谙世事、老成练达之人，很重视音乐和戏剧的陶冶功能和社会功能。问题在于他所理解的高级的陶冶作用的确切性质是什么。

64

iii. 悲剧的功能

对于摆在我们面前的这个问题，最好联系亚里士多德关于这种高级陶冶作用的一种形式的记载来进行讨论，这是亚里士多德在这方面留给我们唯一完好无缺的记载。

a）亚里士多德留给我们的材料

我认为，《诗学》中著名的悲剧定义可以很好地意译如下："悲剧是一个高雅的和自身完整的情节的再现（模仿），具有可以觉察到的规模，用具有特殊吸引力的语言来叙述，各个部分采用不同种类的抒发方式，通过表演者而不是通过叙述方式展开，并且依靠（刺激）怜悯和恐惧的心理使那种性质的情绪的宣泄得以缓解。"在这些定义用语中，"高雅"一词把悲剧同叙事诗共同具有的题材，与喜剧和讽刺剧共同具有的题材即各种形式的低级的东西或丑的东西区分开来。"自身完整"是指对有机统一的结构的要求，有开端、中间和结尾。这是亚里士多德严格要求的唯一的统一形式。时间的统一只是在谈到情节按惯例应限于一天或一天多一点的时间范围时，才有所涉及。关于地点的统一则完全没有提到。"具有可以觉察到的规模”是指一件美的事物从它的各个部分来看必须是易于领会的，同时又是一个整体。“用具有特殊吸引力的语言来叙述”是指采用节奏和旋律。“采用不同种类的抒发方式”是指抑扬顿挫的朗诵同合唱曲的区别。“通过表演者展开”是指把戏剧同叙事诗区别开来。不过，值得注意的是，亚里士多德承认对于一出戏剧也可以通过诵读来评判。这个定义的其余部分，一直是争论不休的课题，这种争论也许永无止息之时。由于篇幅所限，我无法在这里为我满怀信心地采用的译文[1]详加辩护。我还要略提一下一件在历史上非常有趣的事实，κάθαρσις 一词被我意译为“使宣泄得以缓解”，而莱辛为了与他那个时代还没有为歌德所解放[2]的精神保持一致，用一个对等的词把它译为“净化”，并且认为，这是表示把一般的激情或情绪转化为合乎美德的心情。歌德根据一般的理 65
由对这种解释正确地提出了不同的看法，但是他自己提出的代替这种解释的意见又与亚里士多德时代的希腊不能兼容。黑格尔[3]虽然没有直接反对当时的用语“激情的净化”的可靠性，但从他对这个用语的解释和限制来看，他把它变成了能够用在亚里士多德身上的最丰富广泛意义的媒介。

亚里士多德在《诗学》中对κάθαρσις这个词的明确解释并没有流传下来。这里采用的译法主要是依据（但并非完全依据）《政治

① 根据伯奈斯的著作《关于亚里士多德的戏剧理论的两篇论文》(*Zwei Abhandlungen uber die Aristotelische Theorie des Drama*)，柏林，1880年，最初发表于1857年。这本书的启发性和鲜明性是无论怎样赞扬也不为过的。

② 伯奈斯，同上书。

③ 《美学》，3，531。

学》中[1]论述音乐的某种效果的一段文字。从这段文字中可以看出，“净化”（或不如说“洁净化”（purgation））并不是教育领域的用语，它是个特殊的用语，指的是对于易产生怜悯和恐惧情绪的人（所有的人都在一定程度上具有这种倾向）的一种作用，类似于狂欢节的紧张所产生的作用，狂欢节的紧张能够使具有精神狂迷气质的人先是激动然后逐步恢复平静的心态。正是由于音乐（这里明确地提到戏剧音乐）具有类似的作用，才能够使一切人——只要容易产生怜悯和恐惧的情绪——经受“有快感伴随的净化和抚慰”。这里用来模拟的是医学上的事例，这就说明，这个词指的是激情的缓解，而不是指激情的净化。

在评价亚里士多德设想的悲剧的目的时，我们只能限于这样一些微薄的材料。除了这些材料之外，我们还可以指出这样几点：亚里士多德认为，美的法则必然适用于对情节的悲剧式处理[2]；他在《修辞学》中指出，怜悯情绪和恐惧情绪在心理学上是有联系的。由此我们可以推断，他提出了一种通过人的同情心发挥作用的理想化的恐惧概念，这是他所提到的悲剧情绪的本质。快感是悲剧的目的，至少是悲剧目的的一个要素，但这并不是指所有快感，而是指借助艺术表现（模仿）从怜悯和恐惧中产生的快感[3]，但是，好的音乐——而且我们可以设想，还有好的诗歌——具有的“净化”功能，尽管一方面同教育和启示有明显不同，另一方面与提供给比

① 《政治学》，1340a，1342a。

② 《诗学》，7，4。

③ 同上书，14，3。

较平庸的一类听众娱乐或消遣(ἀνάπαυσις)的低级音乐也是不同的[①]。

b）对他的意义的估计 66

在比较柏拉图和亚里士多德各自对于悲剧的次生性效果的估计时，我们往往会忘记，他们在悲剧的原生性精神作用问题上的看法是多么的一致。在一出戏剧的观众[②]尽情发泄他们的情绪——主要是怜悯或恐惧的情绪——的时候，他们并不受实际生活的限制，因此，他们就在这种尽情发泄中得到快感。为了追求这种快感，悲剧作者愿意不惜一切代价，不惜使用一切激动情绪的手段来获取——至少，柏拉图是这样认为的。从这里开始，他们两人就有了分歧，柏拉图所考虑的只是如何通过习惯和感染使情绪得以加强。而亚里士多德则采用了另一条原则，尽管柏拉图对这条原则并非全然不知，但在这样一种情境之下，亚里士多德实际上开始了一个新的起点。

这条原则一般说来就是，情绪仅仅通过尽情发泄就可得以缓解、解除或镇静下来。这并不等于说，在他们的教育理论中，他们二人都主张情绪可以在道德感化的影响下激发起来而得到锻炼。但是，亚里士多德是不是持有和这一观点完全相反的看法，也就是，是否把单纯的精神激动的事实看作艺术的基础，而不考虑精神活动的内容与生活的关系，那是我们现在必须研究的问题。

这个问题同亚里士多德对使人不快的事物的再现给人以享受

---

① 《政治学》，1341。

② 《理想国》，x，606。参看《斐德罗篇》，268。

的心理解释可以互相补充。在那里的问题是:“他指的究竟是单纯的认识给人的快感呢,还是从深刻的欣赏得到的满足呢?”在这里,问题是:“他指的究竟是惊心动魄的情绪引起的一种适宜的疲惫带来的快感呢,还是从既有合乎理性的又有非理智的病态的丰富的情感冲突中产生的一种平静心境给人带来的愉快呢?”简言之,他是不是既考虑到理想的内容又考虑到心理的情感呢?换一种形式来说,这个问题就是,亚里士多德是不是和柏拉图一样认为,悲剧追求的快感就是不惜一切代价的快感。

我觉得,我在这里碰到的问题是一个异质定义的问题。我们已经知道[①],这种异质定义是十分引人注目的,但却是十分错误的。显然,最普通的激情——如愤怒[②]——给人带来的令人愉快
67 的震惊是亚里士多德已经注意到的并且影响了他的美学理论的事实。显然,他用来和他关于宣泄缓解现象的概念相类比的病态现象,既同人们在阅读《安提戈涅》和《科洛那斯的俄狄浦斯》的过程中产生的激情缓解以后的平静心境有相似之处,也同人们从一本极坏的剧本或小说产生的不健康的激动缓和下来以后的麻醉性的疲惫状态相类似。

但是,同样明显的是,亚里士多德并不想把粗俗的不健康的情感同悲剧艺术的作用等同起来。悲剧的目的是获得愉悦,但只有悲剧给人的愉悦才是悲剧的目的,悲剧带来的愉悦是由悲剧定义的条件所严格限定的一种欣赏形式。因此,如果我们要问,怎样才

---

① 参看第一章。

② 《修辞学》,1370b,10。

能使这种限制、这种在既定的实在事物范围内的选择和取舍显得合理，我们就会发现，真正的答案只有一个，那就是，艺术不仅要摆脱普通事物的标准的束缚，而且要摆脱类似使具有普通感受力的人们胆战心惊的目的的束缚，从而使艺术得到完全的解放。因此，艺术必须具有最丰富的表现力，那样一来，“理想化”也就成为这一要求的简单结果，而单纯的感情宣泄就被认为是不适合于艺术的一个极端，而另一个极端即道德的净化也同样是不适合于艺术的。亚里士多德并不打算抛弃表现普通实在事物的原则，这就不能同他认为全都必不可少的这样一些目的调和起来。因此，他只是把这些目的摆在一起，尽可能地使它们互相制约。快感和情绪是必要的，但不得牺牲崇高，崇高是必要的，但不得牺牲激动情绪的力量。

亚里士多德虽然正确地强调抒发方式和智慧，但并没有因此就认识到艺术的这些因素带来的愉快并不是单纯心理的偶然现象，而是自我表现中包含的欢愉的表现，是审美愉悦的最后的根源和基础。因此，如果问我们，亚里士多德是否认识到审美兴趣与实在兴趣（或者是道德的，或者是享乐主义的）是互相区分开来的，我们就会感到很为难。亚里士多德认识到，情绪的抒发方式、合理的内容，对实在事物的自由表现，这一切都是艺术的要素。但是，他并没有把这些要素结合为“用自由地从实在事物取得的形式，以富有情感的抒发方式，表现合理的内容”，相反，他倒倾向于把这些要素分为“抒发方式给人带来的愉悦”，“理想内容的形式美”和“在道德上对实在事物的矫正”。因此，我们或许应当回答说，他认识到
了审美兴趣的所有要素，但是，他在谈到这些要素时使用的词语往 68

往只表示它们源于普通的实在事物,而没有指出它们在艺术欣赏中已经发生了理想化的变形。但他毕竟还着重指出,即使内容和情绪本身是痛苦的,人们还是可以从表现和自我抒发中获得愉悦,这无论如何是与依赖于既定实在的关系有本质区别的步骤,并且同近代人关于运动或模拟行动是宣泄剩余精力的观念,以及为表现而表现的观念十分相似。

(3) 具体的批判

我们已经知道,对亚里士多德来说,普通的实在事物的标准已开始让位于观察到的各种理想化的必要因素,而且他还阐明,美的艺术,就其最高级的形式来说,集中在富含情绪的自我抒发之中。在我们的第三项对比中,现在我们要问,他的批判的洞察力具体在多大程度上突破了希腊美学的形式的抽象性,并且转变为对具体的表现力特征描述的分析性探讨。

i. 历史和戏剧的要素

同柏拉图相比,亚里士多德甚至在某种程度上忽视了由于对象方面的材料不同而产生的那种具体性。看来,他没有留下有关建筑和小型工艺的审美意义的任何论述。就连雕塑和绘画,虽然在讨论具体问题时提了一下,也被他认为在表现能力上低于音乐和诗歌。只是由于他这样提到了雕塑和绘画,同时他给一般的美的艺术保留了“模仿性”艺术这个共同的名称,我们才能有根据地从他对于音乐和诗歌的论述中得出类似于普通美学理论的结论。

不过，这毕竟是第一次有人尝试对一种艺术形式的结构演变过程进行分析，并且从人性的基本倾向推断它的根源。这标志着美学思想史上的一个时代的开始，这个时代虽然是一个历史演变的过程，但它永远是最有活力的。因为历史总是要包含某种认识，通过人们的所作所为表现出他们的具体的人性，而对于结构的最基本的分析则开辟了一条使反思到达它的对象的路径。

“模仿”[①]或再现，是人固有的倾向。它在诗歌中一开始就有 69
两种对应的形式，这样，《伊利亚特》或《奥德赛》就成为悲剧的先河。而《马耳癸忒斯》则为喜剧的先河。这两种戏剧都是由集诗人和演员于一身的表演经历种种变化发展而成的，但喜剧在臻于完备之时要比悲剧晚一些。在这一发展变化过程中，之所以要采用抑扬格，乃是由于抑扬格的性质在所有的格律中与普通谈话的声调最接近。这些见解，加上著名的有关演员数量的详细说明，以及关于悲剧由于有合适的形式最终臻于完备的见解，就构成了亚里士多德的简短的戏剧史的基本内容。

他说，戏剧通过模仿的冲动，其原因在于人的本性；而人的性格中的两种不同倾向，即追求高尚的倾向和追求卑劣的倾向则成为戏剧的指导。

即使从上面这个不完备的综述中，读者也会感到这位伟大的自然主义者给自己的主题注入的活力，并且会在人的本性的壮丽多彩的各种自我表现中认识到它的统一性。

亚里士多德虽然没有为艺术想象这种功能确定一个明确的名

① 《诗学》，4。

称，但从他在分析悲剧时所用的专门用语可以看出，他认为艺术想象是一种多么重要的功能。我们也不必设想这些用语都是他自己独创的。

亚里士多德把悲剧从量的方面分为“序曲”、“进场歌”等段落。即使这些段落的划分也能够表明他感到艺术作品应有必要的次序。倘若我们撇开量的划分不谈，那么就应该指出六个质的要素[①]，其中三个要素构成再现的对象，即情节、性格（或者说道德气质）和智力上的反思；两个要素构成再现手段，即语言表现和音乐；还有一个要素就是再现的方式，即舞台装置（mise-en-scène），对希腊人来说，其中包括表演者的面具。

这六个要素并不都需要专门加以讨论。“情节”即“事件的组成”，乃是全剧的生命，也是检验诗人的重要试金石[②]。上述有关统一性的规定都是与情节有关的。情节可以是“简单的”，也可以是“错综复杂的”，而且每一次都包括着从快乐到灾难或从灾难到快乐的转变。如果是“错综复杂的”，还要包括促成这种转变的原
70 因——“意想不到的变故”或“领悟”。情节中还要包括“哀怜”（pathos），即“灾难性的或痛苦的事件”。这里第一次提到引起“哀怜”的外在关联，是值得注意的。

他还进一步对情节及其各部分的结构进行分析，以便使情节同悲剧情绪的条件相吻合。至于亚里士多德的理论认为这种情绪具有什么性质和内容，我们在前面已经讨论过了。应当关心的是

① 《诗学》，6，7。

② 参看《斐多篇》，61B；根据伯奈斯的著作，第186页。

人生问题。至于他所关心的是什么样的人生，我们觉得是一个更难于回答的问题。

最后，每一个悲剧又可以分为“结”（或纠结）和“解”（或了结）两部分。“纠结”（entanglement）这个词如果不适用于（悲剧的）故事内容或“论题”，也可以称之为“情节”（plot）。

人们同时会看出，这一分析对“模仿”实在事物的艺术提出了多少理想的要求——它是怎样致力于把纷繁复杂的生活景象集中为统一的、融贯的、动人而自然的画面。值得注意的是，亚里士多德比柏拉图更为明确地认为舞台装置不属于诗人艺术的范围，尽管它本身是颇有吸引力的。

值得指出的另一点是，亚里士多德从多方面为诗人的破格自由进行辩护，反对太拘泥于字面上固定格式的批评。他认为对诗歌的说明必须承认诗人在一定程度上对语言加以灵活的运用[①]，一件事情即使按照一门专门科学判定为错误的，只要不是恣意妄为，按照诗的目的来判断，就不一定是错误的。剧中的行动既要按照行动本身的优劣对错来评判，也要按照是否适宜来评判。

ii. 情节和性格刻画

在悲剧的六个要素中，有两个要素之间的关系非常重要，我把它专门留到现在加以单独讨论。性格刻画或特征刻画，之于情节，处于什么地位呢？

① 《诗学》，25。

像在论述其他问题时一样，对符合亚里士多德的本意的观念我首先要从概略的和现成的理解开始。如果我把流行的译法看作照字面直译的，我们就可以获得这样的理解。就目前这一问题来说，我可以引证马哈斐先生的一段话[①]来说明：

“在这几个不同的要素（即上述六个要素）当中，亚里士多德正确地认为情节最为重要。他说，最近的悲剧作家由于注意到这一点，所以未作任何性格刻画也能获得成功”。“ēthos”一词，我在前
71 面译为“道德气质”，在这里则译为“性格”。所指的显然是现在人们所理解的性格——如莎士比亚的作品或萨克雷的作品中艺术描写的对象。

这样归于亚里士多德的观点同我们的看法有惊人的对立。在我们看来，没有性格刻画的单纯的情节就同字谜和它的答案一样兴味索然。所以，在艺术中也就同不靠人物的光彩而只靠离奇复杂的情节取胜的故事一样兴味索然。的确，我们要求有结构完善的情节，但是，我们也认为，艺术中的行动（情节）如果不是由人们的性格必然产生的，那么就不配称之为艺术。然而，亚里士多德的话语听起来带有强烈的相反的意义。我现在要把我们的判断所主要依据的整段文字复述在后面，只保留原有的“ēthos”一词未作任何翻译。我认为，在柏拉图著作和亚里士多德著作中，“ēthos”这个词的正常的**应用**只适合于用**单独一个具有道德含义的词**——如“勇敢”、“克己”、“慈祥”以及它们的反义词——**所代表的**那些类型的性格。我相信，这样说是不错的。

① 《希腊文学史》（*History of Greek Literature*），ii，409。

亚里士多德在列出悲剧的六个质的要素之后，接着说[①]："在这六个要素中，最重要的是事件的安排（情节或特征），因为悲剧所再现（模仿）的不是男人和女人，而是行动和生活，可是行动总是与有幸与不幸相伴而生，而且人的目的总是某种活动，而不是一种品质。不过，人的品质由 ēthos 所决定，而他们的幸与不幸则取决于行动。因此，诗人并不是为了表现人的 ēthos 才来再现行动着的人，而是在再现行动时，附带地表现了 ēthos。因此，事件和情节才是悲剧的目的。在一切事物中，目的最为重要。此外，悲剧中如果没有行动，则不成为悲剧，但若没有 ēthos，仍然可以是悲剧。大多数新近的悲剧中都没有 ēthos，而且在诗人的作品中，一般也少见有 ēthos 的。因为，他们就像画家当中宙克西斯与波吕格诺托斯的关系那样：波吕格诺托斯是一个善于刻画 ēthos 的画家，而宙克西斯的绘画中则没有 ēthos（我们能够说亚里士多德的本意是说宙克西斯画不出特色鲜明的肖像画吗？）。再则，如果你把一些具有
ēthos[②] 并且在语言表达和思想方面都非常优秀的对话串联起来， 72
你并不能达到悲剧的效果，而一本在这些方面略逊一筹但有情节、在事件安排上比较合理的剧本却能实现悲剧的目的。这就跟绘画一样，用最鲜艳的色彩任意涂抹成的画倒不如用粉笔画成的肖像那样使人感到愉快。此外，悲剧中最引人入胜的要素是出人意料的变故和领悟，这两个要素都属于情节。这就进一步证明了我们的观点：初学写诗的人总是在先学会表达情感和刻画 ēthē（ēthē 是

① 《诗学》，6。

② 参看《斐德罗篇》，268。

ēthos 的复数)之后,才能够懂得如何安排一连串事件。早期的诗人几乎全部如此。因此,情节是悲剧的主要动力,而且可以说是悲剧的生命,ēthē 则居于其次。因为悲剧所再现的是行动,以及行为者,但那只是为了行动的缘故。”这段文字应当同第三章中所翻译的那段文字加以比较。

人们可能会注意到,如果这里的 ēthos 一词和近代意义上的性格或刻画相当,那么结果就是,与绘画相比,性格刻画就与肖像画相区别,而与非绘画的色彩效果相当了。但是,后者倒是可以说是一个极端的比喻,表明这种 ēthos 同我们今天所说的性格相距是多么遥远。因为按照《问题集》中的叙述,单纯的色彩本身并没有表现能力,甚至连心境或性情(ēthos)都不能表现,因此,我认为,它更谈不上表现富于个性特征的性格了。

此外,“ēthos”可以决定一个人属于“哪一种人”[1],而这里所说的“哪一种人”主要是指他是好人还是坏人[2]。不表现 ēthos 的谈话就表现不出对一种目的是肯定的还是否定的关系[3]。这里所说的目的,是指体现讲话人的 ēthos 的那种目的,也就是主要指它是好的还是坏的目的。而且,把“伦理性的”对话串联在一起的说法,在我看来,显然也是和柏拉图的说法相仿的。在柏拉图看来,初学者笔下[4]的那些情绪激昂慷慨的高谈阔论同大师笔下的布局安排完全是不可同日而语的。“智力上的思考”是一个与 ēthos 不同的

① 参看前文第 26—27 页。

② 引文参看第三章,第 26—27 页。

③ 《诗学》。

④ 《斐德罗篇》,268。

要素，这一事实也同样证明了上述看法，因为在每一个真正的性格肖像画中都包含着能力的特征。

因此，在我看来，亚里士多德美学中的 ēthos 并不是指可以在 73
近代艺术中找到的那种富于个性的性格，那种神秘的同时又是容易理解的具体的活生生的作品，而是指更具有类型和一般意义的、并非与道德论没有关联的某种东西，就像我们说“好的”或“坏的”性格时那样。因此，如果我们研究一下亚里士多德对悲剧中 ēthos 需要具有的条件，我们就会发现有四个要求：第一，它必须是善良的；第二，它必须是适合于人物的；第三，它必须是自然的；第四，它必须是一致的或者说一贯的，在人物具有不一贯的性情时，那么它就一定是一贯地不一致。毫无疑问，后面几个要求说明亚里士多德对于性格刻画的重要性已有了明确的认识，但需要注意的是，这几个条件中，善良是首要的，其余都是次要的。亚里士多德关于善良的这个要求很可能是在一种含混的要求之下想要指出，剧中人物的性格需要出色的特征刻画，因而赋予最坏的性格也具有可容忍性，或者说美。不过，他在任何地方都没有提出这种看法，因此，我们没有根据他的规定作这样的解释。

因此，我们觉得，对亚里士多德的用语照字面直译似乎可以表示出来的那种对比，可能并不符合他的本意。他可能并没有把情节——作为单纯的字谜和谜底那样的情节——同富于个性的人物性格的刻画加以对比，而是试图将着力推动事情发展的行动或对话中表现出来的人物同旨在强调对话人这种或那种性格类型的独白或对话对立起来。他从绘画中举出的例证就能证实这种看法。他似乎不是把情节比做真正的人物本身的画像，但是我们必须设

想，他是把情节比作行动和生活的画像。这就是说，我们不妨设想，这是指按照人物性格的必然性的人物行动的画像。单纯的字谜式的情节不是生活的画像。不过，亚里士多德十分强调幸与不幸的事件，这也许会使我们感到，对希腊人来说，可能比我们更为自然的是，像孩子般地关心单纯事件的兴趣，关心人的成功或失败（并不是因为他们具有伟大的性格，而是因为他引起了我们的注意）的兴趣 。

然而，如果我们要坚持我们不能不得出的这种看法，我们就会发现，我们认为是亚里士多德提出的观点，并不是关于戏剧的一切
74 见解中最幼稚的见解，而是最深刻的见解。我们不能再想象，亚里士多德把精巧的情节结构放在第一位（因为离开了性格，情节结构也只有精巧技能而已），而且认为思想和感情的表现是第二位的和多余的。我们应该认识到，在亚里士多德看来[f]，通过行动中的性格造成的人生的必然运动和冲突来揭示人生，同进行道德化的议论或单纯的情感的抒发是大不相同的。

欧里庇得斯以后的悲剧作家对我们来说，只是一些名字而已。而在索福克勒斯之前去世的欧里庇得斯本人对亚里士多德来说是古代风格的范例还是近代风格的范例，那就很难推测了。我认为，查阅文学史是不可能弄明白这个问题的。我们很难说，刻画性格特征的倾向在以后的悲剧作家当中有所减弱，虽然在这方面从没有人超过埃斯库罗斯的某些作品。但情况也很可能是这样：像《被缚的普罗米修斯》这样的一个剧本，在亚里士多德这位美的哲学家看来，从最严格意义上来说，算不上是一部戏剧，因为它的吸引力完全依靠对超乎常人的勇敢和忍耐力的描写，其中几乎没有任何

情节的因素。我认为，这是只有 ēthos 而没有戏剧布局的剧作的一例。对于我们近代的大戏剧分析家是否有真正的能力构造出一个有情节的剧本来，一直是存在着怀疑的。如果这种怀疑是有道理的话，我们不妨举出勃朗宁作为一个例证来说明两种主张之间的对比：一种主张是要把展现好的和坏的性格的独白串联起来；另一种主张是要巧妙地安排戏剧的情节。

然而，我相信，我们这样加以对比的两种观念都不能准确地表现亚里士多德的主张。他的主张实际上是介于上述两种主张之间的。我们只能得出这样的结论：他一定赞成，性格中成为情节的动力源泉的那个要素是人的处境和状况的一部分。但他并没有坚持这一要素的主观方面，这就说明，他的观点在整体上仍然是希腊式的，要比那种认为人的心灵是全部戏剧的本质的观点更单纯一些，也更注重外在方面一些。不过，我们仍然赞同他的这种看法：如果不是真正由故事的必然性发展所引起，仅仅展示性情的道德方面，那么，这样的展示对戏剧来说是多余的。

因此，我们不能认为，由于亚里士多德把兴趣放在对伟大性格及其冲突中体现出来的精神力量的自由描写上因而明确地打破了 75
希腊美学的束缚。他所关心的主要是戏剧的布局和结构的统一。只是随着他对这种统一性坚持进行深入细致的探讨，它才变得愈来愈具体，愈来愈丰富。我们基本上相信，他把那种具有最深刻实在性的精神力量当作艺术再现的对象，而不是把普通的日常生活现象当做艺术再现的对象。他这种看法是实质上的，决不是形式上的。

有人认为，亚里士多德在他的整个美学讨论中都在含蓄地批评柏拉图[1]。这就是以一种可厌的方式断言亚里士多德的头脑中完全是从柏拉图那里获取的思想。亚里士多德所以能够取得上面所说的进步,并不是由于单独一个原因。首先就在于亚里士多德毫不犹豫地承认整个美的领域具有极高的价值——对于一个后继者一下子继承了先辈在没有认识到其全部意义而逐步树立起来的观念来说,这种态度是很自然的。其次,在于亚里士多德在再现性艺术面对的全部普通事物的边界线上,明确地指出再现性艺术具有一些重要的功能和特点。因此,从我试图用来作为观测希腊美学思潮标准的三个对比来看,普通经验的实在性在亚里士多德那里表现出一种失去其控制地位的倾向。因为,从形而上学来说,他认为,艺术——我们必须假定,在一定程度上还有全部形式美——具有表现不可见事物和更深刻真理的能力;从伦理方面来说,他至少没有把美的兴趣完全等同于道德目的或感官目的;从美学方面来看,他通过有鉴赏力的分析,揭示了美之中存在的、足以表现生活事件的本质联系的结构统一,还在一定程度上承认这种统一根源于人的性格。

但另一方面,亚里士多德不仅保留着"模仿性"这一术语,把它看作是艺术(实在化的美)的特点,没有用承认理想化(他在实际上承认理想化)的科学用语来限定这种"模仿性";而且,更重要的是,对于用什么原则来规定这种理想化的方向这个问题,他并没有明
76 确地回答。如果说规定这种理想化方向是"美的方向",那是同语反复;如果说是"对称和统一的方向",那是过于形式化,也太空泛

① 夏斯勒的著作,i,149—153。

了；如果说是“道德的方向”，那根本是错误的。他对这三个方向都略有提及，但并没有提出比较深刻的理论[g]。因此，我们不能说他完全摆脱了希腊人关于美的哲学的根本的局限性。

附注：

a. 本书中的译文有错，这段译文应当是“这种情况的原因还是，不仅”——诗歌的第二个原因不是对知识的爱，而是爱好韵律的天性，亚里士多德在后面一段论述中就指出了这一点。我关于对这种知识的爱的意义的看法现在必须是指亚里士多德在人的模仿的愉悦中看到的那种更深刻的意义。

b. 关于这段文字的解释参看：布彻，《亚里士多德的艺术理论》，第 149—150 页。

c. 把这种讨论同布彻在上述著作第 124 页的说法相比较会使读者感到困惑，因为在他的这段话里，亚里士多德是明确否认象征主义的。这里的差异是词语上的。布彻教授是按照亚里士多德的语言来论述的，而我则按照近代用语来讨论。正如布彻在该书第 128 至 129 页进行的部分解释那样，这两种用语几乎是正好相反的。见本书第 82 页。对于亚里士多德来说，象征低于“相似”；而对于近代作家来说，象征高于“相似”。

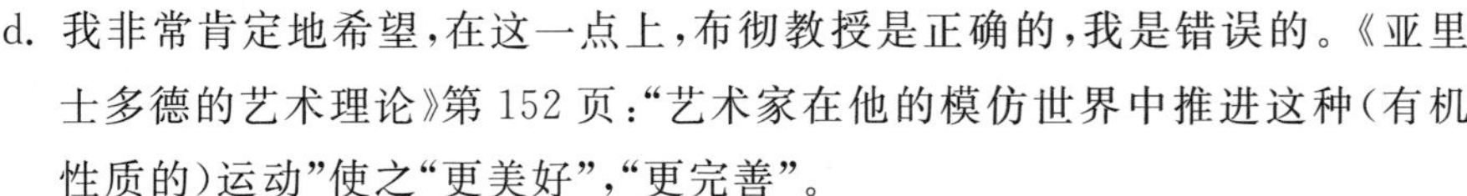

d. 我非常肯定地希望，在这一点上，布彻教授是正确的，我是错误的。《亚里士多德的艺术理论》第 152 页：“艺术家在他的模仿世界中推进这种（有机性质的）运动”使之“更美好”，“更完善”。

e. 参看第三章附注 c 和 d（第 57 页）。

f. 参看布彻同上著作第 330 页以后和 R. F. 哈迪先生发表在《心》第 4 卷第 15 期上的文章。我认为，我可以说布彻教授和哈迪先生都赞同我关于情节与性格关系整个问题上的结论，尽管他们二人都反对我认为 ēthos 是“典型的和类属的”的观点。我的用语也许选择得不准确。但是，按照哈迪先生的看法，ēthos 必须是指性格表现，我仍然认为，亚里士多德对 ēthos 提出了双重要求，而不单纯只是自然要求，认为它应当是人的要求并与 πρāεις相关。我认为他希望它着重于“善”。所有的朴素的批判家都这样认为，亚里士多德也部分地是朴素的。ēthos 在他那里主要在善与恶两极之间摆动。它并不同等地强调全部人性的能力。

g. 参看上面附注 d 以及布彻著作中论“模仿作为一个美学用语”的那一章。这里的问题是亚里士多德的美学理论提出的是哪一种理想化或普遍性表达。我总体来说支持这个文本中的观点，但同时认为亚里士多德走的是一条很难准确衡量其进展的道路。

第五章　从亚历山大里亚和希腊—罗马文化到君士坦丁大帝统治时期 77

这个时期的性质

在亚里士多德生前的一百五十年中，在雅典这个人口大约只相当于英国格拉斯哥的城市生活和工作的人当中，就有三位世界上最伟大的哲学家、四位最伟大的诗人和不止一位最伟大的造型艺术家。如果我们再进一步思考一下这一时期和这一时期以前的全部希腊的思辨、诗歌和雕塑活动，把《伊利亚特》和《奥德赛》这两部至少包含两位第一流诗人的史诗作为整个画面的背景，我们就具备一定程度的思想条件，能够来评估公元前四世纪文明世界发生的变化。如果我们说，在笛卡尔的时代之前再没有任何一个思辨思想家具有亚里士多德那样的杰出的才智，在乔托之前再没有任何**单独一位**[①]造型艺术家能够和普拉克西特列斯相媲美，在但丁之前再没有任何一位诗人具有雅典戏剧家那样严格的诗人的伟大气魄，那么这只不过是说出了一个简单的真理罢了。但是，如果我们决意只叙述审美意识和反映这种意识的最清晰的思想结晶的决定性时刻，那么，我们就必须从此刻跳过一千六百年去探讨但丁，或跳过两千年

---

① 后文中对中古时代建筑的强调可以说明这一保留。

去探讨伯克或莱辛。但是这样一个做法是没有道理的，除非有这样的事实或者可以这样设想：在这样一个无法解释的漫长时间间隔以后，思想和创作的线索又从原来中断的地方重新接续下去。

78 事实上恰恰相反，在这段时期中，审美意识从它的希腊发源地出发，经历了一个漫长的行程，这种审美意识部分地潜藏在心灵和历史的一般运动中，部分地以自己的形态表现在艺术、文学以及关于美的批判性思考或思辨性思考中。

因此，我们必须在本章和下一章设法竖立一些标示美的认识从旧世界到新世界所经历的复杂运动的界碑，不管这些界碑是多么少，它们相互之间的距离多么远。

在亚历山大逝世以后至少六百年的时间里，源于希腊的文明一直是世界的文明。若问从什么时候起就不再是这样了，对此我们很难明确地回答。新的原则在历史上出现并最终取得支配地位都是逐渐进行的，而不是一下子实现的。在公元 529 年查士丁尼关闭雅典的学园以前，至少在两百年里新世界的艺术发展一直没有停止，并且以君士坦丁堡的天国智能教堂的建立为标志达到了第一个高峰。五世纪的普罗克鲁斯也没有能把具有一千年历史的哲学传统推进到足以超出三世纪的普罗提诺达到的水平。

因此，本章的论述只限于从公元前 323 年亚历山大逝世到公元 330 年罗马帝国正式建都君士坦丁堡为止的一段时期。有人已经指出，戴克里先的斯帕拉托宫是已知最早的表现了近代建筑原则而不用传统的希腊形式加以掩饰的建筑物，它是在建都这一最重大的变化之前几年内建立起来的[①]。哲学史家可能还会指出，在三世纪末叶去世的普罗提诺，作为最后一位伟大的希腊思想家，已经打破了关于美的古代理论的束缚，而后来的作家奥古斯丁在四世纪末叶就宣布了一个具有明确的近代特色的原则——理智的怀疑中包含着一种确定性[②]。而且，虽然诗歌选集中希腊诗歌还显现了查士丁尼在位时的古典天才的最后余晖，还一直活到至少 79
是一直存在到文艺复兴的兴起时，但这一次要的诗歌艺术真正的兴盛时期早在基督教时代来临之前就随着麦利埃哲而一去不复返了。

我们都习惯于把亚历山大里亚时代和希腊—罗马时代看作是一个在文化上衰退的时期。这两个时代约占那个神秘的过渡时期的一半时间，而在这个过渡时期里，整个欧洲没有产生任何可以同雅典和爱奥尼亚的创造性时期富于个人天才的作品相媲美的作品，而在这个创造时期，这种富于个人天才的作品可以说比比皆是。我们对这种结果的判断同基督教的倡导者竭力要在民众心目中造成的那种世界形象有某种特殊的联系，因为基督教的倡导者总是竭力宣扬，这个世界在这一时期堕入邪恶，无力在理智上和道德上作出任何有益的事情。但是，第一，凡是采取自然历史观的人就必须假定，每一个表面上的衰退时期都孕育着后来起进步作用

① 建于公元 313 年。参看威廉·莫里斯的《图案设计史讲演》(*Lecture on the History of Pattern Designing*)，该文载于威廉·莫里斯本人、波因特先生和其他人的一部讲演集，麦克米伦公司 1882 年出版。

② 奥古斯丁，《论三位一体》(*De Trinitate*)，x，14。参看里格，《皮科·德·米朗多拉》(*Pico d. Mirandola*)，导言。

的根源——只要这种进步作用不是来自衰退范围以外的民族。第二，只要我们以公正的观察来考虑亚历山大里亚时代和希腊—罗马时代的文学和艺术现象，我们就会看出，我们前面的运动波澜壮阔，多姿多彩，在运动的每一个转折之处都呈现出与近代人文主义相近的新的情感因素和新的精神因素。

如果要弄清这个时期的各种倾向，以便同例如雅典的伯里克利时代的各种倾向相对比，那么这个任务就会使我们强烈地感受到抽象语言的缺点。先前，在我们试图说明亚里士多德所说的 ēthos 在诗歌艺术中的意思是指一种为比较晚近的作家所欠缺的品质时，我们就已体会到这种困难。现在流行的看法认为，ēthos 与 pathos 的对立就包含在亚里士多德的这些看法之中，但是这种看法我们很难从亚里士多德的话中得到证明。即使假定这种说法能够很好地表示亚里士多德的用语中包含的意思，它仍然很难解释。对于"性格"的描写，在一种意义上可以说，属于埃斯库罗斯的多，属于米南达的少，从另一种意义上可以说，这种"性格"描写属于米南达的多，而属于埃斯库罗斯的少。同时，如果"pathos"相当于近代文学中所说的"激动"(a Sensation)，它更接近于这个意思而不是我们近代人所说的 pathos——那么，我们就很难想象后一时期戏剧中包含的 pathos 远甚于《阿伽门农》或《俄狄浦斯》。

同样，如果我们试图提出，我们现在所面对的这个时期的文化
80 更多地带有"主观的"特色，而在前一个时期的文化则带有更多的"客观的"特色，那么我们就会遇到一个明显的矛盾：在这一个时期，哲学在很大程度上变得没有什么思辨性了，而是比较倾向于物理观念了，诗歌比较偏重于描写自然美和表现日常生活，造型艺术

在许多方向中转向风景、肖像和解剖研究等方向，而文学批评则增强了一种历史感，并且对个人风格进行细致的区分。

再则，如果我们想要对社会兴趣和个人兴趣提出一种对比，并且把后一个时期的特点归于个体力量自我集中于自己的生活而不是贡献于公共社会，那么，我们又会遇到这样的矛盾：在文学和艺术世界中，前一个时代的那种咄咄逼人的个性特征，在后一个时代却并没有见到，反而处处可以找到证据，说明人们对于人类作为一个整体的观念具有前所未有的日益增强的敏感。

因此，把上面提出的几种对比倒过来运用，看来似乎要更好一些。那么，我们究竟是不是有可能来概略地描述一下这两个时期我们很容易就能够感觉到的那种差异呢？

事实上，我们在这里是在一个较小的范围内来讨论古代精神和近代精神之间的对比问题。之所以找不到一个符合这种情况的简单的对比，其原因就在于，古代的精神是单一的，而近代精神却是多种多样的。所以，用任何一种抽象倾向的极端标准来衡量，近代精神都超过古代精神；然而正是由于这个原因，最完美的天才（像最完美的生活一样）所具有的那种完备性和彻底性，不论是智识和想象力方面，或者是政治和社会方面的，都是在一个“近代”时期难于达到的，而且，在我们现在准备加以考察的六百年的过渡时期中，事实上就没有达到。因此，我们就可以理解，何以“衰退时期”的文化会比前一个时代的文化更具客观性，同时又更具主观性；既比较富于个人主义色彩，又对作为整体的人类比较敏感；既有较多的禁欲色彩，而又有较多的浪漫主义色彩。

对于这个多方面的运动的主要方面扼要地加以叙述，是有必

要的。这样扼要叙述的目的是使读者想起他们已经知道的事实，
81 以便获得确定的解释，而不是在我的现有篇幅内详细描写那些连最平庸的教科书也不愿涉及的大量复杂现象。

首先，我们要谈谈这个时期哲学中表现出来的生活的色调和气质（为此目的，这些都必须当作道德和知识历史的材料来处理）以及所谓衰退时期的文学和艺术揭示出来的实际美感。其次，我们将把审美批判和思辨的历史（如果我们对于这一时期的片断论述也算得上是历史的话）叙述到富于独创的希腊思辨的普罗提诺时期结束为止。

1. 普通哲学和艺术

我们在上面提到的这些极端倾向有时也表现在单独一派的作品或意见中——因为极端都有相通之处。但是，一般来说，它们都分散地表现在不同学派的思想或不同的艺术种类之中。

（1）哲学

如果说柏拉图、亚里士多德和苏格拉底的哲学在本质上都与实践没有关联，那么对柏拉图和亚里士多德来说是不公平的，对苏格拉底来说，那更是极不真实的。然而，即使是对苏格拉底来说，尤其是对他的两位伟大的继承者来说，实践是同对社会的热爱、对公民的共同责任以及对理性的确定的信念紧密相连的。但是，当希腊的城邦政治失去其重要作用，作为有机整体的希腊哲学就像亚历山大的帝国一样支离破碎的时候，就有一种新的风气随之发

生。在这种风气中，顺带可能看到，过去被帝国雅典集中的思辨所抛弃的一些思想线索又重新活跃起来①。赫拉克利特的学说和犬儒学派的学说在斯多葛学派中得到新的发展，原子论学说和昔勒尼学派的学说在伊壁鸠鲁学派的学说中得到新的发展，埃利亚学派和麦加拉学派以及在某种程度上还有苏格拉底本人的学说也在早期怀疑论的消极思辨和实用兴趣中得到新的发展。

在新的政治条件下，内部理性和外部理性之间的一致性，社会组织和社会意志之间的一致性在一时间都遭到破坏。因此，个人
不得不更关心自己，一方面关心自己私人的需要和利益，另一方面 82
关心自己和朋友之间或自己和人们之间非政治性的关系。对后几种友情形式的新的认识是人们的情感和观念以近代的宽容和大胆精神发展到极端的典型例子。

但是这种一般的共同意见在当时并不能、也许永远不能去吸引或指导人们的一生的精力。因此，实践的问题又以新的视角和新的尺度提出来了。这个问题不再是“在一个与合理意志的需要相符合的世界中能够达到什么样的伟大目的？”而是“在一个冷漠的可能还充满敌意的世界上，个人怎样才能够体面地生活下去而不是忧心忡忡地生活？”在面临绝望的时刻，柏拉图②本人就预先提出这样的问题。如果要研究这样的问题在理论上与什么学派有关系，那么，只要我们注意到怀疑主义派、斯多葛派和伊壁鸠鲁学派的创立者都生活在公元前四世纪末基督教时代以前的相同的时

① 参看麦凯尔先生关于雅典的伯里克利繁荣时期暂时中断的诙谐短诗的论述，载《希腊名诗选集》(*Greek Anthology*)，289。还可参看本书第119页。

② 如《理想国》，426。

代，而后两个明显的伦理学派在威望上和影响上都使柏拉图和亚里士多德的具有批判的和实证主义倾向的后继者们显得相形见绌，而且注意到这两个学派在宗教信仰的范围和重要性上都与任何政治集团和部族集团没有共同的外延——这是西方世界第一个这类重要的现象——的时候，那么，这个问题在理论上的关系就可以立刻变得明显了。

除了斯多葛派和伊壁鸠鲁派把这种新的个人伦理建立在情感的合理性基础上以外，这两个学派还有这些或那些学派的实证的和自然主义的反思倾向。主持讲授亚里士多德学说的提奥弗拉斯塔斯主要研究植物和金属，而且他还依照尼科马库斯的伦理学中明显的描述性的倾向，写了关于道德论的著述，其中关于“性格”的论述由于其自身的原因而被选录和保存下来。提奥弗拉斯塔斯的继承者斯特拉托，则用盲目的自然代替了上帝的概念，预先[①]提出了几乎和拉普拉斯的名言一样的说法：“我不需要这个假设”(Je n'avais pas besoin de cette hypothèse-là)。

83 伊壁鸠鲁，尤其是他的伟大的继承者卢克莱修，也是这样。伊壁鸠鲁学派除了坚持不懈地把一切都归结为物质和运动以外，似乎还作了“撰写文明的自然史的最早的尝试”[②]。尤其在语言的起源问题上，他们提出的看法至今仍有重要意义。但是，伊壁鸠鲁学派在提出有助于认识世界的观念的同时，还拒绝了斯多葛派所接

---

① 西塞罗：《学园问题》，前编，ii，38。*Negat* (*Strato*) *opera Deorum se uti ad fabricandum mundum*.（斯特拉托否认上帝的工作在于创造世界。）

② 参看华莱士教授的《伊壁鸠鲁主义》(*Epicureanism*)，第117页注。当然，在柏拉图和亚里士多德的论著中也有许多地方提到这类问题。

受的内在计划或内在设计的观念。由于这个原因，他们对于艺术和美的见解虽然是不无价值的，但都必然会忽视我们所说的审美问题。我们在下面还要对他们的这些见解再加以讨论。斯多葛派也创立了一种可以追溯到赫拉克利特的物理理论，正如伊壁鸠鲁派创立了可以追溯到原子论者的物理理论一样。

但是，在实证主义的抽象和伦理的抽象与它们的对应方面的怀疑论的冲突中，我们又一次地看到大批出现的技术术语和规定，这些术语和规定都带有近代的色彩，而且事实上也通过后来的作家一直流传到近代。现在，人们对于这些术语和规定远比对古典哲学的不太正式的用语[①]熟悉得多。术语的大量出现是这个时期的特点，这种现象还扩展到美学科学方面，这一点我们以后便会知道。

例如，“怀疑论”[②]、“独断论”[③]和“经验论”[④]这些名称实际上在这个时期就开始像今天一样广泛使用。斯多葛派想要确立一个真理的“衡量标准”(Criterion)[⑤]。这种企图是逻辑降低为形式主义的永久的征候。这个术语的确在柏拉图的著作中出现过[⑥]，但那是一个偶然使用的字眼，并不是指真理的检验标准或试金石，而只是指理解真理的功能，既不限于感官也不限于理性。

正是由于越来越明确地感到心灵和世界之间的区分，我们在这时还看到了概念论术语的萌芽，这些术语通过拉丁语作家一直

---

①　我们有很多极为重要的术语是从柏拉图和亚里士多德继承来的，但这里所指的是后来出现的更大一批具有特殊的近代意义的术语。

②,③,④,⑤　Σκεπτικός, Δογματικός, ἐμπειρικός, κριτήριον.

⑥　《理想国》,582A。

传到我们近代的精神科学中。最初是用“形式”[①]或“种族集团”[②]这样的简单术语来指称以其秩序和本质来理解的事实，但还没有把它们看作是与事物明显不同的思想。现在，出现了代替这些术
84 语的新的术语，这些术语是用来指称心灵的完全了解或预先领悟[③]，或者是用来指称一种内心的思想或意念[④]，可以定义为一种心理表象，别无其他。那种把生来的心灵比作一张有待书写的白纸的著名譬喻是通过斯多葛派流传下来的[⑤]。目前流行的“心理印象”这样的用语也是从这个譬喻引申而来的。这个完整的譬喻虽然源于亚里士多德使用过的一个用词谨慎的例解[⑥]，但它目前具有的这种粗糙的机械形式都是从西塞罗解释斯多葛派学说的文章中取得的。在西塞罗解释斯多葛派的感官知觉理论的单独一段文字中[⑦]，就出现好几个颇有近代意味的用语——这几个拉丁化的术语可以相近地译为“从外部施加的推动力”、“同意”、“能领会的”、“领悟”、“铭记在心的观念”、“对所见事物明白的判断”（拉丁语 *declaratio*，希腊语ἐνάργεια）（相对于未伴有这种判断的视觉感觉来说）。伊壁鸠鲁学派也认为心灵和客体之间有类似的作用关

---

①，②，③　ἰδέα，εἶδος，γένος.

④　πρόληψις，κατάληψις，ἔννοια，ἐννόημα，φάντασμα διανόας，见里特和普雷勒尔的著作第 403 页中“第欧根尼·拉尔修”一节。

⑤　χαρτίον ἔνεργον εἰς ἀπογραφήν. 参看里特和普雷勒尔的著作第 339 页。如果像我设想的那样，“tabula rasa”（白板）就是这个譬喻，那么修饰词“rasa”所强调的就不是纸上的空白无字，而是强调它随时都准备接受印象的现成状态——这种意义上的细微差别是有某种思辨上的重要性的。

⑥　《灵魂论》，424a，18。

⑦　西塞罗，《学园问题》，后编，i，11。参看里特和普雷勒尔的著作第 398 页。

系。在心理科学中,伊壁鸠鲁学派的术语有一部分同斯多葛学派是相同的。

可能还要补充一句:许多有关语法例证和动词形式的传统名称也是斯多葛派的研究成果并流传至今的。

这些哲学可以称为理性主义的哲学,它是同神秘主义相对立但不是与感觉论相对立的除了这些哲学,毕达哥拉斯学派的思辨风格仍然保持着,而且在进入基督教时代以后,还通过诺斯替主义和新柏拉图主义得到发扬。它们几乎掌握了进化论的基本观念, 85
也就是衍生物并不一定是低级生物的观念。

如果我们现在回到我们前面试图提出的定义,把在一种哲学意义上确实正确的论点重提一遍,指出这个时期的文化和前一时期的文化的不同在于主体性和个人主义,那么我们必须明白,我们所说的是一种复杂的近代的主体性和一种相对的近代的个人主义。这种主体性以一种怀疑的态度摆脱了形而上学,投入唯物主义的科学,把它作为自己的一个补充要素,但又陷入神秘的直觉主义把它作为自己的另一个补充要素。这种个人主义摆脱了部族的或城邦的狭隘的自私性,同样也摆脱了它的有限的自我牺牲精神,而且在热衷于探讨合理的快乐问题时,就同宗教的禁欲主义要求绝不是相距甚远了。

在这样一种文化的必然进展过程中,有一个特点对我们现在研究的目的来说是极为重要,特别值得注意。这个特点就是敏锐的思考和迂腐的学究气离奇地结合在一起,由于不断扩展的经验而增多的学术语言同术语本身的非思辨的僵化死板离奇地结合在一起,这种特点最初在没有经过分析之前能够使我们感到愉快，随后，因为肤浅而使我们感到厌恶，从伟大的哲学大师那里得来的观念变成了宗派主义教条的标语口号或辞藻华丽的批判的口头禅。但是，由于缺乏思辨的灵活性，它们又成为不断增长的经验和日益加深的情感依附的中心。例如，斯多葛派的“自然”就是这样一种观念，他们的这种观念中包含的井然有序的形而上学内容实际上要比亚里士多德的自然观念中的少得多。但是，这些观念还作为一种信仰的旗帜和一种法理理想的象征成为文明化世界的扩展所唤起的新的追求的集结点。在我们所研究的整个这个时期中，都能看到这种奇特的对比。观察、表现、情感甚至还有部分理论，都靠这种运动的惯性向前推进。在一个活跃的有文化的社会里，每一个作家都对前辈的见解作了一些提炼，并把自己的见解和信念融入到先前的材料中去。起初，有的人提出了明确的批判，但遭到明确的反驳，后来又有人把这些批判重新加以申述，只是不像以前那样粗糙。这样，文学界就既无飞跃又无约束地逐渐向前推进。尽管缺乏有系统的
86 思辨时代特有的那种尖锐深刻的批判，但理性仍然能够逐渐使自己的语言完善起来，能够熟悉重要优秀的作品，并且能够从更多方面来欣赏生活了。

（2）诗歌

在我们谈到的这个时期的艺术成就，与其说是靠深刻的灵感，不如说是靠广泛而深入的人文文化取得的，这个时期有多少成就，可以在诗歌艺术中特别明显地表现出来。

i. 新的拉丁喜剧

雅典的新喜剧的主要代表人物米南达，据说在青年时代是伊壁鸠鲁的朋友。这种新喜剧必然十分突出地体现了上面所说的那些复杂变化。为了我们的非常一般性的研究目的，我们不妨把它同一个世纪以后的普劳图斯和泰伦斯的喜剧结合在一起，这样我们才能从中大体上了解这种新喜剧的性质，而且一定会看到这种新喜剧同我们近代的情感非常契合，这正是阿里斯托芬的作品中所缺乏的，甚至是连伟大的古代雅典悲剧作家的作品中也没有的。

合唱被取消了。因为合唱无疑会妨碍实际的戏剧表演。分幕和分场[①]形成了全剧自然舒缓的架构，大大地有助于对复杂情节的理解。这些对于新喜剧的题材和格调毫不粉饰而又很巧妙地再现正常生活都是非常合适的。

尽管普劳图斯和泰伦斯的戏剧对于塑造人物有因循传统的缺点，但这些戏剧都是用朴素的和富于人情味的语言向我们讲话，就像《汤姆·琼斯》或《名利场》的语言一样。而像阿里斯托芬这样杰出的天才，除了在一篇讽刺性的文学作品中对朋友们所哀悼的一位优秀诗人写过一句表示痛惜之情的话以外，对于家庭事件和家庭哀愁，几乎没有给我们留下任何描写。描写日常事件的家庭剧——新喜剧肯定是这样一种家庭剧，虽然其中的人物描写不够完备——触动了任何希腊诗人都没有触动过的一条和弦，只有在

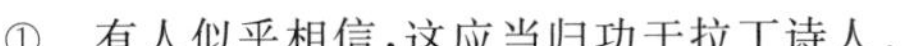

① 有人似乎相信，这应当归功于拉丁诗人。

雅典天才的独特发展时期以前的《伊利亚特》和《奥德赛》的两位作者和这种发展时期将近结束时的欧里庇得斯是例外。当我们看到在喜剧中出现了严肃地面对现实苦难的故事时，喜剧和悲剧之间的绝对差别就开始消失了，因为在这种故事中，与严肃认真态度似
87 乎不能相容的轻而易举的和解并没有完全实现[①]。这时，不仅仅爱情纠葛或浪漫的爱情故事（并不总是不正常的）和普通男女的人性成为像近代文学中一样的文学主题，而且在格调和处理手法上也使我们不再感到像在《阿雅斯》或《伊翁》中，在《骑士》或《云》中的希腊人那种冷酷和朴素的利己主义了。坚持这种利己主义的人总是抓住自己的利益不放，把每一个妨碍他的人都当作敌人加以驱除，他们只是对两三种重要兴趣中的一种兴趣保持着一种应有的忠诚。现在，单纯的没有动机的善意变成了一种更大的力量。甘愿冒险的奴隶对主人的忠心并不完全是自私的，有时简直就是高尚的行为。虽然古典的悲剧也有这种主题（阿里斯托芬的喜剧中则很难说有这个主题），然而，它在艺术中确立中心地位，则是在奴隶的美德开始得到承认、基督教又作了最后肯定的时代。在这个时代里，迦太基的奴隶泰伦斯竟然成了罗马的著名文学家，而来自腓尼基的外乡人芝诺，竟然能在雅典建立了颇有影响的斯多葛学派。

因此，新喜剧中虽没有任何伟大的创造性冲动，但其中表现出来的戏剧性的“生活模仿”却揭示了一个新鲜生动的经验领域，而且这恰恰是一个对文明人具有永久意义的领域。正是由于这样，

---

① 《卡普蒂威》这出严肃的生活戏剧也是这样。亚里士多德说的“没有哪个人杀死任何一个人”（在喜剧中）显然是表示轻蔑的话。参看《无事生非》一剧的结束语“到明天再考虑他的问题吧”。

艺术也就能够以更大的洞察力观察普通事物的美和善，并以更精巧的能力进行模仿性表现，从而大大地丰富了自己，这样，就不但为表现更大范围的美而且为发展更深刻的艺术表现的理论逐渐铺平了道路。泰伦斯说过，对于一个人来说，凡是与人有关的事都不能漠不关心。他说出这样的话的确是件很了不起的事。

ii. 田园诗

在伊壁鸠鲁的一代里，除了人性化的喜剧开始活跃以外，还诞生了田园诗。这件事能够再好不过地说明当时世界上发生的变化。在提奥克里塔斯的田园诗里，对所谓伤感的或浪漫主义的个人情感的有意识的表达，仍然是淳朴的和健康的。当诗意的想象中同时充满着激情洋溢的渴望、山乡风味的魅力、如歌如画的美感
以及忙忙碌碌和多姿多彩的城市风情时，我们可以有把握地作出 88
这样的推断：人之所以追求自然，因为他已经感到他同自然分离了。这样一种对比已经蕴含在古代精神和近代精神的一切区分之中了。事实上，提奥克里塔斯只是处在浪漫主义以前经历的一个漫长而曲折多事的历程的起点而已。在他的作品中，感觉不到深不可测的奥秘和无法表达的意义，只有对想象力新的感受①的踪迹，这种新的感受只是表示新的内心渴求的萌发。因此，提奥克里塔斯的想象力并没有完全脱离生活。他所采集的西西里农民的歌

① 麦凯尔的《诗集》第 57 页提出一项必要的警告，要人们防止夸大田园诗所包含的对自然的爱好和对自然的观察。[a]

曲至今仍然为他们所传唱。浪漫主义的浮士德尚未出现,但是在古典的海伦那里已经开始出现一些奇异的梦境。在提奥克里塔斯之后的一百年内,已知的文学中第一部爱情的传奇是在罗得岛的阿波罗尼奥斯的《阿尔戈英雄纪》中出现的。

iii. 名诗选

最后,这个时期的希腊文化中,除了赞美爱情、艺术和乡村风味自然景色的诗歌以外,我们还可发现赞美诗歌的诗篇。在《花环集》(即麦利埃哲在基督纪元前夕所搜集的短诗选集)中,我们不但必须注意到他自己的爱情诗的美,而且还必须考虑到这一件事的意义:他居然还能够搜集到这样优美的诗句,并且在诗集前面写上一篇如此优美的献诗,把书中所选的诗句比作各种艳丽的花朵。这第一部名诗选集不仅蕴含着对诗的风格的细微感受,而且还有某种对历史的传承和延续的感觉。这部宏大的最早的希腊名诗选集直到《神曲》写成之后才得到最后新增的诗篇。

iv. 罗马诗人

如果我们把从卢克莱修到茹文纳尔的意大利古典诗人仅仅看作是衰落时期的伟大作家的发展历程,那么我们就只有小心谨慎地把握着我们的具体的研究目的,才能说明我们的这种看法是有道理的。我们认为值得重视的不是艺术成就的数量,而是艺术成就的独特的品质。虽然任何头脑清醒的人都不会否认维吉尔和卢克莱修是伟大的诗人，但是大多数严谨的批评家都会认为，尽管他们都具有同他们伟大成就密不可分的诗歌天才，但这种诗歌天才严格说来并不能像在荷马和索福克勒斯那里一样，构成他们的伟大成就的核心内容。另一方面，卡塔拉斯虽然是一位地地道道的 89
诗人，但无论从他的作品的数量来看，还是从他的灵感启发的范围来看，都完全可以把他列为次要的诗人。

但是，如果我们把维吉尔和卢克莱修看作具有诗歌天才和表现文明世界真正核心和体系意识的伟大人物，那么他们便成了这个衰落时期艺术的代表，因为在他们的强有力的掌握下，这种艺术出其不意地具有伟大的声望而更加引人注目。

在这里，我们在逐渐衰退的希腊天才那里所观察到的各种特点便都有力地表现出来了。

首先，在这些不同层次的特点中，就有我们在新喜剧中观察到的那种影响的一个方面，一种普遍流行的道德上的真诚，一种责任感和人性观点。人们会说，用这些特征来表征一个衰退时期的文化，未免太奇怪了！但是，正如我们在前面所说的，思想上的道德情感，尤其是这个时期的特征。在这个时期里，个人在群体中是孤独的，只能靠自己的常识来安排自己的生活。罗马诗人处于一种严肃的目的和善意的气氛中，这是一个有力的例证，可以说明人类的自然进程能够把后一时期不怎么出色的道德上的精神排在前一时期相当出色的道德精神的前面。由于说教式的道德教化或批判的神学侵入艺术，因而我们在这里可以以心灵自身的分隔为例来说明这个时期表现出来的比较具有近代精神的特征。罗马的“文雅”——这个词本身就是意味深长的——与罗马的说教式的讽刺

完全不同于荷马的自然的亲切风格或阿里斯托芬的半政治的正统信仰。相反，它们是反思的产物和带有理论性的观念的产物，因此，同欧里庇得斯的伦理上的争辩和情操表达颇为相似。但是它们比欧里庇得斯的思想更多地受到世俗智慧的影响，不但是接受民间哲学长期教育的结果，而且是在多种信条和多种文明的作用和影响下取得成熟经验的结果。

在这种比较富于人情味的气氛中，我们看到家庭之爱与家庭生活之美终于在诗意的领悟中得到充分的表现，便不会感到奇怪了。我相信，自从《伊利亚特》中描写了赫克特与安德罗玛克和他
90 的孩子离别的情景以来，以前还没有人写出像卡塔拉斯写的“颈戴项链，小小年纪，飞跑出去”[①]或《婚礼之歌》[②]这样的诗作。奥维德的《女杰书简》，虽然算不上是十分有力的天才之作，但却洋溢着一种朴素柔情的气氛，使我们立刻感到与我们的现代情感完全相合。

虽然就浪漫的爱情故事的新颖性和真实性来说，可以同提奥

---

① 全诗如下：
“颈戴项链，
小小年纪，
飞跑出去，
从妈妈的怀抱，
伸出细嫩的双手，
甜蜜地向爸爸微笑，
半开着樱桃小口。”
(Torquatus，volo，parvulus
Matris e gremio suæ
Porrigens teneras manus
Dulce rideat ad patrem
Semihiante labello.)

② 这首诗中包含着的著名的一段，开头是“正如把密室里的鲜花种在花园里。”(Ut flos in septis secretus nascitur hortis.)

克里塔斯并列相比的只有卡塔拉斯，而贺拉斯和奥维德都不能和他相比。然而，在那个领域，诗歌表现的范围和精细程度大大增加了，这是艺术史上的一个最重要的事实。对于这位诗人来说，在有些情况下，爱是一个情操问题，而不是一个激情问题，是一种柔情甚至娱情问题，有时又是一种纯洁的高尚的情感。不论《埃涅阿斯纪》这部长诗具有[b]多少人情美趣，它都是取自黛窦①的爱情故事。卡塔拉斯的莱斯博斯诗篇中多姿多彩的情意的变化和他对阿里阿德尼的描写，同贺拉斯的抒情诗一起就形成了几乎可以和伊丽莎白时代的歌曲相媲美的完美无缺的情绪表现。从莱斯博斯的《麻雀的哀悼》——我可以想象得出，这首抒情诗可以直接打动十九世纪每一个读者的心灵——到对情人发出的大胆直率、无怨无悔的赞美②，以一种纯洁的感情保护情人甚至免受身体的伤害。不同色调的浪漫主义的戏谑、不同形式的讽刺和严肃，现在都被诗歌艺术自由地使用。如果我们认为贺拉斯的戏谑同萨福的激情相比是一件无足轻重的事(事实上也的确如此)，但我们决不能忘记，能够不时地向使人敬畏的爱神发出微笑，的确是一件高尚而文明的事情，可以和莎士比亚相媲美。我们从歌德那里认识到，而且后来又弄清了，我们早就应该从亚里士多德那里认识到艺术是伟大的解放者。

在描写激情的艺术的最远的边缘上，我们还在卡塔拉斯的诗 91
篇《阿捷斯》中发现了就我所知的诗歌中最早的[c]反疯狂激情的描写。这首带有“戏剧色彩”的抒情诗，因为充满了恐惧与哀愁，洋溢

① 黛窦(Dido——传说中的迦太基女王和建国者。——译注)

② 贺拉斯的《有气节的一生》(*Integer Vitae*)。

着人的心境和自然的情调之间和谐融洽的感觉，可能是浪漫主义作家所写的最大胆的诗作。如果在研究了艺术发展过程中的这个阶段以后，我们再回过头来看一看亚里士多德对不快事物的再现可以产生快感的解释，我们就会感到，对亚里士多德的这种解释必须大大地加以引申，从而把在卡塔拉斯充满了不幸人生的激情和凄凉的抒情诗使我们感到迷恋的自我奔放的激情涌动也包括进去。

我们可以再一次看到，人和外部自然之间的这种和谐交融在深度和本质上不断增进。我们不能否认，雅典和爱奥尼亚诗人已经感受到了外部世界的神奇魅力。但在罗马作家中，在用生动描写表现自然上虽然同近代的风景诗还有很大距离，但在这种描写的精细和详尽方面却不断增进，这就足以证明，人们自觉地以自然美本身为快乐的能力得到提高，这跟荷马那样用暗示性的描述语或说明性的明喻提到自然美是有原则性区别的。最有意思的是，贺拉斯竟然认为有必要反对插入这种描述性的段落[1]。我要尽力加以阐明的原则是，只要艺术的活力存在着，就要通过一种自然过程不断扩大它的欣赏和表现范围。在这个过程中，后来艺术家的“统觉”是由他们的前辈艺术家记载下来的知觉所准备好的。这条原则在我下面详细引证的一段批判性论述中阐述得再清楚不过了。这段文字的作者对他所写的内容有相当深刻的理解：

“因此，从维吉尔的生平来看，一切[2]都说明了他是这个国家

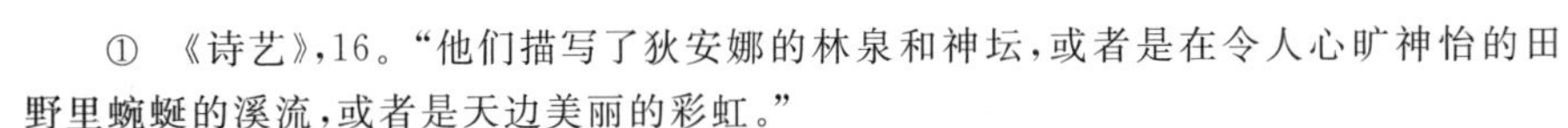

① 《诗艺》，16。“他们描写了狄安娜的林泉和神坛，或者是在令人心旷神怡的田野里蜿蜒的溪流，或者是天边美丽的彩虹。”

② 《和鸟儿在一起的一年》(*A Year with the Birds*)，牛津大学的一位导师作，第110页。

的一位真正的诗人,同时,任何一个真正了解他的诗的人都不会否认,这些诗为他留下了一生事业的充分证明。的确,他得益于其他诗人的地方很多,他也摆脱不了他那一门艺术中前人的影响。例如,他的作品中一切提到鸟儿的段落差不多全都是从荷马、赫西奥德、阿拉塔斯或提奥克里塔斯那里来的。这些段落虽然是从上述
几位诗人传承下来的,带有先辈的特征,但都是活生生的新一代, 92
并不是模仿者仿制的毫无生气的复制品。它们的美和它们的真并不是希腊诗歌的美和真,而是意大利诗歌的美和真。任何一个人,只要比较一下维吉尔的第一部农事诗与别的罗马人如西塞罗、弗斯塔斯和杰曼尼库斯所译的阿拉塔斯著作的译本,他就一定会认识到,一个单纯的翻译者和一个把新的生命和不朽的生命灌注到前辈作品中的诗人是多么的不同。在维吉尔的全部诗作中,很难找到一处有关鸟类或其他动物习性的诗句同意大利博物学家所说的事实不吻合的。”我毫不怀疑,维吉尔所改进了的段落都成了他自己进一步研究的指导和出发点。

同时,我们还必须把对自然的热爱之情同这种感情相辅相成的条件——对于城市生活的感情——加以比较。在罗马繁荣华丽的景象映照之下,田园情调显得更加强烈,这就使兼具这两种情调的诗句显得异常庄严壮丽。这种特点在维吉尔和贺拉斯的作品中都有明显的反映。十九世纪的大城市居民,无论是在伦敦、巴黎还是在柏林、纽约的人们,对于这种相映成趣的敏锐感觉一点也不觉得陌生。靠了这种微妙的感觉,人们一方面认识到聚集于城市的至高无上的权力和利益(“罗马的事情就是知识与统治”),另一方面又感受到乡村生活的质朴和魅力,二者确实可以在某种程度上

交相辉映，相得益彰。

因此，对乡村的热爱和对城市生活的共同情感——在维吉尔的作品中，还有比“否则，你就会夸耀房高门大”这样的诗句更能表示高贵吗？——这两个极端就结合为一种新的支配性的情感方式。在罗马时代以前的世界不可能有更大程度的这种形式的结合了。《意大利颂》表达的不仅仅是对意大利风光的热爱，其中还有浓厚的历史情趣，即文明发展前列之邦的民族责任感。意大利和文明世界各地的关系产生了生活和风俗习惯中的诗情画意，对这种诗情画意的欣赏加强了这种情绪，同时这种情绪又加强了对生活和风俗习惯中的诗情画意的欣赏。对这种诗情画意的欣赏基本上与历史题材有关，尽管我并不认为，我们在任何古代作家中[①]都
93 可以找到它的高级形式，如对建筑物遗迹的赞赏，但这只是与人类生活相关的结果，对人类生活的关系实际上是外部自然引起一切愉悦的根源[②]。

总之，维吉尔在谈到罗马时，显然受到民族“使命”感的鼓舞，这种民族使命感给生活的一切外部现象都增添了新的尊严和意义，给他带来了更加敏锐的感受和特有的庄严的表现。

---

① 在西塞罗的著名的致苏尔庇修斯·鲁弗斯(Sulpicius Rufus)的信 4,5，以及在公元前二世纪和公元前一世纪的许多诙谐短诗中所表现的情感同这里所说的情感比较接近。参看麦凯尔的《名诗选集》第 62 页。

② 这种明确的历史情趣在多大程度上可以同田园风景本身的意趣区别开来，是一个很难回答的问题。可将维吉尔的《意大利颂》(《农事诗》ii，第 136 页以下，尤其是 167 行以后各行)同罗斯金的《七盏建筑明灯》(*Seven Lamps of Architecture*)第 163 页的下列一段文字比较一下：“那些永远在生长的花朵和奔腾不息的河流是用人的韧性、勇气和美德浓墨重彩染成的。向黄昏的天空升起的幽暗的群山之巅受到更深的崇敬，因为它们远去的阴影向东落在乔克斯的铁壁和格兰逊的方形城堡上。”

但是，我们也可能注意到在群星灿烂的罗马作家中确实有一种衰落的迹象。不重要的诗人倒反成了更完全的艺术家。那就可以说，卢克莱修和维吉尔作为一个心灵处于紧张状态并且自身分裂的时代里的人，简直太伟大而不可能是完美的诗人。卢克莱修的许多作品是纯粹的科学。维吉尔的许多作品虽然不是矫揉造作的（也就是同真诚相对立的、最粗俗意义上的造作），却也是从实用的或具有那个时代特色的纯粹历史的兴趣出发的，但与艺术应有的纯朴性是不相容的。

（3）造型艺术和建筑

我们现在并不是在写一部美的艺术史，而是仅仅指出美的通用的观念能够在一些确定的影响下得以加深和扩展的那些突出的地方。因此，目前我们不需要对造型艺术和建筑有更多的论述，因为造型艺术和建筑的发展趋势大部分都不超出我们刚刚描述的文学发展的各种倾向的范围。但是，有几个具有极大意义的确定现象还是有必要提出来谈一谈。

这些现象之一就是在公元四世纪及此后的绘画和雕塑中“讽喻”手法的流行。照我的理解，讽喻就是既不同于自然的象征主义（例如用花蕾的线条表示茁壮生长和生意盎然的意蕴），又不同于
那种根深蒂固的传统的象征主义（例如把雅典娜女神同勇敢和智 94
慧的观念联系起来）。因此，一般说来，以一种抽象观念来命名的一种想象性表现就具有讽喻的性质。当然这种关系也有不同程度之分。例如，爱神厄洛斯就基本上是一个想象中的人物，它的象征性质是由传统固定下来的。没有人会说厄洛斯是爱情的象征，因

为他并不是局限于一种确定的理性观念内容的单纯的符号。利西普斯的“凯罗斯”(机缘之神)的雕像究竟是不是真正的讽喻[①]，这个问题一方面要取决于这种观念在多大程度上是由传统决定的(举例来说，现在有人认为，这是仿效赫耳墨斯中的处理方法)，另一方面要取决于他实际上是不是真的带有一把刀子，带刀子的目的是不是仅仅要使人们回忆起在表示情况紧急时惯用的一句流行语“危在旦夕”。不论怎样，阿帕利斯的画作《中伤》(波提切利根据琉善对这幅作品的描写绘成了名画《乌菲齐》)必须完全看作是讽喻，而且，希腊—罗马时代的雕塑中，代表美德、和谐、正义之类观念的讽喻人物形象构成了一个重要的正式分支。

此外，在雅典艺术繁荣时代，城市、乡村、国家和人民的理想的人格化虽然并非全然不存在，但到我们之前这个时期就已经占有显著的地位了。利西普斯的学生欧提基德斯的《安提戈涅的命运》中的人物[②]就是这样。这又同特有的罗马艺术凯旋门浮雕进一步联系起来。在这种艺术中，历史的趣味代替了艺术价值。同抽象的讽喻完全相反的，最后似乎还有伟大的希腊—罗马时代的风俗画和肖像雕塑艺术。然而，这种艺术通过理想的或神圣化的肖像(如把亚历山大当作宙斯来描写的肖像或安东尼的肖像)几乎又重新回到了讽喻的领域。

在其他方面，还有一种类似的变化出现。在罗得岛学派的雕塑中，我们可以看到一种描写恐怖、残酷的情境而不是悲剧性情境

① 卡里尔的著作，ii，396，认为这是一种讽喻。奥韦尔贝克的著作，ii，107，则对此表示怀疑，理由是：a)这种处理方式是传统性的；b)所谓标志的存在是不能肯定的。

② 奥韦尔贝克的著作，ii，134。

的特别倾向[①]。在帕加麦斯的阿特拉斯的宫廷中，由于同高卢人
发生敌对的接触，又出现了一种充满伤感的独特的新的主题。一 95
个濒于死亡的高卢人的雕像《垂死的斗士》就是这种主题的一个著名的例子。在罗马，共和政体行将结束时，帕西特利斯学派又把细腻的伤感主义、矫揉造作的复古主义和来自活体模特的解剖学观察这三种倾向奇妙地结合起来。

庞贝古城的壁画装饰可以表明这个时期的风景画有了一定的发展。但并不能由此就可以自然地提出假定，认为当时人们已经能够直接地鉴赏风景美了。有人发现了一种奇怪的现象："在庞贝古城和赫库兰尼姆古城的所有墙壁上似乎没有一个主题可以肯定地称之为本地的主题。"[②]这说明，灵感的源泉主要是传统性的，尽管这些画家进行自然主义的描绘技巧（如描绘水果的技巧）受到近代专家的高度赞扬[③]。

关于建筑学和小型艺术的地位，我首先简单地指出，宝石切割和金银饰业等手工技艺由于需要精密的技巧又极其精致，愈来愈引起罗马富裕的上流社会的关注，逐渐取代了彩绘陶瓷花瓶的比较朴素的美。其次，我还想引证一位最有资格进行评判的作家[④]较长的一段话。我觉得我无法用自己的话更简短地或更适合于我

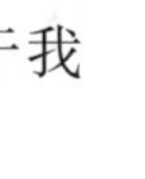

① 这是从帕哈秀斯以后这个时代的绘画所表现出的一种倾向。普鲁塔克，《大胆的诗人》(*De Aud. Poetis*)，3。

② 参看《大英百科全书》中"考古学"("Archaeology")条目，A. S. 穆里。

③ 参看《大英百科全书》中"考古学"和"壁饰"("Mural Decoration")两条目，米德尔顿教授。参看波因特的文章，载《艺术讲演集》，麦克米伦公司，1882 年出版。

④ 威廉·莫里斯的文章，载《艺术讲演集》(*Lectures on Art*)，麦克米伦公司，1882 年出版，第 151 页以下。

的目的地表达这段文字的内容。

“在谈到希腊的建筑形式的传递问题时，我们马上就会想到罗马的建筑，因为正是通过这条路流传下来的一切遗产，人们才能够有意识地当作古典时代的礼物加以接受。罗马艺术的一切特色的起源问题相当模糊，而且可以说是太模糊不清了，以致凭着我这点粗浅的知识甚至不敢直接面对它。即使谈到它，我也只好把它叫作将许多民族的艺术集中在一起冠以罗马之名而已。因此，我所指的罗马艺术，可以说包括了有助于它的创立的各种影响。

96 “如果要问我们，这些集中在一起的许多民族的艺术对近代艺术有什么影响，我看不出有什么别的影响，只能说，它发明了建筑艺术——仅此而已。最初，不同民族的庙宇的确有各种各样的形式，上面的装饰也是各种各样的。但是，这些风格还有什么别的特点，我们确实不知道了。到后来很晚的时期，在现今的意大利建造起来的寻欢作乐的游乐城——可以说，这座城由于遭到毁坏，才保存下来——可以说明一座希腊房舍可能是什么样子的唯一遗迹。至于其他方面，虽然希腊有大量的雕塑奇迹，但是我们必须想到，希腊人并没有做出什么可以决定未来的世界建筑的事来。这种建筑风格没有弹性，没有生长力，只能存在于自己的国家，只能用于最初和它一起诞生的礼拜或祈祷，不能用于任何别的用途。但是有罗马称号的人们的建筑情况就不同了。首先，他们掌握了拱形建筑这一伟大的发明，对于需要家园的人来说，这是他们所需要的并且能够建造的最重要的发明。拱形建筑当然不是他们自己的发明创造，因为古代埃及已经有了拱形建筑，在能够建造砖房的巴比伦，拱形结构显然也是比较普遍的。不过，罗马人使用拱形结构建

筑首先不是出于那种避免凶险不测的必要，而是使拱形结构在建筑中变得很美观，这样就解决了今后文明的建筑必须具有什么形式的问题。他们的建筑虽然宏伟华丽，但不再仅限于作庙宇——作神殿或神的象征的神圣的围栏——了，它既可以用于这种目的，又可以用于另一种目的——教堂、住宅、高架水道、商场或城堡。它不再是一个国家或一种气候下的建筑风格，它既可用于北方，又可用于南方；既可用于风雪交加的气候，又可用于风沙漫天的气候。虽然在它丧失或削减活力的时候，学究们给它定了一些不可改变的规则，但是只要还有活力的时候，它就不是死板地束缚于规则，而是遵从自然的法则，至少在它的构造性部分是如此。总之，它是一种新的艺术，文明的伟大艺术。

“的确，我们关于它所说的一切主要只适用于作为一种建筑风格来谈论。在装饰问题上，被征服者的艺术完全使征服者成了这种艺术的俘虏，而且一直到罗马的国势衰微，它的统治变成一个收税机器的时候，才开始力求摆脱希腊的羁绊。而且，在几个世纪
中，世界各地的罗马统治者一直认为小小的木质神龛是一种神圣 97
的形式，必须刻印在一切堂皇的建筑物上。罗马人的建筑装饰中可以明确地称之为图案设计的那一部分当然要完全遵循希腊的先例。它把希腊的图案加以修改，比希腊的作品多少有些逊色，不像那样精美了，也不像那样严谨了。巨大的旋涡形花饰与沉重的反卷的花朵混合在一起构成了多种艺术中罗马的图案设计的主要部分。这种卷形花饰大部分是由莨菪叶构成，其生长样式比较单一，也不十分精致。这种花饰中没有神秘的色彩，虽然是丰富而又美丽的，但没有多少生长的趣味。事实上，它们是拼凑在一起的，而

不是生长出来的。因为在真正的联系成一体的图案中，一种成分是自然而又必然地从另一种成分生长出的，整个图案中的东西像真正的树和花那样富有生气。这一切都是罗马艺术以后的艺术的新的创造，在古典世界和古代社会里，这些都还不存在。不过，当这种新的创造出现的时候，它的灵魂却是包裹在主要是由希腊—罗马的装饰构成的躯体中，因此，这种出色的罗马旋涡形花饰图案，本身虽然并不十分美，但却是孕育着十分美丽的东西的母体。也许在华美的镶嵌工艺——一种冠以罗马名称的特种工艺中，最能看出预示这种新艺术的先兆。在这种艺术的遗迹中，你可以看到具有最多神秘意味和较强的连贯性成长中的构成形式，以及比较自由和更多自然主义色彩的图案设计。尽管简单的材料常常给工匠带来局限，它们的色彩仍然配置得很巧妙、很美丽。总之，从这些遗迹中，已经可以看出那种使晚期的罗马艺术（最后一种旧艺术）转变为拜占庭艺术（最早的一种新艺术）的巨大变化浪潮来临的征兆。

“这种变化持续了很长时间。在很长的时间里，旧的世界带病的艺术仍然显出某种生命的迹象。那种艺术还很顽强有力，系统有序，以至于要摆脱它那僵死的躯体还不容易。这种变化首先在领先的艺术——建筑艺术——中引起震动，或者说在建造艺术中又一次地表现出来。像我在前面谈到的最早表现了这种运动的建筑物斯帕拉托宫时所说的那样，建筑艺术在装饰方面远远落在建造方面的后面。在那座建筑物中，你会第一次看到拱形结构在没有希腊横梁建筑的那种隐形支柱的情况下自由地起作用。因此，
98 直到文艺复兴时代的学究们重新使用这五种柱式来重新束缚世界

时，这五种柱式一直都只是历史的陈迹而已。”

在上面关于希腊化时代和希腊—罗马衰退时期的论述中，我必须着重指出这一衰退时期的积极成就，因为那个时代的反思的美学意识正是从这些成就中吸取自己的材料的。我知道，这样一来，我很可能会遭到一种责问，问我是不是有意要否认的确有一个衰退时期，是不是认为基督纪元开始以后逐步扩展到各个主要的艺术形式中的思想文化上的黑暗是与古代生活中道德和文化的沦丧毫无联系的历史事件。

对于这个问题，只有把它同我们的哲学方面的主题[①]联系起来，才能得到彻底的处理。目前，我只能指出这样一点，即在我一直努力要阐述的几个对比中，关于旧世界文明的衰退的各种现象本身是其中一项重要内容。最终注定要打破古典传统束缚的这种精神，在一定程度上正是靠重新激起这种古典传统的活力而兴起的。但是在旧生活中如果不能被注入新的意义，那么它自然要陷入愈来愈腐败的状态。很显然，新的冲动越强大，建造适合于新冲动的感官形式的过程就愈显得沉闷而漫长；在漫长的逐渐过渡的过程中，虽然这种过程背后的连续性实际上从来没有中断过，但这种精神几乎总是处于与感官或肉体对立的状态，这也是很自然的事。伴随着理智、情感和信仰的一切表面上的冲突，无意识的建筑艺术在继续发展着，使必然性变成了生动的表现，因此，在前进中逐步使冲突得以调和。精神上的宗教

① 关于这方面的论述，参看《大英百科全书》中哈奈克教授所写的“新柏拉图主义”（“Neo-Platonism”）条目。

在没有认识到需要有感官表现的时候，就已经获得了一种感官表现。在文艺复兴以前，旧世界的传统，无论是艺术方面还是思辨方面的传统，到底在多大程度上对新世界有持续不断的影响，这是一个有趣的难题。但是，我们必须记住，基督纪元的开始并不标志着世界奇迹般的新生。我们现在只是根据这种看法来调
99 整我们的历史意识而已，因此，我们迄今为止很可能低估了进步的连续性，而不是高估了。

2. 美学思想

在转而谈到亚历山大里亚时代和希腊—罗马时代的美学思想时，我们必须同时承认，我们所要探讨的不是连续出现的完整的体系，而只是片断性地表现出来的思潮和趋向。亚里士多德以后的许多艺术论文已经对我们失去作用；但是同样很清楚的是，真正的审美思辨并不是、也不可能是新柏拉图之前的各种主要哲学所关注的中心问题。只有掌握了整个人生的思想，才能够使美的理论结出丰硕的果实。斯多葛学派、伊壁鸠鲁学派或怀疑主义学派等没有完整体系的学说根本不相信实在能在人的感受或想象中得到表现。新柏拉图主义虽然也是没有完整体系的、基本上是神秘的学说——也就是说，对人生和科学失去了信心，因而不得不让位于基督教——然而，基督教虽是一种具体的生活原则，但常常陷入令人厌烦的片面性，与此相同，新柏拉图主义虽然不是一种具体的生活原则，却相当深刻，足以启发心胸宽阔的人在一个时期对实在的合理性产生全面的信心。

但是，片面的哲学之所以常常给人带来肯定的启示，还因为它们尽量利用了这些哲学所承认的那一点点真理。在这方面，斯多葛学派和伊壁鸠鲁学派也不例外。在谈了这些哲学在美学方面的思想之后，我们还需要对侧重于文学和修辞学方面的批判理论作简要的评述。在本章的末尾，还要谈一谈公元三世纪的新柏拉图主义理论。

(1) 斯多葛学派

斯多葛学派的泛神论使公元三世纪的克利西波斯提出一种观点："有许多动物被大自然从一种美的观点创造出来，她喜欢美，喜欢这些动物的多姿多彩。"[①]例如，大自然为了孔雀尾巴的缘故而创造了孔雀，因为这种尾巴很美。这种见解在我们看来当然是很轻率的，因为我们看不出自然界中存在什么目的，而只存在因果
性。但是，这种看法也有它的价值，那就是明确无误地提出了自然 100
美的事实和问题，这种自然美无论是怎样形成的，都与人的创造物颇为类似，同人的情绪也是和谐一致的。

据西塞罗记载[②]，克利西波斯说过："只有宇宙是完美的，人是不完美的，虽然人身上也有极少的完美质点，他生来就是要注视和模仿宇宙的。"单是这些不够严谨的用语似乎就使我们觉得这些思想同我们很接近，仿佛听到了基督教神学家和十九世纪的艺术批评家的类似论调。"注视和模仿"至少可以肯定包括以雕塑和诗歌

① 普鲁塔克，《斯多葛派理想国》(*Stoic. Rep.*)，21。

② 《论神的本性》(*De Nat. Deorum*)，ii，14。

的形式进行的复制。某些斯多葛派的学者似乎也有这样的自由宽广的见解。在克利西波斯之后两个世纪的波赛东尼奥几乎同亚里士多德一样把诗歌描述为“包含对人世的和神圣事物的模仿”。

但是，这并不是一般斯多葛派学者的意思，而且离一般斯多葛派的意思越来越远。他们所说的对宇宙的模仿倒是同我们从乔治·赫伯特那里了解的意思差不多：

“Entice the trusty sun, if that you can,
From his ecliptic line, beckon the sky.
Who lives by rule then, keeps good company.”

（如果你办得到，就请你引诱老实可靠的太阳，
让他离开轨道，再向天空发出召唤，
让他循规蹈矩，结交好的朋友。）

斯多葛派对于想象采取机械的观点，对于情绪则采取否定性的或理智主义的观点，而且要求理论兴趣完全服从“实用”兴趣（这是在实践已经主要变成一个理论问题的那样一个时代的特征）。所有这些影响都妨碍了斯多葛学派，使他们未能提出一个完满的审美表现的学说，因而也使他们不能完善有关人在自然中的地位的观点。最后，塞内加通过对柏拉图学说的不系统的回忆（在后面我们还将在伊壁鸠鲁的见解中看到与柏拉图的某种相似之处），提出各种造型艺术只是像烹调艺术一样为感官服务。在塞内加看来，唯一真正的开阔心智的艺术是哲学（它是以美德为目的的艺术）和诗歌（就其能够作为传达哲学观念的工具来说）。对于思辨的目的来说，这样一种看法意味着把一切富有成果的区别都

抹煞了。

(2) 伊壁鸠鲁学派

伊壁鸠鲁学派反对斯多葛学派相信天道和相信人与自然之间的合理的亲缘关系的观念,因此,他们不相信艺术具有表现合理内容的客观价值。他们的理由和斯多葛派相反,但结果却和斯多葛派相同。与西塞罗同时代的斐洛德穆斯这样写道:“音乐是非理性 101
的,它不能影响灵魂和情绪,同烹调术一样不是表现性的(直译为‘模仿的’)艺术。”[①]这种责难直接针对的是我们在柏拉图著作中,特别是在亚里士多德的著作中看到的对表现进行深入分析的那条主要路线。

纯粹感觉的美学是建立在接受能给人带来快感的简单事实基础上的,与之相反的另一个极端纯粹形式的美学,二者可以说是殊途同归。我不能赞成夏斯勒对卢克莱修的很有力的论点采取的轻蔑态度[②]。卢克莱修认为,拉锯时发出的刺耳的噪音和人们熟练地弹奏乐器时所产生的优美动听的乐音,分别是由于锯的物理要素尖锐有棱角,而乐器的物理要素柔和光滑,而且他还对色彩和气味作了类似的解释。当然这种看法对卢克莱修来说只是一种猜测,很可能,关于色彩和气味是永远也说明不了的。但是音乐上的声音刺耳与和谐的差别却是由于发音部件所受的影响不同造成

① 我引自米勒的著作,2,193:“因为音乐同烹调术一样不是一种模仿性的东西。”

② 参看《美学批评史》(*Krit. Geschichte der Aesth.*),i,210;卢克莱修的著作,ii,408。

的。这种差别至少可以通过冲击运动的图形描绘的不同形状[①]很方便地表示出来。虽然在感官愉悦方面的差别并不能说明艺术方面的每一差别,也不能与之完全符合,然而,了解感官愉悦方面的差别是美学的一个不可缺少的要素,即便只是为了说明它和艺术美方面相联系的范围。

同一位诗人在另一段文字[②]中所提出的历史方面的两个假说——人是从鸟儿那里学会歌唱,从芦苇丛里的风声中学会演奏乐器的——显然要比亚里士多德的美学人类学逊色得多。但在卢克莱修的作品中到处贯穿着人类不断进步的观念和坚持遵循物理性解释的精神,以及对自然美的丰富感觉(就像维吉尔,魔术般地反映在诗歌运动中的感觉那样),这就使卢克莱修的作品带有某种奇异色彩和神秘意味,就像我们自己对必然性中的美产生的那样一种感觉。

102 (3) 亚里斯塔卡斯和佐伊勒斯

我们在这里必须提到公元前三世纪亚历山大里亚时代的亚里斯塔卡斯和佐伊勒斯的文学批评,因为他们的文学批评对于一种历史观念的形成作出了一定的贡献,尽管这种历史观念还不够成熟,还只是伟大作家的作品表或作品名录[③]。这种历史的观念在

---

① 参看赫尔姆霍茨的《通俗科学讲演集》(*Popular Scientific Lectures*),第 1 集,第 68 页(英译本)。“音叉所产生的声波呈半圆形,因此音叉的声音有极柔和的音色;齐特琴和小提琴所产生的声波在尖锐和曲折方面同它们的波形是相似的。”

② 卢克莱修的著作,5,1378。

③ 内特尔希普教授的论文,载《语言学杂志》(*Journal of Philology*),xviii,第 230 页以下。

晚期罗马的批判中又重新出现。看来，佐伊勒斯咬文嚼字的文学阅读的确束缚了人们对文学作品的理解，而不是像亚里士多德那样巧妙地考虑多种谈论的对象，从而开阔了人们的眼界。识别作家的“真作”，通常是毫无根据地把希腊作家同罗马作家进行对照，这种习惯同当时把作品的风格分为三大类、给每个作家都加上一个表示特征的称谓这样的习惯有关。在这方面比较有鉴赏力的例子是麦利埃哲的《花环集》的诗体代序。

令人感到奇怪的是，三种风格的区分不仅被应用于《荷马史诗》的传诵者，而且据说还是荷马首创的[①]。就丰硕和简约这两种极端的风格来说，这一见解确实可以在安忒诺耳对于尤利西斯和墨涅拉俄斯二人的讲话的评论中找到根据。除了这两种极端的风格以外，人们可以很容易地想到，还形成了一种中间的风格。

所有这方面的文学批判和修辞学的批判很容易使我们觉得既空洞无物，又枯燥乏味，但是它的确有助于确定更重要的发展方向。

(4) 后期希腊—罗马批评家

后来的罗马批评家出于对修辞学的兴趣，对艺术的目的产生了基本上公正无偏颇的理解，尽管这种理解大部分还不是用美学的形式表达出来的。演讲术，像艺术一样，毕竟也是一种自我表达的方式。由于他们把诗歌和演讲术加以比较，或者说加以混

① 内特尔希普教授的著作，第1卷，其中有格利阿斯的引语，参看《伊利亚特》，3200。

淆——造型艺术就是通过一个常用的比喻同诗歌联系起来的——因而着重于艺术表现的目的和表现的工具。这样把演讲术同造型艺术加以类比而提出的某些批评表现出高度的历史的凝聚力。例如,公元前一世纪的哈利卡纳苏斯的狄奥尼修斯[①]这样写道:“有一些古代的绘画色彩很单纯,没有多样化的色素的混合,但却具有
103 真实的(ἀκριβεῖς,朴素的?)轮廓,因而在这方面具有很大的吸引力;而后来的绘画在轮廓上就不怎么严格了,但却更加精巧细致地运用明暗对比法的各种效果,在色素混合的多样化方面也有突出的优点。”我们没有看到过他所说的那些绘画作品,但他的这种描述似乎也符合人们所熟知的这种艺术的青年期和衰颓期的不同的情况。亚里士多德曾经说过,古代艺术家的作品都不行,我们希望他所指的是与此不同的另一个时期[②]。

但是,这时的批评本身已经成了模式化的条条框框,而且逐步失去活力。甚至在西塞罗那里,我们也发现一种对伟大的画家和雕刻家只给予简短而形式化的描述的倾向,虽然他对他们的艺术仍然怀有真正的热爱。在昆提利安的作品中,独创性显得少了,而学究气更重了[③]。至于公元三世纪的弗朗托,简单说来,似乎他只知道给每一位艺术家或诗人加上一个描述性的称呼。

不过,在西塞罗的著作里,在冠以朗吉弩斯之名论述崇高的作品中,在普鲁塔克的作品中,在戴奥·克吕索斯托姆的作品中,在菲洛斯特拉托斯的作品中,还有一些更值得注意的东西。

---

① 参看内特尔希普的著作,第 1 卷。

② 《问题篇》,895,a35。

③ 对于这一判断,我主要是依据内特尔希普教授的著作,第 1 章。

西塞罗在哲学上是一个折衷主义者，我们不能指望从他那里看到独创性的思辨。但他是诚恳的、直率的、博学的，同时还保持着一个熟悉实际生活的人所特有的直接的感知能力。因此，当他断言构成希腊人对美的观点的是部分对整体的适当关系时[①]，我们就可以知道，这种观点已经成为一种平常的思想了。当他把美的形式等同于艺术家所复制的心理形象（这种心理形象对于一位宙斯和对于一位雅典娜来说，显然是相同的，而且在“我们的”心灵中总是可能比菲狄亚斯最伟大的作品具有更高级的美）从而曲解了[②]柏拉图的抽象形式的理论时，我们就会了解，他把艺术看得过于庄重严肃以致把艺术家的心理形象等同于柏拉图的那种终极的客观秩序，在柏拉图看来，这种终极的客观秩序是艺术家永远也不可
能领会和表现的。我们虽可以责备他用一种粗暴的抽象方法把心 104
理的理念看作似乎不依赖于人的创造力、勤劳和经验的先天观念，但也不要忽视他的这种等同实际上包含了对柏拉图的主张的改进。

我们还要看到，西塞罗除了抱着这种庄重严肃的态度来看待艺术以外，也像罗马诗人一样，对自然景色的美有一种不断增长的敏感，而且这种敏感还同一种具有悲天悯人的情感形式的目的论[③]联系在一起——在克利西波斯的作品中就是这样，在近代，也常常可以看到这种形式的目的论。也许他对美和应用还不能作出

---

① 《论义务》(*De Officiis*)，1，27。

② 《演说家》(*Orator*)，第 2、3 章。

③ 《论神的本性》，xxxviii，xxxix，“让我们把有名的美术品撇在一边，用我们自己的眼睛去看看我们宣称的由神意形成的那些东西的美吧！”在他所举出的一系列美的事物中，有嶙峋的岩石、山洞和群山。

明确的区分，但另一方面，也有些东西已经接近于对画意和崇高的感受力了。

此外，他虽然不合理地提到一种单一、抽象、显然是先天形式的美，但是他也提出一种真正重要的见解，足以弥补前一观点的不足："我们可以看到有两种美，一种美为秀丽，一种美为威严；我们必须把秀丽看作是女性美，把威严看作是男性美。[①]"

据我所知，在此之前，还没有人把美再细分为几类（除了所谓道德美和才智美以外）。我们只能从推论上说，亚里士多德作过这种区分，因为他曾经对各种艺术形式进行区分。这一步骤同坚持纯形式的希腊美学的态度是不相容的，因而，它是更深刻鉴赏力的分析的必要条件。

这部论述崇高的著作，标有朗吉弩斯的名字。朗吉弩斯是公元三世纪的文学家，又是女王齐诺比亚身边的文官[②]。现在最权威的学者都认为，整个来说，这部著作是奥古斯都以后不久的作品。单就 ūψos（"崇高"直译"高度"）一词成为美学批评或修辞学批评的一个术语（这是希腊—罗马时代大量流行的同类术语之一[③]）来说，就是一个值得注意的事实。从哲学方面来看，这部论著的重要性倒不在于对崇高的本质作了某种系统的审察，而在于它证明了在这个方面的意识已经变得非常敏感。不过，这
105 位作者已经具有进行这种审察的若干要素。"崇高可以说就是

① 《论义务》，1，36。席勒在《秀丽与威严》（*Anmuth u. Wurde*）中所指的不正是这一段文字吗？

② 参看 A. 兰给哈韦尔的《朗吉弩斯》（*Longinus*）写的序言。

③ H. 内特尔希普教授的文章，载《语言学杂志》，xviii，236。

灵魂伟大气度的形象[①]"。"我们是自然宠爱的孩子，自然对我们的安排不是要我们成为卑鄙下贱的——不，她要把我们带到生活和整个宇宙中，就好像带到某个巨大的竞技场，让我们成为她的宏伟业绩的观察者，同时又是她的宏伟业绩中的雄心勃勃的竞争者，而且从一开始就在我们的灵魂中倾注了对一切伟大事物，一切比我们自己更加神圣的事物的不可遏止的热望之情。因此，即使是整个世界，也不足以为人类思想提供任意翱翔的广阔范围，而人的心灵也常常超越空间的界限。当我们综观整个生命世界，看到生命存在于一切优雅、宏伟、美丽的事物之中时，我们便立即可以领会到人的存在的真正目的。正因为如此，自然激励我们赞赏的不是清澈有用的小溪，而是尼罗河、多瑙河、莱茵河和远处的一切大江大海。"[②]"当一个作家采取任何别的精神手段时，他可以显示出他是一个人。但是，崇高却可以把他的精神提升到接近神的伟大精神境界。"[③]因此，虽然我们在雕像中寻求的是与人非常相像的逼真，而在文学中我们要求的却是超越于人类之上的东西——这句话同古代艺术中雕塑的地位和近代艺术中诗歌的地位[④]有着密切的联系。另一方面，我们可以看到，这部著作中也有一些地方表明，作者并没有真正掌握崇高这个观念的确定的意义："如果一段话充满了丰富的联想和意味深长的暗示，如果我们的注意力很难、简直不可能离开它，如果它

① 参看哈韦尔的《朗吉弩斯》，ix，15。

② 同上书，xxxv，68。

③ 同上书，69。

④ 同上书，70。

在我们的头脑中印象鲜明，经久难忘，那么我们就可以肯定，我们已经达到真正崇高的境界了。”①

也许，我们可以说，这位作家大体上有了这样一种认识：崇高要有赖于心灵作出努力或反应同重大或强大的意义进行某种形式的竞争。通过这种努力或反应，主体能够确信自己的精神力量比他通常体验到的更为深刻。这一位作家显然并没有进行坚持不懈的努力寻求用定义来揭示事物本质的方法，他真正下功夫的地方在于他在文学方面的判断和对例证的选择。

106 在对风格问题的论述中，他表现出已经意识到崇高与不完满有某种联系，这一观念不管正确与否，总是构成康德的崇高理论中的一个重要因素，但他并没有从这一观念中探索出任何思辨的结果。他完全意识到虚假的崇高——冷漠和虚夸——是由于过分追求自高自大，因而，他也很清楚，自制与启示是和崇高密不可分的。

在这一部著作中，希伯来诗歌首次出现在希腊美学领域，这是那个时代一个值得注意的特点。“为犹太人制定法律的人是一个非同寻常的人，在形成了上帝的充分观念之后，他也在‘法律’的开头部分充分地表达了这种观念：上帝说——什么？——‘要有光’，于是就有了光；‘要有地’，于是就有了地。”②

这部著作不论在哲学上多么不完善，仍为经验揭示的美的范围内的不同特征增添了一个新的特征，而关于崇高的理论之所以

① 哈韦尔的《朗吉弩斯》，vii，12。

② 同上书，ix，18。

在近代思辨中起着极其重要的作用，其原因大概也离不开这部著作①。

活跃于公元50年至100年的喀罗尼亚人普鲁塔克对斯多葛派和伊壁鸠鲁派的思想都加以攻击，而且就我所知，他也没有公开宣布自己属于任何哲学派别。就我们现在的研究目的来说，他的著作中最重要的部分是对这样一个问题的论述：既然诗人所处理的是有关卑贱的和不道德的问题，那么怎样才能使青年人在阅读他们的诗作（“听”了他们的诗作）时不致遭受道德上的损害？尽管他采取了道德主义的态度，而且他的有些劝告和解释是笨拙的，尽管他不断引用柏拉图的《理想国》中的论据和诗句而显得缺乏才智，但他也有他的优点，他使用比亚里士多德更浅显明白的语句（这是因为在他们之间的漫长岁月中审美经验积累的缘故）提出了一个真正的美学问题：“现实中丑的东西能够变成艺术上美的吗？”毫无疑问，他总是把这个问题同下面这样的问题混在一起：“我们可以因为在艺术上欣赏艺术作品中某一行为就在道德上赞扬它吗？”对于这样一个问题他正确地作了否定的回答，但……这并不是一个美学问题，而只是美学和伦理学之间的差别问题。

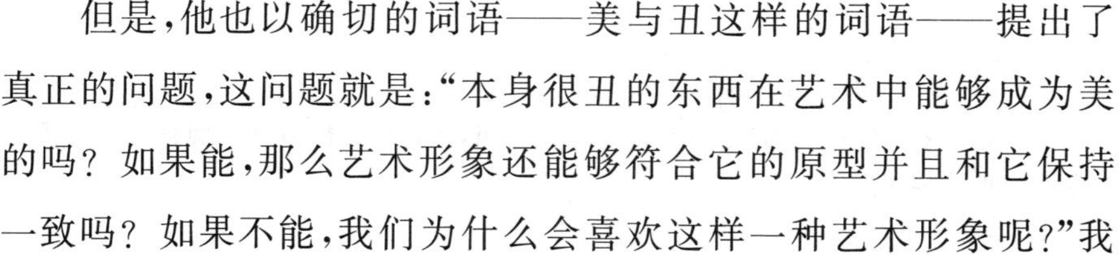

但是，他也以确切的词语——美与丑这样的词语——提出了 107
真正的问题，这问题就是：“本身很丑的东西在艺术中能够成为美的吗？如果能，那么艺术形象还能够符合它的原型并且和它保持一致吗？如果不能，我们为什么会喜欢这样一种艺术形象呢？”我

① 近代欧洲第一次编印这部著作是在1544年，而此后多次编印出版，尤其值得注意的是布瓦洛在1674年编印出版的这部著作。参看A.兰为哈韦尔的《朗吉弩斯》所写的序言。

是依据普鲁塔克的答案[①]拟出上述问题的。他的答案是这样的：“从根本上说，丑是不可能变成美的；但是，如果模仿得惟妙惟肖，那么人们是会赞赏它的。一件丑的东西的图画不可能是美的图画；如果是美的图画，它就不可能与它的原型相吻合或相一致……美和模仿得美（这句话的意思是模仿得成功，而不是指制作美的图画）是完全不同的两回事。”而且，“我们之所以会赞美诗歌和绘画[②]中的艺术形象，原因[③]在于艺术家的技巧和我们的智力之间有亲和力。从儿童对玩具动物的喜爱就可以看出这一点，也可以从听众喜欢帕麦诺模仿猪的号叫而不喜欢真正的猪的号叫这一类例子中看出来。”

普鲁塔克在这种解释中使用的语言是比较粗疏的，但就是这种粗疏的解释使他的观点所具有的概括性似乎比亚里士多德通过明确推论提出确切限定的分析要略胜一筹。但在本质上他和亚里士多德仍然处在同样的水平。他和亚里士多德一样，说的是我们的智力对艺术家技巧的反应，而不是艺术家的智力与他所描摹的事物的意义之间的相似关系。他明确地说，对大自然的知觉[④]与艺术家给我们提供的是相同的知觉。这就是说，后者的内容根本

---

① 《叙事诗》(*De Audiendis Poetis*)，iii。

② 普鲁塔克坚持认为，这种平凡的比较表明，诗歌作为模仿，像绘画一样，并不完全合乎它的主体本性。

③ 《论文集》(Συρποσ. προβλ)，v，1。

④ 同上书。若人们不同时意识到，（艺术家给我们提供的）那种情节是在委言婉语中或是加意渲染中开展、进行的，这相同的、由那感性知觉而来的体验，不会如此动人心弦。（τὸ αὐτὸ τῆs αἰσθήσϵωs πάθos οὐχ ὁμοίωs διατίθησι τὴν ψύχην，ὕταν μὴ προσῆ δόξα τοῦ λονιλῶs ἤ φιλοτιμία πϵραίνϵσθαι τὸ γιγνόμϵνον.）

不具有通过人的心灵产生的东西。两者的区别只在于随着我们所知道的，究竟是自然事物的表象还是人的心灵产生的表象。在他看来，这就是关于帕麦诺的故事的寓意所在，因而就排除了这样一种解释：这位口技表演者模仿的声音之所以受到观众的欢迎，是因为他怀着幽默的意图夸张地表现这种声音。从近代观点来看，这样的解释就是自然的解释。康德举过一个例子，人的嗓音所模仿 108
的夜莺的歌声，一旦被发现是假的，人们就会对它感到厌烦。这两个例子可以相映成趣，它们共同的根据就一定在于我们对人所期望的要比对动物所期望的更多一些，只不过在前一个例子中，我们觉得达到了这种期望，在后一个例子里，我们则没有达到这个期望。

所以，虽然普鲁塔克只是指出艺术具有模仿能力，这个事实并不能帮助我们理解艺术是**如何**有赖于智力的。但有一点是值得注意的，那就是在谈到令人痛苦的主题引起艺术上的快感的问题时，他认为，他应该支持智力的作用，反对伊壁鸠鲁派的观点①。因为，伊壁鸠鲁派认为令人痛苦的主题之所以能在艺术上给人以快感，是因为人们从艺术中仅仅得到感觉，而没有了解到痛苦是现实的痛苦，因而并不能产生足以冲淡快感的不快。但是，普鲁塔克比亚里士多德真正有所前进的地方就在于，他认为艺术中的丑的问题是一个迫切的问题。这种迫切性通过他所举的许多例子表现出来（虽然他没有把这个问题同痛苦的和不道德的东西恰当地区分

① 《论文集》，第1章。伊壁鸠鲁派似乎指出过，演员表现苦难的情景，可以比实际的受苦人表现得更好。普鲁塔克如果是一个真正的艺术理论家，他自己也应该提出这样的论点，但他并没有提出。

开来)，还表现在他明确地提出了这样一个真正的美学问题:“丑的东西，如果用适合于它的方式(简单地说，就是没有歪曲的)来表现它，它在艺术上能够是美的吗?”普鲁塔克的回答是，“它仍然是丑的，但是我们可以正确地从它那获得快感，因为要认出这种相似，是需要有智慧的。”在评估这个回答的价值时，我们决不要忘记，摹写的能力是智慧进行再创造的能力的一种状态，虽然这只是再创造能力的初级状态。因此，既然认识到摹写丑的东西的技巧是一种合理的快感，这就是认识到表面上是丑的但在艺术上受到赞赏的东西的萌芽，其中就包含着经过训练的知觉能够当作美来欣赏的东西。

在哲学方面，毕辛尼亚人戴奥·克吕索斯托姆(公元 50 年—117 年)所写的一些通俗讲演就我们所知在两个方面明确超过前人。

首先，他[①]认识到，艺术的理想与西塞罗所说的那种意义的艺术理想完全相反，应当是一种具体形式，艺术家正是凭借这种具体形式，对那些在这种实在化之前和离开这种实在化就变得模糊不清的概念赋予恰当的实在性。因此，结果并不是每个人在看过菲狄亚斯的宙斯塑像以后都能想象出某种更美丽的东西来，而是任
109 何人在看过这座塑像以后都无法设想这位天神会是别的什么样子。

显然，我们在这里是在追寻希罗多德在五百年以前以其朴

① 戴奥·克吕索斯托姆，《谈对上帝的认识》(*De Dei Cognitione Orat.*)，xii，402，雷斯克。

素的深刻性提出的思路。克吕索斯托姆关于人的形体①的论述就是这一观念的一个具体实例。他认为人体是无形的智慧品质的最确当的有形的标志——这一见解惊人地预示了某些近代的思想，它本身又在某种程度上以色诺芬笔下的苏格拉底为其先驱。

其次，戴奥·克吕索斯托姆考察了诗歌和造型艺术之间通常的对比，目的不只是要找出两者之间的相似之处，而且要找出两者之间的不同之处。他提醒人们注意使用语言的广阔领域，因为无论就再现观念的种类来说（感官性的和非感官性的观念都同样需要有相应的词语），还是就描写中所包含的时间和情节②来说（造型艺术家必须把他想要传达的内容压缩在单独的瞬间和姿态中），都是使用语言的广阔领域。

上述观点都是戴奥·克吕索斯托姆在一篇评论，或者不如说是一篇赞赏菲狄亚斯的《奥林匹亚山上的宙斯》的文章③中阐述的。这篇文章读起来差不多就好像基督教的要求在激发那些信守旧教条的人们来阐明他们自己对神性的精神意义和人道意义似的。

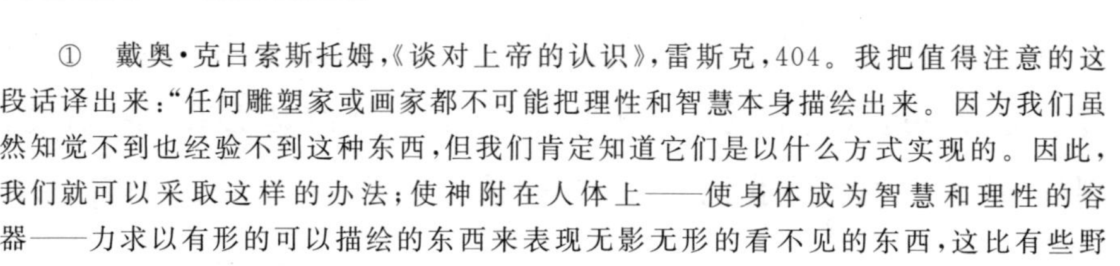

①　戴奥·克吕索斯托姆，《谈对上帝的认识》，雷斯克，404。我把值得注意的这段话译出来："任何雕塑家或画家都不可能把理性和智慧本身描绘出来。因为我们虽然知觉不到也经验不到这种东西，但我们肯定知道它们是以什么方式实现的。因此，我们就可以采取这样的办法；使神附在人体上——使身体成为智慧和理性的容器——力求以有形的可以描绘的东西来表现无影无形的看不见的东西，这比有些野蛮人把他们的神的形象画成动物要好一些。"

②　同上书，410。"我们（雕塑家）在塑造每一座像的时候都只能画出一个姿态，这个姿态必须是固定的、永久的，而且在其中必须包含神的整个天性和品质。但是，诗人却可以在他们的诗歌中包含多种多样姿态和形体，还可以描写人物的动静和言行。"

③　同上书，12。

菲洛斯特拉托斯（公元三世纪后半叶）是泰阿那人阿波罗尼奥斯传记的作者，还是描写那不勒斯的一批真实的或想象的绘画材料的作者。在他的作品中有许多具有美学意义的材料。在这里，我们只能提出两个值得注意的问题。

110 第一，在阿波罗尼奥斯的传记中，作者把模仿和想象作为两个对等的艺术原则加以对比，并且对它的新颖性和重要性具有充分的意识。阿波罗尼奥斯[①]批评埃及人把神的形象画成动物形态。而参与讨论的埃及人则反驳说："你怎么知道你们希腊人表现的形象就更真实些呢？你们的菲狄亚斯之流到天上去拿到了神的肖像吗？或者是不是有什么别的东西指引他们的工作呢？""是有别的东西在指引他们——一种充满着智慧的东西。""这是什么东西呢？除了模仿以外，你不可能举出任何这样的东西。""造成这些形式产生的是**想象**，这是一位比模仿更巧妙的艺术家。模仿只能造出看到过的东西，想象却能创造出没有见过的东西。"（这并不一定是指"无形的东西"，但可以包括它。）

第二，但更值得注意的是，这种对比如果加以绝对化，也是完全错误的——也就是说，如果我们不是把想象看作对表现实在事物的指导，而是看作取代实在事物的表现——这种对比很快就会转变为带有近代色彩的心理模仿说，或者应当说是想象性模仿说。例如，这种学说告诉我们，正是这种内在的模仿力，使我们看到动

---

① 菲洛斯特拉托斯，《泰阿那人阿波罗尼奥斯的生平》(*Vita Apoll. Tyan*)，vi，19。我是引自奥韦尔贝克的《希腊造型艺术史古代文献考据》(*Schriftquellen zur Geschichte d. Bildenden Kunste*)，801，参照了米勒的著作 ii，317。

物的形体在云端[①]，其实动物形体不在云端，也正是这种内在模仿力使我们看出用白色粉笔画的黑种人的脸庞是一个黑色人的肖像。

菲洛斯特拉托斯虽然把这种对比加以这样的缓解，但并没有把它取消。在他看来，内在的或心理的模仿并不等于想象。然而，从他所举的例子来看，我们很难把两者区分开来。他确实没有把荒诞的幻想同想象的东西混为一谈。相反，他倒是认为，真正的想象在于创造性和恰当性，在于更高程度的意蕴和表现。他认为，在一幅画中，这些比忠实于自然，比形式美都更值得重视。他说："无论谁声称要画一幅有关阿里阿德涅在奈克索斯的画，都能够画出一位美丽的忒修斯和一位美丽的阿里阿德涅，但是要画狄奥尼索斯，就只能按照他的爱情来描绘。"[②]在他的观念中，独创和表现怎 111
样结合在一起，可以通过他十分赞赏的一处风景中的奇妙的情趣来说明，在一个地方，有一棵雄性棕榈树弯过一条小溪，使它的枝叶能够接触到一棵雌性棕榈树，形成了一种桥梁。能够认识到风景中包含的情趣，这的确是艺术史上的一件重要信息。至于在这个例子中所说的情趣是不是一种最好的情趣，那是另外一个问题。

---

① 引自米勒的著作，ii，319。"可是我想你的意思是说，这是模糊不清到这样的地步，并且就像在云端里来来去去的东西，那么，凭着神的力量，既然我们生而具有模仿能力，我们是能够重建秩序并见创造它们的。"（ἀλλὰ μὴ τοῦτο βούλει λέγειν τοσαῦτα μὲν ἄσημά τε καὶ ὡς ἔτυχε διὰ τοῦ οὐρανοῦ φέρεσθαι, τόγε ἐπι τῷ θεῷ, ἡμᾶς δὲ φύσει τὸ μιμητικὸν ἔχοντας ἀνορρυθμίζειν τε αὐτὰ καὶ ποιεῖν.）

② 菲洛斯特拉托斯，《想象》，i，15，米勒的著作，ii，324，ἀλλοῦ τός γε ὁ Διόνυσος ἐκ μόνος τοῦ ἐρᾶν γέγραπται.

由于认识到想象是为智慧和情趣创造确当表现的能力，这就使菲洛斯特拉托斯的见解比亚里士多德的理想化的模仿理论更高一筹。因为在亚里士多德的这种模仿理论中，朝什么方向进行理想化的困难并没有作为一个原则问题来处理。

(5) 普罗提诺

普罗提诺于公元 205 年生于埃及，是亚历山大里亚的希腊哲学家阿谟尼乌斯的学生。他从公元 245 年起到 270 年逝世时，一直在罗马讲学。相传阿谟尼乌斯最初是信仰基督教的，后来由于基督教敌视科学和艺术而背叛基督教[①]。或许这一传说可以提示我们，新柏拉图主义是在各种不同的影响下兴起的。不过，阿谟尼乌斯和普罗提诺对先前的亚历山大里亚时代的思想或对于犹太教神学或基督教神学究竟在事实上通晓到何种程度，看来已经无从考查了[②]。

普罗提诺是生活在君士坦丁大帝以前一个世纪的非基督教哲学家，他用希腊文写作，所以人们很自然地把他看作古代后期的人物。但是也有人把他看作中世纪早期的人物[③]。这种可疑的情况比任何确定的事实更能说明他的地位。新柏拉图主义是和基督教相对等的思想，但是它披着半希腊理论的外衣，这就使它的自由受到限制。我们在前面说过，它是一种神秘主义类型的不完整的体系。这并不是说它过于宗教化了，而是说它有完全成为宗教性的

---

① 埃德曼的著作，英译本，i，237。

② 哈奈克，“新柏拉图主义”条目，《大英百科全书》。

③ 埃德曼的著作，第 1 章。

意思，但实际上它的宗教性意义还不够，因为在解释精神对尘世生活的舍弃时，它和基督教的修道院生活方式一样，是以一种物质的方式来说明的。不过，它也和基督教一样都是反对在它以前的更加片面的体系的。它拒绝同一切感官方面的追求私利的行为妥 112
协，并且相信有一种比变化无常的自然更加深刻，比公民关系或民族关系更深刻，甚至比心灵更深刻的实在。就像柏拉图的善的形式是超越于存在物之上的一样，这种"本原的一"或"至上的神"也是超越于理性之上，超越于尘世生活之上的。历史学家总是把这后两个原则等同于亚里士多德的"理智"和斯多葛派的"普遍的生命"[①]，但这是两个要素作为派生物，当然一定会低一级。新柏拉图主义坚守这一高下之分的原则，认为派生的东西一定低于本原的，这就是新柏拉图主义和真正的进化理论的区别所在。基督教中隐含着进化理论，但初看起来并不明显。

普罗提诺虽然在知识方面和实际生活方面放弃了许多东西，但他却决不抛弃实体的美。由于感知到的美具有直接性，同神秘的直觉相似，因而，那些认为通过系统的科学达到真理的途径太迂回曲折的人们都对这种感知到的美表示欢迎。

在讨论普罗提诺的美学思想时，我们有必要回顾一下在柏拉图和亚里士多德的作品中可以发现的为了预示更完整的美学而提出的那三项对比。大家应当还记得，这三项对比中的每一项都同希腊的美学理论(事实上还算不上真正的美学理论)的一个特征相对应，而且就这三项对比中的两项来说，希腊理论都不是从审美的

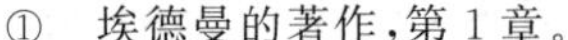

① 埃德曼的著作，第1章。

观点出发的。在前面一章中，我们是按照下列顺序来排列这三项对比的：

（1）模仿和象征主义的对比。和这一对比相对应的是一个形而上学的问题："艺术所再现的是哪一种实在？"

（2）审美兴趣和实用兴趣的对比。和这一对比相对应的是一个道德主义的问题："美的内容与意志相关的方式同实际生活的动机与意志相关的方式是一样的吗？"

（3）抽象批判和具体批判的对比。和这一对比相对应的是一个真正的美学问题："把美看成是多样性统一的感官表现的形式定义能够把美的性质毫无遗漏地全部包括进去吗？或者说，通过观察和分析，我们能够探索出美的性质的更广泛更深刻的内容吗？"

113 我们可以看到，纯希腊理论在这几个方面的局限性是密切联系在一起的，因而在三个问题中的一个问题上要作出任何实质性的进步必然要引起另外两个问题上的进步。而第三个问题却是更直接地依赖于经验和观察的，所以它可以在某一时期中在探索的广度和深度上取得相当大的进步，而思想领域在这个时期中却没有能够相应地对另外两个问题作出新的调整，与这种新的分析相适合。亚里士多德和普罗提诺之间相隔的就是这样的一个时期，尽管在这期间也偶尔有一些哲学智慧的闪烁。如果我们回顾一下这一时期流行的美学思潮就会发现，不论是在模仿与象征主义的区别方面，还是在审美兴趣与实用兴趣的区别方面，都没有什么有理论价值的见解。而且我们也没有理由假定已经失传的许多作品中会有什么著作在哲学水平上远远超过没有失传的著作。只有后期的一些著作家，如《论崇高》一文的作者戴奥·克吕索斯托姆和菲

洛斯特拉托斯等人表现出一种倾向，以很大的篇幅明确地承认艺术不是普通知觉的映象，而是某种伟大的或合理的东西在感性形式上的表现。不过，即使这样的认识也没有在理论上作深入细致的阐释。这种认识更多的是对单纯形式上的对称以外的表现力有了最深刻的认识，而不是对艺术和实在的关系的理论有什么深刻的认识。

i. 象征主义

我们在普罗提诺的著作中的确找到了这样一种理论。普罗提诺解释说[①]，“现实的东西总是不如观念那么圆满，被创造的东西总是比创造者差一些——在这一点上，他仍然是一个柏拉图主义者，而且，正是因此而使他的理论成为一种流溢论而不是进化论——然而，如果任何人因为艺术的创造是通过对自然的模仿进行的而责难艺术，那么，我们首先就必须注意到，自然界的事物本身就是对某种更深远的东西（即根本性的理性或理念）的模仿；其次，我们必须记住，艺术并不是单纯地模仿可见的事物，而且深入到可见事物的背后，即深入到自然的来源，即理性[②]；还要注意到，艺术由于它本身就具有美，因而它就创造了许多出自它本身的东西，给有缺陷的事物增添了完美的东西；由于菲狄亚斯的宙斯雕像并不是按照任何感知到的原型来创造的，而是按照宙斯自身显现

① 克罗伊泽编辑本，1002。

② 逻各斯（λόγους）。

114 于凡人肉眼之前可能具有的样子来塑造的。”这段文字毫无疑义地说明了作者维护柏拉图的“同真理隔三层”[①]论点的意图。看来我们当然也可以假定，对于戴奥和菲洛斯特拉托斯来说，菲狄亚斯的雕像具有的真理在于充分地象征了一位精神性质的神，而不在于想象地再现了一位人们通常看不见但是物质性质的神。

在我们讨论了柏拉图的见解以后，就能够充分地体会到这段文字的哲学意义，在这里就无须细说了。普罗提诺在自然美的观念之外，的确还自相矛盾地保持着精神美或非物质性的美的观念。但是，由于物质美的概念不是单单按照同精神美的关系来说明的，而是按照别的属性来说明的，因而有关物质美的理论价值并没有受到严重损害。“一件美的物质的东西[②]的产生是由于它分有了来自神的理性。”这句话可以概括他的观点。

普罗提诺正是在这个意义上对柏拉图的全部术语加以改变和改用。物质美仍然是一种形象或影像，但这种形象或影像是由理性产生的，并且借助于灵魂通过同样的能力，使理性把秩序赋予物质。一幅画像[③]，如果只是画出了面部的耳目口鼻等部分，那么，照柏拉图的说法，就应当称之为形象的形象，这样，普罗提诺就从柏拉图的观点引出了我们所看到的它可能真正具有的那种深刻的美学意义。

构成美的艺术的模仿理论的整个形而上学假定，即艺术是由普通知觉所限定的，现在已经完全被抛弃了。从此，人们就认识

---

① 《理想国》，x。

② 克罗伊泽编辑本，1002。

③ 波尔菲里的《普罗提诺的生平》(*Life of Plotinus*)。

到，艺术不是模仿性的，而是象征性的。

ii. 审美兴趣

那么，审美兴趣的本质，即爱美的本质是什么呢？这种兴趣和实用兴趣，即欲望，有什么区别吗？

普罗提诺对这个问题的回答是明确而完全的。像亚里士多德[e]和普鲁塔克所说的那样，灵魂不仅从艺术家的模仿技巧中，而
且在物质性的美中都认识到同自身的亲缘性。这种亲缘性[①]在于 115
分有理性和形式，因而同美具有共同的外延。而丑的东西要么是可能具有合理的形式而没有接受这种形式，要么是不能具有合理的形式而不接受这种合理形式的塑造。所以美只能寓于形式中而不可能寓于物质之中，而且必须是这样，因为只有形式[②]才能为我们所领悟。这种关于审美形象的观点和席勒的观点一样彻底地从美的兴趣中排除了对感官实在的欲望。

因此，从严格的理论上来看，如我们先前见到的那样，美的道德主义的限制同它的形而上学的限制一起，都要被抛弃了。美要被看作是理性通过审美形象方式在感官中的直接表现，所以它与道德是并列的，而不是从属于道德。我并不是说，普罗提诺一定会充分广阔地解释他自己的原则，这要取决于他对形式的合理性加以什么样的限制。在这种解释中，他可能会受到他的禁欲主义倾

① 克罗伊泽编辑本，100－101。

② 同上书，1003。

向的影响，但对他的哲学理论的根本意义是无可怀疑的。按照这一理论，所有以感官或物质形式象征着世界上永远有效的法则或理性的东西，都有权跻身于美的事物的行列中。

另一方面，如果断言丑的东西不存在是一个缺点，那么普罗提诺对于丑的见解就是有缺点的。因为，如果我们按照近代的自然观来解释，就会得出这个结论。我们所知道的一切东西，无一不是以某种方式象征理性的。我们认为法则有高级和低级之分，但我们知道没有什么东西不体现法则。因此，如果我们想要坚持认为真正的丑也就是完全不美的丑能够存在的话，那么，我们就必须对那种认为一切象征着理性的东西都是美的观念确定某种限制。这种限制是否能够成立，以及真正的丑是否能够与它一起存在，这正是近代美学的一大问题。普罗提诺对这个问题作了如此广阔和清楚明白的阐述，这毕竟是他的一大贡献。他这样做的结果大大地拓展了公认的美的领域，这是符合艺术和批判中实际上表现出来的扩大美的领域的需要的。然而，他这样做大概也是按照启蒙时

116 期的流行的感觉甚至是我们时代的流行感觉（他的理论完全可以代表他们），把许多经过训练的知觉中应当可以认出充满形式和美的东西，以及那些确实是丑的、严格说来不能说是无形式的东西都归入无形式的一类。因为实际上没有什么东西是无形式的。从逻辑上来说，他是把纯粹的否定（事实上是一种非存在）同肯定的反题或对立面混淆起来了，丑的东西不是没有形式，而是有错误的形式，混淆是把适合于不同事物、具有不同意义的形式混淆起来了。如果我们要找到这种混淆，就必须找到真正的丑。

不过，所有这些见解都是非常精辟细致的，只有把美和丑作为

合理的和不合理的东西的表现进行广泛的比较，才有可能形成这样的见解。而普罗提诺则是第一次把整个问题放在一个全面的观点下进行广泛的考察，而且把这个过渡时期产生的美的各种形式和各种更深刻的情趣都包括进去。

iii. 具体的批判

正如我们应当预料到的那样，当艺术美不再遵从普通实在性的标准时，把美看作单纯的对称或多样性统一的观点势必会打破使得美学变为纯形式美学的那种限制。普罗提诺一再反对把美等同于对称的观点，虽然他用来进行这种争议的论据看来并不总是正确的，而且，他对理性向感官展示自身的任何方式，除了单纯的对称与和谐以外，也没有前后始终一贯的全面领会。然而，有一点是十分明显的：他认识到美学理论有日益增长的朝这一方面改变的需要。现在我引证他的一段话来表明他从感受和观察中提出的主要论据①：

“更确切地说，美是在事物的对称性上闪耀的光，而不是对称本身，它的魅力正在于此。为什么我们会这样说呢？你看，虽然死人的面孔和活人的面孔从物质的对称性来看，并没有变形，但活人的脸上却闪烁着美的光芒，而死人的脸上只有一点美的痕迹。另外，为什么比较生动逼真的雕像②即使没有别的雕像那么对称，但

① 《九章集》(*Ennead.*)，iv，7，22。参看米勒的著作，第313页。

② 参看本书第四章第60页论述色诺芬笔下的苏格拉底的段落。

仍然比别的雕像更美一些呢？而且，为什么一个丑一些的活的男
117 子也比一个美的男子的雕像更美一些！鲜活的美之所以更为可取，是因为它具有更多的善的性质。除此以外，难道还有什么别的原因吗？”他似乎甚至采取了色诺芬笔下的苏格拉底的思想，坚持认为“肖像画画家尤其应当注意抓住眼神，因为心灵通过眼神表现出来的要比身体姿态上表现出来的更为丰富得多。”[①]这就清楚地表明，普罗提诺对于绘画的效果具有特别的敏感性。正如夏斯勒所指出的，这对于说明中世纪后期的绘画和雕塑之间将要呈现出的新的关系是很有意义的。

当然，“生命力”或“表现力”必须体现在某种对称中，但是对称这种属性要比生命力和表现力广泛得多，同时，又不像生命力和表现力那样明确，因而普罗提诺的见解显然是朝着具体的美学理论前进了一大步。

普罗提诺在否认美可以存在于单纯的对称中时，他提出的论据是，如果真是这样的话，那么组成一个美的整体的各个简单的部分，如色彩、闪电、星星等本身就不可能是美的了，而实际上，一个美的整体必须是各个部分分开是美的，合起来也同样是美的。这样，他就提出了一系列美学问题。虽然提出这一系列问题本身是他的一大功劳，但是他自己却未能避免严重的混淆。首先，一个美的整体显然不一定是由各个孤立的美的部分组成的。其次，虽然如他所说，有些比较简单的东西，即使单独来看也是美的，但是我们却不能肯定它们的美就超出了柏拉图对“纯粹的”声音和色彩提

---

① 参看夏斯勒的著作，i，246。

出的解释的范围之外。按照柏拉图的解释,这种纯粹的声音和色彩,不论多么简单,还是有一些部分,它们的简单性就在这些部分中表现出来。此外,普罗提诺发现光具有特殊的美。若要评价他自己对这种特殊的美提出的解释,并不容易。“色彩的美是简单的,这种美就在于它按照一条非物质的原则,即按照理性和形式的原则,克服了黑暗。”在讨论这一观念时,同时会出现这样一些问题:被认为是美的色彩是不是真的是简单的,究竟是因为简单因而能够具有单纯的快感,还是因为是美的,从而能够引起和谐和比例关系的联想呢?普罗提诺是一个唯灵论者,他是不是像许多唯灵论者一样,迷恋于一种观念,认为不可衡量的作用因素对心灵的亲和性总是超过重的物质对心灵的亲和性呢?如果光的确通过创造光明而征服黑暗,这是不是意味着任何美的要素都比那些包含在秩序和对称中的要素更加深刻呢?即使撇开这些困难(只要指出这些困难就够了),我们也必须注意到,柏拉图曾把善比作太阳,这一比喻在新柏拉图主义中具有极大的重要性,普罗提诺之所以关注于光是同这个问题有联系的,而且从单纯的审美的观点来看,普罗提诺由于对音乐作为精神表现的媒介比较说来,没有充分的重视,因而就落在亚里士多德的后边。我们应当还记得,亚里士多德说过,音乐具有比造型艺术更高的表现能力,正是亚里士多德关于音乐的论述,使得他的模仿理论发生了奇妙的改变和启示性的效应。而且如果我们对这一观念作比较宽松的解释,我们就可以认识到,这种观念正是最深刻的近代浪漫主义的先声。在普罗提诺看来,音乐当然是无声的和谐之有声的象征。但是,音乐的美同绘画相比,是第二等的。对普罗提诺这样具有这种思想倾向的思想

118

家来说，我们本应当期望他能够把亚里士多德提出的见解加以发展，并对音乐是卓越的精神艺术有充分的认识。他之所以没有认识到这一点，看来很可能是由于他对于光的非物质的亲和力有某种迷信。如果是这样的话，那么这倒是一个很好的例子，能够说明这样一条法则：拟似诗歌的想象一旦进入哲学，就会蒙蔽理智，使它看不见真正有诗意价值的东西。

普罗提诺于公元 270 年去世，希腊哲学的创造性涌动之流也随之结束。在他去世以后的两百多年里，雅典的学园虽然还在开放，但作为希腊哲学的最后一位重要的哲学家，普罗克鲁斯看来并没有给普罗提诺的思想增添什么十分重要的东西，只是把普罗提诺的思想作了一翻整理，使之系统化。公元 529 年，雅典学园关闭，大约四十年以后，普罗克鲁斯就去世了。

至此，我们追溯了希腊时代有关美的准则的历史，并力图说明，这些有关美的理论是在什么条件下形成又怎样被逐步加以引申，而又怎样最终被抛弃，失去作用。而且我们还说明了，如何根据具体的美感把这些理论加以引申然后又加以抛弃的发展过程中，究竟是什么实际力量在起作用。感官世界和精神世界的确定的对立——后者被认为是比一种可理解的现象体系更加丰富又有
119 明显区别的（或者说是对现象的更好的理解）——意味着古代思想的瓦解和在大规模的世界历史上完全可以称之为近代思想的诞生。

的确，被我们称之为近代意识的思想很有可能有朝一日要被称为“中古时代的”思想，而且我们要学会把莎士比亚或歌德算作为一种新的审美思想的开端。这种审美意识像中世纪的审美意识

一样是象征主义的，但没有中世纪审美意识的武断的神秘主义；像古典希腊的审美意识一样不是矫揉造作的，但却没有摆脱它的模仿论的自然主义。但是，就目前来说，我们只要指出那种更深刻、更微妙的意识的原初发展就够了。不论其中包含的对立可能怎样得到调和，一旦出现，基本上就永远不会在世界上消失，并且一定会永远成为经典的古代和在最广泛的意义上可称之为近代的这两个时代之间的最终的分界线。

附注：

a. 然而，看到梅特罗多勒斯对波斯迪普斯的回答（写于公元前三世纪），他第一次明确提到“自然的魅力”。因而我要把这一提法归功于麦凯尔先生。

b. 这一判断看来是非常错误的。我几乎用不着向读者介绍麦凯尔先生的《拉丁文学史》（*History of Latin Literature*）来寻求正确的评价。

c. 相反，我已经从麦凯尔先生的《拉丁文学史》中得知，这一主题已经在亚历山大里亚时期就经常为人们所讨论。不过我仍然认为我提出这一点并非无关紧要。

d. “神殿”，如果这是意指例如像帕特农神庙或卫城山门产生一种细微的效果，那是完全错误的。它们实际上应属世界上“最大的”建筑物之列。

e. 亚里士多德的观点还有进一步的论述。见布彻，同上书第155页注，以及亚里士多德著作中的艺术与自然，645，a.4。

120 第六章　审美意识在整个中世纪的一些连续的线索

我们对文艺复兴的态度

对于欧洲人，尤其是对于信仰新教的欧洲人民来说，把文艺复兴看作近代生活的开端，本是很自然的。争取思想和政治自由的长期斗争至今仍然决定着我们所追求的基本方向，在我们看来，这种斗争似乎就是以希腊的学术的复兴和自然科学的觉醒为起点的。因此，我们甚至很容易把文艺复兴也看作是诗歌和造型艺术方面的一个新的起点，认为这个新起点的产生是外部刺激造成的，形成了性质相同的发展过程的一部分，一直延伸到以后的时代，而不是从早先时代延续过来的。

但是，任何这样的看法越来越得不到思想最深刻、最富有同情心的批评家的赞同。因此，我们有必要在这里集中地指出一些情况，表明近代思想有一种日益增长的趋向，就是愈来愈远地退到中世纪早期去探寻文艺复兴的根源。然后再简略地综述一下中世纪时代的教会和最伟大的思想家对造型艺术和美感所采取的智识的态度。

1. 把文艺复兴追溯到基督教时期的倾向

随着文艺复兴运动在诗歌和美的艺术领域从创造性发展阶

段转入批判性转折阶段，批评界首先把注意力转向创造性发展的后期阶段是很自然的，因为这个阶段在许多方面与文艺复兴本身的意义相近。正如学者们回到希腊世界要通过希腊罗马时代，经过很长时间才能把希腊神话中的宙斯和雅典娜同罗马神话中的朱庇特和密涅瓦区别开来一样，审美兴趣似乎也是首先注意到充分发展的文艺复兴后期在文学、绘画和建筑等方面的成果，后来才逐步注意到"哥特式建筑"和早期托斯卡纳的画家。我们大家都知道，歌德的自传中有一段优美的文字[①]。在这段文字中，他说他在青年时期研究哥特式建筑入了迷，现在，他亲眼看到别人也对哥特式建筑发生兴趣，因而，他赞成这样一句看似自相矛盾但却包含着深刻道理的高雅名言："年轻时孜孜以求的东西，年老时比比皆是。"我们自己学院的学者的艺术讲演也表明需要同样地向后进行追溯[②]。事实上，我们发现在这些讲演中，只是偶尔提到契马布埃，而且因为瓦萨里曾经明确地提到过他，提到乔托的地方很少，至于波提切利或弗拉·安吉利科则只字未提。另一方面，在作家们的心中，不断想到的是卡拉齐，正如莱辛的批评首先是针对他那个时期的常用法语的诗人一样。十六世纪最初几年辉煌灿烂的景象似乎标志着那个时期是一个真正的出发点，因此，人们首先关注的倒是后来的时期而不是以前的时期。1453 年君士坦丁堡的陷落为那个伟大事件提供了一个方便明确的理由，而且在某种程度上还是它的真正原因。因此，

121

① 《诗与真理》全集(*Wahiheit u. Dichtung*)，17，347－348。

② 贝里、奥佩和富色利，在 1700 年至 1810 年之间。

文艺复兴一词在最狭窄的意义上所表明的是希腊的学术和古代文化对文学和艺术的影响。人们通常都认为这种影响是在十五世纪后半叶开始的，而实际上，在此之前这种影响就开始了。由于使用了文艺复兴这个词语，在今天看来似乎对于这个时期的艺术史和建筑史带有轻视的意思，这使得学者们对这段历史作更广义的解释感到为难。

(1) 前拉斐尔派的绘画

在本世纪，由于以前拉斐尔派兄弟会为代表的那种审美运动的兴起，因而对这种趋势的看法发生了改变，至少在英国是这样的。这个时期配合这个运动的还有许多基本的起推动作用的因素，简单地说，就是整个科学和历史的进化原则。很明显，这个总的运动强烈反对把任何社会内部的发展归于纯粹的外在原因，因此，在这一运动的影响下，我们对意大利造型艺术关注的中心已经转移到十五世纪末叶以前而不是之后，而且把这种关注的范围进一步推回到画家实践最初有变化迹象的时候，也就是说，推回到十三世纪中叶。至于建筑艺术，我们直接可以看到，在这一方面，我们的注意范围向前可以推到文艺复兴的后期，向后更远的界限可
122 推回到中世纪早期开始之处。不过，在我们对文艺复兴关注的范围全面扩大以后，文艺复兴一词就失去了专指十五世纪希腊学术的复兴这种狭窄含义，而按其字面意义，把文艺复兴的范围扩展到但丁和乔托以及他们的继承者的作品中所揭示的整个运动和全部追求的目标。

(2) 十三世纪的法国文学

尽管如此，还是应当承认这样一条原则：欧洲范围之内的文艺复兴运动并不仅仅是外在因素刺激的结果。所以，要找到它的根源，就必须追溯到但丁之前的时代。我们不能不把我们所知道的在那些十三世纪已经明显有新精神印记的、但在起源和传播方面无疑要早得多的早期法国故事看作中世纪的文艺复兴[①]。

佩特先生引自《阿米斯和阿米尔的友谊》中的文字应当作为他为这段文字提供的美丽的背景[②]来阅读。凡是希望从这些晨祷歌中了解其中体现的近代欧洲的多方面的浪漫情趣的人，都应当这样来阅读。一方面，我们在其中看到了浪漫主义的亲切温柔和敏锐的感觉，尤其是精美的愉悦之感，而阿米斯和阿米尔的精雕细刻的木杯在这种故事中几乎起到了和人物一样的作用；另一方面，使我们受到震撼的是作品中爆发出来的对一种教条的激烈的斥责——这种教条曾经是起精神性的作用，现在却具有粗俗的物质性的作用，而且是敌视人的情感的。从我们对那个黑暗时代的通常的观点来看，我们在那些故事里所遇见的情调和思想，其大胆和激进是最为突出的。

在《乌加桑和尼科莱特》的故事中有一段著名的文字突现了这种大胆的情绪和思想，我觉得应当把它转引在这里。这就是佩特先生认为反抗色彩太强烈，不宜在他的作品中引用的那段文字。

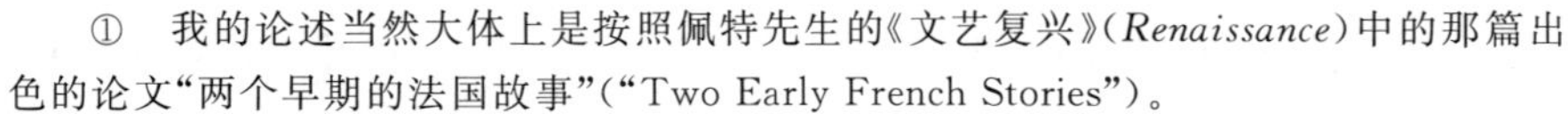

① 我的论述当然大体上是按照佩特先生的《文艺复兴》(*Renaissance*)中的那篇出色的论文"两个早期的法国故事"("Two Early French Stories")。

② 《文艺复兴》中的第一篇论文。

有人威胁乌加桑说，如果他使尼科莱特做他的情妇，他就要被弃之于天国门外。劝告他的人说，“你就永远进不了天堂了。”

123 乌加桑回答说，“我到天堂去干什么？我并不想进天堂，我只想得到我深爱的心上人尼科莱特。只有几种人能够进天堂，其他的人谁也进不了天堂。让我告诉你进天堂的是些什么人吧！进去的有老迈的牧师，跛子和残废儿，他们整天整夜蹲在圣坛前和地下圣堂里。还有那些戴着破旧斗篷、身穿破烂衣裳、赤着身子、光着脚、死于饥寒和贫困的人们。进天堂就是这些人。我跟这些人毫不相干。我要去的地方是地狱。因为到地狱里去的有英俊的学者以及在比武中、在高贵的战争中死去的漂亮的骑士以及优秀的乡绅和自由人。我要跟随的是这些人。去地狱的还有美丽的、有两三个情人的彬彬有礼的贵夫人和他们的丈夫，他们随身携带金银珠宝和珍贵的裘衣。到那里去的还有竖琴师、吟游诗人和现世的国王。我要随着这些人而去，只是我还要带上我心爱的人尼科莱特。”

如果我们还记得这些话大概是在但丁的神学导师托马斯·阿奎那还在世的时候写出来的，那么我们就可以了解，但丁在诗作《地狱》中所描写的教义和浪漫情调之间惊人的对比在当时的生活中有多么深刻的根源。“那漂亮的牧师”——这些话听起来就像是如此凄惨地体现了这种矛盾的那个著名人物历史的回声。

(3) 阿贝拉

如果把时间再往前推一点，在十二世纪上半叶，就有阿贝拉的坎坷生涯。在这里，我们并不是把阿贝拉作为一个哲学家来研究，而是作为一个对当时人们的情感一定有过深刻影响的真实悲剧中的演员，作为致爱洛绮斯的情书的作者和巴黎学生吟唱的方言歌曲的作者来研究的。在他的命运的实际遭遇中，正如在中世纪关于唐豪瑟的传说中[①]一样，我们看到的不只是粗俗的越轨行为，而是对人类决不可能永久忍受的社会条件和思想的反抗，相对说来是正义的反抗。唐豪瑟的传说中所描写的神的宽容实际上是要求时代的同情。人们一定会认识到，在阿贝拉的作品中，也有这种要求。有一位研究者明确指出[②]，但丁在《神曲》中没有提到人们非常熟悉的阿贝拉的名字。看来，几乎可以断定但丁一定是不愿对他作出评判。

(4) 追溯到六世纪的建筑和装饰 124

我们现在已经把“文艺复兴”的精神迹象追溯到十二世纪之初，追溯到普瓦提埃或沙特尔的雕塑以前的时代。这种雕塑也许是比较高级的造型艺术（同单纯的建筑装饰相比）开始复兴的最早的迹象。在雕塑和绘画这两种较高级的艺术中，也像一切艺术中最高级的诗歌艺术中一样，在十二世纪和以后的几个世纪的发展之前，看来还有一个很长的荒芜和固定的时期。对这方面的情况，我们只能在讨论教会的态度时简略地加以说明。但是要了解文艺复兴的根源，就必须追溯到更早的年代。

因为我们必须再次坚持我们在上一章提到过的那种看法：尽

---

① 这个比较取自佩特先生的《文艺复兴》。

② 佩特先生的《文艺复兴》，第1章。

管美的建筑的时代包括我们刚才所谈到的几个世纪但仍连续不断地上溯到查士丁尼的时代。另一方面，在文艺复兴后期，传统却中断了，后来的建筑不管有什么优劣之处，都不再是从以前形成的建筑中有机地产生出来的了。

这种伟大的艺术技巧，有其必然性的根源，并不是故意要再现想象性的观念，所以它当然能够经受得住野蛮民族对基督教世界的入侵，经受住对基督教的种种怀疑和误解（很容易导致灵与肉互相敌对的异端邪说）。建筑中包括的一些装饰艺术不一定要表现人的形象，因而就可以避免那种认为它宣扬神人同形的非难了。建筑在当时很能代表和发扬后来有朝一日在绘画、音乐和诗歌的成就中得到更充分的表现的那种自由和个性的冲动。我在上一章已经引证过一段文字说明罗马衰颓时期的建筑和装饰。现在，我也没有别的更好的办法来说明那个时代的建筑产生出来的“近代的”或中古时代早期的情况，我只好再增加引证同一作者[①]的几段文字。

“斯帕拉托宫大约建于公元 323 年，圣索菲亚教堂约建于公元 530 年。两者相隔二百多年，在这二百多年间根本没有出现多少
125 富有美丽色彩的令人惊奇的建筑，但是，圣索菲亚教堂一旦建成以后，美丽的建筑就像盛开的鲜花开始在地球上到处出现。在圣索菲亚教堂和罗马圣彼得会堂之间的一千年堪称为世界的建筑时代。但是在这些年代过去以后的情况就变得完全不一样了。至少

---

① 威廉·莫里斯的文章，载于《艺术讲演集》，麦克米伦公司 1882 年出版。参看米德尔顿教授所撰《大英百科全书》“雕塑”条目。

在意大利是如此。作为这种变化的象征，在一度被称为圣彼得会堂的那座具有伟大历史和艺术价值的建筑的旧址上，建立起一座新的圣彼得大教堂。这座教堂至今仍然矗立在世界上这座最壮观的城市中，使那座城市蒙受屈辱——在我看来，它属于骄傲和暴政的那种类型，完全排斥普通人对艺术的热爱，使艺术成为富人和有教养的人闲暇时的一种没有价值的玩物。”[①]“但是，从早期的这种自由（至少是艺术领域的自由）产生了一种成果——一种在原则上纯正、在实践上合理、使一切人甚至最单纯的人都感到赏心悦目的美丽的建筑。图案设计的艺术应当提升到主导艺术的地位，这是当然的事。现在，只是到了现在[②]它本身才终于开始让人感到高兴了。而且，之所以会出现这种情形，还有很好的原因。因为在工作中得到快乐的人们，从现在开始终于能够用他们的头脑多多少少来指导他们从事工作的双手了。这种艺术中的美从来没有超过那些年代的美。那些年代是获得愉悦和自由的最初的年代，有收获而无损失的年代——具有无限希望的年代。我之所以说是有收获无损失的年代，因为过去的一切建筑艺术的式样的特质都保留下来了，同时还有新获得的特质。罗马莨苕叶的巨大的波浪形曲线并没有被遗忘，而且还注入了生气、活力、多样性和优雅的特质。一方面，希腊装饰的清晰、准确而合理的线条没有被忘记；另一方面，它的错落有致的像花冠似的自然主义线条也没有被忘记。但是，前一种线条具有波浪起伏、生动活泼的丰富性和它在以前所没

① 《艺术讲演集》，131。

② 我认为，作者所指的，首先是圣索菲亚教堂的装饰。参看米德尔顿教授的著作，第1章。

有的自由奔放和自然的意趣，后一种线条本来很容易显得软弱无力，现在却变得紧凑有力，而且每一处曲线都很别致，很像自然界茁壮生长的优良作物。图案艺术在别的方面的进展具有了丰富性和神秘性，这是图案艺术的一切特点中最必不可少的特点。事实
126 上，若没有这种特点，希腊人讲究科学的良好鉴赏力一定会将它置于严格的从属地位。”接下来，作者指出，“拜占庭艺术的特性并不是从当时的东方艺术中取得的，相反，我们称之为东方艺术特性的倒是拜占庭艺术造成的，尽管东方与他称之为‘真正的文艺复兴’的这种新的生活有很大关系。”他接着说，“但是，毫无疑问的是，虽然我们尽最大努力去寻找各种形式的大批人类思想表现的起源（我把这些思想表现称之为近代艺术，如果你愿意，也可以把它称之为哥特艺术，虽然哥特人同这种思想表现没有什么关系），尽管我们尽力进行了寻找并且取得了许多收获，但是，我们还是必须承认，使这些形式获得生命的那种东西并没有清晰可见的起源。我们只能说，当罗马的专制统治摇摇欲坠之时，当一再引起灾祸的世界（即一个占优势的民族）在一个时期内开始失去它的控制力之时，人们就产生对艺术自由的渴求。甚至就在一种文明逐渐消亡另一种文明就要产生的这样一种混乱无章的情况下，这种渴求所引起的思想表现的巨大冲动已经造就了一种生意盎然和充满希望的辉煌壮丽的艺术，而在这样一个时代，这种艺术所能采取的唯一形式也就是建筑。在一切艺术形式中，只有建筑是直接从群众的冲动中、从具有高尚情操和理想的大人物和小人物的共同参与中产生出来的。近代艺术，或者说哥特艺术就是这样创造出来的，而且它从来没有忘记自己的起源，直到所谓的文艺复兴的死亡或者

僵化长眠。”

在这里，我们可以看出，作者是把公元六世纪的艺术看作“真正的文艺复兴”的标记，而所谓“真正的文艺复兴”的意思并不是指“古典”形式的复活，而是指人类精神在一种全新外衣下的新生，虽然这种新外衣是从过去抛在一边的旧外套缝制而成的。不过，我们必须记住，在我们刚才稍有涉及的那六个世纪中的各种表现性艺术中，是找不到富有原创性的伟大作品的。虽然要解释这一现象并不难，然而，若要抹煞这一现象却是说不过去的。

(5) 最初几个世纪的基督教艺术和歌曲

不过，我们至少还可以把时间向前推进一步。“仿佛是预见到十六世纪的情况似的，基督教会也开始变成人道主义了，这可算是最地道的和最早的文艺复兴。”说这番话的人①就是那位提醒我们 127
注意法国文艺复兴(即出现早期浪漫作品的法国文艺复兴，或者普罗旺斯文艺复兴)的作者。这段话所指的是我们时代的第二世纪——安东尼治下的短暂的“教会和平”时期。这时还没有出现君士坦丁治下的后期“教会和平”时期及此前特有的灵与肉的冲突。据说，在这个时期，教会也许比后来的任何时期都更加忠实于它的创立者灵魂中的深刻安详的原则，它反映了上帝对人的永恒的仁爱之心 。据最早版本的天使福音书中说，对于人，“上帝是非常慈爱的。”

① 佩特先生，《伊壁鸠鲁派的马里阿斯》(*Marias the Epicurean*)，第 2 卷，第 141 页。

看来，下列情况多少可以说明在君士坦丁时代以前，教会的心境是怎样的：

i. 根据某些材料可以推断，早在新约时代，祈祷音乐就已经产生了。它与奥古斯丁所描绘的、不久以前在米兰所采用的祈祷音乐非常相近，只是形式不够庄重[①]。

ii. 在某些古代地下墓穴中，至今还有早期基督教的绘画遗迹。其中有一部分可能是很早年代的绘画，而比较完整的壁画大概是公元四世纪的绘画。在这些最古老的基督教遗物中，最值得注意的地方首先在于，它们完全采取了简约的象征主义手法，一部分采用了自然的譬喻手法，用十字架、羔羊、鱼[②]、雄鹿（出自《旧约诗篇》中"像公鹿一样喘气"的典故）、凤凰或孔雀直接代表属于基督教信仰的观念。当这样一些象征成了传达共同经验和共同希望的工具时，对于没有文化的人来说，就具有极大的抚慰力量和吸引力。其次，随着基督教徒的绘画才能的增长，也产生了表现耶稣一生事迹的习惯。不过，他们从来不表现童年时代的耶稣也不表现受难的耶稣，而总是把他描写成一个神一样的人物，正在从事着快乐的或得意扬扬的活动，例如把他描写成善良的牧羊人（带有一些赫耳墨斯的神情），或者描写他进入耶路撒冷的情景，或者甚至描写他在彼拉多面前的情景，再不然就描写他作为导师坐在弟子们中间的情景，或者把他画得像俄耳浦斯一样，也战胜了死亡，驯服

① 公元367年雷奥迪西亚会议决定，教堂的歌咏只限于经过训练的唱诗班。卡里尔的著作，iii，第94页以下。

② 在希腊语中，耶稣基督、上帝之子、救世主几个词的头一个字母合在一起就构成希腊词"鱼"。

了最凶猛的动物，头戴弗利吉亚帽，在野兽中弹着竖琴[①]。 128

iii. 早期基督教的赞美诗和圣诗似乎并没有达到独立的诗歌的地位[②]，但是，从二世纪末亚历山大里亚的克莱门特所引证或创作的一些诗句开始，通过四世纪的纳西盎的格里高利和五世纪的昔兰尼的西内修斯，这些赞美诗和圣诗表现了[③]一种全新的力量和自由，可以说拥有了威力无比的宇宙，在一定程度上分享了人与造物主的关系。这种关系看来既不是经过论证的，也不是凭空设想出来的，而是作为一种信仰的内容和祈祷的根据直接而单纯地感受到的。毫无疑问，希伯来文的圣经，尤其是《诗篇》对这种心境及其表现具有深刻的影响。但是我们所说的占有感觉或拥有感觉被基督教的道成肉身的理论（一般说来，这种理论在这些赞美诗中显得是随手可及）大大地加强了。对基督教徒来说，这种占有感觉代替了犹太教中那种觉得造物主高不可攀、远不可及的感觉。这种感觉在对观福音书中非常强烈地表出来，我们无疑要把它当作基督教对美的态度的一种标志，而且是最基本的标志。但是，基督教艺术要实现早年的这种愿望一定还要走很远的路程，遭受很多的困苦。

在这里，我们需要从四世纪的散文文学中引述两段文字。首先，这些文字说明了在基督教徒中一直保持到那个时代的那种与

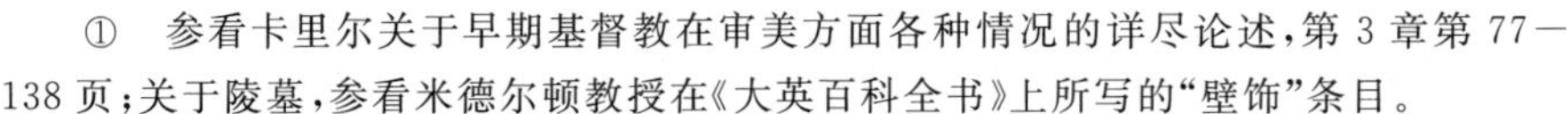

① 参看卡里尔关于早期基督教在审美方面各种情况的详尽论述，第 3 章第 77—138 页；关于陵墓，参看米德尔顿教授在《大英百科全书》上所写的“壁饰”条目。

② 过去，人们常常认为欧里庇得斯关于“受难中的耶稣”的悲剧是纳西盎的格里高利创作的，现在人们已经不再认为纳西盎的格里高利是这部悲剧的作者了。见《大英百科全书》，格里高利的生平。

③ 我是根据卡里尔的著作（第 1 章）所引证的译文来判断的。

世界和谐一致的深刻的感觉；其次，这种和谐一致到那个时候正在开始陷入自我分裂的长期斗争，这场斗争对于充分实现自身的深刻意念也许是难以避免的。

尼撒的格里高利这样写道："每当我看到一座座山峰，一道道山谷，一片片绿草茂盛的草原时，每当我看到一行行摇曳多姿的树
129 木以及脚下那些香气飘溢、色彩艳丽的百合花时，每当我看到飞向远方海洋的浮云时，我的心便生出带有几分愉悦的伤感。当深秋降临，果实(谷物)消失，落叶纷飞，树枝光滑枯萎的时候，我们便陷入沉思，想到世间万物怎样在大自然的奇妙力量作用下生生不息，变化无穷。无论是谁，只要用心灵的智慧眼睛领悟这一切，他就会感到，同伟大的宇宙相比，人是多么的渺小。"

克吕索斯托姆这样写道："当你看着光彩夺目的建筑物，被廊柱的景象迷住眼睛的时候，你再马上回首苍穹，再看一看牛羊在水边吃草的广阔的平原吧！当我们在黎明时分怀着宁静的心情去欣赏升起的朝阳，给大地洒下一片金色的阳光时，当我们坐在深深的绿色草地的一座水泉旁边，或者坐在枝叶茂盛的大树的浓荫下休憩，眺望着消失在迷雾中的远方时，与这种自然美景相比，我们谁不感到所有的艺术作品都黯然失色，不屑一顾了呢?"

上面两段文字说明，他们对大自然已经产生了完全属于近代类型的共鸣，我认为，这样说是不错的。不过，在这两段文字中，这种感觉已经开始转向反对珍视人和人的创作的价值的感觉，从而也伤害它自身的根基。这种反对珍视人和人的创作的价值包含的意义是极为丰富的，在第二段文字中表现得尤其明显。因为在第二段文字中，这种反对是专门针对建筑这种非模仿性艺术的。一

方面，它明白无误地着重说明了审美感觉对待外部自然的一种新的态度，这是在希腊时代或希腊－罗马时代的任何作家都不曾有过的。但另一方面，它也显现了中世纪那种损害了高度想象性艺术敌视人造美的态度的微弱阴影，这种态度归根到底甚至也减弱了人对大自然的可爱性质的敏感性。

因此，人们可以有根据地把基督教会在成为一个完备的组织以后所经历的最早的和平时期看作是最早的文艺复兴时期[1]。同时，我们也不能否认，基督教的创立者[2]是用自由友好的眼光看待 130
外部世界的，这一宗教的根本倾向就是要使人感到世界和他自己是同一个神灵的相对应的表现。

(6) 一个简约的中间阶段的必要性

不过，这一问题似乎还有另一个方面。在陵墓绘画的主题和处理手法中包含着半希腊式的精神振奋的表现，在某些早期的基督教的雕塑中，包含着丰富的优美的风貌和力量[3]，在早期的赞美诗和圣歌中，也包含着质朴的虔诚。只是我们也许很难说从这里的直接发展便导致十二世纪和以后所显示出来的那样广阔和深刻的特征刻画。我们可以毫无疑问地说，后来的独断倾向和禁欲倾向束缚了艺术最高程度的使用。但是，为了能够掌握全部表现领

① 参看《伊壁鸠鲁派马里阿斯》，ii，135。

② 我怀疑在基督教的作品以外或在基督教时代以前是否还能找到像下面这个句子中包含的那种对花卉美的超凡脱俗的领悟，那种摆脱了道德说教或寓言讽喻的领悟："请想一想田野里的百合花吧。"

③ 卡里尔的著作，iii，114。米德尔顿所写的条目"雕塑"（"Sculpture"），载《大英百科全书》。

域，为了使表现人的一切的艰巨任务得到充分理解，难道不是要在艺术领域内以及在艺术与教义之间都必须把灵与肉的对立推到最大限度吗？如果上帝般的或英雄式的基督从来没有成为不幸的人的话，如果钉在十字架上的人和殉道者以及形形色色的形容枯槁的苦行者从来没有放在表现的范围之内，那么，对于波提切利和列奥纳多作品的复杂的表现力和近代人那些令我们感到自豪的和生活一样宽广的对美的感受力，不是就缺少了一个重要因素了吗？此外，如果教会中没有任何团体持有这样的主张，也没有任何宗教会议作出这样的决定："具有高尚的仁爱之心的基督真是太伟大了，因而决不能依照任何相似的其他人体以尘世的材料来绘制图像"[①]，那么，当想象力终于取得自己的权利时，难道还会有例如像体现在拉斐尔的《圣母玛丽亚的圣子》中那样的神秘感觉存在吗？据说，基督教的画家早在他们能够恰当地处理人体外形之前，就已经充分掌握了面部表情，而对于希腊雕塑家来说，次序恰恰与此相反。这样的对比当然是很有典型意义的，但它只适用于后期的基督教艺术，而不适用于最初四个世纪的基督教艺术。

尽管如此，但事实仍然是，人性的启蒙是随着基督纪元开始
131 的，或者更恰当地说，像我们在上一章所说的那样，在基督纪元之前就已经开始了。中世纪后期的表面上偏离轨道的现象不过是证明人类理想的全部广度和强度的发展过程的几个必经阶段罢了。

---

① 754年的宗教会议，不是全基督教的宗教会议。见《大英百科全书》的"形象崇拜"("Image-worship")条目。

2. 普罗提诺以来的美学在思想方面的连续性

普罗提诺的深刻见解最终打破了把美局限于形式对称、把艺术局限于模仿的理论限制。这种深刻见解基本上由基督教的思想家自觉地保存下来，无论他们是不是直接继承他的观点。我们已经说过，普罗提诺的见解只是对柏拉图思想的一种运用。按照柏拉图的思想，一切可见的或物质性的东西都是某种不可见的或非物质性的东西的符号或对应的影子。司各脱·埃里金纳可以说是最后一位新柏拉图主义者和最早的一位经院哲学家[①]。在他所写的对话[②]中，“导师”说：“想一想这个可见世界各部分随时随地不断发生的变化是不是有某种神秘意味。”“学生”回答说：“我不能干脆地肯定这些现象没有神秘意味，因为在我看来，一切可见的或有形体的对象无不是某种无形体的东西和（纯粹）理智的东西的符号”。经院哲学家关于共相在逻辑上的或形而上学的存在的争论，并不涉及柏拉图在希腊艺术的伟大时代结束后所论述的这一根本的信念。但是，这一信念在所谓衰颓时期（包括基督教的诞生）的影响下，却深深地浸入欧洲人的意识中，并且支配着近代人对美的理解，直到文艺复兴后期对它作出合理的解释为止。因此，与柏拉图以前的普通的希腊信仰的自然主义的一元论相反，这个时代的

① 参看《大英百科全书》，“经院哲学”（“Scholasticism”）条目。

② 《论宇宙的组成》（*De Divisione Mundi*），第 3 节，九世纪。

基督教意识是二元论的。但是基督教的二元论只是争取实现更高的或精神的一元论进行艰巨斗争的外部征兆。从一开始,在整个历史过程中,基督教信仰中都活跃着一种和谐的观念,不管它多么富于战斗精神。

从我们在这里所能涉及的从中古时期对美的态度的一点点材料来看,似乎表现出一个值得注意的理论上的迂回路线:一开始是对于同人的创造物相对立的自然产生了独特的共鸣,普罗提诺的
132 基督教义的继承者就是这样(他们的时代也就是采取进化的一元论作为正统神学的根源的那个时代),中间经过一个敌视更高级的、更富于人情味的艺术阶段,表现为对摧毁异教和破坏偶像的争论;最后,才完全认识到一种更有意义的美是神性通过艺术和自然两者表现出来的美,这就是圣方济各、圣托马斯、但丁和乔托生活的时代。

像二元论理论经常发生的情况那样,这样的整个迂回路线是由构成二元论的两个因素在经验实在中地位转移的情况所决定的。作为基础的概念是自然和艺术,属于可见的宇宙①,当且仅当自然和艺术能够非常恰当地象征看神的威力和善,因而并不需要借助于感官兴趣或感官愿望时,它们才是美的。至于这两者分别对这一目的是否适合和适合的程度可以在不同的时候

① 自柏拉图以来,视觉就在自然和艺术这一对比中具有特显著的地位。这种情况必然一直支配着我们的术语使用,而且我们以后从圣托马斯的著作中可以看出,理论有时还要受到这种偏重视觉的影响。视觉之所以受到特别的重视,一方面是由于感官本性的原因,另一方面,也许是由于根据这种偏重就像基于历史的原因一样可以有一种形而上学的方便类比。

有不同的判断。进行这种判断的过程，在某种程度上使我们想起柏拉图的理论，特别是在自然被认为比艺术更接近于创造的原型，在艺术被非难为不能描绘神性的时候，或者是当一切美，无论是自然美还是艺术美都被认为只是单纯的感官刺激而被摈弃的时候。然而，从根本上讲，人们似乎总是比柏拉图更加明确地、至少是有条件地承认，如果用正确的和纯洁的眼光来看，物质美是渗透着神性的。

（1）从流溢说到进化论

首先，我们应当注意到，在四世纪，即在普罗提诺去世以后大约两代人的时间里，基督教的教义由于解决了同源论的争论就从流溢说向进化论不可变更地迈出了一大步。不论这一观念是不是同福音书上的意思一样，它肯定标志着最终从根本上抛弃了偶像崇拜，向柏拉图主义和新柏拉图主义不断接近的顶峰迈进。这一观念肯定，从世界的一个最高的原则可以发展出逐步增加的积极内容，这种内容并不因为有这样的发展而失去任
何东西或降低到第二位。这种观念不论从我们今天看来显得多 133
么陈旧或学究气十足，但是，如果同最伟大的希腊人（也许亚里士多德是个例外）的观念相对比，它却是对一种悲观主义限制的必要的抵制。它反对把进步规则说成是第一个最好，第二个稍差，第三个更差。

（2）二元论和对自然的热爱

这样，我们就可以知道，克吕索斯托姆和尼撒的格里高利是怎

样在这个第四世纪就像早期的基督教赞美诗的作者一样，完全承认物质自然的美是神性的直接表现和象征，而且为了强调这一认识，甚至还通过一种对比贬低人的作品的价值。事实上，早在公元306年西班牙的一次宗教会议[①]就决定，“教堂不应当设置画像，以免人们把崇拜和敬仰的圣灵画在墙壁上。”而破坏宗教偶像的运动的起源也可以部分地追溯到圣经中的十诫和基督教中的犹太教因素。用哲学的语言来说，公元四世纪的这种倾向意味着，感官和精神之间的二元论首先表现为反对最明显地起源于人类的事物，就像表现在下面这段话中的近代人的情趣一样：“神创造了乡土，人创造了城市”。这种二元对比虽然大胆地颠倒了事物的真正关系，但由于它突出了外部自然的魅力，因而对文化有暂时的作用。但是这样的一种效果，如果确立起来，一定是转瞬即逝的。一种二元论非难固定在艺术中的美，必然会很快威胁到在自然中可感知的美的感觉。不过，在事情还没有发展到这一步之前，这种暂时的情境还是在奥古斯丁有关的论述中留下了永久的结果。奥古斯丁更多论述的是世界，而不是美的艺术，对于美的艺术，他像同时代的其他人一样，已经开始持怀疑态度了[②]。从他的神学立场出发，这也是很自然的。

① 埃尔维拉宗教会议，参看《大英百科全书》，“形象崇拜”条目。

② 奥古斯丁生于公元354年，死于430年。他反对在壁画中寻找基督，而主张在书写文字中寻找基督。有一封信据说是四世纪初凯撒城的欧瑟比阿斯写给君士坦丁大帝姐妹的。信中拒绝了她索取一幅基督像的要求，认为这是非法的。信中还说他从一位女朋友那里拿走了她所藏有的保罗和基督的画像。参看《大英百科全书》，“形象崇拜”条目。

（3）奥古斯丁论“宇宙美”

奥古斯丁在《忏悔录》中告诉我们说[①]，他早年写过《论美和适合》的著作。现在，他对这些著作已不以为念，也不知道它们是否 134
还存在。不过，他早年的兴趣却足以使他形成一种关于美的形式理论，这种理论从上述书名即可看出一些踪迹，一般地说，并不超出属于整体的各部分之间对称关系理论的范围。他有一个独特的优点，构成了进步，但没有受到应有的注意。就是他把上述观点运用到整个宇宙，特别是把美的艺术同被认为包含恶或丑的整体的宇宙加以类比，以证明这种观点。由于这样的运用，当然也由于一种神学的动机，就使得他的观点比西塞罗的宽松随便的神意论信条具有更深刻的内容，虽然在一般表达上，他的观点与西塞罗的神意论非常相似。

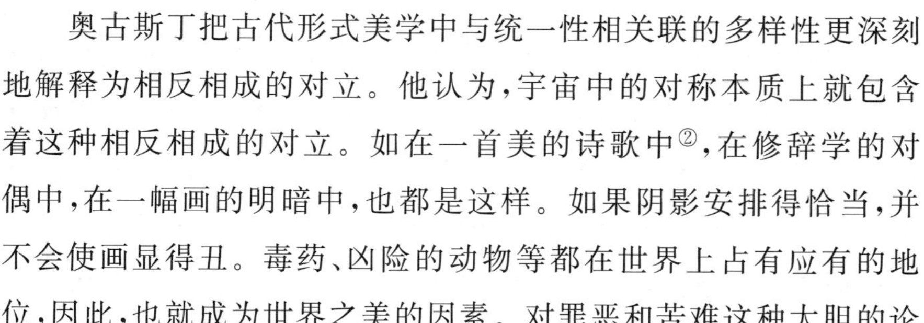

奥古斯丁把古代形式美学中与统一性相关联的多样性更深刻地解释为相反相成的对立。他认为，宇宙中的对称本质上就包含着这种相反相成的对立。如在一首美的诗歌中[②]，在修辞学的对偶中，在一幅画的明暗中，也都是这样。如果阴影安排得恰当，并不会使画显得丑。毒药、凶险的动物等都在世界上占有应有的地位，因此，也就成为世界之美的因素。对罪恶和苦难这种大胆的论

① 《忏悔录》，iv，13。

② 《上帝之城》，xi，18，23；xxii，19。我把 xi，18 的题目引述如下：“论宇宙之美——它按照上帝的安排甚至使矛盾成为合适的对立。”我不知道歌曲中的“对照”是指什么；我怀疑这只是指安布罗西时代米兰合唱班两侧的应和。如果是这样的话，音乐方面的对比就没有指涉不谐和音的近代意味。奥古斯丁有一种具有近代意味的理论，就是“怀疑中包含着肯定”（我疑故我思）等。这在前面边码 109 页已经提到过。

述在神学上是否有道理，我们在这里且不去谈它。但是，它的美学意义（在奥古斯丁手上是得到非常明显的强调的）把我们立即提升到近代有关丑的流行理论的水平，例如我们在今天的诗歌情趣或普遍的情趣中可以找到的那种理论的水平。这种理论的实质是，它认识到丑是美的东西中起衬托作用的[①]的一个从属因素。然而，从整体上，它又有助于增进传统意义上的或几乎是传统意义的
135 和谐或对称效果。这种理论还有一个优点，那就是比任何希腊人都更加直接地对待丑的问题，比普鲁塔克更直接，因为普鲁塔克除了把丑看作是证明艺术技巧的一个证据以外，就是把丑从艺术中排除出去。这种理论也比普罗提诺更直接地对待丑的问题，如果我们对普罗提诺关于无形式的东西的观点的解释，不是给予肯定的意义，而只是给予否定意义的话，这一理论对待美感问题是属于抽象的美感和具体的美感之间的中间阶段的观点。它承认，对称可以通过对比而丰富起来，但是基本原则仍然是对称、而不是富有特征的表现。这种流行的观点有一种说法，据称，丑相对美而存在的量的比例不能过大。我们在奥古斯丁的著作中就像在近代人的情调中一样也能找到这种流行的说法。不过，这的确不是一种具有任何思辨重要性的见解，而且会导致一种混淆，就是把丑作为一个从属于美的因素同比重较大的美超过了我们对丑的感觉这两者混淆起来——如果全部事情仅此而已，那么问题仅仅是我们的知觉不够准确了。

① “为什么有不谐和音闯进来，但是，那种和谐音却是应该珍视的。”——勃朗宁的“艾布特·沃格勒”。

奥古斯丁强调指出，除了对称以外，色彩因素也是美的一个部分。这是有历史意义的。我们知道，当苏格拉底同画家帕哈秀斯交谈有关美的问题时，这位画家对色彩和对称这两个美的特征是很熟悉的，可是苏格拉底关于表情的谈话仍然使他感到新奇[①]。普罗提诺在他的论述开头也提起对称和色彩这两个术语，认为它们代表了美学传统。而他对这种传统则有颇多微词，认为它是不充分的。但是，奇怪的是，尽管如此，这两个术语却作为对美的充分说明，通过与普罗提诺有许多共同之处的伪狄奥尼修斯[②]一直传到托马斯·阿奎那。奥古斯丁与伪狄奥尼修斯大概是同时代人。在奥古斯丁的著作中，我们也发现这两个术语占有同样不容置疑的地位[③]，似乎普罗提诺明显提到这两个术语要比他对这两个术语的批评具有更加长久的效果。我现在引证奥古斯丁的一段文字来说明这一点。这段文字中包含着后来在但丁的《天堂》[④]中又重新出现的思想，这倒是很有趣的。“任何物质对象的美都在于各部 136
分的谐和以及某种柔和的色彩……但是，当正义像太阳一样在天父的天国照耀的时候，柔和的色彩是多么艳丽呀。”

（4）对异教的镇压和日益增长的简朴之风

我们刚才说过，奥古斯丁对于他的论美与适合的早年著作，任

---

① 色诺芬，《苏格拉底言行录》，3，10。

② 托马斯·阿奎那，《神学大全》，第2编，第2章，第145节，用狄奥尼修斯之名引证了狄奥尼修斯的话。

③ 《上帝之城》，xi，22，同对称相对比的“克分子”团块以及奥古斯丁关于尺寸在美中无关紧要的观点，也和普罗提诺的看法相仿。

④ 同上书，xxii，19。

其失落，并不以为念。这些论著本是值得高度重视的。不过，他对宇宙的整个看法却具有强烈的美学色彩。而且对于奥古斯丁在世时发生的暴力镇压异教信仰的运动如何作为美学史的材料加以解释，也必须小心谨慎。这场镇压异教信仰的运动是由狄奥多西下令进行的，"赢得了基督教世界的一致的高声赞颂。"[①]当局大肆破坏庙宇和庙宇中的装饰，任其衰朽，这说明了在宗教上的敌视态度是与对艺术的残暴冷漠相联系的。但是，我们一定会记得，帕特农神庙虽然在五世纪被改为一座教堂，失去了原貌，但只是在一千二百年以后的一次围城中才彻底成为一片废墟。万神殿最初之所以得以保存下来，我们必须假定，这是因为当局的特别恩准。它后来之所以能幸免于难，则是由于它在六世纪变成了敬奉神灵之所[②]。奥林匹克优胜者的名册在声名卓著地持续了一千一百多年之后，于公元 393 年结束了，最后签名的是一位亚美尼亚人。这件事颇有一点悲悯的意味。菲狄亚斯的宙斯雕像被送往君士坦丁堡——这一步骤说明基督教徒对它的价值多少还有所认识，不过令人痛惜的是，它在公元 476 年的一场大火中被焚毁了。

因此，对异教信仰的镇压首先并不是同样严格普遍地实行的；其次，这种镇压虽然可以说明当局对艺术的价值极为无知而又漠不关心，但它主要并不是出于像后来在破坏偶像的论战中表现出来的那种对艺术形象的强烈的厌恶。的确，在四世纪就已经逐步兴起一种甚至反对基督教艺术的浪潮，但是这时记录下来的谴责

① 吉本，《罗马帝国衰亡史》，第 28 章。参见吉本和米尔曼关于圣奥古斯丁的看法的注释他们从奥古斯丁著作引证的文字是互相矛盾的。

② 吉本的著作，第 1 章。

之词只是用来说明教堂的墙壁上仍然在日益广泛采用的壁画和镶嵌图案。而且，很明显的是，在后来的教会和平时期[①]的简朴风气不但有消极地否定艺术的方面，而且有在艺术范围内积极地对待艺术本身的方面。因为在方形教堂的墙壁上画上了殉道者的故事[②]，而且到后来，则一反以前的习惯，连基督受难和死亡的场面[③]也画在墙壁上了。 137

除了主题上的这种变化以外，似乎还出现了拜占庭式的表现方式，这本身是一种阴郁而又刻板的表现方式，但却给艺术加上了一个新的有力的因素。后来，它就被吸收为美的一个新的因素。

(5) 破坏偶像运动的意义

但是，这种不稳定的二元论——说它是不稳定的，因为它在原则上是一元论——在可见世界中这种一元论选择自然而不选择艺术，而在艺术本身中，选择的不是一直被当作美加以感受的东西，因而在这两方面都同样是重复柏拉图的思想，不过，它必定会在柏拉图的轨道上走得更远，而且要把它对可见事物的怀疑转向反对整个绘画艺术和整个可见世界的美。在大额我略时代(六世纪)，马赛的主教[④]下令撤除和销毁他的教区里所有的圣像。由于这一激烈的行动的结果，额我略才明确提出，崇拜图像同从图像的这种

① 参看本书175页。

② 《大英百科全书》中“形象崇拜”条目和“壁饰”条目。诺拉主教圣保林(逝世于公元431年)要求把基督教历史上的故事画下来作为进行教育的手段。

③ 在罗马圣克莱门特教堂中就是这样。

④ 《大英百科全书》中“形象崇拜”条目。

语言中了解应当崇拜的是什么是两件不同的事，应当加以区分。读书人可以根据文字理解教义，没受教育的人只能从看图像来了解教义。因此，不应当销毁教堂里的图像，因为教堂里设置的图像不是供人崇拜的，而只是用来指导无知者的思想的。额我略采取的这一温和的路径后来也为查理曼所采用并且成为天主教会的规则，但是据说天主教会并没有放弃销毁偶像的主张。对于艺术的教育价值和教育使命，还是结合柏拉图和亚里士多德的见解在一
138 定范围内进行了讨论。虽然这种价值和使命严格说来并不在美学的范围之内，但在本质上涉及艺术在有文化的和没有文化的人们中的相对地位的重要问题，即使为了这个理由，我们也必须在下面对这一问题加以讨论。

实际上的破坏偶像之争是在东正教会中发生和进行的，这个时期从 726 年到 842 年经过了大约一百二十年，其中有几次间断。从美学的观点来看，值得指出的是，下令销毁图像而引发这场运动的利奥三世很可能因为同犹太人和阿拉伯人的交往而受到影响[①]。这场运动发展到最高潮的标志是在 754 年的君士坦丁堡宗教会议。出席这次会议的有 338 位主教。但是，这次会议从来没有被承认是全基督教的会议。会议决定：“基督以他崇高的、尽管不是无形体的光辉人性超越了感官自然的一切局限和缺点，他是太崇高了，因而决不能通过人类的艺术，比照任何别的人体，以尘世的材料绘制成图像。”会议还宣布，凡是企图用可见的色彩去表现上帝的化身基督的形象者，凡刻画呆无生气的圣徒形象者，一律

① 吉本的著作，第 49 章。

逐出教会，因为这些东西永远也不可能取得任何有益的结果[①]虽然东正教会在公元842年之后又重新采取了一种与额我略和查里曼颇为相似的理论主张，但是拜占庭式的绘画在意大利却一直存在到十二世纪，在阿陀斯山中一直保存到现在，看来，这是由于一种明确的禁欲主义的理论和法规的影响的结果[②]。

在这场争论中，我们可以看到，在精神和肉体之间的二元论转移到另一个阶段。在犹太教徒和伊斯兰教徒的超现世的一神教的支持下，对精神秩序的信仰现在决定性地转变到像柏拉图那样，反对一切感官方面的表现的东西，认为一切感官方面的表现本质上都不适合于表现精神的秩序。结果是提出了一种类似于柏拉图观点的主张：由于再现只能模仿可以模仿的东西，精神性的东西是不

可能用感官方面的形式加以再现的。这种主张的不同之处在于， 139
现在象征主义的思想观念已经盛行，因此，整个问题已经处在柏拉

图后来提升它的水平上，而不是处于柏拉图最初出发的水平上。柏拉图所关注的是论证“另一”世界，即精神世界的实在性，现在，精神世界（不管人们对它理解得多么粗浅）已经成为普通人信仰的对象了。感官形式的欺骗性也不再是单独一个思想家的结论，而是成了一大批普通群众热烈要求确立的前提了。因此，问题的重心现在已投向一个新的方向。不是去提升“另一”世界的价值，而

① 《大英百科全书》，“形象崇拜”条目。

② 参看一位希腊修士关于提香的几幅画的评论。他向提香预定了几幅画，但却拒绝接受，据说他评论道：“你亵渎神灵仿佛就从画布上突现出来，和雕像一样糟糕。”见吉本的著作，第49章的注释。看来，“形象”一词在九世纪以前是指图画和镶嵌图案，到九世纪以后才针对雕塑。

是重新建立并维持“另一”世界对这一世界的凝聚力。虽然大额我略对学术漠不关心，查里曼几乎从不写作，但事实的逻辑和多年的经验还是促使他们去找到解决的办法。正是因为柏拉图的学说有助于人们有可能找到这种解决办法，柏拉图是在他思想发展的最佳阶段，才认识到这种解决办法的(我们之所以这样说，正是因为柏拉图的学说可以帮助人们求得这种解决)。大额我略和查里曼这样的处在权力支配地位上的人，当然不可能指望他们说哲学语言，他们的政策要受到他们各自的时代影响教会的各种激情和需要——这些终究是人类生活的需要——的制约。但是他们的主张却完全可以概述如下：“我们知道图像是不可能成为一种本质的摹本，因为这种本质是感官知觉不可能达到的。因此，不应该去崇拜图像[①]。但是，图像可以发挥引导作用，因为可见的事物能够具有意义。因此，不应该反对图像，而应当把它们保留下来，作为教育的工具和帮助记忆的工具。”从美学哲学上来说，这种观点是不正确的，或者说这样的表述是不正确的。艺术的效果是不能以当权者所宣称的允许艺术存在的理由为限的。从最广泛的历史意义(尽管不是从严格的哲学意义)上来说，毫无疑问，艺术是教育人民的课目。

(6) 司各脱·埃里金纳的完整理论

在九世纪，大约就在有关教堂绘画艺术的争论在东正教会和

① “毫无用处，我们不再躬身下拜了。”(“Es hilft nichts, unsere Knie beugen wir doch nicht mehr.”)黑格尔，《美学》，i，132，描写了艺术和宗教不可避免的近代区分。

天主教会都即将得到解决的时候，有一位真正是相当重要的思想家把中古时代的观念以一种完整的系统表述出来，而且还规定了物质美的地位和性质，作为这个完整学说的一部分。这位哲学家
就是司各脱·埃里金纳。我在前面已经引证过①他关于中古时代象 140
征主义的一段典型论述。他所处的地位正是那样一种情况，使我们很难确切地断定这个黑暗时代从何时开始，到何时结束。我们很容易设想这个黑暗时代是一个持续很久的时期，到文艺复兴时期结束。这个时期中，争论双方对于科学和真正的哲学都一无所知，但却对于一些本来属于神学理论的逻辑形式问题争论不休。前面我们已经说过，按照我们对文艺复兴的理解，它的起始年代应当追溯得更早。另一方面，根据近代人对埃里金纳的推测，真正的经院哲学的起源的时间应在他的生活年代之后。因此，真正的经院哲学事实上是黑暗时代结束的开始，那么，这个年代应该是在但丁生活年代之前学术界有了明显进步的那两三个世纪，假如我们不想把但丁之后学术界的进步看得很重要的话。但是，假如经院哲学——对哲学和神学之间关系的有意识的调整——标志着黑暗时代的结束，那么很显然，与希腊和拉丁作家的思想紧密相连的埃里金纳的思想早在黑暗时代开始之前，便已经出现。如果情况真的如此，那么，在群众的想象中，那一段很长的模糊时期实际上就不存在了，我们在论述中世纪的特点时，就应当更加小心谨慎和抱有同情了。

首先，埃里金纳是一位希腊学者。我认为，他是在罗吉尔·培

① 参看本书前面第 181 页。

根生活时代(十二世纪)以前的西方最后一位希腊学者。他写了许多著作,大都与奥古斯丁的著作意义相近。他还翻译了一些伪狄奥尼修斯的希腊文著作,其中大段引用了马克西穆斯(七世纪)的论述,将其译为拉丁文。这样译成拉丁文的狄奥尼修斯的著作后来影响了阿奎那的见解。所以,充斥于狄奥尼修斯著作中的普罗提诺的观念便形成了贯穿中古时期的那些最伟大的导师思想的一条连贯的线索。

而且,埃里金纳还是一位哲学家。真正的哲学和真正的神学在他那里是融为一体的,这并不是说哲学和神学一方从属于另一方,而是哲学与神学的真理是完全一致的。严格地说,他的一般观点同我们在这里讨论的问题关系不大。但是,在推崇信仰的时代的一位著作家,虽然在对事实和类比的运用上显得不够成熟,而对于中心问题上的主导思想,仍然可以是非常合理的。在这里需要

141 指出的是,他认为圣餐只是一种具有象征意义和纪念意义的仪式。他认为摩西创世的说法纯粹是寓言性的。他认为地狱没有实际的存在,他只是把它看成是意志的内部状态[①]。

在信仰时代人们的思想中,包含着理性的成分又包含着愚昧的成分。理性和愚昧的交织涉及很大的问题,这里不是讨论这个问题的场合,我自己也无力探讨这个问题。但是,我也许可以指出,在历史发展过程造成的分工中,落到中世纪的任务是要制订一种新生活的草案,并且把它的用法教会那些未受教育的人们。在主要的方向还没有大致确定之前,人们自然不会去注意细节上的

① 《大英百科全书》中亚当森教授所撰“埃里金纳”条目。

准确性。无论是伟大的希腊古典哲学，还是系统的自然科学的广泛考察，在这种情况下，恐怕都不能遇到合理地解决奥古斯丁、埃里金纳或但丁所遇到的那些问题。因此，似乎一切都是按照预定的秩序发生的，似乎只有实际做过这种事情的人才能完成这种任务。

就美学而言，埃里金纳在具体细节方面似乎并没有取得比奥古斯丁更明确的进步，而且由于对丑的问题没有鲜明生动的领会，因而甚至比奥古斯丁还有所后退。他作为一个体系哲学家来说很自然的是把着力点放在分辨构成可见世界中真正的美和虚假的美的关系上，认识到这种关系取决于人的心灵依照不可见世界规定它在可见世界中的地位。他按照马克西穆斯对“善恶知识之树”的解释，联系亚当堕落的故事，讨论了这个问题。他解释说[①]，这棵树代表了可见事物的本性，如果从它理解了可见事物的理性[②]或意义，那么就会获得善的知识，如果把它作为欲望的对象，那么就会得到恶的知识，并导致死亡。“女人夏娃”是感性的代表，“男人亚当”是理性的代表，上帝[③]造出可见的创造物是为了通过它，就像通过不可见的世界那样，会使崇拜上帝的人不断增多，使人们认识上帝，不是认识上帝是什么，而是认识到上帝是可见世界和不可 142
见世界的唯一的创造者。所以（在亚当堕落的故事中），在人性尚未获得与上帝相同的完全智慧因而能够与上帝谈论可见事物的意蕴之前，上帝是不允许人性取得可见世界中的乐趣的。如果亚当

① 埃里金纳著作集，弗洛斯编，第842页。

② “理性”（Rationes），见普罗提诺的著作《逻各斯》。

③ 同上书，843B。

在认识被创造物之前，先有了对造物主的认识，那么夏娃（肉体感觉）便不可能引诱亚当（智力[1]）去寻求从外表上来考虑的物质的创造物中的乐趣了。所以神圣的法则规定的认识的次序就是，首先认识造物主及其不可言传的美，然后按照智慧的趋向，从内蕴的或精神性的意义上认识创造物，并且将它的全部的美，无论是内在的意蕴的美，还是外在的以感性形式表现出来的美，全都被理解为表现对造物主的赞颂和崇敬。“所以，有害的既不是创造物[2]也不是对它的理解，而是有理性的心灵的不合理的冲动，这种冲动抛弃了对造物主的思考，反而追随着贪婪的悖理的欲望去迷恋可感的物质。”他依照尼撒的格里高利[3]的观点，认为丑与无形式的或具有错误形式的东西是一样的。也就是说丑仍然是还没有在与上帝意志的真正联系上来理解和领会的东西。我想，在埃里金纳看来，从整个宇宙来看，并不存在真正的丑。

我们在埃里金纳的著作中，没有发现特殊的艺术哲学。诚然他曾提到过理论感觉与非理论感觉之间的区别[4]，但他并没有着重论述这种区别，反而淡化了这种区别，而且他在关于美的一般理论上非常缺乏有关美与认知的区别方面的论述。

不过，埃里金纳还是提出了一项在美学意识史上有重大意义而又具有两重性的观点。首先，他谴责整个可见世界（包括艺术和自然）的魅力，除了在某种确定条件下，一概加以谴责，以此来总结

① Animum。

② 见普罗提掿的《逻各斯》，844D。

③ 同上书，789—790。

④ 同上书，854。

主张反对偶像的禁欲主义运动。所以在这方面，他是灵与肉对立论的最彻底的代表。

但在另一方面，他提出了规定真正的美的根本的条件，即可见 143
的创造物应当理解为上帝荣耀的显现，因而便摆脱了与感官欲望的联系。这种条件，在我看来，不只是具有修辞价值，毫无疑问，它还包含着人与自然的公正无偏意义上的真正的合目的性。所以，从技术上来看，它更接近于康德的定义："无目的的合目的性。"而且，这种条件还把这种意义的合理性完全运用到整个世界，不仅运用于艺术，也不仅仅运用于自然界中的比较精美的部分。这样，构成近代科学和近代艺术根基的对普遍意义的信念便展现出来。如果我们回顾柏拉图和亚里士多德的思想，便可发现中古时代的"pulchritudo"(美，被认为和可见宇宙具有相同外延而可见宇宙则被认为是造物主宣称为善的上帝的作品)比起他们的καλòν(运用于物质世界的美)成了人们更加熟悉的基本观念和评定标准。从模仿说到象征主义的过渡极大地促进了这种普遍性的概括化过程。模仿只是艺术的一种规则，显然不可能使不美的东西变成美的。象征主义是一种解释方式，虽然它具有失于武断的巨大风险，但却有绝对普遍性的优点。如果一切有意义的东西都可能是美的，那么，无论什么东西，我们都可以找到其中美的因素。我们就可以很容易认识到，与那种认为美是感觉中最终的不可改变的因素的观念相比，这种观念是多么令人向往，具有多么开阔的前景啊！

(7) 关于世界将于公元 1000 年结束的预言

对基督教徒来说，有关基督再次降临的预言，是"这一"世界与

“另一”世界的对立的最尖锐的形式。据说①，在十世纪，这些预言明确提到的公元1000年（从耶稣再次降临的一千年）是对已经建立的伟大建筑的一个决定性的检验。这样一种对相信全部可见事物的存在的短暂形式的信念的重新流行，使那种开始于排斥造型艺术结束于在理论上有条件地谴责、在实践上可能是无条件地反对整个物质的美的运动达到了一个适当的高潮。

144 公元十世纪以后，无论是由于预言的末日没有来临而有所缓和，还是因为欧洲才开始组织起来，民族生活刚刚起步，建筑活动呈现出比以往任何时候都更强烈的朝气，似乎危机已经过去，就连雕塑艺术——对于禁欲主义者来说，特别显得可憎——也开始与建筑艺术并驾齐驱，阔步前进了。

然而，早期的经院学派无论是对一般的美还是对特殊的艺术的美，似乎都没有加以理论上的思考。在阿贝拉的赞美诗②中，我们可以发现“自然高于艺术”这种熟悉的意趣。他总结了关于基督

① 《大英百科全书》，“建筑学”（“Architecture”）、“千禧年”（“Millennium”）、“图饰”（“Illumination”）条目。

② 阿贝拉（1079－1142）的赞美诗见于库赞编辑的《阿贝拉全集》，1.300。一首关于创世的赞美诗中的几行诗很值得引证。这首诗的开头是值得关注的，其中混合着贺拉斯式的情趣和基督教情趣也是值得关注的。

靠花费，靠上帝，靠富裕，
你幸运地建造着房屋；
我会把太阳错画成乌龟，
我会看错天上的星星。

在真正的天空中有穹窿，
穷人躺在美丽的山坡上；
向真正的天，向真正的星座，
天主画出了这些。

教徒是否应该阅读异教诗人的作品的争论，得出了反对异教诗人的结论[①]，这是部分地模仿了柏拉图。他的生活，他用本国语言写的爱情诗歌，必定会产生与他的学说非常不同的影响，这种影响的原因或许是由激烈的感情变化造成的，这种感情变化同奥古斯丁改变信念时的感情变化非常相似。

(8) 圣方济各作品中的近代意识

在这里，我们必须提到阿西西的圣方济各(1182—1226)。不仅是因为他创作了《万物颂歌》，是最早的意大利诗人，而且也因为他的生活和性格中体现出来的独特的品质，他的性格明显地表现

有自然界的和人类的
异常神奇的事业；
它们既不是由劳动，亦不是由金钱造成的，
也不是祖先施展力量所开辟的。

(Impensis, dives, nimiis
Domum casuram construis;
Falso sole pingis testudinem
Falsis stellis in cœli speciem.

In veri cœli camera
Pauper jacit pulcherrima;
Vero sole, veris sideribus
Istam illi depinxit Dominus.

Opus magis eximium
Est naturæ quam hominum;
Quod nec labor nec sumptus præparat
Nec vetustas solvendo dissipat.)

① 《阿贝拉全集》，2.442。

出近代意识和古代意识的对比。他善于将进化的逻辑过程中那些相互补充又相互对照的属性巧妙地结合成统一的整体。哲学史家若要证明自己的观点，恐怕再也找不到比他更合适的人物了。在
145 谈到古典时期之后的衰退时期时，我们曾说过，与古代意识相比，近代意识是包含着更多分化的意识。它与古代意识不同的特点并不是在一方包含反对另一方的对立面，而是同时表现出对立的两个方面，不管是不是协调，乍看起来，它的形式甚至表现出最鲜明的对立。

这样，我们便首先认识到，神秘的禁欲主义在圣方济各身上达到了最高的程度，从技术上来说，也就是通过脱离现实世界的非理性的沉思接近上帝。这种习惯性的自我关注在关于圣痕的故事中很清楚地表现出来。

其次，圣方济各持有与大多数人共同的见解，认为对自然界——无论是有生命的还是无生命的自然界——都有一种非同一般的共鸣。“太阳哥哥”的称呼就表达了一种严格的合乎逻辑的基督教精神。正像美学理论的各种准则所指出的那样，关注自我的近代意识之所以如饥似渴地转向自然，正是因为它在自己身上找到了非常迫切的需要。

第三，在这位神秘的禁欲主义者以及与自然界息息相通的热爱自然者的心中，还有一种天赋的才能，就是善于从事对人的组织和管理这样一件重要而合理的工作。我们不需要对方济各会创始人这一特点多加详述。

在圣方济各这样一位伟大人物身上有几种不同的倾向，甚至会使我们产生神秘和矛盾的感觉。这些倾向并不是在同一种行动

中表现出来的，它们是各种生活变迁的外在表现而不是同一种目的的不同表现。这些倾向要比圣方济各的诗人特征、英雄特征或哲学家特征更难解释。因为他是一个市民诗人、市民英雄和市民哲学家，因而解释他是英雄的特征或哲学家的特征就比较容易一些。这些倾向在近代那些不那么显赫的人物身上表现出某种程度的分散，就像分散在衰退时期的一些学派和人物身上那样，如斯多葛学派、伊壁鸠鲁学派、新柏拉图学派、爱情诗人或田园诗人，虽然表面上看起来这些倾向显得丰富多样、散漫无序，但从根本上它们是相互联系的，因而实际上它们都是近代意识不可缺少的特征。比如说，圣方济各在虔诚狂热中的自我关注不可能表示一种脱离
了有机的理性和实在的出神或超脱状态，而只是出神或超脱状态 146
的一个因素，是抑制深邃而复杂的思想观念的一种外在表现。特别是，每当隔一段时间的活动，思想观念化为传统规定的种种情感样式时，情况就是如此。才智的深度与广度是相互关联的，而不是互相对立的。理性能够最有力地、最灵敏和谐地掌握外部世界的事物，两者都需要，而且正是由于这个原因，都拥有最深刻的内心的自我关注。单纯的孤独的沉思一般都是浅薄的沉思。

(9) 圣托马斯·阿奎那的美学思想

多明我会的托马斯·阿奎那是最伟大的经院哲学家，在他生活的时代就比较活跃，声名卓著。但是他的成就除了文学成就以外，很少为后人所知。他生于圣方济各逝世后的第二年，即 1227 年。他是一位活跃于公共舞台的热情的论辩家，极力保护他的教派的利益和布道的自由。他在巴黎、罗马、博洛尼亚等地讲学，还做过

国王和教皇有关基督教会的管理问题的顾问。47岁那一年，他结束了无比辛劳的一生，就像圣方济各在44岁便结束了一生一样。我之所以要谈到这些传记方面的细节，因为在我看来，只有认识到他的这种短促而丰富多彩的生活的巨大能量，我们才能够像在阿贝拉的历史中所认识到的那样接触到当时急速跳动的时代脉搏。也许，单单提出下面这样的问题，也是有意义的：中世纪的科学和哲学的弱点是不是由于过多重视实践而不是过多重视理论？我们正确地指责为把哲学从属于神学的，换句话说，就是让科学依附于人类幸福的既定观念，这种幸福的概念既有严格的现世的方面，也有超越现世的方面。这是一个重要的问题，因为它指出了经院哲学的本质并不是形而上学普遍存在，而是在于真理的精神都要从属于任何先定的实际目的，不论这种目的是现实的还是超越现实的。不管我们会怎样把人们的实践和他们的见解分开，当我们把一生颇有建树的阿贝拉、安瑟伦、圣方济各或圣托马斯辛勤繁忙的社会活动与牛顿、洛克或斯宾诺莎[①]埋头书斋勤奋攻读的生活相比较，像上面的这样一些想法就一定会产生。

147 我们应当说，《神学大全》使人们把注意力集中到了全部知识与人的最高利益的关系上。因此，它是圣托马斯有关政治与教会一体化的观念在科学上的对立形态。《神学大全》曾多次提到美的

① 我认为即使与笛卡尔和莱布尼茨这样的世界上如此杰出的人物相比较，这种看法实际上也不会失效。莱布尼茨由于关心天主教和新教的重新结合的实际兴趣而写了《神正论》(*Systema Theologicum*)，尽管弗兰西斯·培根具有经院哲学的特征，但他的逻辑还是由人的需要的最终原因造成的，而不是这个主题的性质的真实条件决定的。

性质。按照我们在前面采取的步骤，应当注意以下几点。

i. 象征主义

圣托马斯·阿奎那关于美的基本论述是通过伪狄奥尼修斯的作品（读者应当还记得，是司各脱·埃里金纳译介了这些作品）了解到在普罗提诺时代便已经存在的一种传统，他批评了这种传统，认为它不充分。在一段文字中[①]，圣托马斯使用了同奥古斯丁、普罗提诺和色诺芬[②]完全相同的术语。在这段文字中，他为了说明自己的观点引用了狄奥尼修斯著作的篇章和诗句，他们用的术语是“鲜明的色彩和对称”[③]，这就十分清楚地表明了这一点。在另一个地方[④]，除了“比例适当”和“色彩鲜明”之外，还加上了“完善或完美”作为美的第三个要素。不过，这种增加和原先所说的美的要素并没有原则上的差别，只不过将原来针对各个组成部分提出的“比例适当”这个条件又从整体方面提出来。如同普罗提诺那样，圣托马斯也认为美的吸引力的最终根据在于通过对称表现出来的感知者和被感知者之间的亲和力。虽然圣托马斯认为感官是这种亲和力的直接承担者——“感官喜欢与自己相似的、比例适度的事物”[⑤]——但是，他明确地采取了一切美都来自上帝[⑥]的观点，并且

① 参看《神学大全》前言。

② 《神学大全》，第二部分第二段，第 145 页第 2 条。

③ 同上书，第 45、117 页。

④ 同上书，第一部分，第 39 页第 8 条。

⑤ 同上书，第一部分，第 5 页第 4 条。

⑥ 同上书，第一章，上面注 2。

也像普罗提诺那样，把视觉放在第一位，因为视觉与智力的亲和性，而把视觉放在感官的前列[①]。

148 因此，我们可以得出这样的结论：与他的前辈学者一样，他也认为对称是美的，因为对称是理性和神圣性的象征。但是，他并没有像他的前辈那样按照普罗提诺的观点，在对称以外，提出生命和表现力的要求。

ii. 审美的兴趣

圣托马斯认为，在美中，欲望是平静的，或者说，变得平静。这本身是一种很含混的说法。因为欲望得到满足以后也可以说是变得平静了。但是，从这种说法可以得出如下的推论：美是有关视觉和听觉的独特的“认知性”的感觉[②]。更一般地说，美与认知能力[③]密切相关。我认为，这并不意味着美与认知相混淆，而只是把知觉与欲望加以区别。

iii. 具体的批判

审美的感觉和非审美的感觉之间的区别——“我们并不是说美的滋味或美的气味”，而是把这种区别建立在这样的基础上，就是视觉和听觉的特性比味觉和嗅觉更具理性的器官、更具知觉性

① 《神学大全》，背注，第三卷，第 53 章。

② 同上书，第二部分第一段，第 27 页，第 1 条。

③ 同上书，第二部分第一段，第 5 页，第 4 条。

质的器官。看来，这就意味着，第一，它们之间的形象的相似性使它们更容易与产生欲望的实在事物分开。其次，它们能够比较容易地领悟结构完整的统一整体。圣托马斯明确地区分了物质美与精神美，并把精神美解释为由于与可感知的美具有相似的特征而得名的，这就表明，他并没有把美与认知混淆起来。

由于视觉与智力比较接近，因而被赋予首要感官的地位。毫无疑问，这也建立在与上面分析的同样的根据上[①]。在评价这一点时，我们不应忘记，那时还没有出现像我们现在所知道的那样盛大的浪漫主义的音乐艺术，而我们则更加敬重柏拉图和亚里士多德的预言家似的洞察力，他们在很大程度上已经了解声音的神奇威力。

因此，对于中世纪的美学智识来说，新柏拉图主义的传统显然是其基本要素。虽然普罗提诺的一部分具体应用的理论已经失落，但是他的观点的总构架同基督教意识是一致的，一部分来自继承，一部分来自独创，这就使得这种共同的信念变成它的独特的属性。美是理性以感性形式的表现。美的魅力就在于它与心灵的亲 149
和力，所以，整个可感知的宇宙作为神的理性的象征，如果能够从造物主的关系来看，必定是美的，所有这些见解都深深地融入基督教情感，而且都是我们从神意论主题的各种或深或浅的读物中所熟悉的。毫无疑问，中世纪的长期发展的整个过程都受到这个信念的鼓舞，艺术作为一种成就，是不自觉地受到这种信念的鼓舞的。

① 《神学大全》，第 117 页。

不过，无论是美学还是神学，在从理论上处理明显是非理性的现象时，是保留了并保持着半心半意的态度。我们从哥特式建筑和拜占庭绘画中的奇异风格和禁欲主义的神秘的和崇高的地位，就能够推论出最大胆、最具体的实用的一元论或者接受一切事物至少有一部分是美的观点。但在另一方面，据我们所知，对于自然界或艺术中的朴素美或深奥的美，却根本没有人从理论上进行具体的分析研究，对这种情况，我们又可以作出这样一个推论：对于中世纪的理论来说，宇宙的美应当说是一种有待后世加以具体论证的抽象，而不是象征浪漫主义意识的真正共鸣。尽管如此，宇宙美的观念至少在名义上是存在的，而且，圣奥古斯丁已经觉察到，这个观念可以在一定程度上把实在的或表面的矛盾都包括进去。

因此，在全面而具体的艺术实践之外，还有一种更加全面（因为它包括了外部自然的）但缺乏具体应用的理论流传下来并为人们所接受。而且，当中世纪的美学意识从诞生或萌芽过渡到成熟并得到明确表现的时候（的确不是从死亡到再生），美学理论便十分关注艺术实践，这种艺术实践最终以充足的内容来满足理论的需要，总有一天，肯定会又成为更富有成果的理论内容。

但丁出生于圣托马斯在世之时，在形式美理论以及在他认为宇宙应具有的意义的问题上的见解都与圣托马斯一致。至于他是
150 否说过，按照他自己下的美的定义，他的优秀诗篇是美的，这是难以判定的。但是，即使他没有这样说，实际上仍然如此，这种宇宙美的观念非常活跃地使他受到启示，但在单纯的思想家那里，这种观念或许仅仅是一个习惯用语或一个梦想而已。这样一个意义广阔的观念，明确地表现在中古时期的信仰中，同时又含蓄地蕴含在

中古时期的工艺中。但丁和他的艺术家同伴们则以更高级的想象形式把它表现出来，而且在其实现的程度上远远超过了以前的有关美的思想观念，很可能还超出了那些已经实现了这一观念的人的理论认识。

151 第七章　但丁和莎士比亚在某些形式特征方面的比较

1. 主题的限定

在写这一章时，我们必须严格地限定于一定范围之内。因此，本章很可能会显得枯燥无味，但是，我希望，在实际上还是要尽量保留一定的趣味，不致乏味达到无法忍受的程度。因为，在我看来，任何一个作家，如果没有毕生研究美的艺术，只是靠一些普通文化人的见解作指导，又想在广阔的文艺复兴的领域中漫游，寻找美学的意义，他们的作品就一定会是乏味的。

因此，首先我打算把我的论述只限于两位伟大的诗人，即使提到其他人，也只是一笔带过。看来这个新生时代是分别以这两位诗人为起始和结束的——如果我们不是把这个时代当作文学和科学的新起点，而是把它当作一个长期发展逐步成熟的美的繁荣时期的话。在这两个典型人物身上，我们可以指出这个伟大运动进行过程和结束时的某些重要特点。

其次，我认为，如果任何普通的作家只是把他对这两位文学巨人的一般评价，粗略地提一下，那也是不能容忍的。因为为了研究这两位巨人的辉煌业绩，近代世界一些最伟大的批评家和哲学家不知花费了多少精力，孜孜不倦。但是，在我提出的严格限定的范围内，还是可以提出某些并非全无价值的确定的意见来。我可以通过一个已经被抛弃了的观念来说明我的意思。这种观念认为，伟大的艺术家都是在美学的方法指导下进行创作的。如果事情真的是这样的话，那么，最有历史价值的事不就是抛开这些艺术家的作品，仅仅把他们创作这些作品时依照的抽象公式、方案比较一番就行了吗？虽然并不存在这样的公式，然而，在每一件艺术作品中，无疑都有一种明确意图的因素。这种
意图在其所属的艺术的体裁方面，在它所处理的主题的种类方 152
面，在它所具有的特点和意蕴方面，像我们的一切有意识的目的一样，都受到一定的限制，这种限制虽然作者本人看不清楚，而对旁观者来说却完全是清清楚楚的。这样一种形式意图的因素，对于生活在反思气氛中的近代作家尤其不可避免，在近代作家中，特别是诗人更加如此，因为他们的想象总是和明确的语言及清晰的观念密不可分的。我对但丁和莎士比亚进行比较时，正是想要把意见限定在主题和处理手法方面受到明显限制的这种形式意图的因素上。这种形式意图的因素本身在每一件艺术作品中都是一个确定不移的事实，其确定不移的程度不亚于透纳画的风景，雷诺兹画的肖像，歌德来自马洛的关于海伦同浮士德的结合。因此，如果历史学家想要探索美在思想体系中陆续占有的范围和地位，那么这种形式意图的因素，乃是历史学家的合理的猎获物。当然，对于自己的解释的合理性和适度性，历史学家仍然需要负责。

2. 这两位诗人对艺术形式的选择

首先,但丁和莎士比亚在艺术形式的选择方面有显著的不同。我说的是“在艺术形式的选择方面”而不是“在所选择的艺术形式方面”,因为人们可能回答说,“莎士比亚是一位戏剧家,但丁则不是。那怎么办呢?”但这并不是问题所在。值得注意的问题在于,虽然但丁是维吉尔的崇拜者,显然很熟悉拉丁诗,而且他浑身都充满了对学术权威的崇敬之情,但是他却创立了一种全新的诗歌艺术形式。这种艺术形式在他所熟知的公认的分类法[①]中,不属于任何可能的一类。他自己就把他的那部伟大的作品称之为“喜剧”,首先,因为那部作品开头很严肃,结尾却是令人愉快的;其次,因为这部作品是用妇孺皆知的俗语写成的,因此必须看作是具有浅近的平实的风格,与悲剧的风格是有区别的[②]。

但是我们也不必说它是一部喜剧,因为它既没有戏剧的形式,又没有戏剧的统一性,连戏剧也算不上。严格地说,它也不能算作
153 叙事诗[③],因为其中的各种事件并不是正常意义上的单一情节中的各个部分。事实上,根本没有情节,因此这部诗作也不能算是传奇文学作品,显然也不能把它比作一部教诲诗。而且,虽然它包含

---

① 致康·格兰德的信,《但丁著作集》,弗拉蒂塞利编辑本,3,第508页以下。

② O. 勃朗宁先生似乎把它归入悲剧一类,《大英百科全书》,“但丁”(“Dante”)条目。关于这个问题的整个内容,参看谢林的著名论文《论但丁与哲学的关系》(“Ueber Dante in Philosophischer Beziehung”),《全集》,5,153。

③ 同上。

着抒情诗的成分，但其中也充满有关造型艺术和历史方面的内容，因此，把它称为抒情诗也是很难设想的。

然而，它又决不是没有确定形式的。从它的诗体结构到论题的次序都安排得非常均衡匀称，井井有条。如此完美匀称的安排，若不是因为这种确定性只是诗歌中——或许可说是——最难得的生动想象的一种属性，我们肯定会以为作者在故意炫耀自己的才华。

因此，《神曲》在形式上是独一无二的。因为它置传统的艺术分类于不顾，这样就给刚刚开始的近代艺术提出了一个根本的美学问题：艺术的种类难道是永久不变的吗？如果我们马马虎虎地把它看成与叙事诗或悲剧差不多一样，那么所有这些意义就完全认识不到了。尽管它是独一无二的，但它也是一个具有个性的典型。弗拉蒂塞利说，它是"十三世纪的政治、历史和伦理的画卷"①。尽管它是这样一幅画卷，然而，它的中心意趣却在于表现众多灵魂的命运，尤其是诗人灵魂的命运。与之相比，再没有任何作品更具普遍性，再没有任何作品更具个性了。甚至再没有任何作品更具个人色彩了。它是我们力图探索的长期运动发展的顶点。在这个长期运动中，个人的精神已经深化为内在的宇宙，因为它已经扩展到与外在的宇宙成为一体。

当我们把研究的目标转到莎士比亚时，我们发现，在艺术形式上的这种独一无二的富有作者个人色彩的特性在一定程度上有所减弱。由于英国独特的民族精神发展得比较缓慢，加之英国地方偏远（这是独特民族精神发展缓慢的部分原因），因而使我们的伟

① 弗拉蒂塞利编辑的版本，导言。

大诗人能够从后期的文艺复兴或伪古典的文艺复兴中得到启示，而又不致为其所征服而陷入他生前在别处已迅速蔓延的形式主义中去。他了解古典的传统，并从中吸取所需要的东西。十六世纪在英国盛行批判性争论和诗歌剧试验。有一派人认为应该坚持在
154 时间上甚至在地点上绝对化的“戏剧统一”，我们认为这种绝对化的“戏剧统一”是不合理的，而且也知道它是不符合亚里士多德的主张的。但是，锡德尼说过，当时常见的浪漫主义戏剧在迫使观众接受种种反常的矛盾现象时毫不在乎，要比《费雷克斯和雷波克斯》(*Ferrex and Porrex*，1561 年)一剧中表现出来的更有过之而无不及。在这个戏剧中，本来要占好几个小时的事件，一个人站在台上说上一段话就结束了[①]。如果像锡德尼所说的那样，那么，相对来讲，上面说的这种情况还是有一定的合理性的。然而，锡德尼显然还认为，形式之所以应当更加严格一些，决定性的原因不仅在于理性，而且据他说还在于近代意大利人所遵循的传统和习俗[②]。

---

① 参看锡德尼的《诗辩》(*Apologie for Poetrie*)，约 1580 年，肖克伯编辑本，第 51 页以下及其注释。《费雷克斯和波雷克斯》这部剧作又名《高布达克》(*Gorboduc*)，采用了塞内加的文体。锡德尼只提到亚里士多德把时间只限于一天，这也是正确的，只是他把这条“规则”绝对化了。锡德尼提到“地点统一”，但他并没有把这一主张归于亚里士多德。

② 这整段话绘声绘色，非常确当地描绘了莎士比亚即将出现的场景。现在我把这段话引述如下(参看肖克伯编辑本第 51—54 页)：

“我们的悲剧和喜剧(并非毫无缘由地遭人诟骂)，它们既不遵守正当的礼法，也不遵守诗艺的规矩，只有《高布达克》除外(我再说一遍，这是仅就我所见到的来说的)。虽然这部作品充满了气势恢宏的长篇大论，响亮的词句，达到塞内加风格的高度，而且充满了高贵的德行，用非常怡情悦性的方式进行教诲，以致达到诗的真正目的，但是，事实上，在细节方面，还是有不少缺点的，这使我很痛心，因为它很可能仍然无法成为一切悲剧的精确范例。因为时间和地点是一切实在情节的两个必然的伙伴，而它在这两个方面都是有缺点的。因为舞台所在之处总是只代表一个地点，而且舞台上展现的

时间，按照亚里士多德的教导和通常道理来看，最多都不应超过一天，而这部作品中包含的时间却是好几天，地点也有好几处，考虑得很不周到。但是，既然在《高布达克》这部作品中尚且如此，在其他一切戏剧中不知还要严重到何种程度。在这种戏剧里你就会一方面看到亚洲，另一方面又看到非洲和许多其他属国；演员出场时，总得首先说明他在哪里，否则，故事就无法设想。现在你会看到三位女士走来采花，因而你必须相信那舞台是个花园。不一会，我们会在同一个地方听到船只失事的消息，于是，我们若不把它当作一块岩石，那就只能责备我们自己。从这岩石的后面又出来一个吐火喷烟的可怕的怪物，于是那可怜的观众，又不得不把它当作一个山洞。同时，用四把剑、四个盾牌代表的两支军队飞奔进来，那么，又有哪一个硬心肠的人不愿把它当作冲锋陷阵的战场呢？”

“在时间方面，他们就更慷慨大方了。因为通常的情况是，两个青年贵族恋爱了，在经过一番波折以后，她怀上孩子了，生下了一个漂亮的男孩，可是男孩出走了，长大成人了，也恋爱了，又要有另一个男孩了。这一切都是在两个钟头之内的事：这在感觉上是多么荒唐，即使凭感觉可以想象，艺术有过教导，一切古代的实例也证明了这一点，但在今天，意大利的普通演员也不愿跟着犯错误。然而，也有人会举出泰伦斯的《宦官》为例。它包括了两天的事情，然而还是比二十年短得多。事实也的确如此，这个剧也是分两天演出的，因而是符合所规定的时间的。虽然普劳图斯在一个地方有失误，但我们还是应该效法他做得对的地方，而不应该效法他失误的地方。”

“但是他们还是会说，那么，我们怎样展现一个包括许多地方又包括许多时间的故事呢？难道他们不知道悲剧要服从的法则是写诗的法则，而不是写历史的法则吗？悲剧不必去追随故事，它可以自由地寻找全新的题材，或按照悲剧的最大方便去安排历史情节。再则，有许多事情是可以叙述而不能表演的，如果他们懂得转述和再现的区别的话。举例来说，我尽管身在此处可以谈论秘鲁，而且在谈话中可以离开本题去描写加尔各答。但是在行动中，我没有潘古莱特的马是不可能再现这种情节的。古人所采取的办法也是如此：由某些传递消息的人来叙述过去和别处发生的事情。”

“但是除了这些比较显著的荒谬之处以外，他们的戏剧既不是真正的悲剧，也不是真正的喜剧。在戏里面把帝王和小丑混杂一起，并不是情节需要这样做，而是硬把小丑一股脑儿塞进戏里，要他参与一些庄严的事情，结果既不庄重，又不明智。因此，他们的杂拌悲喜剧既不能收到令人钦佩和同情的效果，又不能使人获得正当娱乐的快慰。我知道，阿普列尤斯也写过这样的作品，但那是随着时间和空间而展开的，而不是一个瞬间就再现出来的。我知道，古人也有一两个悲喜剧的例子，如普劳图斯写过《安菲特律昂》，但是如果我们仔细注意，我们就会发现，他们从来不把单人水手舞和丧礼曲配合起来，除非配合得非常优美。因此，事实往往是，我们的悲剧中的喜剧部分的确算不上真正的喜剧，其中只有不堪入耳的下流话，或者某种极端的幼稚表演，可以引起一阵哄堂大笑，仅此而已。喜剧从头到尾应该充满欢快，而悲剧则应当保持在一种适度的敬佩之情中。”

155 “杂拌悲喜剧”使他深感不安。但我们不知道他的这种非难是不是只适用于莎士比亚的悲剧中包含的幽默，因为莎士比亚本人也用与锡德尼十分相似的语句，反对在严肃的段落中插入不必要的滑稽可笑的成分。在舞台上，马罗的充满荒诞想象的剧作代替了塞内加的译作和欧里庇得斯《凤凰》的改编本。因此，各种形式和倾向的整个这种冲突对于本·琼森和莎士比亚来说是颇有教益和启示的[①]。

莎士比亚就出现在这样为他准备好的舞台上。他明确地采用
156 了一种传统的戏剧形式。他接受了拉丁喜剧五幕多场的复杂有机结构。在为自己打破时间和地点的统一寻找辩护的理由和借口时，他比那些粗鲁的前辈要谨慎得多。除了在历史剧中以外，他坚守但丁奇妙运用过的把悲剧和喜剧明确区分开来的原则[②]，很少有偏离的情况。这就是说，在不是以悲剧性的灾难收场的戏剧中，愉快的结局即和解是绝对完满的。剧中的人物都没有遭遇到任何不可转变的灾难。除了历史剧以外，《辛白林》中的克洛顿和《冬天的故事》中的安提哥纳斯是这条规则的仅有的例外。这两个剧作可以说是莎士比亚以前的和浪漫主义的戏剧形式的继续。因此，他给历史剧多大的地位，也就在多大的程度上反抗了传统的戏剧体裁分类法。此外，他还拒绝使用合唱，不愿遵守时间地点的统一原则，不肯把悲剧和喜剧的区别加以绝对化，避免使悲剧失去了再

① 参看本·强生为《人人不欢》所写的前言，1599 年。在这个前言中，他从戏剧形式都有其历史发展过程的事实中合理地推出一个结论：有关戏剧形式的一切原则都要按照人们所感受到的可能出现的需要加以改变。还可参见《哈姆雷特》中波洛尼阿斯的道白：“世界上最好的演员”等等。

② “悲剧的开端和喜剧的结尾”似乎成了中古时代常用的代替“良好的开端和愉快的结尾”的惯用的说法。参看但丁致康·格兰德的信，第 10 节。

现完整生活应当具有的幽默。

在这样接受了一种戏剧形式时，他也接受了这种戏剧形式不掺杂作者个人的爱恨悲欢的特点。也许在一段著名的文字中，他对一个多年的仇人开了一个恶意的玩笑。除此以外，我们大家都十分清楚，莎士比亚作品中并没有发泄个人情绪的地方。就连十四行诗中的故事实际上也是必须按照其普遍意义来接受。其中表达的涉及诗人个人的情感，不管是不是确定无疑地找得出来，都不是与诗的结构结合在一起的。这和但丁形成多么鲜明的对照啊！

这样，在莎士比亚的诗歌形式中，后期的或古典的文艺复兴传统改变了早期的创造性的或浪漫主义的文艺复兴传统。在这方面，他是和但丁不同的。但丁的形式是独特的，富于个性的，甚至是带有个人色彩的。

3. 两位诗人各自追求的意义的种类

在题材方面和意义的种类方面，我们也可以看到这两位诗人相应的区别。

但丁的题材，在名义上是另一个世界。不管他对死后灵魂的命运同它在现世的行动和特征的统一考虑得多么深刻，这个基本的特点则决定了他的整个艺术分类的色调。对他来说，就像对先前的中 157
古时代的作家一样，整体各部分的统一和对称，就构成了美[①]。无

① 《席上谈》(*Convito*)，ii，5；参看《天堂篇》，i，103：“万物秩序何井然，宇宙面貌神意为。”(Le cose tutte quante Hann' ordine tra loro; e questo è forma, Che l'universo a Dio fa somigliante.)

疑，这就是他的思想的根本主旨，但表达这种思想的工具却是一种二元论。在这方面，他的思想代表中古时代的或它所表现的近代早期意识。他使这种天国遭到了与柏拉图的意念遭到的同样的命运。而统一性本身又被凝结成某种物质性的东西，至少是凝结为某种感官性的东西，同被视为统一的东西对立起来，作为“另一”世界同“这一”世界对立起来。这样一种思想路径是不可避免的。在早期年代，实在必定是意指物质的实在，而精神的世界，除了作为非现世的永存之地以外，不可能成为普通民众信仰的对象。这种在我们的形象世界和另一个形象世界之间的第一个二元论就构成了但丁艺术思想的内容。但是在这个二元论之外和背后，还有另外一个二元论——整个感官形象的世界和与之对立的精神意义或道德意义的世界之间的二元论。这种在二元论之内的二元论，总是可以在那种把天堂和地狱视为人世间的必要补充的观点中找到它的某种踪迹。

因此，首先，但丁的艺术想象是非常虚幻的，是同它们的人类环境相脱离、按照坟墓那边的世界的想象整理成形的。其次，这些想象是有意识地或故意地成为寓言式的或象征性的。他接受了中古时代的解释原则①所承认的四种同时并存的意义，这可以从下面这段他致康·格兰德的信(第七章)中清楚地表现出来：“为了清楚地了解我要说的意思，你必须知道，这部作品(《神曲》)的意义不是单纯的，倒是可以说它是具有多种意义的作品。有一种意义是

① “字面意义，寓言意义；精神意义，隐秘意义”。(Litera *gesta* docet：quid *credas* allegoria，Moralis quid *agas*；quid *speres* anagogia.)

单从字面取来的，另一种意义是从文字所表示的事物得来的。前一种意义叫做字面意义，后一种意义叫做寓义或隐秘意义。为了使这种处理方式得到更好的理解，我们可以用下面这几句诗为例：‘以色列人出了埃及，雅各布家离开了异民，那时犹太教是他的圣 158
所[圣经]，以色列是他治理的国度’①。如果单从字面上看，这首诗告诉我们的就是，在摩西的时代，一批以色列族人离开了埃及。如果从寓义上看，所指的就是基督为我们赎罪。如果从精神意义上看，它说的就是灵魂脱离罪孽的痛苦和悲哀的逆境从而享受上帝的恩宠。如果从隐秘的意义上看，它所说的是崇信上帝的灵魂从罪恶的束缚中解脱出来，获得永恒崇高的自由。这些神秘意义虽然可以用不同的名称称呼它们，但因为它们都不同于字面的或历史的意义，因而可以统称为寓言意义。因为‘寓言’(allegoria)一词是来自希腊词(ἀλλοίος)，这个词在拉丁语中指‘相异’(allienum)或‘不同’(diversum)。”

在这两个要素中，虚幻的要素建立在把这一世界从属于另一世界的基础上，而寓言的和抽象的要素建立在一切可感知的形式都从属于一系列精神或伦理的解释的整个解释体系的基础上。我们始终坚持认为，理论在分析美的时候，要重视创造性想象和精神的象征主义，那么这两个要素是不是这种理论所要求的那样呢？当我们用抽象的语言进行阐述时，这两个要素给我们的印象却不是这样的。且不谈其他的反对意见，我们只要指出一点就够了。照这样说来，无论什么东西，我们都可以给它加上随便什么意义，

① 《炼狱篇》(ii,46)中引用了这段话。

这样一来，就把美感的实在性和确定性破坏得荡然无存了。如果美的确在于象征意义，如果象征意义又完全是任意的，那么，我们就可以用弗拉·菲利波·利比的话来询问：

“那还要这个干什么？那还要什么艺术！
一具骷髅和尸骨，
两块交叉钉在一起的碎木片，
尤其是一具叮当作响、准确报时的大钟，
不是都可以代替艺术？”

我希望通过我们现在所论述的但丁和莎士比亚的对比，解决这一难题的区别本身会明确起来。但是，有关但丁和一般的神秘主义，我必须把前面一再坚持的一项原则再提一下①，那就是，神秘主义的美学价值就像炼金术的科学价值一样，不在于它的训导和规范作用，而在于它的实践。一个人并不是因为他能够在各种事物中，在一个美妇人身上，在一个古典诗人的作品中，在一片林
159 木或崇山峻岭中，或者在人类千奇百怪的姿态和形形色色的苦难中，看到各种类型的神学和科学，看到各种类型的无知、希求和各种罪孽，就能够成为一个伟大的艺术家。但丁不过像普罗提诺以后整个中世纪的许多人一样，也具有这种一般的思想倾向。然而，对一种意义抱有信心可以在很大程度上帮助人们去找到一种意义。而且，一般来说，一个人越是努力去寻求，就越能够看到这种意义。总之，这样一来，美就不再是一种材料，而是成了一个需要去探索的问题了。而在探索一种新颖奇特的解释时，心灵常常可

① 参看前面第二章和第六章。

以极为敏锐地从各种感官形式中抽取出富有表现力的本质。但丁之所以是一位杰出的诗人，并不是因为他用母狼来象征教皇的世俗权力和贪婪的罪恶，而是因为他专心致志地探求问题和意义，以致任何具有本来的自然意义的东西都逃不出他的眼睛和耳朵。声音在《神曲》中的地位，虽然是从维吉尔的著作得到启发的①，但却被他发展得具有非常重要的地位，以致成为艺术中某种新的成分。《炼狱篇》中的恐怖气氛在很大程度上就在于声音，而《天堂篇》中序曲的美使那一部分的诗几乎具有抒情的性质②。但丁对光的热爱和感知是非同寻常的，在这方面他延续了中古时代的传统，也许还有从普罗提诺那里继承下来的迷信成分。尽管他对光的热爱和感知非常突出③，但近代理论家仍然不能责备他没有充分认识到声音的力量。关于人类的言语和姿势，也同样如此。任何一个希腊人，不论他在今生现世的舞台上是一个多么机敏的观察者，都不可能像但丁这位对另一世界的神秘的解释者那样，把可见和可听之事的美和恐怖刻画得如此真切感人，出神入化。

在莎士比亚的艺术中(他的私人生活和意见与此不同，对此，我们在这里且不讨论)，我们既找不到这种题材，也找不到这种意义。

首先，在他看来，人类机器中各种力量的平衡并没有受到坟墓那边世界的严重影响。我们可以不用顾及“来世”。影响我们行动的是“我们还在这里接受判决”——这和但丁恰成对比。这种差别

① 《埃涅阿斯纪》，6，426，“我继续听声音”(Continuo auditæ voces)等。

② 谢林的著作，第1章。

③ 参看丘奇(Church)的《但丁简论》(*Essay on Dante*)，其中引证了很多段落。

160 的确是深刻的，但是，如果我们认识不到在但丁看来，进天国还是进地狱，归根结底也在于性格，那么这种差别甚至就显得更加深刻了。不过，即使我们估计到这一切，差别仍然是巨大的。我们发现的中世纪的那两种二元论中的第一种二元论，在莎士比亚那里几乎不存在，随之消失的还有想象的虚幻一面，与可见世界完全脱节。正是在这里或那里，对真实联系的揭示同娱乐的或超自然的力量联系或交织在一起，因而无非提供了一种装饰品来增强真正的因果联系的线索。单就纯粹的想象形式方面来说，莎士比亚是回到希腊人那里去了。因为希腊人的世界也是单一的世界，他们的神也不是超自然的。但是，莎士比亚的单一世界却包括了中世纪的两个世界中除了虚幻的和单纯机械的东西以外的全部内容。因此，莎士比亚的自然主义同希腊人的自然主义是处于不同水平的。它是一种同古典自然主义形成对照的最广义的浪漫自然主义。

我们从但丁的作品中发现的第二个二元论，在莎士比亚作品中也不再作为一种影响想象形式的二元论存在。在有意识的寓言或象征主义中，事物和它的意义就像谜语和它的谜底一样分立为二，在莎士比亚看来，这是中古时期的一种陈规陋习，正像戏剧中的统一律是古典时代的陈规陋习一样。他一反流传到当时的伪古典的和浪漫主义的古怪戒律，以其平易从容的杰出风格和对文学艺术的深刻了解及丰富经验成为与我们最接近的近代精神的代表。寓言性的象征或任意的象征在毕斯托尔和弗鲁爱林[①]之间有

① 毕斯托尔（Pistol）和弗鲁爱林（Fluellen）是莎士比亚剧《亨利五世》中的人物。——译注

过讨论。霍罗福尼斯[1]也提出要坚持“诗歌的优美和平易，要有黄金般的韵律”[2]。他把讲修辞学的角色交给“试金石”，把讲三段论和同一律的角色交给《第十二夜》中的丑角。事实上，并不需要把戏剧的表达变成理论，只要注意一下哈姆雷特的这样一段话就够了：“因为任何过分的表演都是违背演戏的目的的，自有戏剧以来，无论过去还是现在，演戏的目的都是像镜子那样反映自然，把美德表现为自己的特点，把嘲讽表现为自身的形象，表现他的时代以及时间的本体，显示他的形态和压力。”不管是由于偶然的机遇还是由于某种奇怪的传统，这段话毕竟把柏拉图的那个比喻——用来说明诗歌毫无价值，说明只能选出一些不实的事物的方法毫无价值——用到了戏剧上（在这里，我认为不需要把“表演”和戏剧截然 161
区分开来）。本书第二章已经引证过柏拉图的这段话，在这里看来值得再引一下：“完成这件业绩（创造出各种事物）可以有许多办法。最快的办法莫过于用一面镜子转来转去——你马上就会在镜子里造出太阳、天、地、你自己、各种动物、植物以及自然和艺术的一切其他创造物。”和但丁相似，莎士比亚也再一次地回到希腊人那里。他甚至顺便写出“时间的身体”，“他的形态和压力”这样的语句。这样的语句的确说明了所再现的是整个生活，是一种倾向，一种精神，因而也就以这种方式改变了镜子的比喻。但是，人为的象征，这种扭曲了的实在，不仅把实在分成两

---

① 霍罗福尼斯（Holofernes）是莎士比亚剧《爱的徒劳》中的人物。——译注

② 这位霍罗福尼斯还说：“模仿算不了什么，猴子也会模仿它的看守人。”他似乎更喜欢“精美的花朵，创造力的跳跃”。这难道不是趁机讽刺有些人对希腊艺术理论的反叛吗？

个互不相关的世界，而且还把它切割细分以适合抽象的意义。如果我们只是就世界上的审美意识的重要时期来说的话，这种人为的象征已经随着一个个独立的解释系统被抛弃而消逝了，甚至可以说一去不复返了。

不过，精神解释的机械方法虽然被抛弃了，但它的本质作为一种永久的遗产保留下来了。人类灵魂的价值和它们的命运的意义[①]再也不是作为包藏在寓言式幻想中的抽象原则，而是作为蕴含在敏锐深刻的想象中的新的力量和柔和性情趣发挥作用了。自然界有一种情况，即使我们仅仅把它指出来，也是有意义的：自然界在不同的发展阶段总是多少有所不同地重复自身，某种关系虽然只是有一部分被我们正好感知到，但当我们从别的经验水平上

---

① 勃朗宁在《佛罗伦萨的古画》(*Old Pictures in Florence*)中写道：
“难道我们现在和今后是什么样的人
在何处安身就真的取决于生命的瞬间？
阵阵骂声是天堂里的欢笑还是地狱里的狞笑，
我们跨出的第一步是走出深渊还是走进深渊？
这样的一步是在人的能力限度之内的，
难道人的脸上就不再有其他表情和反应，
只有像水晶一样永远凝结着的喜悦，
或者像化石一样永远固定下来的悲哀？”

(Is it true that we are now, and shall be hereafter
But what or where depends on life's minute?
Hails heavenly cheer, or infernal laughter
Our first step out of the gulf, or in it?
Shall man, such step within his endeavour,
Man's face, have no more play and action
Than joy that is crystallised for ever,
Or grief, an eternal petrifaction?)

来看它时，它总是同许多关系有真正的相似之处。因此，即使是分 162
层的寓义系统，如果抽去了其中的荒诞和任意的成分，也可能变得比阐述它的人所了解的更真实一些。无论如何，在人身上和在自然中起作用的“理性”、法则和力量，现在是按照它们本身的特性和表现所起的作用来描述的，而不是在它们的作用之外作为神或者神学原则和神的赏罚来描写的。因此，普罗提诺把美等同于理性的表现的定义就是在没有抽掉或脱离其中包含的那些要素的情况下而第一次得到实现的，而中古时代不顾宇宙中的一切矛盾而把宇宙看作美的愿望也实现了，甚至比但丁所揭示的更加完整统一。

4. 后期文艺复兴的真正条件

在结束构成本章主题的比较时，我们必须再提一提我们先前提到的分别把文艺复兴和它以后的年代以及和它以前的年代联系起来的两个概念。

我们习惯于按照前一种思想把莎士比亚主要看作是我们现在的诗歌世界的创造者和在文学领域内我们民族的伟大成就的开创者。从一种意义上说，这是完全正确的。莎士比亚形成了我们的文学艺术的最光辉的起点，正像牛顿形成了我们的科学的光辉起点、洛克形成了我们的哲学的光辉起点一样。但是，如果我们认为我们的艺术及其生成条件是莎士比亚的艺术及其生成条件的直接延续，并且认为美感作为一种生动活跃的力量在莎士比亚的时代就已经觉醒，从那时起一直连绵不断发展至今的话，那我们就错了。在具体美感(它的一边是诗歌,特别是戏剧,但它也同智力的领域相邻接)的历史范围内,莎士比亚无论如何都不是标志着一个时代的开始,而是标志着一个时代的结束。在他以后,就没有过民族戏剧。今天在英国,作为诗歌文学的舞台剧这个意义上的戏剧并不存在。而且在我看来,十七世纪中叶以来,在其他地方一直存在的这种戏剧只能清楚地说明,在整个这个时期一直存在着敌视戏剧艺术的某些条件,不论是什么样的条件。直到 1600 年前,早
163 期文艺复兴的真正有创造力的冲动——整个文艺复兴时期中包含的唯一有创造力的冲动——已经在其他一切地方消失无遗了,只有英国除外,因为文艺复兴较晚波及英国。对于在梵蒂冈的拉斐尔绘画的意义,我们这两位最有才华的批评家的意见在实质上是一致的,虽然在感受方面也许不大一致。拉斐尔的绘画似乎把阿波罗护佑下的异教诗歌同基督护佑下的基督教教义同等看待①。而梵蒂冈的这种室内壁画却是大约在 1508 年完成的。从那以后,虽然有一些孤立、分散的新的运动在准备着,但是,扎根于中世纪的丰富而纯朴的美已经成为历史的陈迹了。一方面由于拘泥于某些旧的风格习惯和古典的文艺复兴,另一方面是由于科学和哲学(笛卡尔生于 1596 年)的新发展、宗教改革、英国革命、工业变革和印刷品的扩展,近代世界的这个伟大的艺术和建筑时代就迅速地

① 罗斯金在《绘画和建筑讲演集》(*Lectures on Painting and Architecture*)第 213 页上说,这就表明,麦纳(Mene)、特克尔(Tekel)、乌法尔辛(Upharsin)都属于基督教艺术。佩特先生在《文艺复兴》一书第 186 页上说,“拉斐尔绘画纪念的是古典的传统,正统的趣味。”爱尔尼阿斯(公元二世纪末)说,诺斯替教徒把基督的形象同柏拉图和亚里士多德的形象摆在一起。他们经过同一地点两次。第一次绷着脸要离开异教,第二次绷着脸要回到异教那里去。

结束了。在这方面最明显的莫过于现今一些最有能力的评判家对于罗马圣彼得教堂的建筑风格的厌恶①。

非难这样一种变革，就像非难自然的历程一样。开花之后就必然结果。任何植物都不会永远开花、终年开花。我们说过，莎士比亚有幸生于这个伟大的创造时代行将结束之时，运用了他富于想象力和创造力的天才来适应日益增长的自由思想和古典传统的影响，因此才能够凭借神奇的好运，以一种近于古典的天赋的自由精神，处理了一大批浪漫主义的材料。他的创造性贡献，也许还由于他不熟悉雅典的戏剧家。据说，欧里庇得斯一个单独的明喻[a]就可以证明，是通过翻译和转译从希腊伟大的悲剧家们那里传到莎士比亚那里的。这个明喻在乔治·加斯科因和弗兰西斯·金威尔墨
施的《约卡斯塔》中就成为一个以《凤凰》②为模本的混杂的、不连 164
贯的片段，《凤凰》实际上是从意大利文翻译出来的，没有任何求助于希腊原文的痕迹。正是这部著作启发莎士比亚写出了霍茨

① 参看本书前面第 172 页所引的威廉·莫里斯先生的论述。

② 马哈菲的《希腊文学史》(*History of Greek Literature*)，i，366。欧里庇得斯原来的诗文(《凤凰》，504，伊特奥克利斯版本)是：

“我将越过碧落清虚的太空，
来到众星升起的东方，
并且下入黄泉，我有能力
完成这样的功业——
把最美丽坚强的女神，
娶来作为我的女王。”

(ἄστρων ἂν ἔλθοιμ᾽ αἰθέρος πρός ἀντολὰς

καὶ γῆς ἔνερθε, δυνατὸς ὢν δρᾶσαι τάδε,

τὴν θεῶν μεγίστην ὥστ᾽ ἔχειν τυραννίδα.)

波[1]那段著名的话:“老天在上,我本以为这不过是轻松一跳——”尽管凭借莎士比亚的天才,能够轻易地对待普鲁塔克和奥维德、普劳图斯及塞内加,但我们很难设想,他在埃斯库罗斯和索福克勒斯面前能够毫无畏缩之意。在我们看来,他的确达到了形式和内容的真正均衡,在这种情况下,如果再进一步增加古代思想的影响,很可能会妨碍他的专注的想象力的发挥。正是这种专注的想象力使他不仅成为中世纪浪漫主义时代的最后一位艺术家,而且成为一个我们可望而尚不可及的浪漫古典主义时代,即近代古典自然主义时代最早的一位艺术家。

伪古典传统虽然恰逢其时地暂时成为艺术中起净化作用的因素,但还是需要经过许多改变才能不再对具体的审美意识产生有害的影响。事实上,这种传统通过几个世纪的理论发展和批评,最终还是引导人们回到对真正的希腊生活、艺术和观念的认识上来。这种认识最重要的也许就在于,在莱辛、文克尔曼和歌德手中,它使艺术摆脱了比较粗浅的认识造成的羁绊。但是在纯粹的学术领域中,从这种更深刻、更真实的认识中还是产生了一些非常重大的成果。在这些重大成果中,按照普遍性思想发展过程的要求,产生了一种富有生气而又深刻的审美哲学,这种审美哲学反过来又对十九世纪初期的普遍性思想的发展提供了一个极有价值的因素。

因此,随着真正哲学的发展,审美理论就失去了、而且是合理地失去了它作为艺术指导的实用关系。而最优秀的审美理论家的论著在很大程度上都是为了反对把抽象的原则误用于艺术,这种

---

① 霍茨波(Hospur)是莎士比亚剧《亨利四世上篇》中的人物。——译注

抽象原则的误用是构成真正审美理论前身的同样的批判传统在错误的地方的残留。如果审美哲学除了这种消极的功能以外，还可以对艺术创作具有积极价值，那也只能是在非常次要的意义上有积极价值，首先是通过专门的哲学，然后是通过大众的文化坚持美同生活的联系，并且说明，比如说，真正"模仿"希腊人的艺术并不是复制他们的雕塑，而是要像他们那样灵活变通地做人。莎士比亚以后的一切新的成就中，最伟大的成就——音乐艺术和风景画艺术——都完全是既不依靠审美理论也不依靠希腊的范例的。虽然古代杰作的发现扩大了我们的世界，但在这些杰作的影响可说是已经注入了我们的审美机体并变成了机体中的血液而不能不对 165
我们产生有益作用时，我仍然认为，希腊的著作和文献对我们的一些比较著名的诗人并没有多少直接的影响，而对埃尔金大理石雕进行的研究对我们的画家的影响也不是没有危险的。

另一方面，真正的审美思辨，总是贯穿着对新成就最深切的同情和日益增长的、从那种美感中吸取材料的自由。审美思辨真正的职能只是在于理解，但事实上有时它也附带地进行判断，而不仅是理解，就判断这方面来说，它往往对莎士比亚时代以来的欧洲思想界在推进他所开创的在艺术中奔放而自由地表现生活的新风气遭遇到的困难和挫折表示痛惜。这种新风气将来是不是会继续下去，而不是显得偏离正常轨道，分散了注意力，退回到莎士比亚早已超越的水平，这是我们无法预言的。但我们现在的任务是通过自由思辨的觉醒和当代批判的深化，进一步发展审美理论作为近代哲学的一种主要的组成要素。

附注：

a. 乔顿·柯立阿斯(Churton Collius)曾经指出，关于莎士比亚对古人的认识，还有不少要说到的。如反响与重复的关系就是有趣并且十分令人困惑的。

第八章　近代美学哲学问题 166

1. 准备过程

形而上学家之所以会关注于美，是因为美是理性和感性的实质的交汇点。批评家之所以会关注于美，是因为美是人类生活在不同的变化阶段和变化条件的表现。这两种关注经过长久的各自独立的发展之后又结合起来，这就是近代美学的真正起源。我在这里所理解的批评是指反思的思想在探索和欣赏具体的美的事物时所取得的全部详尽的成果。因而也包括古典学者为了使伟大的希腊作家的作品容易为人们所理解而做的工作，以及考古学家在发掘和解释赫库兰尼姆古城的宝藏和古代世界的其他遗迹所付出的劳动。最后，还有狭义的艺术批评家的工作，如文学上对被称之为美的作品之所以是美的依据所作的评判。

因此，从一般意义上我们可以说，从锡德尼和斯卡利格到莱辛和文克尔曼的批评界提供了审美哲学的资料，从笛卡尔到康德的形而上学家为审美哲学提供了基本前提或问题。在这两个思想潮流的每一潮流中，我们可以找到许多支流的进一步联系以及这两个思潮之间的各种交互联系，但是，我相信，这个主要的区分将会证明是合理的。

2. 美学的长时间的中断

这两个方面的准备过程各自都延续了数百年之久。在我们现在所达到的阶段，研究者必然会碰到一个难题，我们将会找到解决这种难题的关键。

167 这个涉及极为广泛的难题的产生[①]，是由于审美哲学这种对美的艺术的理论研究在从普罗提诺时代到十八世纪我们的时代之间陷于中断。

但是，我们马上又可以从明显不存在这种美学理论的时期中划出那段间隔的绝大部分时间，也就是到十四世纪为止的整个中世纪。然而，我们可以划出这段时间的原因并不是可以轻易地归于一个文艺复兴的过时观念的。并不是因为中世纪没有实用的审美意识，以致艺术研究没有实际材料[②]。有人说，中世纪没有审美意识，因为在中世纪，艺术只是神学的婢女，它还没有了解艺术的真正目的在于创造美。这样的解释既包含历史的过失，又包含哲学的错误。历史事实是，中世纪实际的审美意识是世界上有史以来最有连贯性和创造性的审美意识。虽然这种审美意识在长达数百年之久的时间内没有在更富于智识想象的领域内清楚地表达出来，而且还接受了神学，也许是为了表达自己的基本的本能，但是，如果由于这一事实，便根本排除它归于审美意识的要求，那就犯了

---

① 下面文中所提到的观点是夏斯勒的见解，见《美学》第2卷，导论。我力求说明他的看法和我的不同看法，但没有达到正规讨论应有的那种极为详尽的程度。

② 夏斯勒的著作，第1章。

一个严重的哲学上的错误，把认识具体的表现冲动同反思性的审美意向混淆起来了。因此，我们决不能认为，若没有自觉追求美的意向性目的，就没有真正的艺术意识，相反，我们也许应该认为，这种意向性目的，即使不是艺术衰退的一个确实的征兆，至少也是对艺术的一种严重的危险。所以，那种认为中世纪之所以缺乏详尽的美学研究是由于缺乏实际材料的看法是不合乎事实的。中世纪之所以缺乏详细的美学研究，并不是由于缺乏某种艺术意识，而是由于某种直接的艺术冲动，加之随着一种新的文明的青春期而来的那些其他需要和问题造成的压力，这些总是会妨碍这样一个时代的意识系统地反思它自己的作品。在这一整个时期，我们可以发现，一方面有理论上的禁欲主义因素，另一方面，又有理论上承认宇宙中的美的因素。这两方面的因素只能说明，这个时期不是 168
世界的第一个青春期，而是世界的第二个青春期——按照自己的需要以朴素的和非批判的方式处理第一个成熟期流传下来的观念的第二个青春期。我们不能指望这样一个时代产生自我批判的理论，正如不能指望苏格拉底时代以前的雅典会产生这样的理论一样，尽管这个时代的智力素养并不低。

但是，我们仍然要考虑到十五世纪宗教艺术鼎盛时期以后的那个时期。在那个时期，乍看起来，美学的实际材料似乎非常丰富。因此，关于这个时期有人就提出了这样的问题："古代美学在菲狄亚斯艺术的两代以后得到充分发展，为什么近代美学在拉斐尔艺术的两代以后却没有充分发展呢？"他们对这个问题作出的回答在我看来是错误地应用了一个简单的真理。这个回答是说，古代艺术在它的宗教灵感得到充分表现以后，实际上就臻于完善了。

近代意识却是富于思考或分析的。因此，近代艺术——美学理论必要的实际材料和先决条件——直到它以连续不断的进步走完了世俗兴趣和宗教兴趣的循环圈以后，才趋于完善，而这个进步过程一直延续到十八世纪。当然，从最广泛的意义上来说，近代艺术的循环圈甚至到今天也没有完成，我们也希望它永远不会完成。但是，相对地说，世界这个伟大的艺术时代到拉斐尔已经开始近于结束了，虽然由于某些特殊原因，它在其他国家得以延长，以致恰好把我们的莎士比亚的戏剧也包括在内。因此，这个问题是提错了，产生宗教艺术的同一个连续不断的时期是在莎士比亚之后完成的而不是在拉斐尔之后完成的。当然，答案也错了，因为它假定绘画艺术甚至从十六世纪以后都有一个连续不断的自然进步过程，而实际上，当时一个时代已经进入尾声，虽然它在欧洲各国以不同的形式和不同速度发生衰退，因而显得不太明晰。

我们上面考察过的这个问题和答案，对于近代意识的反思能力、涉及范围和多方面的运用都作了正确的评议。但是，这个问题和答案并没有注意到两种世俗化艺术之间的区别。这两种世俗化艺术，一种是拉斐尔的后继者的那种世俗化。这种世俗化的艺术标志着一个重要时期的结束，而它本身就是一种艺术的衰落，倒不是因为这种艺术属于非宗教性的，而是因为它不再表现朝气蓬勃
169 的生活。另一种是像伊丽莎白时代的戏剧那样的世俗化。这种艺术的世俗化按照它的色彩、强度和深刻程度来说，应该属于中世纪，虽然它由于更多地受到近代因素的影响而有所解脱。

在英国，中世纪的冲击力在伊丽莎白时代的戏剧之后已经耗尽——在意大利还要更早一些——，艺术就已经进入曲折多变的

近代历程。直到十八世纪，这种近代历程还没有达到任何特殊的完成阶段，以致这本身就可以解释美学思辨何以在那个时候才得以兴起。我们只有对各种小型的工艺艺术的历史进行全面的考察，才能证明我们关于一个伟大的连绵不断的艺术时代于十五世纪和十六世纪在欧洲各个文化发达的国家已近结束的论断。因为各种小型的工艺艺术乃是对实际的审美意识在多大范围、多大程度上融入任何时代的意识的一个绝对可靠的试金石。自从十七世纪初以后，在任何一个欧洲国家都还没有哪一代人产生过真正富于美的作品，无论是在建筑方面，在雕塑方面，金属工艺方面，还是在木刻方面，都是如此。正是根据这个理由，我们可以确定无疑地断定，十六世纪以后艺术在欧洲的地位不管偶尔多么光彩于一时，总是同以前所占的地位大不相同。

因此，我们要提出的问题不是为什么美学没有紧接着拉斐尔时代之后兴起，而是美学为什么没有紧接着莎士比亚时代之后兴起。答案也不是艺术保持着连续不断的生命力一直到十八世纪，因而在十八世纪以前美学的材料还不完备，而是，构成这种材料在近代的特殊性质的主要是与近代生活性质完全不同的传统，它要求在它的内容完全进入意识之前，先要经过一个长期的批判的鉴赏过程。的确，同古代意识相比，近代意识是多元分立而不是单一的。当我们把它同雅典时期，甚至同希腊化时期或希腊—罗马文明时期加以比较，仅仅十七世纪欧洲文化区域在地域上的广阔和民族的划分，就足以向我们明确地表明这一点，尽管这也有广阔的
地域上的分布并带有某种地方的色彩。光是法国、意大利和英国 170
到十七世纪为止的建筑、绘画、语言和文学就构成了绝非一两代人

的思考所能组织起来的材料。然而,相对地说,这只是对理论提出的这个问题中的一个因素。智识活动的两大思潮——哲学思潮和批判思潮——中的任一种思潮不但要吸取现在的,即刚刚过去的极为错综复杂的材料,而且还必须调整自身的内容以及同现在的关系,以适应更加遥远的过去,即古代流传下来的各种对比关系。在这两方面的过程没有完成、其成果还有待结合之前,丰硕的美学是不可能产生的。

3. 这个问题的准备过程·从笛卡尔到鲍姆嘉通

对这个美学问题哲学方面的准备,正像对这种美学材料的批判方面的准备一样,包含着多种倾向而不是一种倾向。康德的《判断力批判》最后论述到的这个问题,是近代思想那两种倾向的结果,它决定了康德的整个哲学,他的哲学本身也是按照这个问题可以设想的主要形式来论述这同一个问题的。

(1) 两种倾向:“普遍性”和“个体性”

为了初步地大体上说明这两种倾向的性质,我们可以在“普遍性”和“个体性”这两个专门的名称之下分别对这两种倾向加以论述。笛卡尔学派及其后继者莱布尼茨—沃尔夫的哲学的显著特点是坚持理性体系和宇宙中的必然联系方面(这种倾向并不把莱布尼茨的独特的单子论视为真正的例外)。而英国的经验学派,从培根到休谟却是从个体的感受或感官知觉出发,并且要求从这种感官知觉所设定的内容推导出关于实在的理论。这后一种论式在十八世纪得到当时一切力量的支持，尤其是得到卢梭的热情的情感主义的支持和伏尔泰的不带哲学意味的怀疑主义的支持。

但是“普遍性”和“个体性”这两个逻辑用语对于理解上述这两种倾向的真正性质并没有多大的帮助。无论在古代还是在近代，在一切肯定理性的观念中，上述两种因素都必然占有一定地位。因此，如果我们要使我们的论述比这种一般的大体的说明更深入具体地接近主题，就必须把普遍性和个体性的倾向在康德及以前 171
的近代哲学中表现出来的特殊形态首先同它们在经典的古代所采取的形式区别开来，其次同其中一种倾向占主导地位的思想潮流中另一种倾向所采取的表现形式区别开来。如果我们能够弄清楚这种情况，那么我们就完全能够说明康德对于美学问题的哲学态度，而且幸好我们并不需要承担起对康德以前的思辨的整个发展过程详加叙述这个巨大任务。因为我所说的本来意义上的哲学是指那样一些思想家的思辨，这些人被称之为思想家并不是因为他们对美学的批判作出贡献，而是另有原因。这个时期的哲学在这种或那种名目下几乎完全忽略了对美学问题的探讨，因而显示出极其抽象的性质。在夏夫兹博里、莱布尼茨和鲍姆嘉通——凯姆斯勋爵、莱辛和伯克都算作批评家，不算在哲学家之列——的著作中，对美学问题略有涉及，提出一些见解，我们将在说明他们各自所属的趋向时再分别加以论述。

（2）与古代哲学的区别

因此，我们首先要把笛卡尔和洛克这样的思想家的“普遍性”

和“个体性”倾向同任何古代的哲学家——比如说，一方面有斯多葛派，另一方面有伊壁鸠鲁派——的相应倾向分别地区分开来。

我们首先应当指出，要想在古典哲学中找到这两种倾向形成确当对比的例子是很困难的。例如，这两种思想因素在柏拉图和亚里士多德那里是完全处于均衡状态的，我们几乎找不出和这种均衡状况有显著不同的一个真正重要的学派同这两位思想家中任何一位相比较。而我们如果把埃利亚学派同原子论学派或同赫拉克利特相比较，我们就会感到，我们所研究的这种对比，并没有达到像近代的自由意志和必然性或激情与理性那样一种对比的应用深度。这种难于找到适当例子的情况说明了，相对来说，古代意识还没有因为人性中各种局部成分的互相冲突，各自争取代表整体而陷于分崩离析的地步。

但是，如果我们进一步看一看在斯多葛学派和伊壁鸠鲁学派之间的对立中，古代世界的意识已经开始像近代意识那样追求不
172 同的理想，我们就会知道，这种对立远不像近代的对立那样达到互相摧毁的程度。生活中的这些对立方面，一方面，任何一方都不是和作为其补充的另一方不可调和地区别开来的；另一方面，任何一方都不是那么心胸狭窄排斥异己要求自代全体，非要把对方从这个合理的世界上消除不可。斯多葛学派是一种心态的结果，伊壁鸠鲁学派是另一种心态的结果。它们都坚持相互对立的理论，就此而言，它们毫无疑问地要展开争论，但是，每一种理论在很大程度上都是一种生活方式，各派的拥护者都选择了适合自己爱好的方式，并不因此使它们互相冲突。但是，我们已经充分地认识到，基督教意识的特点是主张宇宙应属于个体的灵魂。没有什么东西

是这种意识所不关心的。上帝无处不在，上帝在哪里，哪里就有供人认识、供人去做、供人享受的东西。在中世纪漫长的几百年时间里，这一信仰是用明确的理论表述的，而且还不知不觉地体现在广阔范围的感官知觉和令人愉悦的作品中，在造型艺术之花已经凋谢，基督教的自由理智开始按照自我意识的理性重构自己的世界时，"普遍性"和"个体性"这两种观点都开始肯定自身只是意识范围之内的更深刻的复杂要素，而意识是突出的个体性的。灵魂的无限价值是用重金难买的深刻教训，不可轻易忘记的。

因此，近代思想的这两种倾向与古代思想的两种倾向相比，不同之处在于这两种倾向都有共同的出发点，就是思考着、感受着和知觉着的主体。怀疑主义的出现标志古代哲学的结束又表征近代思辨的开始。我们已经说过，奥古斯丁非常接近于预示"我思，故我在"这样一个原则，用奥古斯丁的话来说就是，我疑，故我思[①]。在这样的一种基础上，在一个独立的、思想着的存在者的基础上，近代的思考着、感受着和知觉着的主体就这样从容不迫地进入了事物的体系，而且深信它一定能够在其中找到它所需要的东西：要么是一种按照因果法则建立起来的合理的结构，要么是同观察到
的现象相一致的一般真理，要么是一种符合它的道德的或享乐主 173
义要求的生活。它所找到的一切就是希望或要求与主体的器官和功能相符合，从而以自己为中心，批判地证实和重构它开始时在观念上与之相独立的世界。在古代，根本没有什么东西可以与培根和笛卡尔看待现象时把外在性感觉和确信可支配的感觉结合起来

① 见本书前面第185页。

的那种感觉相比。

(3) 两者之间的相互区别

这种思想倾向是不同于古代思辨和近代思辨的一般类型,我想,古典时代以后的衰颓时期和中世纪的历史已使读者对此有所准备,我们现在进一步要问的是,在这种个体性的或近代的思想形式之内,"普遍性"和"个体性"这两种根深蒂固的思想倾向是怎样在哲学中重新肯定自身的重要地位的?哲学史似乎以最直接的方式回答了这个问题。在笛卡尔、斯宾诺莎、莱布尼茨、沃尔夫、鲍姆加通的著作中,我们可以发现一条抽象的理性主义和理智主义的连续不断的思想历程,而在培根、洛克、夏夫兹博里、贝克莱、休谟、卢梭的著作中,我们可以看到一种同样抽象的经验主义的或感觉主义的倾向。这两种思潮在康德那里汇合起来了,而且正是由于在康德的体系中把它们汇聚起来,才使这个问题作为一个整体进入后来的近代思辨之中,更具体更明白地说,由于这个问题的特殊条件,使这个问题进入近代美学的思辨。总的问题就是:"怎样才能把感官世界同理想的世界协调起来?"这个同样的问题采取的特殊的美学形式就是"赏心悦目的感觉怎样才能分享理性的性质?"

但是,我们还必须指出,近代倾向的一个特点是,由于这两个哲学倾向中每一个倾向都是理论性的和有争议的,都声称具有绝对的独一无二的普遍性,事实的逻辑力量迫使这两种倾向的每一种都必须在由另一种倾向主导的行进路线中表现出来。因此,只有通过比较,依据它们各自的基础和各自论定的出发点,才能把一种主要的思想流派和另一种思想流派区别开来。培根维护的是

“特殊性”，就好像它们是受压迫的居民似的，但是他又认为自己是精确科学——抽象的普遍性——的预言家。而休谟的出发点是孤立的感官印象，他不仅承认想象名义下的普遍性，而且他的全部论 174
证范围和论证方法都受到一种抽象分析精神的指导。这种抽象分析精神使他在凡是涉及美学的地方都采取实用的理性主义方法①，尽管他在形而上学说方面又是一个极端的感觉主义者。

另一方面，笛卡尔学派的出发点则是抽象的普遍性，或者系统的理智。按照这种抽象的普遍性，知觉或感觉只是被看作模糊混乱的观念。尽管莱布尼茨对“个体性”有所承认，这与斯宾诺莎单调的抽象相反，但是他的体系仍然保持着纯理智主义的形式。而沃尔夫所采取的评断方法则是把感觉和知觉看作是理智观念的低级形式。这种看法在鲍姆加通那里就决定了把美学第一次列为近代哲学的一个公认的分支的观点。

（4）与中古时期二元论的联系

我们知道，早期基督教和中世纪的理论上的二元论只是一种从来没有与二元论确切吻合过的信念的具体表现而已。如果说像但丁或圣方济各这样的人真的相信精神实在的世界就存在于坟墓那边不很远的地方，那就太荒谬可笑了。但是的确，如果他们不坚持一种在时间和空间上分离开来的灵与肉相对应的形象，就无法满足自己满腔热情投入的信念，也许更无法满足大众的信念。更有甚者，这种形象还有双重的倾向。它在当时一如既往，不仅致力

① 《人性论》第2卷（格林和格罗斯公司出版），第151页。参看本书下文第245页。

于祈求神圣合理性的领域，而且渴求一种富于个性的浪漫主义情感的完全的满足。

因此，当自由思想开始重新征服宇宙以满足感觉和智识的要求时，这种实质上的分离从来没有表现出理性和感觉之间的实际的分界线，也没有决定这两个因素中哪一个属于“此一”世界，哪一个属于“彼一”世界，这种实质上的分离传给哲学的是把“此岸”和“彼岸”之类的东西加以绝对对立的习惯或形式，而不是在对立的这两个方面具体地分配内容。的确，自由、上帝和不朽这些观念仍
175 然存在着，同必然性、自然和心灵依赖于肉体等观念相对立。但是我们却不可能把理智主义的思想学派看作是前一种观点，即超自然的观点的继承者，而把感觉主义或经验论学派看成是后一种观点，即纯自然的观点的继承者。因为，事实上，自由和必然的对立，目的性和机械性的对立，心灵与肉体的对立，从笛卡尔起，通过斯宾诺莎和莱布尼茨直到沃尔夫及其后继者，在哲学运动中都得到了极其明确的表现。另一方面，从“此时”和“此地”的感觉和欲望为出发点的英国思想家和后来的法国的思想家却开始把这种感觉和欲望变成一种科学的、因而理想的必然性的体系，与这种必然性体系相对立的个体的感觉由于被当作初始的材料和标准而获得自身的重要性，例如卢梭的著作中就提出了在现在和将来都得到自由和满足的要求。

因此，无论是理性还是感觉都可以取得超自然的地位，而其中的任何一方又都可以解释成纯自然的系统。只要它们仍然是纯抽象的对立的方面，其中任何一方在人们把它等同于意志活动本身的时候，都可以被当成是自由的，如果发现它排除了自我包含的具

体经验中的要素，那就一定变成了纯粹的必然性。人到底是像斯宾诺莎所说的处于最佳状态的人，一个不受情感欲望影响的存在，还是像最严格解释的休谟见解所说的人，对连绵不断的欲望诱惑无可奈何的牺牲品呢，这是一个很难断定的问题。康德以前处理这些对立真正的收获在于，通过把对立的方面彼此分解，逐步清楚地说明，它们的原因一定在心灵本质的某个地方。

(5) 康德以前哲学中的美学观念

康德以前的哲学家，无论是英国、法国，还是德国的，他们对美的见解都不具有近代美学的创新特征，因此，他们都不是近代美学研究的真正的开创者。因为，我们在前面已经部分地谈到，以后在论述康德时还要进一步谈到，康德为了调和在他这里集中体现出来的互相冲突的哲学运动而提出的系统论述中，近代美学构成了一个根本的、几乎是首要的成分，由此，使近代美学获得了特殊意义。近代美学的问题是从这些哲学运动力量的整个力量体系中产 176
生出来的，如果我们把这个问题说成是这些运动的某种外在征兆中产生的，那是不符合历史事实的。毫无疑问，康德的确从他的哲学前辈那里采用了美学的名称和美学论述的某些特征，但是对美学的需要却比他们的任何启示都更深地影响了他的思想。而在康德时期以后肯定能够更充分地满足这种需要的材料并不是在抽象的形而上学中而是在别的地方汇聚起来的。

因此，我们必须承认，康德以前的美学，就其在伟大的哲学家著作中存在的来说，并不能看作是它后来发展的生成原因，而只能把它看作是真正构成这种原因的实际运动的外在属性。对此，我

们无须详加论述。

自由思想的先驱们对于美的现象并没有给予很多的关注。笛卡尔和斯宾诺莎、培根、霍布斯和洛克都投身于有关人在世界上的地位的一些似乎最迫切、最重要的问题——有关人的自由、上帝的性质、认识的范围、心灵和社会的本质等问题的研究。而且在某种程度上,这些哲学家的朴素的唯理论,不论是根源于理智主义还是感觉主义,都意味着对美的艺术采取一种与柏拉图极为相似的态度。但在实质上,他们的观念远比那些古代的观念更有助于使美的艺术取得重要地位,因为他们的观念是在基督教意识逐步奠定的牢固基础上建立起来的,而基督教意识就包含在神意论的普遍发展之中。这就等于说,即使他们怀疑世界的目的性,但不会怀疑世界是真正合理的,是完全可以为智识所理解的。在近代意识据以确立的这种信念的基础上,对美和知识的相应的见解的确立只是一个时间问题了。理性首先应当以其更明白更直接的智识表现来理解自身,这本是很自然的事。

从这一观点来看,值得注意的是,笛卡尔(1596—1650)写了一部《音乐纲要》(*Compendium Musicae*)——读者应当还记得,音乐在科学的名目之下和算术、几何学、天文学一起构成了中世纪教育
177 的“四科目”——斯宾诺莎(1632—1677)虽然似乎并不承认美这个词有什么意义[1],在他看来,美这个词只能是表示智力的一种混乱形式,然而,我们却发现:

---

① 埃德曼的著作英译本,ii,85。

i. 莱布尼茨

莱布尼茨(1646－1716)有一段话赞同了中古时代的一些联想,同时又包含着后来关于声音力量的许多研究的萌芽[①]。“Musica est arithmetica nescientis se numerare animi”(音乐就是心灵在表演数数,但它并不知道在数数)[②]如果把消极的用语翻译成与莱布尼茨的体系相一致的积极用语,那就是:“音乐是一种感受到的数的关系。”这尽管还需要进一步的解释,但仍然是“以感觉形式出现的理性”的一个明明白白的例子。因此,更一般地说,莱布尼茨把宇宙中容许恶的存在同艺术家为了从整体上提高他的作品的美而引入丑的色彩或不和谐的声音相比,这就使他在美学上退回到奥古斯丁的观点了。当然,这也包含着一种假定,认为感觉到美的东西归根结底是和谐的表现,尽管其中可能包含着表面上的矛盾。

以上的叙述已足以一般地说明近代哲学在其影响美在事物体系中的地位问题上的出发点。近代哲学以整个一个时期的新信仰同经典的古代分隔开来,这个新的信仰就是把奥古斯丁或埃里金纳同柏拉图分隔开来的那个信仰。但是,近代哲学中也充满了它自己的那种自由分析和进步的冲动。

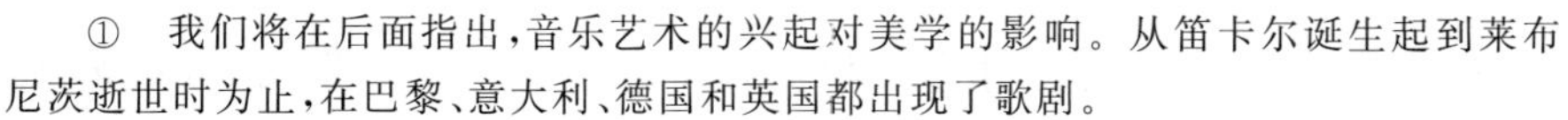

① 我们将在后面指出,音乐艺术的兴起对美学的影响。从笛卡尔诞生起到莱布尼茨逝世时为止,在巴黎、意大利、德国和英国都出现了歌剧。

② 参看洛采的《德国美学史》,275。

ii. 夏夫兹博里

就美学来说，夏夫兹博里（1670－1713）和基督教思想具有相同的形而上学基础。他相信美是神圣生活世界的表现，他把这种神圣生活的世界同死的物质对立起来，这种看法同普罗提诺的观点十分接近。因此，他就不可能找到对丑或恶的解释方法。但是，他认为，艺术的真正目的就是要按照感官知觉取得的形态把观念和情绪展现在心灵面前，经过训练的眼睛和耳朵才是判定什么是美的、什么是不美的最终评判者。他把“美”和“感官”这两个术语的外延扩大到道德上的善和我们用以判断善的能力。当然，这就

178 使得明确划分美学领域的界限的要求落空了。但是，由于他坚持艺术感觉要靠教育，而且十分具体地关注艺术现象，因而他又标志着一种日益增长的倾向发展的一个阶段。这个倾向就是要肯定认识美的作品本身是人类生活的重要活动，也是历史的重要因素。他对绘画中表现的越过时间界限的行动的批评可能是扩展了又预示了莱辛的《拉奥孔》中的某些论述。

就我们所能评判的来说，在夏夫兹博里看来，美对感官体现出来的理性内容只不过意味着那条古代的形式原则——多样性中的统一原则。他的先进之处在于完全有把握地认识到美同艺术和自然对经过训练的知觉表现出来的形态的一致性。人们很容易把夏夫兹博里说成是一位柏拉图主义者。但是，我们必须记住，他已经抛弃了那种只是有时把事实和理性视为同一，而大部分都是敌视艺术的激烈的反感官的二元论，采纳了一种宽松方便的泛神论的

一元论，几乎把上帝、理性和普通的物质的自然都视为同一的，并且认为可见事物的魅力都是这个神圣原则的明显结果。正是这个世界在不断前进，并且证明了柏拉图提出的最卓越的见解。夏夫兹博里还算不上一个伟大的哲学家，他所做的工作主要是按照个人的敏感复制了当时的普遍观念。

iii. 休谟

在我们离开英国哲学家之前，需要谈一谈大卫·休谟（1711—1776）在《人性论》（发表于1738年）中附带谈到的关于美的一些见解。这些出现在一个年轻人的著作中的片断性的见解，在事实上确有相当大的价值，所以，我还是给予应有的重视。

“如果[①]我们考察一下哲学或普遍理性所形成的解释美和丑的区别的各种假设，我们就会发现，所有这些假设都归结为这样一点，那就是，美是（对象）各部分之间的这种秩序和结构；由于我们本性原有的构造或习惯或是由于偶然的心情，这种秩序和结构适宜于使心灵感到快乐和满足，而丑的自然倾向就会使人产生不安不快之感。这就是美的显著特征，美与丑的全部区别
就在于此。因此，快感与不快之感不仅同美与丑必然相伴随，而 179
且也是美与丑的真正本质。”美，像才智一样，是无法定义的，只有通过一定的鉴赏或感觉才能辨别出来。但是，对美的快感绝大部分是来自便利或效用的观念。因此，似乎值得注意的一点

---

① 《人性论》，格林和格罗斯公司出版，ii，95。

正是把这种效用观念同美感联系起来的确切方式。因为休谟极其明确地断定，美通常总是起于效用。这种效用同觉察到美感的观赏者毫不相关，只是与实际对象的所有者或直接受到实际对象属性影响的人有关。因此，观察者只能通过感应才能感受到美的存在。他举了下面这个奇特的例子[①]：——“我只是知道，一片长满金雀花和荆豆枝叶的平原同一座长满葡萄树或橄榄树的山岗是一样地美，可是，对于熟知这每一种果木价值的人来说就决不会是一样地美了。不过，这只是一种想象的美，并没有直接呈现于感官的根据。”

这个例子似乎说明了休谟赞成一种可称之为通俗的效用论。因为货币价值并不意味着高度的结构性组织。但是我们必须注意到，这个例子中包含着把想象美——现在可以称之为关系美——同感官感到的美或形式美加以区别的重要见解。如果我们要问后一种美的性质和根据，我们就必须设想，休谟把这种美归结为一种更明显的效用关系的情况——效用明显地表现在对象的自然形式中。在这里再次表明了，决定美和丑的快感和不快之感，像绘画中的不协调的图形引起的不安一样，只有通过情感上的赞同才能体会它的“生动活泼”。[②] 我认为，在谈到一件艺术作品时，他之所以没有把旁观者同实际受到影响的人加以区别，就是因为在这种情况下，并不存在这种受到影响的人，因而我们只能同彼此的观念相应和，而不是对任何人的实际受益

① 《人性论》，151。

② 同上书，152。

或受损害的感觉有所应和。

不论我们对休谟所描述的印象和观念的机械论有什么看法，很明显的是，他关于美的功效理论并不意味着在观赏者方面有自 180
私的利益，实际上，这种理论意味着在自然美和艺术美中都要对审美形象和实际效果加以区分。此外，休谟通过共鸣或应和从美学上概括快感和不快，这种观念和亚里士多德通过怜悯对恐惧进行艺术概括的观念十分相似。因此，这一理论接近于预示康德的“没有目的观念的目的论”和他的“超越利害的快感说”。在对待任何一个像苏格拉底那样与美相联系谈到效用一词时很容易出现有失公允的情况，因此，我觉得指出上述几点还是很有必要的。而且，我们还可以看到，休谟比夏夫兹博里更明确一些，比哈奇生明确得多地提出了一个重要的观念，认为鉴赏或感觉虽然只是一种感受，但却同快感和不快一样受到一定性质的结构形式和关系的影响，可以通过思考加以分析，而不能由欣赏和感受力本身加以分析。这样一种探讨美的内容的尝试，不能仅仅看成是把美等同于引起快感的性质。

iv. 这种进步的性质

英国的个性主义思想家，从培根到休谟，在形而上学或一般哲学的范围内，愈来愈深入地对认识进行了彻底的分析，直到休谟为感觉主义的经验论作出了决定性的论断。这些当然都是众所周知的事。但是，如果我们把这种进步的原则运用到积极的美学研究领域，那就是完全错误的观念了，因为美学研究在当时还没有成为形而上学哲学的中心问题。因此，如果有人告诉我们[1]，英国美学是从柏拉图主义（在夏夫兹博里那里）过渡到亚里士多德主义（在凯姆斯勋爵那里），然后又在伯克和荷加斯那里进入最肤浅的一种唯物主义的经验论（忽略了雷诺兹），那么我们就会感到，在这种情况下，他对这个伟大的历史哲学的公式的掌握并没有达到具体运用它们所必需的彻底的程度。这个时代是一个对对立的抽象概念进行反思的时代，是一个各种极端相遇的时代。所有这些都是完全正确的。但是，如果我们想要按照这样一种观念来解释历史，我们就一定不能从这里挑出一个思想家，从那里挑出一个批评家，完全脱离他们关注这个时代各种问题的特殊形式，把他们按照他们思考问题的性质一个接一个地排列起来。我们必须认识到，这个时代反思的性质，像所有这样的支配性倾向一样，并不是哲学领域
181 和文学领域某些作家单纯智力上的本能决定的，而是受当时存在的各种事实和力量的整个情势所左右的。正是这种情势——尽管存在着一系列完整体系、古代的文化、中古时代的艺术、神学和政治权威——仍然提出了个性主题，而且这种个性主题只有战胜了这些并重新肯定自身，才能赢得新的积极的自由和积极的内容。如果把这些胜利成果中的一种形式同另一种形式相比照（尽管同一位思想家参加两方面战斗是完全可能发生的），我们所设想的过渡过程和趋势就完全是不真实的。正像英国在美学方面从柏拉图主义过渡到亚里士多德主义一样，据说在法国[2]也有从亚里士多

① 夏斯勒的著作，i，313。

② 同上书，i。

德主义(在巴托那里)过渡到柏拉图主义的(在库赞那里),这样,一种片面的抽象概念通过必然性转变为它们的对立面就有了例证。

所有过渡和趋势都完全是非历史性的。锡德尼、高乃依,作为艺术批评家的夏夫兹博里、凯姆斯勋爵、巴托、莱辛等对形而上学问题都不关心,而是关心(相对地说)总是带有某种浪漫主义色彩的近代美感如何进行调节,使之适应古典的传统,这个古典传统首先是以习惯上理解的亚里士多德和希腊关于美的概念表现出来的,后来,随着批判的深入,又是以更接近真正的亚里士多德和真正的希腊艺术和诗歌表现出来的。在这个批判的领域中,反思的作用采取了环境为它规定的形式,同构成当时情势的基本事实的既定的对立相脱离的形式,随着反思逐渐冲破传统的束缚,反思的成果也愈来愈成为经验性的了,也就是说,更富有生气,更加具体,更接近于反思所产生的真正的哲学思辨了。如果我们把荷加斯、伯克和雷诺兹在经验论的含混名称下对审美事实的追求,同愈来愈严格的在休谟的形而上学中达到顶点的对一般经验的抽象分析当成一回事,那就是一种严重的混淆。一方面,如我们在休谟本人的美学见解中见到的那样,是使内容更加丰富;另一方面,则使内容一时变得比较贫乏,只是作为构建的意义上,由于它有助于为更 182
充分的内容准备了有朝一日占有的位置,所以可以说它也使内容更丰富了。因此,正如我们一直在强调的那样,这两个运动结合在一起就开创了后来康德所进行的和在康德以后出现的那种会合的先河。

我还要再指出一点:为了把上面指出的那种反常的观点说得似乎确有其事的样子,夏斯勒在英国发展过程的开头,略去了锡德

尼，而在法国发展的末尾又加上了属于完全不同时代的库赞。我们在本章开头所说的意义上的“批判的”运动，在英国是从锡德尼到伯克和荷加斯，在法国是从高乃依到卢梭和狄德罗，在德国是从高特雪特和拉姆勒到库勒和歌德。如果他了解这个运动的真正性质，就不会在展示一个对立的发展过程时只是通过一位形而上学作家过渡到一位批评家来说明英国的思想发展，通过一位批评家过渡到一位形而上学的著作家来说明法国的思想发展了。

十八世纪的法国形而上学运动不需要专门加以论述。构成康德所面对的问题的实际上起作用的力量，在哲学领域内一方面可以通过英国学派，另一方面可以通过沃尔夫学派——其中包含许多有法国（笛卡尔学派）起源的成分——充分表现出来。

v. 鲍姆嘉通

如果说从个体事物中最富个性的东西出发的英国学派是由观察经过训练的艺术感觉上升到美学观念的，那么就我们的目的来说，和莱布尼茨学派紧密相连的笛卡尔学派就是从分析无关利害的愉悦之感的种种条件下降到美学观念的，因为它的根本目的是力图把主要研究认知的理智主义理论扩充运用到感觉和知觉的现象上。由鲍姆嘉通（1714—1762）在“美学”（Æsthetica）的名目下开始的这种扩充运用，非常独具特色地关注美的理论研究，以致使“美学”这个词流传下来，成为美的哲学的公认的名称。

他的想法的源起看来是下面这种情形。笛卡尔、斯宾诺莎、莱布尼茨和沃尔夫，作为理智主义的哲学家，形成了一个连续系列，

尽管莱布尼茨反对斯宾诺莎的“实体”的抽象统一。在整个这一连 183
续系列中，激情和感官知觉都是按照抽象理智进行否定性描述的，也就是说，被描述为不同于抽象观念的属性。按照斯宾诺莎的说法，感官知觉和激情都是“混乱的思想活动”[①]，而在沃尔夫的心理学中，有一整套心理功能属于认识的模糊部分并与明确的理智功能相对应。沃尔夫把明晰的思想放在逻辑科学或理论的和实践的逻辑方法中来处理，作为包括本体论、宇宙论、伦理学和心理学四个部分的理论哲学或形而上学的引论部分。鲍姆嘉通以各种方法不断地把科学的考察推进得深入具体——他写过一部《哲学百科全书纲要》(*Sketch of Philosophical Encyclopædia*)。“哲学百科全书”这个术语是德国哲学从后期希腊和中古时期的教育中继承下来的。鲍姆嘉通想要在沃尔夫的逻辑学或清晰认知方法的前面增添一门更具先验性的科学，即感性的或模糊认识的方法，叫作“美学”(Æsthetica)。有人说，这样一种预备性的科学可以采取归纳逻辑的形式，或者还可以说，像康德那样，探究感性直观形式的性质。但是，鲍姆嘉通是始终一贯的。归纳逻辑和时空理论二者都属于明晰的认识理论——像近代逻辑教科书中讨论的怎样从感官知觉中抽出一般命题这样的理论。但是“美学”的主题却是作为模糊认识的“模糊的观念”，也就是感觉形式的认识或仍然以[②]感觉形式出现的认识。对我们来说，感官知觉无疑很容易显得是最清晰的材料，因而我们很难有什么辨别能力把感官知觉归入“含混

① 埃德曼的著作(英译本)ii，85。

② 齐美尔曼的著作，i，169。

的”一类。

我想，在整个一系列的哲学著作中，对“清晰的”观念和“含混的”观念是什么意思可以根据是否有可能用词语恰当地表达这个或那个问题来加以说明[①]。我认为，一个清晰的观念就是十分明确、界定分明的、可以相当准确地用通常的符号传达给别人的观
184 念。而含混的观念则是语言不可能复述、始终属于同一种类、始终保持复杂性的观念，例如一种和谐的色彩。含混的观念可以有它自己的可以为感觉所体察得到的一定的秩序。美的观念中似乎就包含着这种秩序，鲍姆嘉通在他的论述中也总是坚持这一点。

因此，美学的范围就是整个一套心理能力的复合体，这些心理能力以混杂形式的某种联系表现出来[②]，但是这些心理能力结合在一起又构成了“类似的合理性”(analogon rationis)，即理性在混杂认识领域中的相似物或滑稽模仿。这样说来，它显然更类似于心理学主题，而不是类似于逻辑学的或基本的形而上学主题。而且我觉得，它就类似于近代心理学在无意识或下意识的心理活动中的不断发现的类似逻辑过程的那种观念，因而也是我们要不断回顾到的观念。然而，还要指出的一点就是，模糊观念的领域之所以引起鲍姆嘉通的注意，并不完全是从这一观点出发的，并不是把它作为以感觉形式出现的类似的逻辑过程。这样一种处理方法仍然使感官知觉的优越性成为真理的一种形式——而真理是只有在知觉终于被解释为一种判断，感到某物是“如此这般的”一种感觉

① 参看埃德曼的著作中论述莱布尼茨和笛卡尔的部分，ii，182。

② 齐美尔曼，《美学》，i，165。

时才存在的。鲍姆嘉通认为他作出的区分要比这种区分更加彻底，而且具有一种融贯性，因此使他很难接受上面介绍的观点。他把感官认识的完善，也就是感受或感觉的完善称为美。按照我对他的论述的理解，他认为美就是**表现于理性认识时被称为真理的**那种属性在感觉中的表现。但我们难以弄明白的是，他怎么能够把这样的美学叫作美的**思维**的艺术(Pulchre Cogitandi)[1]，因为思维传达给我们的总是一种智识过程的观念。

鲍姆嘉通对这种完善性的分析还不足以表明他对这种完善性来源的信念。他对这种完善性内容的分析并没有超过古代的理论；而对这种完善性来源的信念则具有他那个时代的意识，然而，用来掩盖这种意识的用语却使人想起柏拉图原来的态度。总之，在各个方面他都处在一个新运动的开端。

完善观念在笛卡尔、斯宾诺莎和莱布尼茨的思辨理论中起过 185
很大的作用，并且直接从沃尔夫传递给鲍姆嘉通。一般说来，完善性可以界定为一种整体的性质，其中各个部分都肯定整体而没有相反的作用，因而，完善性就成为一切实在事物的一个必要条件，因为实在性就取决于与最大数量的各种条件协调一致的能力。所以，在沃尔夫那里，完善性自然只是意味着部分与整体或多样性中的统一性这种逻辑关系，鲍姆嘉通也是在这个意义上使用完善性这个术语的。因此，在他看来，美的内容只不过是我们的老朋友——多样性中的统一这个形式原则而已。当然，这个原则随时都可能采取目的论的形式。任何与感性认识的完善性相对立，也

---

① 埃德曼的著作，ii，240。

就是与感官知觉的整体中各部分的统一性相对立的东西都是丑的。

但是,从他形成抽象完善性观念的同一个传统中,他又产生了关于这种完善性来源的一种特殊的信念,从这种来源完善性才能进入感觉领域。必须看到,在他说到感觉的完善性时,我们可能说的是对完善性的感性欣赏,他这样说是完全合理的。感性内容的性质本身和在本质上就是同美学有关的内容,正像认识的性质本身和本质上就是同逻辑学有关的内容一样。主体和客体的区别与形而上学有关,但同逻辑学没有关系,同美学也没有关系。

按照莱布尼茨的看法,最高程度的完善性应当在现存的宇宙中去寻找,而其他一切可能的体系作为整体来说都是不太完善的。鲍姆嘉通继承了这一观点,实际上是把基督教的目的论意识转移到哲学中来,这样就使自然,即感官知觉容易达到的世界成为艺术的标准和模本。这就以一种离奇有趣的方式提出了关于荒诞想象的整个问题。寓言和神话的诗意世界只具有“属于另一个世界的”(heterrocosmic)真理,因而它所具有的完善性和美就低于现实的经验世界。因而,在他看来,在近代诗歌中引入异教神是完全错误的。模仿自然就是艺术的法则。

尽管他的观点在字面上同古代学说相合,但他的观点的基本
186 联系却完全是近代的。在他看来,所要模仿的自然是完善性的体现,而不是像柏拉图所说的第二性的和低等的世界。复制自然是一件崇高而又可能的任务,并不是无聊的消遣和徒劳的努力。在完善性的形式原则(多样性统一)和世界无限而具体的辉煌壮丽、多姿多彩之间存在的巨大反差,这是那条抽象原则完全把握不了

的。需要进一步地深入分析来揭示其具体内容作为那条抽象原则的发展。

后来的德国哲学对美学的态度在许多方面都受到鲍姆嘉通的启示，也许是受到他的影响。他感到艺术是思辨性认识的一种预备性学科，他又怀疑这两者是否能够共存。席勒和黑格尔似乎也有这种感觉和怀疑，尽管他们都反对这种更加明显的理智主义的偏见。这使鲍姆嘉通觉得他的主题有某种不符合哲学的真正价值的地方，为此而感到不安，但他觉得这毕竟是使哲学家与众相同地感到兴趣的东西[①]。当然，他的关于美就是感受到的完善的观点，也启发了康德关于没有明确目的的合目的性的观念。不过，康德还有另外一个重要见解，那就是美同欲求对象相区别的观点，似乎鲍姆嘉通还没有把这两者区别开来，只是一般地认为美的根本特点是认识，而不是快感。但是，一切完善性都带来快感，并引起欲望，而美却是一种完善。鲍姆嘉通或许还没有提出把艺术中对实在对象的欲望同对美本身所产生的兴趣区别开来，康德也没有非常明确地把这两者区别开来。除了在这一点上有些含糊不清以外，鲍姆嘉通把美学同逻辑学和伦理学明确地区分开来，这本身就是对哲学的一个重大贡献。他表现出来的反对“非自然的”即“虚构的”东西的偏向，启发了人们在正确方向上去探讨整个理想问题[②]。只是鲍姆嘉通对寓言有某种特殊的爱好，认为寓言是有助于掌握真理的一种虚构。这种对寓言的特殊的爱好也许影响了文

① 齐美尔曼的著作，i，159。黑格尔的《美学》，英译本序，8。

② 关于解决办法，参看《近代画家》，iii，131。

克尔曼，或者至少使他与鲍姆嘉通有同样的爱好。

对于鲍姆嘉通和康德之间的其他哲学家的观点，看来不需要
187 再加以讨论了。十八世纪后期的文化中基本的东西主要属于批判运动而不是属于思辨运动，对此我们将在下一章加以说明。康德是直接从鲍姆嘉通那里吸取了德国方面的一般哲学问题的思想，他最初的讲学习惯[①]也是按照鲍姆嘉通的简明扼要的全面论述的方法进行的。在休谟和鲍姆嘉通写出了他们的著作以后，真正具有哲学意义的阵容就完整地形成了。他们和其他作家对美学问题提出的见解，虽然为康德提供了“Æsthetica”（美学）这个术语，也许还有其他一些具体观念，但都不是康德所要解决的那个问题的根本因素。我要再说一次，这个问题按其一般形式就是，“怎样才能把感性世界和理念世界调和起来？”按其特殊的美学形式就是，“一种使人愉悦的感觉怎样能够分有理性的性质？”

在康德看来，前一个问题赋予后一个问题全部意义，而且正是按照康德的论断（它本身就回答了问题的一半）对后一个问题的具体解决才为有效地解决前一个问题铺平了道路。

---

① 埃德曼的著作，ii，238。

第九章　近代美学哲学的文献资料 188

研究范围

在上一章的开头，我们把为近代美学思想铺平道路的过程区分为：哲学方面提出的问题和批评方面提供的资料。这后一个过程就形成了本章探讨的主题。

我们知道，最广义的批评包括古典学术成果（即文献学）、考古学成果和艺术批评（即对美的事物之为美的鉴赏）成果的研究。这些运动中的每一种运动，都以其独特的形式表现了继古代世界之后的近代世界主张中固有的那种对比，这种对比把近代世界注重历史和思考的整个思想和情感的基础同古代直接的自然主义区别开来。从我们研究的目的来说，我们不必把从文艺复兴到十八世纪的古典文献学或考古学加以详尽完备的叙述。这样一种完备的叙述也可能由已故的马克·帕蒂森先生写出，那样对理解近代哲学会有极为重要的价值，但是，要作出那样的叙述就需要有除他以外很少有人具有如此广博的知识，而且会大大超出本书的全部范围。

1. 古典文献学

我只想回顾一下上面提到的那位作家指出的文献学史上的两

个重要人物。

(1) 约瑟夫·斯卡利格

约瑟夫·斯卡利格[①]于 1583 年出版了《论时代的改进》一书。“这是第一次尝试运用近代天文学知识为历史的编年学奠定科学基础”。这次尝试直接导致他的《时代的宝藏》(1606 年)一书的出版，“在这本书里[②]，一切遗存的希腊文或拉丁文的编年资料都被收录进来，按次序加以排列，恢复原来的面貌，使人便于理解。”

189 这一伟大的工程完全包含了“普遍的世界史”概念，打破了当时被认为绝对不可逾越的古典世界和圣经世界之间的界限，并且把古典世界以外的世界也包括到历史研究的问题之中，对我们来说，这一成就的重要性倒不在于它的伟大观念产生的实际效果——因为，这种观念看来在十七、十八两个世纪中并没有产生结果——而是在于它证明了到十七世纪初文明世界所拥有的古代遗留的资料已经达到足以提示人们理解整个古代文明的丰富程度。

(2) 沃尔夫

大约二百年以后[③]，在 1786 年，沃尔夫“劝说哈尔大学的校长开设一个专门培训古典学术教师的文献学研讨班”。在主持这个

① 马克·帕蒂森的论文集，i，162。

② 同上书，162。

③ 同上书，363。

研讨班的时候①，沃尔夫发展了他对文献学的观念。早在二十年前，他就在哥廷根大学的入学考试登记簿中要求作为文献学研究者登记入学，但在当时，哥廷根大学像其他大学一样，还没有这种得到承认的学科。

他认为，文献学现在已经能够成为一门独立的学科了。古代语言②不再是法律或神学的单纯的入门的阶梯，也不能再把它们看作是积聚全部知识的仓库。文献学的目的也不限于这些。它实在就是对表现于古代的人性的认识。这就是说，古典学术遗产在很长时间一直被看成是近代欧洲浪漫主义生活中的外来因素，它有价值还是没有价值，都是神秘莫测的。现在它已经得到很好的掌握，人们已经认识到它所处理的材料清清楚楚地表达了与我们的发展过程相同的人性，虽然我们有自己的表现和自我表达的方

式。1795 年发表的《荷马引论》说明了“荷马③并不是单纯按照艺 190

术和规则创作的一个诗人，而是一个代表洋溢着诗歌天才和本性的黄金时代的名称。”在这个时代以前，十八世纪的固定观念就一直在朝着这个方向不断瓦解。人们对民间诗歌的兴趣日益上升。奥森和珀西的遗著引起了德国诗人和文学家的共鸣。从高特雪特到歌德，整个狭义的批判运动——艺术批判——都有相同的倾向，

---

① 这是一种教学制度。按照这种制度，准备当教师的人在督察员的监视下进行讲授——在这个例子里，就是由沃尔夫讲授。关于这一制度的起源和古代情况，见哈齐(Hatch)的《希尔伯特讲演集》。他认为我们的“讲师”(“prœlector”)一词就源于这种制度。

② 同上书。

③ 参看孟罗(D. B. Monro)所写的“荷马”(“Homer”)条目，大英百科全书。

我们在下面要加以论述。更具体地说，译成德语的英国作品[①]指出了荷马的“自然主义”，并指出他有可能是不借助于书写进行诗歌创作的。因此，当沃尔夫开创性地提出他对文献学的深刻见解并说明自然的叙事诗和人造的叙事诗之间的差别时，按照古典作品与一定的生活状况最深刻的关系来理解古典作品的时机显然是成熟了，而作为这样理解的对象，古代艺术和诗歌作品也就成为审美哲学的材料了。值得注意的是，沃尔夫取得各次重大成就都是在 1790 年到 1800 年这十年期间或者接近于这十年，在这极为重要的十年中，由于各种影响以前所未有的方式集中起来，因而在本质上决定了近代美学的未来形式，同时也决定了近代客观唯心论的未来形式。

2. 考古学

具有更高精神的考古学和沃尔夫所界定的文献学是一样的。事实上，他就把古代造型艺术作品的研究和阐释包括在文献学这门科学中。另一方面，文克尔曼这样的学者的著作中与我们的主题有直接关系的部分却带有近似哲学的性质，应当放在艺术批判的名目下而不是考古学的名目下加以论述。在这一节，我的目的只是要指出与近代研究者发现了古代的重要遗存的这个期间有关的、在我看来很有意义的一两件明确的事实。我还没有碰到任何有介绍这方面情况的简明扼要的材料，比如一位研究古代造型艺

① 参看孟罗(D. B. Monro)所写的“荷马”条目，大英百科全书。

术的历史学家，如果能够用简短的文字把这方面的材料汇集在一
起，我以为那对文化史将会有极大的意义和价值。我自己在这方
面的知识十分贫乏，但还是举出一些事实，比完全没有要略胜 191
一筹。

(1) 意大利国土上的早期发现

我们曾经指出，文艺复兴流传下来的古典传统的性质有一个奇怪的外部特征，那就是，文艺复兴早期发现的都是年代较晚的艺术作品①。《好景厅的阿波罗》是十五世纪在安提乌姆发现的，这大概是公元前三世纪的一座美丽雕塑的罗马复制品。《拉奥孔》是1506年在罗马发现的，大概是公元前二世纪罗得岛学派的一个原创品。米开朗基罗见过这座雕像，还试图复原雕像中父亲的右臂。《好景厅的赫拉克勒斯半身像》是大约同一个时期在罗马发现的，并且受到米开朗基罗和文克尔曼的热烈赞扬，这是在公元前一世纪由阿波罗尼奥斯创作的。《狄耳刻群像》是1525年在卡拉卡拉浴场发现的。它也是《拉奥孔》所属的同一学派的原创作品。《佛罗伦萨的尼奥伯群像》是1583年在罗马发现的，这是第二个希腊雕塑时期的一件非常优美的原创作品的罗马摹本（除了佛罗伦萨的那个摹本，还有各种更好的局部摹本存在）。我不知道在十七世纪中叶以前还有任何一个近代人见过公元前五百年到前四百年之间制作的希腊雕塑作品。一百年之后，文克尔曼提到，蒙福康相信，现存的希腊雕塑作品最早也不超过罗马时期。

① 《古代艺术史》(*Gesch. d. Kunst des Altertums*)，viii，1，26。

这种发现的次序不是偶然的。这种次序一方面是来自文艺复兴的拉丁字母的次序，另一方面是来自随之发生的事实，它是在意大利国土上与古代发生直接联系的，在那里最伟大的希腊作品的原本即使有一些是由购买者和掠夺者运到那里的，但后期作品以及按照早期和后期的原作任意复制的[①]摹本在数量上当然远比这些最伟大的希腊原作要多。到后来，随着对古代传统有了更加深入的理解，人们的兴趣才转移到希腊境内的发现。

192 正像我们谈到过的文学中的古典形式的情况那样，古代的雕塑在十五世纪和十六世纪也是主要被当作艺术家的范本看待的[②]。十六世纪以后，在那种认为古代诗歌和古代造型艺术特别适宜于彼此相互印证的观点的影响之下，人们才开始进行不涉及利害关系的研究。莱辛在《拉奥孔》中论述斯宾斯和凯洛斯著作的部分，实际上就反驳了这种观点[③]。

(2) 早期的希腊游记

十七世纪后半期，正是在1687年莫罗西尼对雅典卫城进行了致命的炮轰[④]之前不久，斯庞和惠勒发表了他们在希腊旅行的游

① 如果我们把希腊—罗马时代的《卡里亚蒂德》同大英博物馆里收藏的、从雅典娜神庙转移来的《卡里亚蒂德》比较一下，我们就会看出，同一模型的不同处理之间有多么巨大的鸿沟。

② 参看《大英百科全书》中“考古学”条目。

③ 他们的著作的书名是有启示性的：斯宾斯的《多种混血儿，或关于罗马诗人作品和古代艺术家作品遗迹之间一致性的探讨》(*Polymetis, or, An Enquiry concerning the Agreement between the Works of the Roman Poets the Remains of the Ancient Artists*)，1755年出版；凯洛斯的《伊利亚特插图选》(*Tableaux tirés de l'Iliade*)。

④ 穆里的《希腊雕塑史》，ii，21。

记，同时，法国大使派到波特去的一位法国艺术家卡里对帕特农神庙的雕像作了速写，这要算是这些雕塑状况的最早资料。莫罗西尼似乎有某种收藏家的热情，至少他知道石像的价值。但是他的占有欲同他的军事行动一样造成了同样的破坏。因为不仅有一枚炮弹落在帕特农神庙内土耳其的火药库中，把这座建筑的中部炸毁，而且在威尼斯人占领这座城市之后，莫罗西尼还雇用了一些工人把雅典娜的马从西山墙搬走。在搬运途中，工人们却把这些马摔落在卫城的岩石上，砸得粉碎。许多石像的碎片被莫罗西尼军队的军官们拿走了，其中有些雕像后来又找回来了[①]。文克尔曼似乎并不知道卡里的绘画。不过事实上，在他看到这些雕像本身之前，这些绘画似乎也没有多大用处。

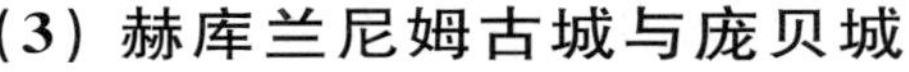

(3) 赫库兰尼姆古城与庞贝城

1709 年在赫库兰尼姆古城偶然发现了古迹，随后在 1738 年就开始发掘。1755 年以后又在庞贝城有了类似的发现并进行发掘。这些发现显著地推动了考古学的研究。文克尔曼于 1755 年 193
到达罗马，并不断地撰写文章，报告赫库兰尼姆古城发现的文物。他的著作中有关古人绘画这部分的论述就是依据所发现的文物写成的[②]。

看来，赫库兰尼姆古城和庞贝城的发掘，并没有发现那个最好时代的更多可以作为美学资料的新作品。除了相当可观的考古学

① 奥韦尔贝克的著作，i，291。

② 《古代艺术史》，第 7 卷，i，3。

知识和大批年代虽晚但颇具特色的希腊艺术作品以外，实际的收获倒在于从这次对古物新的接触中产生了对持久的生命力和完备性的感觉。特别值得注意的是，在1750年左右，美学和具有美学性质的活动都集中于英国、法国和德国，而且就在这一年，我们说过鲍姆嘉通给美学这门科学命名，之所以有这种情况，赫库兰尼姆古城的发现一定是其中的原因之一[①]。这种兴趣并不限于欧洲大陆。文克尔曼当时对许多艺术作品在近代遭到破坏和修复不当颇为不满[②]。在他感到不满的事情中，有一件就是在他旅居罗马之前不久和他在罗马期间，有许多珍贵的文物被运到英国去了，“在那里，就像普林尼所说的那样，它们被放到偏远的乡间宅第。”在文克尔曼自己看来，在他那个时代，罗马除了当时在罗马梅蒂奇别墅的（佛罗伦萨的）尼奥伯群像和在阿尔巴尼别墅的一个“九掌高”[③]的帕拉斯像以外，就没有什么具有希腊雕塑的崇高雄伟风格的文物了。

（4）希腊本土

从1751年以后，英国人的主要精力就放在发掘希腊本土的历史古迹上了。从那时起到本世纪初，许多勘探家[④]进行发掘，发表

① 《古代艺术史》，导论。

② 应该指出的是，兴趣往往能够创造它自己的材料。有一位王公想要寻找大理石块来为他的新的宅第制造石膏，当时有一些农民对他说，他们知道什么地方有大批石块（这就是波西蒂的埃尔布弗亲王于1709年所发生的事）。不过，这样的事情并不是在任何时期都能引起对被掩埋的城市的科学发掘的。

③ 《古代艺术史》，8，ii，4，并参看本书后面第333页。

④ 斯图尔特和雷维尔以及艺术爱好者协会（建立于1734年）派去的勘探人员在这个时期一直在不断地发表速写和描述文字。

材料，这些活动无疑标志着并增强了人们日益高涨的兴趣，这才有可能使埃尔金伯爵想到将帕特农神庙的大理石雕像转移到英国去并把这个想法付诸实施（1812 年）。大约直到这个时候，艾伊纳岛的山墙雕塑和菲加雷亚的饰带才被发掘出来并分别运到德国和英 194
国。至于十九世纪后期的发掘及其辉煌的成果，目前我们还不用去讨论。然而，十分有趣的是，谈到文克尔曼的一个愿望，这个愿望后来由他的同胞出色地完成了。他这样写道[①]："在结束本章时，我不禁想起要表达的一个有关扩大我们对希腊艺术以及希腊学术和历史认识的愿望。我们这个愿望就是想到希腊去旅游一趟，不是到许多人已经访问过的地方，而是到伊利斯这个至今还没有任何学者或擅长艺术的人深入考察过的地方……伊利斯地区的一个小城比萨是举行奥林匹克运动会的地方。就艺术作品来说，整个拉塞迪蒙地区岂能与比萨相比？我深信，在这个地方会取得难以想象的伟大成果，只要仔细地勘探这块土地，一定会使艺术大放异彩。"

黑格尔在写他的美学讲演（写到 1828 年）时，至少从十九世纪初的一些发现中受益匪浅。他充分利用了关于艾伊纳岛的山墙雕塑的一段描写[②]。这段文字发表于 1817 年，并有谢林的注释。他至少是通过传闻了解埃尔金大理石雕刻品，大概还从希尔特[③]和迈约[④]二人的作品中了解了许多东西。这两人都是歌德同时代

① 《古代艺术史》，8，iii，20。

② 黑格尔，《美学》，ii，382 和 458。

③ 《古代造型艺术史》，1833 年。

④ 同上书，1824 年—1836 年。

人，都是艺术史学家。

希尔特在他的《古代造型艺术史》(*Geschichte d. Bildenden Kunste bei den Alten*)的序言中谈到，从他在《季节女神》(*Horen*)杂志上发表论文(1797年)时起，他一直密切关注着考古学知识的进展，在他一生当中，搜集到大量的材料，而且照他的判断，有关实际历史遗迹的研究扩充以后，一定会对美学理论产生重大影响。由于这段文字说明了仅仅通过经验和欣赏的深入和扩大就使美的观念得到自然发展，所以我们在这里值得加以详细地引证。

"没有哪一个时代[①]像我们最近五十年(注：作者写于1833年)
195 这样地生气蓬勃，这样幸运有加，因为在这个时代，发现、增加了新的材料，到处都有大批珍藏品可供研究者利用。

埃及及其相邻的国家和尼罗河上游开放了。同样，巴比伦、波斯、叙利亚和小亚细亚也开放了。人们一再地在希腊进行发掘，它最重要的雕塑作品都被运到欧洲的多家博物馆去了。各方面都更加热衷于发掘意大利的古迹。不仅西西里岛和大希腊地区的陵墓交出了它们的藏物，而且长期不为人知的埃特鲁里亚也交出了它的藏物。另外，请再想一想塞利努斯的柱间壁和最近一段时间(法国勘探队)在奥林匹亚发掘出来的稀世雕塑珍品吧！在维苏威火山区人们仍在发掘埋在地下的城市，并获得丰硕的收获，此外，还有罗马以及近郊也有挖不尽的矿坑。即使比较偏远的地区，如黑海沿岸、法国、西班牙和德国，也对这批材料有所贡献……因此，(由于希尔特在罗马的研究)我的看法就同我的前辈文克尔曼和莱

① 希尔特，《古代造型艺术史》，序言。

辛发生冲突，也同我的同代人赫尔德和歌德发生冲突。他们认为，客观美是古代艺术的原则。相反，我却提醒人们注意这些伟大而不朽的作品，用一望而知的可见证据证明这些不朽作品表现了各种各样的形态姿容，既有最美的，也有最普通的，亦有最丑的，而表情的再现总是要符合性格和动机。因此，我认为古代艺术的原则不是客观美和表情的柔和（Milderung），而只是富于个性的意蕴，即特征①，无论它所涉及的是神和英雄的理想形象，还是任何平凡卑贱或普通的对象。”

希尔特认为，帕特农神庙柱间壁上的半人半马像的性格刻画同表现同一主题的后期作品相比是十分软弱无力的。另一方面，他又认为，帕特农神庙的山墙雕塑不是五世纪的作品。由于这些雕塑品在处理手法上十分柔弱（Weichheit），因而他认为这些雕塑是四世纪的作品。因为在他看来，四世纪是希腊雕塑取得最高成

就的时代。而在我们看来，这一判断显得离奇而古怪。这自然是 196
从希尔特的中间性的理论观点产生的，这种理论观点虽然与他的前辈相比是一种进步，但它本身却是站不住脚的。因为希尔特同文克尔曼等人一样，都承认美和表现力之间的对比，所以他认为艺术的本质不在于美，而在于表现力。按照这一对比，艺术的本质就归结为某种确定的个性行动或情绪的显现。当然，这样一种表现力在后期的艺术中要比在伯里克利时代的艺术中更容易找到。由于希尔特根本没有按照表现力来分析“客观美”，因而，根据他的理

① 人们认为希尔特是歌德的《收藏家和他的伙伴们》（*Sammler u. die Seinigen*）中所说的“特征主义者”。

论，他就不能不选择那些真正表现了衰颓时期开始的历史遗迹当作艺术，并且离开它们真正的背景，并把最伟大时代的作品都归入这个后期。在最伟大时代的这些作品中，它们的潜在于“客观美”中的表现力已经部分地冲破了它的严格的自我限制。不过，由于希尔特的理论和见解提出了与美的观念相对比并使之摆脱抽象性的观念，因而具有极为重要的价值。就像在1780年至1800年之间的施莱格尔兄弟等人的浪漫主义反叛那样，希尔特的理论和见解的确能够说明我力图描述的观念世界中材料实际增长的情况。

应当指出，在古代雕塑和建筑的知识得到这样大的扩展之前，钱币和宝石在考古学中曾经起过非常大的作用。钱币和宝石比体积较大的造型艺术作品要更容易搜集。佛罗伦萨的斯托施男爵就进行了这样一种搜集工作。文克尔曼曾花了九个月的时间来为这批珍品编制目录。莱辛在《古代人怎样描写死亡》(*How the Ancients Portrayed Death*)这篇美丽的短文中所提出的证据，主要就是宝石。大家都知道，在伟大的五世纪，珠宝业(由于与诙谐短诗的写作有奇妙的相似之处[①])在雅典并不十分活跃。在这里我们又看到，人们之所以对考古学感兴趣首先在于后期艺术而不是早期艺术，这也是出于同样的原因。

我认为，我们对于文艺复兴时期和康德时期之间在搜集考古学的材料方面作出的进展和增长的知识对艺术理论的促进作用都
197 已经作了不少的论述。下面我们需要谈一谈在这同一时期文学艺术批评的进展情况。

---

① 参看本书前面第119页。

3. 艺术批评

为了这个目的，艺术批评一方面必须包括艺术鉴赏史，另一方面又要包括那些不受一般思辨兴趣指导的有关美的问题见解。像我们在前面说过的那样，实际上，我们只有把那些在哲学上知名而不是由于对美的见解而知名的作家们的观点从本节中排除出去，才能在这种抽象的批评和哲学本身之间划出一条界限。

（1）高乃依

我们说过，锡德尼的艺术批评和莎士比亚的戏剧的结构都从根本上受到来自古典传统的影响，并且是反对中世纪流传下来的早期戏剧没有明确形式结构的传统的。与此相似，法国十七世纪的戏剧也是反对西班牙的影响的，只是结局不够圆满。由马莱伯发起的这种反传统活动在高乃依（1606—1684）后期的剧本和戏剧理论中达到第一次高潮。我们所关注的主要是高乃依的理论。

高乃依在舞台工作了五十年之后[①]，在晚年写了三篇戏剧论文：《论剧体诗的效用及其各部分》《论悲剧》和《论三一律》。用最后一篇论文的话来说，写这三篇论文的目的就是“使古老的规则与近代的意趣相适应”。这句话同莱辛的传记作者谈到他写《汉堡剧评》的目的时说的“把浪漫主义诗歌的观念同美的古典观念调和起

① 《论剧体诗的效用及其各部分》。

来”[①]这句话非常相似。然而，在高乃依看来，规则乃是具有无可置疑的权威性的规定。他似乎并不知道他在应用这些规则时所作的改变实际上就是根据它们的效用进行判断的第一步。“如有可能，我们必须适应古老规则，并使之为我们所用”[②]。他接着说，那些试图解释亚里士多德和贺拉斯的人都是一些没有舞台经验的学
198 者，因而不能充分阐明他们二人的本来意义。他自己则倾向于按照他的舞台经验来进行解释。

读过高乃依的《论剧体诗的效用及其各个部分》和莱辛的《汉堡剧评》的人都会发现，高乃依的思想氛围和莱辛常常针对高乃依而发的思想氛围颇为相似。两人都想要从根基上建立起民族的戏剧。他们两人都相信，实现这一任务的方法是正确地理解亚里士多德的规则。高乃依提出的思想和表现方法往往也在莱辛那里出现。当然，莱辛的治学风格同高乃依的治学风格比较起来，就像阿姆斯特朗的大炮同弓箭相比一样。高乃依几乎只是自鸣得意地谈到自己的剧本，而莱辛则顾及古代和近代戏剧的整个范围。高乃依把他认为是亚里士多德的规定当作可以根据自己的经验加以发挥的基础。莱辛则认为，高乃依所维护的所谓规定至少是没有价值的，而他的所谓发挥其实并没有领会到亚里士多德观点的深刻性。

高乃依把亚里士多德在《诗学》中关于“净化”的一段著名论述的意思解释为，悲剧所激起的怜悯和恐惧可能会使我们避免

① 丹泽尔著，《莱辛的生平》，ii，193。

② 《论剧体诗的效用及其各部分》。

导致剧中人物的不幸的激情[①]，他还认为，亚里士多德所设想的怜悯和恐惧并不是必然和同一原因的情绪交织在一起的，相反，完全有可能有恐惧而无怜悯。毫无疑问，高乃依这两种见解很容易成为莱辛满怀胜利信心的批评[②]的牺牲品。然而，他们两人毕竟是同行。在某些方面，今天的读者不能不感到莱辛把高乃依的困难看得太简单了，因为他从来不承认亚里士多德会有疏忽的情况。

例如，我们说过[③]，在《诗学》的论述中，亚里士多德拒绝承认会遇到悲剧冲突引起的震惊。他不承认一个彻底的好人的毁灭可以成为悲剧合适的主题。高乃依反对这种限制，也反对不允许一个彻底的坏人可以成为悲剧主题的限制。我想，他的本能反应是正确的，不过他的论据是没有说服力的。莱辛根据其中的一项限 199
制责难[④]魏塞的理查三世——就我所知，他还没有把他的观点具体运用到莎士比亚的同一主题的戏剧上——并且还为另一项限制进行辩护说[⑤]，没有过错的人会陷入不幸，这是一个极其可怕的观念。异教徒尚且尽可能远离这种可怕的思想，我们还能抱有这种思想并且喜爱肯定这种思想的戏剧吗？宗教和理性都应当使我们确信，这种思想同亵渎神明一样是不真实的吗？在这一切方面，莱辛都是他那个世纪中“还没有被歌德解放出来的孩子”[⑥]。我只是

① 《论悲剧》。

② 《汉堡剧评》，ii，lxxxi。

③ 参看本书第25页。

④ 《汉堡剧评》，ii，lxxxii。

⑤ 同上书，i。

⑥ 伯奈斯著作。

要指出，从高乃依到莱辛之间的各个方面的继承性是多么密切，但根本没有任何前进。我不能不再一次想到，高乃依对亚里士多德所说的悲剧的教育意义应该是劝人为善的批评是他的最重要的见解[①]。

莱辛的戏剧作品也表现出他和高乃依有同样的联系。他的特征刻画也同样是抽象的和类型化的，而不是个性化的。他同样遵从“以一天为限”的规则[②]和地点相对统一的规则（他对地点统一的解释和高乃依的解释大致相同）。他也同样有细腻的情绪描写，这一特点可以使莱辛同洛佩·德·维加[③]相比，但似乎更能说明他同高乃依的直接联系。改革者通常总是深受他感到需要改革的事物的影响，法国的十七世纪对莱辛时代有如此强烈的影响，这是值得注意的。

我们说过，高乃依不可能依据他设想的古典形式的规则进行推论。他对于“一天为限”的时间统一的态度是值得注意的，因为他为之进行辩护不是依据形式对称的理由，而是模仿性的现实主义的理由。“许多人大肆攻击这一规则，说它专横无理。如果这个规则只是凭借亚里士多德的权威，那么他们的责难就是完全可接受的。然而那条规则却是以一条公理为依据的，我们则不能不承

---

① 参看《汉堡剧评》，ii，lxxxiii。

② 《明娜·冯·巴尔赫姆》（*Minna v. Barnhelm*）和《伊米莉亚·嘉洛蒂》（*Emilia Galotti*）这两部戏剧都在一开头就指明时间是早晨以便使一切事件都在入夜以前进行。我认为这决不是偶然的。

③ 丹泽尔著，《莱辛的生平》，ii，113。

认这条公理。"[①]高乃依把他的这条"公理"陈述如下:戏剧是对自  200
然的模仿或描绘。它与自然越相似,便越完美。现在"虽然演出只有两个小时,但如果其中的情节无添油加醋就十分真实的话,那么它也可以是十分逼真的。"因此,我们还应记得,在《熙德》中,不幸的主人公在一天晚上进行一次决斗,当天夜里又要忙于击退敌人的夜袭,第二天一早第一件事就是再去进行一场决斗,虽然国王提出了合理的忠告,想把这场决斗推迟到次日凌晨。但是,我想,由于舞台上演出规定的"一天"时间即将结束,国王也只能让主人公有一两个小时的休息时间。

在这里,毫无疑问,高乃依完全错误地解释了他自己的理由。我们知道,对于模仿法则或描绘法则,亚里士多德的理解要比这深刻得多。经验表明,我们不能把日常生活中的两个小时不折不扣地照搬到舞台上,甚至连小说中的对话也要加以紧缩,只留下主要内容。舞台上一封信可以在几秒钟之内写成。舞台上一场舞会从客人到达至客人离开,或许只占一个小时。舞台上的宴会只是实际宴会的一个样品或缩影。我想,对于戏剧来说,各部分的尺度按比例缩减就像对于绘画一样是必不可少的。不过,无疑还存在像高乃依所说的那样的更进一步的困难:戏剧中某一点上的时间间隔之大可能会使缩减完全不成比例。根本的原则必须是避免使观众的想象力感到震惊。这一点他也提到了,而且还提出建议,例

① 《论三一律》,值得注意的是,莱辛在对亚里士多德和高乃依的长篇论述的开头有一句引人注目的话,这句话似乎就受到这段文字的启发。莱辛当时一定看到过这段话。他的这句话就是:"我不久将了结亚里士多德的权威,如果我知道其所以如此的原因所在。"

如，大的时间间隔应该放在两幕之间，还应避免作关于时间的说明。

我认为，无论高乃依的实践和理论会对法国和德国的戏剧产生多么有害的影响，毫无疑问的是，它们最终引起了人们特别是莱辛注意到古代的规则和近代的浪漫主义风格之间的对比，这正是朝着两者之间的生气蓬勃的配合真正迈进了一步。无论如何，高
201 乃依的实践和理论向我们表明了莱辛出生时的美学背景中的一个重要因素。

(2) 丰特奈尔和伏尔泰

为了更完整地了解这样产生的传统的力量和人们对传统的满足感，我们可以看一看丰特奈尔(1657－1757)所写的高乃依的传记①。只要短短地引证一段就行了：

“于是，人们重新研究古人的剧本，开始隐约感到其中可能的法则。”“诗剧的法则最初不为人所知，而且受人轻视，经过若干时日，就遭到反对，然后再有条件地勉强地被人接受，最后竟成为统治舞台的法则。可是它们的帝国确立的时代，严格说来，只属于《西拿》的时代”(1640年)。我们还可以从高乃依的《论剧体诗的效用及其各部分》中再引用一段话：“必须遵守三一律：情节、地点和时间的统一，谁也不怀疑这一点。”伏尔泰对这段话作了这样的注释：“对于这一点，高乃依时代的人是非常怀疑的。正因为怀疑，英国人和西班牙人都不知道有这个规则，只有意大利人遵守它。

① 《高乃依全集》，第1卷。

在法国，迈勒斯（1604—1688）的《索芳尼斯布》（*Sophonisbe*）是最早体现三一律的剧本。才华出众、才智超群的拉蒙特是一个充满矛盾的人。他当时就写过反对三一律的文章；不过，这种文学上的异端主张运气并不佳。”

丰特奈尔和伏尔泰的这些话表明，法国的戏剧传统从十七世纪到十八世纪末是连续不断的。我之所以要特别地利用这个机会介绍伏尔泰的名字，因为伏尔泰的批评和戏剧活动，由于他同腓特烈大帝的关系，在德国的影响是深入人心的，而莱辛认为伏尔泰的批评和戏剧活动正是他所要抨击的对象。高乃依说过，关于亚里士多德的“净化”理论，当时就有十二种流行的解释[1]。从他的这句话就可以看出，法国批评运动是多么活跃。在结束这段关于法国批评运动的广阔领域的简短的介绍时，我要引用莱辛对整个这种戏剧和批评运动的一段生动有趣的论断。

“法国人发生的情况也正好和高特雪特的情况一样[2]（高特雪特是莱辛在德国的先驱。莱辛把继承的两种运动汇聚到一起，对两者进行了有趣的对比）。高乃依把他们的戏剧仅仅提高 202
得超过野蛮状态一点点，他们就以为自己的戏剧差不多是绝对完美的了。在他们看来，拉辛就已经使戏剧达到完美无缺的地步了，因此，就没有人提出是否还有哪一位悲剧诗人比高乃依和拉辛更富激情、更感人至深的问题。他们认为这是根本不可能

① 《论悲剧》，开头。

② 《汉堡剧评》，ii，lxxxi。

的。所以，后代诗人的希望就只限于尽可能与他们两人中的一个保持相同的见地。一百年来，他们欺骗了自己，也在某种程度上欺骗了邻国人。但是，谁要是告诉他们真实的情况，看他们会说什么！”

在这两个人当中，高乃依对本国的悲剧诗人造成的损害最大，使他们受到严重的影响。因为莱辛只是用实例来误导他们，而高乃依除了用实例以外，还提出规范和法则来误导他们。

(3) 英国著作家

英国的研究美和艺术的著作家们为美学资料提供了另一套材料。这些著作家中，同严格意义上的哲学家相区别的主要人物是伯克、凯姆斯勋爵、荷加斯和雷诺兹。对德国的运动发挥了显著影响的是前三位著作家，后一位著作家的重要作用在于他维护了一种特殊意义的特征观念，这种特征介于美和表现之间，在某种程度上成为《近代画家》作者的出发点。

这四位著作家的著作基本上都是在鲍姆嘉通最初发表的《美学》(*Æsthetic*)的一部分(1750 年)之后十年中问世的。荷加斯于 1753 年在英国发表了《美的分析》(*Analysis of Beauty*)，一两年之后，米利乌斯将它译成了德文，并由莱辛为之作序。伯克的《论崇高与美》(*Essay on the Sublime and Beautiful*)首次发表于 1756 年，1757 年发表了全本第二版，莱辛用了很长时间翻译这部著作。雷诺兹于 1758 年至 1759 年发表于《闲散者》(*Idler*)杂志上的文章，就我所知，当时在德国还无人知晓。凯姆斯勋爵(亨利·霍姆)于 1761 年发表的《批评要素》(*Elements of Criticism*)，由迈

因哈特译成德文,得到莱辛的热烈赞许[①]。

我们可以把莱辛在 1758 年的一封信中对伯克的评语用到所 203
有这些著作上,大体上也是不错的:“虽然作者提出的原则价值并不十分大,但其著作仍然是异常有用的,因为所有那些被哲学家们认为是属于这种研究的无可置疑的情况和感性材料,书中都收集得一应俱全。他把所有这些材料整合在一起,构成一个完善的系统,对这个系统你(指门德尔松)是最有资格加以利用的。”[②]

由于伯克和凯姆斯勋爵有很多共同之处,所以我们可以把他们合在一起加以论述。然后再把另外两位艺术家合在一起论述,因为他们的观点构成了相互补充的对立面。

i. 伯克和凯姆斯勋爵

伯克和凯姆斯勋爵有一个彼此一致的基本点,标志着他们明确地倾向于一种新的出发点,这就是伯克异想天开地提出的一个新论点,认为自然发生的任何情绪,即使是痛苦性质的情绪,例如恐怖情绪或同情性悲痛情绪,就其本身都是令人愉快的[③],或者如凯姆斯勋爵十分明确地陈述的那样,一种痛苦的情绪,如果不是异常地强烈,回想起来也是感到快慰的。这一观点引出了重要

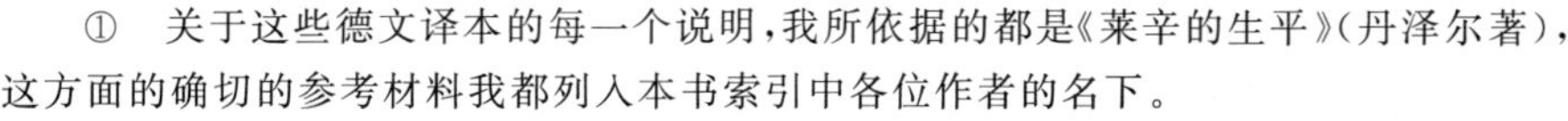

① 关于这些德文译本的每一个说明,我所依据的都是《莱辛的生平》(丹泽尔著),这方面的确切的参考材料我都列入本书索引中各位作者的名下。

② 莱辛的《生平》,i,350。

③ 伯克是把愉快和快感区别开来的。关于正文中提到的那个理论,请参看《论崇高与美》第 14 节及凯姆斯勋爵的《批评要素》,i,97。

的成果。

a）伯克的净化论

在伯克的著作中，这一观点造成了“对纯洁的感官进行必要的锻炼”[①]的理论。按照这种理论，这些情绪（痛苦和恐怖）“清除了感官中危险的、令人厌烦的障碍物，因而能够引起愉快。”这种说法显然同后来对亚里士多德的净化（καθαρσζ）的解释颇有相似之处，而且使这种解释成为可能。

b）崇高与丑具有相近的关系

伯克还有一个极为大胆的观点，把崇高看作是在美之外与美无关的东西。事实上，在伯克看来，崇高与美的联系完全消解了。他把崇高看成是与痛苦和危险相关的观念[②]。这些观念能够引起最强烈的情绪，按照伯克的奇特说法，是与自我保存的原则相联系的。而美则是与快感的观念相关的，这种观念是同人的社会性相

204 联系的。不过，在为理论提供新材料时，我们最好不要反过来又说它同旧的材料毫无关系。虽然伯克和凯姆斯勋爵二人都追随郎吉弩斯以及论述他的观点的近代人之后[③]，然而他们能认识到崇高和美是并列一致的，这就说明人们开始大大拓展了审美欣赏的范围。这两个对立方面的调和到后来就实现了，比如说，伯克就承认丑（虽然恰好是美的对立面[④]）同崇高是部分一致的。他承认的这

---

① 《论崇高与美》，第 7 节。

② 同上书，第一部分，第 6 节。

③ 凯姆斯勋爵提到了布瓦洛和于埃之间的一次争论，争论的题目是朗吉弩斯提到的“有光吧”那段文字是否具有崇高的风格。

④ 《论崇高与美》，第 21 节，“论丑”。

一观点是相当重要的。他发现具有崇高意义的各种性质如形状不清、强壮、宏大等性质，后来都被康德所采纳。

c）令人痛苦的现实并不是令人讨厌的

即使是痛苦的情绪也会使人感到欣慰，从这一原则出发，伯克巧妙地把一个由来已久的问题翻过来了，这个问题是“令人痛苦的现实为什么经过再现却能够使我们产生快感”①。他回答说，事实并非如此。现实的不幸和灾难并不会给观察者带来纯粹的痛苦，而是像经验所证明的那样，吸引他，迷惑他。因为如果将它作为情绪，它们会“让人感到欣慰”，虽然从内容上，我们也许可以说它们是痛苦的。假如有一个剧院正在上演一出世界上最优秀的悲剧，并且演得十分精彩，这时只要宣布剧院附近的广场上马上要处决一名头等重要的国家罪犯，全场就会立即一走而空。

在这里，我们觉得现实被当作是一种形象，也就是从它的实在 *279*
关系和实在兴趣中抽象出一种形象。因为伯克坚持认为，任何一个正常人跑去观看一场真实的灾难发生时，他都不希望自己也蒙受这种真实的灾难。这样，通过一种与柏拉图所说的相反的运动，把实在事物提高到审美形象的水平，而不是把艺术降低到有用的实在水平，我们似乎就能够获得这样的启示：如果我们不以实用兴趣去看待实在事物，就可以从审美的意义上去看待实在事物，因此，审美的气质至少部分地在于没有这种实用兴趣。只是，如果把艺术和事实仍然放在同一水平上，那么我们就不可能把美看成是
对事实的更深层次的解读。因此，伯克很清楚地知道，艺术高于自 205

① 《论崇高与美》，第14和15两节。

然的地方只是在于艺术来自模仿给我们带来的快感。

d）后来观念的先导

这两位作家的著作中还有一些具有历史意义的其他细节。凯姆斯勋爵把秀美这一品质同尊严的品质加以对比，这大概是从伯克那里得到启示[①]，这两种品质与运动有特别密切的联系，而且都是人所特有的。这些观念在后来的德国思想界产生了丰硕的成果。这些观念部分地是通过莱辛传入德国思想界的，而莱辛大概是从凯姆斯勋爵那里得到这些观念的[②]。

莱辛和凯姆斯勋爵这两位著作家在提出诗歌和绘画之间的区别方面，也做了很大贡献。在《伊利亚特》中有一段描写海伦的美貌的文字，用海伦容貌在特洛伊城长老们中间引起的反应来说明海伦的美丽。伯克引用了这段文字，并把它同《拉奥孔》中引用斯宾塞关于一个美妇人的详细描写相对照[③]。这和《拉奥孔》中所采用的手法完全一样。《拉奥孔》坚持采用的也是这一段文字。他在下面一节中指出，严格说来，诗歌并不是一种模仿性艺术。凯姆斯勋爵则进一步主张，绘画只限于描写一瞬间的事件，不可能描写一连串事件。

在伯克的著作中还可以看到许多别的重要细节。人们总是把他称之为美学中的唯物主义者，但他实际上也许更是一个形式主

① 凯姆斯的著作，i，326；参看《论崇高与美》一书中论“秀美”一节。

② 《莱辛的生平》，ii，43。席勒的《论秀美与威严》一定也是受到文克尔曼的一段话的影响。在这段话中，文克尔曼把秀美比作爱神的石榴裙（《古代艺术史》，8.2.16）。我认为，他们各自的见解都是彼此独立的，尽管凯姆斯和莱辛的思想是基本相同的。

③ 《论崇高与美》中“论词的效果”一节。参看凯姆斯的著作，87，及《拉奥孔》，S，22。

义者，意思就是说他仅仅指出某些性质当作美的不可简约的要素，而“这些性质是靠自然起作用的，比起任何其他性质来，比较不容易因主观任意而发生改变”[1]。他也像普罗提诺一样，反对[2]把美等同于比例和适合，十分正确地指出，比例本身只是一种量的关 206
系，因而“完全与心灵无关”（在判断美的时候）。这一论点的重要性在于提醒人们特别注意，并不是一切比例都构成美，因而，并不是比例本身构成美。但是为了彻底地坚持这一论点，他竟然断定，在美中并没有特别微妙的秩序。看来，他就否定了他应当加以研究的东西，并且违背了他自己提出的关于渐变或变化以及变中之变的价值的重要见解[3]。

最后，值得注意的是，凯姆斯勋爵在莱辛之前就指出了希腊戏剧中时间和地点的统一、再现的连贯性以及合唱的不间断的在场是有联系的[4]。他还把这一点当作论据，要求近代舞台要有更大的自由，而在另一方面又总是要求在一定程度上节制观众的想象力。

上面，我们用了很大篇幅来论述这两位批评家的著作的论点，我并不希望读者由此而推断我认为他们是第一流的美学思想家，也不要因为我不断地指出莱辛从他们那里得益甚多就推断我想要

---

① 《论崇高与美》，第 18 节。莱辛建议演员要研究激情的形体效果，他依据的理由是，如果能够很好地模仿这些形体效果，就能够引起那种激情。这样，他就把伯克著作中最富唯物主义色彩的见解重新提出来，不过，他并没有把它当作根本的美学原则。参看《论崇高与美》中“痛苦和恐怖的成因”一节并与《汉堡剧评》，1，iii 相比较。我认为，近代心理学倾向于支持这一见解。

② 《论崇高与美》，第三编，ii—vi。

③ 同上书，“变化，为什么美？”

④ 《批评要素》，2，第 23 章，“三一律”。

贬低莱辛的杰出地位。就占用篇幅来说，列举各种具体细节——我还只是列举了一小部分值得一提的事实——所用的篇幅必然要比陈述一个单独的具有首要意义的哲学理论的篇幅多。但是在论述历史时，我们必须要涉及具体细节，至少在我看来，在一个伟大思想家的著作中，集中了各个方面影响的缩影，这是一个哲学史学者所能遇到的最有吸引力的问题之一。莱辛自己也深知他的创造才能得益于他的学识，特别是他同英国思想界的共同意趣，而且他熟悉英国文学，因而得到他的热情推荐[①]。

ii. 荷加斯

我们在前面说过，荷加斯的《美的分析》的发表比伯克的《关于崇高与美概念起源的哲学探讨》(*A Philosophical Enquiry into the Origin of Our Ideas of the Sublime and Beautiful*)早三年。伯克在后一著作的第三编第14节中提到了荷加斯，对他的“美的
207 路线”表示赞赏。1754年，莱辛在《伏斯时代报》(*Vossische Zeitung*)上对荷加斯的《美的分析》表示热烈的欢迎[②]。为了方便起见，我们在谈到莱辛对他的欣赏时，顺便说明一下荷加斯的著作。莱辛在1754年发表的评论中(当时莱辛只有25岁)对荷加斯

---

① 《莱辛的生平》，ii，5。

② 同上书，ii，22。夏斯勒一定是由于受某种印刷错误所惑，误以为荷加斯的著作是在1763年发表的，也就是在《关于崇高与美概念起源的哲学探讨》之后发表。他为什么改换自己所说的日期，把伯克的《探讨》放在凯姆斯的《批评要素》之后，我真想象不出。

的见解表示欢迎，认为这些见解对整个艺术材料提供了新的阐释，认为这个系统的学说足以澄清人们关于什么是令人愉悦的各种矛盾的看法，足以消除"人各有所好"这一陈腐的格言，而且"很可能使美这个词不仅一直用来表示感觉，而且也同样用来表示思想"。但是，莱辛在后来给荷加斯著作的德译本写的序言中，又明白地指出了荷加斯见解中的难点，也就是根据什么一般的理由来确定构成美的线条弯曲的程度和种类的问题。因为荷加斯[①]"在他的第一图中描绘了好几条波状线。他认为其中只有一条称得上是美的，也就是那条曲率既不太大、又不太小的曲线。"莱辛有一种想法，认为通过数学研究可以解决这个困难，而荷加斯本人除了举出几个未加分析的例子以外，却没有找到解决这个问题的答案。荷加斯所提出的想法据说是从米开朗基罗所说的一句话得到启发的。在这里，我们应该按照一贯采取的观点，把荷加斯本人苦心研究而没有弄清的这个问题中的两个要素区分开来。如果问题是，作为一个简单的几何图形，一种线条是不是比其他线条更美，那么这个问题是一个合理的问题，而且只要排除了暗示性描写效果，这个问题可以在一定限度内得到回答。从这一观点来看，把荷加斯关于波状线和螺旋线的看法同柏拉图关于直线或圆形是最美的图形的看法加以比较，倒是很有意义的[②]。因为在这里，我们把古代的和近代的对立又简化为古代的或形式的理论。就荷加斯的总的观念来说，他仍然认为美就在于"多中之一"，但是，他又认为比较

---

① 所引为莱辛语，参看《莱辛的生平》，223，注。

② 参看本书前面第 45 页。

208 重要的方面不在于统一的因素，而在于“错综复杂”和“多样性的连续”。他甚至用纯装饰图案设计来支持他的这种看法，绘声绘色地描写了“条状的和带状的装饰”给他带来的快感，并把这比作看了一场乡村舞蹈。

这种纯装饰没有非常复杂的再现性的暗示，的确属于纯形式美或纯几何美的范围。如果他力求在这个比较抽象的领域运用他的理论，他本可以为美学探讨奠定坚实的分析基础。事实上，在十八世纪的著作家当中，研究装饰这一重要的艺术部门的只有他一人。其他人对这一艺术部门甚至连提都没有提起过。而这一艺术部门则以最简单的、最一般的形式提出了有关美的各种问题。

但是，荷加斯同时又着手去研究一切美学问题中最复杂的问题——人的形体美的问题。在这种形体美中，有关性格、智慧和激情的暗示难分难解地交织在一起。因此，当他试图把形体美的丰富意义归结为任何一种形式类型或原则时，他就迷失方向了，或者更准确地说，毫无进展。他甚至没有试图去说明他的蛇形线——把一根金属线均匀地绕在一个锥体上所形成的线条——在什么限度内具有能够构成美的多样性连续。事实上，这种比较低级、比较抽象的表现形式所具有的意蕴很容易被那些同生活和性格相联系的更复杂的意蕴所超越和代替，因而，并不能证明美的形体可以由所有那些各自独立的具有最高几何美的形式所构成。

因此，荷加斯只是从造型艺术取得的对美的分析，表现了多样性统一这一最高程度的抽象原则，因而就形成了转向本世纪分析的转折点，例如到本世纪的分析中才在逐渐变化的曲线中找到一种**特有的**意义。伯克在同荷加斯的争论中，就否定了比例和适度对于说明美的重要性。一件最有趣又重要的事实就是，歌德用一个图表[1]来表现艺术家种种极端相反的特征，并且说明这些相反特征只有向中间汇聚才能形成真正的艺术，而荷加斯的波纹曲线 209
则给歌德提供了一个表示艺术家的这些极端倾向的名称。值得注意的是，荷加斯在自己的艺术实践中也追求丑的边界之外的特征。

iii. 雷诺兹

雷诺兹于1759年发表在《闲散者》上的三篇文章构成了《近代画家》中“论雄伟风格”[2]一章的出发点。决定写这三篇文章的缘由似乎更多的是要反驳荷加斯的见解。文章的头几页就对“构成秀美和美的流动线条”和“角锥形原则”[3]加以讽刺。虽然这种讽刺针对的是缺少鉴赏力的人而不是任何真正的理论，因而没有用严肃的口吻，但是，这篇文章却把一幅连自诩的鉴赏家都不屑一顾的范戴克的查理一世的画像说成是“完美地再现了人物的性格和形体”，从而为雷诺兹自己关于美的理论作了铺垫。虽然这种理论由于把我们对美的快感仅仅归于习俗，因而很容易受到罗斯金的批评，但它却指出了习俗在这一领域中力量的实际根据，而罗斯金则没有注意到这一点。“动物与植物中的每一物种，可以说都具有

① 《收藏家和他的藏品》。

② 参看第3卷，第1章。

③ 在第82期上有一段话更明显是针对荷加斯而发的：“但是，如果他偏爱其中的一种或另一种（天鹅或鸽子），想要为这种偏爱进行辩护，因此力图证明这种比较美的形式是由于一定程度的变化，曲线的一定波动或线条的一定方向……产生的，那么他最后一定会发现，伟大的大自然母亲是不会服从这种狭隘规则的。”

一种自然所连续不断地趋向的固定的或确定的形式，就像各种各样的线条都结束于中心一样。或者我们也可以把动植物的物种比作以某一点为中心、朝着不同方向来回摆动的钟摆，所有的钟摆都通过中心，但只有一个摆还通过别的点。因此，我们可以发现，自然创造的完善的美往往比创造的丑要多。”①的确，雷诺兹常常怀疑**一个物种**是不是在客观上（我们应该这样说）比另一个物种更美。但是他知道，“在**同种的**各种创造物中，美是各种形式的中间体，或者说中心”。

因此，在这里，我们看到的是一种中间性观点。物种的特征刻画一方面是同几何的形式主义相对立的，另一方面也是同个性的特征刻画相对立的，因而从历史上说，它构成了两者之间的过渡点。下面我们就会看到，即使在歌德看来，“特征”也是和种的类型有某种密切关系的，而且以一种使我们感到奇怪的方式同强化处理的个别属性相对立。很明显，自然科学的发展对于这一观点的改变起了一定的作用。雷诺兹显然认为，每一个物种的中心形式或平均形式都表现了自然的目的。我以为，如果在今天我们还能够设想自然的目的或意向有任何意义，我们就必须从力学上来解释它，并且应当认为这种目的很可能比任何现有的个性形式更早，
210 至少是多种多样的，不可能在一个单独的典型形式或中心形态得以穷尽。这种影响显然促使我们形成关于中心的实在或基本的实在的观念从物种到个体，并从“不可改变”到“变化的法则”，这种法则本身也是一种不可改变的东西。

① 《闲散者》，第82期。

最后，雷诺兹还竭力维护天才的重要地位，反对那种以荷加斯为代表的、认为批评规则具有实际重要性的倾向。这是对德国的“天才时期”的奇特的预示。荷加斯对古代形式主义加以发展，伯克承认崇高是美的补充，并反对对比例的单纯崇拜，凯姆斯勋爵把痛苦的东西归入令人愉悦的范围之中，并且希望把近代戏剧从死板的时空统一中解放出来，雷诺兹竭力把雄伟风格同装饰的形式主义分解开来，并且想按照具体的特征即正常的或中心的“自然趋向”来解释它——我们看到的这一切都体现了近代世界所面临的抽象的表现力与具体表现力的对比，这种对比纯粹是由于近代世界和古代世界相对照，特别是古代世界通过非常抽象的传统表现出来与近代世界的对照而造成的。

iv. 莱辛以前的德国著作家

在莱辛和他的同代人把这一对比加以分析并建立起富有生气的、进步的美学以前，这种古代规则和近代表现力的对比同样存在，这一对比表现为各种互相对立的要素。现在，我们需要简短地对这些情况加以探讨。

十八世纪初这个时代在德国是一个活动非常广泛而多样的时
代。在这个时代，人们热烈地欢迎来自外国的材料，如法国与英国 211
的材料，这些材料对德国的缺乏经验的天才人物产生了奇妙的多种多样的影响。我想用简短的几句话来集中描述这种生气勃勃的场景，作为展示莱辛和文克尔曼的美学成就的背景。这几段话比本书其余部分更缺乏全面的历史恰切性，只是选择同美感发展直接相关的那些主要的和有重要影响的倾向加以介绍的。

莱辛从前代人直接继承下来的两个重大的批判性问题是：α. 德国的民族戏剧同伪古典的法国戏剧文学的关系，因而也就是德国民族戏剧同被法国歪曲了的古代真正精神的关系。这是莱辛的《汉堡剧评》的基本主题。β. 严格的描绘性诗歌或绘画性诗歌作为艺术的一个种类，既标志着古典艺术的衰颓，又标志着近代人对大自然充满情感兴趣的第一次高涨的热潮。由于古代人的要求，由于误解了艺术在于模仿自然对象的传统，这种艺术形式显得似乎完全合理，因此，诗歌美和绘画美的关系就成了《拉奥孔》的主题。

在这个时代，前一个问题主要是与高特雪特的名字联系在一起的；后一个问题是和"瑞士派"或苏黎世批评家博德默和布莱丁格的诗歌和理论相联系的。我将联系这两个问题，对这两个派别在事实上作为派别的情况非常简短地加以论述。

a）高特雪特

1746年，在莱辛考入莱比锡大学时，高特雪特（1700－1766）正在那里讲课。他开的课程有两门，一门是哲学史，他用自己写的《原理》作为教科书。据说这部书原是沃尔夫的一个概要。另一门是"符合更健全的批评标准的诗歌艺术"[①]。我们在前面说过，当时的德国和法国都发生了反对完全无形式的戏剧的运动。高特雪特就是这类运动在德国的代表。他给自己提出的任务就是创造与其他国家相比毫不逊色的德国文学，特别是德国戏剧。为了达到这一目的，他凭借他在莱比锡（当时莱比锡是一个主要的文学中

① 《莱辛的生平》，i，51。

心)的全部影响,凭借他和圈内同仁极大的勤劳(创作、翻译和编刊 212
物),并且凭借他与一个重要的演员团体(纽伯尔剧团)的友谊(这个团体接受了他所规定的具有法国趣味的新剧本,普通的流动剧团也纷纷仿效,接受这种新剧本),无论是好是坏,他终于成功地扫除了十七世纪后期的充满了小丑和浮士德的粗野的民间戏剧,代之以源于法国的或以法国剧本为范本写出的、表现了当时文学界流行的古典意趣观念和古典准确性观念的剧本。他还出版了《德国舞台》(*Deutsche Schaubuhne*,1740—1745)这样一部创作和翻译的剧本汇编,作为他的事业的工具[①]。

莱辛在戏剧问题上是将希腊人和莎士比亚作为自己的向导的。因而他对法国影响打断了德国的发展,看来是多有责难的。他认为这是一个完全错误的方向。当时的一家期刊断言[②]:“没有人会否认德国舞台早期的改进大部分应归功于高特雪特教授”。而莱辛则回答说:“我就是要否认的,我要完全否认。我倒是希望高特雪特从来不干预戏剧。他的所谓改进要么是无关紧要的微小改进,要么是实际上改得更糟。”莱辛接着还说,“他的目的并不是要改进古代德国戏剧,而是要创造一种新的戏剧。这是一种什么样的新戏剧呢?噢,不过是一种法国化的戏剧,完全没有考虑到这种法国化的戏剧是不是适合于德国人的精神。”

莱辛的传记作者们极其仔细地研究过十八世纪德国的学者,他们并不赞成这种极端的看法。他们承认英国伟大的戏剧家与十

① 《大英百科全书》,“高特雪特”条目。

② 《莱辛的生平》,i,439。

七世纪的德国民间戏剧有着天然的亲缘关系，但他们认为十七世纪的德国民间戏剧本身并不能发展成为可以同英国的民族戏剧相媲美的真正的民族戏剧。相反，他们显得十分有理地认为，莱辛对于他的问题的看法是要按照亚里士多德和莎士比亚的原则建立民族戏剧，这种看法只有在高特雪特做了许多工作，使德国的戏剧初具文学形式之后，才有实现的可能[①]。

213 我们还要进一步指出，由于迫切地想要证明德国戏剧过去存在过，今后也能够存在，高特雪特希望运用一切影响来重建德国戏剧，于是他在《德国剧体诗的历史资料》(*Nöthiger Vorrath zur Geschichte der Deutschen dramatischen Dichtkunst*)上发表对过去的剧本的历史性评论文章，从而引起人们关注过去的剧本。虽然他并不赞成这些剧本的形式，但通过他和他的夫人(一位不知疲倦的女作家和翻译家)的努力，还是给德国的公众带来许多有真正价值的东西。例如，高特雪特夫人就译出了莫里哀的《愤世嫉俗者》、全套英文的《旁观者》和蒲伯的《夺发记》。

关于高特雪特在戏剧理论方面的论述，我只想从他为构造悲剧情节所制定的规则中选出一个实例来[②]。“诗人首先要选取一种道德学说，以感性的形式使读者铭记在心上。为此，他就拟定一个故事的总的轮廓，以便把道德学说的真理性显示出来。然后，他就从历史中找出一些名人，他们身上发生的事情同他的故事情节有些类似，他就借用他们的名字来称呼剧中人物，这样就使剧中人

① 《莱辛的生平》，i，103，437－438。

② 高特雪特，《批判的诗学》，引自《莱辛的生平》，i，184。

物与众不同了。”对于这段文字，莱辛评论说，如果《狂怒的赫拉克勒斯》中包含某种道德学说，那么，这种道德学说就必须是：要么美德和英雄气概只能更加激怒一位狂怒的神祇；要么是如果一个人不想受到赫拉的迫害，那么他就必须避免成为宙斯的私生子。莱辛似乎总是有些聪明过头。即使对于一个英国读者来说，如果他读过勃朗宁翻译的《狂怒的赫拉克勒斯》，尤其是读过“哪怕是一首挽歌”这段合唱的话，他也会对莱辛的批评的实质表示怀疑和反对的，正如对高特雪特规定的形式表示怀疑和反对一样。但莱辛自己却始终保持着高乃依和高特雪特的伪古典的和道德主义的传统，甚至还在某种程度上把这种传统传给歌德。而且对于高特雪特、莱辛、席勒和歌德花费了极大精力建立的德国民族戏剧事业是不是能够认为取得了彻底的成功，人们不能不表示很大的怀疑。好几位伟大人物花费了三分之二个世纪的时间才贡献给世界一部

《浮士德》。如果值得去埋怨历史过程，我们倒是可以问一问，难道 214
《浮士德》这样一部作品就足以作为他们劳动的报酬吗？我们可以说，他们的劳动成果的确很大，但并不是他们所要达到的目的。当他们争论着绘画和诗歌问题时，真正的德国民族艺术——音乐艺术——在他们背后自由自在地成长起来。他们通过深入的、坚持不懈的研究心灵的最充分表达和关于这些表达的最好的思想，其结果不是创立起德国艺术，而是德国哲学。

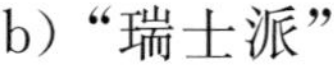
b）“瑞士派”

几乎同高特雪特完全同时代的瑞士派批评家和诗人博德默和布莱丁格以及他们的朋友和同道代表了一种与高特雪特完全相反的影响。在他们那里，两种极端的会合，古代生活和近代生活相统

一的感觉，开始以微弱和表面的形式表现出来，这是更深刻的批判和更真实的美感的一种标志，对歌德时代的来临提供了一个依稀可见的先兆。

威兰德(1733－1813)在青年时代是“瑞士派”的朋友[①]，晚年还受到歌德的讽刺。也许我们可以把他看作是衡量两个时期文化差别的一个尺度。瑞士派的批评家维护荷马、弥尔顿、阿里奥斯托[②]，反对高特雪特的伪古典主义作为一套机械的规则的成果，但在最初却宣称自己抱着非常模糊的目的。在他们的意识中，伤感主义，例如像克洛普斯塔克那样的伤感主义[③](克洛普斯塔克受到过苏黎世批评家的影响，也是他们最初所信奉的人物)是同对农民生活和浪漫风情的兴趣交织在一起的。绘画体诗歌是由于受到汤姆生的《四季诗》(布罗克[④]在 1740 年至 1750 年之间翻译了这部诗作)的启发而兴起的。这种绘画体诗歌先是在理论上受到了他们的赞扬[⑤]，接着在哈勒之后，克莱斯特和格斯纳都写过绘画体诗歌(克莱斯特的《春》发表于 1749 年，格斯纳的《田园诗》发表于 1756 年)。格斯纳是诗人又是画家。

215 在谈论考古学时，我曾经指出斯宾塞和凯洛斯的著作中表现出一种观点，认为绘画和诗歌的媒介的不同并没有使这两种艺术在范围上造成重大的区别。这种看法在莱辛以前的时代似乎是普

① 谢勒的著作，ii，41。

② 谢勒的著作，ii，24；《莱辛的生平》，ii，18。

③ 谢勒的著作，ii，31。

④ 同上书，ii，38。

⑤ 在布莱丁格的《艺术》中，见《莱辛的生平》，ii，18。

遍流行的，不过它在苏黎世派的批评和诗歌中特别明显地表现出来。据说《拉奥孔》主要是针对瑞士派的[①]，正如《汉堡剧评》主要是针对高特雪特、高乃依和伏尔泰而发的一样。对这种说法我们不必加以改变，只是要记住，文克尔曼本人最初就是瑞士派的一个追随者，实际上，在他的一篇早期作品《论希腊绘画和雕塑的模仿》(1755 年)中就说过："绘画可以和诗歌有同样宽广的范围"，因此，画家可以仿效诗人，正如音乐家可以仿效诗人一样[②]。的确，正如莱辛的传记作者所说的那样，从字面上看，《拉奥孔》的第二个题目"论诗歌与绘画的界限"非常像是受了这句话的启发。

不过，在继续往下叙述以前，我们还必须指出，瑞士派的精神和汤姆生的诗歌的影响力不是仅仅表现在有助于促使《拉奥孔》诞生那种粗浅的思想和想象上。卢梭(1712－1778)和德·索绪尔(1740－1799)也同样继承了这种精神，只是更强烈一些。卢梭和伏尔泰的对立在更高的层次上再现了布莱丁格与高特雪特的对立。卢梭才是近代浪漫的自然主义的真正开创者。为了说明卢梭除了在革命的政治方面以外的多方面的影响，看来我们有必要把阿米埃尔(他也是日内瓦人)的一段话加以引证："卢梭在一切事情上都是开前人之未发的先驱者。他在托普弗之先开创了徒步旅行之风；在勒内之前开创了崇尚沉思默想的风气；在乔治·桑之前开创了自然崇拜的风气；在 1789 年革命之前开创了民主的理论；在米拉博和勒南之前开创了政治讨论和神学讨论；在裴斯泰洛齐之

① 《莱辛的生平》。

② 同上书，ii，20。

前开创了教学科学;在德·索绪尔之前开创了描绘阿尔卑斯山风光的风气。”……“而且,再没有谁能够对十九世纪有比他更大的影响了,因为拜伦、夏多布里昂、斯塔尔夫人和乔治·桑全都是他的弟子传人。”①

216 如果卢梭是第一位自然感伤主义者,那么,德·索绪尔(他也是一个日内瓦人)就是第一位学者登山家。我们今天很难认识到,在1787年德·索绪尔和另一位旅行者登上勃朗峰之前,人们的认识和感受是多么空虚,看来,在此之前,从没有人登上过这座山峰。读过《近代画家》②的人都知道,德·索绪尔以他独特的钟爱之情对阿尔卑斯山的美进行了深入的研究。他这种独特的研究风格在近代人对阿尔卑斯山的美的感觉中留下了深刻有力的印象。这种研究风格要求科学精神和艺术精神的协调一致,而且这种研究风格也是我们在仔细观察时对山脉构造的独特规律和本质产生共鸣而感到特别愉快的根源所在。

v. 莱辛

我相信,在美学上,应该把莱辛放在文克尔曼之前加以论述,而不是像夏斯勒那样采取相反的次序。仅仅根据他们的生卒时间和他们的著作发表日期并不能决定这种论述的次序。的确,文克尔曼出生的年代比莱辛早十二年,他遇刺身亡的时间也在莱辛逝

---

① 阿米埃尔,《私人日记》,英译本,i,202。

② 尤其是参看《近代画家》,iv,402。

世之前十三年。此外，莱辛的《拉奥孔》的题材得自文克尔曼的一部早期著作，而且《拉奥孔》一书的末尾还提到文克尔曼的比较重要的后期著作《古代造型艺术史》。但是，我们在前面说过，莱辛的见解是从他以前时代的文学和戏剧批评中产生的，是从伪古典戏剧和浪漫主义戏剧的冲突中产生的，这种伪古典戏剧和浪漫主义戏剧的冲突在十六世纪已经受到锡德尼的注意，在整个十七世纪一直构成欧洲人关注的一个主题。莱辛的确采用了文克尔曼的成果，但他并不是作为一个较年轻的人采用前辈人的成果，而是作为公认的权威学者来说明他对于一个在出发点上与他不同的同代人的看法。莱辛对于文克尔曼的著作在历史方面的见解，即有关造型艺术的美的多样性和相对性的认识，几乎毫无所知。他的才能，也就是他的鉴赏力完全放在文学领域。

另一方面，文克尔曼作出的新的尝试倒是和他以后的发展相
联系，而不是同他以前的情况相联系。的确，文克尔曼在写出自己 217
的著作以前不可能看到莱辛的更重要的著作。但是他的兴趣完全沉浸在一个不同领域的研究上，而莱辛的影响也不可能对他有很大的帮助，甚至可能对他造成妨碍。实际上，从文克尔曼在造型艺术的领域所取得的成就来看，莱辛在这一领域能够给予他的启示也超不出这些成果的范围，而他的成就却比莱辛的启示增益甚多。

总之，莱辛代表了一种较早的传统，他在自己的观点成熟以后才看到文克尔曼的重要著作，因而从这些著作得益不多。文克尔曼代表了一个类似而不同的新方向。就我们所能作的判断来说，即使他晚十年或二十年降世，因而他能十分熟悉《拉奥孔》，他也不会把他的著作写成另一种不同的样子。

因此，为了更好地保持主题的连贯性，我们要首先介绍莱辛，然后再来介绍文克尔曼。这两位著作家编年的时间顺序关系同这种安排并不矛盾。我们的这种安排还有一个原因，就是同莱辛的分析相比，文克尔曼的分析更加具体。

还要读者理解的一点就是，我在这里谈论的只是莱辛对美学史料方面的贡献，他的神学和半哲学性质的著作，除了某些段落能够增强他的批评影响某些具体要素以外，在这里都同我们并不相关。

a）莱辛对批评的观点

莱辛(1729—1781)采取了一种介于实用的批评家和哲学的批评家之间、为艺术制定法规的人和美的研究者之间的中间立场。为了证明无批判地从传统中接受下来的艺术惯用语是无用的，因而要用那种足以揭示对古典世界和浪漫主义世界中共同的人性根源的生气勃勃的见识来代替这些惯用语，莱辛在这方面所做的大量的工作，可以说，在近代，任何人都望尘莫及。然而，他毕竟还相信规则，他相信批评家是诗人的向导。他认为诗歌的真正法则体现在荷马和索福克勒斯的作品中，并在亚里士多德的著作中得到说明。在反对“天才时期”的无形式的风气方面，他似乎没有把服从批评的规则同在艺术形式方面的实际训练区别开来。因此，他给我们的整个印象是，即使从思想内容来说他属于近代的批评主义，但从思想的目的来说，他仍然属于早先的旧观点。为了在一开
218 始就弄清这个重要问题，我们有必要在这里引用他在《汉堡剧评》(1767—1768)最后一章中所作的著名的自我批评。这部著作几乎是他最后的真正的美学著作。

“我既不是演员，也不是诗人[①]。我的朋友常常盛情地称我为诗人。但那是因为他们误解了我。我试着写过几个剧本，但是不应由此得出如此不当的结论。并不是每一个手拿画笔用颜色涂来涂去的人都是画家。在我最早尝试写出那几部剧本的时候，正是人们很容易把乐趣和敏捷误认为是天才的时候，我也知道，我后来的几部戏剧之所以还算过得去，完全应该归功于批评界。我觉得自己身上并没有那种凭借自身之力便能使清泉涌流的生命之泉。我必须靠压力泵的作用才能在自己身上挤出点东西来。如果我当初没有学会在一定程度上借用别人的资源，在别人的炉边取暖并用艺术的透镜来增强自己的眼力，我该是多么贫穷，多么寒冷，多么近视呵！因此，当我听到有人非难批评界的时候，我总是感到不安或惭愧。他们说批评窒息了天才，我却以为批评界给我的倒是某种近乎天才的东西。我是一个靠拐杖走路的跛子，讽刺拐杖是启发不了我的。

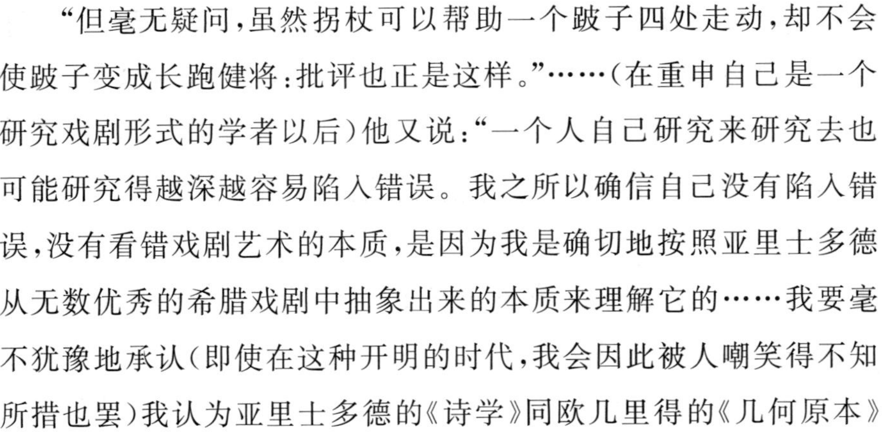

“但毫无疑问，虽然拐杖可以帮助一个跛子四处走动，却不会使跛子变成长跑健将：批评也正是这样。”……（在重申自己是一个研究戏剧形式的学者以后）他又说：“一个人自己研究来研究去也可能研究得越深越容易陷入错误。我之所以确信自己没有陷入错误，没有看错戏剧艺术的本质，是因为我是确切地按照亚里士多德从无数优秀的希腊戏剧中抽象出来的本质来理解它的……我要毫不犹豫地承认（即使在这种开明的时代，我会因此被人嘲笑得不知所措也罢）我认为亚里士多德的《诗学》同欧几里得的《几何原本》

① 《汉堡剧评》，ii，101－104。

一样正确无误。《诗学》的原理同样地真实，同样地肯定，只是不那么简洁明了，因而容易被人误解罢了。《诗学》中关于悲剧的内容是保存得最完整的，特别是在悲剧方面，我相信，并且可以证明，如果离开亚里士多德的方向一步，也必定会在同样的程度上偏离完
219 整性。”他接着又说，法国的悲剧在很长时间里被认为体现了古代的规则。后来有几部显然打破了法国规则的英国剧本唤醒了真正的情感。于是，德国的公众就走向另一个极端，以为这些规则是不必要的，或许还是有害的。“现在，就连这也可能成为过去了——他们开始把**全部**规则和**这些**规则混淆起来，认为规定天才可以做什么，不可以做什么，全都是迂腐之见。总之，我们正是碰到要肆意抛弃过去的全部经验、要求每一个诗人重新创造艺术的时候。

“即使我可以设想我已经找到了制止我们的鉴赏趣味混乱状况的唯一方法，如果我自以为对我们的戏剧有功，应当受到赞扬，那也未免过于自负了。但是，至少可以聊以自慰的是，我一直在朝着这个目标努力，因为我研究得最多的问题始终是如何打破所谓法国戏剧具有规则性的错觉。法国人对古代戏剧规则的误解比任何别的民族更为严重。他们在亚里士多德的著作中找到有关戏剧的最方便布局的只言片语，就以为这些是具有最根本重要性的观点。另一方面，对于真正具有根本重要性的观点，他们又用各种各样的限制和解释削弱其重要性，因而使这些观点不可避免地产生的作品只能是远在亚里士多德按照他的规则所要求的最高效果之下。

“现在，我想大胆地作出一个论断，你怎么理解，随你的便。从

伟大的高乃依那里你拿不出一部我不想加以改进的[①]剧本。你拿什么打赌吧！

“不，且慢，我还不想让人家说我这个断言是吹牛。所以，请你仔细注意我加在这个断言后面的话。我肯定能改进这个剧本——但决不是就成了一个高乃依——也不是完成了一部杰作。我肯定能改进这个剧本，但不应夸大我自己所作的改进。我所能做的不过是任何一个和我一样坚定相信亚里士多德的人都能做到的而已。”

我们应该记住，不断萦绕莱辛心头的那种实用兴趣的艺术形
式，在写作《汉堡剧评》时，是不是还没有变成只有历史趣味的问 220
题，至少是值得怀疑的。即使像莱辛极力主张的那样，认为莎士比亚的悲剧完全属于这种艺术形式的范围，但我仍然必须承认，像我在前面说的那样，在莱辛生前和莱辛去世以后，在任何欧洲国家，从来都没有一种不断地和很大程度上发展的真正的戏剧，也就是既能在舞台上演出，又能进入更伟大的世界文学之林的戏剧。也许《诗学》的精神能够适用于小说，适用于真正的喜剧，适用于瓦格纳的歌剧，适用于我们今天的混合型的现实主义戏剧，总之，适合于各种对于生活的想象性的叙述和描写。我现在不准备讨论这个实质性问题，但只是要指出，莱辛认为如此现实、如此有生气的这种艺术形态，无论是希腊型的，还是莎士比亚型的，显然都决不可能复活了。如果他认识到他面前的问题是一个包含逐步发展，至

① “Besser machen”。我认为这不是指“修改”，而是指根据同一个故事写出一部更好的剧本来。

少包含外在变化的历史问题，而不是某个确定类型的戏剧的复活问题，那么他的语气也许就会完全不同，他对高乃依的判断就会温和得多。

从莱辛的实际地位和他相信自己所处的地位之间的这种差别就向我们说明了他的成就的性质，同时也说明了这种成就的局限性。他从来没有了解他自己的使命主要是揭示文学中近代文学和古代文学之间的真正联系。在他论述问题的背景材料中，到处都有一种观点，把戏剧，尤其是悲剧看作是有独特价值的艺术类型，应当立即恢复其应有的地位。甚至在《拉奥孔》中也是这种情况，甚至到了这种地步，以致他打算[①]在这篇论文的结尾增加一段议论，把戏剧确立为诗歌的最高形式，而他给诗所下的定义把情节作为诗的对象材料，对于这一观点（Action ＝ Handlung＝δρāμα）的形成是有帮助的，不过，在他看来，最广义的情节可能包括时间中发生的任何事情。

b）《拉奥孔》的目的

如果我们现在回想一下"瑞士派"及其友人随着汤姆生把绘画性描写引入诗歌中来，而在文克尔曼的那部为莱辛提供了题材的早期著作中，却宣称造型艺术的最高目的是寓言，那么我们就可以
221 很容易体会到题为"拉奥孔，或论绘画和诗歌的界限"这篇论文的主旨了。简言之，这篇论文的目的就是要从诗歌中排除绘画性描写，避免造型艺术同情节——因而也就是同表现或意蕴——发生任何直接的关联。作者的目的无疑是很公平的，诗歌的范围固然

① 谢勒的著作，英译本，ii，68。

要受到限制，绘画（造型艺术）的领域也要按照同样的原则进行相应的缩减，要砍去一大片领地。不过，实际情况是，莱辛只是由于他独特的才智倾向，整个说来是倾向诗歌这一边的，而文克尔曼倾向绘画和雕塑一边，同时，莱辛对绘画和雕塑两种艺术的观念仍然停留在未加发挥的抽象状态，文克尔曼对诗歌理论也没有作出什么贡献。两人的成就都是从抽象发展到具体，认识到美是有多种层次、多种形式的表现，而且都面临着两者之间的关系和两者互相结合的可能性问题。

《拉奥孔》产生的缘由以一种带有讽刺意味的力量说明，观念同具体事实相比具有更大的重要性。文克尔曼在他的论文《论对希腊绘画和雕塑作品的模仿》中说，希腊雕塑的表现总是显示一个伟大而静穆的灵魂，著名的拉奥孔塑像群可以说明这一点，在这个塑像群中，拉奥孔的面部表情并没有按照真实情况加以现实主义的描写，表现出那种极端痛苦的样子，具体地说，并没有像维吉尔所描写的那样，表现出放声哀嚎的征象。莱辛本人也承认[①]，他对文克尔曼含蓄地责难维吉尔感到不平。他认为，拉奥孔的面貌没有表现出极度痛苦的表情，没有表现放声哀嚎的任何迹象——他完全承认这是一个事实[②]——不应该用希腊人物性格的要求来解释，而应该用希腊雕塑的法则来解释。换言之，极端痛苦及其表情的描写在诗歌中是合理的，但在造型艺术中却为美的法则和美的目的所禁止的。他认为这种美的法则和目的在造型艺术中具有至

① 《拉奥孔》，i。

② 当然，莱辛在写这篇论文时，决没有见过拉奥孔原像。我不知道他是否见到过铸像；很可能，他是根据雕刻品形成他的判断的。

高无上的意义。

222 自莱辛时代以来，高明的批评界都倾向于否定这个所谓的事实，即大理石群像中所表现的拉奥孔是默不作声或近乎如此的，他的表情远没有表现出极端的肉体痛苦[①]。看来事实的真相是，这个群像是罗得岛学派的一件作品，并没有保留多少伟大的希腊风格，它的主要特色是熟练的技巧和有力的表现观念[②]。雕像中痛苦的表情是强烈的，但说它抑制大声哀嚎是极其可疑的。值得注意的是，原有的说法虽然是一些颇有影响的理论依据提出的，但它本身的准确性却是有问题的。我们必须记住，一个还算不错的理论的实际基础总比选出来进行解释的例子要广阔得多，还要记住，一座雕像尽管同帕特农神庙的石像相比显得几乎没有希腊风味，但如果将它同米开朗基罗的不争气的继承人的那些作品相比，则显得充满了希腊人的体面风采。

我们在这里介绍《拉奥孔》产生的缘由，主要是为了满足人们的好奇心。现在要从介绍缘由转到介绍莱辛批评的实质，对于这一实质可以介绍如下。文克尔曼把他在拉奥孔的面貌中所看到的比较宁静的神情看作是一个伟大而静穆的灵魂的表现。这种表现按照希腊精神是远远高于痛苦的。莱辛得意地把文克尔曼不经意间引用的菲罗克忒忒斯的例子拿来作答说，事实上，并不是希腊人认为一个伟大的灵魂不可能有强烈的情绪表现，因而拉奥孔的威严或自制的面部表情的原因决不是文克尔曼所说的那样。接着他

① 奥韦尔贝克的著作，ii，281。

② 穆里的著作，ii，369。

又说，这种原因并不在于同性格有关的任何表现的形式或法则，而仅仅在于(形式)美的需要。他断定，这种美在造型艺术领域中具有极为重要的地位。就此看来，在他和文克尔曼之间并没有十分严重的分歧。因为文克尔曼所说的“表现”总是同所表现的东西相关的。因此，他推断属于希腊艺术最伟大时期的“一个伟大而静穆的灵魂”的表现，在他看来就几乎或完全在形式美的范围之内。但是，对莱辛来说，这却是一个原则问题。他感到需要反对的不是任 223
何具体的表现程度，而是把表现当作造型艺术的原则来接受。在他看来，美与表现不可兼容，一方的存在只能以另一方的损失为代价。同样的感觉可以在文克尔曼的著作中找到。他在解释这种感觉时，免不了出现前后不一致的情况。

c)“绘画”和诗歌的界限

不过，莱辛并不停留在这种早已存在的成见上。他从诗歌和“绘画”各自的媒介性质中推论出它们二者之间的区别，正如叙利先生所说[①]，他这样做无疑使他成为近代美学的真正道路的开拓者。而且，还必须从根本上指出，无论从他的成就来看，还是从他的风格和方法来看，他都作出了有别于前人的进步。的确，他一向被称为善于理解的人——从唯心论哲学归于理解一词的专门意义来说。这就是说，他是一个善于进行尖锐对比的人。这种对比的对立方面是不能彼此互相解释的，只能当作终极的对立面。但是，我们必须记住，首先，我们现在所谈论的是美学的资料，而在一批搜集的资料中，对肯定的经验性的对立方面作出清楚明确的陈述

① 参看《大英百科全书》，“美学”条目。

并没有什么不好,其次,理解和理性的真正区别当然只是程度上的区别而不是种类上的区别。我们曾不断地指出,这种对立是加在这个时代的人们身上的对立;但是试图把事物归结为原则无论在什么时候都总是调和与统一的开始,而这种尝试却是莱辛的特色。因此,他表现了这个善于理解的人处于才华横溢的最佳状态。他在文学领域中的实在的知识是相当丰富的,他的雄辩才能是出类拔萃的。事实上,这种雄辩才能对他有极大的吸引力,因为他总是情不自禁地要证明他的论敌提出的每一个命题的逆命题的正确性,这种证明极其精确,简直令人难以置信。尽管如此,他的风格仍然具有循循善诱的朴素性和直接性,会产生一种令人难以形容的鼓舞精神的作用,有时还尽可能带有一些近代科学的意味。他好像是在对读者说:“是不是如此这般? 这里有一些例子,你来看看吧;你觉得这些例子怎么样? 难道事情不是这样而是那样吗?”

224 当然,当这样一位作家硬要读者接受某种区别时,读者也会相应地产生痛苦的印象。不过,这种情况虽然也出现过,但也十分少见。

他的独特风格经过翻译就几乎丧失殆尽了。不过我觉得仍然有必要把一段体现了《拉奥孔》的精华的文字在这里加以引用,因为这是他的论证方法的一个例子,也是在一个印刷页中包含了他对艺术分类的全部重大贡献的一段话。

“我是打算从问题的基本根据来推断问题的。①

“我是这样来推断的。如果绘画在其模拟过程中真的使用同诗歌完全不同的媒介和记号——绘画使用空间中的形状和颜色,

① 《拉奥孔》,xvi。

诗歌使用时间中节奏分明的音调——，如果记号毫无疑问地与记号所表示的事物一定有一种方便的联系，那么，同时共存的符号只能表现本身是同时共存或它的各部分同时共存的对象。前后相续的记号只能表现本身是前后相续或它的各部分是前后相续的对象。

“本身是同时共存或各部分是同时共存的对象，叫作物体。因而，具有各种可见性质的物体就成为绘画的适当对象。

“本身具有前后相续性或其各部分具有前后相续性的对象，叫作情节。因此，情节就成为诗歌的适当对象。

“但是，物体不仅存在于空间中，而且也存在于时间之中。物体持续存在着，而且在其持续存在的每一瞬间都可能呈现不同的样子并处于不同的结合中。这些瞬间的样子和结合是前面一个的结果，而且又能够成为后一个的原因，因而，可以说，能够成为一个情节的中心。因此，绘画也能模仿情节，但只能通过物体传达的暗示来模仿情节。

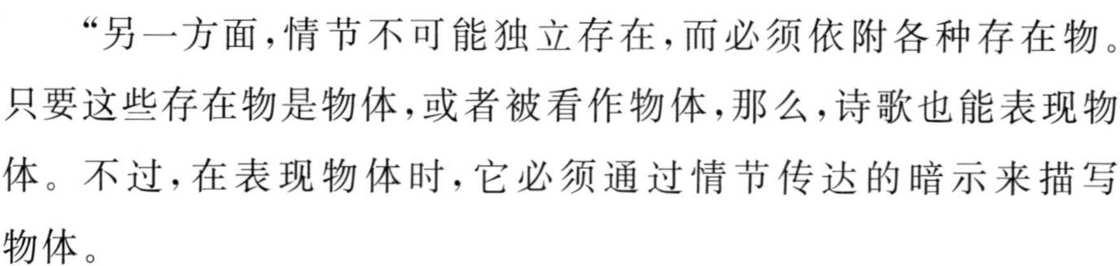

“另一方面，情节不可能独立存在，而必须依附各种存在物。只要这些存在物是物体，或者被看作物体，那么，诗歌也能表现物体。不过，在表现物体时，它必须通过情节传达的暗示来描写物体。

“绘画，由于具有共存事物结合的特点，只能利用单独一个瞬间的情节，因此必须选择一个最有利于人们理解前面的瞬间和后续的瞬间的意义最丰富的瞬间。

“同样，诗歌，由于连续性模仿的特点，只能利用物体的一个单 225
独的性质，因此，在所需要方面必须选择能够唤起对象的最具感官快感的形象的性质。

“因此,就产生了这样的规则:绘画的描述词要单一,物体对象的描写要含蓄。”

这一段简要和寓意丰富的论述的各个要素是从各种不相同的来源汇集起来的。“记号与记号所表示的事物的方便关系”大概是从鲍姆嘉通那里得到的启示[①]。诗不适于完整地描述可见物体的说法应归于伯克[②]。绘画只能描写一个瞬间的说法见之于凯姆斯勋爵的著作[③]。诗歌本质上只能描写情节这一基本观念无疑是从亚里士多德关于戏剧是诗的主要种类的论点中得来的,并且还从瑞士派那里得到否定性的启示。与此相应的一个观点是物质美或物体美在于多种形式的纯粹统一,这种观点使人想起荷加斯和古典美学,而且也受到文克尔曼关于寓言的论述的反面的启示。但是,莱辛的前辈们当中,没有一个人在单单一页的精彩论述中把所有这些见解结合在一起。

我希望,随着我们这部美学史的展开,读者会清楚地认识到莱辛提出的属于这种抽象区别的价值所在。现在,我们只要指出这一点就够了:按照连续性和共存性所作出的区别,不管与任何完整的美的哲学可能有什么样的联系,它在我们目前讨论的题目“近代美学的资料”中都占有非常重要的地位。

d)莱辛对丑的问题的态度

莱辛把“美”这个词局限于指物质美,而不把美看作为艺术的

---

① 参看夏斯勒的著作,i,351。

② 参看本书前面第280页。

③ 同上。

诗歌的本质属性。读者可能注意到了,凯姆斯勋爵把美这个词局限于指视觉对象[①]。我们也可以在普罗提诺以后的中世纪著作家[②]中看到同样的倾向,只是比柏拉图和亚里士多德要狭窄得多。因此,当我们看到莱辛讨论“美”在诗歌中的地位时,其实他只是在问:语言可以在多大程度上有效地描绘物质的美？莱辛根据他的 226
原则回答说,用语言描述物质的美,就必须要么通过物质的美造成的效果来暗示,要么把它作为一种魅力(Reiz[③])表现出来。他按照伯克对秀美的说明,把魅力定义为行动中的美。据我所知,莱辛并没有形成一个关于诗歌和整个一类美的艺术共同具有的本质性的总的概念。他习惯于把“诗歌”和“艺术”当作两个对立的术语来使用。这种用法今天仍然很普遍,它总是说明了人们还不能在理论上使这两者协调一致起来,或者说忽略了这一点。就他对各种诗体共同具有的诗的性质的看法来说,我相信,他说得最明确的地方就是他对戏剧的看法——他和亚里士多德一样,认为戏剧是诗歌高度集中的表现。这样,由于无意的疏忽而不是抱着有意识的目的,他部分地预示了天才时代的那个问题:近代艺术的基本性质是不是真正在于美,而不是别的某种东西——趣味或意蕴。由于这种疏忽,没有把诗歌和造型艺术纳入同一个理论方案中去,所以,尽管他对造型艺术只有抽象的观念,但仍然能够自由地对待诗歌。

因此,他承认丑可以进入诗歌[④],作为达到某种喜剧效果或恐

① 《批判要素》,i,177。

② 例如阿奎那,参看本书前面第 201 页。

③ 《拉奥孔》,xxi。

④ 同上书,xxiii。

怖效果的手段。不过他提出的理由——丑的效果可以因为在语言中的表现而有所减弱——却部分地否定了他得出这一结论的意义。

另一方面，他十分肯定地限定造型艺术只能描写可以引起愉悦感觉的可见对象。虽然“作为[①]一种模仿技巧，它可以表现丑。但作为一种美的艺术，它却不能表现丑”，即使把这当作达到某种喜剧效果和恐怖效果的手段。莱辛说明不能这样做的理由是，丑的形式在绘画表现中具有引起厌恶那样的令人不快效果的持久力量，这种厌恶和不快的效果比把它当作达到喜剧和恐怖的手段的感觉要持久得多。因此，在谈到丑时，他甚至拒绝接受亚里士多德关于模仿令人不快的实在事物的那种模仿品可以产生令人愉快的效果的论点。他指出，形式的丑产生的令人不快的效果与它的真实存在完全无关，因此，形式的丑无论在形象中还是在实在中都完全一样地产生令人不快的效果。这种看法同伯克的一个引人注意的论点有密切关联。伯克说过，一个悲剧性的实在，当我们脱离实
227 在兴趣来看待它时也会产生同它的形象一样的快感。由于莱辛把在形象中和实在中相同的性质与不相同的性质区分开来，这样，他实际上就提出了审美兴趣和实用兴趣的区别问题。

如果我们现在要追问这种排除丑的观点在多大程度上体现了莱辛的物质美观念中的抽象的、非个性化的倾向，我们就会遇到一个困难，那就是不知道他包括在丑的概念中的到底是些什么。我们不可能同一位批评家争论从美的艺术中即从美中排除丑的问

① 《拉奥孔》，xxiv。

题，除非我们可以肯定，他在提出这种排除时，不知道美的具体范围有多广，而克服不掉的丑的范围有多狭窄（即使我们承认它存在）。我们若要对莱辛在这方面的观点形成一个判断，只有去考察一下他除了承认纯形式美——根本上和严格意义上的像荷加斯所分析的几何美以外，还在多大程度上承认别的任何美。

在文克尔曼的《艺术史》出版以前，莱辛在《拉奥孔》的第一部分明确地认为**表现**和**真理**是在美的范围之外的。他不仅把这样抽象出来的美看作是古代造型艺术的法则，而且无意间犯了一个可怕的错误，把这种抽象的美当作古代造型艺术所追求的独一无二的目标。可是古代的雕像显然都是满含寓意和特殊情感、以有形“特性”的形态（即标示某一个别的神或神的关系的对象）体现出来的。莱辛为了维护自己的观点，就只能把艺术家在宗教的或习俗的传统束缚下产生的作品[①]同艺术家可以为了美而自由地追求美的作品区分开来。但是，在伟大而严肃的艺术中对富有个性的表现力的要求不能只局限于通过有形的性质来表明人物的身份；历史也表明，虽然教诲性的精神对艺术来说是有风险的，但各个伟大艺术时期的伟大艺术家的心意却更接近于教诲性的精神，而不是有意识地追求抽象的美。我们说过，一切美从根本上说都是富有表现力的。如果艺术家不受他想要表现的某种意旨或意义的指导，那么美的实质和基础就会瓦解。也许是想要纠正莱辛的这种区分，歌德才提出了这样的看法：“古人的最高**原则**是意蕴，而**成功** 228

① 《拉奥孔》，ix。

的艺术处理的最高成果是美[1]”。这就是说，当一种有意义的内容而不是有意识的和抽象的目的得到合理的处理的时候，美就到来了。我们在后面还要再论述这个观点。

这样看来，莱辛似乎把表现和意蕴从物质美中排除了。值得注意的是，他认为塑像服饰的美是非常次要的。他那一代人的观念认为，希腊雕像是独具特色的裸体像，我们现在从那个伟大时代的作品中所看到的对衣着处理的那种表现力，是当时想象不到的。莱辛说："美是艺术的目的，由于必要才发明了衣服；艺术同必要有什么关系呢？”[2]“我非常担心，在服饰处理方面最完善的大师正是以这种技巧表现出他的弱点所在[3]。”莱辛即使在犯错误时也把错误犯得非常彻底。

在文克尔曼的《艺术史》出版以后，莱辛就写了《拉奥孔》第二编的注释。同第一编相比，莱辛作了一些字句上的改动，不过并没有实质上的变化。现在，他也承认在美的要素中，包含一种表现的要素，即“永久性的表现”。这种表现“不激烈的”，“不仅可以同美相容，而且使美本身具有更丰富的多样性[4]。”这种看法显然采用了文克尔曼关于同恬静和安定的表现结合在一起的美的崇高和雄伟风格的观点。我们在后面就会看到，文克尔曼在表现范围方面推进得更远，莱辛并没有完全跟着他走。

这就是莱辛的造型艺术见解中关于多种多样的表现力意蕴或

---

① 黑格尔，《美学导论》，英译本第 36 页。

② 《拉奥孔》，v。

③ 我们必定记得，当代英国的肖像画家常常雇用助手为他们画衣着。

④ 《拉奥孔》，2，iii。

特征——更不必说丑了——的极限范围了。比如说，莱辛认为，历史的绘画只有作为把各种美的形式组合在一起的理由才是可以合理存在的。如果为了一片风景本身的意义而画出这片风景，那就是把手段当成了目的。

风景画只不过是眼睛和手的作品，天才在其中是没有用的（如果莱辛看到雷诺兹对于荷兰画家的批评[①]会怎样呢?）。因为无机 229
界和植物界是**不可能有一种理想存在的**。这种看法似乎也是从文克尔曼的《艺术史》中借用的。按照这部艺术史的说法[②]，理想就是在和自然界的例子的比较中体现出来的那种完善性。我们必须设想，他认为无机界和植物界在类型和倾向上并不存在这样一种规律，似乎只要人们有可能对它们一定的结构运用智力，就能够为它们找到一种比较完善的形式。"最高级的形体美只存在于人身上，而其所以如此，仅仅是因为人才有理想。"[③]我认为，这就是说，仅仅因为人作为有机体有显著的统一性和连贯性，因而能够使局部的缺陷通过从另外的例子吸取启示来加以纠正，而对两座山脉的景象，谁能说哪一个对哪一个不对呢?"自然界没有赋予确定性的东西是不存在理想的。"[④]

在结束这一部分对莱辛的观点的探讨时，我们可以在这里引述他提出的一个令人惊异的问题："如果油画从来就没有发明出

① 《闲散者》，第 79 期。参看罗斯金的《近代画家》中"论雄伟风格"。

② 文克尔曼，《古代造型艺术史》，iv，2.35。

③ 《拉奥孔》，2，ii。

④ 同上书，2，iv。

来，岂不是更好吗？”①有了这段论述之后，我们就不需要再去追问莱辛对造型艺术中丑的一般态度了。他对物质美的根本看法就是把美看作形式美、几何美和装饰美。甚至我们对他为什么选择人体作为美的典型，也很难从他的美学理论得到合理的说明，因为人体如果不表现人的性质，又何以成为人体呢？

e）表明莱辛的古典主义合理性之点

然而，近代的情感在一点上却是与莱辛的古典主义相一致的，尽管它一直感受到中古时代的艺术描绘的离奇有趣的恐怖景象有某种程度的吸引力。莱辛起初在《拉奥孔》中②认为，希腊人，甚至他们的诗人都从来没有像中古时代和近代的艺术家那样用骷髅形象来描写死亡，但却和荷马一样，把死亡描写成酷似睡眠的样子。莱辛的这一说法遭到一场攻击，他在1769年写了一篇简短的论文
230 《古代人怎样描写死亡》来回答这种攻击。在这篇论文中，他把那种很像爱神阿莫尔、但却倚在一把倒放的火把旁边的普通的雕塑人像看成是希腊人中正常的死亡形象，对于反对他的人当作反驳他的论据的那些古代的骷髅像，莱辛却找到了另一种解释。莱辛以理智的但却同情的态度处理了整个这样一个问题——这个问题是近代浪漫主义情绪同古代人的愉快的平静相比显得毫无值得赞许之处的一个问题。他的这种态度或许就是真正的希腊的情感同近代生活的深刻信念之间第一次质朴的而又受到普遍欢迎的和解。在这方面，他预示了一个新时代的曙光，在这个时代，人们才

① 《莱辛的生平》，ii，57。

② 《拉奥孔》，xi，注。

感到希腊的艺术和智慧具有对人类的真正启示。正是这部著作激起席勒在《希腊诸神》中咏诵道：

“在那些日子里，并没有什么可怕的骷髅。
走近垂死者的病榻，
唇边的一个亲吻就吸取了最后的灵气，
只见那天神的火把倒放在一旁。”

(Damals trat kein grassliches Gerippe
Vor das Bett des Sterbenden Ein Kuss
Nahm das letzte Leben von der Lippe,
Seine Fackel senkt' ein Genius.)

f) 莱辛的戏剧理论

我们已经充分地了解到，从高乃依的时代到高特雪特的时代，求诸亚里士多德权威的诗歌理论在法国和德国也非常普通。莱辛也立足于这个传统的范围之内，只是由于他所处的特殊环境，这种传统在他那里有所改变。

首先，在这个时代，伪古典传统本身已达到一个转折点。由于这个传统涌入德国，甚至在高特雪特手中，就已经启发了人们树立民族戏剧的观念。而当它作出这样的启示的时候，也就表示它自己的任务已经完成。伏尔泰[①]是这个传统最坚决的拥护者，他就异常坦率地谈到法国戏剧毫无活力而且僵硬刻板。由古典主义产生的形式已经成为固定的东西，完全没有生命力。当德国的天才被古典主义的方法唤醒以后，也不可能长时间满足于这种方法。

① 参看《汉堡剧评》，ii，194 所引的话。

由于这种古典传统本质上是向恺撒求助，而最终却被带到凯撒的审判席前，因而，就更不可能满足于它了。这些奇奇怪怪的东西本
231 来都是以“古人”的所谓权威为根据的，现在这些“古人”却被一位真正同情诗歌的真正学者请到光天化日之下作为检验诗歌的试金石。我们之所以说莱辛是一位真正同情诗歌的真正学者，因为他是近代第一个像今天有教养的学者那样了解和热爱荷马和索福克勒斯的深孚众望的著作家。我们在上面所说的那种差别在文艺复兴和后来的那个时代的整个历史和发展趋势中已有根苗。世界不可能总是在谈论古人中发展下去而又不注意了解他们当中最伟大的人物是怎样的，而莱辛恰好是具有必要的批判天才可以清楚地阐明这个问题的第一人。第一次文艺复兴具有拉丁色彩；第二次文艺复兴则具有希腊色彩。莱辛在一种艺术领域中，正像文克尔曼在另一种艺术领域中，开辟了从第一次文艺复兴走向第二次文艺复兴的道路。

其次，法国的古典传统在德国面对的不仅有古典传统引起的真正的古代精神，而且还有法国的古典传统所引起的英、德两国在文化上的亲缘精神。德国人开始感觉到他们同英国在思想和语言方面都有亲缘关系。按照我们多次提到的原则，他们由近及远，首先关注当代或接近当代[1]的作家——例如，高特雪特关注《旁观者》和艾迪生的《卡托》，瑞士派则注意到汤姆生、杨格和弥尔顿，然后，在莱辛的这一代，他们又把这种亲缘关系追溯到莎士比亚。如果我们说莱辛一心想要证明，按照索福克勒斯

① 《莱辛的生平》，i，279。

和亚里士多德的观点来衡量，正确的是莎士比亚，而不是拉辛，这样说是对莱辛的理论的不完全的说明，但不能说是完全错误的。莱辛之所以要把真正的古典戏剧和浪漫主义戏剧综合起来，很大程度上是由于法国意识同德国意识的冲突。这种冲突表现在他对高特雪特和伏尔泰采取的几乎带有人身攻击性质的敌视态度。

第三，我们必须指出，在莱辛生活的时代，戏剧形式逐步发生变化，以家庭生活为内容的小说开始发挥一种全新的影响[①]。要说明这种戏剧题材的变化，最简单的办法就是直接引证莱辛自己的一段话[②]。“我想谈一谈剧体诗在我们这个时代所发生的变化。232
无论是喜剧还是悲剧都免不了发生这种变化。喜剧有了相当程度的提高，悲剧却有同样程度的降低。就喜剧来说，人们觉得，世人总是对着滑稽戏发笑，对着荒唐的丑恶发出嘘声，这已经使人感到厌倦了，因此有人就提出一种奇思怪想，让世人终于能够换一下口味，在喜剧中也哭一哭，终于能够从宁静的道德行为中找到一种高尚的乐趣了。就悲剧来说，过去认为，只有君主和上层人物才能引起我们的哀怜和恐惧，这是不合理的，所以悲剧中要找出一些中产阶级的主角，让他们穿上悲剧角色的高底靴，而在过去，唯一的目的总是把他们弄得滑稽可笑。喜剧方面的变化发生后，就出现了被提倡者所称的打动情感的喜剧，而反对者则把它称之为啼哭的喜剧。悲剧经过变革产生了资产阶级（中产阶级）的悲剧。”“喜剧

① 《莱辛的生平》，i，294 以下。

② 同上书，i，294。

的变化是法国人造成的[1]，悲剧的变化是英国人造成的。我敢说，这两种变化都出自这两个民族的特殊习性。法国人总想使自己显得比本来的样子更伟大些，而英国人却总想把一切伟大的事物都降下来，降到同自己一样的水平。法国人不喜欢别人总是从滑稽可笑的方面去表现他们，骨子里有一种野心驱使他们总是把类似自己的人物描绘得高贵一些。英国人则不乐意给那些头戴王冠的头脑享受那么多的优先权。他们认为强烈的激情和崇高的思想并非只属于那些头戴王冠的头脑，而不属于与他们自己同样地位的人。”

莱辛早期的悲剧作品《萨拉·桑普逊小姐》，在1761年的《陌生人杂志》(*Journal étranger*)上受到热烈的欢迎。写文章表示欢迎的人也许就是狄德罗[2]。这部悲剧是德国第一部“中产阶级悲剧”。它表现的主题是从英国第一部中产阶级悲剧《伦敦商人》和把家庭诗歌带到近代欧洲的第一部家庭生活小说《克拉丽莎·哈洛》中取得的[3]。这个事实表明了对于写成这部悲剧起影响作用的是什么。
233 真正的非悲剧的戏剧和中产阶级的戏剧是由莱辛自己和狄德罗以一种或另一种方式延续下来的，但就喜剧来说，并不是由同一种哭哭啼啼的喜剧流传下来的。莱辛把他的《伊米莉亚·嘉

① 如尼维勒·德·拉·肖塞(Nivelle de la Chaussée，1692—1754，法国剧作家，以其浪漫喜剧模糊了喜剧和悲剧的界线。——译注)，大约1740年。关于对这个运动情况的说明，参看《莱辛的生平》，i，291。

② 《莱辛的生平》，i，467。

③ 同上书，i，305。

洛蒂》称为“中产阶级的弗吉尼亚”[①]。之所以称为“中产阶级的”，这是相对于法国舞台上对同一主题的习惯处理方式来说的，而不是相对于蒂托·李维的故事来说的。而且，这两种戏剧形式又不知不觉地变成我们今天习以为常地见到的那种描写现实生活的类似小说的混合戏剧。从真正的戏剧艺术的观点来看，从这种变化中将来是不是会产生什么好的东西，还是难以预料的。不过，这种现象的产生是由于戏剧艺术本身固有的一般困难造成的，而不是由于摒弃了悲剧和喜剧之间的那种强行区分而引起的。因为，这两种戏剧形式实际上早已日趋接近，只不过在我们所谈论的这个时期以前还没有被正式承认而已。歌德曾把莫里哀的《愤世嫉俗者》称作悲剧[②]，但是，第一位戏剧理论家莱辛却大约在1740年把这个剧本看作真正的喜剧在近代的最早范例。我们大家都知道，莎士比亚的喜剧的最严肃之处是什么。我们很难说《一报还一报》和《无事生非》属于严肃的喜剧还是带有愉快结局的悲剧。

因此，很显然，如果要使悲剧理论对浪漫主义诗歌产生实在的影响，就必须把这种理论在某种程度上加以拓展，并且证明这种理论并不依赖于对生活的两个方面的绝对区分。而古代人的实践和亚里士多德的戏剧史和悲剧理论看来都是以这种区分为先决条件的。

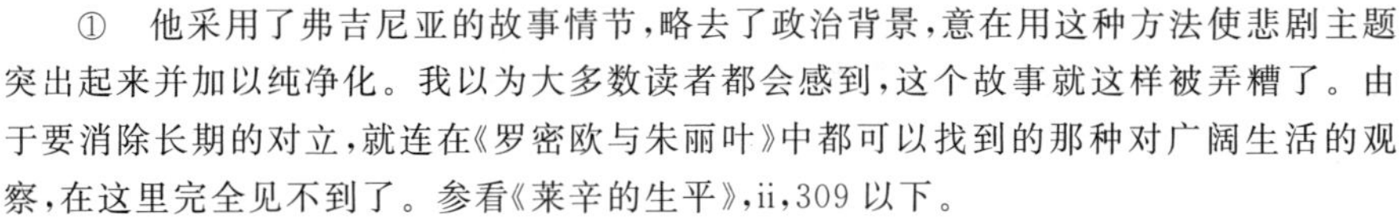

① 他采用了弗吉尼亚的故事情节，略去了政治背景，意在用这种方法使悲剧主题突出起来并加以纯净化。我以为大多数读者都会感到，这个故事就这样被弄糟了。由于要消除长期的对立，就连在《罗密欧与朱丽叶》中都可以找到的那种对广阔生活的观察，在这里完全见不到了。参看《莱辛的生平》，ii，309以下。

② 《莱辛的生平》，i，294－295。

更具体地说，上述各种影响——对古代的严肃认真的研究，与外国传统相对立的民族精神或种族精神，戏剧体裁区分方面的变化——是通过什么问题对莱辛的形式美学的批评起作用的呢？这个问题就是：对于亚里士多德关于悲剧情绪的论述应该怎样解释，以及根据这种解释，怎样评价亚里士多德关于真正的悲剧主角的性格的观念。

234 因为，就戏剧的基本条件——戏剧的统一来说，当莱辛指出，只有情节的统一才是本身具有根本意义的统一，或者说是亚里士多德根本要求的统一，其他的统一，在必不可少的时候，也只是这种统一的必然结果，而且在古代世界这些统一之所以显得比较重要，是因为有合唱的缘故[①]，这样，伪古典学派的人为的统一要求就立即显出真相了。读者应当记得，上面提到的莱辛的这句话，是凯姆斯勋爵曾经说过的。这种统一的观点本身就是古代理论和近代浪漫主义的实践调和起来的最简单的实例。

亚里士多德关于悲剧情绪、这种情绪对心灵的影响以及由此要求一个悲剧主角的性格等问题的论点，我们已经在直接论述亚里士多德的观点时作了简短的说明。

不过，现在看来，我们还需要在这里指出他的这些见解同美学批评在近代的发展的关系。

莱辛观点中似乎矛盾的说法是这样的：他认为亚里士多德对悲剧的分析基本上可以证明浪漫主义戏剧的合理性。但是他作为亚里士多德观点的解释者的首要任务，就是要证明高乃依以及类

---

① 《莱辛的生平》，ii，168。

似的作家对亚里士多德的理解不是失之太严格而是失之太宽松。因此，首先是莱辛，其次是伯奈斯[①]——他和莱辛的关系就像莱辛同高乃依的关系一样——对于亚里士多德的见解不是通过可称之为表面上的扩展，而是通过深入到人类本性探索这些见解的根源，才使这些见解保持我们所理解的诗歌的基本价值。

因此，亚里士多德选择怜悯和恐惧作为特殊的悲剧情绪的本来意义的问题，在我们看来，也就是我们论述他的见解时用一般性的词句谈到的同一类问题。撇开一切细节不谈，我们可以对这个问题按照事情本身的真实情况加以论述。在他的定义中，我们可以看出，悲剧"通过怜悯和恐惧"，以某种方式影响心灵。究竟这些信手采用的词语是用来表示随手从各种情绪当中挑出的第一种实例，当然也是从任何严肃完整的人类历史的片断景象所引起的各种情绪中挑出来的首要的、主要的和最明显的实例呢？还是有一种确定的系统的挑选意图因而只引这两种情绪，不引其他情绪，而且在这两种情绪之间又存在着本质联系呢？我们所讨论的亚里士多德的论点在多大程度上是一种朴素而敏锐的观察，又在多大程度上是与真正的诗歌的一般理论联系起来的系统的分析呢？从高乃依的论述可以断定，他一定是持前一种看法的，这样，他就通过粗疏的和表面的解释轻而易举地拓宽了亚里士多德的定义。我们在前面说过[②]，高乃依理论写作的目的和莱辛写《汉堡剧评》的目的是相同的，那就是把近代的各种美同古代的规则调和起来。他

① 伯奈斯(Bernays)，著有《关于亚里士多德戏剧理论的两篇论文》。——译注

② 参看本书前面第 270 页。

实际上是说怜悯和恐惧之间不存在什么本质的联系。这两种情感
235 中任何一种本身都可以构成一出悲剧的主题，而且，除了这两种情感之外，还有别的情感是亚里士多德恰好没有注意到的，例如羡慕、赞赏等，因此，亚里士多德所列举的悲剧情绪是偶然提出的，是不完备的。他之所以把最完美的人物和最丑恶的人物从悲剧中排除出去，只是因为他没有注意到，最完美的人物可以顺利引起怜悯之情，而最丑恶的人则可以顺利引起恐惧情绪。总之，亚里士多德的定义可以看作是经验性的描述定义，因此，只要有一点诚意，就可以把这个定义加以扩展，甚至可以把高乃依剧本里的圣人和恶魔都包括进去。

莱辛在对待这一问题时，却采用《修辞学》中的方法对怜悯和恐惧进行交互定义，正如他所宣称的那样，这几乎是前所未有的第一次。这时，伯奈斯则坚持要在“净化”问题上同莱辛展开争论，在整个悲剧问题上，伯奈斯对莱辛是有失公允的。不过，莱辛早年的观点[①]却认为那种把怜悯和恐惧看作只有相互依存的解释是错误的，显然，这种看法比《汉堡剧评》里的见解要更容易与高乃依的见解协调起来。但我觉得需要指出的是，莱辛紧接着就前进了一大步，莱辛本人和伯奈斯两人后来更精辟的理论都是以这一步见解为基础的。因为他用伯克的“同情”一词——即德语的“Mitleid”，莱辛戏称为“Mitleiden”（这个词只是指同别人一起有共同的感受或同受苦难，并没有对这种做法赋予任何具体的情绪）——代替了极其明确的希腊词语“ëλεοζ”（“同情”或“怜悯”）。这样就把伯奈

① 《莱辛的生平》，i，363，1758 年前给尼科莱的一封信。

斯极力加以发挥的把个体的自我扩大为整个人类的大我带到整个近代的或浪漫主义的观念之中。

《汉堡剧评》大约在十年之后写成[①]。当时[②],莱辛作为汉堡戏 236
剧的评论家,正在竭尽全力地帮助建立德国的"民族戏剧"。在《汉堡剧评》中,他承认怜悯和恐惧作为产生悲剧效果的工具具有唯一性和本质联系的观点,并不想把这两个用语的意义加以扩展以致把类似的情绪也包括进去,除非这两个用语用来描述与悲剧净化工具不同的悲剧净化的对象。因此,他的观点本质上同伯奈斯的观点一致,认为亚里士多德意在坚持同情和恐惧本质上是互相联系的,也就是使我们感到如同亲眼目睹似的参与了做这种事情的人的命运中去。

很明显,在这种解释中,虽然由于疏忽没有达到高乃依那样的应用广度,但由于把这个定义更严格地限定于亚里士多德所指的那两种情绪,因而就能更广泛、更深入地依据人性来解释这些情绪。

因此,我们可以看到,伯奈斯自己一方面责备莱辛的疏忽,另一方面又能够非常深入地探索悲剧情绪的人性根源,以致任何真正的艺术都不需超出这些情绪的范围。现在我要援引伯奈斯的一段个性鲜明的文字[③]:"只有在实际的(物质的,外在的)恐惧通过对一个人的同情而间接地发生影响时,净化过程才能在观赏者心中发生。这种过程的发生是通过个体自我扩大为整个人类的大

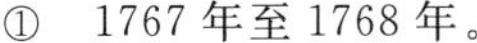

① 1767年至1768年。

② 第二编,第65节。

③ 伯奈斯,《关于亚里士多德戏剧理论的两篇论文》,柏林,1880年,第74页。

我，从而面对面地遇到那些包括整个人类的极其崇高的宇宙法则及其无穷的力量，因而使人的整个身心都充盈着面对宇宙时的心醉神迷的战栗，感到最高度的愉悦而又毫无烦恼”。很明显，虽然伯奈斯声称他没有超出亚里士多德的悲剧理论的范围，但我们在这里却遇到一种关于悲剧主题的普遍化的观念。这种观念可以适用于任何严肃的生活描绘，不论这种生活是多么的具有浪漫主义色彩，多么不拘形式，多么不顾外部的冲突或灾祸。可以很容易地并且自然而然地包括在这种理论之内的不仅有莎士比亚的悲剧和
237 真正的喜剧，而且还有《森西》、《名利场》（尽管有人说它是一部“没有主角的小说”）及《贝姨》。我们的确可以承认它是亚里士多德理论的本来的一种发展。如果从《修辞学》关于怜悯和恐惧具有严格的相互依存关系来看，亚里士多德的理论毫无疑问具有系统性质；但若从保存在《诗学》中的词语来看，这种系统性质却不明显。然而，若有人问我们，伯奈斯的论点在多大程度上代表了亚里士多德的本意，我们就只能像在对类似情况的回答那样说，亚里士多德的实际的意义介于朴素的观察和观念论的世界理论这两个极端之间。我认为，亚里士多德的本意在这两种极端中更接近前一种。从“ëλεοζ”（哀怜）到“Mitleid”（怜悯），从“Mitleid”到“Mitleiden”（共同受苦）是很不一样的，同样，从“φοβοζ”（恐惧）到对宇宙法则当然的压倒一切的感觉，也有很大不同。

亚里士多德要求悲剧人物应具有的性格可以作为这种看法的证明。在一个不怀偏见的读者看来，亚里士多德在这个问题上的看法一定显得非常朴实。这并不是说，他对主人公要求的只是人性，因而我们自己可能会感到自己的人性也隐含在主人公不幸的

灾祸之中。亚里士多德认为，能够唤起我们的同情和恐惧的品质只限于主人公不该遭受的痛苦和主人公的一般的道德品质。伟大的概念，无论是恶的方面的伟大，还是善的方面的伟大，都不在他的考虑之内。我认为，莱辛也没有按照他心目中的亚里士多德的法则来对待莎士比亚的《理查三世》；而且我也无法想象他怎么会以这个例子来证明他的一般的论点。但是，如果亚里士多德能够像伯奈斯甚至像莱辛那样自由地解释自己的理论，那么，更深刻的富于个性的性格表现和它与必然性的冲突就会在他对悲剧情节的分析中更显著地突现出来。

关于"净化"问题，或者"纯净化"问题，我们已经在论述亚里士多德的一章中作了说明。看来，在这个问题上，伯奈斯无疑是完全正确的，他还嘲笑了莱辛关于悲剧的目的是要把激情转化为"合乎道德的能力"[①]的观念以及由此而把误解了的平均说用于激情的观念，他的这种嘲笑也是完全有道理的。在这里，我们可以看出，
莱辛是怎样立足于早期的近代人和后来的近代人之间的，而且，我 238
们感到他给诗歌设定的道德目标[②]虽然完全避免了抽象说教的目的，但对我们今天的意识来说也是令人难受的。

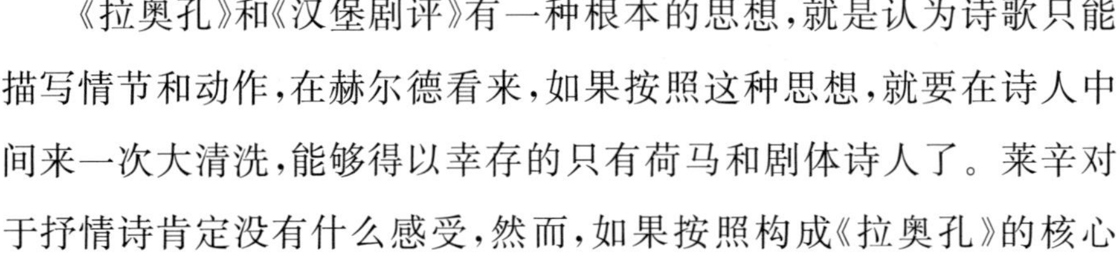

《拉奥孔》和《汉堡剧评》有一种根本的思想，就是认为诗歌只能描写情节和动作，在赫尔德看来，如果按照这种思想，就要在诗人中间来一次大清洗，能够得以幸存的只有荷马和剧体诗人了。莱辛对于抒情诗肯定没有什么感受，然而，如果按照构成《拉奥孔》的核心

① 德语为"Tugendhafte Fertigkeiten"，参看《汉堡剧评》，i。

② 《汉堡剧评》，ii，77。

的那个定义,最广义的"情节"也可以包括人心中的情绪变动。

然而,不管怎么样,为了使诗歌艺术能够完全摆脱被莱辛视为物质美法则的那些狭隘法则的束缚,为了能把从喜剧性到恐怖性的多姿多彩的人生广泛题材赋予诗歌,即使冒一下暂时的片面性欣赏的危险也是值得的。诗歌只能描写情节这种看法导致的结果就是对戏剧给以极大的重视,并且通过对莎士比亚和希腊人的深切的热情表明对这种看法的支持,它毫无疑义地在下一代的德国诗歌[①]和德国哲学中留下了明显的印记。

① 像在对死亡的看法方面一样,在对戏剧价值的评判上,席勒的诗也是追随莱辛的批评的。席勒在魏玛上演伏尔泰的《穆罕默德》的时候写给歌德的诗句在这方面有很大的意义。下面我引用该诗的两节:

"这舞台只表演本国的艺术,
这里已不再崇拜外国偶像;
我们能自豪地给人看一棵月桂树,
它在德国自己的沃土上茁壮成长。
德意志的护神甚至敢于,
登上艺术的圣殿;
继希腊人和不列颠人之后,
取得了更加增辉的荣誉。

法兰克人不能成为我们的榜样,
在世者无人谈起他们的艺术,
人心只赞美真理,
蔑视装腔作势的丑态;
领路人只应为民造福,
他犹如一位隐匿的神圣降临,
把这常被亵渎的舞台清洗干净,
当无愧为悲剧女神墨尔波墨涅之神地。"

(Einheim'scher Kunst ist dieser Schauplatz eigen,

如果说这种看法在莱辛本人和席勒及其同代人的戏剧中产生 239
的实际成果，并没有一开始看起来可能具有的那么大的永久性舞台价值，如果说尽管在剧体诗的显得非常可疑的时代，美学界仍然仿效莱辛的榜样，把最重要的地位归于剧体诗，我们还能发现这种重要地位存在着某种空想的成分，但在为近代美学学科准备材料方面，却没有受到多大实在的影响，影响最大的是对古代世界和近代世界中还可以相比的诗歌形式进行协调。因为，要做到这一点，事实上就必须把比较含蓄的和比较奔放的表现、比较抽象的和比较具有个性特色的表现当作同样的人类生活和激情的表现结合起来。

莱辛这样对诗歌方面所作的贡献，在造型艺术方面则是要由文克尔曼来完成的任务，因为在造型艺术方面，莱辛甚至不想费心

Hier wird nicht fremden Gotzen mehr gedient;
Wir konnen muthig einen Lorbeer zeigen,
Der auf dem deutschen Pindus selbst gegrunt.
Selbst in der Kunste Heiligthum zu steigen,
Hat sich der deutsche Genius erkuhnt,
Und auf der Spur des Griechen und des Britten
Ist er dem bessern Ruhme nachgeschritten.

Nicht Muster zwar darf uns der Franke werden!
Aus seiner Kunst spricht kein lebend'ger Geist;
Des falschen Anstands prunkende Geberden
Verschmaht der Sinn, der nur das Wahre preist!
Ein Fuhrer nur zum Bessern soll er werden,
Er komme, wie ein abgeschiedner Geist,
Zu reinigen die oft entweihte Scene
Zum wurd'gen Sitz der alten Melpomene.)

把绘画和雕塑区分开来[①]。

vi. 文克尔曼

文克尔曼(1717—1768)现在对于大部分英国学人和他本国的许多人来说,只剩下一个空名了。这是他对美学贡献的特殊性质的不可避免的结果。正因为他的论著在美学原理方面的成果极其丰富,这种成果到他的后继者手中才成长壮大,结成丰硕的果实。因此,关于希腊精神和历史,以及现存的希腊雕塑,我们现在从他那里所能了解到的东西都还不如我们从黑格尔和歌德、格罗特和库齐乌斯、奥韦尔贝克和穆里那里了解得那么清楚和充分。文克尔曼的风格虽然明晰而动人,但对近代读者来说,这种风格却不足以抵消他在讨论各种具体雕像和雕像的各部分时产生的那种冗长乏味之感,而且在这种讨论中,那些能够决定我们的判断的伟大作品都没有提到。不过我还希望,佩特先生那篇令人赏心悦目的论文[②]也许能够使英国著作家们对莱辛这位杰出的人物保持着某种永久性的兴趣,因为他的见解是在席勒和歌德、黑格尔和谢林的思想中扎了根的,而且对标帜着今天的历史研究和考古学研究的人性的和富于同情的精神,作出了极大的贡献。

240 对于文克尔曼据以产生上述影响的理论特色,我们可以归结

① 偶然情况的影响之大,以致我觉得指出下面这一点也不算过于唐突:《拉奥孔》的正题从一座**大理石群像**而得名,但该书的副题却以**绘画**为主题。莱辛在这个问题上的不慎是因为他对于雕塑必须主要根据或唯一根据素描和雕刻品来判断。

② 这篇文章载于沃尔特·佩特所著的《文艺复兴》中,麦克米伦公司出版。

为以下四个方面：

第一，在作品的研究中感觉到与人的心灵的真实接触。

第二，把这种感觉扩展为对与社会和政治条件发展相关联的有系统的发展的艺术鉴赏。

第三，对造型艺术之美范围内各个阶段表现的相应的认识。

第四，公开承认形式美和表现方面互相冲突的要求，并且能够把它们加以部分的调和。

a)感受到艺术作为人类的产品

也许，把文克尔曼的名字同培根的名字放在一起加以比较会显得有点奇怪。但是，任何人只要看到文克尔曼不断责备单纯的"死啃书本"[①]或"抄书匠"[②]的作品，赞美训练有素的眼光的认识，都会感到文克尔曼说这些话的动机基本上与培根一样，都希望与实在有直接的接触[③]。例如，他说："我们如果想要在迄今所出版的描绘古代雕像的价格昂贵的巨著中寻找对艺术的研究和理解，那只能是徒劳之举。在描写一尊雕像时，应该指出它之所以美的原因所在，并指出它的艺术风格的个性特征……但是，有哪一本书告诉我们一尊雕像的美之所在呢？有哪一个'抄书匠'能用艺术家的眼光来审视它呢？"他认为，要想根据素描画和雕刻品来对一尊雕像作出恰当的判断，那是毫无希望的。所以，他断定，如果不到当时的古代文物的巨大储藏库罗马去，就不可能写出任何有价值的有关古代艺术的论著。罗马对于文克尔曼来说，就好像外部自

① Belesenheit——这是一个具有奇特表达的贬义词。

② Scribenten。

③ 《古代艺术史》，导论。

然之对于培根一样。文克尔曼总是重复这样一句话，如果你在罗马只待了一个月，那是没有资格当艺术评判员的。这句话是影射在罗马只待过几个月的某些本国人的。或者，再看看他的这样一段话：

“尽管在其他科学部门都出现了许多见解深刻的论文，怎么在艺术理论和美的理论方面反而[1]很少有人探讨呢？读者们！问题
241 出在我们自己懒于思考的固有的怠惰上，出在学校的学识上。因而，一方面，古代艺术作品往往被认为是我们不可能指望加以欣赏的美。这种美可以很容易使少数人热衷于想象，但不可能渗透到灵魂中去。这样一来，古代文物仅仅成了为炫耀书本知识的垃圾提供机会，而不能给理性提供任何营养，或者说很难给理性提供任何营养。另一方面，由于哲学[2]主要是由一些埋头阅读枯燥的前辈著作的人来应用和讲授的，他们只能给感觉留下很少的空间，甚至可以说还用一块坚硬皮革把感觉掩盖起来，结果我们就被引入一座形而上学的玄奥而扑朔迷离的议论的迷宫中。这种玄奥议论的主要作用终究只是制造一些鸿篇巨制并且窒息了理解力。”

在同一个时期的著作中，注重于理性、感觉和理解力，是文克尔曼著作的特色。他的用语在表面上很不严格，常常出现完全自相矛盾的说法，这不仅仅说明他往往忽视理论上的严谨和精细，而且也说明他的思想具有真正的具体性。

像上面几段文字，我们还可以不断增加地引证下去。很明显，

---

① 《古代艺术史》，iv，2.5。

② Weltweisheit。

这些文字表现出同培根一样的希望摆脱书本世界而考察直接激发美感的世界的渴望，培根是怀有这种渴望的无可争辩的代表。怀有这种渴望大概都会意识到，人的心智能力所需要的滋养和锻炼，不只是单纯的文字媒介所能提供的，“任何抄书匠都不可能洞察艺术最深处的本质。”

上述两种回归自然的区别在于：文克尔曼所说的观察自然不是指自然界的自然（人类存在中的自然除外，他对人的存在的美是极为敏感的），而是指人为的自然。虽然人为的自然也是物质性的，但却是心灵的作品和表现。因此，这后一种回归自然，除了培养美感以外，还不可避免地构成了从物理科学和数学科学到人类学科学和哲学之间的桥梁。要了解文克尔曼怎样深刻地认识到他在这一方面的研究抓住了一个新的生活领域，我们只要再引他的 242
一段话就行了[①]。不管这个生活领域的材料的直接意义显得多么平凡琐细，但心灵与心灵之间却可以越过不同的时代而相互呼应。“只要我们把古代文物看作是比我们更高尚更雄健的人们的作品，即使在这种（关于希腊钱币）研究中，我们也不会失之于平凡琐细。这种认识就能够引导我们在这种研究中的眼界远远高出我们自己和我们的时代。一个有思想的灵魂，在广阔的大海岸边，是不会沉浸于低级浅薄的念头之中的，无限广阔的远景可以开阔我们的心胸，使我们最初好像迷失了的心灵又回复到更加高尚更加伟大的境界了。”

在这段文字（写于1766年）写出之前，我还没有看到过有人对

① 《古代艺术史》，导论，ii。

构成心灵崇高感的自我肯定反应作过这样简洁的描述[a]，尽管在伯克的著作中也可以找到许多关于崇高的提示。不管怎样，可以肯定，只要我们认识到作品是制作者生活的表现，我们就能够相应地接近最完备的艺术理论。

b）真正意义的艺术史

基于这种认识而产生的是一种艺术史观点，也就是把艺术看作具有自己的历史和发展阶段——自己的兴衰——的事物，艺术的这种历史和兴衰过程是符合于和植根于各民族的历史和社会条件的。歌德特别强调这种对待艺术的有机论观点应归功于文克尔曼①。尽管关于具体历史的观点当时尚未确立，因而不应急于把它归功于任何人，然而，我们可以毫无疑问地在文克尔曼本人的著作中看到不止一项见解都能够帮助后来的研究古代的学者造就重大成就。举例来说，他认为历史是一种探索性研究和一种体系（ιστορια），而不是一种编年纪事。“艺术史的目的在于具体叙述艺术的起源、变化和兴衰以及各个民族、不同时代和不同艺术家的不同风格，并且力求根据流传下来的古代作品加以论证。”文克尔曼断言，这样一种探索绵延诸多漫长时代的发展过程的基本原因和内在联系的尝试，在艺术文献研究方面肯定是一件新事物。我还认为，要不是由于斯卡利格的伟大创举②，这种探索也是历史科学方面的新事物。

243 在文克尔曼按照这一观点阐述的具有历史意义的特殊论点，

① 《文克尔曼和他的世纪》(*Winckelmann u. sein Jahrhundert*)。

② 参看本书前面第258页。至于这一创举在古代作家方面的见解，参看歌德的《文克尔曼和他的世纪》。

我可以列举出四点。第一，他注意到，艺术作品在最初的萌芽阶段就像植物的种子一样，全都是无形式的、相似的[①]。第二，这种敏锐的观察尽管表面现象与此相反，但仍然能够使他认识到，希腊艺术是一种独立的发展，并不是借鉴了东方国家的艺术。这一观点虽然历经多次变更，但整个说来仍然保持至今。的确，在古代有许多技艺方法，许多装饰方式，甚至像迈锡尼的雄狮所具有的那种独特的风格都是外国人传进来的，或模仿他们的作品。但是，就希腊发展本来固有的古代雕塑品而言，人们似乎都一致认为，它们的"埃及"相貌并不能证明它们同外国有某种联系，而只是早期的不同国家在艺术的处理手法上有某种表面相似的结果。

另外还有两点可以用文克尔曼自己的话来介绍。"希腊人在艺术上取得卓越成就的原因[②]和理由，一部分在于气候的影响，一部分在于希腊人的政治体制和政府机构以及由此形成的思想方式。"

因此，第三，在谈到气候时，文克尔曼是依照柏拉图和亚里士多德谈到过的、大概又是吸收了希罗多德[③]的一项见解，认为希腊不论在气候方面还是其他方面都处于介乎欧洲和亚洲之间的适中位置。因此，希腊人的本性的完美是无与伦比的。文克尔曼还作了补充，说希腊人的体格也是适合于他们的优越的自然条件的。他也很清楚地知道，希腊的领土由于地形的障碍造成的分割局面

① 《古代艺术史》，i，1.1。

② 同上书，iv，1.4。

③ 希罗多德的著作，3，106。柏拉图，《理想国》，435，英译本。亚里士多德，《政治学》，7，7。

具有很大的历史重要性，而且由于这个原因，使得希腊艺术后来的发展比埃及差[①]。那些熟悉近代著作家——如库齐乌斯有关希腊
244 的气候、地理位置和希腊人的体格的论述——的人一定会感到出自一位十八世纪的作家之口的这些见解是具有重要意义的。

第四，尽管他在谈到希腊的政治制度时，对不光彩的一面似乎毫无所知，但他能够以敏锐的洞察力和热情在一个多世纪以前就认识到希腊自由的辉煌特征，仍然是功不可没的。我们必须记住，从他那个时代以来德国人中之所以广泛地流行对希腊生活的同情，在很大程度上应归功于他。

而在英国，作为一种一般的影响，我们之所以比较同情希腊生活，是由于我们自己的政治发展在比较晚近的时代唤起了我们的兴趣。文克尔曼说[②]："就希腊的政治体制和政府机构来说，希腊艺术的卓越成就根本原因就在于自由……自由[③]是一切重大事件的根本，是政治变动的基础，也是希腊人之间发生对抗的根源。正是自由就好像在人初生下时就已播下了高贵和崇高性情的种子，而且正像无边无际的海面的景象和汹涌的波涛拍打岩石的声音使我们扩大了视野，使我们的心灵超脱了平庸的问题一样，在这样伟大的事件和伟大人物面前，也不可能产生卑劣的思想。"

c）对于美的各个阶段的认识

我相信，要理解文克尔曼关于美的理论，必须同他的艺术史联系起来。他总是联系他想要着重强调的某一时期（同另一时期不

① 《古代艺术史》，i，1.7。

② 同上书，iv，1.13。

③ 同上书，iv，1.19。

同的)特点在相对的意义上使用抽象的术语,这样往往会产生字面上的矛盾,这对于连续阅读历史的人来说,丝毫不会造成困难,但是想要把这些术语解释成表示一个由互相排斥的性质构成的体系,是不可能的。文克尔曼从斯卡利格对希腊诗歌的分期受到启示,将希腊艺术分为四个时期[1]。

第一,希腊艺术“最早的”或“更古老的”风格还是在初步的无形式的尝试之后开始的,一直持续到菲狄亚斯以前的一代,素描的线型很有魄力,但仍嫌生硬,在衣褶的细节方面往往很细致,但不很秀美,有力的表现没有抓住美的形式[2]。就面部表情来说,我们可能不赞成后面这句话,因为面部几乎没有什么表情。就姿态而
言,这种看法还算比较确当。文克尔曼还指出,在这个“较古老的” 245
时期的艺术中,袍服的褶皱有时制作得惊人地精致。

第二,菲狄亚斯开始的时代,希腊艺术达到了造型艺术的最高阶段,显出“崇高的或雄伟的风格”[3]。这种风格是在“希腊出现了完全开明和自由”的时代兴起的。文克尔曼对这种风格的特点并不知道多少,只是依靠猜测。他认为,这种风格开始于菲狄亚斯,也包括斯科帕斯的作品在内。著名的雕塑尼奥伯群像就是斯科帕斯的作品。这座群像和当时在阿尔巴尼城的一座雅典娜雕像(与现今保存在那里的雕像大概是同一座雕像[4])就是仅存于罗马的、

---

① 《古代艺术史》,viii,1.4。

② 同上书,viii,1.17。

③ 德语为“Hohe”或“Grosse Stil”,《古代艺术史》,viii,2.1。

④ 承蒙布龙教授告诉我,他认为这里所说的那座雕像一定是现在收藏在阿尔巴尼城的1012号雕像,雕像头上有一块狮皮,没有头盔,由此可以辨认。他又说:“她实际上是崇高风格的典范。”可惜我从来没有看到过这座雕像。

他认为属于这个时期的这种风格的雕塑作品仅有的两座大理石雕像。使我们感到奇怪的是，他竟把斯科帕斯和普拉克西特列斯划分开，把斯科帕斯划在这个时期，而把普拉克西特列斯划在下一个时期。不过，在例证很少的时候，人们当然有一种强烈的倾向，想要把划分的范围扩大一些，以免在这个时期中空无一例。这种崇高或雄伟的风格之所以称为“雄伟的”，是因为艺术家不仅把美当作他们的主要目的[①]，而且把雄伟当作他们的主要目的。文克尔曼可能觉得这种风格有点冷淡和古板，不过他又指出，好的素描无论在古代还是近代的一般批评家看来，似乎都显得冷淡[②]。他常常把这个时期的艺术同拉斐尔的艺术相比较。这个时期的艺术特征是高度的纯朴和统一，就像不借助于感官也不依靠构思的辛劳而产生的观念一样[③]。文克尔曼的这些说法只是为了说明作者对于伟大艺术的统一性和自发性有着强烈的感受，并不含有任何与感官知觉完全脱离的抽象的唯心主义的观点。为了证明这种统一性和自发性，他举了拉斐尔的一个例子：据说，拉斐尔在画大多数宗教人物的头部轮廓时，都能一挥而就，事后无须修改。

然而，有一点是无可否认的：我们可以说，文克尔曼有时的确
246 会倾向于一种错误的推论，认为既然真正的美——如崇高风格之类——是一种观念中的美，那也就只能有一种表现。他对此是从来没有自我警惕性的。有一个事实可以明确地证明这一点，那就

① 《古代艺术史》，viii，2.1。

② 同上书，viii，2.3。

③ 同上书，viii，2.4，德语原文为“Die Gleichsam Unerschaffene Begriff d. Schönheit”，参看“d. Unbezeichnung”，“一种美的品质”，iv，2.23。

是他认为，尼奥伯同她的女儿们之所以相像的一个原因就在于她们都分有了最高的美[①]。

第三，是从雕塑家普拉克西特列斯开始到亚力山大的头几位继承者为止的时代，这个时期的风格是“美丽的”(beautiful)风格，也被称之为“秀美”的风格。这种风格同前一种风格(“崇高”和“雄伟”的风格)的关系就如同奎多的绘图和拉斐尔的绘画的关系一样。我们马上就会看到，这里所说的“秀美”只是这个艺术时期同别的艺术时期的一种相对的区分标志，而不是绝对的区分标志。

最后一个时期是模仿风气盛行的时期。由于美的观念——如果他是指古代的美的观念，那就是一个合适的理由了——已经失去了过去的朝气和活力，再也无法向前推进了。“艺术也像自然界中一切活动一样，不可能有完全静止不动的条件，因而就只有竭力向后倒退，不再前进了。”值得注意的是，虽然作者为近代艺术规定的原则是“模仿希腊人”，但他又提出模仿别人的人一定总要落在后边[②]，还把它作为一条公理。艺术，像哲学一样，已经成了折衷主义的了，也就是把过去认为与最初的风格不同的各种细枝末节糅在一起。

文克尔曼对近代绘画缺乏同情，这一点总是被人们大大地夸张了。如果我们依照夏斯勒的说法，认为文克尔曼除了古代希腊人的艺术以外[③]不承认任何艺术，那就未免太荒唐了。相反，他承

---

① 《古代艺术史》，viii，2.10。

② 德语为“Der Nachahmer ist Allezeit unter den Nachgeahmten geblieben”，viii，3.1。

③ 夏斯勒的著作，i，209。

认历史的原则具有普遍的适用性，并且认为希腊艺术的四个时期同意大利艺术的四个时期颇为类似。这种类比虽然很明显，但仍然是深刻的。诚然，他并没有对荷兰学派表示赞赏，但这是一件多么不容易的事啊！直到现在还有许多人仍然认识不到荷兰学派的可贵之处呢！虽然他对后期意大利绘画和雕塑的严厉判断只是接近于今天公认的见解，然而在这方面还有超出他的时代的见解。能够证明这一点的是他的直率的论断使他的著作编者迈耶和舒尔茨感到大为震惊。这个直率的论断认为，在拉斐尔和米开朗基罗之后，艺术鉴赏能力就随之变得越来越差了，雕塑已经随着米开朗基罗和桑索维诺[1]而走向彻底的衰落。他甚至认为，列奥纳多和
247 安德烈·德尔·萨托虽然很少有机会看到古代人的作品，但我们必须认为他们的思想和工作的情况能够同古希腊的画家所做的一样[2]。

尽管我们在文克尔曼的著作中可以找到一些谈论纯朴和高贵的美的孤立的字句，仿佛把美局限于抽象的和形式的东西上，但是很明显，对于一个把美理解为包含有多方面和多种类型的表现的作家来说，虽然其中有一些互不相同，却总是能够加以协调的，因此，决不能认为他把美的范围限制为只有一个单一的抽象类型。在进一步讨论他关于美和表现的对立的论点之前，我还要用一些别的例证来说明他在发现了这些矛盾的相对性时，怎样有意识地把这些概念加以重新调整，从而使矛盾得到部分的调和。

---

① 《古代艺术史》，iii，3.18 及编者注，1023。

② 同上书，v，3.28。

我们在前面说过，“崇高”或“雄伟”的风格同美的风格并不是一回事，而是同美的风格有区别的，正如他通常总要把经常用来表示雄伟风格之美的“崇高”(Sublime)同“美”(the Beautiful)加以区别一样。但他又明确地说崇高风格就是追求“真正的”美的风格[1]。这样一来，雄伟或崇高就都是与美相匹配的了。

再则，崇高风格的原则是不表现情感的[2]，可是，在人性中还没有任何没有情感或激情的状态[3]，而没有表现的美就是毫无意义的了[4]。因此，事实上，雄伟风格就“表现出意义深远而伟大沉静的灵魂”，而且正如柏拉图所说，这是一种最困难不过的表现形式。任何强烈的东西都更容易得到表现[5]。所以，文克尔曼实际上是把无所表现和最高形式的表现等同起来了。在文克尔曼看来，这两个极端的会合是很自然的，我们只要把上面提到的柏拉图的那段话跟他的另一段文字对照一下，就可以对他的这种看法得到清楚的证明。在那段文字中他提出，由于排除了激情，“最高的美的观念也许就是最单纯、最容易的，用不着顾及激情和激情的表现。”[6]

秀美的观念最初是为了描述美的风格的特征的[7]。但经过一段短短的讨论之后，他又把秀美的观念分为几种。原来提到的作

① 《古代艺术史》，viii，2. 10。
② 同上书，viii，2. 11。
③ 同上书，iv，2. 24。
④ 同上书，v，3. 4。
⑤ 同上书，viii. 2. 11。
⑥ 同上书，viii，2. 23。
⑦ 同上书，viii，2. 9。

248 为美的风格特征的那种秀美同第一种美的关系就如同阿佛洛狄忒的环带同赫拉的美的关系一样[①]——席勒后来在《论秀美和威严》中又对这一比喻作了进一步的发挥。文克尔曼著作中有一段文字[②]简短扼要地叙述了秀美观念的这种扩展过程,值得详加引述:

“关于第二种秀美,也就是更亲切的秀美(同第一种秀美相比,它的特点在于不怎么含蓄,更多地有赖于观赏者的有意识的喜爱),人们从收藏于卡皮托里尼博物馆的琉喀忒亚头部雕像,就会形成一种想法,倘若要进一步了解古代艺术家认为秀美是什么,就应当把秀美的画家柯勒乔的绘画同这些以及类似的头像加以比较。这样,我们就会认识到,这种近代的秀美不少是矫揉造作,常常夸大的,它同古代艺术家的亲切秀美的美的风格相比,还有很大的距离,这种距离在真正的艺术评判家看来,丝毫不亚于从亲切的秀美到崇高风格的崇高秀美之间存在的距离。”在这里,我们又看到,文克尔曼是怎样用协调的排列代替了简单的对立的。作者甚至还把悲剧性的、史诗性的和喜剧性的这三个词分别用于这三种秀美[③]。其中第三种秀美很难与柯勒乔的秀美相一致,不过,倒是还适用于儿童、农牧神弗恩和酒神巴克斯的女祭司一类没有完全达到美的标准的主题。因此,我们可以看到,文克尔曼准备把他的网撒到多么广阔的范围。

d) 美与表现之间的冲突

当我们在认识了上述协调并列的一般形式,并认识到他关于

① 《古代艺术史》,viii,2.16。

② 同上书,viii,2.18。

③ 同上书,第 20 节。

表现力在最高美中地位的观点存在明显的矛盾以后，我们就有了一定的准备，可以进一步了解文克尔曼关于美和表现之间关系的观点了。在这里，像在其他情况下那样，他也是从一对直接的对立出发的。表现是有损于美的[①]。表现和美两者是互相对立的性质。美在第一种情况下是纯形式的美，这可看作是指表现多样性统一的形态美，侧重点放在多样性上，这同荷加斯的看法是一致的。“决定一个美的身体形式的是那些不断改变其中心的线条，这些线条决不能形成一个圆的组成部分，但总是具有同希腊花瓶的轮廓一样的椭圆性质。”[②]另一方面，艺术中的表现则是对我们的心灵和肉体的活动和痛苦状况的模仿[③]，既是对行为的模仿，也是 249
对激情的模仿。从最广的意义上说，这种模仿包括我们的行动本身。从比较狭窄的意义上来说，它只包括与行动相伴随的面容和姿势的作用。表现是同美对立的，因为表现改变了美寓于其中的身体姿态。这种改变愈大，表现对美的损害愈重。他竟然没有想到，即使仅仅按照形态的标准来衡量，表现也可能使习惯性的姿态改变得更好一些。他心中想到的第一个区别显然是宁静与运动的区别，不过后来又作了修改。在《古代艺术史》分别讨论艺术的要素的比较注重理论性的两卷[④]中，他先讨论美，然后才单独讨论表现。

① 《古代艺术史》，v，3.3 和 4。

② 同上书，iv，2.29。参看本书前面 284 页。

③ 我们决不能把“Leidenden”这个词译成“被动的”（Passive），因为这里要说明的是受到作用的征象。它更接近于“在激情中”（in Passion）。“激情”（Passion）和“被动”（Passive）之间的联系是词汇史上的一大趣闻。

④ 《古代艺术史》，iv，v。

尽管他把表现和美这样尖锐地对立起来，但在转而分析实际的艺术描写和转向历史本身时，我们却发现，即使在严格意义上的美——神圣的美——的范围内，也有极其多样的类型[①]，分别同所描写的神的性格和职责相适应，而且，被称之为真正的美的那种风格可以和更多的表现相容[②]，而不只是同前一时期的风格或雄伟风格相容，而雄伟风格本身也并不是只有花瓶轮廓或几何图案的美，它之所以美是因为它表现了一个静穆的灵魂[③]。这样，尽管按照严格的形式美的理论，美就好像纯净的水一样，越没有味道就越好，因而是极为简单容易的事，并不需要表现这种美的艺术家对人有多少了解，或对激情有多少体验[④]，然而，实际上"没有表现的美就是无特征无趣味的，不美的表现是不能令人愉快的"[⑤]，而且，对于古代艺术家来说，美"就是表现的天平上的指针"[⑥]。就这样，表现得到了极其细致的衡量，因为它是——全部问题的总结显然就在这里——**一个既是美所必不可少的**、又往往**会使美受到损害的要素**。

250 毫无疑问，作为一个普遍的问题来说，文克尔曼留下来的是一个极端的矛盾，歌德自己只是勉强承认这一矛盾而没有解决它。但是，文克尔曼的独特贡献是一个历史学家作出的成就，而且我们也不难看出，这个问题是怎样具体地在他的心中产生的。

---

① 《古代艺术史》，i，iv，viii。

② 同上书，viii，2.19。

③ 同上书，viii，2.11。

④ 同上书，iv，2.23。

⑤ 同上书，v，3.4。

⑥ 同上。

他一定是从古代的或抽象的、美的概念出发，把美看作是以一些小型艺术作品和人体姿态的形式（即形态）表现出来的统一性和多样性。这种理论除了说明几何图案或花瓶的形状和模型给予我们的愉悦以外，实际上并不能说明任何更复杂的问题。严格地说，它甚至不足以说明我们对人的面容和姿态的最简单的鉴赏问题而只能导致混淆。文克尔曼在一段文字中就毫无疑问地陷入这种混淆[①]。由于这种混淆，他竟认为只有一种单一的和始终不变的美的形式，完全排除了与个性的联系，结果，就把这种美的形式和美的观念等同起来。美的观念，像一切理智的观念一样，是单一的和自身等同的。不过，我们不应把这种一时的错觉同他经常提到的理想美联系在一起，好像在他看来，这种理想美基本上就在于这种错误地同单一的不变的形态等同起来的抽象观念。相反地，"理想"这个词在文克尔曼那里，总是意味着依据经验运用经过训练的知觉，因为他的理论是基于一种古代的观念，认为只有集合各种局部的自然的美才能达到最高的美[②]。他知道，"理想的"形式，即通过观察者的心理活动改变了的形式，并不一定是美的，他认为[③]，奎多的"理想的"大天使，照那位艺术家的说法，是按照一种高于经验的心理形象描绘出来的，因而远不如他在现实中看到的人那么美，而且还说明了奎多在观察自然方面的缺失。因此，理想美的观念并不一定会缩减他的理论，而且还有助于扩充他的理论。

① 参看本书前面第 336 页。

② 《古代艺术史》，iv，2.35。

③ 同上。

毫无疑问，他的基本倾向是把这种单纯的形态美（这种形态美之所以意味着恬静，仅仅是因为运动会引起轮廓的改变）等同于雄伟风格，即崇高之美。在那个著名的纯净的水的比喻中[①]，我们看到他在和自己争辩：实际情况是不是果真如此？但是，看一看具体的情况，回想一下有比较显著表现的各个阶段，他又看出这是不可能的，雄伟风格只是表现了灵魂的一种状态，如果美的风格是表现了灵魂的其他状态的话。而事实上，如果雄伟的风格通过它的纯朴性而与形式美具有相同性质，那么美的风格也通过它的曲线的变化和曲线的魅力同样与形式美具有相同性质。因此，我们就得到了如前面所说的那种矛盾而又可以理解的结果：真正的美——雄伟风格的美——被排除在明确的美的风格的范围之外，而与美相对立的因素在与美为明确属性的风格中达到了它的最大限度。这样一来，他就背离了可以从他的前提中自然得出结论的那种观

342 251 点。他没有发现美与表现是成反比的；而他却肯定地指出，在具体的事物中，美和表现是分不开的，而美又依照其从中产生的心理内容分为几个种类和类型。虽然他没有把这两种要素归结于一种共同的名目，因而两者在理论上仍然是对立的，但他还是尽了一切必要的努力，在造型艺术的领域中揭示美的各种阶段和它的内容的发展是相符合的，这种内容的发展在近代美学的资料中占有主要地位。这样，文克尔曼就成功地“在艺术领域里为心灵提供了一种新的功能和新的研究方法”[②]。黑格尔的这个论断看来是依据歌

① 参看本书前面 340 页。

② 黑格尔，《美学》，序论，英译本，120。

德的论断作出的。歌德就谈到过文克尔曼对希腊艺术的发现[①]。而对于英国读者来说，十分幸运的是，对文克尔曼的回忆已经收在我们最优秀的批评文献的一本著作中了[②]。

vii. 没有被批评家所关注的材料

也许，在这里就结束我们对近代美学资料的综述是合适的。
我们并不打算考察那些没有引起批评理论注意的艺术现象。我们
对于绘画和音乐谈得很少，有的甚至完全没有涉及。除了狄德罗
提出一些富有启示的矛盾问题以外，批评界至今也很难说就认识 252
到这两种各不相同的近代艺术中，绘画艺术是一种独立的存在，而
歌德以前的十八世纪的美学批评界也没有向我们提到过生活在这
个时期的前半叶的巴赫和亨德尔以及生活在这个时期后半叶的格
鲁克、海顿和莫扎特。理论在能够处理本国的熟知的问题以前，它
必须沿着过去遗留下来的传统提供的艰难的路线走下去，因为它
已经习惯于相信，只有在那里，才有美的宝库。但是后来才发现，
这种珍宝就藏在我们自己的家门口，而在沿着那条路线进行探索
时，我们也经历了从抽象到具体的对比。在莱辛和文克尔曼以前，
我们笼罩在传统和空洞公式的昏暗的迷雾之中。而经过他们的努
力，我们就走上了一条光辉灿烂人口众多的联结各个不同时代的
广阔的人生大道。这种观念在莱辛的论文《论人类的教育》(1780

① 参看歌德的《文克尔曼和他的世纪》和佩特的《文艺复兴》《论文克尔曼》。

② 佩特的《文艺复兴》。

年)中得到总体的表现。这样,具体地解决一个对比的条件就成熟了。随着一个主要对比问题的解决,其他种种相关问题也都能够得到适当的解决。这些问题直到基本的框架安排就绪以前,是无法得到适当处理的。过去像音乐、风景画、哥特式建筑和抒情诗所有这些艺术门类很少得到那些要为建造美学哲学大厦准备材料的人们的注意。现在,随着这些伟大的思想家大师着手制定出基本的轮廓图,这些艺术门类都很快得到应有的地位。

viii. 过渡时期的迹象

最后,我们要再举出少量事实,来说明从历史的角度看,怎样把材料直接面对问题,然后又怎样变成具体的理论。

在 1764 年,文克尔曼出版了《古代艺术史》,就在这一年,康德的《论优美感和崇高感》也出版了。1768 年,文克尔曼已经去世,一位 24 岁的青年赫尔德发表了对莱辛的《文学书简》不满的言论,表示[1]需要再出一个文克尔曼,把他在造型艺术领域开创的系统联系的科学的历史的新观念运用到希腊诗歌和哲学方面。1733
253 年,歌德发表了《葛兹·冯·伯里欣根》,提出令莱辛觉得厌恶的问题,也就是关于莱辛自己的莎士比亚式的反叛问题,更重要的是歌德发表了一篇论述斯特拉斯堡大教堂建筑的绝妙的短文,公正地同时举起了"哥特式"的艺术和特色鲜明的表现这两面旗帜[2]。大

---

① 赫尔德,《当代德国文学之片稿》(文集),2,c,iv。

② 《全集》,xxv,1。这篇论文最初和赫尔德及莫泽尔的文章一起发表在《德国的风格与艺术》(*Deutschen Art u. Kunst*)上。

约在1775年，狄德罗写出了《画论》[①]。这几乎就标志着他作为当代绘画批评家的长期生涯的结束。《画论》一开头就写着那句著名的格言：自然从来就没有不是。狄德罗可以说是以弘扬浪漫主义和自然主义著称的传道者。因为事实上在自然主义和浪漫主义整个早期对比的时期，这两个要素就结合成单独的一极，同古典的风格古怪的形式主义对立起来，只是后来，这两个要素才形成极端的对立。关于浪漫主义和自然主义（或象征和模仿）在本质上的相互依存的理由，在前面一章已经作了说明，也许它们之间的对立从来就不可能而且将来也不可能具有根本的性质，虽然人们有时会认为这种对立具有根本性质。因此，我觉得，狄德罗的论点——大自然造就的一切都是整体的资源节约所必需，所以都是"正确的"——对艺术产生的影响，要比歌德所设想的更为深远。美究竟是在原则上敌视必然性，还是仅仅因为我们对合理性的认识不完善造成的，这个问题应属于丑的美学范围，而且只有在丑的美学范围内，才会涉及。在一个看起来实际上能够无限扩展的范围内，自然必然性的产物过去一直在从丑的范畴转移到美的范畴中来，现在也仍然继续这种转移，这纯粹是一个日常经验的问题。这种实际上无尽的扩展过程是不是在理论上没有一个终点，现在我们还不可能讨论这个问题。

1781年，发生了三个在美学史上具有重大意义的事件。莱辛的逝世切断了新的文艺复兴和旧的文艺复兴（即拉丁文艺复兴和

① 歌德在1805年翻译过这篇论文，与其说是因为这篇文章本身的价值，倒不如说是对美学史作了贡献，而且也是为他自己的论断提供根据。

希腊文艺复兴）最后的联系。席勒的著作《强盗》的发表继续开辟了天才时期——这对莱辛的反冲作用正如莱辛对高特雪特的反冲
254 作用一样。康德的《纯粹理性批判》的发表开始了一场哲学革命，这场革命后来由于问题和美学材料的密切结合而得以完成。当《判断力批判》于 1790 年发表时，这个哲学问题就以抽象的方式解决了，我们将在下一章尽量清楚地说明这一点。这种抽象的解决只需要经过具体的发挥，就会成为一种真正的艺术哲学，并对未来的一般思辨产生重要影响。

因此，尽管从某一方面来说，歌德和席勒当然是莱辛和文克尔曼的直接的后继者，但是最方便的办法仍然是把对歌德和席勒的论述放在讨论康德的美学以后，而不是之前。歌德和席勒都在某种程度上受到康德思想的影响，而且席勒受到的影响尤为深远。此外，他们以及他们的同代人也是在康德几乎是完全独立地阐述了美学中的各种问题之后而不是之前，从上述的运动中继承下来的美学知识和美学表现才对哲学发生充分的影响。因此，我们将首先论述康德，然后再联系 1790 年到 1800 年那十个重要的年头来论述席勒、歌德和其他人，这样才真正符合事件的内在联系。从此以后，我们就可以连续不断地探索这种美学思辨的潮流。这个潮流是由于把康德的抽象美与对艺术和工艺制品的鉴赏相结合而产生，并且作为人类精神的表现，随着人类精神文明的发展而发展的。

附注：

a. 这一论点在大卫·休谟的《人性论》(1739 年)第 2 卷第 3 部分第 8 节中已明确提出。这是在伯克和凯姆斯伯爵之前的著作。

第十章　康德——把问题集中于一个焦点 255

1. 他的问题同美学材料的关系

上一章所叙述的近代美学资料，对于康德哲学并没有产生重大的影响。他的事业完全是在形而上学的思辨道路上进行的，而且是在这种形而上学的思辨同具体的进化观念形成结合点之前进行的。思想史上还从来没有出现过如此奇迹般的景象：康德这样一位伟大的思想界的先驱在专业哲学的荒野上披荆斩棘探索道路历时四十年之久，并且最终把他的人民带到了一个自由的人道主义的文化新世界的门口，而他自己，就我所知，却从来没有能够彻底地进入这个新世界。

我们一定会记得，康德的最著名的著作虽然发表于莱辛逝世之后，因而也是在文克尔曼逝世之后很久，但康德的出生时间(1724 年)却比莱辛早五年，仅比文克尔曼的出生时间晚七年。他的第一部美学著作《论优美感和崇高感》发表于 1764 年，也就是文克尔曼发表《古代造型艺术史》的那一年，比莱辛的《拉奥孔》发表得早一些。这部著作的书名似乎可以表明，伯克的论文(1756 年)有助于引起他对这一主题的注意。这部著作发表的时间(1764 年)可以说明，他的美学兴趣在新的文艺复兴真正开始以前就已经

确立了自己的方向，他在1790年发表的重要美学著作《判断力批判》遵循着崇高和美的同样划分。这部著作中虽然明确地提到了伯克的论文，但对当代的考古学和艺术批评运动没有表现出任何兴趣。在这部著作中，我们的确可以经常看到来自卢梭观念影响的踪迹，也可以发现一些来自德·索绪尔的见解。但对于证明这样一条规则来说，这些只是一些例外情况。这条规则乃是，康德虽然博览群书，他却更喜欢依靠无论是他自己还是别人观察到的有关自然和人类的新的事实，而不喜欢依靠那些有关书本和艺术的第二性理论。

256 因此，他对美的研究可能由于受到伯克以及与之类似的作家的启发而采取那种直接的形式，而且不能不带上在他周围沸沸扬扬的各种思想的痕迹。但是能够使得这种研究在这个特殊的关键时刻具有极大重要性的各种条件并不是来自以前的或当时的艺术理论，而是来自一般哲学中决定“近代美学问题”的那个思想运动。康德在自己的著作中运用美和崇高的观念作为主要范畴，把这个运动中的各种因素整理成有启发性的完整系统以后，那些在思想界陆续出现的迅速崛起而且有幸成功的大思想家，正是借助于康德的思想观念才得以把艺术和学术资料加以重新组织，从而为一种具体形态的唯心论奠定了基础。实际上，这种唯心论也同样支配了十九世纪的美学和形而上学。中世纪精神与古代精神的已有对立的解决——浮士德与海伦的结合——产生了完全的近代精神。这一对立的解决大部分是在哲学本身范围以外进行的，只是在紧接着康德体系完成以后的那个时刻才被引入形而上学的思辨范围。因为康德的体系是以另一些更抽象的形式来解决这一对立的。

2. 美学问题在康德体系中的地位

在重新建构哲学体系的毕生事业中，康德可以说把三个根本问题当作自己追求的目标。这三个问题把当时的几种思想运动汇聚在他所提出的中心问题上。第一，他需要对自然法则的概念进行论证；第二，他需要对道德法则的概念进行论证；第三，他需要对自然法则和道德法则之间的相容性概念进行论证。其中第一个问题是休谟留给他的，这个问题构成了《纯粹理性批判》的根本问题。第二个问题是沃尔夫学派的遗产。康德在《实践理性批判》中讨论了这个问题。第三个问题是必然从另外两个问题之间的联系中产生的，因为前两个问题着重突出了被十八世纪的启蒙思想过分渲染的那种近代认识：感性的和理性的个体具有不可剥夺的感性的和理性的自由权利。康德虽然认为他的前两个《批判》在自然和理性之间提出了一种消极的划界，从而确立了这两者之间形式上的
相容性，但他又不可避免地紧接着提出某种更具积极意义的调和。257
他在 1790 年发表的《判断力批判》中作了这种尝试。这一年是值得人们记住的一年，因为它与以后十年中文学史上的一段不平凡的时期是联系在一起的。

对于头两个《批判》的内容，我们只是为了说明康德与美学理论的关系，可以用通俗的语言对它作如下说明。

当我们从逻辑结构上来考察自然科学体系的时候，我们立即就会看到，尽管自然科学体系的实际材料无限繁多，但却贯穿着某些共同的特征。这些特征看来同它的智识存在形式是分不开的。

用近代语言来说，这些共同的智识存在形式就是以最形式化的方式来表述的自然齐一律，充足理由律及其从属形式因果律，更不用说更具感性抽象形式的空间和时间了。不管我们用什么名称来称呼这些原则，使用这些原则都只不过是使用我们的智力和知觉能力的另一种说法而已。而且，除了研究有关思维理论以外，我们在习惯上是不去追问这些原则从哪里来，或者我们根据什么来使用它们的。如果今天有人在这个问题上责问我们，我们也许就要依据我们对知识分析的证明指出，如果没有这样一些原则，我们就不可能进行科学研究工作，而且，还有一种怀疑这些原则有效性的观念认为，我们完全可以抛弃这些原则，采取另外某种办法，这样也许可以使我们的知识减少一些人为的因素，对于这种观念，我们在经验中也找不到任何根据。

这种论证方式表达了穆勒力图证明的经验的公设对我们的思想产生的结果。如果抛开当时的特殊思辨条件下产生的技术性细节和限制，这种论证似乎同《纯粹理性批判》在本质上完全一致。

然而，严格说来，这种论证对我们的作用并不很大。在这种论证中，智力同知觉材料的根本关系就只限定在一个非常狭窄的范围。对于那些我们无法控制的经验要素，也就是不能用智力的形式公设加以确定和解释的物质实在的要素，这种论证使我们陷于
258 无法忍受的困惑之中。我们知道，就我们所能达到的自然知识，是通过必然联系的过程形成了一种观念，认为自然的各部分是相互依赖共生共存的无限系列。我们看不出有什么根据能够假设，这样摆在我们心灵面前的自然实在，即包括我们自己的感觉的和情感的自然在内的实在，无论如何都一定会继续与我们的智力保持

一致，或者对我们的道德的或幸福观点上的要求会有丝毫的顾及。

这样，认识就局限于各部分必然的相互联系的一个体系之内，对于这个体系作为一个整体是不可知的，也是不能合理地加以推测的。这样的认识就是康德所说的“知性”(Understanding)的作用。我们可以把这种知性比作“科学的眼光”。在这种科学的目光之下，任何变动无论是道德方面的还是物质方面的，只要它的各种因素是按照因果律互相联系着的，就不会是混乱无序的[①]。《纯粹理性批判》是要证明，理论知识只是由这种“知性”的作用限制在可能的感知的范围内，整体只能在它的各个部分中认识，而不是作为整体认识到的。因此，理性或理性所包含的思维的那个方面，对于每一个部分来说，必须与一个整体相联系，而且必须在整体中才具有意义，理性并不具有理论性功能，也不能成为任何理论性命题的来源。理性的作用不在感性经验的范围内[②]，因为整体作为整体是不可能在感性经验中出现的。理性的作用在感性经验范围以外，因为在一个根据假设并不存在对各部分的知觉的领域怎么可能形成对整体的确定知识呢？因此，理性的观念，是关于整体宇宙性质的观念，如关于上帝的观念和自由的观念，这样的观念无论是在感性经验的范围之内还是在感性经验的范围之外都不可能得到

---

① 参看作者在《逻辑学》ii. 214 中所引用和批评的赫胥黎教授的文章(载《当代评论》,1887 年 2 月号)。

② 在这里，我没有提到把这些理性的观念“规整性地”运用到知识上去，通过这种规整性的运用，研究者可以在知识对象中找到许多可以使科学成为可能实质性的规则，尽管他不可能在理论上断定存在着这种规则。这一原则事实上是关于知识的一条实质性的公设，同穆勒的“齐一律”相似，如果我们把“齐一律”理解为不但是指“A 是 A”而且是指“知识是可能的”，如果把这个原则插入《纯粹理性批判》，那么就是对康德的二元论从头开始所作的修正。

259 理论证明。因为纯粹的理论给予我们的是一个自然必然性的世界,在这个世界之外,是没有什么可以在理论上明确加以肯定或否定的东西的。

我们在思想中一旦设定了整体和部分的抽象的区分,这个结论就是不可避免的。如果我们要问,为什么脱离理性的知性不像脱离了知性的理性那样显得是一个空洞的虚构,答案就是,如果通过研究一个体系的各部分来逐步接近一个体系,那么我们就不知不觉地使这些部分从属于一个暂时的或不完全的整体,例如,把宇宙看作是在空间和时间上无限的物质的实在。这样,我们就可以暂时有序地安排我们的经验,而把它们在总体方面的困难放在一边。所以,黑格尔说,“没有理性的知性是存在着的某物,没有知性的理性则是无。”这句话里包含着实际上的真理。我们今天即使能看出康德的抽象不能成立也不能因此而自夸,除非我们能够完全确实可靠地肯定,我们自己已经完全了解,所有必然联系是怎样通过部分与部分的关系必定建立在某个既定的实在之中的。

至此看来,如果把规整性的运用理性观念到经验范围之内这一点除外,那么,我们从康德的论述中所能得到的只是在自然的必然性世界和理性自由的世界之间的一种纯粹消极的划界而已。理性的作用在这两个世界的观念中是显然存在的,但是理性起作用的这种方式看起来是不相容的。

在《实践理性批判》中,我们可以找到弥补这种划界的方面。我们都知道,为了能活下去,我们就必须接受某些简单的信条,不管我们是否承认这些信条。比如,食品给人营养,语言总有它的意义,人不会无缘无故地或没有预先提醒就向老虎求助。总之,一切必须作的行动也都是可能的。从某种这样的基本立场出发，我们可能对常常被人可笑地加以模仿的康德的实践理性采取一种完全赞赏的观点。作为一个有意志的存在物，人不可避免地要给自己提出某些目标和行为准则。于是人的行为就作用于物质实在的世界，而且，我们现在认识到，这种行为确实是通过人的机体同那个世界及其必然性发生最密切的对应关系。但是，按照前一部《批判》中的原则，关于在物质实在的世界中可能或不可能实现人的意 260
志，我们是无法形成任何理论命题的，因而，关于上帝的存在，关于自由意志和灵魂不朽的真理性，也不可能形成任何理论命题。然而，依据这些理性观念，《批判》把宇宙的性质看作是一个具有超越感性经验的统一性的整体。这些没有得到证实的理性观念，却能指导人对实际生活的态度。他可以说这些理性观念的对象的确是实在的，但他却不能说出它们何以是实在的。不过，他还是要按照这些理性观念来实现生活的目标。因此，如果我们把这个问题的本质翻译成近代术语，我们就会发现，这种只是对道德秩序的要求实际上是可以在道德生活中实现的。道德生活是理性和自然的交汇点，在行为中表现出理性和自然的相容性。只有这种道德生活才应当把它称为一种实在。这样一种观点，在今天应当是不难理解的，因为，尽管它是自相矛盾的，但如今人们却非常广泛地持有这种看法。一个人如果相信有一个作为整体的宇宙同任何理性目的毫无关系，但又认为，实际上可以肯定，道德是可能的，而且由于生活同更高尚的尘世的未来有着蕴含关系，因而是值得持续生存的，那么他就能够正确认识康德关于实践理性的理论。

因此，自然的世界和自由的世界这两个互相分离的世界是依

据可以区分开来的两种事实的秩序——科学事实和道德生活的事实的秩序——建立起来的，可是由于两者之间严格的消极的划界，也就是由于一种不可知的必然性，对于这两种事实之间的不相容性的任何证明都被变得不可能了。

如果对这两个世界不加以协调，力求使这种观点更完备起来，那么要人们接受这种观点看来是不大可能的，这种需要在下面这段引自《判断力批判》导论的文字中，阐述得极为明确：

“这样[①]，就在自然概念领域（即感性世界领域）和自由概念领域（即超感觉世界领域）之间存在着一个不可能逾越的鸿沟，以致从前者到后者（也就是通过理性的理论运用）没有可能的过渡，好
261 像是截然分开的两个世界，前者对后者绝不可能发生影响，后者却**应当**对前者产生影响。这就是说，自由概念应该把它的法则所赋予的目的在感性世界中予以实现。因此，我们必须以这样的方式来看待自然：它的形式的合法则性至少可以与合目的的可能性相容，这种目的是自由法则所赋予的，又可以在自然中实现。因此，归根到底，我们必须有一个能把作为自然之根源的超感觉世界同自由概念实际上包含的内容统一起来的基础，这个基础的概念虽然无论在理论上还是在实践上都不能达到对它的认识，因而也不具有特定的领域，但它仍然有可能从一个世界的原则所规定的思想方式转变为另一个世界的原则所规定的思想方式。”

在这里，康德准备赋予审美判断和目的判断的内容一个很高的地位。这个地位就是充当两个世界的交汇点，感性世界中代表

① 《判断力批判》，《全集》，4，14。

理性和在理性世界中代表感性。我们将会看到，这种审美判断和目的判断的内容是同现实和艺术中的崇高和美以及有机的自然界中各种产物相吻合的。这样，通过实在对象似乎不可分割地体现出一种观念的极端重要性，就成了具体的唯心主义从中产生的萌芽。

3. 为什么审美判断是美学问题的答案

判断力的运用之所以会成为所需要的交汇点的原因，用康德的术语来表达，听起来似乎非常奇怪。康德说，判断力是知性和理性的纽带，正像快感和不快感是认知能力和欲望（意志）能力之间的联接纽带一样。判断力是反思的能力，而不是决定性的能力，并且要求**自身**具有自然界中合目的性的概念，就**好像**有一种神奇的智力对千变万化的自然界赋予统一性使它符合于我们的认识。这种与我们的认识或理解力的符合，在感知到的时候，能引起一种快感，它与符合我们的欲望引起的快感是完全不同的。这种快感是审美判断的谓词，由于它只是理性表现一种对象的形式而产生的
快感，因而虽然是主观的，但却是普遍性的。当这种谓词不是一种 262
快感，而是与一种目的观念的关系时，那么我们所得到的就是目的判断而不是审美判断了。

且不谈目的判断，我们可以把这种术语的意义阐述如下。每一种判断都可以看作是把部分置于整体的联系之中。如果我们把知性和理性分开，虽然这两者都不可能没有判断，但事实上，这种分开，正如我们所看到的，除了有一定程度上的问题以外，完全是

一种纯粹的虚构。因此，如果说判断力是知性和理性之间的中介，这种说法只是意味着，一切判断都是综合，因而，典型的判断，就其最主要的类型来说，总是有一种倾向，要把各部分的关系集中起来（这种倾向被设定为知性的范围），服从于一种统一性或整体性（这被设定为与“理性”所着重的观点相符合）。毫无疑问，这样一种各部分的统一一定会逐步变成一种合目的性的有用的概念。我们只要想一想在决定把有某种意义的名称用于我们所说的“事物”时，目的的观念是多么重要，就足以说明这一点了。如果脱离了有机的和人造的产物，个别“事物”的概念是否会存在，这是颇有疑问的。因此，把对象中有显著特征的知觉形式，明确地称之为判断，就是很自然的了。因为这正是把部分综合为整体的一个突出的实例。正因为如此，判断力才被看作是知性和理性之间的中介，合目的性观念才被当作是指导判断力的反思的不可分割的或**先验**的原则。

快感和不快之感之所以又被看作是联系认识能力和意志能力或欲望能力的纽带，显然是由于这种感觉的显著特征就是它通常总是同行动或实用兴趣相联系，如果它仅仅作为快感和不快之感而存在时，也就是和这种实用兴趣或满足完全无关时，那么它就被看成是行动和理论之间的折衷状态。这种讨论在某些方面使我们想起亚里士多德关于纯粹的认识活动给予我们快感的论点。但
263 是，康德的意思远不止于此。他的意思所表示出的是，如果对象的知觉同主体的心理能力之间的符合清楚地表现出来了，那么主体在想象力和理解能力之间的关系就会受到相应和谐的影响。我们必须认识到，这就意味着想象中或图像知觉中所呈现的形象，能够

以某种方式适合理解力的需要，或者适合于理解力的规则。在这里我们遇到的困难和以后还一直会遇到的困难就是，这些规则怎样才能适用于各种不同的美的对象的个别特点。想象力和理解力之间相符合的不同情况，是不是与不同类型的美相关联呢？

这样，审美的快感就把欲望和认知的特征结合起来，正如判断力的性质在合目的性的观念中把理性（统一性）和知性（多样性或离散性）这两方面的特征结合起来一样。之所以把审美判断选择来作为指导形成自然和自由、知性和理性、可感觉的和可理解的之间所需要的交汇点，看来，原因就在这里。

审美判断的居间地位，突出地表现在康德所提出的四个二律背反上。这四个二律背反分别同康德在《纯粹理性批判》中用来规定审美判断本质的四组范畴相对应。下面我将把这几个二律背反逐一加以论述。

从质的方面来看，鉴赏判断是审美的。这就是说，构成鉴赏判断的谓词的愉悦是不涉及利害计较的。利害可定义为对象的存在观念所引起的快感，这种快感同对象的单纯表象或感性观念所引起的快感是不同的。因此，美在性质上既不同于愉悦的快感也不同于善。愉悦的快感相当于欲念能力的低级形态，善则相当于欲念能力的高级形态。在这两种形态中，欲念能力都涉及“利害”的计较。

从鉴赏判断的量的方面和模态方面来看，美都要被看作是普遍和必然的，但又没有反思观念的介入的一种愉悦的对象。由于这个原因，普遍性和必然性两者本身都是主观的而不是客观的。康德并没有把这两方面放在一起论述，但由于按照近代逻辑，我们并不怎么注意把量的和模态的或普遍性和必然性区别开来，所以我就把这两者放在一起来论述。

从量的方面来看鉴赏判断，美同愉悦和善都是有区别的。美
264 同愉悦之所以有区别，是因为美具有普遍性——因为我们要求美的判断的一致性，但不是对食品和饮料的美味没有争论的一致，美同善之所以有区别，是因为在美的判断中不存在反思的观念。关于这两种区别，我们在模态方面就不必重复了，结果显然是相同的。

从关系方面来看鉴赏判断，就一个对象**在没有目的观念的情况下**被感知来说，美是这个对象合目的性的形式。因此，美又同愉悦性区别开来，因为这种快感涉及一个明确的主观目的。美同善区别开来，因为善涉及一个目的观念，不论这个目的是外在于对象的（如在功用性的情况下），还是内在于对象的（如在完善性的情况下）。因此，完善性，即使是混乱地想到的，也不能像沃尔夫学派所设想的那样，等同于美，而是在性质上与美不同的东西。无论是在思想多么含糊不清的情况下，我们也不能把完善性归于某个对象而又不把某种目的观念作为判断的标准用于这个对象。

在康德看来，“合目的性的形式”本来是和我们的想象力和理解力处在一种和谐的关系之中的，因此，初看起来，我们似乎不能确定，这种“合目的性的形式”到底应当看作是纯粹偶然的，还是把它看作是依赖于一个对象中有机统一的表现，也就是“没有目的的合目的性”这一说法给我们提示的表现。看来，我们应当在这里转引一下表明康德本人是怎样理解这个二律背反的一个脚注。

“对于美的这种解释，人们可以举出一个反对它的例子说：我

们在有些事物中可以看到一种合目的的形式而不能看到一个目的，例如从古墓中常常发现掘出的石器上面有一个洞好像是用来插入把柄的，这些石器从形状上清楚地显示出一种合目的性，但我们并不知道它的实际目的，因而并不把它叫作美的。但是，我们把这些石器看作是艺术产品(因此，我们也必须认为这是指工艺美术产品)，这个事实就足以迫使我们承认它们的形状和某种目的，而且是与某种确定的目的有关。因此，在对它们的知觉中绝对没有直接的快感。但是一朵花，例如一朵郁金香，则被认为是美的，因为在对它的知觉中，可以发现某种合目的性，但这种合目的性并不能在我们的判断活动中指出任何目的"[①]所以这样看来，知觉的协 265
调取决于对协调一致的知觉，尽管对这种协调一致的知觉的客观性质还不可能提出明确的命题。

审美意识的地位和性质最终是由这四个二律背反从哲学上来决定的。只是这四个二律背反把鉴赏判断限定为"主观的"。这个限定只好留待康德的继承者加以明确消除了。

(1) 对审美意识的划界

现在对审美意识已经有了一个最后的否定性定义。一方面，它和抽象智力的领域有明确的分界，另一方面，它又同感官愉悦和道德满足的领域有明确的分界。如果说后两个对比，即审美兴趣同两种形式的实用兴趣之间的对比，依赖于一种常识性的区别(即存在与现象之间的区别)，不容易转换成确切的心理学的术语来表

① 《判断力批判》，第 87 页，脚注。

达,那么我们就会发现,正是康德自己提供的说明使这种对立得以成立。审美兴趣的特殊性这个使古代最伟大的思想家深感为难的问题,自从康德作了深刻明确的阐述以来,就再也不会受到严肃思想家的误解了。黑格尔说,他在《判断力批判》的导言中看到了"关于美的第一个合理的说法。"[①]我们完全可以赞同黑格尔的这一论断。

(2) 审美意识的实在本质

我们还要看到,审美意识现在已按照它的实在本质被认定为感觉和理性的交汇点。到现在为止,我们关于这个问题的探讨都是通向这个结论的。但是康德却能以他一贯的冷静而大胆的精神,成为提出一些能够恰当描述我们关于美的日常经验的原则的第一人,然而从抽象的形而上学来看,这些原则又显得是完全自相矛盾的。一种愉悦的感觉同实用兴趣全然无关,它依赖于一种被
266 感知内容的合目的性,虽然这种感觉完全没有任何明确的目的观念、种属观念、前因和后果的观念[②],只是一种单纯的感觉,但却要求具有普遍性和必然性,——这样一种感觉无论对于感觉论哲学还是理性论哲学来说都同样是不可能的。这种感觉不是感官满足的明晰形式,也不是完善性的模糊观念。这些只是在完全不充分的基础上解释它的努力。它是真正的感觉,又是真正合理的。这

① 《哲学史》,iii,543。他只是引用了这样一个句子:"如果一个对象的形式(不是对它的知觉的物质要素,即感觉刺激要素)被判断为这样一个对象的形象引起愉悦的基础,这个对象就是美的。"

② 必然性就是判断"如果 A 则 B"中的前因和后果。

就是康德提出来的二律背反。它要求的是除非一方面在感觉、感官或自然，另一方面在理性、智力或自由这两者之间能有一种统一，而且这种统一不是偶然的，而是内在的，否则都是毫无希望的“绝境”。

(3) 鉴赏判断的“主观性”

然而，康德在所有这些其他矛盾之上又加上了一个限制。这种限制似乎取消了美感的中心地位，而乍一看来，人们总以为康德是要求美感有这种中心地位的。我们始终必须记住，鉴赏判断是“主观的”。“鉴赏判断”这一用语说明康德的理论有部分的英国先辈的影响，也说明他必须从感觉论和经验论的成见中提出整个问题。“鉴赏判断”对认识并没有任何影响。它只是表达了我们自己在有某种知觉时所感到的各种力量作用的和谐。我们在前面已经谈到过，在我们所感到的和谐于何种程度上包含着对象中的和谐。然而，乍看起来，康德在他的一般用语中都尽力避免得出任何这样的推论。我们常常可以见到这样的说法：“我们称之为美的对象的观念可以给人以快感，这种快感具有普遍的、主观的有效性。”一种具有普遍有效性的感觉怎么能够仍然保持排除客观性的那种主观性呢？整个这种看法难道不是纯粹的自相矛盾吗？然而，退回去是不可能的。康德坚持不懈地证明他的观点。美的确是主观的；它因感知者而存在，为感知者而存在，而不是以任何别的方式存在。但是，它的主观性并不构成对它同时具有客观性的障碍。康德实际上是这样说的，但他并没有用明确的语言说出这一点。当这一点明确地说出来时，抽象的主观性的限制就被取消了，二元论

传统的两个世界的界限就被打破了。

到现在为止，我们看到，鉴赏判断总是被看作一种具有一些矛
267 盾属性的心理现象，对于这些矛盾属性，我们只是提出一些调和这些矛盾属性的设想，但却不能肯定，更不可能加以证明。现在我们就应当看到，这种认识首先经过康德本人的研究，然后经过他的继承者的研究，得以发展成为一种具体统一的概念，得到美学科学从美的鉴赏和制作意义上的证明，并得到自然史和人类史方面的其他哲学方法的证明。观念内在于实在，这是客观唯心主义的根本。美感为这种内在性提供了最简单最明显的例证。

4. 康德美学中抽象和具体的冲突

我们说过，康德美学理论的出发点是依据感知者与被感知对象在事实上一致的鉴赏判断。在这里，我们看到了感觉的美学和纯形式的美学共同的根源。这两种美学是两个抽象的极端，实际上是不可分的。在某些知觉中的无关利害的未经分析的快感材料只是某些知觉给无关利害的快感提供未经分析的材料的一个方面。由于这些观点都共同地反对审美判断中空泛的理性主义，因而具有维护美感的直接性的功绩。但由于这些观点把这种具体的直接性混同于没有任何可进行理论分析的意义，因而把美贬低为绝对没有任何特性和内容的东西了。

只要康德绝对地坚持他的原则，认为没有抽象的概念就不可能有客观的判断，而且美不可能牵涉抽象的概念，那么由此就可以推定，美的快感，虽然具有这样一些理性的形式属性——与利害无

关、普遍性和必然性——，然而，**按照假定**这种快感都是无内容的，也就是说，虽然审美快感是依靠对这些形式的积极内容的审视而产生的，然而美的快感中却没有任何确定的内容。

康德从来不打算承认鉴赏判断也可以是客观的，但是他又对妨碍他承认这一点的两种原则作了一定程度上的修改。他虽然没有明确断定没有确定的抽象观念也可以有客观的判断，但他承认美的形式可以通过对不明确观念的关系而把丰富的内容注入美的形式[①]。他虽然没有承认鉴赏可以涉及理智概念，但他又认为鉴 268
赏是一种可以传达感觉的官能，还把鉴赏的高级形式同客观的和抽象的观念紧密联系起来从而把鉴赏的高级形式区分出来。只是为了坚持他的论点，他才认定鉴赏判断在这样联系起来时，是“不纯的”。

孤立的音调和色彩马上就提出了难题。它们具有审美形式吗？如果它们具有审美形式，那么什么东西可以说是这种形式呢？如果它们没有审美形式，它们所赋有的不同于感官愉悦的美也就取消了。如果是后一种情况，在理论上就会引起严重的后果。如果有一些孤立的感觉这样进入美之中，这种孤立的感觉只有愉悦性而没有美，那么美又是从哪里开始从愉悦性中产生的呢？

康德看来是打算在一定程度上把丰富的形式赋予简单的音调和色彩的。这是第一次在他的鉴赏判断中容纳具体内容。他说，这些简单的音调和色彩之所以是美的，仅仅是因为它们**是纯粹的**，而且只有它们**是纯粹的**，它们才是美的。他解释说，纯粹的意义就

① 参看《鉴赏的二律背反》及其解决，《判断力批判》，第213页以下。

是没有受到混合的干扰。他实际上就是大胆地提出混合的色彩和音调是(在这个意义上)不美的。这种解释与柏拉图的看法有些类似,但无论是根据物理的分析还是根据直接的知觉,这样的解释都是说明不了问题的。眼睛和耳朵并不一定会告诉我们,哪些色彩和声音具有最纯粹的物理原因。即使有什么感觉或科学能够检测到各种音调或各种色彩的混合,我们也不一定能断定那种混合没有审美的纯粹性,更不可能断定出审美意义的美了。会不会有某种没有偏差的知觉能够选出一种基色(红色、绿色或紫色)或一支音叉的音调(是少数完全没有和声的一种声音)作为一种典型的纯粹性呢?

康德也许正是因为对这种困难有所觉察,所以才又提出另一种观点,这种观点至今仍然呈现一种复活的趋势,只不过改变了形式而已。他指出,也许有节奏的律动构成各种音调和色彩的激发原因[①],它可能不但对感觉器官产生影响,而且实际上还能为心灵所觉知(康德对此“仍有很大的怀疑”)。在这样的情况下,色彩和
269 音调就有了作为多样性统一的形式性质,因而就有理由称之为美的了。

几乎无可置疑的是,在康德看来,他力图在其中这样找到简单知觉形式的这种统一或多样性的统一,是与总体概念密切相关的。这种总体概念是一种超经验的理性概念,因而对认识来说是无限的,但对实践具有调节的作用。在下面我们会看到,在他看来审美观念对理性观念是不确定的。

① 在物理学理论方面,康德提到了欧勒。

但是，这种有重要意义的形式学说是否得到证明，他还是没有充分把握的，因此，他部分地倾向于否定色彩美本身，而把它仅仅看作是一种有助于提高清晰度和线性价值的视觉刺激。在这里，我们会陷入形而上学的“形式”——作为一个有意义的整体各部分的关系——同作为可见物体外形的“形式”之间的混淆。形而上学和美学意义上的形式显然包含着色彩构图的和谐，同样也包含线性的和立体轮廓的和谐。

假如我们承认（这一点还是颇有疑问的）单独的音调或色彩也可以孤立地考量，在这种孤立的情况下，它们的审美性质也依赖于极其多种多样的细微迹象的暗示①，纯粹性的观念只是这些细微迹象中的一种，它是多样性统一中的一种，而不是仅仅从这种统一的事实中产生的。罗斯金对纯粹性的论述②表明纯粹性观念包含着多么丰富的明确意义。上面所说的情况就是康德在两种想法之间摇摆不定的一个典型实例：他一方面坚定地维护审美快感的抽象材料，另一方面又感到，如果不能给这种抽象材料找到一种内容，那么他的形式理论便成了毫无意义的空洞的东西。

柏拉图是把非常基本的几何图形的实例同单独的音调和色彩并列在一起的，但康德则把这种基本的几何图形实例排除在美的范围之外了。他认为，这些基本的几何图形非常接近于这种抽象观念的意思，因而同美的非反思性质难以协调。在这里，他又表现

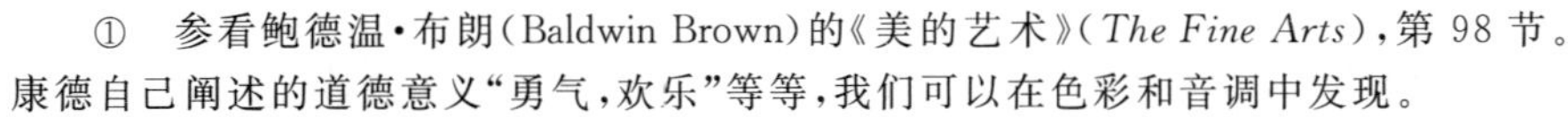

① 参看鲍德温·布朗（Baldwin Brown）的《美的艺术》（*The Fine Arts*），第 98 节。康德自己阐述的道德意义“勇气，欢乐”等等，我们可以在色彩和音调中发现。

② 《近代画家》，第 2 卷，第 73 页以下。

出对具体内容的不必要的担心。由于这些具体内容表现了某种性质，所以它们背后的抽象概念并不会妨碍它们为直接知觉提供细微程度的审美快感。

270 此外，关于自由的美和依存的美——后者还包括理想的美——的理论①也十分清楚地显示出在康德试图把积极的内容同鉴赏判断联系起来时所遭遇到的困难。

“自由的”美不以任何明确的概念为前提，鉴赏这种美的鉴赏判断是纯粹的。“依存的”美则要依存于一个明确的目的概念，因而就违背了无目的的合目的性原则，鉴赏这种依存美的鉴赏判断也就没有了纯粹性。

因此，不仅最低级的美（后来的哲学界都一致称之为从属性的美），而且最高级的美都依据这种区分而列入依存的美的范围。建筑术明显地从属于应用，因此，我们看到康德把建筑物的美列为依存的美并不感到惊奇。使我们感到惊奇的倒是康德竟然把图案设计之类的装饰艺术也称之为“自由的”美，因为这种装饰艺术并不一定要表现依靠某种积极观念的任何现象。我们应当很自然地把装饰整个说来从属于建筑而受人类使用的支配，因此，像建筑一样是依存性的。但是，康德一定会坚持认为，即使是建筑也具有非常广泛的可能性目的的范围，因此，虽然严格说来建筑美是依存性的美，但同理想的美比较起来，仍然是自由的美。

自然的美，除了主要被看作是对人有用的那些对象（如骏马，果树）中的美以外，都是自由的美。我们必须指出这种规定自然美

① 《判断力批判》，第16，17两节。

的原因,这原因只是我们不能给它加上任何目的观念。一朵鲜花的美是自由的美,因为"除了植物学家以外,没有一个人知道一朵鲜花该是一种什么东西('Was eine Blume für ein Ding sein soll'),而且对于评判它的美就连植物家也根本不去注意这一点。"我认为,我们应当把对目的的认识区分为两种,一种是使我们能够评判有用或完善的认识,我们应当承认这种认识是没有审美价值的;另一种是使我们能够欣赏有机的统一的认识,我们应当承认这种认识具有丰富的审美洞察力。我们应当肯定地承认,除植物学家外,没有人能够真正感受到花朵的美。因此,如果说鲜花的美与一幢房屋或一座教堂的美相比是"自由的"美,那么这并不是因为我们认识不到花朵的目的,也不是因为它们的目的像在伟 271
大的艺术作品那样为了表现而表现,而是因为必须称之为它们的目的的东西是同它们自身的存在合为一体的,虽然它们自身的存在通常情况下要受到其他生命的制约[①],但在任何时候都不会因为它同其他生命的关系而成为两个割裂开来的东西。由于鲜花**对于我们**是一个合理的统一体,因而始终具有和谐的表现力。一切对象,甚至艺术作品,都要受到外部条件的制约。在人类生活的装饰工具上打上有用性标记的不是与条件或目的有关这个事实,而是人的意志力引入体系内部各种目的的标记性冲突。

在康德看来,最具依存性的美和最不具自由的美就是可能的理想的美。无论是较低的依存性的美还是中间性的自由美都不可

① 如昆虫的制约。

能有理想的美。**一种理想只有依据客观的合目的性**来确定，而客观的合目的性按照假定是在美的范围以外的，因而决不可能依据纯粹的鉴赏判断来断定，而只能根据部分理智化的鉴赏判断来断定。所谓理想的意思就是表现或想象一个同理性观念相适合的具体存在物。

因此，理想有两个要素。第一，在人类的每一个种族或动物的每一物种中，都有未知类型或自然的意图。这样一种类型是通过想象力的自发作用表现出来的。想象力的自发作用可以从所见到的几千个个体中得出一种一般形态。康德是用视觉形象相互映照作比较来说明这一过程的。高尔顿先生把相片叠合在一起以取得一般形象的方法就是从这里得到启发的。动物的每一物种，人类的每一种族，都会呈现出、并且具有这样形式的“常态观念”。这种常态观念就形成了那个种族以那种美的表象存在并为这种美的表象存在效力的基础或**必不可少的条件**。这样，康德就把这种一般形态的观念看作是了解自然意图的关键，并且暗示黑人和中国人的鉴赏力大概受到他们所熟悉的那种类型的制约。这两种看法与雷诺兹在《闲散者》杂志上提出的看法颇为相似，而且更直接地与黑格尔的看法相似。黑格尔正是根据这个理由而轻视单纯的“鉴赏力”。

在康德的论述中，我们必须指出的是他对“常态观念”的态度。从他的语言可以看出，他**最初**也曾像雷诺兹那样，认为这种观念是
272 美的理想。因为他在《判断力批判》较早的几版中就这样使用这种观念，而且在讨论中仍然使用“美的常态观念”这一词语。但是后来他又看出这种一般类型所具有的内容非常稀少，因此《判断力批

判》这时又明确地说这种一般类型并没有包含一个人的任何特征[①]，因而不是美的，只是正确而已[②]，它所揭示出来的人的一般规则性特征通常都是指心灵的平庸状态。然而，它显示出来的正常的匀称状态却是真正的美所依据的界限或**必不可少的条件**。

严格意义上的美的理想是远远超出这一点的，而且只有在人类中才有意义。美的理想就在于通过人体的表现形式展示出来的道义的内容。没有这种内容，对象就不能给人普遍而积极的快感——不同于单纯的“正确性”给人的习惯性的和消极的快感的普遍而积极的快感。它是艺术家的最重大的问题，需要有纯粹的理性观念和强有力的想象力。但是这样确定的这种标准涉及一个明确的作为目的的人的概念，因此，“依据这样一个标准所作的判断决不可能纯粹是审美的，而按照一种美的理想所作的判断也不是单纯的鉴赏判断。”因此，按照一种理想所判断的美不是自由的美，而是依存的美。这样看来，它好不容易才没有被承认为客观的了，因为虽然它作为美不是客观的，但由于那个概念使它成为依存的，它就又是客观的了。

可是，如果美被看成是从属于道德的，或者说是按照明确的道德观念的标准来判断的，那么它毫无疑问就不是自由的，而是依存的。但是，如果我们把生活和理性的内容放进美当中来，并且不是把这种内容理解为道德的表现，而是把它当作也可以在道德中找到的那种合理性的另一种形式的表现，那么，首先我们就打破了把

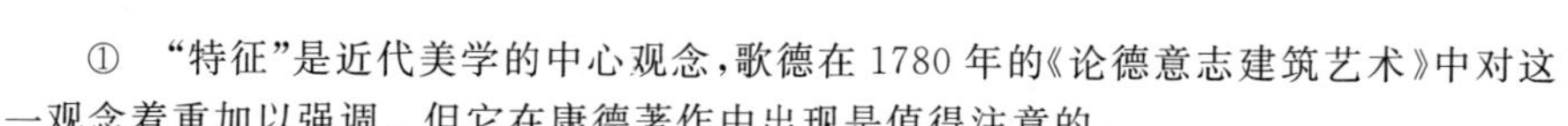

① “特征”是近代美学的中心观念，歌德在1780年的《论德意志建筑艺术》中对这一观念着重加以强调。但它在康德著作中出现是值得注意的。

② 德语为“Schulgerecht”。

理想美只属于人的限制——因为在整个自然中都存在着合理性。其次，我们也打破了最高度的美就是最没有自由的美这种奇特的悖论。那种能够最充分和最深刻地揭示精神力量的美并不是最具
273 依存性的美，而是最自由的美，因为这种美除了构成它自身的内在本性的那种目的，即以感性形式表现出来的理性以外，并不包含任何目的。显然康德是感觉到这一点的，而且在实际上也认识到这种美的真正地位，但却没有能够把它包括到自己的材料——即鉴赏判断——中去。

尽管康德凭着他的顽强的坚持不懈的努力，像攻打一座城堡一样，从四面八方掘进，逼近他的主题，但他仍有相当大的保留，影响到对鉴赏判断的这种客观性未得承认。例如，他很清楚地知道，鉴赏所涉及的是一种“普通感觉”——**不是**运用抽象观念的知解力，而是某种普通的感受力。他认为，这也许是表现理性要求的最后一作，感官应当使它的各种表现变得和谐融洽[1]。至少，美感的可表达的特性从最原始的时代就使它具有高度的社会意义，尽管这还不是美本身具有的意义。在这个论点中，我们可以看出，它是强调艺术的社会起源和娱乐起源的重要近代观点[2]的先声，同时又是对这一近代观点的批评。

此外，在康德开始考虑对鉴赏力必须再增加什么东西才能构成美的艺术中的创造能力时，他断定必须增加的这种东西就是“天才”，在这个概念中，他没有任何历史的参照物便分析了当时还没

---

① 《判断力批判》，92。

② 布朗教授的《美的艺术》，第1卷。

有过去的"天才时代"口号。他认为天才的本质就在于表现审美观念的能力。[①] 而审美观念是一种想象性的表象，它的丰富意蕴是任何概念都难以尽述的。在这一点上，它们与理性观念相当，是任何表象都不能与之相适合的。

如果我们要问为什么审美观念与理性观念或理性假设是对等的，我们就会发现，康德是用明确的象征主义理论来解释这种关系的[②]。在他看来，一个象征就是一种知觉或表象，这种知觉或表象既不是约定俗成地作为一个符号，也不是直接地以抽象方式作为一种"图形"来代表一种概念，而是间接而又恰当地通过支配我们在"象征"和被象征事物（或观念）进行反思的规则之间的相似性来表示这种关系的。例如，如果一个君主国家制度是立宪的，我们就可以把这种制度看成一种有机体，如果是专制统治的制度，我们就可以把它看作一架机器。有机体和机器都是象征。在这两种情况下，这个君主国家是不是分别同有机体或机器相似，取决于我们用来与之相比较的事物的凝聚性原则。 274

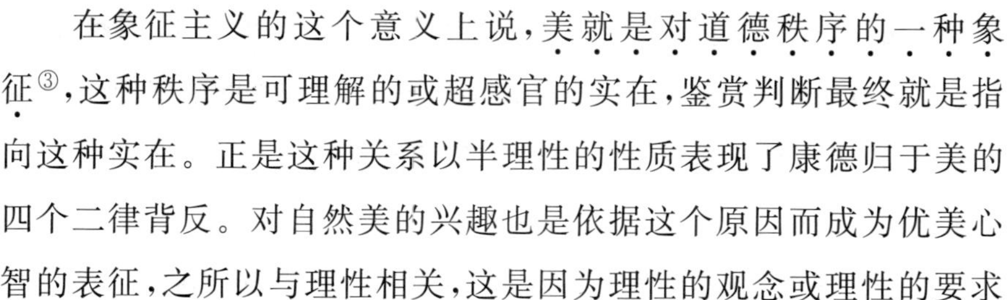

在象征主义的这个意义上说，**美就是对道德秩序的一种象征**[③]，这种秩序是可理解的或超感官的实在，鉴赏判断最终就是指向这种实在。正是这种关系以半理性的性质表现了康德归于美的四个二律背反。对自然美的兴趣也是依据这个原因而成为优美心智的表征，之所以与理性相关，这是因为理性的观念或理性的要求

① 《判断力批判》，185－186。

② 同上书，231。

③ 德语为"sittlichkeit"，同上书，232。即使在康德的著作中，这个词都并不完全具有英语词"morality"（道义）的那种只涉及个人的孤立的意义。

不仅在感性世界中具有有效性，而且还在感性世界中具有客观实在性。因此，自然界中的一致性的迹象同我们的无关利害的判断相契合，构成了自然美并且证明自然美和道德秩序之间基本的统一性，因而这些都是人类思想所关注的。我们现在本应将这种看法推广到艺术美上去。但值得注意的是，康德也许是受了卢梭的影响而明确地拒绝这样做。他认为艺术不是对存在着的美的揭示，而是为了符合我们的目的，而且常常是为了迎合我们的利己之心。

在整个这一段对美的论述中，美被赋予最高的意义，而客观性这个词仍然没有使用。然而很明显，除了没有使用这个名称以外，客观性的意义丝毫不差。美的客观性实际上是得到康德的承认的，因而随之而得到承认的是美的意义、特征以及与通常惯用的象征主义相对立的自然的象征主义。这些都是刚刚开始的一个时代的口号，正像鉴赏力和美曾经是那个已经过去了的时代的口号一样，一般说来，康德是把美看作包括自然美和艺术美在内的种种审美观念的表现[①]，这就意味着如我们所看到的，美就是理性的要求、愿望或原则在感官形式中的暗示，但任何这样的知觉都不能完全和充分地包含理性的这些要求、愿望和原则。

5. 美感的范围和进一步划分

我们已经知道，就康德的一般理论来说，他不得不把美感的具

① 《判断力批判》，192。

体意义归结为一种乍看起来不可分析的感觉表现。现在，我们要
进一步探讨的是，康德是如何确定美感的实际范围以及美感的内 275
容和能够包括它的感官媒介之间的关系的？我们可以在他关于崇
高的理论和艺术分类的理论中找到这个问题的答案。

（1）关于崇高的理论

康德关于崇高的论述是介于两部分的美的论述之间的，看来这种论述在他心中产生的作用是使他更深刻地认识到最初他以为只有崇高才具有美的象征性质。从历史上来说，康德关于崇高的理论也许曾受到伯克的崇高理论的影响，但在精神方面极有可能是受到文克尔曼的一段论述的启示，尽管就我所知，文克尔曼的名字并没有在他的著作中出现过。他的这种崇高理论在后来的影响可以在黑格尔关于象征主义的和浪漫主义的艺术的观念中找到，更概括地说，他的崇高理论是一切美学理论包括把表面上的丑放到美的领域中的美学理论的真正先驱。因为康德在另一段文字中提到，丑能够在艺术中被描绘为优美的，这只是莱辛的观点的一种微弱的残余，与近代艺术中对于毫无掩饰的阴暗、狂热放荡或恐怖的东西的日益增长的共鸣并没有什么关系。

我们应当记得，伯克区分美和崇高的坚实而明确的基础就是快感引起的愉悦和痛苦引起的愉悦之间的区别。毫无疑问，康德的崇高理论也是建立在这个基础上的。在康德的理论中，恐惧，相当于伯克所说的“同自我保存相关的、大都能以某种方式引起痛苦或危险的强烈的情感”，提示了崇高感所涉及的基本情感。康德关

于以某种方式强制我们的感官想象力[①]的知觉可以引起精神的重新焕发的观念，很可能是受到文克尔曼所说的心灵观看大海时最初是沉静的，然后才发现它更有力的波涛汹涌的这句话中得到启发。

康德和伯克一样，认为不存在得到公认的崇高和美的真正的结合，然而康德在他的论述的后半部分达到的关于美的最终的看法却还是承认这种结合。因此，我们不能说康德把崇高看成是美的一种，而是要把美和崇高两者都看成是审美判断的两个种类，只
276 是美属于鉴赏判断，而崇高则来源于一种智力的情感(Geistesgefühl)。这两种情感的确都具有半理性的性质，是主观的，然而又是普遍的，都标志着审美判断本身，但就它们的对象内容的性质以及随之而来的与这些对象内容的关系来说，这两种情感又有很大的区别。

美总要同形式相关，而崇高可能会依赖于形式，也可能依赖于“非形式”，“非形式”是一个有用的词语，它可能既包括无形式，也包括形状受损而产生的畸形[②]。崇高感的对象(严格地说，我们不应使用崇高的对象这个说法)总是与判断力相违背，因而不但不能与之相协调而且是同它格格不入的。由于这个原因，崇高比美的主观性层次更高，因而无论在哪一方面都更难给心灵提出更高要求。崇高的本质在于要求我们依靠我们自己，依靠我们逐渐养成的文化修养和理念，这比美感对此所要求的更多，它产生一种简朴

---

① 德语为“Gewalttätig für d. Einbildungskraft”，《判断力批判》，99。

② 我觉得，康德在谈到崇高情感的对象时，从没有使用“hässlish”(可厌的)一词，他使用的是“grässlish”(可畏的)。

的或消极的快感，类似于敬畏或钦佩之情，它传递给想象力的是一种严肃和令人振奋的而不是嬉戏和宁静的运动，而且由于它不能依托于任何感官形式，只能激发理性观念，而不能激发知性观念。因为理性观念不能以任何感官知觉加以表现，所以只能通过显示感官无能的冲突和不协调在我们心中唤起这种理性观念。这种对理性的特殊关系也许是被当作崇高和美之间的根本区别来看待的，但康德在《辩证论》结尾的论述中又把美同理性观念或道德秩序的观念的关系看成根本的关系，而不再把上述崇高对理性的特殊关系作为崇高与美的一种区别了。

虽然崇高具有这种内在精神和理想的性质，康德仍然试图像对美那样，把崇高限定在纯粹抽象的感觉中。在我们对崇高的知觉中，我们决不能求助于从我们的认识中获得的明确概念。我们必须把这种感觉看作是从我们直接所见的东西产生的。我们决不能把一颗颗的星星看作是带有各自体系的太阳，我们决不能把大海看成储存云雾的容器，也不能把它看成是各个国家的航路。我们必须从审美的角度来判断它们，只能把星星看作无限的苍穹中一群璀璨的光点，只能把大海看作是波光灿烂的水面或险恶的深 277
渊。在我们今天看来，这种二元论似乎是不合理的。我们不能理解，为什么感觉会没有内容，特别是当崇高以反作用于我们的观念的方式而存在并明确地以罗斯金早先使用过的语言把它描述为依存于各种关系的时候，为什么会没有内容。但结果却是，这种独特的刺激主要存在于未经加工①的和无机的自然界之中。这就明显

① 德语为“Roh”。

地证明了美感范围扩大了。也可以说，这种二元论就是严格地按照康德的理论从犹太教关于“你不应为自己塑造任何偶像”的戒律的那种极端的无形式性中得到启发的。我们还会记得，朗吉弩斯也从摩西五经中引用过一个例子。在康德引述过的例证中，一种从敌视感官表现的意识中取得的观念却通过非常奇特的两个极端会合，在快要脱离艺术领域的地方又成为诗歌的内容。这样，在美的表现以下和以上的两个极端的意识就在这种情况下结合起来了。

因此，康德理论的根本观念是十分清楚了。这种观念非常类似于他始终坚持的关于道德法则的观点。有两种崇高——一种是数学意义上的崇高，也就是能够显示感官无法满足整体性观念的那些对象所引起的崇高感，另一种是动力学意义上的崇高，即能够表明我们作为自然存在物无力战胜自然力的那些对象或事件所引起的崇高感，尽管我们的道德自由要高于这些自然力的无限威力。这两种形式的崇高都有赖于我们的道德观念的激发，这种道德观念是任何感性自然通过一个外在对象与我们的判断力之间的原有的不一致都无法加以表现也是无法克服的。

我不知道康德的思辨是否有什么断断续续的反应渗入到诗人托马斯·坎贝尔(逝世于1884年)的诗作中，但是他的抒情诗《最后一人》末尾几节[①]却把康德认为体现了崇高精神的反应很好地表

① “去吧，太阳，当怜悯之神拦住我，
留在这大自然的可怕的荒原上，
请把这最后一杯苦酒饮尽，
忧伤的滋味定要人加以亲尝。——去吧，太阳，

现出来了。不过，康德会提醒我们，上帝和不朽是假设而不是事实。

康德的这个崇高的观念为大海和高山开始给以人们的灵感提 278
供了宝贵的证明。但是，就其真正的地位来说，作为一种有关表面的丑与美的关系的理论，它有一个严重的原则性的缺点。我们在前面已经提出，这个缺点就是没有对崇高和美进行任何综合。这个缺点的根源在于康德归于美的主观性和归于崇高的双重主观性。美的“形式”具有可以分析的内容，尽管不一定能够明确地肯定它的合目的性内容。但是，崇高的本质却**完全**归于心灵，因而，绝对没有设想在刺激和反应之间有一致性，从而也不可能试图对那些纯粹靠消极行为进行这种刺激的对象加上表现性的意义。因此，那种本可以引导我们逐步从平易有序的美过渡到更深沉复杂

去告诉遮盖你的脸庞的黑夜，
就说你在地球的坟场上，
看见了亚当族的最后一人，
向日趋阴暗的宇宙发出挑战，
看它能不能扑灭他的不朽的火焰，
看它能不能动摇他对上帝的信仰。”

(Go, Sun, while Mercy holds me up
On Nature's awful waste,
To drink this last and bitter cup
Of grief that man shall taste;—
Go tell the Night that hides thy face,
Thou saw'st the last of Adam's race
On earth's sepulchral clod,
The darkening Universe defy
To quench his immortality,
Or shake his trust in God.)

的生活和自然方面的那种富于表现力和明显特征的结构联结之链就这样被完全切断了。他也从来没有要求我们在那些乍看起来就以超人的威力和重要性使我们感到震惊的知觉中去寻找美的形式。因此，这样消极地引起的理性观念也只能取得微弱的道德胜利，并没有被承认在整个恐怖的和广阔无际的外部世界中都普遍地具有复杂的秩序和丰富的意义。由于在我们前面的有透纳和罗斯金，我们就不能像康德那样理解这种美感，把汹涌澎湃的大海只是看作可怕而已，而表现大海不可抗拒的威力的光线和海水的灿烂辉煌的美的要素却没有对想象力产生积极的作用①。对于崇高和美的关系，在人们还没有认识到事实上崇高是延伸了美，而且更是美的一种延伸之前，崇高及其包含的全部意义是不可能得到正
279 确评价的。但是，对于那种把崇高和美两种属性局限在主观心理反应的范围之内的观点来说，就不可能在有意义的知觉形式中找到这两种属性的交汇点。没有具体的分析，任何综合都是不可能的。

关于美的范围的讨论就到这里告一段落。我们现在如果把美这个词的一般意义理解为与“审美品质”相当，那么康德通过他的崇高理论把美的范围作了符合道德情感的极大的扩展。

---

① 康德多次涉及德·索绪尔，与他把崇高局限于荒凉的无机自然界相联系。我以为，这就证明阿尔卑斯山在康德的心目中占有重要地位。冯·哈特曼在《美学》，i.15 中“未经加工的自然”这一用语误以为康德是指美和有机体。康德常常提及大海。

(2) 艺术的分类

康德在讨论构成各种不同艺术的美的感性传达工具①时，他都谈得很简短而且很不系统，尽管他在很多方面都预示了后来争论的观点。关于发展着的艺术意识的理论和对古代世界与近代世界对比的评价显然都存在着空缺②，这一空缺显然同他担心客观目的论有关。由于同样的原因，使他并不希望把各种艺术的物质传导工具看做是形成了一个井然有序的体系，使各种各样的艺术表现都在这个体系中有自己适当的位置。但在考虑美的艺术同科学的区分时，康德想到"天才时期"的各种主张，提出了一项惊人的见解。这项见解后来为黑格尔所采纳，在康德的著述中也产生了重要的结果。他说，诚然，天才虽然与训练和思考不是全然无关，但它确系一种源于自然的禀赋。它表现出自然的无意识的创造力，并且是美的艺术的独特的工具，甚至可以把美的艺术定义为天才的艺术。这种自然的禀赋并不是在相同意义上为精确科学所需要的，因为精确科学是纯粹通过有意识的智力活动来实行的，任何一个人(我们必须假定他有足够的智力)都可以学会牛顿教给人们的知识，但是，他若想要学会怎样作诗，单靠运用思想是不行的，甚至连开始学会作诗都办不到。在这里，我们马上可以看到，康德比

① 康德在他的艺术理论中几乎完全略去了崇高理论。艺术作品太容易包含一种客观性概念，因而不能同一种甚至比美更需要绝对纯净性的感觉联系起来。关于美和崇高的结合，康德曾一度向我们提到"韵体悲剧"，这个奇怪的证明表明他离二者结合是多么远。

② 《论优美感和崇高感》的结论表明康德在文艺复兴和哥特式建筑艺术问题上是如何坚持守旧的意见的。

莱辛，比十八世纪的观念①都大大地前进了一步，尽管康德并不像青年时期的歌德和席勒那样狂热。

280 因此，美的艺术与自然有着十分密切的相近关系。关于美的多个悖论就说明了何以必然会出现这种关系。一切美，包括本身是美的自然，都具有合目的性的形式，一切美，包括艺术的美，都没有可以确定的目的。因此，就艺术来说，尽管我们知道它是艺术，但当它显得同自然一样自由——对规则或既定目的的无意识的自由——的时候，艺术就是美的。就自然来说，当它显得同艺术一样具有合目的性的时候，自然也是美的。这样用短短的几句话表达出来的观点，对席勒和哈特曼的见解都产生了重要的影响。

281 康德本人对于美的艺术的分类实际上并不十分重视，这种分类是建立在从一个正确原则作出的无法实现的推论的基础上的。这个正确原则就是：美，无论是艺术美还是自然美，都是表现。最突出的表现就是言语，言语由于能够同时作为传达思想、知觉和情感的表现，因而又具有语词、手势、语调三个要素。根据这种类似关系，他把美的艺术，即表现性艺术，分为言语的艺术、形式的艺术和表现感觉的艺术。他在早先的一段文字中还谈道，一切感官对象的形式要么是“外形”，要么是“动作”。由此看来，他似乎考虑到了同时性和连续性之间的差别。

我们觉得，在他的艺术分类表中有两种技艺不应该包括在美的艺术中，那就是讲演艺术和园林景色设计艺术。前一种显然是

① 约翰逊博士持相反的意见。“牛顿当时如果选择去写作的话，他可以写出一部伟大的史诗。”

受实际意图支配的,后一种并不处理真正的表现材料。康德把前一种列入语言艺术,把后一种则列入形式艺术。

我之所以要提到这个不适当的分类的来源,是因为语言艺术和造型艺术的区分已经确立为一条原则,而讲演术又必须被排除出去,结果就造成各种诗歌艺术和各种非诗歌的艺术的不合实际的平行。这就像谢林的分类那样,把前一种称为理想的艺术系列,后一种称为实在的艺术系列。这两种平行系列的艺术分类概念,后来以这样那样的名目在德国哲学中继续起作用,产生了极不自然的结果,特别是其中的一个严重困难,那就是不知道音乐应当占有什么样的地位。

康德在对各种美的艺术的审美价值进行比较的基础上提出了最接近线性分类的方法。在这个分类中,诗歌放在第一位,这一估价中的一些用语后来成为席勒关于“形象”和“表演”理论中的主题。“诗歌用形象[①]来表演,但没有任何欺骗,因为它宣称它的爱好就只是在于表演”。应当指出,绘画早已被称之为感性形象的艺术;造型艺术,包括建筑和雕塑则被称为感性真相的艺术。当然,康德只是在表达上触犯了这种完整的审美形象理论,但在思想上从来没有违背这种理论,在这种完整的审美形象理论中,雕塑的形式同绘画的形式同样都是“Schein”(形象),只是比绘画的适应能力差一些,因而理想性也差一些。因此,绘画的地位应列于雕塑之上。这种等级排列就使我们可以更好地了解黑格尔按照理念论制定的艺术序列了。关于音乐的地位,康德的看法有一个奇怪的变

① 德语为“Schein”,《判断力批判》,201。

化。在我们看来，这些见解的意义在于，康德在这里已经提示了有关音乐的本来意义的理论，认为音乐的本来意义依赖于它对声音的情感调节的关系，他承认这是事实。但后来他又认为这种内容只涉及与私人情感有关的联想，没有审美价值，因而应把它丢在一边。他认为，音乐的审美价值涉及一种数学的比例关系，使复杂的声音形成一个具有难以言表的意蕴丰富的整体。但是这些意蕴又依靠纯粹无意识的联想，因此音乐的本质内容是如此贫乏，它的文化内涵又是如此的微薄，要不是它的愉悦性使它在各种艺术中位居榜首并且由于声音的联想而产生的情感魅力使它位居第二，它本应排在整个艺术分类名单中的末位。这个意见，几乎像康德美学的全部内容一样，都以极大地改变了的形式重现在黑格尔的著作中。于是，这种认为音乐美依赖于数学的比例关系、把各部分联系成融贯的整体的分析方法，加上对音乐的审美价值的不低的评价，又重新出现在对音乐意义的最深刻的近代评价之中，认为音乐表现了现象或存在的精神或理想化的形式[1]。在注意到康德关于音乐方面的困惑时，我们可能会记得，康德很少使用古代人对音乐的真正价值有所认识的某些见解，我们知道，音乐的真正价值在整
282 个中世纪和十八世纪的批评都受到了极大的忽视。我们应当感谢康德，他至少是在辨明他那个时代最伟大的艺术。

康德并没有把喜剧放在美的艺术范围内加以考虑。他倾向于把笑剧[2]更多地看作是使人愉悦的艺术。然而，他给笑下了一个

---

① 洛采的《德国美学史》第 486 页及以后的“汉斯利克”一节。

② 《判断力批判》，207。

著名定义：笑是一种情感激动，起于高度紧张的期望突然被完全打消[①]。这个定义可能对黑格尔的喜剧定义有一定的影响。他把这样体验到的心理激动直接同笑的肌肉抽搐联系起来的见解颇有一种唯物主义的类似伯克观点的意味。不过，近代心理学关于心理紧张同肌肉紧张之间的关系有许多论述，而康德那样直截了当地把这两者视为相同，如果这种看法包含着一项重要的真理（看来很可能是这样）的话，那倒应当算作康德的功劳。当我们屏息期待，后来又因为期待结果出乎所料而突然改变了紧张心情，我们肯定经历了像康德所描述的那种过程。虽然期待和紧张有多种原因，但我们仍然可以说，伴随着好笑的轻松心情同原来的紧张心情形成了具有特殊的突然性和完全性的对比，康德所说的“被完全打消”这句话很好地描述了这种情况。例如，在严重的料想不到的情况下，期待变成了某种虽然相反但却积极的结果。

我们必须承认，康德是一位杰出的观察家。他在社会、文学和民族性问题上提出的尖锐明确的批评性见解都具有亚里士多德的特质。如果从《判断力批判》中精选一些段落，再从他的早期著作《论优美感和崇高感》——它本身只是一本笔记——选出一些段落，把它们翻译出来，就可以使人们对这位伟大的形而上学家的备受世人欢迎的观念有新的认识。康德和莱辛都有一个同亚里士多德一样的特点，就是习惯于把大量日常词语用到自己的理论上来，并且善于用言简意赅的定义加以说明。席勒和黑格尔也采用这种习惯的做法，并且大大地有助于掌握和巩固客观唯心主义哲学。

① 《判断力批判》，第207页。

6. 结束语

如果为了要考量一下古代美学和近代美学在出发点上的差别而最后回顾一下我们用来评判希腊理论的三项原则和三个对比，
283 那么，我们就会发现，我们是在一个不同的世界中来作这种判断的。

(1)以前的形而上学的艺术批评认为，美的艺术是比普通的实在事物更低一级的东西，因而无论在内容上还是在功用上都低于普通的实在事物。现在，一种新的观点代替了这种旧的形而上学批评，这种新的观点认为，美的艺术是同自然的创造物并列的高一级的事物，这两者只有在自由地象征或表现超感性的意义时，才具有美。象征主义代替了模仿说，即使在某种意义上艺术被认为受制于外部实在，也应当理解，由于艺术所涉及的是单纯的形式或想象性的观念，因而它具有优于自然的条件，而不是自然优于艺术。关于美的形而上学意义的理论观点就代替了形而上学的批判。

(2)过去，道德主义的批判混淆了审美兴趣和实用兴趣，这种道德主义的批判几乎完全被扫除了。由于人们坦然地接受了被柏拉图当作是最低一级的美的艺术，把美局限于想象的形式或形象，现在它既同感性的诱惑相对立，又同明确具有的目的相对立，美终于摆脱了色情的嫌疑和道德说教的要求而获得自由。只是在康德的著作中，就其把美的永久价值完全归于它对道德观念和道德秩序的表现来说，仍然带有道德主义的痕迹。由于这种主观论的结果，他不能明白地肯定美不但可以通过道德秩序在行为世界中表

现出来，而且可以在其他领域以更一般的存在方式表现出来。然而，在认识到超感官的统一是自然世界和自由的行为世界中共同具有的时候，康德实际上就超越了这种认为美从属于道德的错误的从属说。我们可以这样说，仅仅是由于康德认为道德象征着宇宙的秩序，而且只有在他这样认识时，他才认为美是道德的象征。

(3)过去，统一性和多样性的形式原则曾经妨碍对美的具体分析，现在这个原则已转变为表现性、特征刻画和意义描述的原则，在康德关于色彩和音调的论述中，我们看到了这两者的交汇点。美学科学的积极的具体的构架的确还在形成中。轮廓图已经肯定地描绘出来，材料也积累了不少，但是建筑还没有开始。美的观念仍然是一种抽象设想出来的具体(如果我可以使用这样的表达的 284
话)，仍然是两个极端的交汇点，还没有通过它们逐步变化的关系显示出不同的种类和阶段。

因此，我们今后可以只限于讨论美学问题本身以及它对一般哲学的意义了，如果有这种意义的话。一种对哲学和艺术的明确的反思性的审美意识已经建立起来。正确地说，只是在歌德以后，艺术家才意识到自己的“使命”。康德似乎提出过一个设想[①]，认为这样的意识是创造性天才形成的有利条件，当然，事情是不是真的如此，还是很值得怀疑的。但是对于反思美的哲学来说，这种意识是必不可少的。

康德传承下来的美学问题[②]就是这样一个问题：“一种令人愉

① 《论优美感和崇高感》，“结束语”。

② 参看第八章末尾。

快的感觉怎么会具有理性的性质?"我们在他的四个悖论及其推论中已经看到他对这个问题的答案。这个答案的推广就必须在他后来的思想中去探索。使这个美学问题成为亟待解决的一般哲学问题就是这样一个问题:"怎样才能使感官世界和理想世界协调起来?"我们已经从康德批判问题的三个部分之间的关系中看到了这个问题的答案。他认为,自然的秩序和道德秩序必定有一个共同的根源。这个根源最明显地表现在自然性与展示出敏锐的创造性美感的理想目的的自发的和谐。美的艺术与自然共同具有自发性和自主性说明了这种合目的性实际上是物质事物所固有的,并不是从外部强加于这些感性或自然要素的。如果是这样的话,这些自然要素也具有内在固有的合理性,这不但证明了自然的秩序和道德秩序的相容性,而且更证明了自然秩序和道德秩序最终的一致性。

我们知道,康德对他的美学研究和目的论研究的全部成果都加上了"主观性"的保留意见。甚至在他提出要写一部宇宙史用以表明人类生活中的自然目的,通过痛苦和欲望的无数冲突逐渐形成道德文明时,当他要在这个基础上消除早期的各代人为了一个
285 永远不得而知的目的[①]而牺牲自己的那种困难时,在他看来,这一切都只是一种观点,一种方法,可以把汇聚起来的事实归纳成一个完整的体系。

显然,无论是这种美学观念还是这种保留意见都是不能成立

① 《建造一座他们永远不会住进去的房屋》,这篇论文写于1784年,载于《全集》第7卷,该文的观点实际上又在《判断力批判》中重新得到肯定。

的。经验迫使我们提出推测的东西,对我们来说都是客观的。对于解释我们的经验并非必不可少的东西,我们都无权加以认真思考。康德的保留意见使人产生疑问的倒不是这种内在观念的实在性,而是客观的自然本性。

对于康德通过解决他所承传下来的自然和自由的对立问题而获得的具体观念,如果将来人们普遍承认它的实在的自然本性,并且用同样对立的历史形式,即古代意识和近代意识的对立,使这种具体观念得到进一步丰富,那就会有一种新的精神来考虑这个问题。因为在那时,内在的理性本身显示出的就不只是一种静态的统一,而且还是动态的统一,不只是一种静态的平衡,而且还是一种动态的演化。

286 第十一章　具体综合的最初几步——席勒和歌德

1. 席勒的观点

“前面我们已经介绍了康德的批判哲学就其具有美学方面意义的主要成果。这对于真正了解艺术美来说，构成了一个出发点。但是，我们只有通过更深入地领会了必然和自由、特殊和普遍、感性和理性的真正统一，从而克服了康德学说的缺点，才能达到更高的了解。

“因此，应当承认，有一位思想深刻、爱作艺术方面思考同时又爱作哲理思考的人，早在狭义的哲学认识到整体与和谐的原则的时代之前，就凭他的艺术感，要求而且宣布了这个原则。这样一来，就把这一原则用来反对（康德的）那些无止境的抽象思考，反对那种为职责而职责的号召，反对把自然与现实、感觉与情感看作一种**局限**和敌对的也是与自身相对立的因素的那种无形式的抽象理解。席勒的大功劳就在于克服了康德所了解的思想的主观性和抽象性，敢于设法超越这些局限，在思想上把统一与和谐作为真理来了解，并且通过艺术的力量来实现这种统一与和谐。……席勒把这种普遍性与特殊性、自由与必然、心灵与自然的**统一**科学地了解为艺术的原则和本质，并且孜孜不倦地通过艺术和美感教育把这种统一体现于现实生活。他又进一步把这种统一看作理念本身，认为它是认识的原则，也是存在的原则，并且承认这种理念是唯一的真实。因为有了这个承认，到了谢林，哲学这门学科才达到它的绝对观点。”①

黑格尔就是这样在他更加成熟的年代回顾了当时的历史，我 287
们在下一章就会知道，那时他和谢林的青年时代的友谊仍在继续，这两位朋友以密切的书信往来，一方面在康德和费希特的影响下，另一方面在席勒和歌德的影响下，正在形成他们的观点。

奇怪的是，美学史家们却没有注意到黑格尔的这段值得重视的证言。黑格尔从来不会轻易地以贬损真正的哲学为代价去推崇一个并非精通哲学的思想家。因此，我只想把他谈到席勒的见解的那段话加以具体说明。席勒在这段论述中明确地开始把康德的抽象综合与美学的历史材料结合起来。

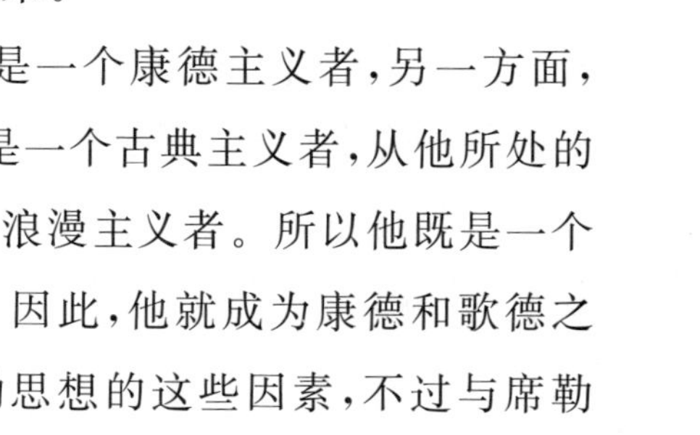

就席勒的思想来说，他一方面是一个康德主义者，另一方面，从他的研究和赞同的倾向来看，他是一个古典主义者，从他所处的时代和他的天才表现来看又是一个浪漫主义者。所以他既是一个古典主义者又是一个浪漫主义者。因此，他就成为康德和歌德之间的联系人。因为歌德也具有席勒思想的这些因素，不过与席勒的这些思想因素呈相反的比例。虽然他一般来说也勉强承认形而上学的规则，但他并不是原封不动地接受康德的思想。他毕生都在致力于希腊文化和浪漫主义精神的协调一致的工作。这种毕生

① 黑格尔，《美学》，i，78，80。（英译本第116页）

努力的一个象征就是浮士德与海伦的结婚。黑格尔以显然公正的态度把这时刚刚开始的更深刻地理解美同艺术中浪漫主义情感的增长联系起来。[①] 因此，席勒和歌德之间的关系对于在康德的抽象理论中注入活生生的现实性是有显著的促进作用的。

黑格尔归于席勒的成就，就其本质来说就是：第一，取消了康德认为对审美判断中的对立的统一处处都要加上主观性——在某种意义上，是排除了客观性的主观性——这样一种保留条件。席勒关于审美形象和游戏冲动的论点都可以作为他以积极的方式对待美的客观性质，放在这个条目下来加以论述。

除了这一条之外，我们还必须再加上一条：第二，作为取消了上述保留条件的一个结果，席勒根据明确的概念，首先认识到近代艺术原则——无论称为美的原则还是用什么别的名称——和当时
288 人们普遍认为属于古代艺术的那些原则之间的区别。要在美的客观性和知觉范围或构成它的原则之间建立起联系，就需要一条具有动力学性质的客观性原则，这条客观性原则要同人类心灵的运动和各种阶段有适当的关联，而不是勉强接受最初的消极的感觉印象。我们完全可以从这种联系上来说明席勒在美学上实际共同认识的范围。

(1) 美的客观性

在第九章的结尾部分，我提到《判断力批判》发表后的十年是多事的十年。在这十年中出现的有独特意义的事件，首先引起我

---

① 《美学》，i. 27—28。（英译本第 39 页）

们注意的是席勒的理论美学著作几乎全都是在这十年中发表的。从1792年直到1800年以后，席勒差不多年年都有论述美学问题的论文和短论问世，大部分发表在《喜剧女神》(*Thalia*)和《季节女神》[1]等刊物上。我们一定会记得，从1795年起，歌德和席勒一直在频繁通信，因此他们两人各自的论著都在一定程度上表现了对方的观点。他们的"天才时期"已经留在他们的后边了。1795年，席勒36岁，歌德已经46岁了。《少年维特之烦恼》及《葛兹·冯·伯里欣根》已经是二十年前的事了。《强盗》一书也至少在十四年前就写成了。他们在豪情满怀的青年时代开创的浪漫主义运动现在已在别人的手里发展了。

例如，施莱格尔兄弟就是在这十年里开始了他们的积极的探索，这种探索为比他们学识更渊博的思想家和实际才智更丰富的批评家提供了大量宝贵的材料，也对古典的艺术和浪漫主义的艺术的历史对比提供了经常的启示。还应该指出，沃斯所译的荷马作品(《伊利亚特》为新译，《奥德赛》为改译)于1790年出版，F. A. 沃尔夫的《荷马入门》(*Prolegomena*)于1795年出版。正是在这个时期，继承了莱辛[2]和文克尔曼，也继承了康德美学思想的席勒开始面对这样一个问题：艺术冲动和美感是不是依据世界的一个真 289
正内在的原则和趋向，而不是武断的思考强加在上面的。

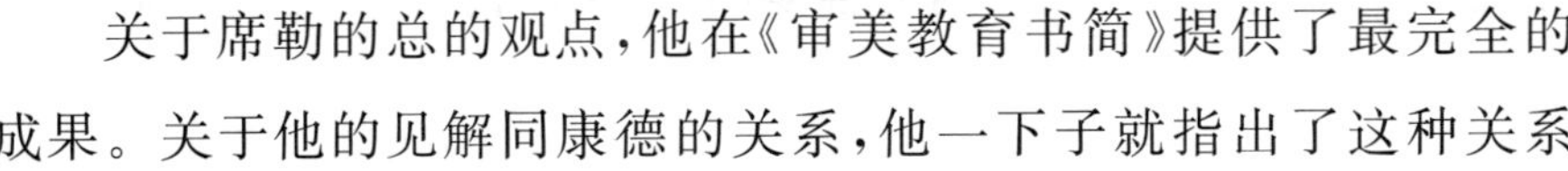

关于席勒的总的观点，他在《审美教育书简》提供了最完全的成果。关于他的见解同康德的关系，他一下子就指出了这种关系

① 歌德和席勒于1795年至1796年在该刊物上合作过，席勒的《审美教育书简》和论文《论朴素的诗和伤感的诗》就是发表在这个刊物上的。

② 我们可以把莱辛的《人类的教育》和席勒的《审美教育书简》的书名相比较。

的实质。他认为他的见解与康德体系的精神是一致的，但并不是在字面上的一致。他说，作为一个运用智力进行思考的哲学家，似乎会把感觉看成是理性的纯粹障碍，这也是很自然的。从字面上理解，康德似乎就是这样看的。但就其精神来说，也就是我们对他的体系的必不可少的完整解读来说，情况并非如此。因为他必须把感性冲动看作是同理性冲动协同配合的，而不是从属于理性冲动的。他还从费希特的一部新作[①]中借用了互补论，把协同配合说成互相从属。简言之，感官和理性之所以能够显得和谐一致，只是因为它们的根本性质是和谐的。他认为主观论的观点对于完全地评价人来说是站不住脚的，因而应当抛弃[②]。“当理性的法则具有绝对的优势地位时，理性就满足于片面的道德评价。在完全的人类学评价中，把内容看得和形式同样重要，而且感觉也有了一定的影响，因此，抑制这种个性和完满实现个性的区别就显得更加重要了。理性要求统一性，自然要求多样性，两种法则体系都提出了自己对人的要求。”[③]

这种“理想的人”[④]是由国家所代表的，但是任何保持抽象状态、扼杀个性的国家是不可能实现理想人的完满性的。另一种比较好的实现理想的人的方法是使个人能够理解和领会国家的理想原则而变得高尚起来，直到他能够拥有一种精神的统一性而不致

① 《全部知识学的基础》，1794 年出版。这是影响这个重要时代的另一部值得重视的著作。

② 《审美教育书简》，第 13 封，注。

③ 同上书，第 4 封。

④ 这个观念也是从费希特得来的，参看第 4 封书简，注。

丧失作为他本身要素的自然的多样性。就连艺术家也必须**显得是**尊重作为艺术家的材料的。政治家实际上也必须这样做。这一切的根本之点就在于所谓“各部分”的概念，不论看作是自然的具体细节或感觉的具体特征，还是非社会化的个人存在，实际上它们本 290 身都是能够成为统一体和有机体的。在这里，我们含蓄地指出了理想主义的根本原则：任何东西如果不能成为它本来应有的那样，就不可能存在。因此，当某些综合和发展成为现实的时候，如果否认它们是客观的或否认它们是发展起来的各个部分的本性内在固有的，那是毫无道理的。

席勒认为，对这些原则的根本的证明和例证，都存在于艺术中，而且在把人类由野蛮的第一本性提高到文明的第二本性具有最有效的影响力的因素也存在于美的艺术中。他认为美的艺术也就是以一种方式使生活和习俗全面地提升使之高尚化，并且能够证明其合理而且也需要证明其合理。因此，我们只需要引上一段话，就能把他的观点完全地展现在我们面前。

“因此，美对于我们固然是一个**客体**，因为要以反思为条件，我们才能从美得到一种感觉：但是美同时也是**我们的主体的一种状态**，因为要以情感为条件，我们才能从美得到一种观念。所以美固然是一种形式，因为我们对它要加以观照；但美也同时是生活，因为我们对它产生情感。总之，美既是我们的状态，也是我们的作为。

“正因为美同时是这两方面，它就确凿地证明了被动并不排斥主动，材料并不排斥形式，有限并不排斥无限；因此，人也并不因为他在物质方面的必然的依存而消除他在道德方面的自由。美就证明了这一点，而且，我还必须再加上一句：任何别的东西都证明不了这一点。因此，在享有真理或逻辑的一贯性的时候，情感并不一定同思想合为一体，而是附带地跟随思想而来。所以，这种情感只能证明一种感性性质可以跟随一种理性性质而来，或者一种理性性质可以跟随一种感性性质而来，但不能证明两者可以一起存在，不能证明两者可以相互作用，也不能证明两者的结合是绝对的和必然的。得出与此正好相反的推论，倒是更自然一些。如果我们在思考时排斥了感受，而在感受时又排斥了思想，我们就得出这两种性质互不相容的推论。因为，事实上，善于分析的推理者为了证明纯粹理性可以实现于人类所能提出的最好的证据，无非是纯粹理性是对它实现于人类的绝对命令。但是，在对美或审美的统一的欣赏中，材料和形式以及被动和主动之间却发生实在的统一和相互的渗透，这就足以证明这两种性质是可以相容的，无限是可以在有限中实现的，因此，最崇高的人道是可能的。

291 “因此，如果我们发现从感官的依存性可以过渡到道德上的自由，我们就再也不应当感到困惑不解了，因为美可以作为一个实例表明，感官的依存性可以和道德上的自由完美共存，人为了发挥自己作为精神的作用，并不需要逃避物质。这个事实告诉我们，人是自由的，但仍然可以是感官性的①。如果自由的观念必然意味着自由是某种绝对的、超感官性的东西，那么，人怎么能够得以超越（感官的？）局限上升到绝对，人怎么会在自己的思维和意志中把自

① 《通讯集》中席勒致歌德的信，3，262。“诗歌和艺术有两个条件：两者都必须高于现实，而又仍然在感官性的范围之内。”

己同感官性对立起来，像在美中已经实现的那样，这样的问题就不再成为一个问题了。总之，问题不再是：人怎么能从美过渡到真理（因为真理**作为一种能力**[①]已经包含在美当中了），而只能是：人怎样开辟从普通实在到审美实在的道路，从单纯的生活情感到美的情感的道路[②]。”

在我们用很长的篇幅讨论了康德的美学理论以后，对于上面引的这段席勒的论述就用不着再加补充说明了。同时我们会看到，客观性是这样归于美的内容的全部根源；但是我们还要看到，这种客观性必须是可以同心灵中、知觉中、情感中和表现中的存在彼此相容的客观性。值得注意的只是，席勒在掌握综合的性质时具有的那种极度的逻辑清晰性并不是他通常的特点。他说，应当在美中统一起来的因素，倘若最初不是可以准确无误地区分开来，那么这些因素后来是不可能真正结合为一体的，而且在完成了这种统一以后，这些因素也会完全消失在这种统一的产物中。倘若这些因素没有消失在统一的产物中，就不可能真正统一起来。因为在这些因素看起来是分离开来的时候，它们就是互相对立的。表示更高意义的消失这个词语[③]，歌德偶尔也在类似的意义上使 292
用过。不过，这段文字的特殊的逻辑语境说明黑格尔的辩证法使

① 参看第21封信中引起罗斯金先生愤慨的那段话，其中断言，美只能把人的整个本性转变为自由的理性或第二本性，但美并“不能揭示任何一个真理，也不能帮助我们履行任何一种义务。”参看《近代画家》，2.134。罗斯金先生不可能了解他所面对的语境。

② 第25封信。

③ 德语为“Aufgehoben”（扬弃），通过破坏而保存。席勒还说，“在整个产物中决不能留有任何分裂的痕迹”。这种说法也许走得太远了。但是，对于把各部分结合成一个新的整体而发生的变化更容易估计不足，而不是估计过头。

用它作为一个术语，可能是由于受到《审美教育书简》的启示。

因此，美虽然是主观的，像康德所说的那样，但他也赋予美客观的意义。我们自然会问，美表现在人类知觉和活动中的是什么样的积极性质呢？席勒对这个问题的回答表现在审美形象和游戏冲动这两个有密切联系的观念中。席勒保留了康德关于纯形式能够引发人的愉悦感并和实用目的相区别的基本论点，力图联系文明的发展从这些论点中得出重要的推论。席勒提出了许多正确而且引人注目的见解，特别是有关原始生活的严格的实用性，还进一步推进了包含在为观赏而观赏的鉴赏观，这种鉴赏观是符合于游戏冲动也就是追求纯理想性活动的冲动[①]日益觉醒的趋势的。

i. 审美形象

审美形象理论是席勒从康德的审美形式的论点发展出来的，康德在谈到诗歌时，还把审美形式称为并非虚假的形象。席勒以高度的敏锐性和华丽辞章的充分表现力坚持不懈地阐发这一理论，从而使康德对美的认识和美的实践所作的区分成为文学界津津乐道的话题，尽管我们很难说他从这种区分中得出不包括在康德的四个悖论中任何实质性的真理。他坚持认为，审美形象是诚实可信的，也就是说，它不是超出形象之外的虚夸；审美形象是独立的，也就是说，它并不能通过所模仿的对象的实际存在增加它所

① 第 26 封信。“人一旦通过眼睛获得快感，而观赏对他有了一种独立的价值，他就在审美上变得自由了，游戏冲动也就觉醒了。”

提供的快感。诚然，实在对象可以从审美上加以观照，但是，只有在我们能够把实在对象的形象和它们的存在区别开来时，才能进行这样的观照。这是一个比鉴赏艺术作品更困难的任务，因为在艺术作品中，实际对象的形象和对象存在的这种区分是现成的，明摆着的。

因此，审美形象既不同于感官上逻辑上的骗人假象，又不同于对实在的欲望关系或实用关系。由于席勒着重从人类学观点出发 293
指出了对形象的日益增长的兴趣，而且还着重指出一个重要的事实，就是看起来似乎同表现性的美相联系的所有困难实际上并不是由于没有实在性的形象引起的，而是由于没有充分地注意到形象的“诚实可信”——形象明白显示出来的非实在性——所引起的。这样，他就具备了充分的条件提出比康德的看法更真实的关于自然美和艺术美的相对价值的观点，而且明确地维护了美在文明生活中的地位。他的悖论认为一个人的文明化程度只能是和他在多大程度上懂得把形象看得高于(通常实用的)实在相一致，这个悖论同柏拉图所采取的观点完全相反，直接影响到康德以后的后期思辨历程。

这种形象理论可能在心理上的区别碰到一个难题。怎样确定某一种感官知觉是形象，而另一种感官知觉是实在呢？为什么视觉或听觉感觉应当属于形式，而嗅觉、味觉或触觉感觉却被认为是提供了纯粹的实在呢？这两类感觉肯定具有同样程度的“客观性”或“主观性”！席勒虽然成功地发展了这些理论，但却不能帮助人们确切地找到这些理论的根本依据。在这里，他显然不如康德。我们知道，在康德关于单纯的感觉引起快感的论述中，他至少能以

完全坦率的态度面对这个根本的困难。他认为审美性质要依赖于“形式”的存在，因而不同于单纯的感官刺激，“形式”在他看来就是审美形象的本质，它是感觉的一种品质或属性，是可以同作为感官刺激的单纯存在区别开来的。因此，他在按照审美品质来对各种感觉进行分类排序时，所遵循的原则至少必须是可理解的，也许还包含着能够区分感官中审美要素和非审美要素的真正依据。席勒用一句比较通俗的话语来代替这条原则，他说：“实在是事物的作品；形象是人的作品。”他说的这种形象可能是指任何知觉的结构性意义。但从他的这一对偶句中，显然人们什么也没有得到。因为每一种感觉都是我们的机体组织的反应。他的富有韵律的修辞以动人的语句表达了我们通常的设想，但却不能帮助我们证明它的合理性。“在眼睛和耳朵里，刺激性的材料早已离开，远离感官，

294 因此，对象和我们保持一定的距离，而在活动性的感官中，我们却能和对象保持直接的接触。”[①]在这里，他并没有明确指出“形式”属于感觉的何种特征，也没有指出构成感觉“实在性”的是什么。席勒只是接受了柏拉图时代已经当作事实的审美感和非审美感之间的区别而已。

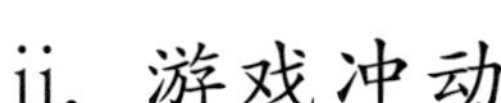

ii. 游戏冲动

席勒的游戏冲动的观念也是把康德提出的见解通过修辞方面的发挥取得的。这种观念来自康德对“游戏”一词表示各种官能和

---

① 《通讯集》，26。

谐的自由活动构成审美判断的经常用法，因而这个词也用来表示音乐和色彩之类的感觉以时间上的连续表现艺术魅力的某种方式。

按照席勒仔细推敲的游戏冲动理论后来明显地启示了赫伯特·斯宾塞先生的见解[①]，它的最简单的形式表明，游戏冲动只是需要排放的积蓄的能量得到宣泄。"……当多余的生命力冲动要化为行动时，动物就要游戏。"当人们认识到为观赏而观赏产生的愉悦时，可以说就产生了更高阶段的游戏[②]。当席勒以这种方式指出"形式"或"形象"时，他只是通过模仿更进一步地赋予形式以独立性。毫无疑问，这种人类学的次序关系在这点上是错误的。因为对形式的模仿要比有意识的鉴赏早得多。不过，席勒所坚持的联系显然是真实的，困难只是那个不断发生的难题：在不断发展的活动中如何区分有意识发展的程度。游戏冲动和模仿倾向或戏剧式的表现倾向——欣赏模拟或欣赏形象的倾向——在每一点上都是密切联系的，看来，一切游戏和娱乐中都包含着对生活的一定程度的模拟[③]。

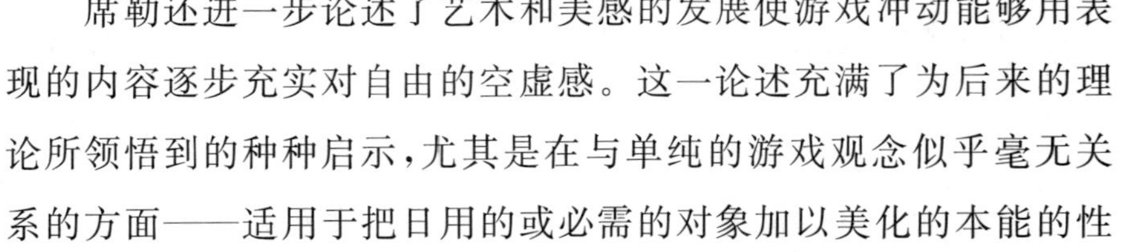

席勒还进一步论述了艺术和美感的发展使游戏冲动能够用表
现的内容逐步充实对自由的空虚感。这一论述充满了为后来的理 295
论所领悟到的种种启示，尤其是在与单纯的游戏观念似乎毫无关
系的方面——适用于把日用的或必需的对象加以美化的本能的性

① 《通讯集》，27。参看斯宾塞的《心理学》，ii，627。这本书里所提到的"德国著作家"就是席勒吗？

② 《通讯集》，26。

③ 同上书，15。参看布朗教授的《美的艺术》，第1编。

质方面。“凡是人（刚刚从感官的游戏转变到‘审美’游戏的人）所拥有的东西和所制造的东西[①]就一定不能只带有实用的痕迹以及它因迁就实用目的而采取的那种过于谨慎的形式[②]，在实用之外，它还必须能同时反映出把它构思成的那种才智，把它制造成的那双灵巧的手，以及把它选定和展出的那种自由而愉快的精神……就连他的武器也不再是只能令人生畏的物件，而是也能够给人愉悦的东西，巧妙装饰的剑带和致命伤人的剑锋也同样引人关注[③]。”

最后，关于游戏冲动的历史的叙述变成了关于艺术的社会性质的分析，这种分析最终还是依据了康德关于美的社会意义[④]和美感根本上可传达的见解。我们既不能使我们的感性的快感普遍化，也不能使我们的理智性快感普遍化，因为感性的快感本质上是个人的，而理智性的快感却忽略了深深的个性基础。只有在美中，我们才既是个人的又是种族的。美可以使整个世界都感到愉悦，每个人在美的神奇魅力的作用下，都会忘掉他所受的限制[⑤]。

美的游戏说的缺点在于它把生活分割为工作和游戏两部分的倾向。“生活是严肃的，艺术是欢快的”——这是一种不协调的观点，除非我们对它作非常宽泛的解释，使这些字眼自然产生的联想

---

① 《通讯集》，27。

② 可以很容易地看出，席勒精心修辞的每一个用语依据的都是康德的逻辑。

③ W. G. 科林伍德先生的《装饰哲学》（*Philosophy of Ornament*）中有一段关于多尔顿人驯鹿用的短剑柄的简短而富有鉴赏意义的记载，可以参阅。

④ 《判断力批判》，第 41 节。在这一节中，席勒关于逐步精美化的见解已大部分预示出来。

⑤ 《通讯集》，27。“习俗使之严格分开，你的魅力又使之重新结合。”——席勒，《喜悦赞美诗》。

都完全消失。席勒在强调他所采用的这些比喻时，往往倾向于这种理论[①]。美和游戏之间两种实在的联系就是，它们都具有摆脱 296
实用目的的共同的自由，而且都具有模拟——最广义地说，就是对实在加以理想化的表现——的共同倾向。在其他方面，“游戏”可以使我们享受娱乐和心理能力的放松，而对于严肃的自我表现的需要，或制作者有一定程度自由的各种工作中所包含的表现要素，似乎没有给予公平合理的考虑。总之，只有在游戏冲动最初具有的消极性的自由以一种具有想象性表现的内容充实起来的时候，它才是审美的；而且，任何冲动只要具有了这样的形式就是审美的，无论它是不是能恰好使我们想到“游戏”。

这样，“康德派的席勒”[②]借助他的天才，同样也借助他的热情，不但肯定了美的客观性，而且阐明了美在人类文明化的演进过程中的地位和价值。他这样做不仅顺应了而且推动了当时日益增长的一种趋势，那就是按照客观性和真实性来认识某种事物，而不是仅仅把它当作事实和有正确性的东西来了解，而且还要在人类生活领域中具有意义并产生决定性影响的事物中去寻找最真实的实在。

（2）“古代的”和“近代的”的对比

由于席勒已经认识到美是人的存在的实在表现，把人的心灵中的种种极端结合起来，并且从文明的最初的黎明时期就连续不

① 《通讯集》，15，末尾。

② 哈特曼，《美学》，i，24。

断地探索下来，因而他自然不能不注意到似乎同这种连贯性有所抵触的古代的和近代的对比。我们在第九章中说过，这种对比是人类本性固有的二元论迫使自己注意一个已知成为过去的时代所采取的历史的或实际的形式。但自从但丁时代以来，人们就需要为这个问题找到某种答案，到底古代生活所依据的是和近代世界生活同样的原则，还是更好的原则或更坏的原则。随着知识的积累和自由的智慧的觉醒，对这一对比的意识也更加深刻，解决这一问题的努力也准备得更加充分。在第九章里，我试图描述古代世界的普通人性表现于近代的过程，特别是通过文学表现于莱辛，通
297 过造型艺术表现于文克尔曼的过程。我力图说明，这些杰出的阐释者，尽管每个人都在不同程度上受到其研究对象的束缚，往往会把这些研究对象的暂时的条件说成最终结果，然而他们还是在这些范围内发现了充分的意蕴和丰富的多样性，可以启示人们认识到美与人性的相关性，并依据那种相关性来解释美的统一性。我们知道，当时的学术研究成果和考古学成果都是倾向于同一个方向的。但整个说来，在莱辛逝世之前，后期文艺复兴的反应还没有结束。伪希腊传统虽然经过扩充，人性化变为对希腊文化的真正热情，但它仍然对那个时代有一定影响。“哥特式”艺术已得不到理解，莱辛对莎士比亚进行亚里士多德式的辩护，只能增强并加深了那些具有古代趣味的原则。直到莱辛极力反对的天才时期以后，近代艺术的充分意义才进入德国意识。正如伯奈斯所说，歌德“解放了那个世纪”。

除了上面明确提到的那些影响以外，法国革命当时正起到电闪雷鸣般的推波助澜的作用。“自由”在 1795 年是一个极有意义

的字眼，而康德、席勒和他们的后继者所做的工作是把自由从形而上学的天上带到现世生活的地上，这对于他们同时代的人来说具有重要意义，这种意义往往会被我们所忽略。

那么，一直以来都是按照文艺复兴的传统来理解并且逐渐扩大为对希腊文化的真正共鸣的这些美的原则，真的就完全统摄了那个风雷激荡的时代的审美判断和艺术创作吗？歌德有一段话非常有趣地说明了这种对比是怎样表现在席勒和他自己的谈话中的[①]。

“当我和席勒的交往日渐密切时，就可以充分地显出那（席勒和康德的关系）是多么的奇怪。我们在谈话中所讨论的完全是我们的事业问题或理论问题。通常是两个方面的问题都谈到。他传播自由的信条，我则为自然权利进行辩护，反对压缩自然权利。也许是出于对我的友情和善意，而不是出于信念，他在《审美教育书简》中没有用刻薄的语言对待慈祥的母亲（自然），而在《论秀美与 298
威严》的论文[②]中却使用了一些使我感到厌恶的刻薄的词语。但在我这方面，却坚持不懈地固执地颂扬希腊式诗歌的优点，以及以这种样式为基础或从其中派生出来的诗歌的优点。不仅如此，我还肯定地断言这种样式是唯一正确和称心如意的样式，所以，他不得不进行更恰切的思考，我们认为，正是由于这种争论，才写出了《论素朴的诗和伤感的诗》[③]这样的论著。他作出的结论认为，这两种样式的诗歌是互相配合、互相承认彼此的要求的。

① 《新哲学的影响》(*Einwirkung d. Neueren Philosophie*)，《全集》，xxx，341。

② 1793年(?)。

③ 1795年—1796年。

“这样，席勒在这篇论文里奠定了美学全部新发展最初的基础，因为‘希腊的’和‘浪漫主义的’以及可能是后来发现的别的类似的同义词语都可能是从这种讨论中派生出来的，而原来所讨论的主题是现实的还是理想的处理方式何者更为重要。”

康德在他的《论优美感和崇高感》中简短地把“素朴”[1]描写为“带有大自然印记而不带有艺术印记的高贵而美的纯朴性”。而席勒在区分素朴的诗和伤感的诗时，用来作为这种区分出发点的正是康德的这一论述，而不是他在《判断力批判》中对“素朴”所作的更为充分的论述。不过，康德在这两个实例中所依据的主要是社会交往的情况。相反，席勒却把“素朴性”这一观念运用到艺术领域中来，因而就不能不在一定程度上使这一观念对自然的关系有所改变。他有一段话表达了他这种相反意见的根源。他说，诗人要么就成为自然，要么追寻自然，二者必居其一。前者是素朴的诗人，后者是感伤的诗人[2]。不过，一位诗人在何种意义上可以成为自然，是难以确定的，对立的两极往往是相近的。因为，如果素朴就意味着自觉地或有意识地同自然结合为一体——在艺术中，素朴必定会导致这样的意义——那么，它同伤感也就难以区分开来，即使两者不是同一的，至少是互相并列的。这种看法肯定符合于席勒在艺术衰颓时期和最善于模拟的民族，如法兰西民族中寻找到的素朴的意义。这样一种意义是一种伤感的意义，而在这个范围内我们就离开了古代的和近代的区别这个题目了。

① 《全集》，iv，420。

② 同上书，xii，231。

尽管有这些困难，但席勒仍然依靠真正富有才智的批判性研究成功地在艺术领域中确立了第一性的自然和第二性的自然之间的区别。他指出，希腊人对外部自然——这是自然的最纯粹的情 299
况——几乎没有什么伤感性的趣味。他们与世界结合为一体是不容许有反思的余地的。即使在描写人的时候，他们也表现出一种类似的清新性和直接性。席勒把《伊利亚特》中写格劳克斯和狄俄墨得斯的相遇同阿里奥斯托在《疯狂的罗兰》里写斐罗和里纳尔多的相会加以比较[①]，席勒的这种比较选取的例子非常恰当，同莱辛和马休·阿诺德所选择的任何例子一样妥帖恰当。其中包含的对比原则是很鲜明的，并且构成了后来处理艺术史问题的基础。我们在论及谢林和黑格尔的时候，还要详细地讨论这个原则，因此，在这里对它就无须讨论了。

不过，席勒自己曾指出过，近代也有“素朴的”诗人。他心目中的近代素朴诗人中就有歌德。他还说，由于这些近代素朴诗人突破了批评的所有区分界限，因而给批评造成了极大的麻烦。实际上，他们的确是指明了超出单纯的浪漫主义划分的一种更高的统一。席勒对这种统一并没有给予充分的说明。但是，席勒承认他自己最初在欣赏莎士比亚作品时碰到许多困难，这就可以再好不过地说明他原来的观念。“在早年初次接触到莎士比亚的作品时[②]，看到他那样冷漠无情，居然在高度的激情中开起玩笑来，用小丑的戏谑来破坏《哈姆雷特》、《李尔王》、《麦克白》等戏剧中那些

① 《全集》，xii，226。

② 同上书，xii，226。夏斯勒的著作，1，635。

令人心碎的场面，我感到很恼火。……同近代诗的接触使我产生迷惑，因而在每部作品中总是先要寻找**诗人**，去同他心心相印，同他一起去思考他的表现对象，总之，只能照对象在主体眼中反映出来的面貌去看待对象，因此，看到这位诗人从来不展现自己，也从来不肯回答我的问题，我就感到难以容忍。……**当时，我还不能理解第一性的自然**，我只能接受通过理解力反映出来的表现第一性自然的画面。按照这种认识，只有法国的伤感诗人和 1750 年到 1780 年的德国诗人才是符合我的那个目的的。"在这段叙述中，我们可以找到在这部论著别的地方着重指出的素朴的和现实主义的处理方式与伤感的和理想主义的处理方式之间的联系。而且，前面提到过，歌德把这种联系作为他的这部论著的出发点。为了说明席勒认为这些有关诗歌的原则和有关其他艺术的原则是互相联

300 系的，我们还可以再引席勒在评论歌德发起的一次有预定主题的画展时说的一段话，他谈到"德国的另一种特性：感伤性"，"如果真的有一位泪流满面的赫克托耳和令人伤感哀怜的安德洛玛刻出现的话，那倒是令人担忧的，幸而他们没有出现。"[①]

席勒在这部论著的最后说，古代人因表现有限而伟大，近代人因表现无限而伟大。这种区分后来被谢林逐字逐句地照搬，使它对后来的哲学同"素朴"和"感伤"的区分具有同样的重要意义，因为有限和无限的区分不过是用普遍化术语的形式再现了"素朴"和"伤感"的区分。席勒作出的改进就在于，他把古代原则和近代原则放在同等地位，作为自然演进的不同阶段。在他以前的学者没

① 《全集》，xii，388。

有恰当地和充分地看待它们的差别，甚至在他们认识到近代人的伟大时，还要硬把近代人装进古代人的模子里去。席勒的创见就在于，他提出，为了肯定原则的连续性，并不需要把实际存在的差别归结为完全消失的灭点。

(3) 施莱格尔论席勒

席勒这部论素朴的诗和感伤的诗的著作很快就产生了影响。1797年，施莱格尔发表了关于希腊诗歌的研究论文集[①]。该书的序言中谈到席勒的论著，宣称不能认为客观美的原则适用于近代诗歌艺术。因为，现在，诗人们无视美必须给人提供无关利害的愉悦这个原则，只依靠主观的魅力，诗意的“效果”以及对理想生活的兴趣。这些表明诗人的性格本质上是“感伤性”的性格。我们马上就能看出，康德通过一种抽象撇开了美的积极内容，认为在审美判断中同理想相关的是不纯的内容。这种论点，对美的理论的确会引起破坏性的效果。施莱格尔进一步指出，感伤心绪只有通过个性特征，也就是说只有通过表现具有个性的特征，才能成为诗。我想，他的意思一定是说，如若不然，这种感伤情绪就不可能使造型形式或结构形式足以同作为它的材料的个性情绪的深度相适合。因此，施莱格尔认为，希腊悲剧可以称得上是客观的，因为它符合于一个美的整体的公认的规则；而莎士比亚的悲剧则“用感伤性的 301
和特征性的要素组织成一个自然完备的完全自我依存的引人入胜的整体”，因而应称之为“引人入胜的悲剧”。施莱格尔想用这个名

① 《全集》，5。

称把它所表示的艺术排除在康德和古代爱好者所确定的美的范畴之外。至于这种排除是不是在本质上被康德的理论证明为合理的,那是另外一个问题。我们甚至难以肯定,莎士比亚的悲剧是不是包含着一种像康德所说的非审美意义上对于理想实在性的兴趣。施莱格尔是不是清楚地鉴别了审美形象给人的快感同各种对象或理想的实在性给人的快感的区别,这还是颇有疑问的。只有后一种情况的快感才能看作是非审美的兴趣。然而,无论是对是错,施莱格尔在处理这种从席勒那里借用来的区分方法时,他不是像席勒那样,把莎士比亚和古人放在同一地位,而是把莎士比亚当作近代人的中心和旗手。正如上面所提到的那样,显然这两位批评家都是正确的。莎士比亚指出了一种既超越于浪漫主义的二元论之上而又是古典的近代艺术。

就是在这本著作中,施莱格尔在美学史上第一次提出了"关于丑的理论"[1]。他把美定义为"善的令人愉悦的表现",把丑定义为"恶的令人不快的表现"。我们必须假定,善的令人不快的表现和恶的令人愉悦的表现应当看作是不可能的。这样,他就企图把丑看作完全在美的范围之外,而且与此相应地把它作为美的否定的体现。但是,施莱格尔很快就发现对一个否定作肯定的体现是一个极难处理的概念[2],正因为它是肯定的,最高度的丑才需要最高度的能力来表现它并且总是会包含着美的因素。看来,他对于这种区分可能会遇到这种明显的困难并没有想出解决的方法。因

① 《全集》,5,147。

② 同上书,5,151。

此，我们应该说，这种肯定的否定在某种程度上将会是一种混淆——是一种对同它相关联的那种类型的美的滑稽模仿或歪曲。

(4) 席勒论施莱格尔

然而，正是由于席勒提出的看法有前后不一致之处，才说明在
鉴赏方面和理论方面必须进行迅速的变更。席勒给歌德的一封著 302
名的信谈到了这个问题的后来的历史，这封信表现出他也许受到施莱格尔的这部著作的影响。席勒不会容忍近代作家竭力推荐的那种二元论(夸大了他自己的二元对立)，但是，他还是深受这种论点的影响，以致他想要完全抛弃美这个术语而选择另一个没有多少狭义联想的词语，我把这段文字完全引述在这里。

“我觉得，现在正是从特征观念的视角重新审视希腊艺术作品的确当时刻。因为文克尔曼和莱辛的观点现在仍然普遍流行，而我们的大多数论及美学的近代作家在谈到诗歌的时候，也像在谈到雕塑的时候一样，都煞费苦心地力图使希腊美摆脱特征的一切痕迹，并且使特征成为近代艺术的独特标志。我认为近代的美学作家，由于极力要把美的观念独立出来使它具有某种纯粹性，几乎完全掏空了它的内容，使它变成一种空洞的声音。美和正确或真(Treffende)之间的对立被过分地夸大了，只有哲学家才惯于划分的界限(而且只有一个方面才算合理的界限)被过于简单粗糙地接受下来了。

“此外，许多人还犯了另一种错误，就是把美的观念过分地归于艺术作品的内容，而不是归于对艺术作品的处理方法。结果当他们必须在同一种美的观念中既包含着梵蒂冈的阿波罗像及类似

人物的塑像(这样一些内容本身已经足以使它们成为美的形象),又包含着拉奥孔、农牧神弗恩或其他令人难堪或令人厌恶的形象时,他们一定会感到困惑不解。

“大家知道,诗歌的情况也是如此。无论是过去,还是现在,人们总是在劳神费力、煞费苦心地按照他们所形成的希腊美的观念来证明那种粗糙的、常常是低级而丑陋的有关荷马和悲剧作家的现实主义(‘Natur’,自然事实,无论是人的行为的还是其他各种自然事实)。我希望,最终会有人敢于制止这个观念以及美这个字眼
303 本身的流行(事实上所有这些错误观念都是同美这个字眼密不可分地联系在一起的),并且代之以最完整意义上的‘真’这个词,这样才是合理的。”

当然,在这里不能把“真”这个词从智识的意义上去理解。持康德主义观点的席勒更清楚地了解这一点。上面所引的这段话的意旨是:第一,他确信伪古典的美的观点不可能再加以扩展使之包括浪漫主义艺术;第二,从浪漫主义的眼光来回顾希腊艺术时,他倾向于认为,即使对于浪漫主义来说,流行的美的观念也是过于狭隘了。因此,必须选择一个新的术语,它仅仅表明有表现的需要和有待表现的材料的需要,他认为,具有这种特征的材料既可以在近代艺术中找到,也可以在希腊人的艺术中找到。艺术的这种宝贵的品质,不管我们把它称为美还是别的什么名称,既然能够被我们认识到是人类生活和自然界的统一性的必然的和客观的表现,因而就没有任何理由企图去缩小它的表现范围了。所以,这位第一个宣布美的具体的客观性的思想家,也是第一个用了一整套术语来排除对美的统一范围的一切形式的和传统的限制的思想家。

在造型艺术和音乐领域中，席勒没有专门的评价能力。他对各种具体的艺术[①]的理论以及它们之间的相互关系的理论并没有作出积极的贡献。他对风景画的赞赏似乎并没有超过他的同代人的范围[②]。他用闪电突然划破大雷雨的阴云密布的天空[③]作为比做丑具有崇高效果或更恰切地说具有昂扬(Erhebend)效果的一例。他用秀美的观念来限定人的形体的种种活动[④]。即使对于各种特殊形式的诗歌的鉴别，他也没有能够提供重要的帮助。他认为高乃依的《熙德》的情节无疑是文学中最优美的情节，因为它不需要有阴谋和丑恶[⑤]。他的真正成就是在诗歌想象的一般原则方面。这些原则是各种具体艺术的基础，并且同生活和思想的源泉有着深刻的联系。

2. 歌德 304

对于研究歌德的学者来说，如果把他的辉煌丰富的思想局限在几个美学原则的范围之内，那就显得实在有些亵渎和不敬了。必须清楚地知道，在下面几页的篇幅中，我们并没有自称能够把歌德的广泛活动的全部丰硕成果都集中起来，而只是想指出他的几个重要信条，其重要性在他对于艺术和美的观念的整个发展过程

① 参看夏斯勒的著作，1，626。

② 还可以进一步参看《马提森诗歌评论集》(*Review of Mattheson's Poems*)，《全集》，xii，343。还可参看夏斯勒的著作，1，648。

③ 《全集》，xi，570，1。

④ 参看夏斯勒的著作，1，603。

⑤ 《全集》，xi，543。

中都体现出来的。英国读者如果满怀希望想要在本国新近的优秀美学史学者的著作中寻找对于歌德美学观点的评论，他们一定会感到大失所望的。因为这些英国的美学史学者都一致把歌德看作是文克尔曼学派的一个通俗作家。所以在哈特曼所写的后康德主义的美学史中根本没有歌德的地位[①]，而在夏斯勒[②]和齐美尔曼[③]的著作中，歌德却和席勒分开，同蒙斯和文克尔曼合在一起，作为前康德主义的美学家[④]，这样一种观点虽然在表面上同黑格尔出于特殊目的所采取的排列次序相当，但绝对不符合编年的顺序，不符合歌德的基本思想以及他自己关于他和康德关系的记载下来的论断[⑤]，也是同他作为那个富有创造力的时代的中心人物的地位绝不相容的。那个富有创造力的时代，也就是十八世纪的最后十年[⑥]，有一些志同道合的研究者共同创造了一些新的哲学观念，他们各自的贡献在今天已经很难分辨清楚了。

这些互相矛盾的判断的根据非常简单，它可以构成研究歌德思想的一个方便引导。当然，文克尔曼已经认识到表现对于美的不可避免的影响。只要坚定不移地肯定我们现在所理解的关于"表现"的全部理论，就可能在文字上在文克尔曼那里找到一种关于意义或特征的理论，实际上他对这种理论只有一种模糊的或粗浅的理解。毫无疑问，歌德关于美的尤其是关于艺术的思考，主要

---

① 哈特曼的《美学》，i，导论，vii。

② 《美学批评史》(*Kritische Geschichte der Aesthetik*)，i，494。

③ 《美学》，i，355。

④ 同上书，i，24。

⑤ 《新哲学的影响》，《全集》，30，340。

⑥ 同上书，"上个世纪的最后十年对我是十分重要的时代。"

是由狭义的美和意义或特征的对比决定的。因此，可以说他们处 305
理的问题无非是文克尔曼的问题而已。

但是，这样一种看法忽视了整个问题的本质。文克尔曼是从抽象的美出发的，但是他又不得不以他的历史知识和历史的同情，不同层次地加入表现以补充这种抽象的美，这对于增加美的表现是必要的，但真正的美却减少了。他所关注的艺术几乎完全停留在雕塑艺术的领域，对于绘画略有涉及，而对音乐和诗歌则只字未提。但是，对歌德来说，如果说他谈到的是类似的要素，却是**以相反的顺序来接近它们的**。歌德的出发点是把特征作为艺术中的精美因素的观念，也就是说，把特征作为我们决定要采纳的广义的美。他后来又用形式美，即狭义的美这个限制性规定来补充这一原则，主要是为了防止误解和偏差。歌德这种把文克尔曼的观点中相反的顺序来处理相关要素的看法是有本质意义的，并非偶然的。这是在文克尔曼帮助下创造美感的新工具的结果，是更广更深的美感的萌芽。这种想法最初来自为哥特式建筑辩护、反对衰颓无力的伪古典主义传统的结果，后来又通过对绘画、音乐和诗歌的最广泛的欣赏而得到支持。在专门的哲学领域，它的意义是明白无误的。美——艺术和一般审美鉴赏中显示出来的优美——是需要分析的材料。再假设这种未经分析的材料，或者是从纯粹形式方面对它的分析也是一项原则，而且承认还有另外完全具体的原则在这项原则之内之外错综复杂地起着积极的作用，这是坦诚公正而富有启示性的，但在逻辑上是起不了作用的。把这种材料同一项可导致深刻分析的具体原则看成是一致的，同时承认还有一条使这种材料的形式成分不能得到充分解释的不明确的界线，

这是向着科学的综合迈进的新的一步。下面我们将谈谈歌德在后一方面的美学见解。

(1) 哥特式建筑

在1773年，也就是希尔特在《季节女神》上发表了关于艺术中的美在于特征的著名论文之前二十四年，出版了一本印刷粗糙的
306 未署名的小册子[①]《论德意志建筑艺术》。这本书的作者是莫泽尔、赫尔德和歌德。歌德对这本书的贡献是一篇短文《德国的建筑艺术》。这篇文章虽然免不了有年轻人惯用的华丽辞藻(当时歌德才24岁)，但它也许是十八世纪最具深刻性的美学论文。因为在该文中已经包含一些重要美学观念的发端，而这些观念在八十年后才在罗斯金的《威尼斯的石像》[②](*Stones of Venice*)一书的"论哥特式建筑的特征"这一章中得到了充分的表现。我觉得，我们的哲学史学家之所以对前一篇文章漠不关心，恐怕完全是由于他们不了解后一篇文章及其包含的全部意义。歌德并没有真正坚持任何作品都要同个别制作者的生活相联系，但是他所采取的观点却必然地包含这种关系。我将要在这一篇短文中选录几段文字，据我所知，这几段文字是英语译本中所没有的。从我们的理论研究的目的来说，值得注意的是以下几点：

第一点，作者对后期文艺复兴的伪古典主义的态度。

第二点，作者对于"哥特式"建筑持赞许的态度，对于这个名称

① 谢勒的著作，ii，82。

② 参看《威尼斯的石像》第2卷，"论哥特式建筑的特征"。

引起的贬斥和非难提出了批评。

第三点，提出了一种显示特征的艺术理论。

i. 对文艺复兴传统的态度

"'低级趣味'，意大利人说着就马上走开了。'傻里傻气'，法国人嘟嘟囔囔地说，还趾高气扬地拍打着鼻烟壶上的希腊纹饰。你们两个怎么会瞧不起它呢？"

"难道不是从坟墓里站起来的古人的智慧征服了你们吗？你们趴在这些高大的废墟之下，偷偷地测量这些废墟的大小尺寸，你们用这些圣地的残片建筑了你们的东拼西凑的宫殿，还自以为是艺术秘迹的守护人，只因为你们能按照英寸和线条来计算这些巨大的建筑物。如果你们不只是测量而是有更多的感受的话，如果你们掌握了使你们感到惊奇的这些建筑的精神，你们就不会因为希腊人建造了它而且又很美就简单地加以抄袭了。因而你们就会使你们的设计变得必要而又真实，生动活泼的美就会因创造力而从中产生了。"

"这样，你们就会在你们所需要的东西上描绘一种真和美的外 307
观。圆柱的灿烂辉煌的效果给你们很深的印象，你们也想造上几个圆柱，就把圆柱建在墙壁里面；你们想要建造柱廊，于是你们就在圣彼得大教堂前院的周围建起几条没有出口的大理石通道，结果由于这位大自然母亲讨厌和鄙视无用和不必要的东西，就逼得你们的民众只好在公共的水沟里作践它们，以致你们要在这座世界奇迹面前避而远之。"

“这一切都是自然而然地进行的。艺术家异想天开的幻想，满足了富人反复无常的需要，观光客看得目瞪口呆，而被称之为美的灵魂的哲学家费尽心思根据原生态的寓言创作出一些艺术原则和艺术历史，真正的人却在神秘剧的前台被恶魔谋杀了[①]。”

“……圆柱[②]在任何意义上都不是我们房屋建筑的要素，它与我们的一切建筑物的本质都是对立的。我们的房屋不是搭建在四个角落的四根圆柱上，而是搭建在四面围墙上的。这些墙壁代替了圆柱，排除了圆柱。如果你在墙壁之外又加上四根圆柱，就会使圆柱显得是令人难以承受的多余之物了。”“当心不要败坏了你的最高贵的艺术家的名声，不要急急忙忙地评论他的卓越的作品。如果它使你产生不愉快的印象，或者根本没有任何印象，那么何不就此告别，套上你的马，驾上你的马车，到巴黎去吧！”

在整个这篇文章中，我们可以看到强烈地影响莱辛的真正的民族艺术情感和令人痛惜的民族对立情绪同时结合在一起。当近代精神开始在一切行动中反对束缚它的传统时，它必然会变得越来越激烈。我们在前面就说过，圣彼得大教堂一直是检验文艺复兴艺术情感的试金石。歌德不可能是第一个持否定态度的批评家，因为在这个时候他还没有见到过罗马，他所了解的情况一定是从别的著作家那里取得的。他很容易亵渎神圣，这是那个时代最明显的标志。

① 文克尔曼于1768年被谋杀。

② 这段话是针对劳吉尔神父（Abbé Laugier）而发的，见谢勒的著作第2卷，“歌德”。

ii. “哥特式”是一个贬义词

“当我最初去参观那座大教堂时，我的头脑里充满了关于它的雅致优美的一般观念。根据传闻，我非常崇敬教堂弥撒的和谐和形式的纯粹，竭力反对随意混杂的哥特式装饰。我把‘哥特式’这个标题词当作字典中的一个条目，把我所想到的一切有缺陷的同 308
义词，如不明确的、混乱的、不自然的、一堆琐碎杂物、千疮百孔、不堪重负，都归到这个条目之下。我就像一个把全世界都叫作‘野蛮人’的自作聪明的人一样，把一切不适合我的体系的东西都叫作‘哥特式’的，从我们的资产阶级贵族用来装饰他们的房屋的精制的玩偶和形象作品直到德国古代建筑中的坟墓遗迹。这些德国古代建筑设计中由于有少数奇怪的曲线，我就按照老调指责为‘过度装饰’。这样，在参观的途中，我对于要参观的东西——一个奇形怪状、鬃毛直立的怪物——真感到不寒而栗。”

“当我站在那座建筑物面前，目睹那令人叹为观止的景象时，我感到多么的出乎意料啊！我的心灵中充盈着辉煌而完整的印象，由于这种印象由无数和谐融洽的细节组成，因而是我所能欣赏和享用的，但又是我无法理解和解释的。我是多么经常反复地去享受那犹如天堂般的快乐，去从我们的老朋友的作品中领会那伟大的精神啊！……有多少黄昏时的夜色以友好的宁静打断了我那疲惫的双眼探索的目光，当着无数的部分融合成一个完备的整体，单纯而伟大地呈现在我的心灵之前时，我的精神立即振奋起来，乐于欣赏和理解它。在清晨明媚的霞光中，它常常以清闲的面貌迎

接我，我是多么愉快地观察着这些巨大而又和谐的建筑，它们的无数细小的部分，直到最细小的纤维，都像永恒的大自然的作品一样生气勃勃，全都融入整体，与整体息息相关。这座巨大的基础牢固的建筑多么轻快地升入空中，它受到多少严重的摧残，然而又是多么永恒不朽啊！……因此，当德国的艺术学者听了邻国人满怀忌妒的言论，忽视了自己的长处，用不可理解的‘哥特式’这个词来贬损这一作品的时候，我也不该对他们生气。那时，他们应该感谢上帝使他们得以高声宣告：‘这就是德国的建筑，**我们**的建筑，同意大利人没有关系，同法国人更没有关系。’如果你们不愿承认自己应享受这一特有的优势，那就请你们证明哥特人真的建造过像这样的建筑吧。你们会发现，这样的证明有相当大的困难。”……“但是，亲爱的年轻人，你们将成为我的谈心的伙伴，因为你们激动地站在那儿，无法调和你们心中互相冲突的矛盾，你们时而感到这个伟大整体的不可抗拒的力量，时而又责备我是一个梦想家，说我在你们只看到强壮有力和粗犷不精的地方看到了美。”

309 这同一段文字的后面提出了一个普遍的理论，可以证明他在别人只看到强壮有力和粗犷不精的地方感觉到美是合理的。习惯用语的力量迫使歌德又回到他刚刚超越的对比上来。但是，我们必须始终记住，最广义的美总是同美的艺术本身所具有的和审美感觉本身所能鉴赏的整个优美相吻合（正好同歌德使用的优美这个词相一致）。甚至在文克尔曼那里，我们说过，“真正的”美也不在美这个名称特别明确所指事物的范围之内，正像歌德准备把“真正的”和“伟大的”艺术同狭义的美的艺术对立起来一样。

iii. “显现特征”的艺术

（紧接上面引文的“粗犷”一词之后）“不要让一种错误的观念进入我们中间；不要让近代的美的贩卖者柔声媚气的理论把你们弄得过于柔弱以致无法欣赏富有意蕴的粗犷；为了不至于使你脆弱的情感到最后除了毫无意义的平淡柔和以外，什么也承受不起。他们想要使你相信美的艺术据说是来自于我们想要美化周围世界的假想出来的倾向，这不是真实的！因为只有在一种意义上，这才可能是真实的，即市民或工匠可以这样说，但哲学家不能这样说。”（艺术冲动，正如歌德大约这样来描述它，是一种美化事物的冲动，这种说法只能包括所有那些以美的名义进行造型工艺的人，如市民可以说铺设一条新的街道就是一种艺术冲动，工匠可以说构造一部机器是一种艺术冲动。歌德在这里表现出来的心情是很复杂的。实质上他是同情“市民”的，但他又觉得，他只能通过哲学家划出来的本身就是不恰当的区别来说明他的观点。这段话至少在我看来，真正的意义就是这样。）

“艺术（他接着说），早在它成为美的（优美）艺术以前就是造型的艺术，但那时它就是真正的伟大的艺术，常常是比美的艺术本身更真实更伟大。因为人在内心就有一种造型的天性，一旦他的生存有了保障，这一天性就在活动中表现出来。一旦他摆脱了焦虑，摆脱了恐惧，这个在宁静中活动的半人半神就要在他周围寻找可以把他的精气注入其中的东西。因而，野蛮人就用奇怪的手法、可怕的形状和粗俗的色彩重新绘制他的‘椰壳’、他

的羽毛和他自己的身体。虽然组成这种意象的是最任性的形
310 式,没有轮廓的比例关系,但各部分之间仍然是协调一致地结合在一起的。这是由于在建构它时,有一种专注的感情把它们造成显出特征的整体。”

“唯有这种显出特征的艺术才是真正的艺术。只要它是从内在的、单纯的、自然的、独立的情感出发,来对周围事物起作用,对不相干的东西毫不关心,甚至全然不顾,那么,不管它是出于粗犷的野蛮人之手,还是出于有教养的敏感人之手,它都是完整的,生动的。你可以在不同民族和个人身上,看到无数不同程度的这类情况。心灵愈是提升到能够感受那种主要通过和音表现出来的唯一美的和永久的关系——这种关系的秘密只能被感受到,而且只有在这种关系中,像神仙一样的天才生活才能迅速化为愉快的曲调——,这种美愈是渗透到心灵的存在中去,似乎与心灵同出一辙,以至于心灵再也不能容纳任何别的东西,再也不能产生任何别的东西;愈是这样,艺术家就愈感幸福……在这里,才出现他的作品。向前走去,去认识在中世纪的狭窄而阴暗的祭祀场上,从强悍粗犷的德国灵魂中产生的对于美和真的关系中的最深刻的感受吧。”歌德在抨击了当时的矫揉造作、软弱无力的绘画以后,接着说,“有男子汉气概的阿尔伯特·丢勒常常受到近代人的嘲笑,而我还是更喜欢你形式最笨拙的作品。”

诚然,正如歌德在他的自传[①](1811 年)中告诉我们的那样,他早年是爱好哥特式建筑的,由于后来倾向于“一种更发达的艺术”

① 《全集》,17,348。

（希腊人的艺术）而使这种爱好在心中退居次要地位。然而，他这样提示这个主题，表明他对这个主题是多么亲近，因为特别是这一方面，在他看来似乎是把他的后来生活同早年的冲动联系起来了。有这样一句谚语：“我们在青年时期所希望的东西，到老年必有丰厚的收获。”在歌德看来，这种联系就证明了这句谚语。此外，浮士德的发展顺序一定会使每个人都感到同诗人自己的经历很相似，对海伦的忠诚是建立在北方生活的基础上的，在这种联系不复存在时，仍然留下它的影响。

艺术与科学之间的近似，无论是好还是坏，都使歌德非常入
迷。在他看来，艺术与科学之间的近似就在于它们与典型性或
特征有共同的关系。在康德的论著中，真正引起歌德共鸣的只 311
有《判断力批判》。因为这部著作证实了他关于艺术与科学近似
的信念。在他看来，这一著作还证明了总是在引导他去寻找典
型的或根本的东西的那种“不安的冲动”是合理的[①]。在所有这
些方面，他的想法都同艺术中的“特征”十分接近，同时也与科学
所了解的“特征”很相近。例如，某种花卉充满了特性，而另一些
花卉则是特性模糊或没有特性的。当然，歌德对植物的变异的
研究是在一种基本类型的观念指导下进行的。很显然，在歌德
看来，在任何引人入胜的作品中，中心问题总是意义、特性或意
蕴，甚至在任何自然产物中，中心问题也是这样，尽管要服从康
德的一项保留条件。

① 《新哲学的影响》和《直观的批判》，《全集》，30，342 和 351。

(2) 希尔特和迈耶的定义

我们可以看到,“特征”说作为艺术的一项根本原则,并不是通过歌德而是通过他的朋友希尔特和迈耶才进入美学中的。这是同歌德向来就不喜欢抽象和不完整的性格相符合的。希尔特是一位批评家,迈耶是一位艺术家,他们两人都是旅行家,对艺术事实方面都有丰富的知识,都是《季节女神》[①](1795 年—1798 年)的经常撰稿人。

他们的意见被黑格尔在他的《美学》[②]序论中加以引证和批评。迈耶追随歌德,相对来说与希尔特持有对立的观点。他认为,他与歌德共同的观点与希尔特持有的观点是根本不同的。但是除了我们在前面提到的一条被歌德保留下来的限制,即把美添加到意蕴之上,作为意蕴在艺术中出现的必要条件之外,他同希尔特之间实际上并没有深刻的区别。希尔特仿照鲍姆嘉通的观点,把美同耳目的完善性等同起来。然而,他又把这种完善观念进一步发展成为种或属的特性中表现出来的自然意向的观念。迈耶则仿照歌德的意见,断言(古代[③])艺术的原则是意蕴,
312 但对意蕴成功处理的结果则是美。正像黑格尔所指出的,这两个准则本质上都取决于内容对形式的关系,并且首先肯定艺术

① 《季节女神》是席勒和歌德共同主办的一份评论刊物。这份刊物超出了当时读者公众的水平,只存在了三年。

② 《美学》,i,23,英译本,32ff.

③ 参看上述席勒的信件。希尔特的进取性态度使他甚至提出了有关古代艺术的特征问题。

的优美在于同意义相适合的表现。我们还可以看到，在描写这一意义的本质时，有一种使两个极端相会合的倾向，因为特征刻画如果只是注重种或属而不注重个性就势必会偏向抽象和古典主义的一边，而同个性主义和浪漫主义相对立。而且还使人回想起雷诺兹肯定他的宏伟风格的论点。另一方面，"美在于处理方法"的设想则可能说明个性应当常规化，或者也可能说明有眼力的人可以在个性中找到美。我们将会看到，对于这一对比，还是歌德本人的论述更为充分，而关于这两位青年作家，需要指出的是，由于他们给《季节女神》撰稿，由于经常通过私人通信给歌德提供材料，因而有力地促进了在这些年启发了未来的哲学引领人的那场运动。

(3) 歌德对艺术中优美的分析

歌德在《收藏家和他的伙伴们》[①](*Der Sammler und die Seinigen*，1798 年)的一篇对话中，总结了这个突飞猛进的时代的普遍性成果。这篇对话以系统性的形式展示了他的思想，这种系统性达到了他所希望的应有的程度。这也是美学史上第一次试图把艺术中的优美描述为具有多种不同程度和不同形态的具体表现。

歌德在 1797 年写给席勒的信中说[②]，希尔特在给艺术下定义时犯了一个错误，因为他不承认艺术的定义既需要他的解释也需

① 《收藏家和他的伙伴们》，《全集》，24，235。

② 因为文克尔曼大概不打算这样做，尽管他对这样一种观点也有所贡献。《全集》，3，152。

要文克尔曼和莱辛的解释，以及许多其他人的解释。就此说来，歌德的看法是完全正确的。但是，他又接着说，甚至在造型艺术中，他也坚持要有特征和哀怜。《收藏家和他的伙伴们》实际上是夸大了那封信中的观点，结果就形成了对一种意见的讨论，这种意见我以为就是希尔特在《季节女神》[①]上发表的那篇文章中的那些见解，主要是有关一个特殊问题和一个一般问题的讨论。这个特殊问题是由希尔特的论断引起的，这个论断认为，甚至在希腊艺术
313 中，表现特征都是支配性的原则，在希腊艺术中，并没有极端的痛苦或恐怖需要回避。这个特殊问题还涉及把这个并没有被完全否定的论点同文克尔曼和莱辛的观点调和起来的问题。这篇文章极力维护尼奥伯群像，说“特征只是像一副精神的骨架贯穿在整个作品的最一般的轮廓中”。把骨架或框架作为与特征相关联的比喻，经常放在歌德的心中。这一比喻也说明了特征与美之间关系的不可容忍的二元论。但这并不是他这篇文章的唯一的观点。这篇文章从特征和美的关系出发，其中所讨论的一般问题涉及艺术的优美所要求的种种品质的全面综合。“假定一位艺术家造出了体现鹰的一般概念（这就是希尔特的狭义的特征观念）的青铜鹰像，假如他现在又想把这只鹰像放在宙斯的权杖上，这样合适吗？不，它还必须加上艺术家为了使宙斯成为神而赋予它的东西——我知道，‘特征论者’（我们有理由假定他就代表希尔特）插话说，‘你指的是希腊艺术的宏伟风格；然而，只有它显出特征时我才会重视它’。”按照通常对歌德的看法，我们本应期望他把希腊艺术看作所

① 参看本书前面第 266 页关于希尔特后期著作的论述。

能达到的最高的艺术。但在后面紧接着的那段值得注意的论述中，他却没有持这种看法。他说：希腊艺术“它达到了所要求的一定高度，但不是最高度的。”“类属概念留给我们的只有冷漠无情（这是通常对希尔特的‘特征’的态度，它表明，在歌德的理解中，这种特征同我们用来表示浪漫主义和自然主义的那种特征相距是多么遥远），（宏伟风格的希腊艺术）理想把我们提高到远远超出我们自己的水平，但我们需要的不止于此，我们需要在不失去意蕴和崇高的同时，对富有个性的事物重新获得完满的欣赏。这个难题只有依靠美才能解开。美使科学的东西（他仍然认为这是辨别特征的标志）具有生命和热情，使意蕴和崇高变得宽松柔和。这样，一件美的艺术作品转完了整整一圈，又成为一种富有个性的东西，这样才能成为我们自己的东西。”

因此，特征和理想便通过美的融合力成为一种富有个性的东西。在这里，歌德差不多像往常一样，在关于美的两种看法之间犹豫不决：一种看法认为美就是一种抽象和省略，它依照某种
没有清楚理解的原则，使具有明确个性的粗糙轮廓变得柔和协 314
调，或者也可以说变得柔弱；另一种看法认为美是借助于那种洞察力，能够在具有个性的画像最丰富的细节中发现它们本身具有的强烈的优美。歌德从来没有完全摆脱前一种看法中包含的那种二元论。

在这篇对话的结尾，歌德一一回顾了他在讨论过程中注意到的那些艺术家和艺术评判家，也就是美学评论家的各种品质，把它们看作艺术中优美的各种根本要素，然后，又把这些品质列成一个

表。这个表的排列能够表示出对这种广义的美的详尽分析[①]

在这个表中，艺术优美的三个根本要素——艺术真实、美和完善化中的每一个要素都表现为两个相反品质或倾向的综合。这两个相反的品质或倾向，一个是“严肃的”，另一个是“游戏的”，而两者都是纯粹片面的**特别作风**，与它们的综合形成对比。只有这样的综合才能称之为**风格**，例如，艺术真实是纯粹模仿的和纯粹幻想的倾向的结合，美是特征倾向和趋向单纯的波纹曲线形式（按照荷加斯的理论）的倾向的结合，而完善化是“细节精确”和“有表现力的速写”倾向的结合。此外，艺术真实、美和完善化三者本身也必须结合起来，才能构成艺术的优美。

在这里，值得注意的是，我们并没有避开包含在美的现象中那种二元论，因为它有助于美的艺术中特有的优美（即必须看作是与最广义的美相吻合的优美）。但是那种没有内容又无法进行分析

315 的美的魅力幻象现在永远被打破了。因为按照歌德的综合构成的美，并不是使表现力弱化的一种限制，而是两种表现力的组合，也

① 我把这个表转录于此，括号内是译文：

Ernst allein （纯然严肃）	Ernst und Spiel verbunden （严肃和游戏结合）	Spiel allein （纯然游戏）
Individuelle Neigung （个别倾向）	Ausbildung in's Allgemeine （一般的形成）	Individuelle Neigung （个别倾向）
Manier （特别作风）	Styl （风格）	Manier （特别作风）
Nachahmer （模仿者）	Kunstwahrheit （艺术真实）	Phantomisten （幻想者）
Characteristiker （特征论者）	Schönheit （美）	Undulisten （波纹曲线画者）
Kleinkünstler （杂艺家）	Vollendung （完善化）	Skizzisten （速写者）

就是依据本质属性所作的特征表现和形式的或装饰的象征主义的结合。

这样构成的美的观念接近于把其他几个综合都像它自身的综合要素一样从属于它。在一种涉及它的连续层次的表现理论中，一般的装饰原则或“曲线美”的原则会排列在最低层次成为限制其他各种要素的条件。没有内容和意蕴的“反复无常的幻想”会被看作丝毫没有把握事物意义的，它所具有的内容比那种把“墨守成规的精确性”当作一个方面或一个因素的刻意“模仿”自然的内容更为欠缺。而在较高的层次上，作为具有洞察力的想象最初的成就，“印象主义的速写”会被看作是充分把握富有特征的实在事物的一切细节和各方面内容的前奏和先兆。经过这样稍作修改但对原则并无重大改变的表述以后，我们就可以期望按照美的象征力或表现力的不同层次来对美的种种要素进行最新分析，歌德把任意的幻想放在不重要的地位，这是特别值得注意的。因为这是对那种经常发生的把想象和虚构混淆起来的错误的批评。

这篇对话限定于雕塑艺术和绘画艺术而使它的价值大增，因为歌德信中提到的莱辛和文克尔曼的原则正是在这两种艺术中得到了最有力的坚持。如果能够在这个领域中证明“特征和拟人化”是合理的，那么在别的艺术中就更应当随之得到认可了。从此以后，人们就必须从美的内容方面来分析美了，而那种把审美欣赏的材料当成终极的依据的形式主义理论，严格说来就是过时的东西了。甚至歌德在写完这篇对话以后着手准备的[①]对文克尔曼

① 1799年，《全集》，5.162。

(1805年)的研究,也主要着眼于[1]坚持艺术的有机进化,把它视为一个划时代的发现。

316 ### (4) 结束语

正是通过歌德和席勒以及他们的朋友和同代人毕生的不懈努力,通过使局限于抽象性和主观性的康德主义的审美判断发展为随着人类生活和思想的进步而不断增长的客观的具体内容,最终把近代美学资料集中统一起来,形成对近代美学问题的回答。他们复兴了德国戏剧,使之成为一种艺术形式,但除了两卷《浮士德》以外,并没有给世界提供多少有永久价值的作品。不过,他们对希腊艺术和不列颠艺术进行的反思性的综合[2],还是继续了莱辛未竟的工作,集中反映了我在审美鉴赏的主要领域力图探索的那场变革。如果说投入这场变革的并没有任何新的艺术——因为音乐并没有**直接**受到这场变革的影响——一种新的哲学却投入了这场变革。对于这种动荡局面,我一直力求阐述其中的各种倾向,因为正是这最后十年的动荡局面中,十九世纪最初的几位伟大的体系哲学家集中形成了具有早年气质的信念。

---

① 参看本书前面330页。

② 参看席勒在魏玛上演伏尔泰的《穆罕默德》时所写的诗句。参看本书前面第324页。

第十二章　客观唯心主义——谢林和黑格尔 317

1. 谢林

“在谢林哲学中，科学达到了它的绝对观点；艺术虽然早已在人类最为关爱的事物中表现出独特的性质和高贵的价值，可只是到了现在，真实的艺术概念和它在科学理论中的地位才被发现。”①

按照黑格尔在这段话中表达的意见，哲学上真正的传承路线是从席勒到谢林。黑格尔本人生于1770年，谢林生于1775年。但在这两个朋友中，比较年轻的谢林有一个时期却处于领先的地位，在黑格尔成名之前，谢林就当了教授，向广大听众讲学。从黑格尔与谢林在1795年互相交往的书信中，我们就可以看出，这两位朋友在康德、费希特和席勒的影响下，在学术上互相激励、互相鼓舞的一些情况。黑格尔在信中就谈到，席勒那年在《季节女神》上发表的美学书简，就成了使他兴奋不已的杰作②。如果把谢林

---

① 黑格尔，《美学》，i，英译本，120，还可参看本书第十一章，第389页。

② 黑格尔，《书简》，1，16。

在 1800 年和 1802 年至 1803 年的重要著作《先验唯心论体系》和《艺术哲学》[①]同他这些早年的书信以及他完全在费希特的影响下写出来的最初几篇哲学论文[②]联系起来看，可以确实地表明，他的思想是怎样在席勒的影响下一步一步向前发展的。因为谢林不断地提到席勒和文克尔曼，说他们为他提供了实在的材料，使他得以把康德重视艺术与自然、与创造力的关系的思想扩展为一种历史
318 的和形而上学的理论，当时可以构成他的思想框架。“绝对”这个用语和康德用“超我”来说明客观统一性的观念，也是席勒力求把它具体化为类似于在意志和认知中表现出自我这样一条原则，都是从费希特那里得到启示的。我们已经在前面提到的黑格尔的一封信，在谈到谢林最早的论述费希特主义的一本小册子里，对他说过这样一些话：“从康德的体系及其最后完成的成果中，我期待着在德国引发一场变动。这场变动将从早已存在的原则出发，只需要按其一般意义加以阐发，并运用到一切现存的知识上。但总是会有一种玄奥的哲学，把神看作绝对自我的观念就属于这种哲学。”[③]这就预示了一种把神等同于事物的内在统一，不具有独立的存在，也不具有个体的自我意识的同一论。它构成了客观唯心主义造成的障碍，但也是客观唯心主义具有吸引力的地方。对于费希特来说，这种绝对的统一性只是一个词语，它的实质内容要由他的后继者揭示出来。谢林在进行这个大胆的尝试时，把艺术和

① 1794 年—1795 年，如《论作为哲学原则的自我》。

② 《艺术哲学》是以系列讲演的形式发表的，但直到谢林逝世以后才出版。其中有几部分在 1802 年左右在其他讲演中出现过。见《全集》第 5 卷前言。

③ 《书简》，1，15(1795 年)。

美作为一种客观的综合，赋予它们在实在的架构中很高的地位，比后来在理论上承认的地位更高。

如果我们简要地思考一下以下三个问题，就能充分地了解谢林在一般美学史中的地位：

第一，他按照绝对观点，断定艺术和美具有客观性。

第二，他对古代的生活与艺术同近代的生活与艺术所作的动态的和历史的处理。

第三，他对各种特殊艺术的评价和分类所做的贡献。

我特意谈到谢林在“一般”美学史中的地位。谢林对于个别艺术作品以及对各个具体时期和倾向有大量的批评和评价性意见，在这里我们无法一一尽述。我们也很难说黑格尔得益于谢林的地方有多少，而他们两人又从美学资料的共同来源中吸取了多少营养。谢林的那部论述艺术哲学的重要论著在黑格尔逝世之前一直没有发表过，但是在 1802 年以及以后这部著作以讲演形式发表时，黑格尔可能听过讲演，肯定会听说过或看到过手稿。这部著作中的许多观点还以公开发表的文章或演说的形式为人们所了解。可以说，在黑格尔的《美学》中的论述，几乎没有不曾受到谢林著作 319
中可以找到的那些见解或理论的启示，无论是以什么样的奇特的或否定的方式提供的启示。

(1) 艺术和美的客观性

如果我们还记得康德和席勒的基本思想的话，我们只要从谢林的《先验唯心论体系》(1800 年)中引用少数几段话，就可以看出谢林是怎样吸取他们的启示形成一种大胆的理论的。

谢林在这部著作的结束语中写道："整个这一体系介于两个极端之间，一个极端是康德所追求的理智直观，另一个极端是构成席勒体系本质的审美直观。理智直观是哲学家所追求的，审美直观则是哲学家的研究对象。理智直观只是哲学家的特殊的心智倾向所必需的，因此，并不在常人的意识中发生。审美直观无非是把理智直观变为普遍的和客观的，因而在每个人的意识中至少都是有可能发生的。由此可以知道，这就是哲学作为哲学本身决不可能具有普遍的有效性的事实和原因所在。[①] 唯有艺术具有绝对的客观性。如果从艺术中取消了这种客观性，可以说，艺术就不成为艺术而成为哲学了。如果把客观性赋予哲学，哲学就不再是哲学而成为艺术了。哲学虽然可以企及最崇高的事物，但仿佛仅仅是引导一小部分人达到这一点。艺术却能引导全部的人达到这一境地，即认识到最崇高的事物，这是艺术与哲学的永远的差别，艺术的神奇奥妙就是以此为基础的。"[②]

"每一种审美产品都起源于本质上可以无限分开的两种活动（有意识的自由活动和无意识的自然活动——取自康德对待艺术与天才关系的论点），这两种活动都可分成各种自由的产品。但是，由于这两种活动都是以结合在一起的产品形式表现出来的，这种产品就以有限的形式表现了无限。而这种以有限的形式表现出来的无限就是美。因此，每一种艺术作品的根本特点包含前两种

① 这种说法显然类似于席勒的见解。席勒在《审美教育书简》的第 27 篇书信的结尾谈到艺术关注的是整个的人。这里认为艺术高于哲学的观点是黑格尔和谢林的分歧之点。参看《审美教育书简》第 15 篇书信及本书第 399 页。

② 《全集》，3，620－621。

特性(无限的意义和无限的协调或满足——静穆,这是取自文克尔曼的一种见解)在内,这种根本特点就是美。没有美也就没有艺术作品。”接下来的一段文字,夏斯勒[1]也表示难以理解,其实这段话不过是按照康德的看法,单纯地解释崇高,认为崇高是比在美中体现出来的更为纯粹的主观的和谐,它依靠的心灵的作用并不是像典型的美那样,直接由感知对象规定。[2] 320

他在另一处说,“艺术产品同有机产品的区别主要在于:(a)有机物表现的是分离以前由审美产品在分离以后又重新统一起来所表现的东西。(b)有机产品并不是来自意识,因而不是来自构成审美产品条件的无限矛盾[3]。因此,自然的有机物不一定是美的。”[4]——最后这句话说出了当时的一种独特的观点,我们现在则倾向于放弃这种观点。“但是在这种情况下,(在艺术中)这种使客观的活动和有意识的活动达到出乎意料的和谐的未知物,不是别的,正是那个绝对(谢林的脚注中把它称之为‘Das Urselbst’,根本的自我或世界的无意识的但却是内在的原则。黑格尔[5]在上面一封信中把它称之为绝对的自我)。在这种绝对中包含着有意识

① 《美学批评史》,2,834。

② 康德,《纯粹理性批判》,100。

③ 这个反复出现的语词“无限矛盾”和“无限和谐”或化解,最好把它理解为,设想一种努力使迥然不同的观念和过程能够彼此协调。“无限矛盾”就是不能达到这种协调,如道德行为永远不能完全满足道德意志。“无限调和”就是发现一种观念或过程或物品,其中迥然不同的两方面的分歧不复存在,双方都得到“满足”。

④ 《全集》,3,621。

⑤ 还是前面所说的康德的“自然”和“自由”。这段话极为清晰地说明谢林是怎样发展了康德提出的内在统一性的原理。

的和无意识的之间先定和谐的普遍基础。[①] 这样，他就把艺术创作中无意识的作用与康德的天才理论联系起来，绝对离开了它的表现是不会存在的。”

321 艺术在谢林哲学中的地位可以从上面的这些引文中充分地表现出来，然而我们可以再引一段对整个问题鲜明地作了总结的论述。

“知识的体系只有回到它的第一原则，才可以看作是完备的，因此，先验哲学只有当它能够证明同一性原则（也就是在有意识的行动中产生成果的活动同在无意识的世界中产生成果的活动是相同的活动的原则）——也就是按照先验哲学的原则（绝对自我）对它的问题的最高的解决，它才是完备的。”

“因此，可以设定，这种同时是有意识又是无意识的活动应当在主观的意识本身中显示出来。只有审美活动才是这样的活动，每一件艺术作品只能理解为这样一种活动的产品。因此，艺术的理想世界和物体的实在世界都是同一种活动产物，两者（有意识的活动和无意识的活动）的契合在没有意识的作用的情况下[②]形成了实在世界，在有意识的作用的情况下形成了审美世界。”

“客观世界只是精神的原始的和还没有意识的诗歌。哲学的普遍性元素及其全部大厦的基石就是艺术哲学。”[③]

---

① 《全集》，3，615。

② 有意识的活动和无意识的活动在没有意识作用情况下的契合的意思似乎是说，最后成为有意识的有机物是在没有意识作用的情况下按照因果关系建造起来的。他说，在艺术中，情况正相反，无意识的产品是有意识地建造起来的。

③ 德语词为“Urbilder”。

在这里，摆在我们面前的就是黑格尔在有关谢林的论述中，用最鲜明的语言指出的哲学的"绝对观点"和艺术的新的观念。从我上面引用的那几段文字中，字里行间都显示出黑格尔同康德和席勒的密切关系。这里还没有谈到那种超感官的、通神论的美的世界。谢林是在他的晚年陷入这种伪柏拉图主义的抽象概念的。我们在这里看到的只是按照费希特和席勒的方法对康德关于自然和自由的内在统一要求的回答。尤其是，我们可以看到，绝对除了在人类中以有意识的形式存在以外，都不是以意识形式存在的。观念或原型是美感得以显现的具体形式。在读这些论述时，我们往往会以为是在读叔本华的著作。[①]"绝对"观点也就是我们通常所 322
说的近代观点。它否定在因果关系中包含非理性条件的观念——因为合理的条件才是系统宇宙的确定属性——，否定在认识上无益的空虚的保留，或对事物程序之间的二元分立的观念。这种"绝对"观点依据的信念认为，人的自由并非异在于自然，而是植根于自然所属的系统之中，因而不是超自然的，而是合乎自然的。如果自然和自由互相对立、互不联系，那么其中一方就会成为限制另一方的条件。如果自然和自由都是同一原则的表现，那么，它们表面上的矛盾就是相互合作共存的方式。每一方都表现了包含一切条件的绝对整体（**不是**抽象的、不确定的、没有条件的整体）本身就是绝对的，除了受到最终源于其自身本性的影响以外，不受任何其他影响。

① 例如《全集》，3，371。"音乐是自然和宇宙的原型节奏，通过这种艺术才使它闯入第二性存在的世界"（der abgebildeten Weit）。

这种观点中包含的自由信念、勇气和进取精神，从历史的观点来看，是近代精神的特征，并且在许多思想家那里其大胆精神达到极点。他们的观点同他们所理解的绝对哲学是截然对立的。但是，不管他们的理解有多少华而不实和过度之处，我们所看到的从康德对当时的各种对立进行的试探性解决中发展出来的客观唯心主义的主要倾向是不可能有任何误解的。这种哲学的主要倾向只是在于证明具体的统一或理性体系是我们所生活的世界的本质。从此以后，内在的和外在的[1]，自然的和超自然的，精神的和物质的，这样一些术语除非是指涉人的或高或低的目的，否则，便没有任何意义。在这场变革中，起促进作用的主要手段就是对审美判断的客观性作为感官和理性的统一不断增长的信念。

(2) 历史地处理"古代的和近代的"

前面已经说过，古代哲学和近代哲学之间的根本区别就是古
323 代哲学在前，近代哲学在后。古代的和近代的一般区别也同样如此。因此，近代的决不是简单的。可以说，它总是在某种别的东西之上，总是带有一种矛盾，带有对过去的追忆，总之，有一个历史。

席勒对诗歌领域中反思精神的分析[2]着重使这一特征的不断增长的意义成为一种明确的发展观念。对于谢林来说，由于他的深刻的内在统一观念，就使这样一种发展观念变成哲学的中心问

---

① 参看歌德的诗句："探索自然的内在本质"，尤其是结尾："首先终究要弄清楚，你是内核还是外壳。"

② 谢林在《艺术哲学》中引证的席勒的著作主要是《论素朴的诗和伤感的诗》的大量文字。

题。由于他经常考虑到席勒的主张，所以就能坚持不懈地把整整一系列的有关“古代的和近代的”各种对比归结为一项力求用高度抽象的形式来加以概括的原则。

这种以抽象形式表现出来的这项原则主要集中在“有限”和“无限”的对立。据说，希腊神话所能满足的要求主要是在有限中表现出无限，而基督教中所包含的要求倒是有限从属于无限[1]。显然，要使这些高度形式化的对比具有意义（在某一篇文章中，这种对比的两个方面实际上是用反了[2]），整个问题就是，对比中的哪两项应看作是有决定意义的。毫无疑问，不管这种表达式怎样安排，决定意义的选项是有限代表古代神话方面的意义，无限则代表基督教方面的意义。这里想要表达出来的区别完全可以作如下解释：在古代世界中，对象或神话人物的理智意义或理想意义是以承载能力来衡量的，也就是以这样的对象或人物本来具有的能够给予想象或知觉充分表现出来的能力来衡量的。比如说，神的意义无非是完全可以通过赋予他的形式特征充分表现出来的东西。因此，在感性形式中，用象征手法表现精神性事物是适当的，只是会减损精神性事物本身的广度和深度。另一方面，在近代世界或基督教世界中，理智的或精神性的意义占支配性地位，那是不能用任何对象或人物表现于想象和知觉中的承载能力来衡量的。比如说，基督或圣母玛利亚就引发了人们无穷无尽的精神观念。因此， 324
并没有完全合适的象征，而只有不完全合适的或暗示性的象征，或

① 《全集》，5，430（“艺术哲学”）。

② 同上书，5，序言。

者说只有一种讽喻性的象征。这个反复出现的关于有限和无限的公式，凡是在谢林的著作中用来论述艺术的想象性基础的地方，看来一种情况是指无限（理想）被局限于有限的（感官的）范围，另一种情况是指有限（感官的）被提升和扩展成为一种更类似于情感和思想的表现，以及把无限（理想）的意义也包括在内。当我们听到说近代艺术基本上是讽喻性的，这是谢林从象征在近代想象中完全从属于意义得出的结论，我们对这种说法的确会感到很为难，而且认为它是不对的。但是，我们一定还会想起本书头几章所说的关于一种深刻的意义由于发挥很大的力量而失去它所赋予感官对象的意蕴。事实上，艺术启示人们的东西比它可以恰当传达的东西要多，从这种严格的专门意义上来说，艺术是讽喻性的，而它并没有通常的讽喻所具有的那种机械的、任意的、俗套的缺点，但却仍然能够使富有自然表现力的各种创造才智发挥到最大限度，尽管如此，毕竟还有许多东西保持着单纯暗示的形式。

在 1802 年一篇《论基督教的历史性建构》[①]的讲演（1803 年出版）中，他又以另一种形式论述了同一种对比。在这篇讲演中，他把基督教和希腊宗教作为历史的宇宙观和自然的宇宙观加以对比。这种观点基本上同上面刚才说过的一样。他认为，近代人一直受到教化，惯于把宇宙看作是一个道德王国[②]，一个在运动和变化中体现出力量和统一性的世界，这种力量和统一性比任何孤立表现更为强大、更为持久。在近代人看来，神本身并不是一个永恒

① 《全集》，5，第 286 页以下。

② 所有这些看法似乎是受到康德的《单纯理性限度内的宗教》的启示。

的人物形象，而是一个逐渐消逝的历史人物，他在世界上的永久存在并不是感官性的，而是理想性的。对于希腊人来说，众神是自然界的永久的客观的部分，世界是一个没有本质性运动或进步的固定体系。这些观念对于那些熟悉柏拉图和亚里士多德的政治-伦 325 
理观点的人来说，都会感到是深刻合理的[①]。世界进化的观念对于希腊人来说是完全陌生的、异己的。相反，谢林强调指出，我们的全部生活都是建立在历史的基础上的。历史属于精神的世界，不属于自然的世界。因此，近代生活的全部媒介和组织结构都是理想性的，这就是说，近代生活担负着人类历史中汇聚起来的传统和原则以及道德秩序或天时秩序的观念，我们在人类历史中认识到人的存在。显然这种对比只有相对的真理性。我们之所以否论希腊人有历史意识是因为希腊人的历史意识对我们没有产生任何影响。然而毕竟真实的是，他们是靠亲眼所见的景象生活的，而我们是靠信仰生活的。他们的生活是我们的生活的根源，仅凭这一事实就足以造成这个结果。我们的生活传导媒介是连续性，他们的生活传导媒介是共存性。连续性只有通过观念才能成为生活的一种媒介。对于基督教徒来说，历史是上帝的象征[②]。这样一种观念对艺术理论的影响就是把近代的美表现为承载着理想意义的重负。这种理想意义反对简单形式的感官表现，并且最大限度地承受了最多种多样灵活多变的媒介能力。

我们还可以看到，谢林在更严格意义的艺术领域内，在《从哲

① 参看纽曼(Newman)的《亚里士多德政治学导论》(*Introduction to Ar. Politics*)，结束语。

② 参看《浮士德》中地灵的歌。

学方面论但丁》(*On Dante in a philosophical aspect*)[①]这篇著名的论文中运用了同一个原则。我在本书第七章中对但丁的论述基本上是依据了这篇论文。只是现在需要指出,我的论述还参考了谢林关于近代艺术的观点。无限和有限的对比或自然和历史的对比,在用到具体的艺术作品上的时候,就成了类属和个体的对比,“主观性”,由于它的反思性和历史性基础而加到近代人的心灵中,在艺术中,是作为个体性发挥作用的,而在希腊世界,主观性的表现则是抽象的、“典范性的”或类型性的,与其说是个人才智的表达,不如说是种族精神的表达。这一观点无疑受到沃尔夫关于荷马的诗作是民族的成就而不是个人的成就的见解的启示,或者说得到沃尔夫见解的支持。

326 谢林在关于但丁的论文中写道[②],近代诗歌的法则,直到伟大的近代叙事诗即将写出之前[③],还是“应该把展现在个人眼前的那一部分世界构成一个整体,并且从他那个时代的材料,那个时代的历史和科学中创造出他自己的神话。因为,正如古代世界是普遍性的种属的世界,近代世界则是个人组成的世界,在古代世界中,普遍的(共相)实际上就是特殊的(殊相),种族是作为一个个体活动的(沃尔夫的自我论)。相反,在近代世界,出发点是特殊,而这种特殊又必然变成普遍。正是由于这个原因,在古代世界中,一切

① 1802年—1803年,《全集》,5.152。

② 也就是说,一首诗歌应当把近代世界加以总结,并且成为总结近代世界的独特的作品,正如荷马的作品是总结早期希腊世界的独特作品一样。这种认为我们现在处在“叙事诗”阶段,总会有一天会形成一个整体的表现阶段的看法,显然是对沃尔夫的思想的奇特的运用。

③ 《全集》,5,154。

都是永恒不灭的，数可以说是没有乘方的，因为普遍性观念同个性观念是一致的。在近代世界，变化和运动是永久不变的法则，任何封闭的圆形都不可能包含这种变化和运动的原则，只有通过不可分割的个性可扩展到无限的圆形才能包含这个原则。而且，由于普遍性属于诗歌的本质，一个必然的要求就是，个性通过高度的特殊性而重新成为具有普遍意义的个性，而且通过完全的特殊性，这种个性又成了绝对的。正是由于但丁的诗具有这种绝对的个性，同任何别的东西完全不可比拟，因而他才成为近代艺术的创造者。近代艺术离开了这种主观的必然性和必然的主观性是不可设想的。”

应当看到，在近代世界中，个体必须创造他自己的神话。谢林在另一个地方表示出来的看法认为，“自然哲学”是未来世界的神话的最初的预示[①]。从他这后一部著作的本质是要揭示自然现象的合理的和象征的内容来看，“自然哲学”也可以看作是《近代画家》的预告。因此，谢林在断定神话对艺术是必不可少的时候，只不过是要求有一定程度的幻想，这种幻想要按照与各种具体艺术的表现力相关的条件组织起来，并且具有某种普遍的认可，或者说具有某种普遍的有效性。例如，他认为莎士比亚就创造了他自己的神话[②]。他把**过去用过**的神话，如近代诗歌中的古代神话都算 327
作纯粹冷淡无味的形式主义[③]。

所有这些对比旨在用来体现近代的情感和想象的性质，这种

① 《全集》，5，443－445（“艺术哲学”）。

② 同上书，5，445。

③ 同上书，5，443。

性质在本质上都关系到古代和近代的各种不同艺术种类的相对重要性和完善程度。艺术表达的各种感性载体都具有各不相同的承载能力，并且与不同的感受方式和表现方式相适应。因此，各种不同的艺术分类直接取决于对审美想象和审美敏感方面的进步过程采取什么样的看法。非常显著的一点是，谢林提出的美的一般定义[①]同他用于古代想象以区别于近代想象的公式——“有限中表现无限”是完全吻合的。从我们前面的论述中可以清楚地看出，对这一公式的解释必须能够包括这个对比的两方面，而其中的一个方面乍看起来与它完全相同。近代美仍然是“在有限中表现无限”，但我要力求加以解释的是，在这种表现中，有限被不恰当地降低为一个符号，同时又最大限度地加以改变和扩充，以致可以把它必须表现的无限的某些特征包括进去。我们发现，如果从一种自然的和简单明了的意义上来看，古代美是符合严格意义的美的，而要把近代美纳入严格意义的美的名目之下，就需要对定义词项作一番解释了。这同我们的整个研究进程是一致的。

（3）几种特殊的艺术

谢林在《论造型艺术和自然的关系》(*On the relation of Formative Art to Nature*)这篇论文[②]中，以一种新的深刻意义把模仿自然的观念和特征美的观念结合起来，从而摆脱了歌德认为可以包含在特征美中的矛盾，并且把这种结合的成果运用到古代

① 《全集》，参看本书前面第 432 页。

② 同上书，7，287(1807 年)。

特有的雕塑艺术和近代特有的绘画艺术的区分上来。

旧的观点认为艺术的目的在于模仿自然。这种观点的缺陷，如谢林所说，就在于把自然看作无生命对象的堆积，因而它不能说明怎样把应当模仿的美和不应模仿的丑区分开来。一旦人们认识到自然是一个活生生的整体，是各种合理能力的表现，“模仿的”规 328
则和“理想化”的目标就变得清清楚楚了。“为了使某种既定形式的东西恢复可理解的、有生气的和真正感受到的本来面貌，我们必须超越这种既定的形式。”[①]谢林接着说，文克尔曼对自然是有真正情感的，可是就连他也没有解释说那种形式之所以美纯粹是由于它体现了美的观念，而且只有在它体现了这种观念时，它才是美的。通常对“理想化”的要求[②]隐含着美同实在的反向的关系。但是，实际情况并非如此。相反，真正理想化的价值在于显示出自然中有生命力的和本质的东西。因此，理想的反向观念，或同理想相对立的特征刻画的观念是有缺陷的、不完善的。形式并不是外在地强加到物体上的限制，而是具有自发性和积极作用的，是一种创造力的表现。“当艺术家密切地关注在个性中起作用的观念的表象和本质并着重加以强调时，他就使个性形成一个自在的世界，一个种属，一个永久的类型。”[③]“从自然的最初的起源直到人类的形成，都是颇具特征的，特征始终都是美起作用的基础。”[④]

① 《全集》，7，299。

② 同上书，302。

③ 同上书，304。

④ 同上书，307。

歌德曾把艺术中的特征比做人体的骨骼[1]。谢林在这里对这个比喻作了令人赞赏的批评和补充。骨骼与它所支撑的表现出来的柔软部分是不可分开的，也不是先于这些柔软部分而存在、比这些柔软部分更具实在性的。真正的特征总是与整个体型，即活动和不活动的肌肉以及骨骼的表现相一致的。这种骨架决不能与完整形式和它的美不相称。

因此，在这里我们可以看出，在艺术家担负的全部任务中，雕塑和绘画的区别是一个重要之点。雕塑基本上是古代艺术，它无法处理自然的"特征的多样化"问题。它无法表现空间，但它(在实际空间中)有它自身的空间，因而它不得不把它的世界几乎缩减为一个点。这样一来，它所能表现的美只是在当作单独的和简单的整体看待时仍然是美的那样一种美。确定地属于近代世界的画家，让世间万物都呈现在他的面前。他可以利用各种不同层面的特征以及表面上看来不怎么美的特征使之更好地促成他的作品更
329 广泛的完整性。不过，我们必须承认，按照我们总会碰到前后不一致这种非常自然的情况，谢林总是要把最单纯和最均匀的美当作最高和最真实的美，他认为这样既符合传统，同时又突破了这个传统。

对于雕塑和绘画的区别，他依据区分的标准，凭着对两者关系的真实的感受作了进一步的考察。但是他用来表达这种区别的语言却带有迷信的痕迹。雕塑[2]通过有形体的事物表现它的观念。

---

① 参看《收藏家和他的伙伴们》。

② 《全集》，3，316。

绘画则通过近于精神性的手段来表现它的观念。这种说法对于帮助人们了解色彩统一的雕刻材料同涂在平面上的颜色二者之间在表现能力上的差别，是有启示作用的，但是它并不能清楚地说明这种差别。然而，结论却是公正合理的：他实际上是说，雕塑受到它的材料的限制，除了在恒久的和可触知的形式关系中非常明确表现出来的东西以外，并不能更多地表现心灵。如果雕塑处理的材料打破了这种限制，那么雕塑就会遭到严重的失败，而且材料的能力和加在材料上的表现力必须很好地保持平衡，无论如何，都不能使精神的表现超出这个限度。另一方面，绘画却始终是理想性的（那是与雕塑相比而言）：在绘画中"图画就是图画，不是事物"，媒介对它的限制比对雕塑的限制要少得多。如果[1]它把物质材料置于精神之上（依据腐败是最大的恶的原则），它的失败就会更大，然而，它有更大的能力使它的媒介服从于精神内容[2]。

在这里，谢林的审美敏感开始显现出它的局限性。由于个人的偏爱，他主要关注的是要证明柔和的或狂欢的表现与特征美是一致的。而这种偏爱恰好起了很大作用，因为这种特征一向总是被人们看作是硬性的和刚性的。但是，当他把圭多·雷尼看作真正的"灵魂"画家的时候，我们就认识到他已经走上了情感主义的下 330

① 参看下面一个注释，注意这个"如果"。

② 参看佩特的《文艺复兴》，63。"色彩不仅仅是自然事物令人欣慰的性质，而且它还赋予自然事物一种精神。靠了这种精神，自然事物成为对精神有表现力的了。"我不能置若罔闻的是，夏斯勒出奇地对谢林的这段话发生了离奇的误解（参看《美学批评史》，第854页），他花了半页篇幅讽刺谢林的这段话是自相矛盾的，因为他忽略了上下文，把一个假设性的表达式当作直言的表达。读过他长达一千二百页著作的读者一定会感到，如果作者对他自己的时间更加慷慨大方，是不是会有更多的时间节省下来。

坡路，他晚年生活的迷信早已投下了它们的阴影。

谢林对艺术的系统分类的重要意义主要倒不在于这种分类的方法所依据的主要区分标准有什么永久的重要性，而在于它是对艺术进行这种分类的最初的彻底尝试，同时也就此对各种艺术的能力和特点作了相当细致的分析。我们应当记得，康德把艺术分成语言的艺术和形式的艺术，但他对自己的这种分类并不十分重视。谢林显然也是依照康德的分类，只是他在形式的艺术这一类中又加上了音乐艺术，而康德则把音乐艺术归于感觉美的娱乐名目之下。

但谢林又把这种对艺术的主要划分同他认为同样可以表示古代和近代之间区别的抽象原则联系起来。实在系列的各种艺术都是在有限中体现无限，我们说过[①]，这是美的一般原则，更具体地说，是古代美的原则。理想系列的各种艺术则都是有限从属于无限的实例[②]。在这里，更能清楚地看出，这两种对比中的各项并不具有严格对立的地位。在这两个对比中，无限即观念，就是所要表现的对象，而相对的有限，即形式，在两个对比中都是表现的媒介。不过，在一个对比中，有限完全保留了它对全体的感性的或物质的局限，而在另一个对比中，有限则由意义所支配，在某种程度上呈现出无限或理想的性质。语言是这个原则的一种表现。词失去了它的个别的物质的存在——它的表象、形态和声音[③]而成为无关重要的东西——这样，我们就直接进入了它所提示的观念。如果

① 参看本书前面第442页。

② 《全集》，5，630。

③ 我并不认为在艺术中，词的声音是无关紧要的。

这两种对比谈到以有限的形式表现无限和以无限的形式表现无限，把它理解为那种形式只能是相对的而且通过它的自然功能的延伸才是无限的，那么这两种对比的本来意义就比较容易理解了。

由于第二个公式，即近代艺术和理想系列的各种艺术的公式，是不包括在同古代艺术和实在系列的艺术的公式相一致的美本身 331
的定义范围之内的，我们也许指望在这两个系列艺术区分的基础上能找到一种历史连续性的观点。在谢林关于古代人的诗歌是造型性的，近代人的诗歌（如但丁的诗）却更加随意、更多变幻、几乎不可能划分为几种类型的这个论述[1]中，可以找到这种观点的一些痕迹——但只是痕迹而已。我们注意到，把雕塑作为典型的古代艺术，把绘画作为典型的近代艺术，这种区分在另一方面是很正确的。

在构成这两个系列的分类中的另外一种非常值得注意的特点，就是通过反复地使用同一公式到以前得到的要素上去，内包了多次“乘方”，或在阶段中的阶段。事实上，这一过程贯穿在全部谢林的哲学中。因此，在心灵的领域（它本身就是一个理想的统一体）中，艺术和哲学分别是实在占支配地位的统一体和理想占支配地位的统一体；而在艺术中，上述两个系列又都是有限和无限的统一体，在每一个这样的系列中，又是其中的一个原则支配另一些的原则。而且，在每一艺术系列之内，又有一个占支配地位的实在和一个占支配地位的理想，以及两者的“中和”或均衡的统一。例如，在诗歌中——其不同形式构成了理想系列——，相对实在的是抒

① 《全集》，5，632。

情诗，最具理想性的是叙事诗，两者的综合是剧体诗。在实在的系列中，最具实在性的艺术是音乐，具有相对理想性的是绘画（我想不出是何原因），两者的综合是雕塑。在雕塑中，建筑设计又似乎是不同于浮雕和圆雕的另一个附属形式，与音乐相当——被谢林称之为凝结的音乐。

对于所有这些关于系统的艺术分类法的论述，除了两个历史的理由以外，我看不出谢林在实质性的运用方面提出任何有价值的理由。这两个历史的理由是：

第一，任何系统联系的线索，不管多么离奇和不实，只要能够促使人们对某个主题的整个领域首先进行全面合理的研究，就都是有莫大的历史重要性和促进作用的。例如，谢林对音乐的精辟细致的讨论就是美学理论上的新事物。不论我们对他把音乐和建筑设计加以平行对比感到多么惋惜，但他把音乐看作是再现[①]从
332 对象抽象出来的纯粹运动以及事物和事件的实在形式，这种看法仍然同叔本华的观点以及后来的看法有很多共同之处。

第二，不论黑格尔的辩证法与谢林的这些见解是否有渊源关系，但综合中的三位一体（当然受到康德的启示）和反复运用同一公式辗转相推都是全部哲学体系建构中的重要原则，尽管很容易使这些原则变成毫无用处的奇思怪想。在心灵和自然中，各种类似的阶段总要重演自身，而且是逐步积累地重演自身，这毫无疑问地是正确的。世界不单纯是从一种状态到另一种状态向前推进，而且是作为各种状况构成的整体向前推进，整体中每种状态都按

① 《全集》，5，502。

照它在总的状态下相互区分的法则重演自身，而整体所呈现的总的状态也同样按照这一法则①重演自身。因此，总的观念认为，随着整个生活依靠其自身活动的结果，推进得与一种类型的表现形成特别的一致，全部艺术体系也会在不同层面上以不同的中心重新展现。这一总的观念是完全合理的，而且是一条重要的原则，可以作为对各门艺术的线性分类和它们在时间上的历史发展进行综合的基础。这样以历史来证明分类合理性的基点就不是单纯地从艺术到艺术的连续进展，而是富有特色的艺术表现中心的移动发展了。

然而，谢林自己的系列分类只不过是一种随意的形式化安排。如果我们要问它在实质上的意思是什么，那是找不到答案的。在什么意义上说抒情诗、叙事诗和剧体诗是与音乐、绘画和雕塑相对应的二级序列呢？他并没有告诉我们，这一序列的次序是按照演变过程还是按照表现力的大小来排列的上升次序，不管我们怎样辨认这一序列，也无法弄清它的本来意义。这一分类序列的逻辑结构似乎并不符合艺术之为艺术的各种品质的进展情况。为了使这种研究取得最好的效果，我们应当从雕塑到音乐逆向地研究实在序列的艺术，而对理想序列的艺术则从抒情诗到剧体诗进行正向的研究，但这样会破坏各项之间的关联，因而不能符合原意。虽
然从知觉到想象的粗略的进步概念可能是决定谢林尽可能采取康 333
德的意见，但双重序列实际上把发展分割成两片。三组分立的综

① 例如，我们可以说，在基督教世界中，有异教徒变成基督教徒的，有希腊人变成基督教徒的，有原本就是信仰基督教的基督教徒。

合是互相独立的，而它们之间的交叉相似都是毫无用处的。任何两种艺术都可以这样看作是相似的，几乎没有哪两种艺术不能这样看待的。谢林形成的对各种艺术价值的恰当估价——如对音乐的恰当估价——并没有顾及这种系列分类，也不是来自这种系列分类。这两个平行的分类序列一直是许多后来的艺术分类基础，甚至夏斯勒也提出以此为艺术分类的基础。但是，为什么会有两个序列，一个序列的开端怎样和另一个序列的结尾相联系，而且如果有所谓交叉对应，为什么它们对于据说是对应的几种艺术的观念来说又是必不可少的呢？——对于这些问题如果没有作出透彻的说明，我就看不出这种分类方法有什么意义。分类问题是要说明各种个别的艺术在起源上或功能上，或在这两个方面有什么密切联系。依我看，雕塑和戏剧之间，或者叙事诗（有人喜欢说抒情诗）和绘画之间表面上的相似并不能为说明这种问题提供任何帮助。哈特曼把艺术分为知觉性相似的艺术和想象性相似的艺术，这种区分同谢林的两种序列的艺术分类是吻合的，我们将在适当的地方加以论述。

随着谢林，我们完全进入了十九世纪美学的行程，把美看作是绝对或神的实在性通过人表现出来的一种最高表现——谢林要把它称之为唯一的最高表现，这种关于美的意义的客观性和必然的历史连贯性的观点已经成为一条哲学的公理了。对美和特征的否定性的观点已经被证明是不完善的，和它们相反的观点也是不实在的。按照一个能够反复运用于自身结果的法则循序递增和累积的综合原则已经在美的艺术的分类中展现出来了，尽管不够连贯一致。

所有这些都是谢林在实际上所取得的成就，但是它在多大程度上影响后人而进入历史，则是另一个问题。《艺术哲学》是以讲稿形式发表又以手稿形式流传的，也许只能产生局部的影响。我不能肯定黑格尔是否看到过这两个手稿。但是在已发表的讲演和论文以及《先验唯心论体系》中，除了对各种艺术的具体细节的论述没有包括以外，已包含了所有重要的内容。毋庸 334
置疑的是，黑格尔的学术材料大部分取自共同的来源，但从他的美学讲演中可以看出，他也受到了谢林的艺术哲学和审美哲学观点的重要影响。

谢林和黑格尔这两个人的才智和性格特征是大不相同的，也非常适合一个在先一个在后。谢林在发展的鼎盛时期具有黑格尔不能与之相比的丰富的思想和杰出的启示作用。但读者很快就会发现，他是一个不可靠的带路人，缺乏耐心，缺乏一贯性，容易轻信，对艺术不能作出一个合乎最优标准的可靠判断，而且经常偏重于伤感和迷信的东西。黑格尔却是坚韧不拔、勤勤恳恳、始终一贯的，对艺术的判断显得刚健有益而备受关注，在表面之下充满了同情甚至是热情。谢林往往喜欢华丽的辞藻，黑格尔却对之表示厌恶。读者会感到黑格尔也许不能完全成功，但他总是在作真正的努力去抓住主题的实质，并达到主题的核心。想到这两位伟大的思想家早年的密切联系，以及他们共同继承的极其广泛的最新材料，我们可以说，虽然我们偏重于黑格尔而不是谢林，这里的部分原因是由于谢林的思想在黑格尔的论著中得到了最充分的表现。

2. 黑格尔

(1) 美学中的辩证法

黑格尔在美学的讲演中相当准确地表现出来的美学体系①，并没有炫耀在其他哲学著作中构成实质性困难的辩证方法。至于这种辩证法在多大程度上支配了这部《美学》的建构，这样的问题不能依据《美学》的结构来讨论，因为它是相当清楚的。只有依据辩证法的性质，才能讨论清楚。对于辩证法的性质，也许人们永远也不能达成完全的一致。因此，我们在这里并不涉及辩证法本身，我希望读者几乎完全不用去探讨这个问题，我只想说一下能够说

335 明我的信念的看法：美学是辩证法需要着重强调的合理联系的样本，我用不着经常摆弄人们并不熟悉而只能看成是谬误的藏身地的那些术语就足以说明这一点。黑格尔所说的美的演变依据的一条原则类似于谢林以更具人为做作的形式提出的原则。在按照因果性假设解释的一切变化过程中，我们必须认定，不再存在的东西之所以不再存在，是由于它的本性不再适合于与之相联系的所在体系提出的要求。因此，从形式的和学术的意义上可以说，在一切有因果联系的过程中，任何不再存在的因素，必定要被更适合作为

① 这部论美学的著作是在1835年发表的，是在黑格尔死后依据他留下来的材料整理而成的，这些材料有黑格尔讲演的手稿，其中序论部分基本上已经完稿，还有学生们的笔记，为此目的有些部分集中了好几种笔记。这部著作基本上是可靠的，但决不能认为全书逐字逐句均出自黑格尔之手。

整体的过程中要求的东西所取代。但是,这样的推论可能是纯形式的,因为很可能的是,因果联系的要素有局限性或破坏性质,后来的要素之所以更适合于这些要求,原因可能不在于它具有更丰富的内容,而是在于更缺少这种内容。在不容许生命存在的条件下,一具尸体要比一个活人更适合。但在任何实际上具有进步性质的演变过程中,上面所说的形式原则就有了实在的意义。任何行将消逝的要素,由于要被那种更能适合于作为整体的系统的和有因果联系的过程所代替,因而就让位于新的必然联系,在这种必然联系中这种要素本身的活动已部分地改变成它再也不能适应的形式了。比如说,一个人体力的衰退并不是他在年老时结束毕生工作的唯一原因。柏拉图的继任者一定不是柏拉图而是亚里士多德。鉴于适应能力是有不同程度的问题,并且考虑到生命是由各个可以互相决定的阶段组成的体系,看来事情仍然是很清楚的:柏拉图不可能靠延长寿命而成为亚里士多德。后继的因素要符合新的必然联系,新的必然联系又重新塑造了它。正是后继因素的这种存在条件以更为复杂的形式延续了前辈的毕生事业,它由已经获得的成就而增加了负荷,同样因不能获得新的成就而增加了消失的负荷。如果我们愿意用术语来表达这种关系,说每一个肯定的存在物都要经过逐步的演变过程进入它的否定阶段,这个否定阶段又必然进一步造成一个肯定的结果,包含先前的肯定和它的否定。这种用语虽然是专门的术语,但我觉得还不是完全不可理解的。如果要问我们,一种单纯的否定怎么能够成为决定任何肯 336
定结果的因素,我们可以指出的可能性就是,黑格尔或许清楚地知道,在一个具体的因果关系过程中,并没有单纯的否定这种东西。

不论怎样，就我们要能够真正了解《美学》的结构来说，我们必须掌握这种关于必然的前进运动的观念。为了这个目的，我们还必须指出另外一点。后继者承继的任务虽然是被他的先行者加以改变了的，但它仍然同涉及它们两者的因果关系保持着同一关系，在这个意义上说它承继的是同一个任务。因此，谢林把朝着任何特定方向演变的后续阶段看作是重复运用同一过程到它本身产生的结果上而得到的“乘方”或特定范围的强化，这种用语虽然有些奇特，但却包含了某种真理。

现在我试图对黑格尔美学体系中最引人入胜的几个特征作一简短的说明。这个说明所依据的是该书附录中所载的可能基本上出自黑格尔之手的摘要，摘要叙述了这个体系的全面概况，这样，就免得我在本书正文中花整章篇幅去论述对于了解各部分之间相互关系不可缺少的全面概况了。

（2）美的概念

美是理念的感性显现[①]。我们必须记住，理念并不含有意识的意义，虽然生命和意识两者都被看作是理念的表现形式。但是理念本身则是作为系统统一体的具体的世界过程。美作为理念的“显现”或“形象”，又同真相区别开来[②]，真是呈现于思想中的理念，因而真和美具有同一本质而形式不同。和康德一样，黑格尔也把美同善，同有用，同令人愉悦的东西相区别，因为所有这些都同

① 《美学》，i，141。
② 同上。

意志或欲望有关。

由于美既不属于原理，又不属于欲望，因而就把美说成是“无限”，也就是说，无论是按照充足理由律还是按照欲望赋予对象的外在目的，美都没有任何相对性。这种特殊意义上的无限，就是独立自在或自我完善的。也就是可以满足知觉而不需要通过自身以外的一系列原因或目的而直接归因于它。如果这种无终结的无限 337
可以比作一条无限的直线的话，黑格尔的真的无限（美是其主要范例）就可以比作一个圆或球形。

因此，在黑格尔的“理念”中没有任何“抽象”，理念就是具体本身。他的“理想”中也没有任何非实在性的东西。后面我们就会知道，他的“理想”也就是在艺术的各种主要的历史类型或形态中显现出来的理念。

i. 自然美

理念的第一种（最简单的或最低的）存在就在自然中，“第一种”美就是自然美[①]。当然，自然美只是为感知的意识而存在[②]，但黑格尔把自然美作了简短的独立的处理，认为它不同于艺术美的地方就在于它不是以审美效果为目的而有意识地创造出来的。他也受到自然和人相对立的观念的某种影响，只是在后来的回想中[③]才把人包括到他对自然美的论述中，而且在某种程度上是为

① 《美学》，i，148。

② 同上书，157。

③ 同上书，i，167，184。

了与动物的美相对比。不过，在把自然美和艺术美分开处理时，很快就感到困难了。表现这种困难的事实就是，黑格尔在自然美的名目下只用几句话谈论风景的景色，到开始讨论绘画艺术时，才比较充分地讨论风景景色。

黑格尔首先考虑到的是同人相区别的自然美。但他对这种自然美并没有充分的感受。他了解无生命的自然界可以在表面上同人的心情相应和，但是他并没有对两者的一致提出具体的论证，也没有感到山峰的态势、云彩的组成或流水的运动有任何特色和意义。他的注意力集中在单个的有机体和它的不断增进的生命表现上，因为在他看来，在这种生命表现中，理念第一次部分地达到了充分的自我实现。因此，他关注植物甚过于关注岩石，关注动物甚过关注植物，接着，他关注人类又甚过关注动物。

我相信，我们并不觉得审美价值真的是随着有系统的发展这样按比例不断增进的。我们觉得，风景和作为大地外衣的植物生命要比单个动物的浓缩的生命更能顺应我们的心境，更容易与我
338 们的心境相应和。骏马和猛虎的美虽然非常突出，但它们并不是随时或连续不断地出现在我们更高级的美的欣赏中。它们不像人那样本身具有精神性，然而，它们仍然具有充分的个性，不依照我们的一般审美意见。不过，黑格尔把人体美推崇为理念唯一恰当的体现，它同现今最好的感受和批评是一致的，尽管近来我们与无生命的自然界的和应得到极大的扩展。

黑格尔在讨论动物形体的美和丑时[①]，是有些犹豫不决的。

① 《美学》，i，166。

他似乎承认丑可能是相对的。他说，有些动物的形体突出显示了同一般的生命活力截然相反的特点，或者突出显示了同我们惯于认为是它们特有的或典型的有生命力的生物特点截然相反的特征，这样的动物我们便觉得是丑的。例如树懒由于显得缺乏生命力而被认为很丑，鸭嘴兽似乎把不可调和的特征结合在一起而被认为很丑，鳄鱼以及多种昆虫看来仅仅因为我们不习惯于把它们的形体看作生命的恰当表现而都被认为很丑。这就意味着在人和艺术的水准之下，没有绝对的丑。关于这个观点，我在下面还要谈到。

(a) 抽象形式的美

然而，还要看到，即使在动物身上，自然的生命力也缺乏富有特征的个性，因而我们还必须遍及整个大自然在形式的和抽象的属性[①]中寻找理念的表现。这些属性表现于感官的统一性还没有达到精神生命的统一性。这种外在的美本身表现为抽象形式的美和感官材料的抽象统一。在前一种统一形式中，这种外在的美包括我在古代理论中特别注意到的那些统一的几何属性。黑格尔列举出来的这种几何属性是齐一性(单纯的重复)、平衡对称性(有差别的重复)、合规律性(这是一个包含甚广的概念，适用于以一条共同规律把种种差异结合在一起的一切总体，它们并不是单纯的相互重复，例如抛物线，荷加斯的美的线条，人体手臂两边轮廓相反的不同线条)以及协调性(这主要是几个质的属性之间由于量的属性之间合规律性的变化而使量和质在 339

① 《美学》，i，第 169 页以下。

这一点上发生相互转化。他以色彩关系为例。在这里,美仍然在于合乎总体性原则,这种总体性是通过不同的质之间一致的细微迹象展现出来的)。

(b) 感官材料统一中的美

除了上述方面的原则以外,他还着重指出了柏拉图著作中同这些原则相类似的关于感官材料的抽象统一性的原则,即有关色彩、乐音甚至形态一类感官媒介的纯粹性或纯朴性意义的原则。在这里,他顺便指出,对风景景色的情感共鸣在某些情况下是可以用这条原则来解释的,如我们对明朗的天空或明静的海面感到愉快欣喜。但一般来说,他所关注的是富有个性的构造,晶体、植物和动物,甚至在说明抽象美时,他的目光也仍然注视着这些。关于这种感官的纯朴性,我们在论述柏拉图和康德时,就连带地讨论过。这里,我们只需指出黑格尔力图把感官知觉所感受到的纯朴性(完全没有受到干扰,如没有干扰色彩的污点,没有干扰乐音的噪音)和具有自然来源的单纯性区别开来,这当然是正确的。但是,他又误以为,具有自然来源的单纯性是一种特殊的感官印象的条件,而且不凑巧又在举例时把紫色当作一种本身并不单纯的色彩,也不是一种基本色彩[①]。

既然自然美和艺术美同样都肯定只对知觉而存在,那么,我们就可以认为,虽然在黑格尔看来自然和艺术是不同的,但整个美的领域仍然形成一个连续的和逐步上升的阶梯。因此,这种抽象的美就像我们一贯认为的那样,成了多样性统一的形式原则影响一

① 紫色是一种原色。

切感官表现(它虽然具有表现力,但却连一条曲线或一种色彩的内容都不能穷尽,更不必说任何更富于个性的表象内容了)的一般条件。

但是,纯粹的自然美——普通的知觉感到的事物的美——本质上是有缺陷的[①]。这是因为它即使承认真实的人体美也属于自然美,但也不能在感官形态的每一点上都表现出精神性本质的统一性。黑格尔在一段饶有趣味的文字里,用人的皮肤的色泽和敏感性,它特有的生命表现等与动物相对比,说明人体何以更接近于 340
满足这个要求[②]。但是,即使在人体上也布满了自然和经历了沧桑事件的痕迹,在近代,还加上了一层有碍表现的装饰。这一切都妨碍精神生命通过它的形体充分地展现光辉。

ii. 艺术美:理想

然而,在人的智识中得到最充分的非感性表现的理念似乎还需要有意识地重复一下它在自然中无意识地表现出来的那种过程,并且在第二自然的艺术中为这种理念构造一种对感官同样真实的更加充分的形象。因此,这个过程的全部主观方面,即可以以再现的形式加以想象的内容,按照黑格尔的看法,都构成理想,也就是可以表现为想象的用语或倾向,因而可以直接或间接地表现于感官的理念。具体性就是通向艺术现实性的桥梁[③]。

---

① 《美学》,1,180。

② 同上书,1,184。

③ 参看附录Ⅰ。

(a) 自然和理想

黑格尔参照模仿和所谓理想化的理想与自然的关系，作了简洁而充分的论述。

模仿

对简单的模仿，他并没有完全忽视，但他沿着亚里士多德的路径，认为我们在简单的模仿中得到的快感来自“心灵产品给人的满足”。他想要肯定这种满足，认为这是心灵为它能够处理自己所选择的一种单纯材料而产生的合理的自豪感[1]，因为这种单纯材料乃是大自然只有耗费巨大的和多种多样的实际资源才能取得的事物的精华。我们可以把它看作是把所模仿的事物提升进入心灵的媒介，甚至也可以把它看作是对单纯的感官实在的戏弄。他说以这种方式进行模仿的对象之所以能给我们带来愉快，并不是因为它们本来**就是**如此自然，而是因为它们**制作得**如此自然[2]。这是一个伟大思想家的奔放的深刻判断，因为对于一个热情探讨最高尚的艺术概念的哲学家来说，再没有什么比把艺术归结为玩弄模仿手法更令人厌恶的了[3]。因此，单纯模仿的根本缺点就在于它是**形式的**，毫不顾及它所再现的东西富于个性的内容或意义。

341 理想化

我们只要注意到这种内容或意义并且赋予可感知的再现形象

① 参看本书前面第 15 页。

② 参看《美学》序论，英译本，82。

③ 同上。

一种普遍的性质，就进入了第二阶段，把握了美的艺术真正本质[①]，即同制作相对应的诗意。艺术的形式不论多么具体，多么特殊，都必须通过普遍性功能的心灵作用而有所不同。如果艺术家模仿自然，那并不是因为大自然造成了这样或那样的东西，而是因为她正确地做出了这些东西[②]。总之，自然"是一个空洞的、不明确的字眼[③]，诗意(作为一般的艺术精神)总是必须坚持充满活力、特色鲜明、必不可少的精神，而理想则是这种富于表现力的本质，而不是单纯的现实，如果把现实的东西的任何场合下(如在日常生活的每一场合)的细节都一一再现出来，那就会变得枯燥无味、毫无生气、令人厌倦、不堪忍受。"

对于理想化的两种相反的意义，黑格尔的刚毅的情感是同吕莫尔先生对文克尔曼在理想崇拜上的所谓追随者的抑制态度有强烈共鸣的[④]。对于今天的观察者来说，很明显的是，理想化的两种相反的意义在根本上是同普遍性在逻辑上的两种相反意义有密切关系的。如果普遍是空洞的抽象，它的象征意义是面积的宽广，理想化就意味着肤浅和个性内容的缺失。如果普遍性是充分具体的，它的象征意义是向周边辐射的中心，理想化就意味着深刻的洞察力和丰富的个性特征。正如在逻辑学中引进后一种普遍性概念

① 《美学》，i，206。

② 同上书，i，206。

③ 同上书，i，210。

④ "从这种认识(文克尔曼对希腊理想的认识)就产生了一种对理想主义再现的追求，人们都认为在这种理想主义的再现中找到了美，但是实际上却陷入了枯燥无味、毫无生气、肤浅、无个性。"——《美学》，i，202。夏斯勒怎么能说黑格尔的《美学》中只有短短的一段话提到文克尔曼，这是我难以理解的。

一样，黑格尔在美学中也使用了这一概念。然而，这两种理想化形态也有共同性，那就是艺术的物质局限性和它在确定条件下对知觉的吸引力。因此，在这两种形态中都有一定的选择和舍弃，使人们很容易把两者混淆起来。

(b) 理想化：绝对的还是相对的

除了这种把模仿和理想化看作心灵深入自然的两个阶段的观点以外，还可以进一步提出一个更具思辨性的问题，那就是“艺术
342 优于自然，是绝对的还是相对的？”也就是说，理想化之所以是必要的，仅仅是因为我们的知觉和再现的物质条件的局限性呢？还是理想投入自然的东西要比最伟大的艺术家在他的认识不受限制而又不需要画框的情况下所能看到的实际存在的自然还要丰富得多呢？黑格尔在《美学》中对这个问题所持的中立态度要比我们从他的自然哲学中可以期望的要更加突出。在自然哲学中，他似乎把自然的事物看作是偶然的。在《美学》中，他谈到自然界统一的、直接的和完全融贯的连续序列是对艺术中的任意约定主义[①]的一种补救，而且他还认为，仅就形式而言，到底是艺术还是自然更美，这个问题是一个经验性问题，不能用理论来解决[②]。我决不相信，他会把自然界的偶然性看成是没有原因的，或不在有规律范围之内的。也许他把自然界的偶然性看成是表面上显得与人的目的无关。不过，他毫无疑问地认为，理想(即艺术美)通过人的心灵经受了一种**实际**的变故，并且包含了比在自然中所能发现的最深刻的

① 《美学》，序论，英译本，87。

② 同上书，i，217。

见识——包括过着日常的世俗生活的人——更为丰富的内容。我们也许仍然赞同这个论断，不过要从我们对无生命世界中表现出来的新的理性共鸣中进行相当多的推论。我们必须记住，如果有人企图提出一般性理论认为艺术的真实世界绝不会超过外在存在的真实世界，音乐艺术会立即打破这种看法。

黑格尔关于理想的论述虽然也遵从上面所说的保留条件（罗斯金的毕生事业实际上就代表了这一保留），但在美学上还是迈出了前所未有的最重大的一步。文克尔曼把理想描述为最完善状态下的统一和抽象，康德虽然承认理想是生活的体现，但却以此为根据把理想从美学中排除，因为理想同意志有密切联系。只有黑格尔才能在一方面维护文克尔曼意义上的理想在审美上的崇高性，肯定理想具有康德所要求但又要加以排除的那种充分的审美纯洁性，同时另一方面又接受了理想在外延上的扩展和内容上的分化，使之构成在各个方面、各种范围中都适用的原则和内容。为了说明即使最平常的自然也可以用一定的方式进入理想或艺术美中，黑格尔在对理想和自然的关系的这个讨论中[①]为荷兰绘画和德国 343

① 我把讨论理想的一章中为荷兰绘画和德国绘画辩护的那段短短的文字附在这里，因为这是黑格尔的批判的历史的处理方法的最好的例证，也是对他所设想的理想的范围和深度的最好说明。现在，人们的严重责难，特别是对荷兰学派的责难一方面是针对其一般的根据，另一方面是有关他们的着色方法（罗斯金的《阿里德·弗洛伦廷：论木刻和金属雕刻的六篇演讲》，5.24.）。关于这后一个问题，我没有这方面的专门知识，因而没有资格发表意见，黑格尔的辩护也只涉及它们的主题范围以及它们对待这一主题的精神。“我们不应当因为这些画（荷兰风俗画）所表现的是平凡的自然，就把它们抛在一边。如果我们仔细地考察一下这些画的真实内容，就会发现它们并不是像一般设想的那样平凡。”

绘画预先作了简短有力的辩护，这段文字构成了《美学》第 3 卷中专门讨论绘画那一节的结尾部分。

(c) 生活和行动中的理想

344 黑格尔用他的全部讲演将近八分之一的篇幅[①]来讨论一个完全一般的问题，这个问题不是理想必须采取**什么**形式进入具体生活，**而是**理想怎样才能进入生活中去。人们很自然地会认识到，黑格尔这种打破围绕理想的抽象壁垒的尝试，实在是一种创新之举。就是在这一讨论中，他指出，英雄的过去是富有个性特征的艺术的最好的根据，显然给他留下深刻印象的是在《葛兹·封·伯里欣根》、

"荷兰画家艺术表现的内容是从他们自己的现实生活中选取的。不能因为他们用艺术的媒介把这种生活再度变成实在的，就责备他们。拿来摆在生活世界人们眼前和心灵之前的东西必须也属于这个世界，如果要使人们对它的兴趣达到充分表现，要知道荷兰人当时感兴趣的东西是什么，我们就必须了解他们的历史。荷兰人在很大程度上必须创造他们生活和工作的土地，而且必须经常地防御海水的侵袭。荷兰的市民和农民以坚韧不拔和英勇无畏的精神推翻了在查理五世之子菲利普二世那位强大的君主专制之下的西班牙统治，经过斗争才获得了政治上的自由，和政治自由一起还取得了宗教上的自由。正是这种事无巨细、不论国内海外都表现出的市民精神和进取心，这种节俭简朴整洁清新的繁荣生活，这种自己意识到一切都得益于自己的勤奋努力而产生的自豪和欣慰——正是这一切构成了荷兰画的一般本质。这并不是低下的材料和论据，决不能从宫廷和它们的风俗习惯的角度，用上流社会的贵族式的高傲眼光去看待。这种理智的欣慰所表现的合理的乐趣，甚至在动物画里也可以见到，并且还表现为饱满的快乐和自然的满足。正是这种新颖清醒的心灵的自由和活力被画家所掌握并表现出来，形成了这些绘画的最高贵的方面。"在和荷兰画作了比较以后，他又指出，牟利罗画中的一些乞丐儿童也和荷兰画属于同一大类。这些孩子"几乎像奥林匹亚山上的神一样满足快乐……被和谐地创造出来的人们，没有烦恼，没有争吵"。最后，他指出，这类风俗画的尺寸必须很小，才能使人们把它看作是平凡琐细的东西。如果把它们画得和实物一样大，那就令人难以忍受了。他在最后总结整个这段文字说："所谓'平凡的'自然就应当这样了解，才可以成为艺术的合适的题材"。参见《美学》，i.212。

① 《美学》，i，193－365。

《堂吉诃德》和《强盗》等艺术作品中所描写的个人英勇行为同井然有序的文明在不同条件下的冲突。比如说，在文明的社会秩序下，再也不用靠个人英雄主义来惩罚犯罪了[①]。甚至也不是靠单独的个别行动，而是把这种惩罚犯罪的活动分成若干部分，分别由相互独立的几个方面的人员来执行——警察、法官和陪审员，监狱看守人或行刑者。因此，社会的重要道义力量不再属于个人，而在于无数人的合作。这后一种关系比前一种关系更难以描写。

同这一观点相一致的整个艺术观念就是，艺术在其演变过程中，势必会超出最严格的艺术领域，并且在近代文明中也不具有像在伯里克利时代或文艺复兴初期那样一种崇高的地位。无论我们对未来的美的艺术有什么样的想法，支持这种艺术观念的事实是非常明显、不可否认的。即使对这种艺术观念有争议，但在争议中我们也必须对这些事实给予应有的重视[②]。

这部著作的整个这一章似乎构成了对一般社会活动的必要环境的各种要素——时代精神、情境、互相冲突的义务、动机、性格——的全面分析，目的在于表明在处理生活的最细微的复杂情境和最严肃的方面时，如何才能保持“理想性”；而虚假的理想，对黄金时代或田园诗式美景的幻想[③]，正是由于脱离了旨在构成理想性美的生气勃勃的具体性而没有真正的理想性。他指出，在《赫

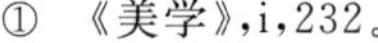

① 《美学》，i，232。

② 同上书，i，232。“我们尽管觉得希腊神塑像还很优美，无论上帝、基督和玛丽亚在艺术里也表现得多么庄严完美，事情都是一样：我们不再屈膝了。”他正确地说，我们也许希望艺术能够不断地向前进，只是它的形式已不再能够满足我们时代的最高需要了。如果我们说黑格尔认为艺术已被“用尽”了，那是不对的。

③ 同上书，i，325。他主要是说格斯纳。

345 尔曼和窦绿苔》中，歌德以杰出的技巧把这个家庭故事同革命战争的阴暗背景相对照，以此避免了这个弱点。在结束黑格尔的美学体系的这部分之前，我们还应该注意到，论述抽象外在性作为表现理想的一个因素的这一节[①]几乎完全复述了论述“抽象形式的外在美”[②]作为自然表现力的一个因素的那一节。这种重复也许是编辑造成的，但黑格尔在不同的场合也必须处理这两个地方的主题。这就再也清楚不过地说明了，应用性的区分自然美和艺术美是靠不住的。

(d) 理想的演变

在对理想和具体事物的关系作了这种一般的讨论之后，他又按照上述单纯的辩证法[③]，把理想的实际的自行具体化表示为一个过程，这个过程是整个体系的框架。

从附录所载的摘要中可以看出，首先，整个由想象的美或具体的幻想构成的世界，即所谓“理想”，被认为是经历了几个阶段的，这些阶段是由理智的发展来决定的，同时也是由这个连续过程本身的积累结果决定的。其次，人的心灵在任何时候都是一个多方面的整体，各种相同的表现需要在时间上把它们划分成互相承续的阶段，但在理想或艺术意识的每一个大的历史形式或历史阶段中，这些表现需要又显得是与不同表现媒介相联系的一组共存的想象方式。

前一组承续阶段就是黑格尔所说的三种艺术形式，即象征性

---

① 《美学》，i，325。

② 同上书，i，169。

③ 参看本书前面第 452 页。

的艺术形式、古典的艺术形式和浪漫主义的艺术形式，三者结合起来构成了理想的历史演变的主要轮廓。

后一种共存性的表现方式是在每一个历史的艺术形式中都重现自身的一组表现方式，主要是按照它们分别使用的感官工具互相区分开来的各种艺术构成的艺术体系。

因此，在象征性的、古典的和浪漫主义的这三种不断进步的艺 346
术形式的每一种当中，都有整个一组具体的艺术，即建筑、雕塑、绘画、音乐和诗歌。而同样的表现需要是理想的两种分化——承续性的分化和同时性共在的分化——的基础，因而，显然在每一个时代都会有各种艺术重现，但在每一次重现的艺术中，都有一种或更多的艺术形式占有优势地位，这取决于它们特有的倾向是否同它们所在的时代精神相吻合。

例如，对于象征性艺术形式来说，建筑是主要的或具有时代特色的艺术；对于古典的艺术形式来说，雕塑是主要的或具有时代特色的艺术；对于浪漫主义的艺术形式来说，由于它具有更大的灵活性和多样性，因而余下的三种艺术，即绘画、音乐和诗歌就成为体现时代特色的艺术，特别是其中的音乐是最主要的浪漫主义艺术①。

构成艺术的这三种历史形式演变基础的辩证的连续性，可以简要地表述如下。人为了认识自身，总是普遍地需要把自己的内心的生活突出地表现于外部世界，我们可以就从这个普遍的需要谈起②。

---

① 参看附录中关于音乐的摘录。

② 参看《美学》的序论，英译本，59。

象征性艺术形式

心灵对感官表现的最初的探寻就像做梦一样，常常就像噩梦。人的精神还没有充分觉醒，于是就把它的朦胧的想象任意地加在感官的对象上[①]，这就是黑格尔所说的象征性艺术，并不是一切艺术都要采用自然象征主义[②]的广义的象征性艺术，而是一种不同于体现或再现的狭义的象征性艺术。在这种狭义的象征性艺术中，一切都是任意的，非理性的寻求适合表现的努力，因为适合于表现的东西尚未形成。

古典的艺术形式

但是，尚未形成的总要发展成完全形成的。觉醒的心灵由于认识到它自己的本性是在一个坚实而确定的关系世界中的一个坚实而确定的自我，因而对它的噩梦作出了反应[③]，并且抓住
347 了人的形象提供的自然而适当的象征，来表现它的确定合理的统一。

浪漫主义的艺术形式

然而，在世界的运动中，坚实而确定的自我并不是持久的状

---

① 参看罗斯金关于印度艺术的论述。《亚腊特腊·潘特利齐》(*Aratra Pentelici*)，第 226 页，和《两条道路》(*Two Paths*)，ii。

② 参看前面康德关于象征的论述。

③ 当我们探索了希腊精神经过长期的准备过程才从东方来源中学得了它所需要的东西，只是要把一切稀奇古怪的东西踩在脚下，而以最优美的人的姿态，像埃特尔特·布兰德那样站立起来，我们现在一年比一年更透彻地懂得这一见解是多么深刻。

态。由固定的自然关系构成希腊人的小天地被其内外两方面起作用的巨大的历史力量打破了。而希腊的过去本身作为其中一个因素的理念采取了不断发展的对比形式，这种理论再也不能以坚实而简单的形态适当地表现出来，而只能要求得到体现，即使不能在思想中得到实际的体现，也要尽可能接近于思想在某种感官的媒介中得到体现。

现在我们可以把这个学说的来源再回顾一下。这三个阶段同三组特殊的美的艺术相结合，就提示了这个学说同谢林的“几次乘方”有联系。也就是说，产生了三种承续性艺术形式的那个过程又在每一种艺术形式之内重复自身，分成各种特殊的美的艺术。黑格尔又把“古典的”和“浪漫的”加以区分，实质上就是把单纯的或固定的同可分的或运动的加以区分。从材料上看，这一区分产生于那种历史的对比，我们在“近代美学资料”一章中对比作过详细的讨论。这一个区分在形式上是从谢林所阐述的“自然的”和“历史的”对比引申而来了，而谢林的这种对比本身又是吸取了席勒关于“朴素的”和“伤感的”对比。我们必须始终记住，黑格尔曾把整个关于具体理念的实在性的观点都归功于席勒。黑格尔规定了从古典到浪漫的运动方向，这就明确地揭示了谢林没有明确阐述的关于“实在的”艺术和“理想的”艺术的分类法中隐含着的观点。把象征性的艺术形式加上去，作为古典阶段以前的一个阶段，从材料上反映出施莱格尔和其他浪漫主义者所唤起的对于东方诗歌和古迹的兴趣。因此，黑格尔把象征性倾向和浪漫主义倾向作为并行的倾向，这是符合于这样一个事实的，那就是，同样的反古典的对比和排斥使两方面的材料都得到重视。象征性的这个专门术语似

乎是对象征或讽喻观念的特殊运用，前一种观念被索尔格推广到整个艺术中来，后一种观念被施莱格尔推广到整个艺术中[1]。显
348 然，构成整个演变中心的“古典”观念是符合文克尔曼的精神的，而使这种观念成为真正健全理论的则是由于黑格尔对文克尔曼及其主题的热烈的同情。最后，黑格尔对理想的极富启发性的论点，不是把理想当作艺术的一个唯一的方面，而是把理想看作想象的全部范围，它通过每个时代的一般的表现要求，还要通过决定各门艺术表现能力的特殊的感官工具反应和限定具体化的想象范围。我认为，这一观点大概是得益于谢林关于神话是艺术的绝对必要条件的观点。因为这种神话本质上意味着适用于特定范围的艺术创作的有序的想象领域。我们知道，按照谢林的看法，近代人必须用他的时代精英获得的材料来为自己创造神话。就我所知，离开实际的创作，这一具体方面的想象本身，除了谢林和黑格尔给予一定程度的关注以外，从来没有受到专业的艺术哲学家应有的关注，只是研究音乐的著作家在一个特殊的领域有所关注而已。不但音乐家用乐音进行想象，诗人用意念进行想象，而且雕塑家用大理石进行想象[2]，铸铁家用铁器进行想象，木刻家用木料进行想象，画家用色彩进行想象——这就构成适当的艺术分类的基础的根本原则，也是黑格尔在“理想”中加以彻底贯彻的根本原则。

---

① 《美学》，i，392。参看齐美尔曼的《美学》，i，698。

② 这当然是说按形态的意念进行想象，但这种形态的意念又是根据用大理石可以表现出来的东西的习惯性感受来形成、塑造和修改的。这样看来，近代雕塑家竟是以石膏来思考的！参看科林伍德的《罗斯金的艺术教育》（*Ruskin's Art Teaching*）第 218 页的意见以及黑格尔在《美学》第二卷第 442 页引证的文克尔曼的意见。

“这种对材料彻底的熟练运用的高度技巧是包含在理想的概念中的，因为理想是把完全融入感性的东西以及融合内在精神与外在存在作为它的原则的[①]”。对技巧的要求是后来单独加以论述的，因此，我们必须清楚地把握住，在这里黑格尔只是谈论作为想象的艺术想象，他甚至要求——我们不妨这样说——按照同艺术想象的材料进行习惯性交流的方式来塑造这种艺术想象。这样，理想的分化就逐渐引向艺术的分类。

(e) 艺术的分类 349

黑格尔在《美学》的附录所载的摘要中对自己的艺术分类法作了扼要的解释。这里，我们只需要对三个与艺术分类有关的特殊问题加以评述。

分类的双重基础

如果我们把这一分类法所依据的复合原则加以彻底的贯彻，每一种单独的艺术就都可以用象征性的、古典的和浪漫主义的三种形式加以论述，正如这三种艺术形式中每一种都可以通过五种不同艺术的特殊性加以探讨一样。这样，这种分类法就建立在历史的和分析的复合原则的基础上了。黑格尔所设想的这一原则就是在承续性和共存性两方面进行相同的分化，并在承续性阶段又重现这种分化。这样，在任何时期各门具体艺术的顶点就是在那个时期共存性的艺术系统中符合当时占支配地位的承续性阶段的

① 黑格尔的《美学》，ii，442。在后面的一段文字中，黑格尔指责有人在塑造大理石像时，只用陶土去做。

艺术。不完备的象征主义的艺术——建筑，是前古典时代的或单纯象征主义的艺术的顶峰。完备而坚实但表现力有限的艺术——雕塑，是希腊时代古典的或自我完善而平衡的艺术创作的顶峰，以此类推。

近代的美学史家都一致责难这一双重分类原则。夏斯勒[1]指出，这种原则自相矛盾的地方就在于把单独一种艺术包括在好几种艺术形式之下，不过他又看出，这种方法得到经验事实的某种支持。哈特曼[2]认为，把风格(!)类型的划分同各门艺术的划分混淆起来，这是黑格尔的整个体系的致命缺陷。他对这种混淆在处理每一门艺术时都会重复出现尤为不满。齐美尔曼[3]对历史原则和哲学原则的混淆以及重复出现的特征提出了类似的批评。此外，他还认为，象征性的类型和浪漫主义的类型难以区分，因此，他推断这两个类型的形式都不适宜表现内容，必须放在美的范围之外。

齐美尔曼是赫巴特学派的一位出色的著作家，又是纯形式主义的美学家，当然不可能指望从他这里提出别样的批评。他认为，历史和哲学应当绝对地分开来，正像牛顿关于苹果的故事应当绝对地同天文学理论分开一样。
350 “即使从来没有一件象征主义性质的艺术作品，没有一个象征主义的时期，也没有人信奉象征主义，象征主义的概念也仍然会存在。”[4]这的确是非常先验的方法。即使只有语言和代数存在过，而从来也没有听说过美的艺术，语言学

① 夏斯勒的著作，982。

② 哈特曼的著作，i，536。

③ 齐美尔曼的著作，i，709及以后。

④ 同上书，i，711。

和代数学上的符号化的象征主义无疑也会存在。但是，是不是从这种本质上不同种类的艺术中，会产生美学的象征主义概念，是否从来就没有过审美感觉，我不能不表示疑问。这里涉及到整个哲学学科的性质问题。

另一方面，当夏斯勒和哈特曼二人都以客观唯心主义者的名义采取一位德国思想家类似的观点时，一个外国人是不愿意表示相反意见的。最简单的办法是对于那些促成和支持上述处理方法的经验事实的简短概述，再提出一些显得必要的意见。

支持双重基础的事实

没有任何一种哲学学科像精密科学那样脱离历史而独立。哲学本质上是具体的，虽然它的原则一定是清楚的，它的逻辑程序一定是融贯的，它的特征一定是客观的，然而，即使在逻辑这种极度抽象的学科中，如果不参照各种现象在多少发展了的民族语言和才智的经验性背景，要揭示这些现象的原因和相互联系也是完全不可能的。不过，总的来说，在逻辑中，我们所处理的是一个能够使其中各个部分、各门科学以最抽象的形式和最高的灵活性共同存在的完整体系。在美学中，情况则不是这样，尽管艺术具有统一性，但各种材料都表明，我们只能得出在美学中情况不可能是这样的结论。

建筑学是前古典时期和古典以外世界的最重要的艺术，虽然在这个世界和时期中，我们并没有发现达到最高程度的建筑。这就是这种理论绝对要求的一切。但其他艺术也都同样毫不犹豫地依照这一要求去做。雕塑曾经是希腊艺术的骄傲，在希腊艺术中，

我们可以看到纯粹雕塑的最伟大的成就。对我们来说,希腊的绘画和音乐几乎不存在。虽然这种情况即使纯属偶然,也不应当影响我们的理论(也许它的确影响了我们的理论),然而,我们现在所知道的足以大体可靠地作出推断,我们对这些作品的了解,即使把
351 它们同近代相关的作品相比较,那也不会使我们对艺术史的观念有深刻的改变。希腊诗歌如果同希腊雕塑相比,那毫无疑问是浪漫主义的,如果同近代诗歌艺术相比,又是造型的或狭义古典的。希腊的绘画和音乐,就我们今天所见到的,实际上是从近代世界开始的,尤其是音乐,它取得重要地位是在造型艺术的推动作用已经失去了中心地位和肯定性的成就(即使尚未消耗殆尽)以后。不但这些艺术即使同近代的雕塑和建筑相比也是最具浪漫色彩的,而且,虽然历史的进展还在浪漫主义的发展之内,它们总体来说[①],已在截然有别的几个时代里达到了顶峰地位。至于诗歌这种普遍性艺术,近代诗歌就优美来说,是谈不上什么优势的。但是,就诗歌同其他艺术相区别的特点来说,从它的深刻性,它的自由和精神性来看,不可否认,近代诗歌比希腊诗歌诗意更多了,“可塑性”更少了。

在每一种分类中,我们都应当首先精确地确定我们打算进行分类的材料的框架和范围。鉴于我们的很多材料都表现出很大的差异,因而只要使各门艺术的分析性区分服从各种艺术形式的历史的区分,这种框架就可以非常适当地自然而然地确定下来。因

① 透纳和贝多芬是同时代人,但这也难以打破正文中的论断。因为我们大家都已知道,透纳是一个单独的天才,至少他同近代艺术的第一个繁盛时期没有联系。

此，当黑格尔详细地讨论象征性的、古典的和浪漫型的建筑时[①]，
我们就理解了，这三种形式是建筑的基本分类，而建筑又是这三种
艺术形式的每一种当中最富于“象征性”的品种。像哈特曼那样用
*单纯的*一般性分析来处理建筑和雕塑，避免分别提到这三个各具
特色的时期，那是无用的。因为那样一来，对象材料的自然特殊性
就被忽略，十分之九的重要现象都略而不提了。例如，在讨论优美
建筑的建造或设计同雕塑的关系时，就完全没有联系到这个最重 352
要时期的建筑装饰的实际发展，也完全没有涉及艺术家一工匠对
于希腊装饰和浪漫主义装饰的地位的看法。结果，这些最重要的
问题，有的完全没有提到，或者只是略有暗示[②]。哈特曼归咎于建
筑和一切小型艺术和工艺的全然非自由的性质，初看起来似乎简
单方便地割掉了一个麻烦的纽结，但却留下了一个更加令人困惑
的谜团：按照这种观点，某种美的艺术之所以美是因为它不自由。
黑格尔甚至在一篇短短的摘要[③]中也能把哈特曼的观念中包含的
真理同罗斯金认为建筑彻底从属于雕塑这种同样极端的理论中包
含的真理结合起来，再也没有什么处理方法比黑格尔的这种处理
方法更有说服力了。

---

① 黑格尔对这个问题的论述很大程度上受到歌德的《论德意志建筑艺术》的影响。参看《美学》，ii，332。

② 任何读者只要把哈特曼在《美学》第 1 卷和第 2 卷中关于建筑的论述同罗斯金的《威尼斯的石像》中论“哥特式建筑的性质”的那一章比较一下，或者同本书第 132 页和第 172 页引证的威廉·莫里斯的论述比较一下，或者同科林伍德先生的《罗斯金的艺术教育》中论“建筑”的一条比较一下，或者同鲍尔温·布朗教授在《美的艺术》中的论述比较一下，就能完全得出黑格尔在《美学》，ii，332 中关于“浪漫主义建筑”的论述。

③ 参看附录Ⅰ。

分析性分类的原则

但是，当我们放下承续性的艺术形式，开始考虑共存的艺术体系时，毫无疑问需要有一个明确的分类基础。在这里，也像在通常的情况一样，黑格尔的渊博知识和辛勤工作使他的许多批评者甚至他的追随者感到惶恐不安。

在载有附录的那一章的末尾，黑格尔谈到两种可能的抽象分类原则：感官媒介原则和时空关系原则。前一种可以依据所使用的实际材料来讨论，也可以像在一段很详细的文字中那样[①]，依据对观赏者的感知效果来讨论。夏斯勒[②]感到无法理解，为什么黑格尔在谈到这一分类基础之后，又在后面一段文字中，马上把它（我们还可以再加上时空关系原则）丢开，重新回到象征性的、古典的和浪漫主义的分类原则上去，把它当作唯一的真正具体的原则。

应当注意到，另外的这些原则可以看作是把黑格尔之前和黑格尔之后普遍使用的各种原则包括无遗。康德和谢林曾把艺术分
353 为形式的艺术和使用言语的艺术。黑格尔看出，这是按照感觉器官分类的结果。只是音乐被谢林列入形式艺术中，实际上必须像康德那样，把它算作声音的艺术，而把说话的艺术算作以想象作为媒介的艺术，才算比较完全的分类。经过这样的修改以后，这种分类实际上就是哈特曼的分类法（视觉的艺术、听觉的艺术和想象的艺术）。另一方面，我们还记得，莱辛又按照造型艺术和诗歌对空间和时间的关系，把两者区分开来（音乐不在他的视野之内）。若

① 《美学》，ii，253。

② 第1003页。

把空间和时间的关系改变为静止和运动的形式，就成为夏斯勒的分类原则。那么，黑格尔为什么在提到空间和时间这两条原则之后，又把它们丢开了，重新回到艺术形式的三重划分法呢？那只是因为在把后一种划分法作为基本的划分时，他就能够把这两个抽象原则的内容包括进去，而这两个原则即使把它们合在一起，也不足以构成一种分类的基础。

我们应当注意到，黑格尔在丢开第一个原则以前，就使用了第一个原则[①]，把非审美的触觉、味觉和嗅觉排除出去，以澄清基础。他之所以要把后两种感觉排除出去，是因为味觉和嗅觉在物质溶解过程中同物质相接触，因而就它们和对象的关系来说，即使不是激发欲望的，但也是具有破坏性的。他之所以要排除前一种感觉，是因为触觉只同纯粹特殊的事物本身接触，因而不能把握感官形式中系统的统一性。这大概就是几种非审美感官的真正特异性，它们的所有其他非审美特点之所以重要，只是因为这些非审美特点都是这一特点的条件或结果。

黑格尔依据他的具体的分类原则，直接探讨了各种艺术作为借助一定的物质手段产生某种效果的人类活动的能力和条件。黑格尔的这个具体的划分原则的要旨就在于，他不是把自己束缚在任何抽象的原则上，因而能够使每种艺术都自由地凸显自己的充分个性，而不是把绘画和雕刻并列在一起，同音乐和诗歌等相对立。比如说，如果我们把问题只是当作观察者所见到的感官现象来对待，那么我们就会完全接触不到决定艺术家

① 《美学》，ii，253。

任务的材料，然而，这却是一种根本的区别，例如雕塑和绘画的根本区别。而且，所有的造型艺术至少在本质上都带有体育活动的性质①。通过这些造型艺术同艺术家的关系，我们可以对这种富有表现力的自行表达的性质，得到非常重要的领会。这种
354 自行表达的性质后来经英国的批评界独立地加以发挥。这样，黑格尔从每门艺术作为整体的表现能力同它特别适于表现的任何具体内容或意义之间的一致性着眼，仔细地考察了每门个别艺术的性质。因为艺术形式的区分正是取决于它们的表现和内容之间的相互平衡和相互作用。黑格尔没有确立任何平行的系列。他只是在指出音乐表现出来的别的方面类似时，顺便简要地指出建筑和音乐之间的类似。这种类似正像他谈到的雕塑和叙事诗之间的毫无意义的相似一样。

总的说来，结果就是一种线性的分类法。这种分类法依照刚才提到的各种分类基础，比谢林的实在的艺术系列和理想的艺术系列的二分法以及其他的分类法更加平稳有序、更恰当合理地表明了各门艺术不断增进的理想性，并且通过上述的方法把希腊时代理想的诗歌艺术和近代理想的诗歌艺术之间的巨大差别都可以考虑在内。各种艺术之间的间距可以设想是相等的，因为三种浪漫主义的艺术在它们的大类范围内都可以有充分而自由的个体性，尤其是音乐第一次获得了作为纯粹的感觉和必要的结构形式——心理世界的两种极端——在其中绝对地融为一体的真正艺术的地位。在这种绝对统一的艺术中，尽管没有任何可以辨认出

① 科林伍德的著作，242。

来的对象或观念，但我们的感觉所关注的事物的运动[1]仍然能够形成一种有机的和必然的结构。

有一种看法认为，黑格尔的分类法是一个依次递降的序列[2]。事实并非如此。三种浪漫主义的艺术虽然是艺术本身的顶峰，但是如果说它们并不是狭义的美的顶峰，那也是对的。至于艺术在达到顶峰时，是不是不会超越自身[3]，就像在建筑中艺术从来没有完全达到它的理念那样，那是另外一个问题，而且，不管将来可能发生什么情况（那不是哲学研究的问题），毫无疑问的是，由于生活的全部基础和内容都完全是反思性的和理智性的，因而它同今天的美的关系已经完全不同于它在希腊时代和中世纪时代的情况了[4]。我们在谈到艺术精神在本质上是处在演化过程之中时，并不否认这种演化可能有比以前更高水平上的重复。

iii. 对四个主要概念的界定 355

要想从黑格尔的论述中求得一个最终的结论，无疑是很困难的。认识到这一特点，不管它是优点还是缺点（我以为这是一个优点，而读者则可能认为它是一个缺点），我想在结束这一章之前把黑格尔对美学中的四个根本问题的观点集中在一起加以概述，这四个问题结合起来就成为黑格尔关于美的论述的范围、开端和结

① 《美学》，iii，145。

② 哈特曼的著作，i，127。

③ 《美学》，ii，234 以下。

④ 尤其是参看《美学》，ii，232。

尾。至于美本身，我们可以希望，黑格尔已经对它作了充分的界定：通过古典的理想，界定了狭义的美，通过艺术形式的整个演变过程界定了广义的美。

(a) 丑

黑格尔对丑的概念没有作过系统的论述。我们从他的一段有关漫画的论述中[①]可以推断，他认为丑总是包含着歪曲。我以为，这就意味着用一种表象暗示一种典型，但在暗示中又歪曲这种典型。黑格尔对自然界的丑所作的说明[②]就证明了这一点。看来，黑格尔在这段论述中把自然界的丑看成是同我们对于典型特征的习惯性判断相关联的。不过，这并不排除我们的判断还能保持客观的可能性。因此，错误的特征刻画看来就是丑的本质。

这里有一个奇妙的颇有教益的问题：丑本身是不是存在于理想不完善的阶段或象征性阶段中？在这里，有缺点的和粗糙的表象——例如一个印第安偶像的表象——存在的缺点是有一定原因的，因为需要表现的内容，即神的概念是有缺陷的。我推想，黑格尔也许是由于这个原因才不想把“丑”这个术语用到这样一些艺术形式上去，虽然他把这些形式描述为有缺点的、歪曲的和畸形的。他说，它们是不美的[③]，但由于它们显然用有缺点的形式来表现绝对，因而同这种高超的绝对有某种相似之处。事实上，黑格尔的美的观念完全是肯定性的，因而他从来没有打算去专门探讨不在他

① 《美学》序论，英译本，43。

② 参看本书前面第456页。

③ 《美学》，i，427。

研究范围之内的作为美的否定。如果我们能够详细研究肯定性的
美，我们就可以很容易推断各种不同种类的否定。就此看来，黑格
尔的方法具有的丰富的启示性远胜于许多纯粹图解式的方法。反
面、对立面、对应方、否定等所有这些都是一些形式用语，什么内容
也没有告诉我们，除非我们知道这种对立或否定的语境或形成方
式。但若我们知道后面这两种情况，这些专门术语是可以随时派
上用场的。在黑格尔看来，丑似乎是对一种类型内容的明确否定， 356
是用来描绘那种内容，也就是描绘了不正确的相似或关系的混淆。
黑格尔把莫里哀的悭吝人的性格称之为一种丑(hässlich)的抽象。
我想，这是因为把一个不完全的性格当成一个具体人的画像。粗
糙、质朴、奇异并不是丑。浪漫主义的理想故意背弃古典的美，但
并没有离开美本身的领域。平凡生活本身并没有什么可以感觉得
到的伟大性格[①]，这种平凡生活是同普遍充满诗意的艺术领域显
然不同的散文世界，但不能把它说成是丑的。

(b) 崇高

严格意义上的崇高[②]处在美的开端，属于象征性的艺术形式。黑格尔引用了康德的一段话[③]作为论述崇高的基础："严格的崇高是任何感官形式都包含不了的，但它依附于理性理念。理性的理念虽然不可能有充分的表现，在心灵中却可以被这些非常不充分的东西激发唤醒，并且可以用感官形式加以描写。"接着，黑格尔

① 《美学》，i，190。

② 同上书，i，455。

③ 《判断力批判》，99。

说，一般的崇高力求表现无限，但在现象界又找不到适合于这种表现的任何对象。

作为不适当表现的一种情况，崇高与丑相似，至少同艺术的象征性阶段（它自身的）的畸形或怪异表现有相似之处。我们还记得，谢林认为同一种现象可以既是丑的又是崇高的。然而，这些怪异现象还只是“崇高的一种回声”，因为它们之所以能部分满足，或者被认为能满足表现的需要，正是靠那些使它们显得离奇古怪的歪曲、夸张、野蛮的奇观等（虚假的或无穷的无限性），而在真正的崇高中所需要的却是深切地感到不充分的鲜明意识。

这种意识的最纯粹的典型可以在犹太人的宗教诗歌中找到。这种诗歌把天地万物都看成是有生有灭不能永久的存在[①]，和唯一抽象的上帝相比，任何创造物都根本不能表现上帝的形象。因此，这种真正的崇高不可能采取造型艺术的形态，而只能用诗歌的
357 形态来表现。早在朗吉弩斯的时代，他就用崇高来说明犹太人的上帝和上帝创造的世界之间的关系。黑格尔按照下面的例子指出这一点[②]：“要有光，于是就有了光。”伯克认为可以约伯为例。康德在一段著名的论述中[③]认为《圣经》中十诫的戒律是最高类型的崇高：“不可为自己制造偶像”这条戒律在精神上可以同他归于道德法则的非感性特点相比。黑格尔接着指出，《诗篇》为一切时代提供了真正崇高的古典样本，因为它提升了超越一切别的东西，只

① 《美学》，i，446。
② 同上书，i，468。
③ 《判断力批判》，134－135。

崇拜上帝权威的那种情感[①]。诗篇坚持认为，宇宙中任何事物都不能宣称自己是独立的，因为一切事物都只是因上帝的威力和崇奉上帝才存在。

如果把黑格尔这位伟大的体系严谨的哲学家的著作中对《诗篇》的评价同罗斯金反复提到《诗篇》的有关言论加以比较，那是很有教益的。罗斯金虽然对《诗篇》中的崇高有充分的感受，但却没有认识到《诗篇》中的崇高同造型艺术的精神完全对立，也没有认识到贯穿《诗篇》中的那种神人彼此隔离的精神。

在这一点上，黑格尔认为，“崇高包含在人这方面要感到自己的有限性以及他同上帝之间不可逾越的遥远间隔。”因此，在这个阶段上不朽的概念是不可能存在的。意识到上帝就是法则，乃是对上帝更加肯定的关系的开端。

崇高虽然进入了理想的象征阶段，但它同狭义的即古典意义上的美和理想还是有特别明确的区别[②]。它同浪漫主义的艺术形式更是不能相容，因为在浪漫主义艺术形式中，绝对被看成是以爱的形式出现的富于个性的主题——“浪漫主义艺术的理想”[③]。而人本身由于与上帝合为一体，因而也就成了无限的表现。事实上，浪漫主义艺术由于“舍弃了古典的美”[④]，在内容的深度上有可能像许多别的著作家所做的那样，通过更加严肃的个人与宇宙之间

① 《美学》，i，471。他所引证的是《诗篇》中的第 104 篇和第 90 篇，着重于第 104 篇第 29 句这样的诗句：“你掩面，他们便忧虑不安。你带走了他们的气息，他们就死亡。”以及第 90 篇第 5、6、7 句：“你让他们如流水冲去”等等。

② 同上书，i，466。

③ 同上书，ii，150。

④ 同上书，ii，124，133。

关系的表现，比如说，通过宗教的和悲剧的情感领域来扩展崇高的
358 理念。不过，在这里，这个问题已经变成了一个语词问题了。我只是需要指出，黑格尔的用语受到一种清晰的逻辑和历史的差异性——不充分表现出来的意义——的局限。而任何近代现象，只要在其中重新出现了这种意义（对于具有自己的弱点和特点的个人来说，这显然是可能的），都可能根据类比极其简单地当作崇高对待。在文化的任何阶段，个体都包含了并且常常可以重新产生任何过去阶段的人类情感。

（c）悲剧

因此，在黑格尔看来，悲剧是不在崇高之列的。作为一种诗歌形式，悲剧是古典艺术的最伟大的成就，也是浪漫主义艺术的最伟大成就。它主要依据各种现实的精神力量的冲突，例如家庭和国家在个人身上的冲突。因此，个人的行动就既有正确的方面，也有错误的方面。这些力量，尤其是在古代悲剧中这些形成个人的个性本质而不能脱离个人个性的精神力量，在冲突重新恢复精神世界的统一的结局中，还涉及代表这些力量的人遭到毁灭的原因。这种把全部个性与它们的本质目的或真实本性相等同起来的结果，就是悲剧的不幸结局的秘密所在。亚里士多德认为，在古代悲剧中有这种不幸结局倒更好些。他的基本理由明确地说就是，他轻蔑地归于喜剧的愉快的结局会使剧中人物抛弃根本目的。黑格尔对安提戈涅的简短评论比任何解释都更清楚地说明他的观点[①]。

① 《美学》，iii，556。

“当冲突中的人物在他们的具体存在方面（个性、出身、地位等）每个人都包含着所涉及的全部范围时，就有可能出现这种发展的最完善的一种。这样，他们按其本性都处在人竭力与之抗争的力量的掌控之中，并且损害了按照他们自己的生存法则应当尊重的东西。比如说，安提戈涅生活在克瑞翁的行政权力的管辖之下，她自己是一位国王的女儿并且许配给海蒙为妻，因此她必须理所当然地服从君主的命令。然而在克瑞翁这方面来说，他自己也是一位父亲和丈夫，必须尊重亲属关系的神圣性，决不应当采取破坏这种尊崇虔诚的态度。因此，他们中的每个人都有的一种本身固有的关系是他们各自都要加以反抗的，他们都受到他们自己的身 359
份所固有的那种原则所支配，也被这种原则所毁。安提戈涅没有结婚就死了。但克瑞翁的妻儿也都代他受到惩罚。他们致死的原因，一个是因为安提戈涅之死而赴死，另一个是因为海蒙之死而死。在古代和近代世界的一切著名作品中（这些作品我几乎全都知道，当然知道这些作品也是应该的和可能的），我觉得，从这个观点来看，《安提戈涅》是最优美、最令人满意的艺术作品。”

黑格尔在《俄狄浦斯在科罗诺斯》的比较富于主观性的解决中看到了近代主义的开端，虽然这还不是基督教意识的先声。因为基督教意识并不是像希腊人的意识那样在知识界内部得到恢复和协调，而是根本上否定它的世俗的存在。因此，在近代的悲剧中，个性的深度和趣味以及在形式上保持个性的连贯性，就在一定程度上代替了构成整个人格的单一的道德权利和责任。容许周围环境具有极其丰富的多样性和偶然性。因而，要保持性格和情节的出发点之间的必要联系就有一定的困难。在莎士

比亚的戏剧中，性格是必然地自行发展的，本身就展现和接受它的行动后果。但若性格和情节出发点之间失去了联系，以致故事变成了纯然无辜者受到敌对世界的种种偶然事故的压迫，那么，悲剧的要素就全然消失，其效果成了毫无用处的悲哀或恐怖[①]，而不再是悲剧。

另一方面，当目的或利益的冲突，由于它的主观性对性格发生影响，以致产生一个相称的整体而不致牺牲个人的生命（在有些古代剧如《菲罗克忒忒斯》中，就是这样的）的情况下，那么，以服从与个人密不可分的原则或目的而牺牲个人为宗旨的悲剧法则，就被放弃了，这样，我们就有了反映现实生活的近代戏剧[②]。正如莱辛解释的那样，这种戏剧既可以出自悲剧，也可能出自喜剧。莎士比亚似乎是有意地把某几个剧本区分为悲剧，因为在这些剧中牺牲了个人生命。但是像《一报还一报》这样的喜剧也接触到各种深度的**精神上的**痛苦。在近代戏剧中，有一种危险，360 就是把整个发展都归入单纯的性格而没有使性格获得本质目的上的连贯性，结果，老奸巨猾的人突然改邪归正，并且得到了宽恕，但是我们并不满意，因为我们深信这种发展是不现实的，不管怎样，老奸巨猾的坏人仍然是坏人[③]。主观性脱离了一切特定内容经过一个过程，达到一定程度，就是美的解体，因为美就在于主观和客观的具体统一。

① 《美学》，iii，573。

② 同上书，iii，539。

③ 同上书，iii，576。例如，可以参看《维罗纳二绅士》。

(d) 喜剧

作为主观性的这种完全胜利[①]，阿里斯托芬的喜剧标志着一个时期的结束，而莎士比亚的喜剧[②]也许标志着另一个时期的结束。这种卓越意义上的喜剧性必须同滑稽可笑明确地区分开来。只有当剧中人物不但在观众眼中是滑稽的，而且这些人物本身就是滑稽的，因而尽管由于他们为实现这些无用的目的而采取的手段使之导致失败，他们仍然可以避免一切死板、避免一切痛苦或失望的时候，才能有真正的喜剧。喜剧的出发点是那种能使悲剧荡然无存的[③]绝对的和解，是不为任何外物所扰的绝对的自信或绝对的欢乐。这是阿里斯托芬的人物属性，也是莎士比亚的喜剧人物(其中以福尔斯塔夫为"绝对的英雄"[④])的属性。在他们身上展现着一种杰出的气概，一种自由而坚强的个性和对外在失败满不在乎的优越感。像莫里哀的《悭吝人》这类严肃的喜剧就没有这种理想的特征，因而最终往往归入普通戏剧的平凡世界，也就是说，只是用巧妙的手法表现平凡情节。

① 《美学》，iii，533。"悲剧中，外在有效的力量取得胜利，去掉了个人的片面性……而在喜剧中，正是具有无限可靠性的主观性占了上风"。这种说法是来自谢林。谢林认为喜剧与悲剧相反，"喜剧的必然性在主体中，而不在客体中。"

② 同上书，iii，579。

③ 同上书，iii，557。

④ 同上书，iii，207。

iv. 结束语

最后，我想从黑格尔的美学讲演的最后两页引用他的两段话[①]，作为本章的结束。

“讨论喜剧的发展以后，我们的科学讨论就结束了。我们是从象征性艺术开始的，在象征性艺术中，主体性力求找到它自己的一种内容和形式从而把自己变成客观的。接着，我们推进到古典艺

361 术。古典艺术以有生命的个体形态把已经认识清楚的本质内容展现出来。最后，我们以表现心灵和情感的浪漫主义艺术结束。在浪漫主义艺术中，绝对的主体性本身以精神的方式进行自由的活动，使自己得到了满足，因而不再与客观世界及其个别的特殊事物结成一体，而在喜剧的幽默中，它把这种消解的消极方式带到自己的意识之中。然而，到了这个顶点，喜剧也就直接导致一般艺术的解体。一切艺术的目的都在于把永恒的神性和绝对的真实显现于现实世界的现象和形状，把它展现于我们的观照，展现于我们的情感和思想。但是，喜剧把这种精神和物质的同一性割裂开来，于是要外现于现实世界的绝对真理就无法外现了，因为现实世界中的一些旨趣都变成自由的了，都不受偶然性和主体性支配了，这就破坏了体现绝对真理于有限现实世界的企图了。因此，绝对真理在现实情况下不再和现实生活中的人物性格及其目的达成积极的同一了，而只是以消极的方式发生效力，凡是不符合绝对真理的事物

① 《美学》，iii，579－580。

就会否定自身，只剩下单纯的主体性在这种否定中还显出安全感和自信心[①]。”

“这样，我们现在就已达到了本书的结尾。我们用哲学的方法把艺术的美和形象的每一个本质性特征编织成了一种花环。编织这种花环是一件最有价值的事，它使美学成为一门完整的科学。艺术并不是单纯的令人愉悦的玩具或有用的玩具，而是要把精神从有限世界的内容和形式的束缚中解放出来，要使绝对真理显现于和结合于感性和现象，总之，要展现真理，这种真理不是自然演化史所能穷尽其意蕴的，而是只有在世界史里才能展现出来的。这种真理的展现可以形成世界史的最美好的方面，也可以提供最珍贵的报酬，来酬谢追求真理和知识的辛勤劳动。因此，我们的研究不能只限于对某些艺术作品的批评或者对艺术作品的创作提出建议。它的唯一目的就是追溯艺术和美的一切历史发展阶段，从 362
而在思想上掌握和理解艺术和美的基本概念。”

① 参看本书前面第478页。在那里讨论了这样一个观念，黑格尔认为艺术**最终**终结了，序论的结束部分可以充分地说明这一点。不过，我们必须指出，黑格尔具有异乎寻常的洞察力，他虽然仍深受席勒和歌德的影响，但用同罗斯金或威廉·莫里斯非常相近的语言描述了艺术冲动在目前枯竭的情况以及对艺术冲动极其不利的条件。

363 # 第十三章　德国的“精确”美学

——从叔本华到斯图姆夫

1. 对精确美学的需要

我在上一章说过，想要在黑格尔著作中找到最终的结论，是很难的。严格说来，在作为系统知识的科学中根本就没有什么最终的结论，任何结论都是同推导过程密不可分地联系在一起的。不过，研究历史的哲学方法在我们要寻找最精微的部分时总是会给
490 我们提供整体的，因此，这种方法，在有些人看来，是一种回避直接结果的方法，实际上在有的人手里也的确是这样的。这种要求给一个明确的问题找到一个明确答案的方法可以在后康德主义哲学学派中找到代表人物。虽然在黑格尔学派的作家大行其道的时候，这种后康德主义哲学显得微不足道，但是在复旧时期却又能够风行一时。

2. 叔本华

这一运动的开创者是赫巴特(1776－1841)和叔本华(1788－1860)。为了避免使叔本华的论述插在赫巴特和赫巴特学派之间，

他对希腊庙宇的简约合理非常赞赏①，但对哥特式建筑感到不能欣赏。他非常直率地说，如果赞赏这些哥特式建筑，那就得推翻他所提出的关于建筑的审美目的的全部理论。他认为，哥特式建筑的旨趣取决于联想的理念，而这些联想的理念在严格的审美判断中是没有立足之地的②。在他看来，古典诗歌和浪漫主义的诗歌之间的区别就意味着，古典诗歌处理的是自然主题，浪漫主义的诗歌处理的是人为的主题③，特别是有关基督教神话、骑士精神以及荒唐可笑的基督教—日耳曼女性崇拜的主题④。

我们将会发现，这种对古典艺术的偏爱在“精确的”思想家中是非常盛行的。总之，这显然像他们的看法那样，是回归古典美学，又用近代的科学方法武装起来。

（2）叔本华关于美及其变体的论述

在叔本华看来，美之为美的有两个方面。一方面，它使我们从意志的束缚中解脱出来，也就是从伴随着我们最大的恶习和灾祸，即生存意志的整个机制中解脱出来——从解释、因果律、手段和目的、意向和愿望的束缚中解脱出来⑤；另一方面，它又以一种“理

① 《全集》，iii，第473页以后（德文本）。

② 赫巴特显然是同意这一看法的（《全集》，iii，12），这一看法显示了早期的精确哲学家和瓦德先生的巨大差别。瓦德先生认为联想理念是美学的一个最重要的因素。参看《大英百科全书》的“心理学”条目。费希纳在这一点正是和瓦德先生看法一致的。参看本书后面第519页。

③ 《全集》，iv，92。

④ 黑格尔认为，席勒对妇女的尊敬可以清楚地证明他对感性和理性的综合的深刻领悟。在观点上的这种对立是很典型的。

⑤ 《作为意志和表象的世界》，英译本，i，270。

念”，即在某种程度上的客体化的意志来充实我们的心灵。我们把呈现于我们的美的知觉的纯粹特殊的对象看作是这种“理念”的本质。由于一切事物都是意志在某种程度上的客体化，一切事物都有某种程度的特征，有某种程度的美[①]。艺术和自然的区别仅仅在于，在艺术中，我们借助于艺术家的目光去观察，但是，那样，艺
366 术家的才智就能够理解自然的含糊不清的语言[②]，从而产生自然所要产生而又无法产生的结果。这种理解之所以可能，是因为我们的意志和自然所体现的意志是统一的。这种理解和期望就是理想。

丑可以看作只是意志有缺陷的表现[③]或意志的不完全的客体化，因而，按照他关于美的说法，丑也只是相对的。崇高同样是美的，只是崇高必须包含着观照的对象和个体的意志之间的对立关系，这种对立经过一定的努力可以得到克服，因而能够使主体通过这种特别的努力达到对立客体中理念的纯粹观照，从而产生精神上的提升[④]。

对艺术的分类，叔本华是按照各种艺术的对象材料，而不是按照它们的媒介[⑤]来划分的。但是，由于他考虑到艺术的媒介对对

---

① 《作为意志和表象的世界》，271。

② 同上书，287。

③ 同上书，英译本，i，298。

④ 同上书，260—261。

⑤ 叔本华对歌德的色彩理论作了巧妙的修改和辩护，这看来是符合近代生理学观念的。歌德把色彩看作是明暗的混合，叔本华解释说，歌德的这一论点的意思就是说，色彩包含着视网膜的部分的活动（明）和部分的不活动（暗），同时他还提出一条原则，认为视网膜总是趋于完全的活动，其中的各个部分有时是同时性的，如在白光中那样，有时是连续性的，如在互补形象中那样。参看《关于视角与色彩》，(*Ueber das Sehen u. d. Farben*)《全集》，i。

象材料有决定作用，因而他的艺术分类程序在很大程度上是同黑格尔的艺术分类程序相类似的。黑格尔的分类方法的缺点在于过于专一地只关注生活的各个层面，并以此为引导，来看待表现这些生活层面的艺术价值。这样的缺点在叔本华那里也有类似的表现。然而，由于建筑和音乐都不描述任何具有独特个性的对象，这两种艺术的特殊地位就给他提供了对两者进行特别处理的机会。建筑术并没有任何具有独特个性的观念需要加以表现。由此，他推断说，建筑的目的是要把物质的质量、重力、凝聚力、硬度等最简单的性质展现在知觉面前[①]。他认为，哥特式建筑遮盖重梁和支柱之间的关系（据说希腊的横梁建筑是以无遮蔽的方式表现横梁与支柱之间的这种关系的）之所以同他所说的建筑艺术应有的目的不能相容，原因就在这里。这条突出展现材料性质的原则，除了它的具体应用以外，还是一条具有极大重要性的原则。对这条原 495
则的重要性，除了黑格尔以外，几乎所有别的美学哲学家显然都没 367
有注意到。

对于音乐与建筑的相似性，叔本华作了非常合理的论述，并且恰如其分地指出这两种艺术之间的巨大差别[②]。他把音乐放在其他艺术种类之上和之外，本身列为单独一类。"音乐不像那些别的艺术，它不是观念的写照，而是意志本身的写照。而它们则是意志

① 《作为意志和表象的世界》，英译本，i，277。

② 叔本华对"冻结的音乐"这种说法作了评论，认为这个说法是歌德提出的，而不是谢林提出的。我不知道他们两人中到底是谁先说的。

的客体化。"①这种表达正像叔本华有关宇宙中的意志的整个论述一样，是带有神秘色彩的。但是，如果我们把它看作一种类比，我们就可以说，它的确是很有道理的。我们知道，亚里士多德和柏拉图是多么强烈地坚持音乐是对"生活和人的本质或道德禀性"的最恰当的模仿，也可以说是唯一恰当的模仿。这个比喻被叔本华推广运用到宇宙中的意志。我们可以对叔本华的这个看法部分地通过他自己的认识来说明其合理性。叔本华继莱布尼茨之后清楚地认识到近代音乐的广阔基础在于构成音乐的声学领域前提的必然的数量关系②。但是，对这种对必然的数量关系的感觉只是作为一种符号作用于音乐意识，而不是作为所表示的事物。这样，我们就可以很好地把叔本华的观点同经过洛采修改过的汉斯利克的理论③结合起来。叔本华的观点，认为音乐是"生活和事件的精华"④，但又同任何一个生活和事件没有相似之处。汉斯利克的理论认为音乐体现了事件的一般形态和动态因素而又倾注了我们的情感。这种观念对于严格意义上的模仿性音乐确实起了重要的作用。按照这种理论，模仿性音乐被批评为只关注中间性事物的概念，即意志的现象，而不关注意志，即根本的实在，我们也可以说它不关注生活和事件的精神本身。"这样的（模仿性的）音乐完全应

① 《作为意志和表象的世界》，英译本，i，353。勃朗宁作品的读者们都会记得，《沃格勒神父》(*Abt Vogler*)，既把音乐和建筑之间进行比较，也同意志直接相比。

② 叔本华用赞许的口气引用了莱布尼茨的这段话："音乐就是意识在数数，但意识并不知道它在数数"。谢林在他之前引用过这段话。见叔本华的《全集》，英译本，i，331。

③ 《德国美学史》，487。

④ 叔本华《全集》，英译本，i，339。参看附录Ⅱ。

当受到拒拆”[1]。这个判断重复了柏拉图的判断。叔本华的一般 368
理论与谢林的理论极为相似。“音乐由于再现了纯粹的运动，因而可以超过一切其他艺术称之为没有形体的艺术。”[2]

（3）对叔本华的批评

我们决不能根据叔本华对黑格尔和谢林的反击来判断他对待具体的唯心主义的态度。他的整个美学理论基本上是一种特征论，虽然他总是倾向于清晰明确的合理性而同暗示性和深重的伤感性相对立。他深刻地认识到感官是与美相关的器官，然而，他还总是把美感看作是一种认识，不受意志的束缚是这种认识的唯一特色。这一缺点反应在他的体系上就是在讨论建筑[3]和悲剧[4]时缺乏一定程度的一致性。在他看来，悲剧的最大作用必然是消极的——使人感到无可奈何。除了这一点以外，他还在艺术分类系列中把园艺学放在建筑学之后，就叔本华见解的实质来说，他是后康德主义美学的一个非常合适的代表，而他的文笔在德国哲学家中也是出类拔萃的。对于非哲学方面的读者来说，通过叔本华关于审美对象和理论认识的对象之间的对立去理解黑格尔关于真无限和假无限的对立这样一类理论，也要容易得多。

但是，如果说叔本华对音乐的论述中的主要成分终究还是一

① 《作为意志和表象的世界》，英译本，i，341。

② 谢林《全集》，v，501。

③ 参看本书前面第 493 页。

④ 《安提戈涅》和《菲罗克忒忒斯》的主题是“可厌的还是令人作呕的”，《全集》，iii，437（德语本）。

种神秘的概念，因为一种盲目的意志也许比一种活跃的无意识观念更难于和世界的统一性联系在一起，无论如何，他至少还是对黑格尔归于音乐的地位——主要的浪漫主义艺术——作了辩护，并且用生动的语言论述了音乐的神奇莫测的感染力问题，给哲学界和音乐界留下了深刻的印象。

3. 赫巴特

我们还会记得，审美判断的对象最初在康德那里表现为“形式”，而这种“形式”的象征的性质或富有意蕴的性质，只是在他的研究继续下去以后，才使他加以注意，而且，就是在这时，他还有些怀疑“意蕴”本身是不是属于美学以外的。

498 369 (1) 他的形式主义及其结果

赫巴特坚持纯形式理念，并且和叔本华一致，强烈反对历史哲学学派，他以自己的方式来论证审美判断的客观有效性[①]。他同康德一样，认为这种审美判断本质上是单称的，因为抽象的普遍性同判断所及的形式的完整表象是互不相容的，而且，他还同康德一样认为，这种判断具有客观的有效性，因为对相同条件条件下的同一对象来说[②]，这种判断是永真的，虽然他没有明白地这样说，但实际上他是持有这种看法的。在近代逻辑学中，这样一种“单称”

① 齐美尔曼的《美学》，i，773。赫巴特的《全集》，viii，27。

② 从逻辑上来说，应是同一“主词”，赫巴特是把它同作为感知者的主体对立起来的。

判断显然是全称的[①]。

因此，在赫巴特看来，据以作出客观的单称判断的纯形式就是由完全脱离具体环境、只是单纯表现出来的关系所构成的。这些关系就是“审美的基本关系”，详细具体地论述这些基本关系就是美学科学的任务。令人感到惊奇的是，在这种关系中还包括意志对意志的那些关系，因而，伦理学就成了美学的一个分支。不过，这并不意味着把意志的行为混同于审美判断。善蕴涵着这两方面的条件，美只是其中之一[②]。

从这种观点产生的第一个直接结论就是反对使用那些从各种主观情绪中引申出来的一般化的谓词，诸如“悲情的、高雅的、靓丽的、严峻的”等等，在普通美学中常常出现的谓词。这些谓词不但有主观性的缺点，而且有抽象性的缺点。对于各门特殊艺术中的具体的美和丑，这些谓词并没有告诉我们任何情况，没有告诉我们有关音乐中的音调调和问题，也没有告诉我们有关雕塑中的轮廓线的问题[③]。因此，赫巴特严厉责难谢林之类的著作家在每一种艺术中都要找到某种别的艺术的优美，而不是这种艺术自身的优美。这种责难也有某种合理之处。他希望发现和揭示出来的真正典型的关系是乐音之间的和谐关系。他在一个脚注中说，这种典型的关系是几个世纪以来才差不多完全肯定地确定下来并得到承

① 参看本书前面第460页，有关理想化的一节。

② 《全集》，ii，74。

③ 同上书，i，130。

370 认的唯一的审美要素[①]。也许是因为这个说法太轻率直白，他后来又对这个脚注作了修改。他注意的目标只是单纯的形式，“要素”；对于极其复杂的艺术作品或自然产品，是很难作出明确的毫不含糊的判断的。把各种要素结合起来属于艺术理论的问题。

他的观点的第二个直接结论是，单纯的性质是没有美学品质的[②]。按照齐美尔曼的说法[③]，他甚至用这一结论来否定可以单独感觉到的乐音和色彩的美。其实，任何表象都不是真正单纯的（在时间和空间上的广延就足以使它复杂化了），因此，要以这样的一个根据来解决我们不止一次碰到的[④]伤脑筋的问题，似乎是太天真了。即使我们以为乐音和色彩是近乎单纯的，我们也还是有更深刻的理由对这一结论的正确性提出疑问。

赫巴特虽然没有完成美学的体系化研究，但他的一些最富有启发性的见解，还是值得注意的。

（2）他对审美关系的划分

赫巴特把基本的审美关系主要划分为同时性关系和承续性关系。但他发现，任何艺术都可以同时加入这两种关系。对于诗歌中承续性关系的支配性影响，他的论述使我们想起《拉奥孔》中的某种相似的方法[⑤]。但是，由于在诗歌中这些简单关系的各个关

---

① 《全集》，i，150，脚注。在该书第3版以后又取消了这个脚注。赫巴特认为，全面的低音部（通奏音部）是美学的一部分。齐美尔曼的著作，i，770。

② 《全集》，i，137。

③ 同上书，i，797。

④ 在论述柏拉图、康德和黑格尔时。

⑤ 《全集》，i，149—150。

系项之间有时间间隔，所以很难把这种关系说明清楚。乐音和色彩方面的简单关系比较容易说明，因此，应该有一门研究色彩和谐的科学，正像有一门科学研究音乐中和声一样[①]。赫巴特的观点中一个极有教益的例子是在他回答一种反对意见时所表示的看法。这种反对意见认为，构成和谐的乐音关系基础的是数的比例关系，这种比例关系并不是音乐中实在美的要素，而只是因为音乐家的才智赋予它们精神和意蕴，不然的话，就只能产生单调沉闷。 371
这种反对意见的“重要性只是由于它非常大胆泼辣”。赫巴特回答说，“这种精神和意蕴可以因艺术家的伟大而伟大，因艺术家的渺小而渺小。总之，**在这里**，我们必须撇开这一点来讨论抽象的要素以及这些要素所确定的准确程度。艺术家的才智也不可能在这方面作出改变。”他在一个较早的版本中这样说：“那样一来，就必须在美学中排除和谐概念[②]。”就完备地解释具体的美来说，这种美学概念似乎就是放弃目标，自认失败。

乐音和色彩中的和谐取决于“抑制之前的调配”[③]，这差不多肯定是指把各个部分组成整体的能力。赫巴特在说明对称时，对于不断变化着曲率的曲线并没有特别看重。他甚至还说，圆[④]是花朵轮廓的主要形式。这说明他的审美观察颇有不足之处。不过，在同一段论述中，他又谈到能够取代植物的形态和园林景

① 《全集》，i，149—150。这种自然的观念不可能坚持下去。参看下面关于齐美尔曼的论述。

② 《全集》，i，151 及脚注。

③ 德语为“Verschmelzung vor der Hemmung.”同上。

④ “die Kreisform”能成为“曲线”的总称吗？

色中的对称的那种更深刻的均衡要靠知觉所需要的平衡。赫巴特认为，在这方面，现在人们的理解是不够充分的，他的这个见解是有深刻启示的。对于曲线美有局限的看法[①]能表现出赫巴特在一切问题上都喜爱确定和完备的独特观点。不过，他还是提出了一个很有启发性的论点：如果美有一个一般的公式，那就是"总要先失去一些均衡性，方能重新获得均衡性"[②]。这显然是提出一种通过偏离而保持的规则——伴随着否定而取得进步的基本事例。

(3) 艺术的分类

赫巴特对艺术的分类并不是建立在上述同时性原则和承续性原则的基础上，而是建立在一种旨在适合于把古典艺术与浪漫主义艺术区别开来的区分原则的基础上。齐美尔曼后来把它称之为完备表现的艺术和不完备表现的艺术。这种分类法[③]列表如下：

建筑　　　　园艺

雕塑　　　　绘画

372 教堂音乐　　　　"娱乐性"音乐

古典诗歌　　　　浪漫主义诗歌

其中一组应包括那些可以从各方面观赏和考察的艺术（如雕

① 也许有人会对我的批评提出责难说，对称并不具有较高度的曲线美。但我并没有发现赫巴特在别的地方谈论过这一点。

② 《全集》，i，155。

③ 同上书，i，171。

塑)，另一组艺术则应包括那些保持在柔和的蒙胧中而没有留下全面批评性考察的余地。用于音乐的区分当然会受到反对的批评，这种区分似乎忽略了例如交响乐这样的音乐。这种忽略的根源也许可以在上面提到的有关和谐的那段论述中找到。那段论述的脚注中坚持认为“赞美诗”的美几乎完全有赖于和谐，因而可以很容易从和谐法则构成的基本的审美关系中推导出来。在说明这种艺术分类时，赫巴特似乎带有这样的意思：认为只有那些希望用艺术来表现某种东西的人才关心第二组艺术，这些艺术的魅力实际上有赖于审美以外的吸引力。

(4) 批评和评价

有一种反对赫巴特理论的意见认为，这种理论首先提出来进行研究的只是美的一些简单实例。这种反对意见是站不住脚的。对适合于分析的情况首先进行分析是科学的首要准则。他对于和谐的数量基础和物理基础重要性的论述并没有夸大不实之处。如果这种理论真的认为，自然界和艺术中比较复杂形态的美，只能当作基本形式的美的单纯结合来对待，那才会产生真正的反对意见。因为那样一来就会把比如说人的形体看成是一种装饰要素。真正美学的关键在于说明，各种装饰形式的结合在特征表现中怎样从一开始就增强它们固有的基本特征，使它们按照一个中心的意蕴形成它们复杂的集合，就像这些装饰形式的抽象意蕴单独形成它们的集合一样。但是，这种真正的反对意见以后才会出现。每个人都一定会欢迎赫巴特关于意义如何进入形式的简单问题的明白陈述，以及试图把反应和结合构成的知觉状态本身具有的愉悦性

看作是本身就可以产生心理效果的各种反应和结合。因此，这种形式主义理论实际上是恰当的。

关于这种所谓理论的理论，我们还要多说几句。

373 乍看起来，如果我们从审美知觉提供的东西入手，似乎就不能从关系入手。感知到的美主要在于感知到的各种性质而不在于各种关系。关系本身只是对于散漫的思维才会存在，这种思维同审美知觉是不能相容的。因此，形式主义者在分析美的比较简单的情况时，分析出的关系的意义似乎不在于它们能使知觉得到满足，而在于它们使理智要求解释的渴望得到满足。这些关系作为与感官表象相分离的数量关系或几何关系，决没有高下优劣之分。因此，作为对实际的美的知觉的分析来看，把这种美的知觉归结为关系，也**就是**赋予这些知觉一种非常简单的意义或意蕴，而且按照同一原则，也没有理由不把这种分析贯彻到底，在这些知觉中去寻找性格的象征意义或道德法则的象征意义，正像我们要寻找数量关系或对称关系的象征意义一样。而且，事实上，按照我们在前面所说的关于古典美学的局限性，要认识到更深刻的意义，就要使表现要素的实际分析变得更精细复杂，因而在形式主义的范围内就比那种只是寻找形式关系的分析更完备得多。任何一个读者只要把赫巴特或齐美尔曼关于对称、复现和曲度的论述同黑格尔在讨论自然美的一节中，或罗斯金在《素描原理》(*Elements of Drawing*)的最后一章中关于同一主题的论述作一番比较，就可以看出唯心主义之内的形式主义(这种唯心主义给形式主义留有充分余地)和自称排除了一切唯心主义的形式主义两者之间的差别。不过，罗

斯金自己也发现了美的一些要素是他所解释不了的[1]。因此，总有一些精确分析家要求我们把这些既定的根本要素明白地陈述出来或加以描述，并且，在每一种情况下，都通过明确地列举有待探讨的现象的种种最直接最实在的实例来着手研究，这也是很好的。

4. 齐美尔曼

齐美尔曼[2]是布拉格大学的教授，他是和一些奥地利教授一起转到赫巴特学派方面的[3]。哈特曼对他提出过冗长而极为严厉的批评[4]，费舍尔在反驳齐美尔曼对他的重要著作的攻击时，也对 374
齐美尔曼作过极为严厉的批评[5]。

如果按照这些批评家所采取的办法或者按照我在评述赫巴特时所指出的办法，在齐美尔曼的形式主义很纯粹的时候就说它过于抽象，在它关注内容的时候便斥责它前后不一，自相矛盾，作这样的评断并不难。但是，我们觉得，探讨一下这个运动在美学中所代表的那些富有成果的见解（在这个运动中，齐美尔曼非常密切地接近赫巴特，以致他的见解虽然有了很大的发展，却很难同赫巴特的见解区分开来），那更是大有裨益的。这个运动虽然给人反常古怪的印象，但仍然可以看作是建立在一个牢固基础上的明确观念。

① 《素描原理》，322；及《近代画家》，i，第 25 页和 iii，第 160 页以下。

② 著有《美学史》（1858 年），《普通美学》（1865 年）。

③ 埃德曼，《哲学史》，英译本，iii，33。

④ 《美学》，i，第 269 页以下。

⑤ 《批评动态》（*Kritische Gange*），第 6 期。

(1) 形式美学的独特性质

如果我们鉴于黑格尔这样的思想家都对数理的美、色彩美和音乐美作了精心细致的研究,便以为唯心主义本身忽略了一切美都存在于感官知觉或想象中,并且只对感官知觉或想象而存在这个明显的事实,那当然是不合理的。但是,如果这种看法像在本书第一章中所说的那样,认为客观分析的连续性问题在某一点上已得到解决,那也是不错的。具有高度融洽表现力的感官形式是依靠什么机理,或者根据什么**独特**的必然性才能使感知者从那种表现力中得到快感?唯心主义者主要是依靠对公认为美的东西的具体分析。他并不企求提出法则,只是希望进行解释。他可以指出,经过训练的知觉在什么地方在何种程度上感到愉快,使人感到愉快的表象,就是我们所说的里面"有某种令人高兴的东西"。他可以按照他的认识和他的批判的敏锐程度,对感官形象的每一细节,如感官形象的几何特性进行具体的研究,并且证明,同美感较差的知觉相比,它或者揭示了一个更加深刻的观念,或者揭示了它的观念更适合于感官。然而,如果我们要追问,怎样证明美一定具有愉悦性呢?他的回答就不是那么爽快了。因为伟大的唯心主义者对精确心理学中的交互作用的观念①并没有多少论述。

375 唯心主义者会确当地回答说,一切自我表现及其微弱形象的自我认识都自然地具有愉悦性质。但是,在审视一个对称图案或

① 我一定不能使人们产生一种印象,以为我承认他们根本没有讨论过心理学。我可能会怀疑是不是有任何别的作家接近黑格尔的精神哲学,把它作为主体性方面的研究。

一个协调的色彩组合时，或在倾听一曲音乐和弦时，他就未必能够说明，人们是靠了什么机制才连带地产生快感的。在通常的批评中，这个难题往往成为一个难以克服的矛盾。“这幅画画得不确当，但却充满了情感”。“这场演奏（音乐的）不准确，但充满了热情”。这两个判断中，每个判断具有的两个谓词并不是含义相同的。第一个谓词是指形式的，第二个谓词是指内容的。但是第二个谓词所指的性质必须通过肯定的形式——通过明确的机制作用的方式——才能像第一个谓词一样传达给眼睛或耳朵。它通过什么形式来传达呢？一般人只要遇到某种困难，便放弃分析，结果就陷入一种不可解脱的矛盾。我并不是说，形式主义美学在实践上取得更大的成功，正如赫巴特所承认的①，批评者也都认为，这种形式主义美学正是在更深刻的品质开始出现的地方遇到了难题。但是，这也是我们应当经常注意的问题。

这也是形式主义者，尤其是赫巴特派的形式主义者作出的对我们有益的贡献。首先，赫巴特指出，在我们的观念之流中，仅仅由于各种观念的相互作用，通过它们的相互同一或对立，以及随之而来的相互补充或相互抑制，就可以激起某些快感或不快之感。如果能够对这些快感和不快之感的关系相当详尽地加以论证，使之符合审美愉悦性的形象，那么结果就是对审美快感的定义不仅从事实上把它看作是具有表现力的表象所引起的快感，而且可以不必超出观念之流本身的范围就从道理上把它定义为在观念之流中产生的某种张力、压力和刺激所引起的快感。

①　参看本书前面第501页。

齐美尔曼试图发现在观念的共存中引起快感和不快之感的基本形式，并且运用这些基本形式来确定自然界和艺术中的美。这
376 种尝试提出的思想无可否认是切合时宜的，但却是不成功的。不过，如果能使我们自己了解它的一般性质，那就心满意足了。

(2)“共同体”的意义

全部问题的关键集中在赫巴特首先提出而为齐美尔曼所采用的“共同体”(“Zusammen”)一词。简单的形象带有一种附加的(Zusatz)感觉，但是这种附加的感觉又是和这些简单的形象融合在一起的，而且就其本性来说，并非审美的感觉，因为它不能明确地感知那种激起审美感觉的东西[1]。但是当两个或两个以上的简单形象“共同汇聚”在一起时[2]产生的附加的感觉，在这方面就不同了。它不同于所感知到的关系，但又不是同那种关系割裂开来，而且存在于快感之中，或者只是以复合形象的各部分之间的紧张状态而存在[3]。因此，这种以快感或另一种情况感觉到的紧张状态也就是作出同一的和自明的审美判断。

复合的形象并不是无生命的各个部分的总和。它是一种心理的观念组合。它的各个部分都是具有活力的观念。它们的“共同体”是生动活泼的，可以引起它们相互之间的紧张和松弛[4]。因

---

① 《美学》，25。

② 我不想用议论打断这段叙述，所以我只是提请读者注意简单和复合的这种绝对对立。至于到哪里去找这种简单的东西以及怎样才能把一个表象分为确定的相关部分，那是这个观点摆在我们面前的一个根本困难。

③ 《美学》，24。

④ 同上书，26。

此，这些相互关系本质上都是活跃的和实际的，这种关系并不是单纯的数的关系，不能集中在一个典型事例上[①]。

当然，什么样的声音或色彩是和谐的或不和谐的，要取决于耳朵和眼睛的判定。但是一般说来，是什么原因可以给人以快感或不快之感，也就是说，如果仅仅就形式给人以快感或不快之感，究竟是哪一种形式可以给人以快感或不快之感，这既不能由眼睛来决定，也不能由耳朵来决定，也完全不能由经验来决定，而只能由思想来决定。为了这一目的，我们需要进一步问道：一般来说，什么形式或者说，哪一种知觉（不管它们是对何种事物的知觉）的“共同体”是可能的。对这个问题的决定，我们可以毋需首先去考虑内容的具体性质，即通过耳朵听到的声音和眼睛看到的色彩感觉。“这种关于心灵观念的思想只要心灵观念有内容（质），有一定的活力（量），对于这个目的就足够了”[②]。

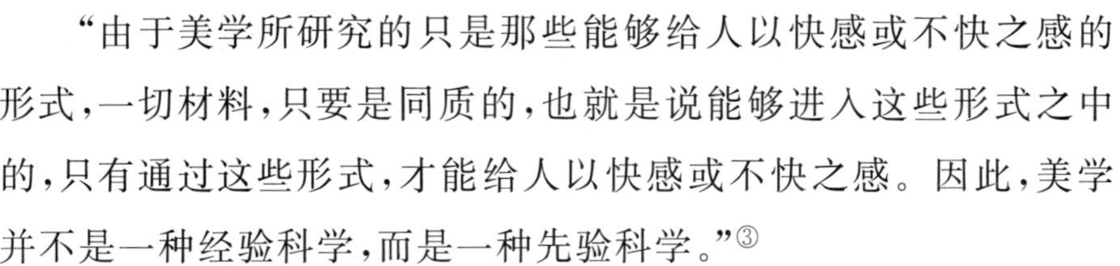

“由于美学所研究的只是那些能够给人以快感或不快之感的形式，一切材料，只要是同质的，也就是说能够进入这些形式之中的，只有通过这些形式，才能给人以快感或不快之感。因此，美学并不是一种经验科学，而是一种先验科学。”[③]

（3）基本的和简单的形式

因此，这种科学是通过推论建立起来的，先从“共同体”的基本的或简单的形式——只包含两项的“共同体”——开始，然后再进

---

① 《美学》，27。

② 同上书，37。

③ 同上书，42－43。

到包含两项以上的派生的或复杂的形式，这种复杂的形式总是可以分析为简单形式①。

齐美尔曼是只从两项开始，并且只从量和质两个方面来看待它们(完全不可比较的项是不可能进入美学形式之列的)。他发现，从量的方面来看，这两个项只能作强度大小的比较，因而把它们明确地称之为“纯粹的量的形式”。“较强的观念要比较弱的观念更多地产生令人兴奋的快感；较弱的观念比之于较强的观念，更多地产生令人不快之感”。② 从质的方面来看，只有同一性占支配地位和在差异性占支配地位的情况下，才不能把两项合而为一。这两种情况可以产生和谐的质的形式和不和谐的质的形式。③

这些原初的形式又进一步细分为几个不同的情况和几种具体应用。这些情况又成了派生性形式的基础，也就是在每个情况下运用于两个以上项的是一些相同的原则。

从总括的情况来说，原初的量的原则(我把这个情况当作一个例证)可分为重大的形式和完善的形式。前一种形式依据确定的大、小之间的比较，在后一种形式中，较大被认为是较小追求的目的④。这是赫巴特的美学伦理学的一个范畴，齐美尔曼把它引入美学本身中来。其次，从仿真的情况来看，当那种对无限数量的追求无法真正从观念上表现出来而只能同一个确定的数量相比较时，这种量的形式便导致了理想化。这样，虽然考虑到对无限数量

① 《美学》，41。

② 同上书，31。

③ 同上。

④ 《美学》，35。

的追求和一个确定的数量之间的质的差别，但理想化却不在纯粹 378
的数量和完备的概念范围之内，变成了一个蒙眬的或浪漫主义的概念了。

在“和谐的质的形式”方面[①]，齐美尔曼认为和谐引起的快感是由于各项的品质中同一性占据了支配地位，而且他认为根据赫尔姆霍茨的研究成果可以证明这一观点。齐美尔曼或许认为这一例子可以最好地说明他的理论。我之所以要提起这个例子，原因就在于，齐美尔曼在用振荡周期之间的比例来解释音乐中的谐和音时非常幸运，使他想到把类似的方法扩展到解释色彩的和谐上。但是，这两种和谐的情况实际上并不一致。互补色是否就是自然产生的和谐色彩，这对于训练有素的感觉来说，是颇为可疑的[②]。如果它们真是自然产生的和谐，那么，用混合来解释同一就是错误的，因为真正的互补色绝对不是互相共有任何光的要素[③]。眼睛是绝对不能觉察到一种复合色的各个要素的，不管它们的振荡比例产生快感还是不快感[④]。在没有通过实验加以确定之前，没有一个人知道黄色是红色和绿色的结合。过去，每个人都相信绿色是蓝色和黄色的结合。因此，完全可以断定，任何一种能够解释音乐和声的数量分析都不能也用来说明色彩和谐。在上述红色和蓝

① 《美学》，42。

② 齐美尔曼在《美学》第250页中斥责“红和蓝”是“乡下人的流行色”，因为红与蓝并不是互补色。他赞同瓦德在《大英百科全书》的“心理学”（“Psychology”）条目中（第69页）把这种结合解释为比欣赏红与绿更为高雅的趣味。

③ 不管普通的有色光线只是混合而已，齐美尔曼仍然不得不最终把他的理论建立在这样的基础上。《美学》，43，附注。

④ 赫尔姆霍茨，《讲演集》，英译本，i，92。

色的例子中，齐美尔曼的那种要在色彩比例中找到明显可证实的关系的想法显然使审美判断受到曲解。即使存在这种关系，它们也和声音的关系并不相似。

对于适用于上述情况的一般理论，齐美尔曼作了如下表述：
379 “形式的两项内容中的同一要素会力求产生融合；对立的要素则力求产生抑制。前一种情况中的融合由于两项的品质的部分同一而自然产生，但又因后一种情况中力求使形式的两个成员分开而受阻。这种对立造成了同一性力求结合起来的两项之间的紧张关系。通过这种对立就产生了一种类似**疑问**状态的情况。因此，如果两项成员的同一性占主导地位，这种紧张关系就得到缓和。引起紧张的对立无需消除便可以得到克服。融合产生了，随之而来的是一种愉悦的情感[①]。”

关于齐美尔曼应用他的观点还有另外一个非常简单的例子，我们应当合理地加以论述，因为在我看来，这是一个相当有趣的例子。齐美尔曼是从最简单的艺术要素来建造艺术作品的。他首先从抽象综合的想象开始[②]。他在这里解释说，空间中的一点是简单的，因而是没有审美品质的。即使是空间中的两点，由于它们是无法区分的，因而也是没有审美品质的。而且，由于它们之间没有审美关系，它们之间的距离也没有审美关系。（我倒以为，按照齐美尔曼的原则，这是由于这种距离本身是简单的。）如果有两个这

---

① 《美学》，43－44。

② 同上书，188。我认为，他所说的“综合想象”（Zusammenfassendes Vorstellen）的意思就是这样。这是第一个阶段，后面还有“感觉想象”（Empfindendes Vorstellen）和“思想想象”（Gedanken Vorstellen）。

样的距离(两个由两点组成的体系)出现,就产生了审美关系。假定这两个距离不相等,那么,按照量的形式,距离大的可以给人以快感,距离小的可以给人以不快之感。哈特曼指责这种形式,认为这种形式使得依据整个表象的审美判断变得自相矛盾。但是,我认为,齐美尔曼对事实作了很周密的观察,而矛盾照我的理解则是他假定的前提。因为他接着指出,如果有一个共同的衡量标准(我以为还应加上“对感知到的”),不一致就会得到调和,一致的情况就产生随之而来的是快感。如果这两个距离是无法比较的,感知者受到刺激就会提供一个使它们彼此和谐的距离,而且,在这样产生的测度美——纯度量的美——中,根本上合乎比例的知觉就克服了不成比例的外表。我想,他会希望我们得出一个结论:认为这样就会产生一种反对浪费和破坏的节俭和简约的意义,也就是说, 380
是同意识领域的扩大结合在一起的意义。

(4) 这一理论的心理学意义及其价值

总之,在观念之流中,所有这些纯形式的原则都可以看作是注意力(一种有限度的量)与意识领域保持某种比例关系的种种情况。有人提出一种看法,认为[①]带有恰当注意力的观念或形象总能给人以快感。因此,只要意识领域的扩大同恰当的注意力是彼此相容的,这本身就是伴随着快感的。因为注意力的节约有助于使注意力恰当,所以能使人产生快感。而干扰或阻碍注意力,相对

① 瓦德在《大英百科全书》的“心理学”条目中这样说。我一直想把愉悦性是由紧张造成的解释和愉悦性是由品质造成的解释结合起来。

地说，就是缩小了意识领域，在人们的感觉中，往往会造成注意力不恰当。例如，不谐和音中就可以感觉到由于干扰或阻碍而造成注意力浪费的情况。不谐和音引起的混乱可以比作“在心中计算一笔数目，但由于数目太大而无法数清”[①]。一切单纯的干扰本身也能使人产生不快之感。闪烁的灯光，毫无意义的噪音，不协调的节奏[②]，对皮肤断断续续的刺激都是类似这种干扰的例子[③]。总之，清晰、准确的节奏、简约都是节约注意力的，因而它们本身都是令人愉悦的。

这种纯粹由形象的相互关系决定的愉悦性理论，就其实质来说，是一种审美愉悦性理论，显然，我们可以把这一理论看作是同把客观分析方法用于自然和艺术的多样性统一原则完全吻合的。如果能够把这种形式主义理论也放在美学的其他方面（就像在音乐的谐和音和不谐和音的特殊例子那样）进行具体深入的研究，其结果，我们就可以达到把客观美学转变为关于观念之流及其愉悦性和非愉悦性的完备理论，正如近来在心理学中，我们可以在指导实用的和非实用的意识过程的统觉结合体的理论中看到逻辑学和伦理学在这种转变中的重要作用。然而，这样一种非常抽象的解
381 释（说它抽象，是因为这种解释只谈到同一和对立本身）应当在赫巴特给它确定的范围内仍然成为最有效的解释[④]，而且，在我们开

① 瓦德在第1章中所引普瑞耶(Preyer)的话。

② “我宁愿在惩治囚犯的踏车上踏上一个小时，也不愿在两只走着碎步的两足动物之间走一英里。”——亨尼克，《旅行者琐记》(*Trifles for Travellers*)。

③ 瓦德的著作，第1章，以及赫尔姆霍茨的《讲演集》，第88页。

④ 参看本书前面第501页。

始分析那些本身就体现了审美统一性的个体形态外，应当更多地采用世俗的语言，这似乎也是很自然的。齐美尔曼想尽量从他的抽象原则中推导出一种"特色鲜明的形式"，但由于它所体现的关系是原型和模本之间的同一关系，当它运用到观念之流内部时就不是那么令人信服的了。

但是，对单纯极端的情况作出明晰的解释，这也是非常重要的。几乎一切科学都要在这样一种解释中取得最严格的实例支持。若要领会到一种真正明确的形式美学的全部价值，只需要联系乐音知觉（Tonempfindungen）的发现，读一读柏拉图关于和谐理论的真正问题的论述[①]就可以了。

5. 费希纳

如果我们认真地对待形式美学，显然就必须采取措施来检验各种孤立的形式实际上是否适合无偏鉴赏力的要求。费希纳[②]的功绩就在于他力图通过系统的实验来完成这个任务。他的研究虽然包括对联想美的可贵的探索，但整体说来，却表现出明显的形式主义倾向。

① 《理想国》，531C。"要考虑什么数是和谐的，什么数不是和谐的，而在每一种情况下，又是由于什么原因。"柏拉图要求我们找到同谐和音的经验观察相对立的真正原因。他的论述充满了近代科学的精神，不过，他当然不知道到哪里去找这种真正原因。

② 费希纳是研究心理物理学的著名作家。他的有关美学的主要著作是《美学导论》，1876 年。

(1) 对前人研究成果的批评

费希纳在说明他自己所作的几何形式方面的实验之前[1],首先提到了先前研究者的见解。对于前人的研究成果,他提出了两条引人注意的批评意见。第一,他注意到,几乎所有的先前的研究者追求的目标都是要确立某一种标准的形式或关系,作为最高级的美的典型形式。而事实上,这些形式无论哪一种都只是在一定限度内有价值的,并不存在标准的美的线条或美的形状这种东西。
382 第二,他们为了得到纯粹的形式,一般说来,总是忽视联想与美的关系。实际上,联想是美的一个重要因素,其重要性要比纯粹的形式本身大得多。在先前的研究者所提示的美的形式中,他列举了从古代流传下来的圆形,文克尔曼所提倡的椭圆形,荷加斯坚决主张的波纹线、螺旋线和金字塔形状;近代德国作家强调方形和一般的一对一的关系以及根据相同理由提出的一般的简单合理的关系(1 对 1,1 对 2 等)是最容易理解的,因而也是审美上最有益的关系;最后,还有柴依辛提出的黄金分割关系,他不仅把它看作是标准的审美关系,而且是整个自然界和艺术中的主要比例关系[2]。

(2) 用矩形等图形进行的试验

为了说明费希纳所作的是什么样的观察,取得什么样的结果,

---

① 《美学导论》,i,184。

② 参看本书前面第 55 页。我们应当记得,黄金分割的比例是短边与长边之比等于长边与两边之和的比。柴依辛把这个比例关系应用到一个图形的任何两个基本维度的关系上。

我们可以简要地介绍一下他所作的一组实验。参加这项实验的是为数甚多的各式各样的人。他要求①这些受试人对十个面积相等的矩形的优美悦人之处，也就是其中的美明确地作出喜不喜欢、爱不爱好的判断。这十个矩形都是白纸剪成的纸片分散无序地放在一个黑色的平面上。这些矩形的形态各异，有正方形，有两边之比为2∶5的矩形，有位列第七的、两边之比为21∶34的黄金分割的矩形，如此等等。一般地说，从两个顶端（正方形②和最长的矩形）到黄金分割的矩形，表示喜欢的判断逐渐递增，表示不喜欢的判断数逐渐递减。至于黄金分割的矩形，表示喜欢的判断占百分之三十五，没有一个表示不喜欢的。如果再用另一种方法构成的系列进行试验，那一定是很有趣的。我觉得，在这一系列图形中，人们往往倾向于选择两个极端之间的形式。

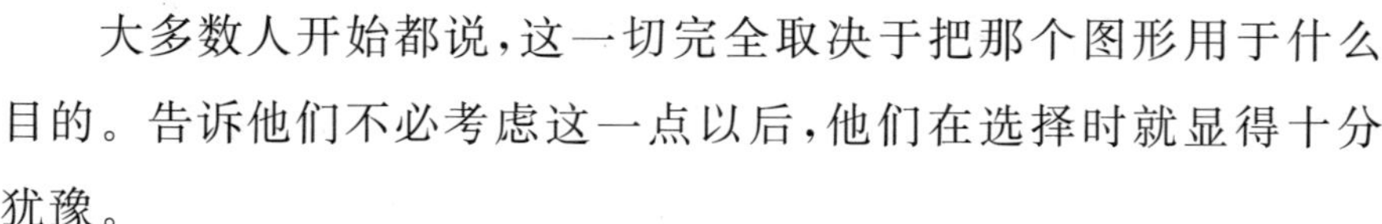

大多数人开始都说，这一切完全取决于把那个图形用于什么目的。告诉他们不必考虑这一点以后，他们在选择时就显得十分犹豫。

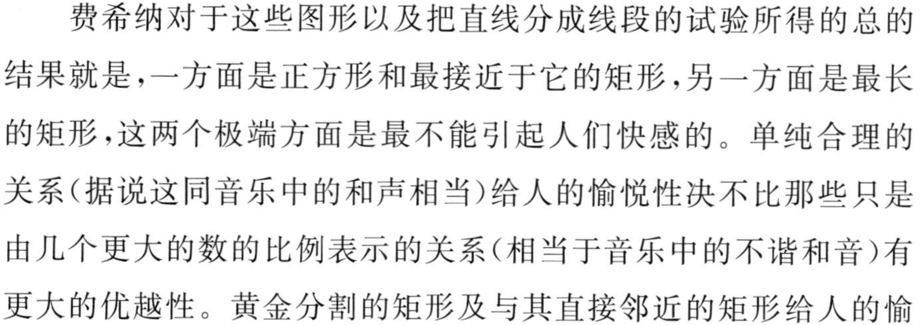

费希纳对于这些图形以及把直线分成线段的试验所得的总的结果就是，一方面是正方形和最接近于它的矩形，另一方面是最长 383
的矩形，这两个极端方面是最不能引起人们快感的。单纯合理的关系（据说这同音乐中的和声相当）给人的愉悦性决不比那些只是由几个更大的数的比例表示的关系（相当于音乐中的不谐和音）有更大的优越性。黄金分割的矩形及与其直接邻近的矩形给人的愉

① 《美学导论》，i，192，195。

② 不过，喜欢正方形的判断比喜欢接近于正方形的矩形的判断要多一些。喜欢最长的矩形的判断则最少。

悦性确实优于其他矩形。与对称稍有偏离给人造成的非愉悦性就比偏离黄金分割的比例更大造成的不愉悦性显著得多。

在分割一条水平横线时，黄金分割的线条产生的愉悦性显然不如二等分线[①]。在分割一个垂直立式图形时，比如说，在确定十字架两臂的插入点时，黄金分割的比例的愉悦性就不如1∶2的比例分割。

这些结果以及那些受试者在作判断时犹豫不决的态度都可以证明我对于形式美的一般观点。毫无疑问，人们在一些图形中更喜欢某种特定的图形，这是有一些理由的，这些理由尽管微弱但仍是确定的。不过，由于这种空虚的形式所能表示的内容实在微乎其微，因而，这种对某种图形的偏爱就很容易被图形的具体使用所消除。因此，画框的尺寸通常都远远偏离黄金分割，高度和宽度之间通常的比例也要按照高度超过宽度还是宽度超过高度而有所不同[②]。这就表明，具体的情况对抽象的形式具有强烈的影响。对于纯粹的抽象图形来说，高度和宽度都没有意义。

由于正方形这个图形具有的独特的特性是各边完全没有差别，因而，对正方形喜欢的人数略有超常地增加，看来也是完全可以理解的。仅仅就其独特性，就其不可能与任何别的东西相混来说，这本身就是具有吸引力的。同这一图形四边没有差别[③]的特

① 参看本书前面第505页关于齐美尔曼的一节。

② 《美学导论》，ii，292。如果高度更大，那么它与宽度之比就是5∶4；如果宽度更大，那么它与高度之比则是4∶3，也就是说，人们对超过高度有一种反感，这大概是不难解释的。

③ 亚里士多德的《伦理学》，i，10，11中有这样的话：好人总是“方方正正，无可非议的”。

点自然地联系在一起的还有单纯性、稳定性以及人们总是能够这样地感觉到的其他许多特点。同时，差别也有它的吸引力，但是， 384
差别必须足够大才能不致同正方形相混淆，并且达到某种平衡(其中的理由，我是无法解释的)，这样才能使它超过正方形的简单统一的愉悦性。

(3) 审美法则

费希纳的审美法则，除了联想法则或许还有节约法则之外，几乎就是希腊美学的法则。这就是多样性统一的法则，协调性法则，清晰性法则。

不过，他对于联想法则[①]和节约法则的阐述却开辟了比较新的领域。

在谈到赫巴特时，我们觉得有理由进行这样的推断：既然他认为表现出来的品质的愉悦性是由于这些品质依赖于抽象的关系，那就表明他已经放弃了严格形式主义的狭隘方法。因为，我们一旦去探讨感官表象背后的原因，我们在事实上岂不是就在寻找一种理由吗？比例对于美感来说事实上不就是一种理由吗？假定我们的观念之流及其反向流程的平稳流畅可以归入这种关系，别的不太抽象但却更有控制力的特性不是也可以归入这种关系吗？如果我们承认这种批评是恰当的，那么，由此就可以得知，即使在精确的研究中，坦率的办法也是要承认我们不但在寻找快感的实际原因，而且在寻找这种原因中的理由，同时，只要我们坚持只有感

① 《美学导论》，i，93。

官表象本身固有的而不是偶然附加上去的理由才是真正相关的[1]，我们就保持了“形式主义”的精神。叔本华和赫巴特认为联想是可以怀疑的，这种看法是正确的，因为我们可以把联想理解为任意的或偶然的联系。罗斯金先生关于悲情虚妄的论述[2]是对虚假联想的危险性所作的极其宝贵的分析。

但是，那些不承认世界的任何要素都是从削减世界的其余部分而来的人还可以承认对特定形式固有的审美联想进行研究。如果我使用的措辞被认为有语词上的矛盾，那么，我们所必须保留的
385 那一部分用语就是“固有的”这种限定性用语，“联想”这个词必须用“意蕴”、“象征”来代替。如果进一步追问一下这种或那种形式按其本质结构来说适合于表现哪种内容，显而易见，这就是形式主义的合理的扩展。

费希纳勇敢地处理了单独色彩的意义或联想问题[3]，这是各种美学问题中最不好分析的问题，因而是最难解决的问题。他的意向很好，但实行起来似乎并不那么得力。他几乎完全依据自然界的色彩分布。然而，尽管我们可以似乎合乎情理地从我们对红色的感受联想到血与火的观念，或者从我们对蓝色的感受联想到天空的观念，但我却十分怀疑对它们的联想是否真的应该看作是本质的联系。我们必须清楚地认识到，在任何**肯定能使人想起植物形态的**装饰中，除了对色彩本身的联想以外，还会想到更多的东西。我并不是说，如果装饰中表现的植物有红色的叶子和绿色的

① 这基本上就是赫巴特对联想的态度；参看费希纳的批评，《美学导论》，i，119。

② 《近代画家》，iii，157，173。

③ 同上书，iii，100。

花瓣，我们不会感到震惊，但是如果出于装饰的目的，就连植物的颜色都可以非常灵活地加以处理，那么我们对于完全用浓淡不同的红色描绘出来的一株植物形态也不会有丝毫的不快之感。更何况在不是描写自然形态的时候，色彩本身和色彩的和谐都肯定显得同自然主义的联想没有任何关系的。如果按照有些旧的方法进行的研究，指出色彩的纯粹或其他实际特性都会影响到眼睛，但又不忽略其中包含的对我们的普通环境协调或不协调的关系，也许这些研究比起单纯依靠自然的联想要更成功一些。为了证明这一观点，我们可以指出，浓淡程度或等级稍有不同都会使联想完全脱离这种线索。烈火的色彩丝毫不能使我们想起血的红色，而且我也不相信，在房门上画着初春树叶的绿色会引起任何一种对春天的美的联想。

费希纳在分析凹面和凸面的固有联想方面[①]似乎更有成效。这显然是因为凹面和凸面的复合形式为分析提供了更大的便利。他毫不困难地证明了，凹面一般来说是具有容纳性的，而凸面一般地说是具有排他性或排斥性的，除了充气垫表面之类的例外情况， 386
因为这类表面是为了成为凹面而成为凸面的。

在这个基本联想的领域中，费希纳并没有取得任何重大的成果。但是，如果精细分析像精确美学所追求的那样有任何价值的话，我认为他的方法正是指向这个正确方向的。

我们可以把节约法则的现象当作同这种分析的结果非常相似的一个实例。费希纳按照兼收并蓄的方式，把这个节约法则也列

① 《近代画家》，iii，105。

为“一条美学原则”。实际上，这条原则只是从多样性统一法则中提出的一个推论，而且由于它反对一个审美结构中的多余部分，因而与亚里士多德的一个警句几乎逐字逐句完全吻合。这个警句就是，一个多余的部分就不是整体的一部分。

费尔罗特教授这样写道[1]：“在论述运动器官的论著中，韦贝尔兄弟[2]在好几段文字中用明显的例子论证了美学上美的东西整个来说在生理学上也是正确的，两者是吻合的，因此，美的印象（自在、不受拘束、自由）总是由尽可能最少的体力消耗取得的结果造成的。”

正像费希纳指出的，这项原则可以依照我们的表象的内容来讨论，也可以依照我们的表象过程来讨论。就表象的内容来说，由于情感的共鸣，我们看到使用力量上的节约是感到愉快的。就我们的表象的过程来说，在观察运动在力量消耗上可以节省时，注意力也是有所节省的。节约法则的这两个方面，赫伯特·斯宾塞先生[3]早在1852年和1854年就分别指出过。其中第二个方面还可以作为纯形式主义的心理学的法则来看待，费希纳就是根据这条法则提出了关于快感的心理学性质和条件的整个问题，不过，他并没有得出一个肯定的结论。他只是断定，把节约法则当作审美心
387 理学的基本法则是不可能的。事实上，正像我们看到的那样，它显

① 费希纳在《美学导论》第二章第263页引证了他的话。

② 参看瓦德在《大英百科全书》中“心理学”条目中关于韦贝尔兄弟的作品的论述。

③ 关于“风格的哲学”和关于“优美”的论文，该论文转载在《科学、政治和思辨论文集》第2卷中。

然是一条导出的法则。

为了消除同最深刻的美学批评的一个表面上的矛盾，我们应当指出，由于这条原则只是整体内各个部分关系的一个推论，因而，也就不能靠它来决定整体的性质应当怎样，它的本质或目的应该怎样。这样，我们就会发现，显然与之对立的奢侈或牺牲的原则也有存在的余地。

一个优秀的工程师决不会使他的立柱的支撑力绝对精确地同预计中的最大负荷量完全相等。他一定会留下一定的安全系数，以防避意料不到的危险。即使在纯属实用性的制品中，这种安全系数都可以使关心这个建筑的人在心理上感到安全，从而产生审美效应。因此，现在就有人说，一定程度的奢华不仅是装饰建筑的一项可贵的品质，而且也正是坚实和巩固的家庭建筑的一项可贵品质，这种说法看来是对的。心理的安全感，稳定持久的感觉，这些都可以看作是要求在提供坚实性和巩固性上具有某种大度和慷慨的审美特性。这些特性还以更强烈的程度采取“牺牲”的形式[①]。但无论是安全系数、奢华，还是牺牲，都不能和浪费混为一谈，也不是同节俭不能相容的。对目的和效果的概念过于宽泛是一回事，而在想象中使力量最有效地与这种目的和效果相结合，又是另一回事。

费希纳在肯定性原则方面没有作出很大贡献，但在方法和实质性的阐述方面都有一些贡献。后一方面的这种贡献对美学

① 参看《七盏建筑明灯》中的“牺牲之灯”以及华兹华斯描写皇家学院礼拜堂的十四行诗。在“牺牲之灯”中，作者对丰富和浪费之间的区别作了很好的论述。

科学是必不可少的，因为它使美学科学不致成为悬在半空中而无实际内容的东西。我们对形式美学的判断，认为它是用近代科学方法装扮起来的古代理论，在费希纳那里，这种论断得到明显的证实。

6. 斯图姆夫——他的分析范围

最后，就我对有关音乐的心理学理论发展到斯图姆夫教授[①]所能形成的见解来说，我认为，赫巴特原来承认的困难仍然保持了充分的影响力[②]。严格地说，对于完成了的音乐艺术作品，即使采取了完整的旋律这种比较简单的形式，都不在斯图姆夫教授分析的范围之内。音调的“调和”造成和声的事实，赋予某些确定类型的单一声音(如柔和的低音、柔和的高音等)和某些确定的音程一种伦理意义或情感意义[③]，产生音乐快感的某些非常一般的条件，如与语词表达的微弱相似以及听曲人的预期的不断更新——看来这些就是精确美学在音乐美范围内尚能通过分析发现的仅有的几

① 斯图姆夫教授著有《英国的音乐心理学》(*Musikpsychologie in England*，1885年)及《乐音心理学》(*Tonpsychologie*)。后一本著作的第2卷于1890年出版。

② 由于我不适合在音乐问题上独立地下判断，我在这里是按照埃蒙德·格尼(Edmund Gurney)先生后期著作《中间物》(*Tertium Quid*，ii，251)所载的“音乐心理学”一文的介绍来论述的。我对他的论点增加的东西仅仅在于指出，他加在斯图姆夫教授的观点上的缺点和赫巴特所承认的困难非常相似。参看本书前面第501页。

③ 这种赋予的意义对于客观唯心主义来说太少了，而对精确的形式主义来说又太多了。

个因素。赫巴特所承认的困难依然存在①，那些能够很容易加以 388
分析的要素并不能深入地说明什么样的独特差别能使一种音乐整体成为美的，使另一种音乐整体成为浅薄或令人生厌的。而且，在这种背景下，还有一种隐蔽的怀疑，以为孤立因素很容易使我们想起这些所谓有表现力的性质很可能是从那些复杂结合体的性质得来的、实际上很微弱的联想性暗示。

7. 结束语

我们对纯形式美学或者说精确美学的论述到这里就要结束了。我们将会发现，在我们尚未论及的英国和德国著作家中，纯形式美学或精确美学的见解同其他见解相比只处于从属地位，所以在结束论述时，我将用简短的几段文字来评述形式美学的成就和前景。

(1) 如何评判形式美学

我们决不能按照一条运用到任何美学理论上都会出错的标准来评判形式美学。任何美学理论都不可能在解释个别的艺术作品上提供很大的帮助，也不能通过别的媒介，即理智的媒介，来充分表现艺术作品的美。如果我们把赫巴特和齐美尔曼相信基本关系

---

① 赫巴特包括在美学中的对位法又怎么样呢？我们的回答是，艺术家可以把他的经验体现在准则中，不过这些准则也只是美学的资料，而不是美学的内容。因为它们是从艺术的实践中产生出来的，而不是从对艺术能力的思考中产生出来的，如果认为这些准则有重大的价值，那是危险的，尤其是在音乐的范围之外。

389 的极端重要性的理念解释为他们相信创造性的作品可以用规则和标准来解释，或者完全可以用一套抽象的概念体系来说明，那么，我们对赫巴特和齐美尔曼就太不公平了。对于精确美学，正如对于具体的唯心主义的美学那样，唯一可以设想的问题就是怎样借助于对自然界和艺术提供的个别实例的分析，按照一般原则来解释美。

(2) 形式美学的历史教训

因此，如果宣称形式美学在对待具体的个性美上遭到失败，这种论断并不适合于以理智形式进行的预先设计或复制的任务，而只适用于事后为了思辨的目的而进行分析的问题。即使考虑到近代的精确美学比古代美学有更大的深度和多样性，近代的形式美学的成果也是同柏拉图和亚里士多德的真正的希腊美学相一致的，而且正像希腊美学在大体进入具体的富有个性形式的研究时便停顿下来一样，近代形式美学的研究也正是在这个地方停顿下来的。其实，精确美学可以在许多实际材料方面利用近代物理学和近代心理学的丰富成果来补充希腊哲学家提出的见解——整体和部分、多样性的统一、简单的色彩、简单的声音（在近代，还得加上简单的和声及有关色彩和谐问题的不成功的尝试）、空间图形、节奏（近代分析中，还有韵律的特例），这些正是可以利用的实际材料方面。

随着这一成就的取得，精确美学也就达到了作为一种独立方法的极限，它的分歧和它的宽容似乎都证明了这种情况。

当我们看到一些思想家最初紧紧地抓住具有感性特殊性[①]的美的资料不放，而同样还是这些思想家后来又认为这些美的资料的特殊效果完全是由最抽象和孤立的基本关系造成的，这就使我们不能不感到十分惊讶。他们的确把这种关系看作是可以用追根溯源的方式起作用的真正原因，又不能把它归结为单纯的数学表达式。但是，这并不能改变这样一个事实，那就是由这种关系所决定的作用性质过于一般化以致与一个艺术情境中富有个性的美的效果（与这样一个情境中不是美的效果截然有别的）竟然毫无关系。

这样，如果我们暂且以一位英国著作家为例来说明问题的话， 390
我们就会发现，在精确美学派内部毕竟还是有人热烈地维护具体资料的特殊性[②]，反对这个学派中的心理学方面，认为它同分解性的分析方法以及把它的分散的片段性质的原因归结为抽象的和孤立的关系是不相容的。

实际上这种分歧和对立似乎就包含在赫巴特的著作中。对资料的理智分析一旦开始，就不能停留在抽象的概念中。它必须继续向前推进，直到它从理性方面也像从感性方面一样认识到[③]美的资料的具体性。

形式美学的让步也说明了同样的问题。同赫巴特相比，我们发现，齐美尔曼有两点独特之处：a. 他把“特征”列入形式关系之中——这是一个非同一般的创意；b. 他缓和了古典的和浪漫主义

① 赫巴特的著作第1章，参看本书前面第499页。

② 这个人就是格尼，见《中间物》，ii，279。这同斯图姆夫恰好相反。

③ 我说的不是“建构”。

的对立。这种对立在赫巴特和叔本华那里意味着一定程度上偏爱某些严格确定的艺术形式，齐美尔曼则把这种对立缓解为适用于一切历史时期的两种美之间的区别：一种美是属于完备概念之美，另一种美是属于不完备概念，靠主观的兴趣才具有吸引力的美。这样，就为任何时期的伟大作品都能归入“古典的”名下留下了余地。

此外，费希纳、斯图姆夫教授、近代最优秀的英国心理学理论和精确的音乐理论[①]都承认联想原则具有最重要的意义。这是和叔本华相抵触的，而且同赫巴特根本上相抵触的。上面提到的那位名副其实的分析家[②]甚至用“诉说”这个词作为类比来表示美的乐曲传给他心灵的那种特殊印象。

如果我的看法不错的话，这些分歧和让步展示了哲学上一种常见的现象，具体的世界精神反常地把不听从它的引导的探索者引入死胡同，在把他关在门外时，他却又从窗子跑进来了。

391 (3) 精确美学可包括在唯心主义里

值得注意的是，伦理学中有一种通常叫作功利主义的学说，现在一般都叫作享乐主义。这种学说竟甘冒排斥一切别的学说的危险。别的学说并没有表示要排斥它，但它却要排斥别的学说。形式美学同具体的唯心主义的美学之间的关系也同样如此。如果美的形式的心理作用在作为表现力的美的学说中没有适当的位置，

---

① 如瓦德和格尼的著作中的音乐理论。

② 参看格尼的同一著作，274。

对它也就不可能有精确的分析了。我想，我们对希腊思想家的论述已经足以清楚地说明这种关系。只是在本章内容之外，最好再增加一个环节，因为这一环节在很大程度上仍然是假设性的。这样，我们就可以假定，能够引起快感的简单形式是从感官刺激以外的某种潜在的相似性（即这些简单形式同理智性生物的感觉之间的相似性）中取得满足的。费希纳和他所依据的权威都把节约原则用来解释观看优美的表演所产生的快感。在这一原则中，我们似乎可以看到这样一种潜在的和谐实际上所起的作用。首先，节约精力的动作体现了从消极方面要求没有多余因素的有机统一性原则。事实上，这项原则终究要发展成特征的有机统一原则。我们是通过对我们自己的肌肉调节的内在联系引起的感觉认识到没有多余因素的。其次，有人提出，在领会了这种动作时，我们的注意力得到很大程度的节约，以致这种领会作为一种心理活动本身就是轻松愉快的，结果，我们既获得了满意的内容，又对这种内容有了快慰适意的知觉。而表现与内容相适合并非偶然发生的事件，而正是美的本质，因而，我们注意力的活动同一种美的内容的种种特性之间的这种彻底的联系或许可以变成一种合乎标准的正常联系。当然，在美的具体情况下，心理活动必须采取非常复杂的形态，这些形态在个体的心灵中可能由于它们的纯粹量的增加造成的疲倦，或由于个体心灵的调和能力无法解决的矛盾，因而会使它们自身的愉悦性完全丧失，但是由于这些形态非常复杂，因而在个体心灵中也可能不致出现这种结果。

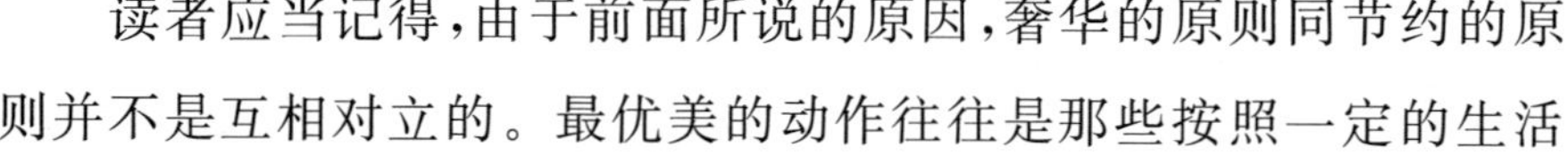

读者应当记得，由于前面所说的原因，奢华的原则同节约的原 392
则并不是互相对立的。最优美的动作往往是那些按照一定的生活

目的来判断是多余的动作。但是，这些动作运行的过程会有一种和谐的统一性，这是同那些不和谐的、支离破碎而又浪费精力的、不优美的类似动作有明显区别的。

最后，我们可以断定，没有具体细节的唯心主义是空洞无益的思辨。而形式美学或精确美学则有各种各样的具体形态，既有对普遍的美的结构的观察，又有把这种结构分析为抽象关系的考察，还有按照心理的运动对这种关系进行的因果性解释，因此，形式美学是在唯心主义支配下的不可缺少的工具。

但是，在分析具有独特个性的伟大的艺术作品或比较复杂的自然效果时，要使形式解释的所有联系环节一个不差地完全得到满足是不大可能的。在这些情况下，自我抒发和自我辨认带来的愉悦虽然免不了带有抽象满足的因素，但其重要性总是压倒这些因素的，而对性格和激情以及对自然心境的鉴赏，虽然总是持续不断和清楚明白的，但却不是靠揭示作品全部细节上的基本道理和影响感官知觉的和谐效果就能分析得详尽透彻的。此外，我们还会发现，在把这种分析合适地运用到一项原则上（我曾不止一次地提到过这项原则）时，时常留心意义的细微差别的解释者（也就是把握实在的唯心主义者）将会把一切竞争者远远抛在后面。

第十四章　客观唯心主义在方法上的完善 393

1. 后期客观唯心主义的类型

热衷于精确美学的人在力图通过心理分析来解释美的愉悦性的时候，客观唯心主义的后继者也力图在他们的内容论或表现论的方法上达到相应的精确性。在进行这种努力的过程中，他们要注意一个受到忽视而又极端重要的问题，就是丑在美学上的重要意义问题，而且他们还从近代科学中采用了对审美现象最可靠的分析方法，从而在一定程度上也把形式主义的观点包括到自己的理论中。

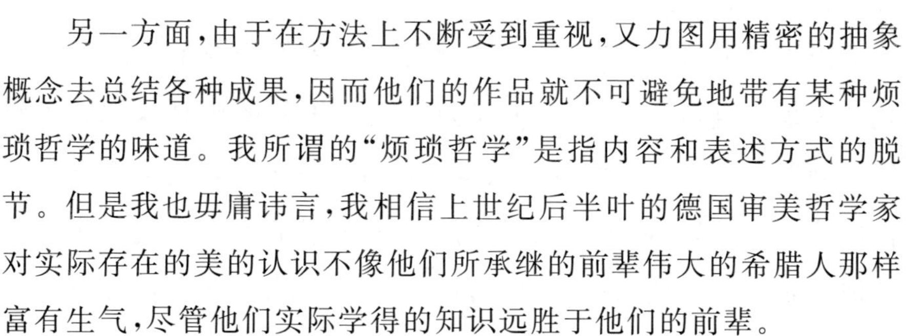

另一方面，由于在方法上不断受到重视，又力图用精密的抽象概念去总结各种成果，因而他们的作品就不可避免地带有某种烦琐哲学的味道。我所谓的“烦琐哲学”是指内容和表述方式的脱节。但是我也毋庸讳言，我相信上世纪后半叶的德国审美哲学家对实际存在的美的认识不像他们所承继的前辈伟大的希腊人那样富有生气，尽管他们实际学得的知识远胜于他们的前辈。

近代德国最杰出的美学著作家有一个值得我们特别注意的显著特点，虽然当今的作家批评这一特点，但也是在含蓄地批评自己。人们很容易认为，唯心主义学派真正的力量就贯穿于它的历史研究之中，并且为了说明这一点，就把谢林和黑格尔的历史方法或文克尔曼和席勒的历史方法同夏斯勒、齐美尔曼[①]、洛采及哈特
394 曼的历史论著加以比较。但是，当我们更仔细地考察所比较的这两种思想类型的时候，就会注意到这两者之间的本质区别。在前一种思想类型中，历史的因素取决于这样一种观念：美的演化在其一切方面和一切阶段上都是美学科学的实际材料。“辩证法”被认为是人类心灵“固有的”——也就是说，辩证法就在于历史力量对人类心灵的作用，在于人类心灵对自身的逐渐增加的影响。哲学家的意见好像并不是美学方面的，而是更完全地同世界相关联，并且在整个哲学史的范围内彼此有着更充分的相互联系。

在后一种思想类型中，这门科学成了定义的科学和形式的科学了，历史也不再是直接包括在这门科学的实际材料之中，而变成了哲学意见的编年史了。这样，科学和历史便完全分开，我们也就从实际存在的美的科学历史转到一方面是对实际存在的美的形式的分析（虽然也想要成为具体的分析），另一方面是对审美哲学本身的历史的分析。的确，后一方面可以用来作为对前一方面明确化的表现。夏斯勒，尤其是博学热情的卡里尔的确是这样来了解历史问题的。而本书作者虽然也知道自己在很大程度上遵循着他们的路径，却尽量把历史探讨的路线扭转到把美的演化作为客观的但也是心理的现象加以研究，而不是单纯地去研究各种哲学意见的相互关系。

① 可以举形式主义者齐美尔曼为代表，说明前面所说的通过他的历史方法达到形式主义者和唯心主义者的和解。

2. 向后期客观唯心主义的过渡

然而，在讨论上述这些著作家的批评性的和方法论的见解之前，还需要探讨一下在他们形成把丑的理论纳入审美哲学的观点之前的先行者们所持的观点。关于丑的理论即令不是从普罗提诺的时代起，也是从浪漫主义艺术开始时就一直在敲着审美哲学的大门了。

（1）索尔格

我们知道，莱辛承认丑可以进入诗歌，作为表现喜剧性和恐怖性的一种手段[①]，但是，他又否认丑在造型艺术中有任何容身之地。我们还知道，施莱格尔[②]曾经明确地提议把丑当作理论探讨的对象，要把丑完全置于美的范围之外，但他却发现丑不可避免地
要闯进来。在歌德、席勒、康德和黑格尔那里，我们没有发现对这 395
个问题的详尽论述。不过，歌德和黑格尔之所以没有详尽地论述这个问题，部分原因在于他们对美的看法十分广阔而严谨。因为在这方面真正具有美学上重要性的事实就在于，把表现的丑包括到美的范围之后，美的概念就扩大了，深化了，如果丑可以进入美的范围这一点得到保证，那么对于从来没有纳入美的范围的丑的具体细节的分析（如果有这种分析的话），对美学科学来说就不是

① 参看本书前面第 307 页。

② 参看本书前面第 408 页。

那么必不可少了。我们注意到歌德同情强有力的和富有特征或意蕴的东西。我们还注意到，对黑格尔来说，丑是一个相对的概念，取决于同真正的个性的矛盾，只有在这种矛盾表现为不可调和的荒谬时，丑才具有绝对意义。在这个问题上，也就是在存在着表面的丑或纯粹相对的丑的问题上，真正能够代表他的是夏斯勒和哈特曼这样一些彻底的具体理论家，而不是像罗森克兰兹那样认为丑本质上不在美的范围之内的理论家（即使他们这些理论家，也不是认为丑应当完全排除在美的范围之外）。

这后一种观点是为明确承认表面上的丑在具体的特征刻画中的地位作了必要的铺垫。索尔格在他的美学讲演[①]中，对这一观点作了简明扼要而又意味深长的表述。我在这里引用其中的主要的一段文字。从这一段论述中可以清楚地看出索尔格与黑格尔的关系，也可以看出索尔格在丑的问题上同后来的理论家的关系。

索尔格认为[②]，喜剧和悲剧两者都在美的概念之内。美本身是理念和现象（Erscheinung）的完美统一，既和纯粹的理念相对立，又和普通的实在现象或实在表现（Erscheinung）相对立。悲剧是由于要消除某种理念（在现象[③]中）而着重强调的“理念”。喜剧则是使人们认识到处处都要肯定自身甚至在最平凡的生活中都要
396 出类拔萃的理论。但是，如果在平凡生活和现象领域内不能肯定

① 这个演讲是1819年所作，经海斯（Heyse）整理准备发表，并于1829年（在黑格尔的《美学》出版以前）出版。这些演讲在风格上比索尔格的对话《埃尔温：关于美学和艺术的四问答》（*Erwin*:*Vier Gespräche über das Schöne und die Kunst*，1815年）更直接更科学些。至于对索尔格的评价，可参看黑格尔的《美学》，序论，英译本，131。

② 《美学讲义》（*Vorlesungen uber Aesthetik*），100－102。

③ 同上书，102。

自己，甚至完全得不到承认，那么，这时要么就只有平淡无趣的世界观，要么就是产生了丑。这种平淡无趣的世界观之所以没有变成丑，只是因为它同审美情感完全脱离，而丑之所以产生，是“因为[①]在普通现象中（in der gemeinen Erscheinung），人的心灵找到某种根本性的东西，正是这种根本性的东西使现象脱离了理念，有了独立的实在性。”索尔格接着说：“这一要素也成了一项与美相对立的独立的原则，所以，普通现象就成了与理念恰好相反的东西了[②]。丑的原则就在于此，它的基础并不就是单纯按照自然律的标准考察体现出来的缺陷和弊端。而且丑也并不就是对事物的严肃的（平淡的）思考。这倒应当属于道德判断，因为它同美的概念完全无关。”

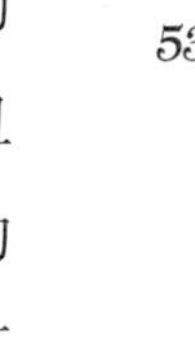

“如果要把某种东西看作是与美对立的，那就必须在其中寻找可以在美中找到的同样的东西，并且找到相反的东西。如果真的缺乏理念，只是把现象用来充当本质，那样就会使丑得以出现。丑是对美的否定，正像恶是对善的否定一样。它永远是一项虚假的原则，佯装在其中汇集了存在的各种不同的倾向（正像它们真正汇集于美中一样）。自然的不完善并不是丑，除非在这种错综复杂的外部力量中有某种力量能够把这些单纯的力量当作本身就是本质的东西[③]集中起来。只有通过一种虚假的原则把单纯的存在（如

① 《美学讲义》，101。

② 费舍尔的观点怎样从这里引出，是很明了的；参看《批评动态》，vi，113，论述理念和形象（“Bild”或“Erscheinung”）之间的斗争的一节。

③ 毫无疑问，也就是把这些力量看作是形成了一种个体的存在同它们在其中出现的事物相对抗——例如寄生物等等。

与精神存在相对立的动物形体存在或与健全的动物生命相对立的单纯的细胞增长）强加于人的机体上，才会出现形体丑。与此相似，如果一种安排只是把普普通通的东西集中为单独的一点[1]，并且只接受那一点，那么这种安排就是丑的。因此，仅仅是偶然发生
397 和不能适应还不足以构成丑。除了这些以外，在这种自相矛盾的事物中还必须有一种统一性，这种统一性（实际上）只能是理念，但却要到纯粹现象的存在中去寻找。”

“丑是普普通通的存在与美相对立的第一种形式。正像恶一样，丑仅仅表现为理念的否定，但是这种否定却采取了肯定的形式，因为它力求取代美的地位。”——“因此，丑是积极地与美相立的，我们只能把它们看成是绝对互相排斥的。”

这种看法产生了两个值得注意的结果。

第一，真正的丑就这样被当作对美的积极的否定，或者说是力图取代美的地位的一种虚假的东西，因而是绝对排斥美也为美所排斥的。只要我们能够认识到真正的或不可克服的丑是一个事实，我们就会发现这是对那个事实正确的解释。

第二，这样一来，丑就和同样构成美的因素的某种积极关系等同起来，把丑当作某种我们要在其中寻找美却又找不到的东西。这就等于承认了美丑之间有一种亲缘性或相似性。这样就产生了一种倾向，使丑越来越接近美的领域，使之同美在发展的各个阶段中由于改变它的要素之间相互关系而产生的某些形式形成某种特殊关系。因此，按照我对索尔格在《美学讲义》中的论述的理解，虽

① 我想，这样说的意思也就是使它成为一种目的。

然他认为丑作为丑是不能进入艺术领域的(在这一点上,他赞同魏塞的观点而反对罗森克兰兹的观点,他当然是正确的),但是他的观点中有一点是非常重要的,那就是认为美在从崇高到喜剧的各个阶段中,也走得和丑非常近。美之所以没有成为丑,只是因为在最恶劣的现象细节内都能明确地表现强烈而愉快的理念或理想,以致引起真正的喜剧精神。

在这里,我们就看到一种理论的萌芽,这种理论不仅要研究美的范围以外的丑,而且要研究美的范围内向着接近于丑的某种东西必然运动的现象。

(2) 关于魏塞和费舍尔的说明

我不打算对魏塞[①]和费舍尔[②]作过多的说明。

魏塞坚持丑在美学理论中有一定地位,尤其是坚持了索尔格 398
的一个观点,认为积极的或实际的丑(同单纯的美的缺陷相区别) 537
是一种要求取得美的地位并冒充成美的能力——一种不健康的但又引人入胜的表象。看来这是魏塞的一大功劳。他不主张使实际上是丑的东西进入艺术领域,除非完全处于从属的地位,在他看来,只有通过喜剧精神或浪漫主义精神才能出现这种情况。这样,正如哈特曼所说的那样,这种特征被忽略了,我们还必须加上一句,除非它采取喜剧的形式或浪漫主义的形式。由于对特征的这种忽略,看来就不能很好地说明严格意义上的美的扩展和加深。

① 魏塞的《美学》(1830年)。

② 费舍尔的《美学》(1846－1857)有两卷是关于美的一般理论,其后又有四卷详尽论述各门艺术,书名为《艺术》。

我们需要知道，在把表现和特征引入表现上的丑的时候，美本身是怎样像文克尔曼所说的那样，由于表现和特征的要求发生变化和分成等级的。把喜剧性和浪漫性加到美的形式上并不能彻底地解决他的问题。有缺陷的综合总是表现在有缺陷的审美判断上。因此，他告诉我们，魏塞认为在荒无人烟的地方是看不到美的。在他看来，在这些地方，无机的要素不能发挥作为有机生命基础的作用。这一观念是从黑格尔过高估计有机生命上升层次的审美重要性的观点传下来的。它和我们目前对美的感受是完全不同的[1]。

此外，魏塞也同费舍尔和罗森克兰兹一样，力求用辩证法说明美的各种形态，大体上也像索尔格那样，断定丑同从崇高到滑稽喜剧的渐进运动有特殊的联系。毫无疑问，在美的各种形态同美在掌握和支配更严格更新奇的表现要素方面不断发展的能力之间，是可以找到一些联系的。我们知道，黑格尔就对造成各个连续阶段的内在原因和积累性影响作了充分的解释，试图以此说明这一运动。如果我们以为黑格尔的分析是终结性的，那是荒唐可笑的。
399 我之所以要提到它，只是为了着重说明，要把一种具有自身明确意义的辩证法，同一种似乎只是围绕着美学专门术语和表示否定性关系的逻辑名称变来变去的那种辩证法区别开来。这些逻辑名称由于脱离了非常明确的语境，因而是完全没有内容的[2]。按照他们的说法，美的自身矛盾可以将美从崇高经过丑引向喜剧（魏塞），或者这一演变过程从崇高开始，经过喜剧达到美[3]（费舍尔），或者

① 关于魏塞对丑的看法，参看哈特曼的《美学》，ii，第364页以下。

② 参看后面论述罗森克兰兹的一节。

③ 参看夏斯勒的《美学》，959。

是美在丑中否定自身，又在喜剧中恢复了自身(罗森克兰兹)。

所有这些说法所表现的基本的认识大体上都体现在上面引证的索尔格的那段论述中，也包含在黑格尔对喜剧的观点中。这种观点认为，任何冲突或低劣的东西都可以和美相协调，只要有强烈而亲切的理想精神使之充满有胜利保证的感觉。然而，在所有这些论断和见解中，虽然包含着许多真理，但却没有对美的观念的彻底改造，美仍然是艺术中诸多优美方面的一个方面，或者是被引申成一个毫无意义的名称，而歌德和黑格尔所重视的、贯穿在整个特征表现世界中有实际吸引力的论点也有遭到完全忽视的危险。

就费舍尔的情况来说，他的著作卷帙浩繁，就连作者本人在晚年也对自己的重要著作作了严厉坦率的批评[①]。这就使人感到无法把握他的浩繁的著作而特别感到气馁。不过，有两点值得注意。他的《美学》第一编论述美的形而上学，第二编论述美的单方面的存在。在第二编中，他讨论了：(i)美作为自然美的“客观性”的存在；(ii)美作为想象的“主观性”的存在。依据这一区分，他对自然美作了极其广泛而又详尽的讨论，考察了无机的自然界和有机的自然界，人类的各种类型以及历史的过程。他在晚年的批评中对这种区分提出了正确的责难。“关于自然美的章节必须删除。”[②]一切美都要通过知觉而存在，事实上，每当讨论到艺术和想象时，都必须重新回想起自然为之提供的材料。本书第一章中的观点在 400
这里得到再明显不过的证实。我们可以在罗斯金先生的批评性论

① 费舍尔的《批评动态》，第 5 期，1863 年；第 6 期，1873 年。

② 《批评动态》，v，11。

著的全部范围内，从自然美与艺术的真正关系上看到对自然美的真正的处理。

费舍尔晚年的批评还指责他的主要著作没有给予丑以适当的地位①。魏塞和夏斯勒认为，丑作为一个要素是必要的，没有丑这一要素，美的具体变化就不可能产生。费舍尔承认，魏塞和夏斯勒对于丑的必要性的这种估价，要比他自己的估价更切合实际。

此外，我们还必须指出，在对待诗歌的处理上，费舍尔依旧采取老办法，把诗歌分为叙事诗、抒情诗和剧体诗，因而不能认识到由于某些诗体已消失，被其他诗体取代所提出的问题。这样，他力图把《神曲》归入叙事诗诗体中。这显然是不行的，因此，他就宣称但丁的诗歌形式是同诗歌艺术的本质相抵触的②。与他相比，谢林的估价要深刻得多了！

另一方面，我们还应该注意到，费舍尔还对下列问题有所研究：艺术和工艺技巧③的关系，面向世界市场的近代机械化生产给工艺技巧带来的困难④以及有关艺术未来的各种问题⑤错综复杂地交织在一起。因此，如果这些东西能从他的形式辩证法和连篇累牍的书卷中分离出来的话，他的著作中也有许多东西是现在的读者感兴趣的。但是，其中有许多东西在我看来现在也不是不能从其他来源获取的，因此，我不免会担心，这批靠了真实的知识、才

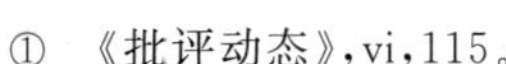

① 《批评动态》，vi，115。
② 《艺术》，iv，1300。
③ 同上书，i，87。
④ 同上书，337。
⑤ 《美学》，ii，298。

能和勤奋写出来的卷帙浩繁的巨著对美学科学的未来进程不会有多大的影响。

(3) 罗森克兰兹

我们现在转到对罗森克兰兹的论述上来。罗森克兰兹虽然非常重视索尔格的见解，因而应当属于早期的后黑格尔派，然而，他却以非常详尽而深入的论述讨论了丑的问题，使他的著作成了向
后期更加彻底的具体观念转变的转折点。夏斯勒曾将他的《美学 401
批评史》奉献给罗森克兰兹，这一事实非常清楚地说明了这种联系。

i. 丑本身

罗森克兰兹的著作名称《丑的美学》(*Aesthetik des Hässlichen*)[1]就可以说明他的观点。他是康德著作的编者，又是黑格尔传记的作者，他很想完成美学理论的建构以免在这方面造成不当的缺失。因此，他认为丑是明确地在美的范围之外的对象材料，需要另作处理。但对丑的处理始终决定于与美的相关性，因而也属于美学理论。

丑本身[2]是美的否定，因为同样是产生美的那些因素也可能蜕变为它们的对立面——我倒应当说，“由于关系的改变，蜕变为

① 《丑的美学》，1853 年。

② 同上书，7。

美的对立面”。丑和美真正是截然不同的，丑并不能作为一个组成部分进入美的范围。然而，由于两者包含着一些相同的因素，因而在审美现象的进一步发展和更为复杂的阶段——即喜剧——中，有可能使丑从属于美。按照我对罗森克兰兹的理解，喜剧虽然同美有相近的关系，但并不能构成美的一个品种，反倒是美的原则在新的形态下——在克服了丑的逆反作用以后的继续。

这些观点和索尔格的观点有明显的相似之处。这位哲学家的主要旨趣仍然集中于同美的自然对立中表现出来的丑，而不是集中于公认的美和通常认为是丑的东西之间类似的那些性质上。因此，我们主要关注的是他以什么样的方式在这里提出积极的否定，认为积极的否定要限制最真实的丑的范围；他凭借什么样的重要根据，终于承认丑也在美的艺术范围之内；又是怎样始终一贯地运用否定和矛盾的概念，从而成为整个后黑格尔派辩证法的代表的。

关于丑的美学所遵循的路径与美的美学很相似。丑[1]作为美
402 的否定，必定是崇高（蜕变为平凡的或普通的东西，gemein），是赏心悦目的东西（gefällig，蜕变为令人厌恶的东西，widrig），或者是单纯的美（蜕变为畸形）的肯定性蜕变。因此，虽然有缺陷的形式和缺乏自然真实或历史真实的形式（“无形式”和“不正确的”）是丑的倾向显现出来的两个较低的层次，然而，要达到真正的或者实在的丑，只有在我们能够保持自由的事物中找到非自由属性也能肯定地显示出来[2]的地方，才能达到。这种观点当然倾向于把实在

① 《丑的美学》，167。参看本书前面第 86 页。

② 同上书，167。

的丑局限于人和艺术[①]的范围，但我们也可以考虑通过类比把这些观念应用于无意识的对象。

值得注意的是，所谓的丑与人们熟悉的美在事实上的类似关系，在这个时期以前，除了黑格尔和歌德以外，很少引起美学理论家的重视。崇高终于真的被列为美的一个品种[②]，这比康德的理论大大向前迈进了一步。但是整个来说，罗森克兰兹还是认为他面对的任务是下落到“美的地狱世界里去”——一个凄凉惨淡的领域[③]，而他似乎并没有感到在这个奇异的、悲剧的和恐怖的世界内部还渗透着力量、深度和秀美的要素，这些要素在普通的观察者看来是丑在其中占有支配地位，而大部分领域却是明白无误和无可争辩地带有最单纯的美——往往是最完善的美——的**某些**品质。我们并没有像他那样觉得进入但丁(和弥尔顿?)、奥尔卡尼亚、米开朗基罗、施波尔(和柏辽兹?)的地狱世界是一件痛苦的、危害极大的冒险。我认为，他在这些方面的态度部分地应归咎于十九世纪初的美学研究的条件，部分地还应归咎于文克尔曼的“理想”传
统。这种传统像一切传统一样，很快就失去了它的创立者思想的 403
深刻性和活力。指出作者感受的这种根深蒂固的性质看来是必要

① 《丑的美学》，4。“最丑的丑不是在自然界的对象中、沼泽中、扭曲的树木上、蟾蜍和爬虫身上、眼珠凸出的怪鱼和巨大的厚皮四足动物身上，以及老鼠和猴子身上的那些令人厌恶的东西(我并不认为他的这种列举包含了他对实在的丑的观点)；最丑的丑乃是以恶意和无聊的姿态，以激情造成的皱纹，以诡诈的目光在罪恶中显露其疯狂性的那种利己主义”。参看《丑的美学》第53页，关于一个腐化时代的堕落艺术引起的病态的喜悦。

② 同上书，167。

③ 同上书，3。

的，不过，我马上就要指出，虽然他对这种类似关系有很深的偏见，但他对这种类似关系的认识还是向前迈进了一大步。

ii. 艺术中的丑

我在上面所说的“最丑的丑”包括艺术所具有的丑，也就是丑陋的或坏的艺术。但是，对于像罗森克兰兹那样把丑看作是一个显著事实的思想家来说，还存在一个不可避免的关于艺术中的丑的问题。罗森克兰兹对这个问题的处理十分坦率而深刻，尽管这样的处理也给他自己的理论的统一性带来了一个不可克服的矛盾。

他设想，艺术是从追求纯洁无瑕的美[①]中产生的，这个设想就其包含的意义来说，是颇有疑问的，他从这个设想出发，提出了一个明确的问题：“当我们看到，艺术不但再现美而且再现丑，这岂不是一个最尖锐的矛盾吗？”如果我们回答说，艺术再现丑仅仅是把它作为美的再现，这种回答除了在第一个矛盾上面又加上第二个矛盾，还能有什么结果呢？[②]

第一个提出的答案就是，丑仅仅是作为可以加深美的一种衬托被容纳到艺术中来的，因此，容纳丑是为了美的缘故，而不是为了丑本身的缘故。罗森克兰兹正确地拒绝了这个答案，虽然他所依据的理由也许不见得正确。因为他认为美是一种明确的、积极的和独立的东西，所以美并不需要任何衬托或阴暗的背景。这一

---

① 《丑的美学》，35。

② 同上书，36。

观点，就其肯定美是积极的、**实在的**丑是消极的来说，无疑是包含着相对的真理性的。但是这个观点过多地依赖于一种假设性的美的独立性和纯粹性，总是把美看作是某种明显的和既定的东西，不会是新奇和困难的，不需要任何特别的努力或特别的能力就可以洞察其深层本质，看穿其伪装。更真实的理由应该是，普通的知觉看成是丑的东西，往往是最高雅艺术中十分突出的东西，深深地渗透着无可否认的美的性质，不能把它解释为只是不同于丑本身的美的要素的衬托。这个理由似乎并不在罗森克兰兹的审美判断或分析的范围之内，但是无论如何在摆脱“衬托”理论上还是前进了一步。

他所提出的第二个答案是有重大意义的。“如果[①]艺术不希 404
望用单纯片面的方式表现这种理念，它就不能抛开丑。纯粹的理想展示给我们的无疑是最重要的东西，那就是美的积极的要素。但是，如果要把心灵和自然都以极为感人的深度纳入表现中，那么，就决不能忽略掉自然中丑的东西以及恶的东西和凶残的东西。希腊人不管是多么追求理想的生活[②]，还是有他们的百手怪、独眼巨人，长有马尾马耳的森林之神，共用一眼一牙的三姐妹、女鬼、鸟身人面的女妖、狮首羊身龙尾的喷火兽。他们有一个跛脚神，并且在他们的悲剧中表现了最可怕的罪行（如在《俄狄浦斯》和《俄瑞斯忒亚》中）、疯狂（如在《埃阿斯》中）、令人作呕的疾病（在《菲罗克忒忒斯》中），还在他们的喜剧中表现了种种恶行和丑事。**此外，随着基督教成为劝导人们从根源上认识罪恶并从根本上克服罪恶的宗**

① 《丑的美学》，38。

② 参看本书前面第 17 页。

教，丑也最终从原则上被引入艺术世界中。由于这个原因，为了能够完整地描写理念的具体表现，艺术就不能忽略对丑的描绘。如果艺术要把自己局限于单纯的美，那么它对这种理念的领会就是表面的。”

这样，我们自然会问道，所谓的丑在艺术中出现时，是不是受到某种修改？

罗森克兰兹作出了一个双重的回答。第一，丑的东西在艺术中不可能独立地存在。如果认为美需要一种衬托物，那是错误的，但是，如果说丑需要有衬托物，那倒是正确的。画家放在达娜厄身旁的丑陋的老妇人不可能作为单独一幅画的主题，除非要么是在风俗画中情境本身具有审美趣味，要么是在肖像画中要以历史的正确性作为首要考虑的内容[1]。我认为，从我们的判断来说，这些例外放在它们的语境中，是令人感到吃惊的。当然，这个例子只是作者的例子。如果我们作为假设，把它理解为艺术所不可逾越的丑的一个例子，那么我们所追问的问题也无须提出来了。但是，就在不多的几页之前[2]，他还提到同一个人物形象是一个“满脸皱纹、尖下巴的”老妇人。他这样说是不是意味着每一个具有老年人突出标志的形象都不可能具有美，而且除了偶尔碰到描写年轻貌美的人物形象以外，好的风俗画和肖像画就不在美的艺术的范围
405 之内吗？我相信，他大体上的确是这个意思，而且直到这时，他一直是在一种较低的水平上表现他的审美见解的。不过，也有一些

① 《丑的美学》，40。

② 同上书，36。

伟大的艺术大师把实在的丑——特征功能的反常运用——引入艺术中来的情况,作者关于这些情况的理论观点是正确的。他从保罗·委罗内塞的《加那的婚礼》中引用了一些著名的例证。他还举不谐和音现象为例,说明由于不谐和音要以乐音为前提(一个真正的不谐和音是很难在自然的噪音中辨认出来的),因而可以说这种现象具有一种人为的或有意倒错的因素要使这些不谐和音现象接近于实在的丑。这样一些侵占特征表现地位的实际的倒错或矛盾似乎的确要有一种量的从属地位,或淹没在大量的美之中,不管通过什么有力的或深刻的表现都不可能使之成为艺术的独立对象。我认为,仅仅用不谐和音是不可能形成音乐的,委罗内塞在《加那的婚礼》中的令人恶心的细节描写也是不可能成为独立的绘画作品主题的。就这个范围来说,罗森克兰兹似乎是有可靠根据的。我们对他的不满倒不是因为他否定艺术中的极端倒错具有独立的审美价值,而是由于他似乎没有肯定地把艺术中这些极端倒错同范围要大得无法相比的具有古雅的、粗犷的、奇特的、可怕的或错综复杂的特征的那些东西区别开来。所有这些东西按一般的说法都称之为丑。

他的第二个答案还有更深的意义。他说,当丑在艺术中出现时,的确决不能把它加以**美化**,因为这就如同在反叛之后又加上欺骗,更增加了它的丑恶,然而又必须使之服从美的一般法则,如对称、协调、均衡和个性表现力等法则,从而使之“理想化”[①]。这样的理想化的结果并不是冲淡或掩盖它的丑,而是恰恰相反,使它富

① 《丑的美学》,44。

有特征的和本质性的面貌更加突出[①]。不过，在这样做的过程中，必然会产生某种消极的后果。令人痛苦的或令人讨厌的细节中非本质的东西被排除掉了，正像在平凡的美的再现中把非本质的有感染力的东西排除掉一样。造成这种效果的并不是用欺骗的方法加以掩饰的愿望，而是带有根本意义的统帅作用。

406 显然，我们在这里看到的是赋予艺术中的丑的一种奇怪的中间地位。因此，必定给我们提出三项启示。

a）如果像我们一贯坚持的那样，自然的美感和艺术的美感只有程度上的区别，那么这里把加到自然中丑的理论应用到艺术中的丑，岂不是也必须包含同样的保留意思吗？

b）表面上的丑，或者我们也许可以称之为美当中**困难的**范围，很难说符合作者对丑的定义，但是看来又被作者排斥在美的范围之外，因而在实质上（但不是在名称上）已经接近于能够和美协调起来的程度。因为当它在符合要求的意义上加以理想化的时候，就只能按照是否符合抽象表现或形式表现的法则分析为显示特征的美的几种情况。依据形式表现法则，通过采取稳定有力和富有意义的形式和结构，它就可以变得令人愉悦，甚至在装饰意义上也是令人喜爱的。

c）按照作者的定义，丑是对美的积极的否定，那么符合这种定义的丑是不是能够依照作者所描述的理想化，不影响其作为丑，而不表现为美呢？甚至连这一点也是值得怀疑的。一个矛盾，如果得到确认并经过解释，就不再是矛盾了。性格或个性的倒错，如

① 《丑的美学》，43。

果能用正确的理解和关系，揭示和描述其倒错，那就不再是积极的倒错了。罗森克兰兹似乎紧紧地抓住了两种理想化之间的根本区别，一种理想化是增强了倒错的特征并且用强有力的表现突出显示这种特征的核心和本质，另一种理想化就是用欺骗的方法来冲淡和掩饰这种特征的性质，使之接近于一种类型的美，但是，这种类型的美，是不是在另一种意义上也是美的，这些特征不可能起任何作用。关于两种理想化这个极其重要的区分，我们以后还要谈到。

iii. 对立的形式

关于决定整个讨论的对立形式，我们还要再说一下。

我们知道，丑是美的否定[①]，我们还是把它称之为美的倒错更好些，由于否定本身不可能采取任何感性形式，因而构成美的各种要素在丑里是被倒错了（verkehrte）的。罗森克兰兹常常使用“对 407
立面”（“Gegensatz”或“Gegentheil”）一词来描述构成一对矛盾的性质之间的关系。这个词很适合于表示几种积极的否定或倒错之间的相互关系，但是如果不能对这个词在其中使用的序列或分类的性质作充分的说明，它本身的意义就是不清楚的。同时，我们还发现，罗森克兰兹谈到的美学著作家在对这些术语的使用上的混乱几乎达到荒谬可笑的地步。例如，“崇高的真正的对立面（Gegensatz）并非像卢格和库诺·费希尔所说的那样是丑，也不是

① “Nagation”或“Negative Schönes”，《丑的美学》，7，10，61。

像费舍尔认为的那样是滑稽喜剧，而是讨人喜欢(gefällige)”[①]。

因此，罗森克兰兹首先想到的是，必须把丑的每一种形式和相应的美的形式之间的消极的对立，同美的每一品种[②]与另一个或另外更多的品种之间的“积极对立”区别开来。

这是向着清楚明确的阐释迈进了一步，但还需要作进一步的阐释。**一切**确定的对立都是否定性关系的积极的东西之间的对立。“积极的”和“否定性的”两个形容词并不表示对立的种类之间有什么显而易见的区别。严格地说，对立只能在判断之间产生，因为任何两个特定的内容只是有所不同而已，只有当这两种内容都可以看作是竞争同一地位的备选者时，才成为对立面。此外，还要指出，一切普通的逻辑上的对立都是可以互换的。也就是说，如果B是A的对立面或否定，那么A也是并在同一意义上是B的对立面或否定。如果一方成立，另一方就不成立，但仅仅是对立的事实并没有告诉我们何方成立何方不成立。我们必须注意，不要把虚假和否定混淆起来。任何普通的逻辑符号或专业术语都不能表现虚假或混淆的关系。因此，我们必须把这整个问题更明确地加以陈述。

首先，美和丑似乎被看成是审美概念之下的两个并列的**种属**。按照这两个**种属**的关系来说，一个种属中的每一个品种在另一种属中都有相应的品种，由前一品种中出现的各个要素的错误归类
408 所造成。但是，如果真是这样，由于从逻辑上讲，情况无疑是，美是

① 《丑的美学》，61。

② 同上书，63。关于这些品种，参看本书前面第542页。

丑的积极的对立面，正像丑是美的积极的对立面一样，然而，这种纯粹的可以互换的逻辑关系，并不能确当地说明它们之间的联系。因此，我们必须了解，一个种属可以用“A 是 xy”这样的符号来表示，另一个种属可以用“A 是 x_1y_1”这样一个包含着自身矛盾的符号来表示，这个符号实际上属于 A_1 而不属于 A。假定按照这样的解释，那么我们就有了两套“对立”：真序列的每一形式和假序列的每一形式之间的对立以及真序列的各项之间的对立（且不考虑假序列的各项之间的对立）。在前一种情况下，各个项是成对列出的，因此，我们可以说，任何给定的项都有它的对立面，虽然到哪里才能找到这个对立面（也就是对应项是怎样安排的）并非不言自明的，而且一个项也可能有两个或更多的对立面，但它的特殊的对应物则是它的最佳的对立面。事实上，罗森克兰兹就把崇高与渺小、平庸、轻浮对立起来，而我则认为，崇高首先应当是同虚假的崇高——怪异的、畸形的或夸张的——对立起来。毫无疑问，崇高可以在不同的意义上是丑的这些品种的任何一个品种的“对立面”。我以为，从更严格的意义上来说，崇高是上面所说的后一种情况的对立面，因为后一种情况的对立面是由崇高本身产生倒错造成的。崇高之所以又可以是前一种情况的对立面，无疑是因前一种情况与崇高的性质相去甚远，在我看来，前一种情况事实上就是令人愉悦或秀丽的真正对立面。在罗森克兰兹看来，令人愉悦或秀丽是美的序列中崇高的最主要的对立面。

因为我们还必须讨论美的各种形式之间的对立，现在这些形式只是作为假设由三个或更多的类型组成的一个序列，而且这些类型还可以通过细微的分析随意有所增加。因此，除非我们能够

确定我们所说的这个序列之内最主要的对立是指什么，否则，谈论这个序列内部任何形式的“对立面”是毫无意义的。罗森克兰兹似乎认为，按照一个旧的定义，同一个属之下的差别最大的两个品种就构成对立的双方，所以，他就把崇高和令人愉悦对立起来。但是显然，整个问题是一个程度问题，如果有一种“单纯的美”——我对这个概念是有所怀疑的——，当然崇高就必定是与它相对立的。
409 罗森克兰兹无疑由于受到两者差别很大的影响，所以把崇高和丑当中的渺小对立起来，正如他把崇高和美当中的令人愉悦对立起来一样。但是，看来在美和丑之间，唯一可靠的接近客观分类的办法就是，把真正的形式同代表真正形式的错觉的那种形式配成一对，而在美的各种形式之间，光靠谈论最主要的成对的对立面是没有什么用处的。重要的事情在于建立一个真正有代表性的序列，使不同种类和不同程度的对立可以从其中获得真正的意义。

3. 后期的客观唯心主义

在我把卡里尔、夏斯勒和哈特曼的观点包括在“客观唯心主义”这个名目下的时候，我采用的并不是这些著作家本人的用语。卡里尔把他自己的观点称作理想－现实主义①，夏斯勒②同样采用这个用语或用“理想主义和现实主义的综合”来表述自己的美学原则。哈特曼则把这两个著作家的观点同黑格尔、费舍尔等人的观

① 《美学》，ii，序言。

② 《美学批评史》，1125 和 1132。

点一起包括在具体的理想主义的名目下。他也声称自己的理论属于具体的理想主义。他把谢林、叔本华、索尔格、魏塞和洛采都算作抽象的理想主义者，因为他们都有一个共同的倾向，就是以伪柏拉图主义的方式（哈特曼当作是真正的柏拉图主义的方式[①]）来谈论超感性的理念世界或模式世界，除此以外，没有任何别的什么方法接近这个使感性世界具有美的超感性世界。哈特曼将抽象的理想主义者同具体的理想主义者区分开来，他在肯定这种区分的合理性时强调指出，这种经常被魏塞和洛采谈到的美的理念（Idee der Schönheit）对黑格尔来说是毫无意义的。哈特曼的这个意见[②]在本质上是不错的，虽然在字面上不完全正确。因为在黑格尔看来，"这种理念"或具体的世界运动表现于感官知觉或想象时，就成为美的了，在这一方面，可以称之为"理想的"，也许为了简洁起见可以称之为"美的"。但是黑格尔所说的美的理念决不可能是在作为超感性理念存在的美[③]这个意义上来谈论的。当然在美学科学中所使用的美的概念或美的观念完全不同于那种可以和美同样看 410
待的抽象的理念。

不过，我毫不怀疑，谢林虽然在晚年陷入抽象的唯心主义，却创立了美是事物最深刻内在的法则在感官和想象上的显现的思想，在这方面，他仅次于席勒，比康德还领先一步。对于我们的研

① 《美学》，i，序言，vii。

② 同上书，i，93 脚注。

③ 黑格尔在《美学》第 1 卷第 135 页和 141 页的确用了"Idee des Schönen"（美的理念）一词。这就为哈特曼所说的意义提供了绝对的理由。"我们把美称为美的理念（第 1 章，第 135 页），这就意味着美本身应该理解为理念，而且应该理解为一种独特形式的理念，即理想"，也就是"理念的感性表现"（第 141 页）。

究目的来说，最简单的方法就是略去抽象的唯心主义和具体的唯心主义在程度上的区别，而选择一项能够代表真正的努力在理性世界中寻找展现于感官的美。所有那些真正为此而努力的人都完全可以称为美学中的客观的唯心主义者。陷入抽象的一元论（按照假设必须是二元论）或抽象的唯心主义的歧见在某种程度上是一个有缺陷的哲学表达问题，或者过分信赖明显的比喻问题，而且是一种困扰最伟大的哲学家（甚至包括柏拉图）的半是现象半是实在的混乱。

另一方面，"理想－现实主义"则表达了一种历史或一个问题，而不是一种理论或一种解决方法。它所表示的是两种观点的结合，这两种观点除了各具普遍性和排他性以外，没有任何单独的哲学意义。因此，实际上表示的只是一种折衷主义而已。但是，它的意旨却包含和体现在客观唯心主义这个用语中。

(1) 卡里尔

卡里尔于1859年出版了他的《美学》。在1886年发行该书的第三版之前，他又出版了一部构思丰富的五卷本著作《艺术及其与文化演进和人类理想的联系》[①]（1862年发行第一版，1886年发行第三版）。在讨论基督教艺术的最初起源时，我就汲取了该书的思想。

卡里尔在原则问题上并未作出任何重大的进展。这里可以提出三点来谈谈，不管是好是坏，他的论点总是有意义的。

---

① *Die Kunst in Zusammenhang d. Kultur-entwicklung u. d. Ideale d. Menschheit.*

i. 丑 411

卡里尔感到魏塞和罗森克兰兹有关丑的论点具有充分的重要性。他本人在这个问题上的看法处于新旧观点之间，尽管他在表达上决不是完全精确和科学的，但他显得比后来的思想家能更恰当地把握住这个问题的本质。不过，他是否认识到他们采取这种观点的充分理由还是值得怀疑的。

他抨击了魏塞从崇高经过丑到喜剧的辩证发展的论点[①]，坚决反对把丑看成是美的一种。在他的《美学》最后一版中，他终于能够对夏斯勒提出批评意见，而且同样坚决地拒斥了夏斯勒与哈特曼共同持有的关于丑是显示特征的**主要**因素因而也是美的一个**重要**因素的论点。我们必须把自由[②]和个性包含在美当中，但不能把丑包含在美中，因为丑是**虚假**的自由和个性。对于这个理论我基本上是同意的，以后我们还要谈到它。

不过，关于丑在艺术中的地位，卡里尔还是同意罗森克兰兹的意见的。为了完备性的缘故，必须承认丑可以进入艺术[③]，但这种丑只能是理想化的，或者是从属性的。应当指出的是，以这两种方法，据说就可以使丑得以“克服”，而在它的理想化形态中，丑的令人生厌的性质也被消除了。甚至他还把通常是丑的高贵的面部表

---

① 《美学》，i，147。

② 同上书，148。

③ 同上书，159，参看162—163。

情的实例归于这一名目之下。而非理想化的丑——这种丑是不能单独存在的——也还是要服从将它引入的结构法则。在所有这些见解中，都有一定程度的摇摆性，说明“单纯的美”的界限正变得不确定，而允许丑进入艺术领域终究导致美的领域的扩展。

ii. 艺术的分类

卡里尔[①]达到了和黑格尔提出的相同的一般艺术分类，美学理论似乎也趋向于这一分类，只是在具体理由和微小的细节上有许多不同而已。他从空间上的共存和时间上的连续的区别出发，并在既具有共存性又具有连续性的生活和实在的运动中把二者结合起来。他认为这三种原则分别与“三种艺术”，即形式艺术、音乐
412 艺术和诗歌艺术相适应。在这“三种艺术”的每一种艺术之内，又
556 有三重区分，在形式“艺术”中建筑同无机的物质相适应，雕塑同有机的个性形体相适应，绘画则与这两者在个性生命中的结合相适应。音乐分为器乐、声乐和两者的结合，诗歌分为叙事诗、抒情诗和剧体诗。这种“内在知觉”依照它的对象是一般的心灵，是整体的人格，还是同他人发生特定关系的人格而进行的区分，必须同样对音乐和诗歌起到分类基础的作用。

这样在音乐和诗歌内部建立起来的三重区分，在两种情况下，似乎都颠倒了发展次序。就音乐来说，还颠倒了艺术范围和能力的发展次序。黑格尔虽然同卡里尔的著作第三版的发行之日相隔

① 《美学》，i，625—626。

半个多世纪(在此期间,人们对音乐有了全新的认识),但他还是正确地指出,纯粹的器乐比“伴奏”乐有更高更完备的发展。瓦格纳对于后期作家中(也许还有卡里尔)形成把不同艺术结合起来的倾向,起了重要的作用。

iii. 对文艺复兴的态度

卡里尔的《艺术及其与文化演进和人类理想的联系》这部大部头著作展示的美学科学的观念,在许多方面都比我大胆地称之为带有经院哲学特色的那些抽象体系(包括卡里尔自己的体系)更加真实可靠。一种包含内容的理论(客观唯心主义本质上是一种包含内容的理论)至少必须指出它和它所涉及的内容演变的关系,我已经说过,我们并不是从记录下来的哲学家的意见中获得这种内容,而只能从艺术和文明进化的历史中获得这种内容。然而,我们还是有可能说明这种关系,又无须担负如此巨大的一项任务——把文明进化史和艺术史结合起来,而不致使艺术史上一切重大时刻最终不能得到应有的重视。

有人说[1],卡里尔的这部著作所依据的历史分类法把艺术形式分为东方艺术、古典艺术、中古时代艺术、文艺复兴时代艺术和近代艺术,这比先前所有同类的艺术分类法都大大前进了一步。
然而,这种分类法除了承认近代艺术——这是一个必要的补 413
充——和按照对文艺复兴的陈旧观点将文艺复兴时期和中古时期

① 哈特曼在《美学》,i,247 这样说。

区别开来以外，同黑格尔的分类法是否还有什么本质上的区别，我感到非常怀疑。不过，事实上卡里尔是在一个更广阔的范围内进行这样的细致划分[①]的。在这个广阔范围内，从基督纪元到文艺复兴结束的整个时期算作同一个时期，称之为情感(Gemüth)时代，与这个时代相对立的是早期的东方时期和古典希腊时期结合成的“自然时代”，以及十八世纪以后的近代称之为“心灵时代”。这样，基督教艺术的本质上的统一就得到承认，虽然音乐的后期发展并不完全适合于情感时代和“近代的”心灵时代的划分，因为情感时代当然应当包括音乐的古典时代。他又通过“自然时代”内部的完善程度的差别大体不错地表现了东方艺术和古典希腊艺术之间的差别。

也许可以提出一种更简便、更自然的分类方法，就是从古典的、浪漫的和近代的区分出发，使古典时代同一种自然的一元论相对应；浪漫主义时代同一种感官和精神的二元论相对应，这种二元论由于力求把两者结合起来或者使一方融入另一方而充满了张力；近代时代同一种相对地高于希腊时代的一元论态度相对应，使“两个世界”结合在一个世界的具体内容中。这样，黑格尔的“象征型”艺术就好像是一篇前言或引论——一篇本质上不完善的文章，要求在古典希腊使本身的美得以实现。哈特曼认为，象征主义时代和古典时代的关系[②]同中古时代和文艺复兴时代的关系是类似的，这样就把整个分类结构的关系弄错了。在任何这样的类比关

① 《艺术》,2。

② 《美学》,i,252。

系中，第二对类比项决不能是中古时代和文艺复兴，而是基督教时代和近代。但是，如果我们不把近代艺术时期的上限进一步扩大到将莎士比亚（看来他并没有受到二元论的影响）也包括在内，这样一个近代艺术时代的现实应该不致成为使卡里尔为难的问题。如果我们承认十八世纪和十九世纪的音乐是艺术史上的一个新的光辉现象，但若相信这一点事实上就是承认这种音乐在一定程度上同以前的艺术世界不是一脉相承的。而我们也不能像卡里尔那 414
样把歌德和席勒那一代看作是一个具有永久价值的诗歌创作丰富充盈的时代。而且，不论十九世纪的艺术成就的众所周知的特点就其孤立的实例来说是多么辉煌壮丽，我们在接受十八世纪开始的近代艺术时代以前，还是要一再地考虑到，这个近代艺术时代绝不只是一个问题或一个希望。我认为，真正的分界线应当放在十六世纪，莎士比亚非常奇特地标志着一个幸运的转折，鲁本斯和伦勃朗则标志着一个新时期的开始。

（2）夏斯勒

夏斯勒献给罗森克兰兹的《美学批评史》于1869年出版。这是一部有一千二百页的鸿篇巨著，内容非常新颖，极具可读性。夏斯勒打算把它当作一个美学体系的基础，所以称之为“第一编”，但是与之相应的“第二编”却一直没有问世。可以用来代替第二编的是《艺术体系》（*The System of the Arts*，1882年出版）和《“美学”或美和艺术的科学纲要》（“*Æsthetic*”，*or outline of the Science of Beauty and Art*，1886年出版）。这两部著作的篇幅和种类都跟我们的大学函授手册差不多，并没有对《美学批评史》的观点增加什么重要的东西。这门科学的对象材料在这里只能落到后期唯心主义的分工中的次要地位。

i.《美学批评史》表现出来的一些思想观念

我们在前面提出的关于晚期后黑格尔派著作家的一般意见，尤其适用于这部历史著作。这部著作的目的是为一种美学理论提供批判性的基础，如果我们清楚地了解这一目的必然会有什么样的一种价值，我们也就没有理由否认这部著作对于这一目的的价值了。比如说，在这里所展示的从柏拉图到黑格尔的哲学思想发展过程的辩证法，是哲学史的一个分支的辩证法，并不是人类智识中的一种统觉的辩证发展或累积性的发展。这两者是有联系的，夏斯勒是用前者来说明后者。但是，我们在这里并不像在文克尔曼、谢林、席勒、黑格尔等人的著作和卡里尔的主要著作中那样，直接讨论审美知觉变化的原因和性质。

在这一著作的整个理论中都贯穿着这一特性。夏斯勒告诉我
415 们，我们应当借助于这种批判史来观察审美意识的理智发生过程[①]。然而，即使他能够使我们进行这种观察，又会取得什么性质的结果呢？我们都知道，审美意识作为对美的哲学分析无疑是日趋完善的。但是，当这种情况发生时，我们又黯然发现，审美意识作为对美的创造性和感知性的欣赏，却变得犹疑不定和扰乱纷呈。

① 《美学批评史》，i，61。

“近代艺术家[1]，由于固有的反思的需要，已经永远失去了拥有艺术家乐园的自由而充分的能力。”我们在观察一种哲学的兴起时，同时我们也可能认为，我们观察到的是一个艺术世界的衰落。现在的问题不是这种观察的真实程度如何，而是，乍看起来可以同艺术过程分离开来的理智过程作为对研究艺术过程的引导，究竟有多大价值。作者把着重点从审美的演变过程转移到哲学的演变过程上，这也许表现出作者的观点有某种程度的混乱。如果作者的意思是说，艺术的真正目的只是认识到为美而美成为一个明确的目的，那么他就犯了一个非常严重的错误，并且颠倒了世界的各种艺术时代的关系。

然而，这样一来，被他看作是整个演变结果的“理想－现实主义”就不是艺术或美的一条原则或特性，而是美学科学的一种方法了[2]。在他看来，现实主义，从历史上来说，就是我们所说的“精确美学”，即赫巴特和叔本华的美学。它同我们今天所理解的艺术中的现实主义或自然主义毫无关系。

《美学批评史》的作者夏斯勒是一位天赋很高、非常杰出的著作家，但我在他的著作中还是发现了某些仓促草率和错乱的见解，我对这些见解作了一些评论，表明我的观点同他有明确而广泛的区别。为了着重说明我同这位杰出的著作家持不同见解的理由，我觉得除了已经作出的评论以外，还必须再增加一些评论，指出他在方法上有草率或偏颇的迹象。

---

① 《美学批评史》，i，xxxii。

② 参看哈特曼的著作，i，248。他提出的批评看来是完全合理的。夏斯勒的“现实主义”实际上就是指归纳法。

夏斯勒有他自己关于色彩的美学理论①。这种理论建立在他
416 所维护的歌德的理论基础上，但还需作某些修正，才能彻底地证明与牛顿学派的分析不同的观点是合理的。如果这些看法在五十多年前的黑格尔那里都是难以原谅的话，那么，这些看法在一个甚至连民族偏见都不能原谅的作家那里，又该怎么说呢？我并不责怪他不熟悉英国物理学家的论著，但是认为他肯定读过赫尔姆霍茨的著作②。

---

① 《美学》，i，78。参看《美学批评史》，i，495。

② 单纯依据美学的理由，他的理论的弱点就在于，他着重指出的关于色彩的温度和发光体的不均衡结合可以决定色彩的审美性质的提示。可是这里提出的结合并不像他所设想的那样，可以直接从各种有色光线的实际热能中获得。还需要有比这里提出的更复杂的结合。无论如何，以为依靠歌德的理论比依靠已经接受的分析可以对美学起更大的作用，那是没有希望的。参看赫尔姆霍茨的《讲演集》，i，29。

在这里，我可以补充指出密切相关的两点。这两点并不十分重要，因此无须在正文中论述，但是同判断和准确性问题关系极大。

他很不准确地又没有查对原文就引用了黑格尔人所熟知的这一段或那一段文字。在这几段文字中，黑格尔略带讽刺地提到英国流行的对"哲学"一词的用法。这几段文字参看黑格尔的《哲学史》，i，37 及（小）《逻辑》，第 13 页（华莱士的英译本，第 11 页）。这几段文字虽然太长，难以摘录，但却值得我们去查找并和夏斯勒的著作（第 1158 页）加以比较。如果我们想了解一位伟大的思想家和一位批评家在使用挖苦人的玩笑方面的差别的话。黑格尔的兴趣在这两个方面都是严肃的。在一段引文中，他指出从德国各大学的习惯用语中可以找到"哲学"一词的古代意义的痕迹。他注意到，这种古代意义的残留还存在于英国。这两段文字的结尾都有提示指出，在英国，哲学至少是大众所珍视的某种东西的名称。显然，这段话是针对他所熟悉的公众而发的。

作者的另一个夸张的行为同我们的主题有更加密切的关系。他引证狄更斯的《艰难时世》中的一段话，因为这部作品攻击了英国人的"常识"。然而，他根本没有认识到，那个令人兴奋的故事中的思想虽然在许多方面是合情合理的，但在事实和想象这个具体的美学问题上，狄更斯攻击的却是他自己方面的思想以及构成他自己的艺术和各种其他艺术中一切伟大作品来源的那些原则。这种现象是不会使任何一个学者感到惊奇的。在这一问题上，《艰难时世》中的典型场面表现了学校中的一位督导想要让孩子们认识到想象与现实的关系的可笑场面。这部小说于 1856 年出版，就在同一年，

ii. 丑以及美的变异

417

夏斯勒在《美学》中[①]对他的关于丑的理论作了明确的论述，同时还提到了《美学批评史》中的几段文字。他后来的阐述在原则上并没有对《美学批评史》的见解增加什么新的内容。

他从罗森克兰兹的研究成果出发，赞同罗森克兰兹对于丑在艺术和美的世界以外的地位的看法，并且在每一方面都同这种看法一致，因此，在关于自然界的作品中丑的更广范围也基本遵从传统的观点。但在讨论进入或注意到艺术领域中的丑的时候，他却力图制定一条新的原则。

低劣的艺术或虚假的艺术的丑的确应当列入人们首次提出的真正的艺术之外的丑这个名称之下，夏斯勒就很好地坚持了真正艺术以外的丑的一个最有力的例子。关于这种丑，我们无须多说什么，只能在各处顺便指出，这种丑之所以产生，可以设想是由于真正的艺术内部关系的错乱引起的。

正是在有关美的范围之内的丑的问题上，夏斯勒提出了一种新的观点。

(接上页)《近代画家》第 2 卷第四版和第 4 卷第一版也出版了。在《近代画家》第 2 卷中有一段论述《深刻的想象力》的文字；在第 4 卷中有这样一段话(第 331 页)："请相信这个伟大的真理吧——在现实中不可能的事情在幻想中也是可笑的。"我并不是为科学和艺术部门辩护。它的缺点，我们大家都是知道的。但极其明显的事实是，促成这个部门建立的、上溯到 1835 年的那个运动是在教育方面返回自然和生活的运动。如果狄更斯了解这个运动的真正内容，他会全心全意地同情这个运动的。

① 《美学》第 19－24 页提到了《美学批评史》，第 795 页，第 763 页，第 1021－1024 页，第 1028 页及第 1036－1038 页。

他相信，丑在本质上可以进入一切美之中；不但如此，丑还是一种活跃的因素或辩证的否定，正是由于这种辩证的否定，促使审美兴趣去创造具有各种形式的确定的或富有个性的美。我觉得，对这种观点若不进行批判的考察，就很难对它作进一步的说明。由于夏斯勒的这一见解原则上同哈特曼的看法是一样的，所以等我们讨论哈特曼的见解时再来对夏斯勒的见解作进一步的说明，这样就比较方便一些。不过，夏斯勒一再提到的《浮士德》中把创造性冲动归因于精灵而又为精灵所否定的那些诗句，体现出了丑可与否定性相比，而且又一再把丑比之于虚假和邪恶，认为虚假和邪恶都是自由的本质表现，因而不能看作是可悲的现象，这些见解都为我们了解作者的意思提供了某种线索。他明确地否定了罗森克兰兹关于理念为了完备性而要求丑进入艺术，而丑仍然是丑的
418 观点。相反，夏斯勒认为，丑作为具有明显特征的一个因素，是被吸收到美的独特的和确定的形态之中的。而美的这种独特而确定的形态在任何情况下都是由于丑的刺激而产生的。夏斯勒常常想到男性美和女性美的区别问题。他认为，美的这种尖锐对立的形态中包含的要素若稍有紊乱就会产生丑。他确信，这种尖锐对立的形态是实际存在着而且是应该存在着的。这种看法是合理的。举例来说，为某些晚期的希腊艺术所赞赏，也为文克尔曼所赞赏的抹杀了男女性别差异的人类的典型理想，就是一种完全错误的理想。他指出，男性或女性富于特征的品质或特点如果**作为根本特点**转换到异性身上，就会立即变成丑。

因此，他显然是依靠了这样一个不可否认的重要事实：美的肯定性的变更，如崇高和秀美，相互之间包含着否定性的关系。他还

认为，自然界的作品，**就通常感觉到的来说**（有了这个条件，就使他的观点的真实性不致受损），广泛性和普遍性都是有缺点的。接着，他似乎在进行推论说，艺术或审美知觉在以适当形式选择确定的内容并描绘其特征时，首先要受到美的缺点的刺激，这是由于直接表象提示这一理想的过程而造成的。此外，他还认为（如果我对他的理解是正确的话），这样产生的具有特色的作品由于它的独特的或特殊的特征表现（如崇高、简朴等特征表现），事实上就失去了比较单纯类型的美和协同并列类型的美可以取得的某些美的要素。这样，丑就靠"凝聚"与抽象相对立，又靠离散与具体相对立，从而表现出它本身是不同程度和不同类型的美中的一个因素，但又是一个潜在的或被吸收到美中的因素。夏斯勒所承认美的变异只有两种，即崇高和秀美。这两个分支，正如西塞罗所指出的，显然是同男性美和女性美相对应的。对这个内容无须再作进一步的细分，不过，那是容易做到的事，哈特曼就对此作了极为详尽的细分。

上面所说的丑的理论是颇有启示性的。因为这一理论明确指出特征应有的地位是作为美的表现的主要事实，这无疑为美的更广阔的理念开辟了道路。我将在论述哈特曼时，再对这种理论进行批判性考察。

艺术美蜕变为丑有两种方式：一种是把美的两种形态，如崇高和秀美[①]混淆起来；另一种是激化某种特征，直到使它所属体系的 419

① 例如，夏斯勒在《美学批评史》第1002页谈到奥芬巴赫的《奥甫斯》中描写的正在跳舞的诸神和人类之父时说道："越是秀美就越显得丑。"

和谐遭到破坏并变成滑稽和嘲讽。例如，畸形和恐怖就是虚假的崇高，等等。艺术中潜在的丑正是在这些方面转变为艺术之外的实际的、无可救药的丑。

iii. 艺术的分类

“关于给各种艺术进行分类所采用的划分原则[①]，这里只需指出，作者同上述所有美学著作家（黑格尔、魏塞和费舍尔）都有根本的不同。他把这种划分原则的基础放在静与动的简单对比上。静与动这种简单对比当然也可以看作是‘物质与心灵’的对比，‘内容与形式’的对比，或‘空间与时间’的对比，但是更仔细地思考一下就会知道，它是所有这些对比的根基。夏斯勒依据这一对比建立了一个有严格节律联系的双重序列的艺术分类法，它的各个对应项形成了协调一致的平行分类。如果黑格尔、魏塞和费舍尔都觉得自己必须采取三分法，而且以各不相同的方法加以实施，但是由于辩证法的帮助（在这里，辩证法的确表现出令人钦佩的灵活性），又最突出地表现出融贯性的话——如果是这样的话，这些思想家之所以不得不采取这样的结果，看来主要是因为平行分类法中存在一个严重的空缺，以致他们尽一切努力也无法填补。很明显，这里的问题就是，如果我们像纯朴的古人那样，按照表现手段和感觉器官来对艺术进行分类，把一组艺术称之为‘视觉艺术’（建筑、雕塑、绘画），把另一组艺术称之‘听觉艺术’（音乐、诗歌），我们是可

① 《美学批评史》，i，xxv，序言。

以把这两个序列互相对应，使音乐同建筑相对应，诗歌同绘画相对应的，但是，那样一来，似乎另一边并没有一种艺术可以和雕塑相对应、相比照了。这个严重的空缺就是这个体系中一个难以对付的缺陷，而在别的方面，这个体系的真正的节奏分明的联系却是很明显的。”

“我们以后从分类原则的发展中可以看出，作者坚守的**两重**分类原则是唯一合理的和自然的分类法。迫使作者采取这种方法的原因，除了这个想法的内在必然性以外，主要在于这样一个事实：在三分法中，我们无法为美的观念演变中一个非常根本的等级，即动态形体的模拟节奏找到应有的位置。因为，如果我们同意施莱 420
格尔的看法，把建筑称之为冻结的音乐，我们就可以更合情合理地把雕塑称之为冻结起来的形体模拟，或者把舞蹈、哑剧式的表演（当然不是在喜剧意义上说的）称之为解冻了的雕塑”。

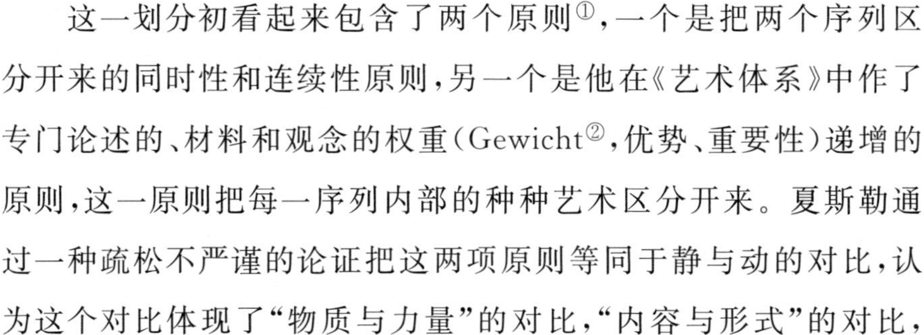

这一划分初看起来包含了两个原则[①]，一个是把两个序列区分开来的同时性和连续性原则，另一个是他在《艺术体系》中作了专门论述的、材料和观念的权重（Gewicht[②]，优势、重要性）递增的原则，这一原则把每一序列内部的种种艺术区分开来。夏斯勒通过一种疏松不严谨的论证把这两项原则等同于静与动的对比，认为这个对比体现了“物质与力量”的对比，“内容与形式”的对比，

① 夏斯勒的《艺术体系》第236页讨论了这个问题。

② 在区分雕塑和绘画时，他的意思认真地表示了**权重**（Schwere，参看《艺术体系》，80）。因此，他所用的“Gewicht”一词的意义是含混的。尤其不适合的还因为从这种用语中可以找到某种意义时，还要对这种意义作补充解释。

“自然与心灵”的对比等一系列对比的本质[①]，从而把两项原则归结为一项原则。这种把一系列深刻的对比“归结”为它们的一种最表面和最抽象的结果，对于理解各种美的艺术的具体价值来说，是一个不适合的出发点。

对于这一分类法及其原则，我想提出三点意见。

a) 平行分类法

整个平行分类法[②]看来是不切实际的。夏斯勒确立了两个序列，并且使各种艺术彼此对应，认为这种分类具有本质意义，而我却看不出在前提上有什么值得称道的地方。如果这个方案有什么
421 合理之处的话，唯一合理的可能就是用平行分类法表示出来的某些确定的和基本的关系。无论如何，在绘画和音乐之间无疑是存在着某种空缺的，但是这个空缺必须按照确定的方向才能越过。这种平行分类使音乐完全脱离了它的历史位置（如果不带偏见地考察它的能力和倾向，也可以看出它占有的历史位置），把它放在一个新的序列的开头，那是毫无用处的。因为在这种新的序列中，

① 《艺术体系》，256。

② 我把《艺术体系》第124页所载的夏斯勒的分类表附载如下：

Ⅰ	Ⅱ
“同时性”知觉的艺术	“连续性”知觉的艺术
	a)表现性的　　b)再现性的(辅助)艺术
1. 建筑	1. 音乐——技术精湛
2. 雕塑	2. 模拟——模拟表演
3. 绘画 { 风景画……主观的	3. 诗歌 { 抒情诗——朗诵
风俗画……客观的	叙事诗——吟诵
历史题材的……主观的 客观的	剧体诗——表演艺术

它的开始与另一个序列的结尾的关系仍然完全没有得到解释。在把模拟舞蹈放在第二组中以后，就打破了视觉艺术和听觉艺术之间的区别。静的艺术和动的艺术的区别也只有在一种最肤浅的意义上才与这种分类法相容。动并不是这种所谓艺术的媒介或要素，而只是人体姿态上的改变，是不可分割地依附于人体的空间实在的。

在这种平行分类中各种具体的对应关系也同样是不切实际的。毫无疑问，应当直截了当地指出，音乐和建筑的相似虽然是有限的，但却是确定的。这两种艺术无论哪一种基本上都不是模仿性的艺术，两者都在很大程度上依靠数字表示的节奏间隔。但是，事情只能如此。按照我的理解，时间关系和乐音关系的不可分割的结合是旋律的本质，然而，在建筑中却很难找到或根本找不到可以和乐音关系相当的东西，同时，在建筑中，也找不到可以和精致的和声和管弦乐的和谐相对应的东西，但在绘画艺术的最微妙的色彩组合中，这种对应却能微弱地显示出来。因为，如果建筑中同时存在的节奏间隔已经被用来同旋律相比的话，我们也决不能再用它同和声作粗松的比拟了。另一方面，在音乐中也找不到同建筑中所追求的有机统一的装饰形式真正相似的东西。关于模拟舞蹈和雕塑之间的比较，我将在下面另作专门论述。把抒情诗、叙事诗、剧体诗与风景画、风俗画、历史画对应起来，只能使读者感到莫名其妙，我们今天所了解的风景画都要具有最高度的显示特征的客观性表达，只有通过这种客观性表达，才能达到它应有的主观感受的程度。抒情诗虽然近年来有所发展，但并不需要、也很难容纳有充分条理的显示特征的内容。风俗画虽然就其安排的位置来说

422 还算合适，但由于黑格尔所指出的原因[①]，在规模上极其微小，不可能具有构成原来叙事诗本质的那种开阔宏伟的风格。同时，就历史画来说，即使在真正的艺术中有历史画这一范畴(似乎包含着一种历史的，也就是非审美的意义，而不是历史偶尔提供的一种内容具有审美意义)，历史画也涉及一种与单纯事实的关系，这种单纯事实与戏剧全然无关。此外，把诗歌的三个传统类型不加批判地引入基本的艺术形式，放在音乐后面与绘画相对应，一点也不提三个传统类型中有两个显然不复存在，第三个类型也在根本上改变了性质。这也十分明白地说明了，把美学同美在时间上的演变过程完全割裂开来，会带来什么样的困难。

b）模拟舞蹈

关于模拟舞蹈，几乎不需要再说什么了。因为夏斯勒差不多就承认他归于这种地位的全部论述都是荒谬的[②]。即使他还指出模拟舞蹈具有叙事诗的性质，与音乐本质上具有抒情诗性质不同，也无法补救这种荒谬性。

我只想借此机会指出一项能够决定第二级艺术许多问题的原则，尽管这项原则并不适用于真正的装饰艺术或"小型"艺术。一种真正的审美材料，能够自由地表现各种观念或情感，如果能够表现确定的特性，那的确很好，但是这种材料本身决不会有任何个性化的机体结构。这样一种机体结构必然会与仅仅作为审美材料创作出来的任何表现相冲突。艺术家如果把有机体和各种个体作为

---

① 在他为荷兰派绘画所作的辩护中。

② 《艺术体系》，105。

自己的创作材料，这种有机体和个体就绝不能算得上好的材料。在园林风景艺术中，如同在表演中和模拟舞蹈中那样，自然的个体同观念上要求的同质的统一体是有冲突的。作品不能成为在一种统一的精神支配之下的一件统一的作品。这一原则既适用于表现的材料，又适用于表现的对象，只是在适用程度上稍差一些而已。在风景画中，花卉、树木和动物是容易处理的。但在出于它们自身的意义而描绘它们时，它们就会用它们的个性特征来影响艺术家。它们虽然不像人一样具有它们自身完备的精神，然而，要按照艺术
家的心意的精神改造它们，也并不容易。因此，一般来说，它们大 423
体上仍然处在学习研究的范围之中。

因此，我认为，把模拟舞蹈说成是流动的雕塑或解冻的雕塑，从原则上看是荒谬的。在雕塑中，整个外形都是按照一个单纯的精神以一种单纯同质的材料再造而成的。在表演或模拟舞蹈中，个体是、而且一直是一个特定的自然形体，它最初是由自然决定的，然后是由自己的才智和情感决定的。无论它的能力有多大，从原则上都决不可能满足条件把一种同质媒介铸造成一个单独的形体作为一个单独观念的表现。只有当舞蹈具有最起码的地位，即单纯的装饰性结合体的地位，同时个人的形体不起单独的作用，而只是在一个使人赏心悦目的动作组合中充当一个组成部分的时候，舞蹈才最接近于一种艺术[①]。

c）材料

另一个精辟的表达也对夏斯勒评价艺术表现的一条根本原则

---

①　参看本书前面第 284 页关于荷加斯把条带装饰比作一种乡村舞蹈的论述。

造成了极其严重的影响。夏斯勒坚持认为,艺术的材料是大理石或颜料,表现的手段或媒介是所感到的形式和色彩。当然,在音乐和诗歌中,材料和媒介几乎是完全一致的。但是,在两者可以分开的地方,人们往往会只重视媒介而忽视材料,就连夏斯勒在对艺术分类谈到材料的分量时,也显得不够合理,哈特曼也因此提出责难。

因此,夏斯勒忽略了有关制作者对材料的感受以及借助一定材料的思维习惯来形成想象的整整一系列思考范围[①]。他毫不关注“小型”艺术。在“小型”艺术中,不同的处理方法很明显是直接由不同的材料以及制作者的热爱程度和经验的不同而造成的,例如“金属”[②]在制作者手中如同活的一般。因此,在对“高级”艺术

424 分类时,这种唯一真实的类比就无可救药地被忽视了。不过,即使在音乐和诗歌中,这种相同的关系还是一直存在着的。有人告诉我们说,音乐家是以特殊乐器的乐音进行思考,并且以每一种乐音所特有的色彩和情感进行写作的。就连诗人也必须有熟悉材料的感觉,他在尝试用希腊语和拉丁语,用意大利语和德语,用法语和英语进行写作,并取得成就时,这些尝试和成就都不可能是相同的。

我确信,在艺术分类中,除了通过对制作者和他的材料的协调

---

① 《艺术体系》,60。“它(大理石)作为自然的实物具有的形式,即它的外部分层和内部结构,同雕塑给予它的形式没有任何联系。”如果他把大理石同木料和青铜材料相比的话,他就再也不能这样说了。

② 在这种情况下,就是融化的玻璃。参看 W. 莫里斯的“生活中的小型艺术”,载于普尔、莫里斯等人合著的《艺术讲演集》第 196 页。“在一个优秀的制作者手上,玻璃熔液确实像活的一般,可以说它在诱导制作者做出漂亮的东西来。”

一致关系的这种认识以外，任何真实而合理的成就都是不可能取得的。黑格尔在某种程度上就有这种认识，近来英国批评界对这种认识也作了更加完备的阐述。

我在前面已经着重指出我和夏斯勒在几个问题上的不同看法，那是回避不了的。夏斯勒极为明晰而富有活力的风格使得他的错误在那些认识到这些错误的人的眼中显得异常突出。然而，尽管他的见解有许多偏颇和异想天开之处，但他仍然站在近代美学的真实的基地上。他最早接受了这样一条原则：许多极易变成困难而又令人不快的因素，在艺术中不仅是可以允许的，而且是必不可少的，这些因素之所以如此重要，是因为它们涉及构成美的根本属性的那种深入透彻的理想化。夏斯勒在表现特征的名义下对这种理想化的深刻意义作了全面的确认。

（3）哈特曼

哈特曼把叔本华的成果和黑格尔的本体论观点结合起来，并且获得了在近代哲学家中唯有赫伯特·斯宾塞可与之相比的欧洲人的广泛赞誉。他继前三部主要著作《无意识哲学》（*Philosophie des Unbewussten*），《伦理研究》（*Ethische Studien*）和《宗教哲学》之后产生的第四部主要著作，是一部包容广泛的综合性的美学论著（1886 年）。同夏斯勒原来构想的体系相似，哈特曼的这部美学论著由两部分组成，第一部分是历史性的，第二部分是纯粹理论性的。历史性部分限于“康德以来的德国美学”；第二部分题为“美的哲学”，共 836 页。第一部分共 582 页，两者大体相当。这一比例同夏斯勒安排的比例比较一下，是耐人深思的。夏斯勒著作的历

史部分共1200页，随后发表的理论著作规模较小。况且哈特曼在第一部分之内，还以分篇的文章讨论美学理论中的专题，有的讨论
425 历史，有的是批评文章——这是一种很有价值的处理方法，但是，这种处理方法也使得纯粹讨论历史的篇幅大大减少了。

i. 美学史的重要意义

我首先要指出，哈特曼是不想讨论古代人的美学的。尽管他承认这种研究是有历史意义的，但他认为，“亚里士多德的模仿原则”和“柏拉图的抽象的理念论”已经不再具有进一步研究的重要性，这是不错的；而亚里士多德的《诗学》，由于莱辛的赞美，因而至今仍享有名不符实的美誉。柏拉图对美学观点的模糊的概述，显然也不值得受到后来那样的重视。

上述意见只是作者的总的意见的一部分。这个总的意见就是：现今普遍流行于许多大学的对历史和文学的兴趣提高，使得人们一般对古代哲学的价值估计偏高，尤其是对古代美学的价值估计[①]偏高。

从纯美学理论来说，哈特曼的这种观点有许多可取之处。在表现这种观点时，看来有必要指出一个根本的区别。出于论证的原因（我在这里无法加以论述），我们假定古代哲学的成果都充分地吸收到近代思想中了，而就科学的完备性而言，至少在美的理论中，从十八世纪和十九世纪的研究成果出发就足够了。即使假定

① 哈特曼的《美学》，i，序言。

如此，但至少还有一个问题：一种内容理论处理的材料的特殊性质给这种理论带来的限定条件问题。艺术同哲学一样都是一种民族的和历史的产物，那种用精确科学对待它的对象而从形式出发完全脱离它的内容的方法是不能恰当地处理它的问题的。因此，即使我发现对希腊人眼中的美另有一种评说，我也不会由此而忽略对希腊的美学理论的论述。我们所获得的这种新的认识，虽然可以间接地从米勒、夏斯勒或齐美尔曼的审美哲学史中获得，但也正像直接地从文克尔曼、谢林、黑格尔或歌德关于希腊艺术的论述中得到这种认识一样。但是，哈特曼由于忽略了古代人的美学，又不把希腊人的艺术加进去，就丢掉了美学科学的相当大的一部分内容。哈特曼之所以这样做，是由于受到美学思想史一向鼓吹的一种观念的引诱，这种观念认为希腊哲学只是由于它对理论的纯粹贡献，才成为讨论的主题。但实际上，以一种历史的形式把希腊理论引入美学科学是把希腊人对美的作为某种对象材料的组成部分的传统方法的继续，而把它看作是希腊人对美的那种感觉的清晰 426
表现，既有理论的价值，又有实际内容上的价值。

作者之所以这样轻易地抛开了这种内容的组成要素，看来在事实上是因为他在近代艺术①方面采取了一种纯粹通俗而又朴素的观点。他似乎同夏斯勒一样把艺术家的抽象目的和具体目的混淆起来，同时又设想，由于近代的反思能比以前的理论更好地理解艺术的使命，因而近代艺术本身比以前各个时代的艺术面临更好的处境。“只有清除了一切神话的近代艺术才能够

① 《美学》，i，126。

接近艺术的真正目的[①]。”我在前面已经提到过由此产生的问题，特别是在对文艺复兴的论述中谈到过。对这个问题的最尖锐的近代方面，布赖斯教授在他的著作《美利坚合众国》中作了精彩的论述[②]。当然，这个问题在很大程度上要取决于在什么意义上理解这种与中世纪的和早期文艺复兴的艺术相对立的“近代”艺术，以及把什么时候看作“近代”艺术的开端。我已经对这个问题表示过我的意见[③]。

然而，倘若作者的意思是想要把艺术在过去三百年间[④]的发
427 展过程说成是同公民的自由、物质的繁荣、机器的发明以及自然科学和批判科学的进步在同样意义和同样程度上向前推进的发展过程（显然作者的意思是这样的），那么，这种根本性错误就说明了他何以不能领会黑格尔对艺术类型和艺术时期的深刻见解，也可以说明他何以对内容的历史联系环节漠不关心。而美

① 《美学》，i，126。

② 同上书，iii，第554页以下。

③ 参看本书前面第557页。

④ 参看《美学》，i，126—127。“因此，只有同一切神话断绝了关系的近代艺术才能接近真正的艺术问题，即通过人的精神的理想心情和行动的总体，对感官象征人的精神。人的精神以它的理想的向往，知道神的精神是它所固有的，在这种巨大的实质性的进步面前，我们可以对近代生活的抽象变化和丑的外部事物表现出来的与艺术相反的形式难题不予理会，唯一的结果就是，随着理想内容愈深刻，愈精细，形式美也逐步为特征美所代替。”……“这一切并没有推翻黑格尔的权威论断：艺术所能达到的理想内容受到它的感性工具的限制，但它却把黑格尔对于古代艺术、中古时代（威廉·莫里斯的‘近代’）艺术和近代艺术的价值估计**颠倒过来**，也就是把一个递降的序列（就黑格尔对头两项的看法来说，这种说法是错误的）变成一个递升的序列，不仅从总的文化进步的内容来说是这样的，而且从纯美学的观点认为只有在内容对感官具有充分的象征意义时，才会把内容考虑进去的观点来看，也是这样的。”

学科学的对象材料在这种历史联系环节之外简直就完全不存在。

现在，我们开始讨论一下哈特曼的美学史作出重要贡献的一个问题。他是第一个明确地提出审美哲学史中抽象的理念论和具体的理念论之间的区别问题的著作家。这样，他就把美的理论放在一个清晰的基础上，我相信这个基础是动摇不了的。他非常明确地指出，德国美学后来的一切倾向是怎样以萌芽状态存在于康德的《判断力批判》中的。他把这些倾向区分为：a）内容美学，其中包括理念论和情感美学。理念论指的是从谢林和叔本华到魏塞和洛采的抽象的理念论，从黑格尔到卡里尔和夏斯勒的具体的理念论。情感美学指的是基尔希曼和霍维茨的美学；b）形式主义的美学，在赫巴特和齐美尔曼的著作中表现出来的美学观点；c）折衷主义，表现在费希纳的著作中。哈特曼特别坚持的区别，即具体的理念论和抽象的理念论之间的区别，取决于是否掌握了“审美显现”（schein）的基本理论，也就是认为美虽然象征着理念，但却只存在于感官和想象的具体形式中，所以，在谈到美的理念时，我们就已经站在一个不可靠的基础上了，在谈到美存在于一种抽象的理念之中时我们就陷入一种毫无意义的废话之中[①]。哈特曼坚持认为，同具体的理念论相反，在这里实际上是没有什么要反对的。一切反对理念论的论点都是建立在把它当作抽象的理念论这个基础上的。在这一方面，正像在别的方面一样，这种区别同它在事实上依据的基础——抽象的普遍性和具体的普遍性的逻辑区别——结

① 参看本书前面第552页，关于黑格尔和哈特曼的一段论述。

果是相同的。

在另一个问题上，哈特曼还对较早出现的具体的理念论提出了一个有益的反对意见。人们提出的一些反对意见虽然可能不是纠正先前某一位哲学家的实际思想所必需的，但肯定是纠正人们对它的流行的解释所必需的。他依照叔本华的观点，特别是坚持
428 特兰多尔夫（黑格尔的一位同代人，我只是通过哈特曼知道他的著作）的见解，指责黑格尔主张一种冷漠的理智主义，并且想用特兰多尔夫的理论来补充黑格尔的观点。特兰多尔夫认为美就是“领悟自身的爱”[①]——“爱”的意义被扩大为要求和睦的一般意义。因此，在特兰多尔夫的理论的基础上，哈特曼提出了一个关于美的定义：“美就是在理念中领会自身基础和目的的爱的生活。”[②]我们应当还记得，黑格尔对美的第一个定义是，美是真理在感觉和想象中的呈现。我相信，哈特曼的这个补充是充满幻想的，正如我相信叔本华的“意志”对黑格尔的“理念”没有增添任何东西一样。盲目的冲动是毫无意义的。如果无意识的意志离开无意识的理念的指导便毫无意义的话，那么，我们终究还是要回到理念上，把它看作是一个无意识力量的体系。因此，我们倒不如一开始就面对这个悖论。我觉得，哈特曼没能看出，审美显现或审美形象，正因为它是从心灵中重新产生的一个具体形象，就一定会包含知觉，同时也包含情感，因为作为一种感官与理念融为一体的心灵的每一次具体的流露，都会打上某种情感的烙印，变成它应有的样子。这一点

① 哈特曼，《美学》，i，第146页以下。

② 同上书，第148页以下。

是非常明显地贯穿于黑格尔的整个著作之中的，尤其是当他把爱解释成浪漫主义艺术中的**理想**，即具体表现的本质时。但是，如果有人怀疑这一美学真理，把这一点表达清楚倒是很好的。这正是哈特曼作出的贡献。

为了使这个问题得到最清楚的阐述，哈特曼在他那部系统化的论著中特别仔细地讨论了审美“显现”(Schein)的概念，指出这一概念包含把感情投射到对象中的意思，而在“直觉”(Anschauung)之类的词中却不一定有这种含义。另外，他还从同一方面非常希望说明审美的“显现感觉”(Schein-gefühlen)——或由美所唤起的、虽然是理想的和非个人的但却实际存在的感觉——的性质。这种讨论尽管实际上只是把亚里士多德指出的、经过莱辛和伯奈斯解释的、关于恐惧情绪通过“怜悯”而理想化的论点，以及关于审美情绪通过自我扩大为仁慈之心的论点以系统的形式加以发挥，但仍然是清晰而有益的，因而不能说它是多余的、不必要的。

ii. 各种不同程度的美与丑 429

尽管我觉得必须对哈特曼关于美学演变过程的看法提出批评，但不可否认的是，他以理智的形式掌握了审美哲学发展趋向的一个总的结果，而且按照我所采取的理论，审美哲学也必定会趋向这样一个结果。

a) 不同品级的形式美

哈特曼系统而完备地论证了，形式美只是取决于内容的一种较低层次的美，随着具体的程度的提高而逐渐上升为富有个性和特征的表现力，这种表现力不但改变了比较抽象和比较形式化的表现要素，而且还包含并利用了这些表现要素。他对"具体分层"(Concretionsstufen)或具体性的层次作了系统的说明，这种系统的说明要比黑格尔关于对称、再现等问题的相应论述具有更多的科学性和更完备的系统性。这种具体性层次包括形式美的六个品级——无意识的形式美，即感官的愉悦性；数学上[①]和动力学上的愉悦性；消极的合目的性（例如在装饰美中所显示的）；有活力的，当然是同某些数学和动力学形式有实质性关系的活力；"形式"品级最后一级是任何品种中正常的或标准的类型。所有这些美的要素都算作形式要素，但是其中每一种当然都比前一种有更高一级的具体性。最后是具体美，或者说是微观世界中的个体的美，作为展示特征表现的美的真正本质就是在这种具体美中实现的。读者应当能够清楚地看出，本书第一章中所提出的、对我们探讨审美意识的演变过程起指导作用的美的定义，就是以这种品级和层次划分为前提的。

b) 自然界中的丑

在对丑的问题处理上[②]，哈特曼和夏斯勒都同样遇到一个首先要解决的关于自然界中的丑的难题。我试图用几句话把这个难题加以澄清。哈特曼并不满足于把相对的丑纳入一切美之中，他发现实在的丑广泛地分布于自然界中。在解释这一明确信念时，

---

① 在第112页，他提到了悬垂曲线。

② 《美学》，ii，142，501。

他表现出一种非常严重的二元论。这同他错误地强调有意识地追求艺术中的美本身的目标是密切相关的。他说，自然界之所以常 430

常显得是丑的，这是因为而且仅仅是因为她不追求美。如果她也常常追求美，那么她就是美的。可是，前一种看法是可疑的，后一种看法则是错误的。现在，让我们把这种区别弄清楚。艺术经过有意识的改造和选择会变得更好，至少对于我们的知觉来说，会感到更好，可是，艺术并不会因为有意识地追求为美而美就变得更好。美是表现于感官的合理性的结果，艺术并**不**把追求美作为目标，而是追求对某种特定内容的最佳表现。同样，自然界的美，也就是通常感知到的外部世界的美，并不因为自然过程是单纯因果性的和排除有意识地追求美的目的而有所增减。就此而言，自然界和艺术是完全相似的。美和丑都是这些因果过程经常地以特定方式互相协调的**结果**，或者我们觉得是经常地以特定方式相互干扰因而妨碍了我们的知觉需要的结果。意识性的艺术和无意识性的自然同样都贯穿着始终对它们起决定作用的特定内容。一种外在的、不是由特定内容决定的抽象目的无论对前者还是对后者都是不可能的。

但是，哈特曼似乎认为这种抽象目的对于后者，即自然，有时也是可能的。这看来是一种轻率的观念。因为，自然界在显得很美的时候，难道她真是在追求美吗？当然不是。哈特曼真的相信鸟儿和鲜花的色彩具有不依赖自然选择[①]的装饰性目的吗？这的确是一种陈旧的观念。如果可以通过类比说它们有某种目的的

① 参看格兰特·艾伦(Grant Allen)的《色彩感觉》(*Colour Sense*)，242。

话，它们的目的就是要使呈现这些色彩的物种保存下去。由于这些色彩对我们的知觉来说是有吸引力的或和谐的，因而它们的结果就是美。在自然界中显示特征美的全部通道，人们通过水流、大地、岩石和水蒸气等力学决定的形式看到这种美的可能性，就被这种空洞的二元论毁掉了。我们必须认识到，自然界是绝对合乎逻辑的，因而，乍看起来完全是美的。各种特性和它们之间的相互干扰毫无疑问可能在自然界中产生与丑相类似的东西，但我们必须记住，在一切发展中，总有某种干扰，甚至是可以称之为敌对性的
431 干扰[①]。不过，利用再现性艺术的主要好处是至少有可能带来一些适合于我们的能力和知识的限制，并且通过人为的完备性或缩微的性质作为对它们的补偿。当我们选择对自然界的丑进行理论化的推演时，我们一定不能忘记我们在知觉中使它脱离了这种无限的语境。

此外，甚至在艺术中我们也并不承认把美本身当作指导或目的是合适的或可能的。这种抽象是空洞的，抹杀了一切内容。艺术家或热爱自然美的人一定会受到某种特定的东西所支配，使得他必须去欣赏或表现这种特定的东西。虽然他是有意识的，而自然界是无意识的，但对他来说，正如对自然界那样，美[②]不是目的，

---

① 苏格兰冷杉特有的美是同它的起伏的和凹凸不平的轮廓给予人们的苍劲和确定的坚实有力的感觉密切地联系在一起的。但是，这种美观的树林保持着枝繁叶茂的有规律生长的稀有景象，只有在隐蔽的地方才可以看到。熟悉这种稀有景象的人一定会感到，单棵的冷杉虽然这样美丽动人，但它们很难呈现出山坡上那些伤痕累累的老树的那种特色。

② 参看黑格尔的《美学》，序论，英译本，36。

而是结果。在这一点上，我们可以看出歌德说过的一句名言[①]的深刻性：艺术的**原则**是有重要意义的，而成功的处理**结果**是美的。这种原则是用来进行指导的；而结果并不一定就是目的。与这种抽象的目的观念相联系，哈特曼提出一个颇有启示的见解，认为必须把建筑学从自由的美的艺术中完全排除出去。

c）美中的丑

“由于较高级的美中普遍存在的形式法则的作用，因而较低级
的美总是会逐渐缩减。”[②]例如，在对称中，完全相同的重复消失
了。在一幅画的细微的平衡中，简单的双向对称消失了，最高度精
细的形式据说同注重于比较深暗色彩的和谐是不相容的，平静的 432
或简单的音调组合不能满足伟大音乐家发挥杰出才华的需要；而
在绘画和戏剧中，为了充分揭示体现个性特征的美，就必须摆脱人
体轮廓（所谓希腊式或雕像式的轮廓）的常规或一律的体面角色的
常规。

因此，“丑”[③]，“只是就其作为一种具体化表现美的工具（der Konkrescenz des Schönen），才在审美上有存在的理由。”在与较低级的更抽象的美**相比显得比较美**的东西，如果与同一层次的其他

① 对于一切抽象术语来说，由于有可能把它们当作具体的术语来使用，因而就产生了一个用法上的困难。**一种美**，也就是一件美的事物，无疑是艺术家想要创造的东西。但是，在我看来，这就意味着，在艺术家心中有一个内容在向他呼唤，要求以某种适合于它并且已经形成了他的理念的媒介把它充分而和谐地表现出来。但是，正因为它**是一种美的事物**，它也就不可能是美本身。抽象是衰减的一个肯定的标志。为艺术而艺术是一个糊涂的念头。我不能肯定，在它的根源中，是否就是所谓柏拉图式的抽象理念论。

② 哈特曼的《美学》，ii，217。

③ 同上书，ii，219。

具体的美相对比，就显出明显的特征。任何美[①]在自身所在的层次上越是显出明显的特征，它在较低层次上的美失去的就越多。这就是说，在每一个层次之内，美越是显出明显特征，在审美上不可或缺的形式的丑就越显得突出。

因此，从学术上来说，哈特曼似乎主张：第一，在一切美中都有丑，但它不是作为丑本身而存在，而是作为美中的一个因素存在；第二，一切丑都只是相对的，因为它是“一个根本上合乎逻辑的世界中的不合逻辑的表现”[②]。这种表现在最高一级的或个性的层面上，以不同的方式得到“克服”，因而也产生了诸如悲悯之情、喜剧、悲剧和幽默等美的变异形态。

美中没有丑

看来，通常进入美中的丑只是我们可以称之为表面上的丑的东西，也就是说，仅仅是乍看起来使没有经验的知觉感到的有沉重负担的一种相对复杂性或严密性的情况。看来，从一种正确评价来说，它在事实上从来都没有作为丑呈现出来。这种论点在表面上与罗森克兰兹的论点形成极端的对立，但在实际上并没有很大的差别。一般来说，我们可以把这种论点作为真正的美的广度和深度的确凿证明。随着个体的和种族的教育从注重形式上的表现力转向注重显示特征的表现力，这种真正美的强度和意蕴就起着越来越大的作用。

然而，如果更仔细地考察一下，这种观点就会引起某种怀疑。

---

① 《美学》，i，220。

② 同上书，i，256。

强烈而确定的东西如果不采取一种掩饰矛盾的形式使部分蒙混为 433
整体，在这种情况下，是不是还应当把它称之为丑呢？罗斯金先生[①]曾经说过，真正的想象力独具的特点在于，具有把一些孤立或分散开来便是错误或丑陋的意象构成一个正确的或美的整体的能力。但是他后来又改变了对这一观点的表达。事实上，很明显的是，每一个确定的要素如果放在一个不确当的环境中很容易变成不合逻辑的。因此，显出特色的美的一切特征都有潜在的可能变为丑，愈是这样，它们就愈能显出特色。

随着我们达到的具体性的等级愈高，这种必要的丧失论就愈加可疑，还可能产生严重的误导。的确，附加在脸上或肢体上的严重畸形，会在精神表达上有一种迷惑力。但是，如果这种理论的本意就在于表明这就是特征表现的正常样式，那么这种理论就是错误的。真正的丑，对美的欺骗性的倒错，并不是特征表现的一个根本要素，尽管特征表现作为最后凭借的手段，甚至也能“克服”这种要素。不过，表现可以是高贵身体的也是高贵心灵的“花朵和自然生长的果实”。在歌德或伯克里斯的头脑里，这种表现可以是一种完全安排得高雅壮丽的结构中产生的生动意义的自然强化。按照个性化要求，脱离雕像式的规则性线条，也可能——并不是一定会——带来比“一般”类型所规定的更丰富而不是更稀少的形式美的线条和色彩。

整个品级系列就是这样。重复成为对称时要发生变化，这是明明白白的事情。但它还要受到一些损失，这就不是那么明显的

① 《近代画家》，ii，第 148 页以下。

了。双边对称在进入透纳的一幅风景画的平衡时要发生变化，这是明明白白的事，但这种平衡是否会消失，这却是一个值得争论的问题。我不想用辩证法来讨论变化和消失的意义这样一个纯粹的逻辑问题，就其涉及美学来说，这个问题只是一个词语表达的问题。我只想指出，这个理论似乎完全没有注意到这个问题中的真正线索，也是这个问题的**关键所在**，即单纯美的组织和脉络完全渗透着表面的丑的问题。现在引起我们注意的问题不只是丑如何进
434 入美，而且还在于美是怎样进入丑的。事实上，如果对“具体层面”的理论加以正确理解的话，这个理论也正是这样要求的。那些杰出大师的伟大作品，不管是因为其复杂性、独创性或深刻性而显得多么新奇或难懂，只要这些作品不作过多的压缩或增加过多的负担，它们的装饰性的外观在其美的细节上总是要比那些不太重要的作品中的华丽得多，和谐得多，也丰富得多。曾经有人发表过一部专著论述了我们的国家美术展览馆中展出的巨画描绘的长袍上的那种图案，而它们也完全当之无愧地得到这样的专门论述。有哪一位装饰画家画出过像丁托列托笔下的那样一件天鹅绒长袍呢？有哪一位装饰家用大理石雕刻出像帕特农神庙东面山墙上的雕刻《命运》中刻画的衣着那样的线条和皱褶呢？——这肯定是世界上最美的一大理石建筑物。有哪一位芭蕾舞剧作曲家在美妙旋律的丰富性方面能够和贝多芬相比吗？在丁尼生的最优美的诗篇中，有什么诗句在纯粹的声音美和节奏美方面能够和乌格利诺的饥饿之塔的故事相比，或与普罗米修斯在极度痛苦时的语言或麦克白在绝望时的语言相比吗？

一切个性化特征造成形式美的单纯丧失的观点都是无法应对

这样一些问题的。正是因为认识到，具体的特征刻画虽然就总体来说是困难的或艰巨的，但却能对绝对确定无疑的形式美要素发挥不小的作用，所以我们才首先想到要推断它在美的世界中的真正地位。尽管在英国的普通的鉴赏眼光看来，英国的前拉斐尔派艺术家的绘画仍然显得是丑的，然而，罗斯金先生告诉我们，在批评家们指责的各项中，有一条就是他们的透视画法。在这里，终究有了一个明白的论点。罗斯金先生在这个论点上表明了他的态度，并且能够像他所设想的那样确凿地证明，单纯就正确性问题来说，批评家们是错误的。虽然这样一个证明只涉及形式美各要素中的低下层面的关系，然而能为这样一种观念创造了条件：艺术，就其为正确的来说，其中毕竟会有某种美。

在整个这个问题中，实际上我们真正涉及的是美的意义的扩展，由于这种扩展，人们所熟知的美的意义及其形式基础不是缩减了，反而扩大和巩固了。如果哈特曼的意思只是说画家可以取得雕刻家除非发了疯才会去尝试的那种成就，这是我们在前面已经知道的。如果他的意思是说，画家在他的比较复杂的作品中往往
会失掉雕塑具有的那种平衡与和谐①，我们要说，不，不能作出这 435
样的推论。我们不仅要指出，雕塑美的丧失是由于转向了绘画和

① 在这里，可以提出一点异议。如果绘画具有雕塑所具有的一切优点，而且还有更多的东西，那么，我们为什么在绘画已经充分发达以后还要关心雕塑呢？或者在音乐已经充分发达以后，为什么还要关心绘画呢？我认为，回答是，“更多的东西”实际上是我们出于各种目的所需要的东西，因而在某种意义上也就是欠缺的东西。这种“欠缺”并不取决于一种要素的丧失，而是取决于两种要素不可分离的融合，其中一种要素本身是我们合理地希望拥有的。还要指出的是，自从绘画和音乐像以前的雕塑和绘画一样分别达到它们的最高发展以来，雕塑和绘画从来没有占据完全相同的地位。

音乐，而且要指出比这更深更广的一点，也就是一切真正的特征刻画都能够进入美，而无须从根本上丧失一向被看作是美的那些品质。

实在的丑

究竟有没有一种不可克服的丑，也就是说，究竟是不是某种丑是绝对的，某种丑只是相对的，或者所有的丑都只是相对的，这看来是一个属于程度上的差别最终转变为种类上差别的问题。但需要确定的重要问题是这样的：同丑相当的那种不合逻辑的东西，不只是单纯的矛盾，而只是被欺骗和混淆掩盖起来的这样一种矛盾。揭示出来的矛盾是得到调和的矛盾；蒙混，以肯定的存在表现出来的矛盾才是真正的虚假。因此，我们感到厌烦的丑，无论是健康的知觉还是艺术的"特征表现"都不可能克服的丑，并不是那些狭隘的、粗俗的、恐怖的、怪诞的东西，甚至也不是那些本来面目已昭然

588 若揭的恶毒的东西。既然它们表面上的丑被明白地表现出来，这些要素也就成了美的变态。我们必须在有意识的艺术描写中，在由于混淆了目的和情感而产生的虚假的美中找到最高度的不可克服的丑。我们可以在当作伤感表现出来的情绪中，在当作脆弱表现出来的女性气质中，在当作优雅表现出来的柔弱中，在当作华美表现出来的俗丽中，在当作坚强有力表现出来的怪异中，找到这种虚假的美。较低级的虚假美，我们可以在人们的功利主义作品中找到，但并不总是把这些作品本身看作丑的东西，除非它们表现出的是一种没有任何趣味或活力的仿造的装饰品，或者（如在不协调的色彩、声音中）引起一种没有任何审美意义的人为确定性，但却由于它们单纯抽象的形态和不规格的色彩造成一种干扰外部自然

界的微妙而有多级内容的因素。以外部自然界本身来说，很难依据这一标准断定某一事物是不可克服地丑的，也许只有那些变态个性表示在更高一级的存在形式内部有一种异样的生命在宣称自己是战无不胜的。一般来说，植物的凋谢是美的、可容许的，动物的腐烂是丑的，难道这不是对的吗？还必须指出，对人来说，精神可以克服形体受损。一个受伤的动物很容易显得丑，而垂死的纳尔逊却显得崇高壮烈。

我并不认为哈特曼对消极的和虚假的东西之间的区别，或矛盾的和混淆的东西之间的区别给予了足够的重视。因此，虽然他大力坚持显出特征的美而作出很好的贡献，但我并不认为他完全掌握了这种坚持显出特征美对于形式美的意义需要有什么样的扩展。我要重复一遍，在伟大艺术中的整体常常使未受训练的知觉感到震惊；但我们首先看到各个部分是具有形式美的东西。

在结束这个问题时，我要再补充一点：哈特曼明确地断定丑和恶是绝对没有联系的，除非反映出来的是一个根本上合理而表面上同样不合理的不同世界。这个论断是很确当的。我们说过，美是象征性的，不是模仿性的，因此，美总是支持着与它相协调的道德形式，达到艺术与道德以各自特有的方式提供的事物的精髓。

iii. 各种艺术的分类

“我们把艺术的分类[①]建立在基于审美形象（Schein）的分类

① 哈特曼，《美学》，ii，625。

上。这样，我们就可以从各门艺术实际的性质取得艺术分类方法。根据审美形象的分类，我们首先是要把艺术分为知觉的艺术和想象的艺术，然后再用第二级的分类法进行三级划分；因此，我们首先必须把独立的艺术（非独立的艺术包括建筑术和'小型'艺术，须另行分类）分为知觉'形象'的艺术和想象性'形象'（Phantasie-Schein）的艺术两大类，然后再把每一大类分成三小类。这样，我们首先得到知觉艺术和诗歌艺术之间的划分，以此作为第一级的
437 划分。按照这一划分，诗歌被赋予应有的理想地位——较高层级（Potenz）的艺术。然而我们还进而得到各种知觉艺术和诗歌的不同品种的两个平行序列。在这两个平行序列中的艺术彼此互相对应，如造型艺术与叙事诗相对应，音乐与抒情诗相对应，'模拟'艺术（表演和模拟舞蹈）与戏剧相对应。"

"喜欢抽象的表示方法的人乐于在知觉的艺术和想象的艺术这种最基本的两分法中找到谢林划分为实在的艺术和想象的艺术的两分法的真理，而热爱辩证法的三分法的朋友们则认为在第二级两大类的三分法中找到客观的、主观的和主观一客观结合的三个小类就会使他们感到十分满意了。另外，知觉艺术的第二级的三分法还表现了静止、变化、运动或者空间性、时间性和时一空统一性，或者说视觉形象、听觉形象及二者的结合这三者之间的对比；而在再现性想象（reproduktiven Phantasieschein）的各门艺术中，第二级的三分法则至少表现了各有关要素的优势或均衡。最后，在这两大类或两个序列中，第二级的三分法都表现了知觉的优势、情感的优势以及两者的均衡。可以一目了然地明显看出，用于朗诵的叙事诗由于具有塑造形象和特色鲜明的（plastisch-koloristischen）生

动性，因而同造型艺术是类似的，正像用于演唱的歌曲同音乐是类似的，用于表演的戏剧同‘模拟’艺术是类似的一样。这些类似和对应的情况常常得到详细的阐释和一贯的坚持，现在竟然要由我把这些现象最终结合起来，确实令人难以理解。”

“最后①我们还要回答这样一个问题：各门复合艺术与各种简单艺术在审美价值上是怎样联系起来的？在这个问题上，有两种极端的观点。一种观点根本排斥复合艺术，因为复合艺术的每一要素的自由和独立的发展，都要受到它和其他要素的关系的阻碍；另一种观点认为简单艺术只是达到总体艺术作品的阶梯中的各个步骤。这种观点还认为，艺术作品只有按照它在总体艺术作品中的理念才能得到真正的实现。像通常那样，真理存在于两种观点之间。简单艺术不能代替复杂艺术，正如复杂艺术不能使简单艺术成为不必要的多余一样。按照‘模拟’艺术的抽象审美价值来判 438
断，它在艺术体系中的地位肯定高于静止和变化的单面的艺术（即造型艺术和音乐），因为‘模拟’艺术综合性地超越并吸取了这些单面的艺术，但是这一事实并不能在实际上因此取代这些艺术或使它们成为多余的（多么好心呀！）。诗歌综合性地超越并吸收了各种知觉艺术，因而在审美价值上肯定高于这些知觉艺术，然而，并不能因此而埋没了造型艺术、音乐和‘模拟’艺术的存在理由；四元复合艺术在抽象的审美价值上肯定高于三元复合艺术，但并不能因此要求歌曲、圣乐、芭蕾舞剧或舞台剧完全由歌剧所代替。同样应当这样肯定的是，简单艺术一般地说也应当在复合艺术旁边保

① 哈特曼，《美学》，ii，824。

留自己的位置，虽然从抽象的审美价值来看，复合艺术在艺术体系中要占有较高的地位。”

我必须同时指出，这实在是一种愚蠢的方法。假定“超越和吸收”这个用语在比较音乐的能力和绘画的能力或比较绘画的能力和雕塑的能力时是有意义的（如果对它作合理的解释，也可以是有意义的），那么，像这样把几种艺术的能力或品质汇合在一种单一的想象的媒介和类型的性质中（像声音同颜色相比），是同有几个可以分开方面的复合的作品中合并使用不同的媒介，使几种艺术能力或品质机械地结合在一起的情况毫无相似之处的，这不是十分清楚的吗？我在这里之所以整段地引用哈特曼的话，是因为这段话把哈特曼的观点很简便地归并在一起，而且指出了极端的瓦格纳派影响的荒谬结果（我并不是说瓦格纳自己的理论著述，因为我并不通晓瓦格纳的著述）。任何人如果没有对任何一门艺术的真正感受是难以写出这样一段文字的。

这种艺术分类原则及其结果总的来说是同夏斯勒的分类原则和结果属于同一种类的，而且就其确定双重序列、忽视材料及其启示意义[1]以及忽视装饰艺术或“小型艺术”（就哈特曼的情况来说，这种忽视还应加上对建筑只给予很低的地位），对插入的“模拟艺术”却给予很高的地位，对各种传统类型的诗歌和其他艺术形式采取平行主义的安排，这些方面也应该受到同样的批评。然而，哈特
439 曼还试图探讨更多近代的各种诗歌艺术形式，如剧体抒情诗[2]，对

① 只是在第552页提了一下，未进一步加以运用。

② 《美学》，第740页以下。

这种诗的性质作了合理的解释，但他又用通常的准则把它当作是向戏剧的过渡，而实际上，这种诗同戏剧的性质完全不同，因为它在本质上是一种个性的特征刻画，就我们现在所知道的，它同实际上使用的剧本中把多种不同的角色结合在一起的倾向是不相容的。对于把整个体系的顶点定在“四元结合”上的论点，我们在前面已经提出过批评。这些结合要处理的问题，同翻译处理的问题非常相似，问题在于同一种观念的各个方面可以在多大程度上在不同的媒介中得到恰当而和谐的处理。要从一种艺术的语言翻译成另一种艺术的语言，除了少数碰巧或方便的情况以外，都是毫无希望取得成功的事。有时候，在一种媒介中形成的同一内容可以通过启发但没有任何强制地在另一种媒介中塑造出来，那时就会产生一种伟大的结合[①]。但是，两个伟大的心灵遵循同一种轨道的范围，或同一心灵——不管多么伟大——可以控制两种完全不同的媒介的范围必然是很小的。这个范围的界限也就是复合艺术中的伟大作品不可避免的界限。事实上，真正的复合艺术是被作者从真正的艺术中排除出去的。如建筑，它的发展壮大是多么严井有序而又单纯简洁，它的扩展范围多么巨大，它同生活的欢乐和需要的相互联系是多么的密切而又清晰，在建筑中，不仅能够把非常多的工人，而且把多种多样的工艺技术和设施聚集在一起，自然而成功地创造出艺术作品。建筑的确是一种复合艺术的真正典型。

我们已经看到，伟大的唯心主义者的遗产是怎样在一些才智

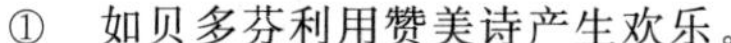

① 如贝多芬利用赞美诗产生欢乐。

杰出而又学识渊博的人手中在方法上完备起来的。他们认为，从反对早期的具体唯心主义的“精确”派学者那里采用一套精确科学和形式定义的方法，这是很好的，也是很正确的。各种论点得到更明白的陈述，形式美的理论得到更有条理的详尽阐释。对于审美创作的任何一个分支，只要运用后期体系著作家详细的著作目录，就可以找到一些明智的见解。

但是，随着方法上日趋完备，随着使人清醒的一些观点得到普遍的接受，烦琐哲学也开始流行起来。与生活的联系渐渐失去，对
440 于新鲜事物的热爱变成了奇谈怪论，与哲学家气质不相容的急于作出新发现的愿望表现为对分类的徒劳无益的反复分类和再分类。

唯心主义的系统分类的学者，在精确美学家的帮助下，获得了十分清晰的有条有理的分类，形成了清楚明白地叙述自己的见解的习惯，此外，还对美的地位和意义有了充分的认识，认识到美不同于教导，不同于娱乐或感官的满足，不同于模仿，也不同于单纯的外形的装饰。所有这些已经获得的成果都不会再失去了。但是，从这样逐渐完善起来的内容和表现的理论中，内容在一定程度上会慢慢消失。这也许只是民族的偏见，但我相信这应当是有充分根据的信念。正是由于这种信念，才使我转向英国，来寻求恢复内容和表现之间联系的纽带。直到英国的自然主义生物学家的天才使得我们对有机界的认识有了根本性的变化以后，我们才认识到普通哲学中德国唯心主义的真正价值。同样也要在英国艺术和批评界的直接鉴赏意义的影响下使德国美学创立者的研究成果得到全面更新，人们才能真正领悟德国美学的精神。我打算在下一章对这种情况作一个非常简短的叙述，并以此结束本书。

第十五章　在理论上形成内容和 441
表现重新融合的开端

1. 近代英国美学的哲学条件

我们可以有理由认为，德国的美学理论是促成德国唯心主义产生的重要因素，而德国唯心主义又直接影响了德国美学理论。英国的思想理论走的是一条不同的路径，它从足以补充而又与之不同的资料中取得了相应的美学地位。

这两个思想运动之间几乎没有什么直接的接触。从 1790 年的艾利森到十九世纪中期的穆勒、斯宾塞和贝恩，英国的心理哲学坚持它自己的路径，认为审美效果主要是由联想引起的，并且提出了一个实在的问题，也就是在联想中什么是具有偶然性的，什么是不具偶然性的，这个问题几乎没有超出伯克提出时的范围。真正的英国美学并不是从哲学或哲学家中产生的，只是通过罗斯金先生同艾利森和伯克的被动接触产生的一点哲学的影响。如前面所说[①]，只有赫伯特·斯宾塞，对美的自发性理论和美的节约理论作出了真正的贡献。就美的节约理论来说，赫伯特·斯宾塞肯定是预

---

① 参看本书前面第 522 页。

示了费希纳理论的先驱，而且还独立地证实了韦贝尔兄弟的研究成果[①]。另一方面，斯宾塞关于音乐起源于声乐的理论，甚至连一个严格的美学问题也没有指出。为了便于论证，我们假定人们对音乐美最初是通过嗓音来领悟的。但是我们从这里对构成嗓音本身的那种音乐表现力的条件得不到任何说明。片断的和局部的东西，虽然在时间上先于系统的东西，但必须用系统的东西来解释，而不能用局部的东西来解释系统的东西。既然嗓音的高低起伏具有音乐表现力，它的美就依赖于协调各种音乐关系。这种关系效果的影响范围，远远超过嗓音高低起伏的范围。这是一个需要加以说明的问题。

442 德国哲学，先于我所要研究的英国美学的发展，我认为英国美学在其发展过程中，很少与德国哲学相联系，有的也只是一种消极的联系。通过柯勒律治和卡莱尔逐步渗入进来的丰富思想在多大程度上影响了罗斯金先生，这是我难以回答的问题[②]。但是在我看来，罗斯金毕生的成果毋需用这样的影响来解释。产生更有力的影响的是另外的一些条件，这些条件的形成既不是来自哲学家，也不是来自各种大学。

2. 时代的普遍影响

正如卡莱尔所说，法国革命同歌德一代的智力工作具有一种

---

① 参看本书前面第 522 页。

② 我以为科林伍德先生夸大了这种联系的可能性；参看罗斯金的《艺术教育》，第 16 页。

惊人的相似之处。法国革命，在许多方面都标志着，而不是创造了一种巨大的不安定的力量。我们的英伦诸岛由于半岛战争而陷于与世隔绝的状态，但还是可以感受到总的气氛的影响。在这里，我将把构成"近代美学"资料的那些条件一一列举出来，但不打算对它们进行具体分析。

(1) 古代文物

我们还记得，文克尔曼曾经抱怨说，在重新兴起的文艺复兴的鉴赏风气的影响下，许多有价值的古代文物不断地被运到英国来，封存在英国的一些乡间豪宅中，英国也像其他国家一样，渴望获得一份出土物品。1815 年以前，大英博物馆里还没有任何公元前五世纪的希腊作品。就在那一年，有过一场现在看起来有点好笑的讨论[①]，它一再说明了人们的爱好怎样从喜欢较小的和年代较晚

① 我要从 1892 年 3 月的《U. E. 杂志》上刊登的赛勒斯小姐的一篇讲稿中摘录一段关于这个问题的叙述。

"埃尔金勋爵曾经多次向政府提出愿意出售大理石雕像。政府则根据艺术家的判断，特别是鉴赏家佩恩·奈特先生的判断，一再拒绝购买。不过，奈特先生在这个问题上带有偏见的反应是可以原谅的，因为我们都还记得，他后来遗赠给大英博物馆的数尊美丽的铜像和其他物品。到 1815 年，由于意大利雕塑家卡诺瓦十分赞赏这些大理石雕像，政府才有所醒悟，并成立了一个委员会来重新考虑购买事宜。海顿自己的传记中关于这场最后的斗争的记述是值得一读的：

"委员会召开了会议。在英国艺术家方面，邀集了皇家学会会长韦斯特、劳伦斯、诺勒肯斯、弗拉克斯曼和韦斯特马科特；在鉴赏家方面，邀集了佩恩·奈特先生、阿伯迪恩勋爵、查尔斯·朗爵士、法恩巴罗勋爵，还有另外七位鉴赏家。埃尔金勋爵的主要见证人是 W. 汉弥尔顿和海顿。"

"埃尔金勋爵和海顿两人对委员会的第一次会议，印象很好，但是，委员会很快就露出马脚。对于那些提供有利证明的见证人，委员会都草率地问讯一下，而对于反对方面则给予极大的关注和尊重。在专业证人中，诺勒肯斯称这些大理石像为'精美的

的古代文物转变为喜欢比较大的和年代较早的古代文物。在
443 1815年,大英博物馆已经获得埃尔金的大理石雕像,大约与此同时,还获得了菲加雷亚饰带。从那时以后,就陆续获得了公元前六世纪、公元前四世纪和公元前三世纪的作品,将这几个时期的空白填补起来,也使学者们的目光能够对美的真正价值和当年文克尔

物品',韦斯特马科特说这些大理石像是'好东西'。弗拉克斯曼说,这些大理石像是'他所见到的这类东西中最优美的东西',不过他却更喜欢好景厅的阿波罗像而不喜欢忒修斯像(愿上帝宽恕他!),秦特利说'它们的宏伟风格与大自然'很协调。韦斯特轻淡无力地对它们表示赞美,但是,劳伦斯却勇敢地为它们大声疾呼。他说,他认为它们是'最崇高的艺术风格的典范,对艺术,特别是对历史画,具有根本的重要意义'。佩恩·奈特先生同样是坚决果断的,他说,兰斯多恩勋爵收藏的维纳斯像或墨丘利像'每一件都抵得上埃尔金勋爵的收藏品中的任何两件',如果忒修斯像是'伪造的',其余的物件'都很拙劣'。阿伯迪恩勋爵和他的朋友们也持大体相同的论调。后来,就轮到听取埃尔金勋爵的专业证人海顿的审查意见了。在三天当中,委员会以一个接一个的借口不让海顿提供证言。最后,在第三天下午,他们指派一名委员,即议员班克斯先生,通知埃尔金勋爵:'由于对佩恩·奈特先生有所不便,不准备听取海顿先生的意见'。"

"在这次挫折之后,海顿不但因为个人遭到挫折而痛心,而且担心这个国家可能最终失去这一批大理石像。因此,他写了那本题为《论宁可接受鉴赏家的判断而不愿接受专业人员的判断》的著名小册子。在这本书中,他无情地揭露了那个时代人们的鉴赏力(尤其是佩恩·奈特先生的鉴赏力)的错误。然后他又发表了为这些大理石像慷慨陈词的辩护词。最后他热情奔放地说(他的激昂慷慨的言辞是那时所有的夸张性文体都无法与之相比的),'我可能具有的每一种艺术原则,都应归功于这些神圣的东西'。'我每次走到这些神圣的珍品中间时,都不能不对其中包含的伟大的艺术精神表示敬意。我每天感谢上帝让我在这些珍品运达这里时还活在人世。今后我还要天天感谢上帝,直到我生命结束。这些珍品宏伟壮观的美名将会广为传扬。随着时间向前推移,它们的名声会愈来愈大。现在还处在未开化状态的那些民族,还没有来临的时代将接连不断地为它们名声的震撼所唤醒,而且在它的协调一致的作用下,培养起优美的情操。来自世界各地最偏远的角落的香客会来向它们的神圣处所朝拜,并因它们的美而欣慰'。"

"这番震撼人心的雄辩之词使反对者无言以对。大英博物馆终于购买了这批大理石像。但是海顿,这个可怜人,为自己取得胜利而付出了高昂的代价。他揭发了那些人的无知和错误判断,因而招致了他们终生的仇恨和迫害。"

曼奇妙地猜中的美的顺序，更加熟悉和精通。

（2）科学 444

《近代画家》的第一卷和斯图亚特·穆勒的《逻辑学》在同一年（1843年）发表，这是一个引人注意的事实①。现在没有必要再去复述本世纪科学精神成就的历史了，因为我想，这段历史的梗概是每个小学生都熟悉的。为了我们的研究目的，我们可以用一般的语言来陈述这段历史的结果，那就是对人类可以达到的整个世界的合理体系的认识。更具体地说，在美学理论方面，我们可以指出这个运动内部存在着两种倾向。第一，这个运动使自然界同人类更接近了，它向人类指出了，人类自己的智慧既反映在自然界的因果关系上，又植根于自然界的演化之中。第二，这个运动揭示出，在一切现象（包括无机的现象、有机的现象和属于人类的现象），都有肯定的或明确的特征。这些特征一方面使这些现象打上了表现各自个性的烙印，另一方面，又揭示出这些现象作为贯穿宇宙中各种复杂的影响力在它们的微观世界的关系中的交汇点。在这后一个问题上，查尔斯·贝尔的毕生研究成果②反对艺术中的抽象的理

① 引自科林伍德的著作第20页和76页。

② 如《关于表现的解剖学和哲学的演讲集》（*Lectures on Anatomy and Philosophy of Expression*），第一版，1806年出版，1840年改写（乔治贝尔父子公司，1880年出版）。值得注意的是，在这部著作中，他对据称为拉奥孔的沉默所作的解释同歌德所作的解释是一样的（歌德是从贝尔那里得到那种解释的吗?），也就是说，他们都认为，按照拉奥孔身体的姿态，他是不能大声吼叫的。贝尔所极力反对的佩恩·奈特的见解说明，奈特对莱辛完全不了解。奈特实际上是说，任何悲剧作家都不可能让主人公在受到致命创伤时发出嚎叫而不致受到观众的嘲笑。我必须承认，那部描写阿伽门农临终时嚎叫的作品，在我的记忆中的确有一回引起人们的冷笑。奈特对这部作品似乎一无所知。

想，钻研有关人类面部和形体表现的因果理论，为达尔文对于这个问题的研究创造了条件。地质学的整个结果以及按照自然选择[①]原理的指导进行研究的各门有机科学的整个成果都证明了这种因果理论。还有人证明，甚至动植物的色彩现象都在因果联系体系中发挥自己的作用[②]。在最后这个问题上，使人们必须想到的是，要弄清色彩差异的意义，或许不仅要假定波长和色调有联系，按照
445 这一假定研究有机体是怎样得益于拥有这样或那样的反射面，而且要考查这种联系本身，研究这种联系在进化过程中是怎样必然地由因果关系所决定的，可以设想，如果看到在地球表面上最常见的波长[③]是绿色的而不是红色的，那就会发现其中有某种好处。只有以太的振荡波是确定的，就我们所知，相应的感觉是可以改变的。

(3) 浪漫的自然主义

当人们用科学的方法揭示出世界是合乎理性的同时，作为一种对应的补充，也异常迅速地发展起一种信念——席勒的伤感意义上的信念——认为世界对情感也有积极反应。单是从卢梭、歌德和索绪尔开始，经过华兹华斯[④]到罗斯金，再到有柔情蜜意的近

---

① 当然，这条原则直到罗斯金先生的研究工作开始以后很久才公之于世。《博物学家的航海》(*Naturalist's Voyage*)一定是和《近代画家》以及穆勒的《逻辑学》大约同一年问世。该书第二版标明的日期是 1845 年。

② 参看格兰特·艾伦《论色彩感觉》的论著。

③ 参看格兰特·艾伦上引著作中关于在进化的早期绿色在地球表面上是普遍存在的论述。

④ 大家一定记得，他是《英国湖泊指南》(*Guide to the English Lakes*)的作者。

代或优或劣的游览家的游历和游记，就足以抵得上这方面的作品了。随着游览家而产生的，还有矿区地质学家和田野植物学家，而且随着这些人的产生，还产生了田园风景画家。新的文艺复兴在英国开始出现，主要是通过华兹华斯、透纳、莱尔和达尔文的工作而不是通过像文克尔曼、莱辛或席勒那样的人物逐渐为人们所认识的。我们国家的与世隔绝的状态同这种特立独行的态度是有关系的。任何人如果不了解法兰克福的帝国露天演出的历史剧对歌德的想象力产生多大的影响，他就体会不到歌德关于他的童年时代故事的意义。这种露天演出的历史剧就是他在其中出生的历史传统的有形的根本连续。这种历史观念和对于过去时代的宗教及哲学的富于同情的批判精神正是我们思想界的许多领头人所缺乏的。有些人采取同情态度但却没有批判精神；有些人采取批判态度，但又没有同情精神。然而，从沃尔特·司各特时代起，我们的感

伤之情就带有历史色彩，人们对哥特式的建筑和“小型艺术”也产生了一种新的情感，也有人尝试向我们的人民介绍其他时代和其他国家的艺术和工艺，不管这种尝试的目标在某些方面有什么样的不妥之处，而且在前拉斐尔派兄弟会开始创建自己的事业，卡莱
尔的声音得到广为倾听的时候，那种打着科学的旗帜征服了知识 446
界的同样具有彻底性、勇敢性和敏锐洞察力的精神又开始在艺术中的浪漫的自然主义的旗帜下重新组成情感世界了。对我来说，必须重申的是，在通常情况下，在更大范围内，浪漫主义和自然主义是相同的。近代人对外部自然的向往，同近代人热爱象征主义，热爱个性和激情具有相同的根源。它只是一种同浪漫主义相对立

的、既有迷恋色情的又有道德主义的、所谓的科学的自然主义[①]，又是一种同自然主义相对立的，与真正的激情的情感全然不同的合乎常规的浪漫主义。

（4）民主精神

如果我用最简短的几句话指出，在这一切现象背后和这一切现象之中都有一种不断上升的民主团结的精神在发挥作用，那就决不应当认为我因此而离开了正题。在英国，我们并不是凭借希腊人的哲学启示而获得这种精神的。这种精神的产生是有一些复杂原因的，其中包括科学的摧枯拉朽的作用，而且更深刻地源于欧洲和本国当时的环境。这种精神把我们的注意力引向希腊[②]，而不是希腊把我们的注意力引向这种精神。“理性和自由的口号”[③]以及每个人都可以享有一种合乎人性的美好生活的理想，在英国这里并不像在德国那样，是通过教授和学者同古代文化和历史传统联系起来，通过大学里具有支配地位的哲学得到普及推广的。

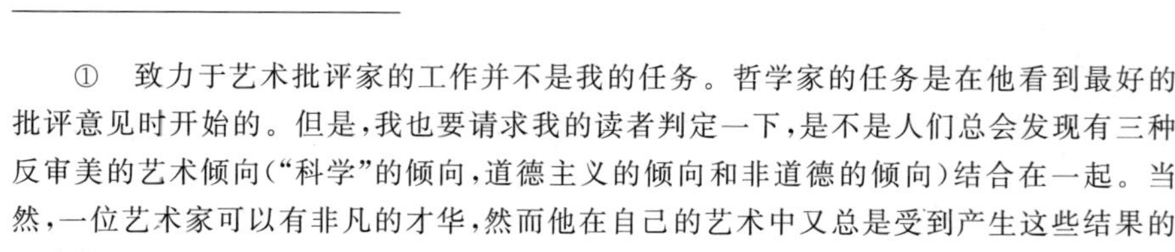

① 致力于艺术批评家的工作并不是我的任务。哲学家的任务是在他看到最好的批评意见时开始的。但是，我也要请求我的读者判定一下，是不是人们总会发现有三种反审美的艺术倾向（“科学”的倾向，道德主义的倾向和非道德的倾向）结合在一起。当然，一位艺术家可以有非凡的才华，然而他在自己的艺术中又总是受到产生这些结果的理论的阻碍。

② 我这里说的希腊指的是真正的希腊思想、希腊的政治和美。拜伦、雪莱和济慈对希腊哲学的热爱无疑形成了一条通过欧洲政治连结当代精神的重要链条，但是，我以为，这在传播和扩展对希腊古代文化的真正感受力方面并没有产生多大作用。济慈完全是通过古典辞典学会希腊文的。这一事实对于说明艺术推动力和学术之间的联系具有重要的启示作用。格罗特的《历史》显然是政治共鸣的结果。他相信，雅典人是靠了改革法案才取得进步的。

③ 黑格尔的《书简》。

相反，这种口号和理想在英国是通过政治和社会的改革家，通过抽象的怀疑派哲学家，诗人和文学家，艺术家和研究艺术及历史的专门学者从各个方面非常详细地阐发的。因此，社会生活与美的联系在很长时间里是不清楚的。改革家首先考虑到的是产业制度和 447
公民选举权的问题。诗人和哲学家首先考虑到的是情感和认知，而艺术家则完全是为他们的艺术而生。在所有这些人身上，人道的精神都是一样的，但他们并没有觉察到这种精神本身的一致性。因此，在英国，可以说人们是靠了一种事实上的归纳隐含地达到生活与艺术、内容和表现的相互联系的，人们对这种联系的领悟也许比别的地方（如在德国）更富有生气，尽管他们对这种联系的阐释还远不如像在德国那样清楚，那样有系统。因为在别处，如在德国，必须在许多具有哲学天才的人共同从事智力劳动并且研究了巨大领域的系统材料之后，才能对这种联系达到清楚而系统的认识。

3. 内容和表现的综合

过去半个世纪英国最好的美学——主要是罗斯金先生和威廉·莫里斯先生的研究成果——的优点和弱点就在于它的领域只限于造型艺术。就我能够作出的判断来说，过去还从来没有过这样杰出的文学天才同这样明确的擅长于处理实际材料的技巧结合在一起。但是另一方面（我必须果断地作出一个十分明显的保留，而且我也不需要再提到它），也没有任何一个关心整个艺术的人能够满足于这样一种理论处理方法，因为它不仅仅对音乐和诗歌艺术显得毫不重视，而且甚至还包含着否定它们存在的意思。我在这种批评中所指的是那种被反复提到的艺术统一理论。这种理论可以理解为等于说，如果一种艺术枯竭了，那么一切艺术也都失去光泽。我并不怀疑这种说法可以提示一个深刻的真理，也不怀疑病态的社会条件会以各种表现对美的意义发生影响。但在这个问题上，也像在其他一切问题上一样，我们必须把局部的偏差同反常的颠倒区别开来。各种各样的艺术，从来没有在同一时期同一国家都达到繁荣兴旺的完美状态——更不用说达到同样的先进水平了——，这是简单的历史事实。我们都清楚地知道，各种不同的艺术都不是同时达到各自的巅峰状态的，而是前后相继地依次达到的。我完全承认，虽然艺术的繁荣时期一般都发生在随着文艺复兴而结束的那个伟大的艺术时代之内，然而我们必须明确地看到这样一个事实：音乐是在我们的批评家所理解的统一的艺术传统消逝以后整整两个世纪才获得完备而独立的发展的（风景画的发
448 展大体上也可以这样说）。可是，尽管如此，至少在造型艺术理论中，我们的伟大著作家的论著对内容和表现之间的联系提供了新的活力。他们的论著恰好准确地证明了德国早期具体理想主义者的观念，并且弥补了他们的后继者枯燥贫乏的形式主义的缺陷。

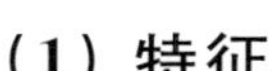

（1）特征

罗斯金先生在理论上对于丑的处理[1]似乎没有表现出足以维护真理的勇气。从学术上来说，他似乎持有罗森克兰兹的见解，认

---

① 参看科林伍德的《罗斯金的艺术教学》（*Ruskin's Art Teaching*）。

为丑决不可能成为美的，但是为了保持完备性，丑对于艺术来说还是不可或缺的。据说[①]，他在讲学时说过，完全靠美生活是不健康的——如果全面地理解美，这种看法是令人震惊的。

然而，这并不是一个最重要的问题。像我们一直坚持的那样，真正的问题首先是美本身的范围和活力问题。对这个问题，一方面我们要把类似一场革命的变化归功于本世纪的英国的艺术和批评。这个方面就是我们对以田园风景的形式表现出来的外部自然界的鉴赏。我们也许还记得，夏斯勒就认为，田园风景完全是一个主观心态问题，因此他在艺术分类中把风景画当作与抒情诗相当的项目。当我们感到大自然的美时，我们总要把我们的心情融入自然现象，从根本意义上来说，这一定是真实的。但是当我们这样做的时候，我们可能显得很深刻，也可能显得很肤浅，可能显得骄傲自负，也可能显得谦卑拘谨，可能显得愚昧无知，也可能显得有远见卓识。如果我们对黑格尔所说的“大自然的统一、直接和条理分明的序列”有很深刻的体验，我们就好像是为大自然本身而进入大自然，而且只有这样，我们才能在大自然中辨认出我们的更深刻的自我。正是这一观点才是我们应当归功于罗斯金先生坚持不懈地对透纳的艺术的合理性所作的论证。如果我们说，他像文克尔曼一样使心灵有了一副欣赏美的灵敏的新器官，这样说一点也不过分。虽然对整个自然界的“特征”，这种观点也是歌德、黑格尔和谢林的理论迫切需要的，但我们发现他们在这个领域中的观点整

① 参看《罗斯金的艺术教学》。

个来说还是薄弱的[1]。他们所考虑的更多的是个别的有形物、晶
449 体、植物、动物，而协同作用的法则和较大的现象结合体几乎完全不在他们所说的特征的范围之内。但是，罗斯金先生却以珍爱欣赏的态度指出可变曲线和分层色彩的价值和意义以及土壤和岩石的性质和层级，以致使精通这种表现方式的自然爱好者觉得，山岭和平原、悬崖和水道都会像人的面部表情一样讲述自己的故事。在我看来，这是完全符合科学精神的，只是罗斯金先生过于谦恭拘谨不能大胆地要求艺术家进行科学的考察。人们用不着进行理智的分析，只靠情感共鸣的习惯，就会作出这样的解释：这些山岭、平原、悬崖、水道都是由不断变化的运动决定的，并且表现为生长、衰败和抗衰能力的增长，即表现为合乎法则和富于个性。对于一切研究自然美的学者都十分熟悉的那些论点，现在似乎无须细述，但是，为了尽到我作为一个历史学家的责任，不致把自己的工作完全留给读者去做，我要选录两段文字来说明某些物品中富有特征表现的美，如果在这些物品中我们能够找到这种美，那么无论在什么地方就都可以找到它了。

“一个经过任何严酷气候侵蚀的土壤松软的陡峭河岸[2]，虽然高不过三尺，但却有许多可以使细心的观察者十分满意的特征。它几乎同一个不断风化的软岩石山坡一模一样，具有同样丰富多样的特点，受同样严格的构造法则的支配。首先，这里有因降雨冲刷留下的起伏的沟槽，还有一些小小的山洞，其倾斜的坡度同山坡

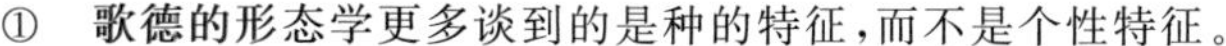

① 歌德的形态学更多谈到的是种的特征，而不是个性特征。

② 《近代画家》，i，307。

的坡度是一样的，由此还留下一些脊岭，其轮廓也同山岭一样优美，雕琢得同样鲜明美丽。如果有一块比较坚硬板结的土壤或石块，下面的泥土被冲刷，上面堆积了厚厚的结实的土壤，我们就可以看到小小的悬崖，它的顶部形成一条同宏大的山坡相连的连绵不断的曲线，还投下了一个轮廓清晰的阴影。在土壤松软的地方，下面往往被水冲刷以致倒塌，结果留下了一条锯齿状的不规则的断裂线。所有这些情况，都可以在阳光下呈现出秀丽清明的景色。每一小块阴影都表现出某种结构上的真实情况，并且提供了整体 450
对称的证明。如果这种作用长期有效，而植物的生长又能有助于使外形变得柔和松软，使我们面前的地面显现出许多优美的不规则的曲线，它们显得无限多样，但又密切地互相联系，互相促进，以至于眼睛决不会觉得他们是彼此分离、互不相干的事物，也决不会感到需要清点它们，决不会觉得它们彼此有相同的地方。它们不是彼此互相重复，而是同一系统的不同部分。每一部分如果脱离与之相邻的部分就是不完美的。”“通常地面上的真实形态同大自然呈现的任何其他形态都完全一样的宝贵（让我暂且预示一下我后面要说的话吧），完全一样的美丽。一个真正优秀的艺术家对每一寸饱经风霜雨露的土地都会恋恋不舍地加以细心愉快的欣赏，并使它成为其创作的最重要的、值得夸耀的、令人愉快的部分。”

或者，还可以通过一个例子，把全部复杂的自然风景的主要特征归纳在一件建筑作品中。因此，这件建筑作品如果摆在具有艺术眼光的人面前，就能够对所感到的整个领域规定法则。

“一切河流[①]，无论大小都有一个共同的特点，它们都有点向一侧倾斜，它们都不能承受使河道最深处位于河流正中间，只要有可能，它们总会有一条河岸可以在上面有日光照耀，还有一条河岸可以在下面纳凉。它们总会有一片河滩，布满了光亮的卵石，可以在上面玩耍，在河滩上，这些河流变得很浅，很呆板又很有孩子气[②]。还有一条陡峭的河岸，河水可以在下面暂留在那里，使它们本身变得清澈纯洁，为了在完全恰当的时刻充分积蓄波浪的力量……假如拱座的深度一样，在相同间距的河道上建两座拱桥总比一座拱桥要便宜些，而且要节省一大笔。因此，在水流浅的地方，乡村石匠总要造多座低拱桥。在水流变深的地方，要从河底建起桥墩就要更麻烦些，这时，石匠就要把拱桥造得宽一些。在水流最深的地方，由于无法在河底建桥墩，他就把拱桥造得最长，使之越
451 过深水河面，再加一两个小拱桥，就可以达到对岸。当然，拱桥越宽，就必须建得越高，否则就不能持久。因此，拱桥变得越宽，桥面就必须升高。这样，就形成了一般的桥梁格局：最高和最宽的拱桥都靠近一个岸边。对岸的平坦的河滩上则有一连串的小拱桥；通常陡峭的河岸都紧靠大的拱桥一边；而平坦的河滩当然总是紧靠有许多小拱桥的那一边；河流弯曲处肯定是凹面朝向这块平坦的半圆形河滩，由于遭到冲刷而形成弯曲陡峭的河岸；如果没有陡峭的河岸，河流弯曲处也仍然肯定会在桥梁的陡峭的一端切入河滩。”

---

① 《素描原理》，第 263 页及以下。

② 为了我目前研究的目的，我不能不对这段文字的逗趣的表达方式表示遗憾，因为这样容易引起误解，尽管读过罗斯金先生的《移情的谬误》(*Pathetic Fallacy*)的人还没有一个发生过误解。有关河道的事实是尽人皆知的。

"这种桥梁事实上是同河流的精神协同一致的，而且表示出它必须涉及的事物的性质，因而成了桥梁的典范。"

这样领会的特征，把和谐一致的和理想化的自我进入所象征的世界生命中带有的情感标志都包括在它的表现中。因此，这种特征，完全是黑格尔所说意义上的特征，但它具有的那种田园风景美的丰富性和旺盛的活力是黑格尔鉴赏眼光决不会观察到的。在这里，如果我们还记得上述说明所要求的曲线和分层的地面的性质，我们就看到了内容和表现之间生动结合的最单纯的形态。

(2) 工人的生命

在谈到歌德的《论德意志建筑艺术》这部著作时，我曾提到《威尼斯的石像》中"关于哥特式建筑的性质"这一章[1]。在这一章和讨论同一课题的许多论文中，由于莫里斯先生用实际设计者的知识和感受来丰富文章的内容因而使得内容和表现统一的论述达到更高的水平，用谢林的话来说，就是达到更高的"威力"。在这里，同一性的根源不是通过类比方式赋予自然的因果过程的意义，而是一个有自我意识的人的生命。我们之所以特地着重把建筑艺术中工匠的事例挑选出来解释这种同一性，原因就在于，只有在这种艺术(包括"小型的生活艺术")中才可能试着把内容和表现分开。任何人都不会作为一种一般性理论提出剧作家可以只限于设计剧
情，而让他的秘书写作对话，或者画家可以只满足于[2]为一幅画提 452

[1] 参看本书前面第414页。

[2] 壁画画家方面的实践和只是用陶土进行工作的雕塑家的实践与这种工作很接近。他们的工作实践提出的问题也和建筑提出的是同样的问题。

供草图，而让他的雇员去执行绘图任务。然而，正是因为在这些更高级的艺术中，即使要取得一般过得去的成绩也需要有很高程度的富有个性的才干，因而内容和表现的不可分离就成了必不可少的先决条件。所以，在这些艺术中，人们就设想，这两个方面的联系是不言而喻的，而不再深究细察，结果在理论中很容易失去它的真正地位。建筑艺术同时也作出了一种回答。这是由建筑艺术的某种功用决定的，它主要不是一种表现性艺术：交给个别工匠的工作看起来是简单的，局部的和确定的。为什么必须把他看作一个艺术家呢？为什么一定要说他的想法是自由地由一种内容决定的而不是机械地由一个尺度决定的呢？我们在这里遇到一个限制性的例子。现在我用罗斯金先生的话来回答①。

"哥特学派的建筑的令人赞赏的主要的地方或许就在于：他们就这样采纳了地位低下的人们的劳动成果，结果，从这种充满了缺陷而且处处显露出那些缺陷的片断中，却宽容并包地形成了一个无可指责的完美整体。""因为在他们（工人）身上最优秀的才干总是伴随着许多差错表现出来的。对这一点应有清楚的了解。你可以教一个人极其迅速地并十分精确地②画出一条直线，把它刻下来，或者画出一条曲线，把它刻出来，或者把任何数目已有的线条或图形复制下来或者刻下来，你会发现他干的工作在同一类工作

---

① 《威尼斯的石像》，ii，161－162。

② 由于真正的希腊作品被归于"隶属的"作品一类中，这里似乎在一定程度上忽视了希腊装饰和罗马装饰的极大差别。我们听说，希腊的模塑曲线是无法用圆规描划出来的，而且要把这些曲线复制下来，肯定要求工人对这样的复制有某种自由的品质。我感到遗憾的是，我在技术上不在行，因此没有能力进一步探讨这个问题。参看本书前面第47页。

中是完美的,但是,如果你要他对这些图形中任何一种图形思考一下,想一想他是不是能以自己的头脑想出任何更好的图形来,他就会中断谈话;他的行动就会犹豫不定;他若思考,十之八九会想错;当他作为一个会思考的人进行工作时,十之八九一开始就会出错。但是,尽管如此,你已经使他成为一个人了。在此之前,他只是一部机器,一个活动的工具。""另一方面,如果你想使
他成为一个人,你就不能使他成为一件工具。只要让他开始想 453
象,思考,开始试着做任何值得去做的事情,机械运转的精确性就立即消失了。他的全部粗率,全部迟钝,全部无能就都显露出来了,但同时他的全部尊严也显露出来了,只有当我们看到疑云出现在他的身上时,我们才会知道他的尊严的崇高。""另一方面,如果你过去常常在古老的大教堂前对古代雕塑家的出奇的无知发出会心的微笑,那就请你再到那古老的大教堂前面去看看吧;再察看一下那些丑陋的妖精、畸形的怪物和那些不符合解剖学的呆板严肃的雕像吧!但是请不要嘲笑它们,因为它们是每一个锻造石像的工人的生命和自由的标志,其中包含思想的自由和高度的生命力,这样的自由是靠任何法则、任何契约、任何慈善活动都无法保证的。但它却是当今整个欧洲希望为她的后代必须重新恢复的首要目标。"

也许有些读者还没有认识到,我们在这里所谈的问题实质上就是康德之后差不多所有的德国著作家都在"才华"这个名目下讨论的同一个问题;也就是说,它是一种特有的禀赋,靠了这种禀赋,才能以一种积极的充满创造感的状态提供理性的内容;靠了这种禀赋,才能把这一切美的制品同一切科学理解性质的东西区别开

来。“在艺术作品中，精神方面和感性方面必须融合为一体。”[①]总之，联系的纽带就在于，正像在一个自然过程中，形式表现了法则，同样在人的工作中，只要没有机器的介入，他的操作观念本身连同其结果，即自动的活动，都表现在他的双手的制作品中。作品显示了人，人又是观念（体现在感觉和情感中）的具体显现。这就是有意识的制作中内容和表现的联系环结。有些普通作家对罗斯金先生提出了一种批评，认为他把美学变成了伦理学，我对这种批评意见基本上不表赞同。当然，我们所说的这位思想家对于体系或公式也毫不关心，但是，如果我们想要理解他，我们就必须根据他的理论总的发展趋势对他作出公平的理解。我在这里可能又要提到
454 我在论述柏拉图的伦理学和美学内容[②]的本质联系时说过的看法。可是，如果忽视了这种本质联系，那就是一个严重的错误，比陈述不正确的技术性的错误要严重得多。我认为，罗斯金先生除了在哲学表述上存在技术上的缺陷以外，在主要方面是无可指责的。不过，我也承认，他偶尔也有一些说教，是我无法为之辩护的。因为这些说教有时也涉及一些通常谁也不会注意的有害的陈词滥调[③]，所以我对这些说教只能表示遗憾了。

必须注意，我们在这种对内容的感受中认识到社会精神和

① 黑格尔的《美学》，“序论”，英译本，74。黑格尔在另一个地方谈到宝石切削工人时说，宝石切削工人必须把他的观念体现在感觉的（肌肉的和触觉的）形式中，因为他对他的比较精细的产品甚至连看都看不清。从某种意义上来说，所有的艺术都是这样的。

② 参看本书前面第 23 页关于柏拉图的道德主义原则的论述。

③ 像“一切艺术都是无用的”这样的话，从内容上说可以追溯到亚里士多德时代，本来谁也不会去考虑它，仅仅因为它有一定的表达上的贬义，才值得注意。罗斯金先生则用一种很容易理解的反题加以反驳说，一切艺术都是有用的。

真正的历史精神。这种精神在本世纪各个研究领域都获得了进展。我们说过，在德国，历史的综合导致了美学的综合[①]。在英国，审美的深刻见解对历史研究和经济理论都产生了显著的影响。

(3)“小型艺术”中的内容和表现

莫里斯先生对基于小型艺术的表现理论所作的贡献虽然不像罗斯金先生的广泛的文学活动那样雄心勃勃，但却具有极高度的批评性质。忽视这些小型艺术一直是德国的理性美学(柏拉图了解得更清楚)的弱点，但是，如我们所知，只是到了后期的唯心主义的方法论者那里，对物质材料的感觉才完全消失，并在艺术分类中用各种各样的艺术媒介的性质中引申出来的纯粹抽象的推论来代替。我认为，仅仅从使用陶土、玻璃、木料、金属和石头这样一些材料中自然产生并能影响想象和设计的那些差别的简单经验提供的观点出发，是不能很好地解决高级艺术的分类问题的。我要用足够的引证来说明，这种对材料的生动的感觉是怎样影响内容和表现的联系以及美的一般定义的。

“毫无疑问[②]，你们中有很多人都参观过那个令人赞美的南肯 455
辛顿博物馆的美术陈列厅，并且像我一样，对于人的头脑中产生的美满怀惊奇和感激之情。现在我请你们想一想，这些奇妙的作品

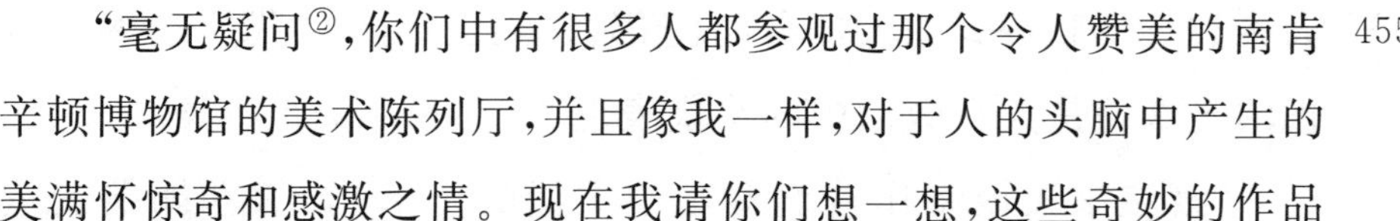

① 但是，后者又影响了前者。兰克似乎是因为最初看了沃尔特·司各特的小说才对他的主题发生兴趣的，但又反过来影响他对小说中描写的看法。正是由于他采取了浪漫主义学派形式的历史兴趣使它走在哲学的美学前面。

② 莫里斯，《艺术讲演集》，55。

到底是什么，又是怎样制作出来的；的确，我在谈到这些作品时用‘奇妙’这个词既不过分也不离谱。这些东西就是古代普通的家用物品，它们之所以如此稀少，如此受到细心的珍藏，原因之一就在这里。在当年，它们都是一些平常的东西，使用的时候一点也不怕打破或者弄坏——当时根本不是珍品——而我们现在却说它们是‘奇妙的’。”

“它们是怎样制作出来的呢？它们是由一位伟大的艺术家——总之，一个有高度教养、薪酬很高的人，当他不工作时，住得精美豪华，享有锦衣玉食的人——设计出来的吗？决不是这样。这些作品虽然很奇妙，但都是由‘平凡之辈’在平凡的日常劳作过程中制作出来的。我们在赞美这些作品时所赞美的就是这样一些人以及他们的劳动——你以为他们会对他们的劳动感到厌烦吗？你们当中那些称为艺术家的人都非常清楚地知道，情况并不是这样；也不可能是这样。我必须说（你们也不会反驳我），穿越那些充满了神秘美的曲径，以致创造出在南肯辛顿博物馆的那些引起我们欢笑的奇异的飞禽走兽和奇花异木，这些都伴随着很多愉快。这些人至少在工作的时候是很愉快的。我想，他们像我们一样，在大多数日子和每天的大部分时间都在辛勤工作。”“我所理解的真正的艺术就是人在劳动中的愉快表现”[1]。

“现在来谈谈制作玻璃器皿的类似的艺术[2]。它和陶器制造工艺大体相似。直到我们所处的现今时代以前，一件丑陋的或笨

① 莫里斯，《艺术讲演集》，58。

② 同上书，195。

拙的玻璃器皿都没有制作出来[①]；考虑到这种艺术的性能，这是不足为怪的。在一个优秀的工匠手中，铸铁熔液肯定成了有生命的东西。你可以说，它在诱导工匠制作某种漂亮的东西。除非是商 456
业营利的进取心俘获了一个不走运的人，迫使他带着他的图样（我认为，这种图样一般来说一定是一位园艺师设计出来的）坐到玻璃工匠的位置上——否则，任何别的东西都不会产生这种丑陋的玻璃器皿来。除非我们不再要求大批量制作尺寸精确的玻璃器皿，否则，这种愚蠢行为是绝不可能纠正过来的。如果我想要做出一些好的玻璃器皿，我会把一些优秀的工匠召集到一起，把我所要的器皿的高度和容量告诉他们，或许还要告诉他们有关某种形状的一般要求，然后就让他们尽心尽力去制作。我在说这番话时，完全是严肃认真的。随后，我会把从退火架上取下来的玻璃器皿进行分类（这是多么愉快的事呀！）我会为其中最好的制品作出最好的定价，因为它们是应有所值。而且我相信，其中最差的也不是坏的。”

“尽管如此[②]，这些非构造性的民族对于这些技艺的确没有普遍的掌握。他们似乎拿这些技艺当儿戏，而不是力图把自己的心灵投入到里面去。欧洲或亚利安族的工人虽然同都兰族的工人相比显得有些笨拙（我的意思是在很长一段时期如此），但是，他们对工作严肃认真和关心重视的态度使他们的作品远远超过中国和日

① 在哈特曼的《美学》，ii，第136页以下，也有很多像这样的说法，但是应当注意到他对欺骗性装饰的指责，是从单纯的实用性要求出发的，完全没有提到事情的发展状况同工匠的愉快的联系。

② 莫里斯等人的《艺术讲演集》，184。

本的精巧作品,成为一件艺术品。正是这种严肃认真的态度和用于日常生活中物品的深刻感觉事实上构成了建筑的精髓,不管这种物体是什么。因此,我仍然要说,在我们中间,也就是在近代欧洲人中间,其他艺术的存在是同建筑艺术的存在紧密联系着的……因为这种建筑艺术是真正民主的艺术,是人类聚居的地球的产品,是地球上人类生命的表现。”

如果意味深长而又十分明确地表现出来的观点并不是缺乏哲学思考的,但若要使之适用于富于个性和具有高度想象力的各种艺术形式,还需要加以发挥和阐释。这些观点提供了美学理论中的一个根本因素,这个根本因素既不是简单明了的特征表现理论,更不是形式主义美学试图通过更细致分析所能提供的。我在前面

457 说过,同这些观点有真正关联的是康德的天才论[①],还有席勒的游戏论和黑格尔的观念论。理论上的问题是这样的:假定艺术和美都有一种内容,对感官展示这种内容就是艺术和美的显著标志,那么,内容是怎么样,或者说是靠什么机制在一个确定的对象上通过感官取得表现形式的呢?答案是由生活中的小型艺术在一个小范围里提供的,但这个答案是确当而深刻的。内容之所以能够变成某种制品,是通过人的存在,而且是以如此深刻的方式通过人的存在,只要他在制作活动中是自由的,就能够凭借训练有素的习惯和征服的冲动,使内容对人的制作品的改进达到令人满意的程度。

① 参看莫里斯等人的《艺术讲演集》,217。“自然界中某个美的片断(如果我们要做出一些好的壁纸设计图的话)必定会十分有力地引起我们的注意,以致我们心中完全充满了它,因而只要服从艺术规则(表现力的形式原则),我们就能对别人表达我们的愉悦。”

心理学家告诉我们，愉快似乎既表明自我是和谐匀称的，又表明自我是伸展自如的。因此，在艺术中出现的内容似乎是通过获得表现的自我的扩展发挥作用的，而从内容的性质来看，又是一种和谐的扩展。我认为，事实上，每一种扩展本身都必须是和谐的。矛盾只能阻碍和消耗注意力，因而只能对扩展起阻碍作用。

就这样，这位作为艺术家的著作家提到我们面前的单纯真实的经验就证实了并且又完善了伟大的理想主义哲学家和“精确”的美学家的理论。一个以天性和自我为一体的人，或者用席勒的说法，一个游戏中的人，就成为内容和表现之间必不可少的中间项。一个人真正从完满的心灵中产生的独特的表现可能是野蛮的、笨拙的或古怪的，但不会是丑的[①]。这一切同那句看似无害其实不然的口头语“为艺术而艺术”[②]是多么的不同啊！又同那种要把建筑从自由艺术的领域中排除出去而同时又承认建筑很美的虚假的精确理论[③]是多么不同啊！

(4) 敏锐的想象和美的界限 458

罗斯金先生对“敏锐的想象”[④]的分析出色地发展了内容和表现综合为特征——那种支配心灵和情感的特征的思想。在这里，罗斯金先生明确地区分了想象和幻想。但是，他在晚年又放弃了

① 参看歌德的《论德意志建筑艺术》，见本书前面第 419—420 页。

② 莫里斯的《艺术讲演集》，54。

③ 参看哈特曼论建筑，论问题的是非曲直，见布朗教授的《美的艺术》。

④ 《近代画家》，第 2 卷，第 2 部分，第 3 章。

这一富有成果的区分。这使我深感遗憾[①]。在我撰写这一章时，他用想象这个词是指抓住事物的核心，从里到外进行审查的那种洞察力，而幻想则是他用来表示那种沉溺于事物的细节但从来没有抓住事物核心的精神。他提示我们说，这样理解的想象充满了爱与热情，而幻想则是漠不关心，冷淡无情的，是一种“最冷酷无情的智识能力”。他的这个提示触及最深刻的真理。我在复制歌德的审美品质图表的时候，就注意到，在这个图表中，“幻想者”[②]或爱作反复无常的幻想的人只占从属地位。事实上，从亚里士多德关于悲剧是生活和行动的再现的论述，到莎士比亚的“把镜子对准自然”的诗句[③]，我们在这些最伟大人物的作品或理论中，都找不到荒诞的幻想或虚假的幻想。但是，就我所知，在《近代画家》出版之前，还没有人能够以必不可少的勇气从这一真理引出必要的结论来。我无须再说，这样一种对想象的观点必定会使不断发展的关于美中的特征的认识臻于完善。

“也许读者会觉得[④]，我把这种深入细致地占有某种心理功能称为想象是不恰当的。就算这样吧，名称是没有什么重要意义的，不管我们用什么名称来称呼它，我始终认为，这种心理功能本身是人的最重要的智识能力。”“诗人或画家的每一重大的构思都是靠这种能力支持和处理的。甚至像埃斯库罗斯、荷马、但丁或莎士比

① 科林伍德的《罗斯金的艺术教学》，138。

② 参看本书前面第425页。

③ 另一方面，莎士比亚又说，想象是一种思考不真实事物的功能。这句话在莎士比亚戏剧中出自忒修斯之口。忒修斯是带有一点轻蔑态度的人，然而又是英明宽厚的君主。认为想象是骗人的说法出自剧中小丑“试金石”之口。

④ 《近代画家》，第2卷，“关于深刻的想象”一章。

亚这样伟大的作家所勾画的每一个人物都是他们用心灵来构思的。人物的谈话或神态的每一个细节或语句都是通过来自内心的活动来把握的，并且涉及一刻也没有失去控制的内在秘密的源泉，459
因为每一句话都是从内心深处构想出来的，因而都可以为我们打开通往内心深处的道路，引导我们到达中心，然后再让我们去猜想更多的东西。”

随着这样一种想象学说的提出，我们应当指望有一种对美和本质表现的综合。罗斯金先生到底在多大程度上真正完成了这种综合，对这个问题，我们不能急于表示意见。《近代画家》第一卷和第二卷之间至少相隔三年时间，所以，要形成一种最终的决定性意见，如果只限于研究这两卷，那是不恰当的，即使仅限于研究《近代画家》全套书，也还是不够恰当的。

乍看起来，如果单凭头两卷和带有纯理论性的各卷来看，罗斯金似乎有一种自然的而且值得称赞的前后不一致的情况。我们常常指出，这种不一致是由于充分肯定“美”这个词的广义而忽视了比较狭窄的人所熟知的意义。第一卷在综述这部巨著的大纲时列举的艺术的优美之处需要研究的明确主题有：关于能力、模仿、真、美和关系的各种观念。在这里，美列为艺术之所以为艺术的一个优美之点。在歌德看来，美在名义上是这样的；在罗森克兰兹看来，美在事实上也是这样的。第一卷对有关能力（即实施技巧）的各种观念的讨论比较简短，其余的篇幅都用到有关真的各种观念的冗长的讨论上。从整个论述过程可以明显地看出，虽然他自己承认名副其实的那一种真同美是有区别的，但在这里还是把真看成是艺术中优美的一个要素。第二卷在形式上是按照这一大纲把

有关美的各种观念当作艺术中优美的一个对等要素来讨论，但是，这个纲要在作者手中似乎又有所发展。因此，在本来非常有系统的论述中——按照同黑格尔或哈特曼的分类大致相同的顺序，一开始讨论类型美（大体上就是我们所说的形式美），接着又进而讨论不同等级富有生气的美——他是否又把美的观念重新加以扩大，以致把上一卷中作为美的领域之外的各种要素又包括进去，这
460 是一个值得考虑的问题。因此，在形式上，我们并没有摆脱歌德著作中出现的那种二元论。按照那种二元论，美只是艺术之为艺术的一个优美之点。然而，如果我们把第一卷中关于真的论述吸收到第二卷中关于不同程度的类型美和富有生气的美——全都富有特征——的理论中去，并且对深入的想象进行分析，使整个理论得以完善，那么，就没有什么东西需要留在美本身的范围内进行探讨了。占主要篇幅的大量例证表示丑是艺术的一种属性。书中还有一种看法认为丑在自然界中极为稀少。这些看法与本书中提出的关于丑的本质的见解是一致的。即使把大自然看作是几近完善的美的观点在理论上是错误的，即使我们愿意承认，因为冲突损伤等因素，自然界产生的丑也和在艺术中或者说人的作品中可以找到的任何丑一样是不可超越的（我并不相信这一点），纵然是这样，这种认为自然界是理性的典型，因而它的基本原则应当是很美[①]的一般观念，仍然要比那种把荒凉、古怪、阴暗或紊乱以及一切稀有的或过渡性的动物形体都看作是丑的狭隘理解在很大程度上更加

① 《近代画家》，第 2 卷，第 63 页。

接近真理。事实正如鲍尔温·布朗教授指出的那样清楚[①]，这位北方的艺术家是最先同地球上比较荒野和比较神秘的方面发生彻底共鸣的人。

(5) 用于诗歌的按材料分类

也许有人会问，在什么意义上可以把按感性材料进行的分类应用于诗歌？诗歌的材料是**什么**？我觉得，在回答这个问题的时候，我们必须作出一种区分。

在全部哲学论证中，最好是从外延由严格的内涵决定的简单事实出发，也就是说，最好是从在习惯和经验中有充分根据的用法规定的诗歌一词的意义出发。因此，如果我们要问，诗歌是不是属于幻想问题，即想象问题，是不是可以脱离一种特殊的感性材料，即响亮而有节奏的语言，而独立，我们就必须首先提出这样的问题，是不是有某种诗篇不是用韵文写成的？考虑到《旧约》诗篇的英译本的文句都有节奏而缺乏韵律，而且我想《旧约》的这些篇章的原文也是如此，而有些作品的原文具有比较明显的韵律，但却译成散文，因此，我们必须承认，只有节奏而不是韵律才是诗歌所必不可少的本质因素。然而，即使是节奏，也是一种宽松的结构。如
果诗歌的本质有了充分的发展，那么，我们称之为诗歌的毫无疑问 461
需要有韵律。如果没有量的发展，或者说，如果不能有规律地重复出现重音和韵脚，我们就不会看到写韵文诗的诗人在他的富于想象的表达上留下韵文本身和诗人自己的表现形式及协调节奏的明

① 《美的艺术》，第3篇。

确印记。

因此，从本来的意义和大家公认的意义上说，诗歌这种艺术区别于其他艺术和它本身独具特色的地方就在于它的材料。诗歌的材料就是有韵律或有节奏的语言，而且总是一种需要加以特殊处理的特别的语言。对这种语言的处理不同于对任何其他语言的处理，正如对木料的处理不同于对大理石的处理一样①。这样的诗歌必须具有美的和显示特征的音调。因此，我并不赞成把想象确定为诗歌的真正材料的那些人的看法。当然也有程度上的差别。虽然任何艺术都不能使用全然无意义的形式，然而在造型艺术中却可以脱离确定的意义使用纯形式美的感性材料(对于音乐，我不敢贸然表示意见)。如果脱离确定意义使用语言，那会使我们感到震惊的。作为把语言用于几乎是纯粹装饰性目的的一个极端的例子，我们可以想一想语言中反复出现的“叠句”。在我看来，如果叠句在每次再现时都占据了意义或语法结构中的一个位置，那是最有效的。然而，在某些形式的韵文中，却不能指望这样做，除非只是为了使某种声调或某种想象要素每隔一段时间在心灵面前重复一次，像重复图案中的花纹一样。然而，总的来说，每一种艺术形式都要求有意义，诗歌避免“毫无意义的诗句”，只是遵循美的基本法则罢了。

尽管我们很难说一个诗人可以不是语言艺术家，一首诗不是用词写成，但从某种意义上说，诗又的确是普遍性的艺术。或者

① 大家可以用片刻时间想一想希腊语、拉丁语、德语或英语的六个韵步的差别，或者想一想希腊语和拉丁语的萨福体或阿尔凯奥斯体的差别。

说，如果更切实地遵守习惯用法，那么就可以说，一切艺术都具有我们称之为“诗意”的品质。毫无疑问，这就是以某种方式发挥作用的想象的一个特征，最好把它称为我们在前面所说的深刻的想象，一切感性的具体观念，甚至是包含在一个具有个性和典型性内 462
容的整体中抽象的思想片断系列，都可以成为这种想象的材料，因此，这种想象可以进入对美的一切认识和制作中，并在其中发挥作用。像大多数类似的用法一样，“诗意”一词的这种用法是带有冒险性的。总是要冒混淆特殊意义和一般意义的危险，冒混淆“绘画”诗的意义或“音乐”诗的意义的危险，不仅用绘画或音乐来表现一种高度深刻的想象和理想的情感，而且用绘画或音乐表现它讲了一个故事或描写了一个人物，因而侵占了诗歌本身的领域。这样做的结果是弊多利少。

除了上述两种习惯用法以外，还有一种与这两种用法都不相同的习惯用法，那就是完全撇开艺术，谈论心中出现的富有诗意的意境或观念。这种用法只谈到适合于归入诗歌的意境和观念，但并没有在事实上把它们写成诗歌的样态，正像一种绘画观念或音乐观念可以进入心灵，但由于某种可能的原因，我们并没有把它做成一件绘画或音乐作品。

按照普通语言中诗歌一词的内涵把诗歌本身看作只限于有一定韵律或至少是有特定的节奏排列的词语组合，而把诗歌一词的所有其他习惯用法都仅仅看作是具有不同程度的类似意义而已，这显然是最真实也最纯朴的观点。为了支持这一观点，我可以再加上一段话：虽然我并不否认《诗篇》以及卡莱尔著作中的某些段落和许多散文作家临时写出的简短的篇章都有诗的性质，但在我看来，通常称之为散文诗的并不是诗，而是浮华的言词，是同诗的性质不能相容的东西，尽管在某些受到热烈辩护的段落中两者也有联接之点。当然，我并不是说一切韵文皆是诗。我只是探讨在多大程度上可以把诗扩大为通常所说的散文，而不是在多大程度上可以把散文扩大为通常所说的诗。我认为，诗和散文之间必要的差别，除了诗有韵律的语言以外，还有深入的想象及其伴随着深刻理想的情感。这就是亚里士多德所说的诗的“普遍性”的根源。

4. 结束语

到现在，我已经尽了最大努力来实现我在第一章提出的承诺。
463 我力求说明古代人所采取的美的基本理论是现代人所达到的极为丰富的思想观念的基础[①]，还说明了美学思想怎样伴随着实际的审美意识或美感的广度和深度的缓慢的发展，从形式的美过渡到特征的美，从画框的美过渡到绘画的美[②]。我们已经说明了，在这一发展过程中，美感是怎样得到几近无限的扩展，不是依靠表面的一般性概括，而是依靠获得更深刻的协调共鸣。“丑”这个谓词已经基本上从无生命的自然界领域排除出去，而且也几乎从非人类的有机界中排除出去，而被驱逐到寻求美的人类意识中那些病态的或欺骗性的制作品中去。同自然相对立的超自然的理论体系以及世界是由上天先行设计创造的理论都已逐渐消失，人的眼光变

① 参看本书前面第 5 页。

② 参看本书前面第 55—57 页。

得更加敏锐，能够直接理解世界和他自己生活的统一性和内在理性。现在已经有可能认识到当今的精神一元论在从古典希腊的自然主义的一元论演化而来的过程中，怎样使浪漫主义意识的动荡不安的二元论成为一个必不可少的重要环节。关于这种以哲学术语表述的精神一元论，我们已经探索过它怎样在与审美综合的思辨理解的直接联系中产生。

另一方面，如果我们从对美的批判性和反思性的理解转到美的作品领域上来，那么就无法否认，我们发现我们自己面对的解决连续性问题竟达到在有记载的历史上史无前例的程度。“为了人民，依靠人民，对创造者和使用者都是愉快的。”[①]这种艺术实践在世界上比较文明的民族中已不复存在，而且随着文明的传播，这种艺术实践在迄今存在的地方也渐渐不复存在。在结束本书时，用简短的文字谈谈对美学科学的当前的要求和具体美感的展望和前景，也许是恰当的。

（1）当今对美学科学的要求

在当今讲究方法论的美学中存在的非常显著的脱离历史的倾向再也不应当继续下去了。彻底的哲学处理方法应当完全有能力 464
把形式分析的成就同对内容和表现的共同演进的应有的重视，对各种可能的非永久性的审美品种的应有重视结合起来。带有黑格尔历史体系的某种特点的罗斯金先生、莫里斯先生和佩特先生的

① 威廉·莫里斯先生的著作中多处出现。

精神[①]，赫巴特和赫尔姆霍茨的精确的明晰性，都有可能在一种哲学科学中找到他心理学或最全面意义上的生物学一样具有多样化特点。卡里尔在他的《艺术及其与文化演进和人类理想的联系》中为这种处理方法的一个方面，而且是主要方面，提供了极好的例证。但是，为了正确地表示这种联系，并不需要编写一部完备的文明史并把它放在和完备的艺术史相并列的位置。比这种处理方法更好的分工方法也一定是可能的，如果对这项事业的重要性估计过高，就会由于自然的反应，出现大量平庸的和第二手的著作，这种情况就连卡里尔也未能幸免。

为了达到我所指出的目的，首先必须放眼去考察一下各门艺术目前的状况，弄清在各门艺术中哪些是生机盎然的，哪些在当前情况下是毫无生气的或者说是处于生机停顿的状态。我认为，对叙事诗和戏剧[②]，如果只是进行纯粹一般化的、系统化的讨论，而不指出它们兴旺昌盛的时代和它们产生的条件，那是最令人厌烦的。如果为了我们的目的，把戏剧拿来表示只是具有永久的文学价值的真正舞台剧，我们就会立即看出，在世界历史上，悲剧毕竟有两次兴盛的高潮，每次只有很短的时期，一次是在雅典的四分之三个世纪的兴盛期，另一次是在英国和法国的一个半世纪的兴盛期。喜剧和趣味高雅的戏剧兴盛的时间无疑要长一些，但是，今天

① 我知道，这位哲学家的研究成果在对艺术的熟练而富于独创性的感觉方面一定不如熟练的艺术批评家的成果。但是，除非他能够集中某种真正的同情和洞察力，他的实际的哲学研究成果一定会因为他根本不知道美的意义而大大受损。

② 黑格尔也有他的理由：在他生活的时代，希腊文艺复兴正处于最初的鼎盛时期，而且歌德和席勒的戏剧似乎又预示着戏剧的复兴。

在文学中保存下来的全部喜剧，我认为，只属于几个十分明确的而
且又不拖得很长的时期。至于史诗，这个名称是从最优秀的典型 465
《伊利亚特》和《奥德赛》得来的。实际上，后来的每一部史诗在意义上，民族内容和产生条件上都不同于这两部史诗和一切其他史诗的新的样式。

今天我们的诗歌形式是什么呢？它们及其产生条件同过去的伟大作品及其产生条件又有什么关系呢？它们对谁有吸引力呢？莱辛、歌德和席勒的戏剧在今天的德国还支配着公众的舞台吗？拉辛、高乃依和莫里哀的戏剧还支配着法国的舞台吗？如果不是这样，那么，每一种情况产生的原因是什么呢？是什么取代了它们的地位呢？或者说有什么别的东西能够取代它们的地位吗？人们喜欢有文学价值的戏剧吗？如果他们能够看到这种戏剧，他们会喜欢吗？提出这些问题都不是出于不必要的好奇心。对这些问题的回答取决于单纯的事实，但是，它们的内容则是哲学的材料。它就是那个到处流传的基本问题——内容和表现的问题。

这样一种调查同样也可以用于其他各种艺术，当然不是用纯统计学方法[①]和结果，而是为了弄清它的产生出于何种动因，又适合于什么样的需要，并且指出美感以及这样揭示出来的内容和表现的联系与迄今存在的审美意识的演变相互之间有什么样的关联。长篇小说，或者说趣味高雅的叙事诗，在适应近代生活条件方面有其独特之处，我们必须从这个方面加以考虑。而近代生活条

① 不过，统计材料也是有趣而有价值的。几千份调查表年复一年地绘制出来送到皇家学院，给谁使用，又是由谁提供的呢？

件在许多方面都不适合于造型艺术。也许有人会说:“今天,还有什么人不愿通过印刷出来的书本把他的思想按照原样立即传遍整个文明世界,而愿意通过别的方法向世人讲话呢?假如达·芬奇生活在本世纪,他也会成为一位伟大的具有批判精神的著作家。”

我感到完全有信心对音乐表现的分析还可以做比打算做的更多的工作。这个问题由于对立的理论家互相争论而完全落空了。音乐家们十分自然而又正确地不相信乐音结构可以翻译成自然语言,但是他们在实践中——即使不是在理论上——却竭力使乐音
466 结构具有模仿能力。形式主义学派试图把一切音乐表现都比作谐和音和不谐和音的单一关系,联想学派则从更加琐细、更加抽象的方面注意到乐曲的节奏同人们情感语言的抑扬顿挫相似。因此,只好听任不关心音乐的哲学家争辩说,音乐表现中一定有什么比这一切加在一起还更重要的东西,应积极地而不是消极地进行研究(也就是说,不要只是把这样或那样的非音乐特点转移到音乐中来,并拿来同音乐进行比较)。音乐这种材料或媒介,具有某种完全确定的特点,不同于任何其他感官传达工具的特点,显然适合于某些特殊种类的结合、转移、理想化的运动。这种理想化的运动带有的特性不同于纯粹的运动,甚至也不同于有节奏的运动所带有的特性。以同时共存和连续进行两种方式贯穿于整体的是一种有可听度的规律性和必然精确性的结构,像大自然本身的规律性和精确性结构一样地清晰而神秘。的确,在这个问题上一定有可能沿着柏拉图、叔本华、汉斯利克的路径,避开两种危险而奋力前进。要避开的两种危险,一种是同格尼先生一致,否定任何解释和分析能够揭开旋律与和声的秘密;另一种危险是同形式主义学派和联

想学派一致，肯定这完全是一个平滑的周期问题或提示声调的抑扬顿挫问题。的确，我们完全可以通过敏锐而公平的批评深入地探明重要的音乐作品中的那种性质，那种典型的精神和结合、转移、复制等方式，从而阐明音乐美的领域内表现和内容的联系[①]。

我在前面已经提到，心理学在未来的美学中可以起主导作用。但我并不相信美学可以离开对内容的分析来对表现进行分析。看来，对于表现中的令人愉悦的性质进行分析是对演变过程中需要得到体现和赞赏的那一类内容的必要补充。我们曾经说过，注意力的节约法则同优美动作的节约法则是联系在一起的，归根到底是同柏拉图和亚里士多德关于整体和部分之间必然关系的论点相联系的。这种把审美内容的分析转变为心理运动或其他类似的转变是不是也适用于其他更复杂的内容呢？自由工人的手可以画出像弹簧的曲线，这种曲线独特的构成法则会使人立即感到它表现的正是这种富有生命力的喜悦。难道这不是依靠内在特性的真正感觉，而仅仅是靠再现性记忆产生的感觉吗？单纯的色彩使人感到快乐的性质是什么呢？假定我们感到它们是单纯的，那岂不是一种错觉吗？同样，乐音的性质是什么呢？色彩与乐音的结合又是什么性质呢？我们可以像比较环形曲线和链状曲线那样把它们加以比较吗？在韵文中声音与意义之间有什么样的联系呢？难道意义不是通过暗示的情绪影响声音的吗？优美的韵文与深刻理想的情感表现之间的关系不是植根于心灵的本质吗？在艺术的真实

① 我在本书附录Ⅱ中转录的笔记，在我看来，就是所需要的那种分析的例证。当然在专家们关于音乐的著作中，一定还有许多这类批评，那是我所不熟悉的。

性方面，这种情况同激情使得表现受损的情况又怎样区别开来呢？情绪在什么条件下会导致表现力丧失？又在什么条件下促进表现力增长？还有，科学训练对审美能力有哪些影响？据说在从事抽象的智力活动的人身上，可以观察到观念形象化的欠缺。这种情况是说明两种类型的心灵状态的深刻对立呢？还是仅仅要求在理智性事物方面的训练要更有生气，更加具体呢？关于愉悦和不快的一般理论又怎样同关于美和丑的美学理论联系起来的呢？总之，在内容和表现之间，或者在这两者当中任何一种的性质和它令人愉悦的性质之间有什么样的心理联系呢？

(2) 艺术的未来

令人难以置信的是，正是在美感比以往任何时候都变得更加
468 深刻和更加强烈[①]的时候，艺术的创作能力却受到了致命的打击。
630 然而，向后看是没有用的，即便在如今的对立的条件下，有许多条件是可以消除而且必须消除的，否认这一点也是不行的。然而，还有许多条件是永久性的，而且必定是永久性的。今后生活的基础

① 我要引证一段极好的陈述来说明近代的美感靠了一种更深刻更广泛的同情而获得进展。我决不像这位聪明的作家那样相信，有所得必然相应的有所损失。哈加德·埃格顿求助于一种本能，一种情绪。这种本能和情绪比那种可称之为既可爱又漂亮的美的反应能力更加敏锐更加稀罕。

“如果这种美的正统的排他性的支配地位不是快要走到最后一步的话，那倒的确是一个问题。新的坦佩河谷可能是遥远天涯的不毛之地：人类的灵魂可能发现自己同那些带有人类青春时所厌恶的阴暗色彩的外在事物愈来愈密切地协调一致了。这样一个时候，即使还没有真的到来，看来也很接近了。在这样一个时候，一片沼泽、一个大海或一座高山的纯朴崇高的风格，按其性质，也会同人类中比较善于思考的人的心境绝对契合。”引自哈代的《土著的归来》(*Return of the Native*)。

一定总是智识的和历史的，而不是朴素的和自然的，除非是从第二自然的意义上。任何一种传统都再也不可能使世人从父到子代代相传恪守一种单纯的信念常规，也不可能使艺术家和工匠牢牢地束缚在陈规旧习上，把它当作他所懂得的唯一规则。心灵已经赢得了它在智力上的自由，随之而来的是给它增加了不断犯错误的能力，但它并不因此而放弃这种自由。我们将日益频繁地使用印刷机和其他机器。造型艺术再也不能成为指导人民的主要工具。对于具有两千年生动历史显然包含着艺术、科学、宗教和哲学在内的生活条件，指责和抱怨是无济于事的。

然而，即使从美学的观点看，这些方面的损失也并非毫无所获。甚至机器只要恰当地使用，也能给我们带来好消息。我觉得，许多致力于改善条件的美学家似乎忘记了，如果用手工去制作本来用机器可以做得很好的东西，那就比用机器来制作只有用手才能做出来的东西更糟糕。在后一种情况下，你想要让一部机器来做人所做的工作，那是不可能的。在前一种情况下，你让人去做机器才能做的工作，那是违背道德的。“凡是可以由机器来做的活（也就是本应由机器来干的活），都应该交给机器去做”[①]。在现行制度下，这两种弊端是连在一起的。然而，目前需要去做的事情并不是加入到破坏机器的人群行列中去，而是要在机器制作和非机器制作之间划出一条正确的界限。有些批评家喜欢说，我们现在制作出来的东西，除了战争工具以外，全都是不好的。有一类用具被创作忽略了，那就是科学仪器。今天的复式显微镜就是举世都

① 亨尼克的《旅行者须知》。

看到的人工智能的最大胜利之一。我们决不能忘记这些东西，因
469 为它们意味着制作这些东西的人获得了一种崭新的力量。夸张的说法不仅是虚假的，而且总是有害的。

而且，即使我们也会受到我们自己制作的东西的丑的困扰，我们还是有更大的和更敏锐的美感。即使阅读的习惯威胁到造型艺术的地位，文学世界也还是一往无前地对一切人开放，而音乐则是在比较晚近时期赋予人类的才艺。同过去几个伟大的时代相比，就会使我们产生希望。当年，阿里斯托芬曾经责难欧里庇得斯，认为具有崇高意义的诗歌艺术已经走下坡路。今天，我们最优秀的艺术精英的感受也同当年的阿里斯托芬的感受颇为类似。在米开朗基罗逝世以后，同样的感受也可能在文艺复兴时代的一位批评家那里产生，而且比阿里斯托芬的感受更为合理。的确，在过去的一百年间，在音乐、风景画、肖像画和诗歌艺术方面虽然还需要像我所指出的那样作出一些保留，然而，不协调的现象也变得比以往任何时候更加深了，受到普遍欢迎的艺术传统则陷于中断。但是，今天人心变得更加坚强，自我变得更加充实。我们都知道，它是靠运动而生，而不是靠停滞而生的。这种比以往更加深的不协调现象是能够持之以恒，并且足以证明生命是坚强有力的，不致因此而遭到致命的损伤。当然，这种不协调现象需要一个更长的时间才能得到解决，而且我们也无法预料将以何种形式来解决。但是，尽管有这一切不利的条件，现在人比过去任何时候更富有人性，他一定会找到满足对美的迫切需要的途径。

附录Ⅰ　题材的划分 471

为了使读者能够充分地了解黑格尔带有部分分析性的艺术体裁分类结构[①]，我在这里摘要转录了我在几年前发表的黑格尔《美学》序论的最后一节（第1卷，第89－114页）的英译及注释[②]。

1. 在前面已经说过，艺术的内容是理念，艺术的形式就在于塑造感官可及的形象。艺术必须使这两个方面协调一致成为一种完整统一的整体。这里**第一个**决定性的因素就是要求艺术表现的内容必须在本质上与这种表现相适合。否则，我们就只能得到一种很糟糕的拼凑，其中内容根本不适合于可塑性形象和外在的表现，却硬要把它纳入这种形式，题材本来就枯燥无味，却偏要把一种本质上与之根本对立的形式作为它的表现方式。

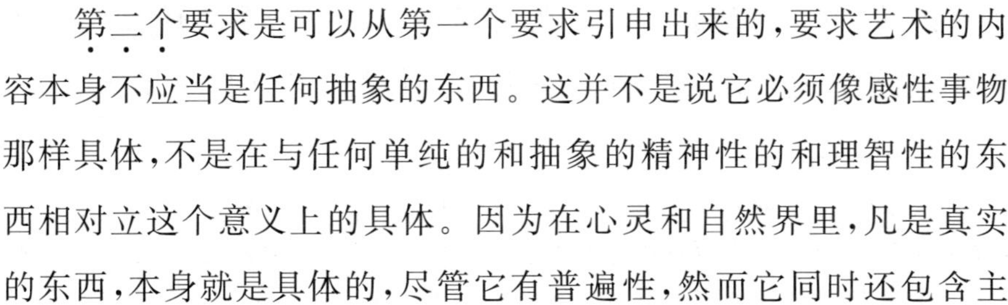

第二个要求是可以从第一个要求引申出来的，要求艺术的内容本身不应当是任何抽象的东西。这并不是说它必须像感性事物那样具体，不是在与任何单纯的和抽象的精神性的和理智性的东西相对立这个意义上的具体。因为在心灵和自然界里，凡是真实的东西，本身就是具体的，尽管它有普遍性，然而它同时还包含主

① 参看本书前面第476页。

② 黑格尔的《美的艺术哲学》序论，英译本，基根·保罗和特伦奇公司，1886年。

体性和特殊性。例如，我们说神是单纯的“太一”，是最高的存在本身，我们就是根据非理性的理解力把神看成一种没有生命的抽象。这种不是按照神的具体真实性来理解的神，就不能作为艺术尤其是造型艺术的内容。犹太人和土耳其人的神还说不上是这种根据理解力所形成的抽象观念，所以他们就不能像基督教那样用艺术把他们的神很明确地表现出来。基督教的神却是按照神的真实性来理解的，所以，就是作为本身完全具体的，作为人身，作为主体[①]，更确切地说，作为精神（或心灵）来理解的。作为精神的神把它自己展现为宗教所理解的三位一体，而这三者与本身的关系却
472 同时是**合为一体的**。这里有本体，有共相有殊相，也有这三者融合的统一性；只有这种统一性才是具体的。一种内容如果要显得真实，就必须具有这样的具体性质，艺术也需要有同样的具体性，因为一种单纯的普遍性本身是不适合于转化为特殊事物和现象以及普遍性与特殊性的统一体的。

第三，一种真实的因而也是具体的内容既然应该有符合它的一种感性形式和形象，这种感性形式就必须同时是个别的，本身完全具体的、单一完整的。艺术在内容和表现两方面都具有这种具体性，也正是这种两方面同时具有的具体性，才会使两方面结合，

① 读者很自然地要问，上帝作为**什么样**的人身或主体被理解为具有实在性。在我看来，可以肯定，黑格尔在这样说的时候，他指的是作为个体的人的存在自我意识到他们自己构成了他们之间的理想的统一体并对此进行反思。这似乎给“人身”或“主体”一词赋予一种非自然的意义，好像若干人的智力的共同要素可以成为一个单独的人一样。显然，这个问题关键在于不是感官性的而是理想性的统一在多大程度上可以是有效的和实际的。在这里，我要说的只能是，我们对理想统一的性质考虑得越多，我们对它的能力的评价就越高。

而且互相符合。就拿人体的自然形状来说，它就是这样一种感性的具体，可以用来表现本身也是具体的心灵，并且与心灵符合。因此，我们应当抛弃这样一种想法：以为采取外在世界中一种实在的现象来表达某种真实的内容，完全是出于偶然的。艺术之所以采用这种形式，既不是由于它碰巧在那里出现，也不是由于除它以外就没有别的形式可用，而是由于具体的内容本身就含有外在的，实在的，也就是感性的表现作为它的一个因素。但是，在本质上是心灵性内容借以表现的那种感性的具体事物，在本质上就是诉诸内心生活，使这种内容成为可知觉可想象的那种外在形状的要素，只是为着心情和思想而存在的。而由于这个原因，内容与艺术形象才能互相吻合。单纯的感性的具体事物，即单纯的外在自然，就没有这种目的作为它所以产生的唯一理由。鸟的五颜六色的羽毛无人看见也还是光彩闪耀，它的歌声也消失于无人听见的寂静之中。火炬蓟只在夜间开花而无人欣赏，就在南方荒野的森林里凋谢了，而这森林本身长满的最美丽最茂盛的草木，散发出的最浓郁最芬芳的香味，也都悄然枯谢无人享受。艺术作品却不是这样自然自足地存在着，它在本质上是一个问题，是向作出反应的心扉所说的一句问候，一种向情感和思想所发出的呼吁。

就以上这一方面来说，艺术的感性形式的属性虽不是偶然的，却也还不是理解心灵的具体性的最高方式。比这种通过具体的感性事物更高一层的表现方式是思想。在相对的意义上，思想虽然是抽象的，但它必须不是片面的而是具体的思想，才能成为真实的、合理的思想。如果我们把希腊的神同基督教所了解的神比较一下，我们马上就可以看出一种是既定的内容可以

用感性的艺术形式恰当地表现出来，还是在本质上就需要一种更高的更富于心灵性的表现方式，这是两者之间的区别。希腊的神不是抽象的，而是个别的，最接近于人的自然形态的。基督教的神固然也有具体的人身，但这人身是看作纯粹心灵性的存在，他要作为**心灵**而被认识，而且要在心灵中被认识[①]。他所借以存在的基本上就是内心的认知，而不是外在的自然人体形态，用这种形态就不能把他完全表现出来，不能按照他的完整的概念的深度把他表现出来。

473 因为艺术的任务在于用感性形象来表现理念，以供直接观照，而不是用思想和纯粹心灵性的形式来表现，因为艺术表现的价值和意义在于理念[②]和形象两个方面的协调和统一，所以艺术在符合艺术概念的实际作品中所达到的高度和优点，就要取决于理念与形象能互相融合而成为统一体的程度。

因此，作为心灵性存在的更高的真实得到了符合心灵概念的形象。这就是提供艺术科学对各部分进行划分的原则。因为心灵在达到它的绝对本质的真实概念之前，必须经过以这种概念本身为依据的一些阶段的过程，而这种由心灵自身生发的内容演进过程就和与它直接联系的艺术表现的演进过程相对应，在这些艺术表现的形式中，艺术家的心灵使自己的意识表现于自己。

这种在艺术心灵以内的演进过程，按照它的本质来说，又有

① 亦可译作“作为精神并在精神中”。

② 即艺术理念。

两个方面。第一个方面，这种演进过程本身就是一种心灵性的[①]、普遍的演进，因为先后相承的各阶段的确定的世界观念是作为对于自然、人和神的确定而又广泛包容的意识而表现于艺术形象的。第二个方面，这种普遍的艺术发展过程必须使自己具有外在的存在和感性形式，而各种确定形式的感性的艺术存在本身就是一整套必然的艺术种类的差异——这就是各门艺术。艺术表现以及它的种类差异从一方面看，即从它们的心灵性看，的确都有一般性，不限于某一种材料，而感性存在本身也是多种多样的[②]。但是，由于感性存在本身，正如心灵一样，是以观念为它的内在的灵魂，所以，从这一方面看，某些感性材料却与某种心灵性的差异和艺术表现的种类有密切的关系和内在的一致。

我们的科学按照它的完整性总共分为三个主要部分。

第一，是一般的部分。它的内容和对象就是艺术美的普遍理念——作为理想来看的这种艺术美——以及艺术美对自然和对主体性艺术创作这两方面的更密切的联系。

第二，从艺术美的概念发展出一个特殊的部分，即这个概念本

① 这两方面的演进大致说来就是：(一)题材的演进。(二)特定的艺术种类的演进：(1)例如，有埃及宗教、希腊宗教、基督教等，各有相应的观点和情操，同艺术的关系也各不相同；(2)作为前者的横截面，又有各种艺术——雕塑、音乐、诗歌等，各有自己的特殊领域和存在理由。

② 作者问及声音或颜色等何以分别与某一类型的艺术相对应，如在理论上所界定的那样——这在根本上是理智的，而不是感性的——他回答说，这些媒介作为自然事物来看，自有一种意蕴和目的，虽然不像艺术作品那样明显。它们分别适宜于某些类型的艺术，这就足以表现出它们隐含的意蕴和目的。

身所包含的本质上互相区别的各种特殊的造型性形式[①]。

第三，还有一个**最后的**部分，它所要讨论的主题是艺术美的个
474 别化，就是艺术进展到感性形象的实现，各自形成各门艺术的系统及其种与属。

2. 关于第一部分，为了便于理解下文，我们首先需要提醒注意一个事实：作为艺术美的理念并不是就**理念本身**来说的理念，不是在形而上学的逻辑里作为绝对来了解的那种理念，而是发展为符合现实的具体形象，而且与现实结合成为直接的、合适的统一体的那种理念。因为就理念本身来说，虽然是自在自为的真实，但只是在普遍性上的真实，还不是取得对象形态的真实；而作为**艺术美的理念**却一方面具有特定的确定性，在本质上成为个别的现实，另一方面它也是现实的一种个别表现，具有一种确定性，使它本身在本质上恰好显现这个理念。这就等于提出这样一个要求：理念和它的表现，即它的具体现实，应该配合得彼此完全适合。按照这样的理解，理念就是符合理念本质而表现为具体形象的现实，这种理念就是**理想**。这种符合首先可能理解成这样的意思：理念不论哪一个，只要实际的形象（也不论哪一个形象）恰好表现这个既定的理念，那就算是符合。但是，如果是这样，理想所要求的**真实**就会与单纯的**正确**相混淆，所谓单纯的正确是指用适当的方式把任何意义的内容表现出来，所以只要一看到内容就可以直接找到它的意义。理想是不能这样理解的。因为任何内容都可以按照符合它

---

① Gestaltungsformen。我使用的“造型性”一词始终具有丰富的含义，像人们谈到造型性想象等用语时那样，意思是具有理想的确定性，适于入画、入诗等。这些“造型性”形式是艺术题材不断变化的改进形态。

的本质的标准很适当地表现出来，但不能因此就配称得上理想的艺术美。实际上，比起理想美，在这种情况下，甚至连表现也显得有缺陷。关于这一点，我们先要提到一个以后再加以证明的道理：艺术作品的缺陷并不总是可以单纯归咎于主体方面的技巧不熟练。**形式的缺陷**总是起于**内容的缺陷**。例如，中国、印度、埃及的艺术形象，他们的神像和偶像都是无形式的，或者虽有明显的形式，但却丑陋不真实，它们都不能达到真正的美，因为他们的神话观念，他们的艺术作品的内容和思想本身都还不明确，或虽明确但却低劣，并不是本身就是绝对的内容。就这个意义来说，艺术作品的表现愈优美，它的内容和思想也就具有愈深刻的内在真实性。在考虑这一点时，我们不应该只想到按照既定的外在现实来掌握和模仿自然结构所表现的技巧优劣的程度。因为在某些发展阶段的艺术意识和艺术表现里，对自然结构的歪曲和损害并不是无意的由于技巧的生疏和不熟练，而是由于故意的改变，这种改变是由意识中的内容所要求和决定的。因此，从这个观点来看，一种艺术尽管就它的既定范围来说，在技巧等方面是十分完善的，而作为艺术，它仍然可以是不完善的，如果拿艺术概念本身和理想与之相比，它仍然是有缺陷的。只有在最高的艺术里，理念和表现才是真正互相适合的。这就是说，用来表现理念的形象本身就是绝对真实的形象，因为它所表现的理念内容本身就是真实的内容。前面已经说过，这个原则还包含一个附带的结论：理念必须在它本身并 475
且通过它本身被界定为具体的整体，因而它本身就具有理念特殊化和确定为外在现象这个过程所依据的原则和标准。例如基督教的想象只能把神表现为人的形状和人的**心灵面貌**，因为神自身在

基督教里是完全作为心灵来认识的，确定性好像是使理念显现为现象存在的桥梁。只要这种确定性不是完全来自理念本身，只要理念不是作为自行产生确定性和自行特殊化来了解，这种理念就仍然是抽象的，就仍然不是从它本身而是从它本身以外得到它的确定性，从而也得到一个能够决定某种显现方式对它是唯一合适的原则。因此，理念如果还是抽象的，它的形象就仍然是外在的，不是由它本身决定的。而本身是具体的理念在本身之内就包含着采取合适显现方式应依据的原则，因此它本身就是使自己显现为自由形象的过程。所以，只有真正具体的理念才能产生真正的形象，这两方面的一致就是理想。

3. 理念既然是这样一种具体的统一体，那么，这个统一体就只有通过理念的各特殊方面的扩展与协调，才能进入艺术意识；正是由于这种发展，艺术美才有一整套特殊的阶段和类型。我们既已把艺术作为自在自为的东西研究过以后，我们就必须看看完整的美是如何分解为各种特殊的确定形式的。这就产生了本书的第二部分，即关于艺术类型的学说。这些类型之所以产生，是由于把理念作为艺术内容来掌握的方式不同，因而理念所借以显现的形象也就有所不同。因此，艺术类型不过是内容和形象之间的各种不同的关系，这些关系其实就是从理念本身生发出来的，所以对艺术类型的区分提供了真正的基础。因为这种区分的原则必须总是包含在有待特殊化和区分的那种观念之中。

我们在这里要研究的是理念和它的外显的形象[①]的三

① Gestaltung。我认为这不是指成形的过程，而是指集合性的形象。

种关系。

（1）第一，理念在**开始**阶段，自身还不确定，还很含糊，或者虽有确定形式而不真实，就在这种状况之下被用作艺术创造的内容。由于不确定，理念本身就还没有理想所要求的那种个别性，它的抽象性和片面性使得形象在外表上离奇而不完美。所以这第一种艺术类型还只是一种可塑性的图解，而不具有真正的表现力。理念还没有找到它本身所需要的形式，所以还**只是**寻找形式的**努力和希求**。我们可以把这种类型一般称为象征**艺术**的类型。在这种类型中，抽象的理念所取的形象是外在于理念本身[①]的自然形态的感性材料，形象化的过程就是由这里开始，从这种材料出发，而且作为外在表现显得不可分离。

这样，一方面自然的对象还是保留原来的样子而没有改变，同时，一种实体性的理念又被贴附到这些对象上面，作为这些对象的意义，因此，这些对象就获得了表现这个理念的能力，而且要被解 641 476
释为似乎这些对象本身就已包含这种理念。这种情形之所以发生，是由于自然对象本来就有能够表现普遍意义的那一方面。但是，既然还不可能有理念与形象的完全符合，理念与形象的关系就只能涉及**某种抽象属性**，例如，用狮子来表示强壮。

另一方面，这种关系的抽象性也使人意识到，理念对自然现象是外在附加上去的，理念既然没有别的现实来表现它，于是就以所

---

① 所谓"外在于理念本身"，也就是说，不是以一种理念所专有的独立的理想形状。他的意思是说，人把一块木头或石头当作神的显现或象征。由于神性和石头并没有实在的联系，神就可能或者是未被触动，未成形状的，或者是被随手塞到任何古怪的或任意选定的形状中去。参看下一段。

有这些自然形象来说明它，在它们的不稳定和紊乱中寻找自己，但是发现它们对自己都不适合。于是，就把自然形状和实在现象夸张成为不确定、不匀称的东西，在它们里面迷醉发昏，发酵骚动，强制它们，歪曲它们，使它们膨胀成不自然的形状，企图用形象的散漫、庞大和富丽堂皇来把现象提高到理念的地位①。因为理念在这里仍然是不怎么确定的，不能形象化的，而自然事物在形状方面却是完全确定的。

由于两方面的因素彼此不相符合，理念对客观实在的关系就成了一种消极的关系，因为理念在本质上是内在的②，对这样的外在形状就不能满足，于是就离开这些外在形状，作为这些形状的内在普遍实体③，把自己提升到高于这种不符合的形状之上。由于这种提升，自然现象和人的形状与发生的事件就照它们本来的样子，原封不动地接受下来，但是同时又认为它们不适合它们所要表现的意义，这种意义是已被提升到远远高出于人世间一切内容之上的。

一般地说，这些方面可以说就构成了东方原始艺术的泛神主义的特征，这种艺术一方面把绝对意义强加于最平凡的对象，另一方面又硬要自然现象成为它的世界观的表现。因此它就显得怪诞

① 这种描述大概首先是指印度诸神的形象，也适用于许多原始宗教的众神的形象。但是，也可以用一种十分简单的办法来证实这段描写的真实性，那就是在日常生活中观察那些没有受过教育的人怎样通过塑造形象来表现他们的观念的最初尝试。在他们的表现中，豪华、精巧、辛劳和尺寸大小总是代替了美的地位。

② Sie als Inneres。

③ 指能够使这些局部的和有缺点的形象具有它们所具有的全部意义的一种观念或目的，尽管这些形象并不能真正表现这种观念和目的。

离奇，没有鉴赏力，或是凭借实体的无限的但是抽象的自由，以鄙夷的态度来对待一切现象，把它们看成无意义的、稍纵即逝的。因此，内容意蕴不能完全体现于表现方式，而且不管以怎样的希求和努力，仍然无法克服理念与形象的互不相符。这就是第一种艺术类型，即象征型艺术，以及它的希求，它的骚动不宁①，它的神秘色彩和崇高风格。

（2）在第二种艺术类型里——我们把它叫作**古典型**艺术——，象征型艺术的双重缺陷都得以消除。象征型艺术的形象是不完善的，首先，因为它的理念只是以抽象的确定或不确定的形式进入意识的；其次，这种情形就使意义与形象的符合总是有缺陷的，而且也纯粹是抽象的。古典型艺术克服了这双重困难，它使理念自由而恰当地体现在本质上特别适合于这种理念的形象上，因 477

此，理念就可与形象形成自由而完满的协调。因此，只有古典型的 643
艺术才首先提供出完美理想的艺术创造和艺术直觉，并且使这种完美理想成为实现了的事实。

然而，古典型艺术中的概念与实在的符合并不能单从纯然**形式的**意义上了解为内容与外在形象的协调，就像理想也不应这样去了解一样。否则，每一件模仿自然的作品，每一种面容、风景、花卉、场面之类在作为某一表现的内容时，只要达到这种内容与形式的一致，就立即算作古典型的艺术了。相反，古典型艺术中的内容的特殊性在于它本身就是具体的理念，也就是具体的心灵性的东西，因为只有心灵性的东西才是真正内在的自我。所以要符合这

① Gährung，直译为“发酵”。

样的内容，我们就必须在自然中寻找本身就已符合自在自为心灵的那些事物。必须有绝对的[1]概念，先把适合具体心灵性的形象发明出来，然后主体的概念——在这里就是艺术的精神——只要把那种形象找到，使这种具有自然形状的存在能符合自由的个别的心灵性[2]。这种形象就是理念作为心灵性的东西，亦即作为个别可确定的心灵性在显现为有时间性现象时被赋予的形象，也就是人的形象。人们常常把人格化和拟人的作用加以诋毁，说它是一种心灵性的堕落，但是艺术既然要把心灵性的东西显现于感性形象以供鉴赏，它就必须推进这种拟人作用，因为只有在心灵所特有的身体里，心灵才能圆满地显现于感官。从这个观点看，灵魂轮回说是一个错误的抽象观念[3]，生理学应该有这样一条基本准则：生命在它的演进过程中必然要达到人的形象，因为人的形象才是唯一符合心灵的感性现象。人体形状用在古典型艺术里，并不只是作为感性的存在，而是完全作为心灵的外在存在和自然形状，因此，它没有纯然感性事物的一切欠缺以及现象性存在的偶然性和有限性。外部形象必须这样经过纯净化，才能表现适合于它的内容；另一方面，如果意蕴与形象的符合应该是完满的，作为内容的心灵性的意蕴也就必须把自己完全表现于人的自然形状，不越出这种用感性的人体形状来表现的范围。因此，心灵就必须立即被

① Der Ursprüngliche Begriff，直译为“本原的概念”。

② 也就是上帝或宇宙发明了人作为心灵的表现，艺术找到了人，使他的形状适合于个别心灵的艺术体现。

③ 因为灵魂轮回说把灵魂说成是脱离一个适当的肉体而独立的——人的灵魂也可以存在于一个牲畜的肉体里。

确定为某种特殊的心灵，即人的心灵，而不只是绝对的永恒的心灵，因为这后一种意义上的心灵只能作为心灵性的存在本身来认识和表现[①]。

这最后一点又产生了使古典型艺术归结于终结的缺点，而且又要求艺术转到更高的第三种类型，即浪漫型艺术。 478

(3) 浪漫型艺术又打破了理念与现实的完满的统一，在更高的阶段上回到象征型艺术所没有克服的理念与现实的差异和对立。古典型艺术达到了艺术的感性表现所能达到的最高度的优美。如果它还有什么缺陷，那也只在艺术本身，即艺术范围本身的局限性。这个局限性就在于一般艺术用感性的具体形象去表现在本质上是无限的具体的普遍性，即心灵，使它成为对象，而在古典艺术里，心灵性的存在与感性的存在二者的完全融合就成为二者之间的符合。事实上，在这种融合中，心灵是不能按照真正的概念达到表现的。因为心灵是理念的无限主体性，而理念的无限主体性是绝对内在的[②]，如果还须以身体的形状作为适合它的客观存在，而且要从这种身体形状中表露出来，它就不能自由地把自己真正的本性表现出来。

由于这个原因，浪漫型艺术又把古典型艺术那种不可分离的统一性取消了。因为它所取得的内容意义是超出古典型艺术和它

① Geistigkeit，“思想、心灵或精神的本质”。在这里，不能用心灵或精神来译解这个词。因为心灵和精神这两个词会使我们想到一个孤立的人，一个心灵或灵魂，而忽略了作者所指的共同的精神性的或心智性的本质。

② 不要使自己的各个部分相互外在于对方，这就是心灵或思维的本质。判断的所谓各项就是思想的各个部分互相内在的一个很好的例证。

的表现方式范围的[1]。用大家熟悉的观念来说，这种内容意义与基督教所宣称的神就是心灵的原则是一致的，而与作为古典型艺术的基本的适当内容的希腊人的神的信仰是截然不同的。在古典型艺术里，具体的内容是人性与神性的潜在的、不是明白表现出的统一，这种统一既然是直接的[2]和不是明白表现的，就可以用直觉的感性的方式适当地表现出来。希腊的神是纯朴的直觉和感性想象的对象，所以他的形态就是人体的形态，他的威力和存在的范围是个别的、特殊的，而对于主体[3]，他是一种实体和威力，主体的内在心灵与这种实体和威力只是处于潜在的统一，本身还不能在内在的主体方面认识到这种统一。古典艺术的内容只是潜在的统一，可以用人体的形状来完满地表现，比这更高的阶段就是对这种潜在的统一有了认识。这种潜在的或自在的状态提升到自觉的认识就产生了一个重大的分别。正是这种无比重大的分别才把人和动物分开。人本是动物，但是，即使在他的动物性机能方面，人也不像动物那样停留在潜在状态，而是意识到这些机能，学会认识它们，把它们——例如消化过程——提升为自觉的科学。就是由于这个缘故，人才打破了单纯潜在的和直接意识状态的局限，正是由于他知道自己是一个动物，所以他就不再是动物，而是可以自知的心灵了。

如果人性与神性是这样由前一阶段的潜在的直接的统一提升为可以意识到的统一，那么，能够表现这种内容的现实的真正媒介

---

① 请比较勃朗宁的《佛罗伦斯的古画》。

② 也就是以感觉和想象的形式——不经思考的。

③ 主体，即有意识的个体的人。

就不再是心灵的感性直接存在，即人体的形态，而是自己意识到的内心生活了[①]。基督教把神理解为精神或心灵，不是个别的特殊化的心灵，而是在精神和实质上都是绝对的心灵。正因为这个缘故，基督教从感性表象退隐到心灵的内在生活，它用以表现它的内容的材料和客观存在也就是这内在生活而不是身体形态。人性与神性的统一也成为一种可以意识到的统一，只有通过心灵认知而且只有在心灵中才能实现的统一。这种统一所获得的新内容并不是被束缚在似乎适合于它的感性表现上面，而是从这种直接存在中解脱出来了，这种直接存在必须看作否定面[②]而被克服，反映在心灵性的统一体中。由此可知，浪漫型艺术虽然还属于艺术的领域，还保留艺术的形式，却是超越了艺术本身的艺术。 479

因此，我们可以简略地说，在这第三阶段，艺术的对象就是自由的具体的心灵生活，它具有作为心灵生活向心灵的内在[③]世界显现的功能。艺术要符合这种对象，就不能专为感性知觉尽力。它必须诉诸直接与对象契合为一体[④]的内心世界，诉诸主体的内心生活，诉诸心情和情感，这些既然是心灵性的，所以就希求本身之内的自由，只有在内在心灵里才能找到和获得它的和谐。就是这种内心世界形成了浪漫型艺术的内容，因而必须作为这种内在的情感，而且通过这种内在情感的显现，才能得到表现。内在世界

① Innerlichkeit，直译为“内在性”。

② 被当作、被看作或被确定为否定性的。

③ “Inward”(内在的)也不仅仅是指在我们的头脑内部，而是具有精神的性质，因为它的各个部分之间不是互相外在的。一个判断就这样是“内在的”。

④ 也就是不保持知觉者和知觉对象之间的区别，像空间中的事物之间的那种区别。不再感到善良、崇高等是有别于心灵或在心灵之外的了。

赞美它对外在世界的胜利，并且实际上就在这外在世界本身范围以内，并以之作为媒介来显现它的胜利，由于这种胜利，感性现象就沦为没有价值的东西了。

但是，从另一方面来说，这个类型的艺术①，也像一切其他类型一样，仍然需要一种外在的表达工具。由于心灵生活是从外在世界以及它和这外在世界的直接统一中吸取而来又回到它本身的，所以感性的外在的具体形象，就像在象征型艺术里那样，是作为过渡性的易消逝的东西被接受和表现的。主体方面有限的心灵和意志，包括个别人物、性格、行动等等以及事件和情节的变幻莫测的情况，也都是反复无常的想象，可以把眼前的东西**照实**反映出来，也可以把外在世界歪曲得颠倒错乱、怪诞离奇。因为这种外在因素已不像在古典型艺术中那样，在它自己的范围内和在自己的媒介里就找到它的概念和意义，而是要从情感中和它自己的媒介里找到它的概念和意义，这种情感的表现要从它本身而不是外在事物及其现实形式里找到它们，而且还可以从一切偶然事故，一切
480 非本质的情况里，从一切灾难和不幸里，甚至从犯罪的行为里维持或恢复与它们的调和状态。

从这里又重新产生出象征型艺术的那种理念与形象之间的差异、分歧和分裂，但是有一个本质上的**分别**：在象征型艺术里，理念的缺陷引起了形象的缺陷，而在浪漫型艺术里，理念须显现为自身已**完善**的思想和情感，并且由于这种较高度的完善，理念就从它和它的外在因素的协调统一中退出来，因为理念只能从它本身中才

---

① 指浪漫型艺术。

能找到它的真正实在和显现。

概括地说，这就是象征型艺术、古典型艺术和浪漫型艺术表现艺术领域中理念和形象的三种关系的特征。这三种类型对于理想作为真正的美的理念，始而追求，继而到达，终于超越。

4. 本书的第三部分和第一、二部分的不同在于，第三部分设定了理想概念和一般艺术类型，剩下的只是如何用某种特定的感性材料去实现这种理想和类型。因此，我们现在所要做的不是按照艺术美的普遍的基本原则去研究艺术美的内在发展，而是研究这些原则是如何转化为实际的存在，它们的外在方面彼此有哪些分别，以及在美的概念中包含的每个因素本身如何分别地实现为艺术作品，而不只是实现为一种一般的类型。但是艺术所要转化为外在存在的就是美的理念本身固有的一些分别[①]，所以一般的艺术类型在这第三部分区分和界定各门艺术的原则中也可显示出来。换言之，各门艺术之间本质上的分别也和我们已经有所了解的一般艺术类型之间的分别是相同的。这些类型通过感性的材料，也就是特殊的材料所达到的外在客观性，使得这些类型分化为一些独立的特殊的表现方式，即各门艺术，因为每种类型之所以有其确定的性格，是由于它所用的是某一种确定的外在材料，以及这种特殊材料所决定的使它得到充分实现的表现方式。但是，从另一方面看，这些艺术类型尽管有其确定性，却仍是普遍的形式。所以，它们亦可以冲破它们各自一门艺术为其特殊的表现方式的局限，通过其他门类的艺术得到表现，不过这只是次要的表现方式。

① 即种类，自然地从一个原则产生出来的改进。

所以，从一方面看，每门艺术都各自特属于一种艺术类型，作为适合这种类型的表现；从另一方面看，每门艺术也可以以它的那种表现方式去表现上述三种类型中的任何一种①。

因此，一般地说，我们在这第三部分所要研究的是，艺术美如何在各门艺术及其作品中展现为一个实现了的美的世界。这个世界的内容就是美的东西，而真正美的东西，我们已经说过，就是具有具体形象的心灵性的存在，就是理想，说得更确切些，就是绝对
481 心灵，也就是真实本身。这种为着观照和感受而用艺术方式表现出来的神圣真实的境界，就是整个艺术世界的中心。它是独立的、自由的、神圣的形象，这种形象完全掌握了形式与介质的外在因素，把它们作为显现自身的手段。但是美在这种境界里既然以客观现实的特征展现出来，而且在这个过程中区分出一些各自独立的特殊的方面和因素，所以这个中心就有了和自己对立的实现于特殊现实的两个极端。一个极端就是无心灵的客观性，即神所创造的自然环境。在这一极端，单纯的外在因素取得了具体形象，成为一种本身并没有心灵性的目的和内容，而须从另一事物取得它的心灵性目的和内容的东西②。

另一个极端就是内在地认识到的神圣性，即神所转化的各种特殊的主体性存在，这也就是在个别主体的感觉、情绪和心灵中活动和起作用的真实，这种真实并不是滞留在它的外在形象里，而是

① 例如，雕塑是典型地适合于古典型这一一般类型的艺术；但也有一种象征性的雕塑，我想还有一种浪漫性雕塑或近代雕塑，虽然这两种类型都不是完全适合于雕塑的性能的。

② 建筑是同生活的目的和宗教的目的相关的。

退回到主体的、个别的内心世界里。在这种状态中，神圣性不同于它的单纯的最初显现，即有神格的神，而是转化为属于一切个别主体的认知——感觉、知觉和情感——范围内的那些多种多样的特殊事物。艺术到了最高阶段是与宗教直接相联系的，在宗教这个类似的领域里，我们对于这里所说的分别作了如下了解：首先把尘世的自然的生命看作是有限的，单独地列于一边；其次一步，意识就把神变成了它的对象，在这对象中，客体性与主体性的分别被消除了；最后，到了第三步，我们从神本身进到信士群众的虔诚膜拜，也就是说，进到把神作为主体意识中生活着和显现着的神祇。在艺术世界里也有这三种主要的分别在独立地发展着。

(1) 按照各门艺术的基本原则，我们首先要研究的就是作为一种美的艺术的建筑[①]。建筑的任务在于对外在的无机自然的利用，使它与心灵息息相关，成为符合艺术的外在世界。建筑的材料就是直接外在的物质，即受机械法则制约的重物质，它的形式还没有脱离无机自然的形式，是按照抽象理解的关系，即对称关系来安排的。用这种材料和形式并不能实现作为具体心灵性的理想，因此，在这种材料和形式里所表现的现实仍与理念相对立，外在于理念而未为理念所渗透，或对理念的渗透还只是建立了一种抽象的关系。因此，建筑艺术的基本类型就是象征艺术类型。建筑为神的完满实现开辟了道路，在这种工作中它在客观自然上辛苦加工，使客观自然摆脱有限的纠缠和偶然的挫折。建筑以此为神平整了一片空间，安排好外在环境，建立起庙宇作为心灵聚精会神观照它

① Die Schöne Architectur。

的绝对对象的适当场所。建筑还为神的信士群众的聚会建起一道
482 围墙，以避风雨，防野兽，并且显示出会众的意志，这种显示虽然是外表的，但却是符合艺术原则的。建筑能用这种内容意蕴灌注到它的素材和形式里，其多大程度就取决于它在上面加工的那种确定的内容有无意义，是抽象的还是具体的，是深刻的还是肤浅的。在这方面建筑可以达到很高的成就，甚至于能用它的材料和形式把上述内容意蕴完满表现为艺术品。但是到了这一步，建筑就已经越出了它自己的范围而接近于比它高一层的艺术，即雕塑。因为建筑的特征正在于内在的心灵仍然是与它的外在形式相对立的，因此建筑只能把充满心灵性的东西当作一种不同于自己的作品的东西来对待。

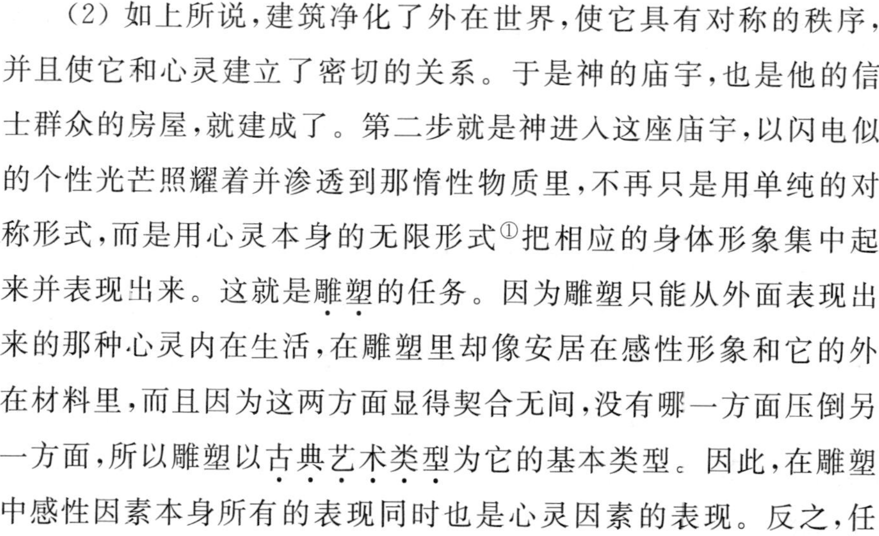

（2）如上所说，建筑净化了外在世界，使它具有对称的秩序，并且使它和心灵建立了密切的关系。于是神的庙宇，也是他的信士群众的房屋，就建成了。第二步就是神进入这座庙宇，以闪电似的个性光芒照耀着并渗透到那惰性物质里，不再只是用单纯的对称形式，而是用心灵本身的无限形式[①]把相应的身体形象集中起来并表现出来。这就是**雕塑**的任务。因为雕塑只能从外面表现出来的那种心灵内在生活，在雕塑里却像安居在感性形象和它的外在材料里，而且因为这两方面显得契合无间，没有哪一方面压倒另一方面，所以雕塑以**古典艺术类型**为它的基本类型。因此，在雕塑中感性因素本身所有的表现同时也是心灵因素的表现。反之，任

① 从“自我完备”的意义上来说，即“人们首先并不认为需要用任何外在的事物加以解释”，像一个同车轮或手臂相对比的机器或动物就是这样。车轮或手臂则是有限的，因为它们要求从外部加以解释或补充，即必然要引起人们注意它们自身的限度。

何心灵性的内容，如果不是完全可以用身体形态呈现于知觉，也就不能在雕塑里得到完满的表现。雕塑应该把心灵表现于它的身体形态，使心灵与身体形态直接统一起来，平静安详地呈现在那里，形式也应该受心灵个性的内容灌注而有生气。所以雕塑在外在的感性材料上加工，不再只是按照它的笨重的物质的机械性质去处理，也不是用无机物的形式，不管着色或不着色等，而是要把感性材料精制成人体的理想形式，而且还要把人体表现为立体。就最后这一点来说，我们必须记住：只有在雕塑里，内在的心灵性的东西才第一次显现出它的永恒的静穆和本质上的独立自足。能和这种静穆以及这种和自身的统一性相符合的只有本身也保持这种静穆和统一的外在形象。符合这种条件的就是抽象的空间形象[①]。雕塑所表现的心灵本身就是坚实的，不是受偶然的琐事和情欲的影响而变成四分五裂的，所以它的外在形状也不是各种各样的现象，而是在它的全部维度中都只显现出抽象的空间性。

（3）建筑已把庙宇建立起来了，雕塑家已亲手把神像摆到庙宇里去了，于是，第三步就是这个显现于感官的神在他的庙堂宽广的大厅里面对着他的**信士群众**。这些信士群众就是这种感性的存 483
在本身的心灵性的反映，就是激发生命力的主体性和内在生活，有了这种主体性和内在生活，无论对于艺术内容来说，还是对于表现内在生活于外在形象所用的材料来说，都能使特殊化（分化为各种

① 也就是只作为占空间的事物的形象。

形状、属性、事件等），个别化及其所要求的主体性成为定性的原则[①]。到了这个阶段，原来在雕塑里神所具有的那种坚实的统一就分裂成许多个体的各种各样的内在生活，而这许多个体的内在生活的统一却不是感性的，而是纯粹观念性的[②]。

只有到了这个阶段，神才成为真正的心灵——在他的（神的）信士群众中的心灵，因为到了这个阶段，神开始了往复的转化，这样由他本身以内的统一转到他在个别的认识中，在他的独立存在中实现他自己，也在具有共同本质而结合起来的人群的认识中实现他自己的阶段。在这些信士群众中，神既解脱了尚未展开的自身同一的抽象性，同时又解脱了直接沉浸在身体形象中，像他在雕塑中表现出来的那种情况。这样，神就被提升为心灵存在和心灵的认知，提升为本质上是内在的作为主体性而显现的那种反映形象[③]。因此，这更高的内容是心灵性的东西，而且是绝对的心灵性的形象。不过，由于上文所说的分化，这绝对的心灵性的东西同时也显现为特殊的心灵生活，即个别的心情。由于在这阶段表现为

---

① 比如说，如果我们把特尼尔斯的一幅画同一座希腊雕像，或者把透纳的一幅画同一座希腊雕像比较一下，那么，正文中的用语就可以解释清楚了。"主体性"是指艺术作品可以借助于我们平常的感觉、经验等等。按照这一理论，音乐和诗歌是比绘画更有力的例证。尤其是诗歌可以表现一切事物。

② 组成一个教会或国家的许多人的统一不是明显可见的，而是存在于共同的情绪、目的等以及对他们的共同体的认识里。

③ 这句话经常用于意识，因为意识可以观察自身，试比较：

"'告诉我，好布鲁塔斯，你能看见自己的面孔吗？'
'不，卡西厄斯，因为若不靠反射，不靠别的东西，
眼睛就看不见自身。'"

——《尤利乌斯·恺撒》

主要东西的不再是神本身的无忧无虑的泰然自足的平静状态，而是他本身的显现，为他者的存在，即自我显现，所以在我们所达到的这个阶段，多种多样的活跃于运动和行动之中的主体生活，如人的情欲、动作、事件，总之，人的情感、意志以及对情感意志的节制的广大领域，就成为艺术表现对象的自身的原因。要符合这种内容，艺术的感性因素也要化为本身是个别的事物，以便适合于主体的内在生活。符合这个要求的材料有颜色、乐音以及只对内在知觉和观念起暗示作用的声音；用这些材料表现上述那种内容意蕴的方式有绘画、音乐和诗歌。这几门艺术的感性材料又分为各种，一般都是看作观念性的[①]。所以，它最符合一般是心灵性的艺术内容意蕴，而心灵性的内容意蕴与感性材料之间的联系在这几门艺术里也比在建筑和雕塑里更为密切。不过，这样得到的统一，是 484

一种较内在的统一，其重点是完全放在主观方面的，而且因为形式与内容不得不经过具体分化而得到纯然观念性的存在，所以只能靠牺牲内容的客观普遍性以及这种普遍性与直接感性因素的融合，才能达到这种统一[②]。

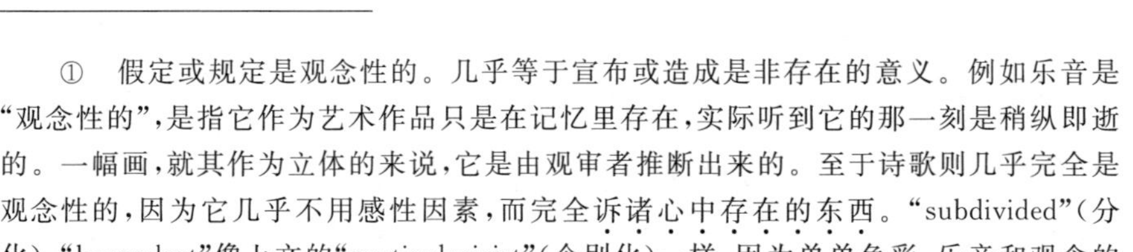
① 假定或规定是观念性的。几乎等于宣布或造成是非存在的意义。例如乐音是“观念性的”，是指它作为艺术作品只是在记忆里存在，实际听到它的那一刻是稍纵即逝的。一幅画，就其作为立体的来说，它是由观审者推断出来的。至于诗歌则几乎完全是观念性的，因为它几乎不用感性因素，而完全**诉诸心中存在的东西**。“subdivided”（分化），“besondert”像上文的“particularisirt”（个别化）一样，因为单单色彩、乐音和观念的材料就十分丰富多样。

② 透纳的一幅画或特尼尔斯的一幅画的主题也不足具有最简单意义上的客观普遍性的，不是在一切地方和对一切人都确实完全一样的东西。只要理想本身是外在的可塑的，绘画和音乐（直接的感性因素）就不会像雕塑那样完全同理想融合在一起，而是更稳妥地更详尽地表现它。

这几门艺术的形式和内容提升到观念性，抛弃了建筑的象征性和雕塑的古典理想，所以它们就以浪漫艺术类型作为它们的基本类型，因为它们最适宜用浪漫型的表现方式。它们形成了一整套的艺术，因为浪漫型艺术本身是最具体的。

这第三个领域中的个别艺术可以依下列方式去划分：

i. 紧接着雕塑后面的第一种艺术是绘画。绘画用作内容的材料和表现内容的媒介是纯粹清晰可见的，这就是说，绘画的特征是从它的颜色得到定性的。建筑和雕塑的材料固然也是清晰可见的和着色的，但这不像在绘画里，不是就可见性本身而言的可见性，不是由单纯的光的明暗对比和统一所形成的颜色[①]。绘画的这种可见性是本身经过主观化的，被看作观念性的，它既不像在建筑里需要以重物质起作用的那种抽象的机械的物质属性，也不像在雕塑里需要立体空间的全部感性属性，尽管在雕塑里这些属性是集中于有机体形态的。绘画方面的可见性和实现可见性的方式所特有的分别在于它更多的观念性，在于有多种色彩，而且它们使艺术摆脱了物质事物须完全占据感性空间的情况，而使它们只限于平坦的表面。

从另一方面看，绘画的内容也得到了最广泛的特殊分化。凡是可以在人心中占地位的东西，例如情感，观念，目的等，凡是可以引起行动的，这一切多种多样的材料都可以组成绘画的丰富多彩的内容。整个的殊相世界，从心灵的最高品质到分散的自然事物

① 这是依据歌德的颜色理论。黑格尔不适当地采取了歌德的颜色理论反对牛顿的理论。

都可以在绘画里找到位置。因为就连有限的自然界[1]的个别场面和个别现象都可以表现在艺术里，只要有任何一点可以指引心灵因素的东西使它们和思想情感结成亲密联系就可以了。

ii. 浪漫型艺术借以实现的**第二种**艺术是与绘画大不相同的**音乐**。音乐的材料虽然仍是感性的，但却发展到具有更深的主观性和特殊化。音乐也是把感性因素看作观念性的，这可以从下面这一点看出：绘画对于空间的无差别的外在性[2]还保留其完全的 485
形象，并且着意加以模仿；音乐则把这种空间的无差别的外在性取消或否定[3]了，并且把它观念化为一个个别的孤立点。作为这种否定（排除空间性），这个点本身就是物质属性以内的一个具体的积极的否定[4]过程，表现为物质在本身以内以及在对本身的关系上的运动和摆动。物质的这种初始的观念性[5]——不再表现为空间形式，而是表现为时间的观念性[6]——就是声音，是一种被看作否定了的感性因素，它的抽象的可见性已转化为可听性，因为声音

① 黑格尔所指的主要是田园风景。

② 空间的各部分，虽然是互相外在的，却没有质的特征上的区分。

③ 黑格尔所使用的“aufheben”（否定，抛弃）含义丰富，不仅指“取消”，“废除”，而且指“保存”，“牢记于心”，“加以观念化”。这个词的用法是他的辩证法的根本之点。参看《逻辑学》，i，104。据我所知，只有“put by”（在苏格兰方言中为“put past”）与之相当。对空间的否定是音乐的一个属性。一个和音的各部分并不存在于空间之中，正像一个判断的各部分并不存在于空间中一样。黑格尔表示这个意思的说法是，音乐使空间观念化，把空间集中为一点。

④ Aufheben。

⑤ 物质的观念性：一种发音体的显著的物质属性，即它的广延范围，只是借助声音性质的改变间接地或推测性地在它的声音中表现出来。所以它是“观念化”的。

⑥ 时间上的存续比空间上的并存有更大程度的“观念性”，因为时间上的存续要通过记忆。

好像把观念性内容从沉浸在物质中解放出来了。这种最初的物质的内在性和注入物质中的心灵性为本身尚未确定的心灵的内在性和集中于自身的心灵性[①]提供了材料，使心境以及它的全部情感和情欲都能在它的声音里得到表现。所以音乐成为浪漫型艺术的中心，正如雕塑成为建筑和几种主体性浪漫型艺术之间的中心点一样，音乐也成为由绘画所用的抽象的空间感性到诗歌的抽象的心灵性之间的转折点。像建筑一样，音乐本身就有一种与理解相符合的量的关系，也有声音及其严格符合同时性和连续性的规律作为它的基础，这是与音乐所表现的情感生活和内在生活相矛盾的。

iii. 关于浪漫的艺术类型的第三种，即它的最富于心灵性表现的形态，我们必须在诗歌中寻找。诗歌的特征在于它能使音乐和绘画已经开始把艺术从其中解脱出来的感性因素从属于心灵和它的观念。因为诗歌所保留的最后的外在物质是声音，而声音在诗歌里不再是声音本身所引起的情感，而是一种本身无意义的符号，而且这符号所代表的观念是本身已变成具体的，而不是纯粹不明确的情感以及它的各种深浅程度和等级。声音就这样变成了语词，变成了本身已是分节发出的语音，它的意义在于标示观念和概念，因为音乐所达到的那种本身还是纯粹否定性的点现在已进展为完全具体的点，这个点就是心灵，也就是有自觉意识的个人，这种个人从它本身产生出观念的无限空间，并把这种无限空间同声

① “Seele”是作为特定的感觉主体的个性方面的心灵。“Geist”则是作为智力的共同性质的心灵。因此在感觉和自我感觉的过程中，据说心灵使自身集中为一个灵魂。

音的时间性质结合起来。这种感性因素在音乐里还是直接与内心的情感合为一体的，而在诗歌里它却和意识的内容分开了。心灵完全为了自身的缘故把这种内容确定为观念，为着要表现这种观念，心灵固然也使用声音，但只是把这声音当作本身无价值无意义 486
的符号来使用。这样看来，声音可以变成只是字母，因为可听的东西和可见的东西一样都这样地降为心灵的一种单纯的标记了[①]。因此，诗歌的恰当的表现媒介就是**诗歌**的**想象性**和心灵性的描绘本身，而且由于这个因素是一切艺术类型所共有的，所以诗歌贯穿于一切艺术，在每门艺术中都有独立的发展。诗歌艺术是心灵的普遍艺术，它本身已是自由的，不局限于在外在的感性材料中寻求它的表现，只在思想和情感的内在空间和内在时间里尽情发挥。但是到了这最高的阶段，艺术又超越了自身，因为它放弃了心灵借感性形式达到和谐表现的方法，由表现想象的诗变成表现思想的散文了。

5. 这些就是各门艺术的分类的总体，即外在的建筑艺术，客观的雕塑艺术，主体性的绘画、音乐和诗歌艺术。人们尝试过许多其他分类，因为一部艺术作品有许多方面，人们可以时而用这方面，时而用那方面，作为分类的基础，实际上人们往往用这样的办

---

① 黑格尔似乎接受了这一观点。对于诗歌中的声音难道他毫不关心吗？他的传记中保留的他的一些十分奇妙的诗句似乎可以说明，他的耳朵是不灵敏的。然而他对诗歌的批评评价通常都是公允的。莎士比亚和索福克勒斯大概是他最喜爱的作家。就分寸来说，他在这里所讲的也是正确的。必须记得，诗歌中声音的美在很大程度上是间接的，因为这种美是声音表示的观念唤起的激情或情绪所提供的。诗歌中声音的美本身很可能不像通常所设想的那样大。它一定能够接纳激情的表现，但是那和一个音调或一种色彩的感性美并不是一样的。如果一首高雅的诗篇中词语被取消了一切意义，这些词语的声音美的大部分也就失去了，即令还不是全部失去。

法去分类。例如感性材料就可以用作分类的标准。依照这个标准，建筑就被看作是明晰的结晶化过程，雕塑就被看成是就材料的感性和空间性的整体把材料塑造成有机体的形状，绘画就被看成是着色的平面和线条，而在音乐里，空间就被转变为本身具有内容的时间点，最后在诗歌里，外在的素材削弱到完全无足轻重的地步。此外，各种艺术的分别也可以从它们的时间和空间的抽象属性去看。艺术作品的这种抽象的差别，正如感性材料一样，固然可以按照它们的特点进行贯彻始终的研究，但它们不能被看作是最后的基本法则，因为任何这样的一方面本身都需要根据一个更高的原则，所以就必须受那个更高原则的支配。

我们发现这种更高的原则就贯穿于各种艺术类型——象征型、古典型和浪漫型——，这些类型就是美这一理念本身的普遍的阶段或因素[①]。象征型艺术在建筑里达到它的最恰当的实现和最完全的应用，能完全按照它的概念内容发挥支配作用，似乎还没有降为其他艺术所处理的无机自然的状态；另一方面，古典型艺术在雕塑中得到完满的实现，而它把建筑只是看作它在其中发挥作用的附件，还没有达到发展绘画和音乐的能力，来作为表现它的内容的绝对[②]形式；最后，浪漫型艺术拥有绘画和音乐，把它们作为同
487 诗歌的表现形式相似的独立的和绝对适合的表现形式，但是诗歌却适合美的一切类型，并且贯穿到一切类型中，因为诗歌的特有因

① stages or elements。“Momente”是黑格尔用来表示构成任何观念的必要部分或必要因素的那些阶段的术语。这些阶段是相继出现的，先出现的阶段包含在并保存在后出现的阶段中。

② 充分的、因而也是具有永久价值的。

素是创造的想象，而创造的想象对于每一种美的创造都是必不可少的，无论那种美属于哪一个类型。

所以各门艺术在个别的艺术作品中所实现的，按照它们的抽象的概念来说，只是构成自我展现的美的理念的那些普遍的类型。宽广的艺术的万神庙就是作为这种美的理念的外在实现建立起来的，它的设计师和建造者就是作为这种理念日渐自觉的美的心灵。然而，要完成这个艺术之宫，世界的历史还要经过很多世代的演进历程。

488

附录Ⅱ

下列笔记评述了音乐表现的一些具体例证。这些笔记都是罗杰斯先生提供给我的，我在本书序言中已经提到了这一点。从这些笔记可以看出，关于音乐是情节和事件的精神的论点得到极好的说明。这个论点最初由柏拉图和亚里士多德提出，在近代又由叔本华加以弘扬。

1. 舒曼的《在夜晚》过去总是在我的想象中展现这样一幅画面：在一个狂风呼啸的夜晚，月亮在乌云中穿越，时隐时现。后来有一会儿，这位“容光焕发的女王”在不足以遮断她的光辉的朵朵白云中展现英姿。有两个瞬间，就连这层薄薄的柔和的面纱也被撤去了。接着而来的是一行厚厚的乌云，有很长时间连一点光亮也透不过来，终于每隔一定时间，有些光亮透过了，但时间间隔不规则，而且比以前更强烈更短暂了。最后，光亮完全被暴风雨遮断和熄灭了。

几年以后，我才知道，舒曼还把这首乐曲同一幅画联系起来。他在写出全套《幻想曲》（“在夜晚”这首乐曲就是其中一部分）之后，才产生这个想法。这幅画画的是海洛和利安得的故事。他的画同我想象的情景不无相似之处。在他的画中，乌云相当于波涛，月亮相当于游泳人，游泳人有时被淹没、抑制在波涛的谷底，有时闪现出来，在波涛的峰顶上呼叫。在我的故事中月亮得胜凯旋的地方，在他的故事中正是这对恋人在海岸上幽会的恋爱场景，还伴有远处波涛起伏的声音，整个场面仿佛就像：

> “围绕着你汹涌翻腾的乌云波涛，
>
> 将在风和日丽的艳阳天安然入睡。”

但是，事实并非如此。比先前更加黑暗的波涛又返转而来，反复颠簸。游泳人和岸上人喊声不断。最后，“黑夜吞没了一切”[①]。这支乐曲可以按照马克斯·米勒的方法改写成一个月亮的神话，也可以写成一个希腊的传奇。在这故事中，月亮所表现的和那位希腊英雄所表现的在很大程度上是相同的。音乐所表现的正是这两者共有的那种重要因素或属性。

2. 如果说音乐可以抓住任何事件或一系列事件的精神或灵魂的话，那么有人也许会问，有什么作曲家尝试过表现上帝吗？这里所说的上帝是指人们通常所说的“历史上的上帝”或丁尼生在《高级泛神论》中或华兹华斯在《廷特恩大教堂》中所描写的上帝。我用一个例子来回答这个问题。勃拉姆斯的德文安魂曲常常受到人们称赞，因为它在细节上精致完善，把古代精神和近代精神融合 489

---

① 舒曼的《青年时代书简》，1838年4月21日。“我刚从克拉格那里收到一封来信——他向我谈到幻想曲的许多优美之处并且以他那种方式专注其中——他写道：《在夜晚》真奇妙，真优美，他最心爱的人几乎也在给我写信。后来，当我看完以后，我很兴奋地在信中发现了海洛和利安得的故事。你或许也知道这个故事。利安得游了一整夜，游过大海，去找在灯塔上等着他的爱人。她用熊熊燃烧着的火炬给他引路。这是一个富有浪漫色彩的美丽的传说。如果演奏了《在夜晚》，我就不会忘记那种情景：首先，他怎样跳入大海——她呼唤着——他回应着——又怎样幸运地穿过巨浪游到陆地，然后，康狄丽娜在那里拥抱他，两人难舍难分，直到夜幕笼罩了一切。请告诉我，这种情景与乐曲是否匹配。”

为一体，还有经浪漫主义熔炉严格锻炼出来的对位法。然而，这支乐曲还有更精美、更深刻的优点。庄重的开端“哀悼的人们有福了”和庄重的结束语“逝去的人们有福了”被配上相同的乐曲。在乐曲的中间，上帝的名字是第一次，几乎也是最后一次引入歌词[①]：“正直的人们的灵魂都在上帝手中”。这个名字在乐曲中配上一个垂直音符。这个音符在这段歌词所配的赋格曲中从头到尾都保持低调。这个垂直音符一直保持，永久存在，到处存在。赋格曲从这个音符开始，在经过许多曲折之后，最后又回到这个音符。它是基本的音符——第一个和音及最后一个和音的基础，而且，虽然在这个赋格曲的作用过程中可以找到许多不同的、似乎互不相容的和声，然而，这些和声最终全部都还原为最初的和声。而这个最初的和声中那个垂直音符既是显示特征的音符，又是它的集中体现。一切都是从那个垂直音符出发，又回到它那里；只有它是永久的，稳定地、连续地、不可阻挡地自持不变。不论是诗歌，绘画，还是建筑，都不能这样深刻有力地，这样直接明确地表达这类奥秘。

3. 莫扎特的安魂曲同勃拉姆斯的安魂曲[②]类似，开端的乐调与结尾的乐调相同。在这两个人的作品中，乐曲所配的歌词在第一首安魂曲和最后一首安魂曲中却完全不同。莫扎特的第一首安

① 上帝的名字还出现在下一首安魂曲中，那支安魂曲的主旋律只是我们所说的这支安魂曲的回声。

② 据说，这支安魂曲有些段落不是莫扎特所写（这是可信的）。这种美学批评是基于这样的假定：主要的段落是由一位作曲家谱成的，整体的构思也是由这位作曲家完成的。

魂曲写的是死亡,最后一首安魂曲描写的是不朽。表现这两个意念的有同样的激动情绪,同样的庄严气氛,还必须补充一点,还有同样的烦躁不安的心绪。在莫扎特的最后一首安魂曲中,有一种奇异的格调,这似乎是大多数著作家没有注意到的。如果不稍稍注意一下前面的乐调,就几乎无法理解这一格调。同莫扎特的大多数作品比较起来,只有这部作品显得动荡不安——其中的情绪不断迅速变动着。"对诅咒的驳斥"——开头是诅咒,然后是祈求赐福,最后以一声绝望的叹息结束。"凄然落泪"——开头是令人感伤的情感,然后是不可避免的命运的严峻发展,突然又有了一丝刺激感官的快感。在这两支乐曲的任何一支中,三种情绪都没有糅合在一起,而是一个接着一个地出现,它们相继出现的速度之快,对于一个行文累赘而不喜欢对比的作家来说,是惊人的。乐观的情绪是单独处理,另行对待的,而且是明白无误的。它的主要特征就是它的出现方式总是以大调式而不是以小调式,而且通常是一种韵律。然而,还有另一种方式,可以使大调与愉快的结尾相关联,使小调与不愉快的结尾相关联——在这一作品中采用的办法就是这样。"圣哉赞美曲"就是"最后审判赞美曲"由小调转换成大调的结果。在莫扎特的安魂曲中,天罚是赐福转成小调的结果。因此,我们都怀着强烈的、几乎是痛苦的兴趣期待着最后的乐章的结尾。它会是小调还是大调?在这部作品中,莫扎特的大部分手法都可以追溯到老一代的作曲家——亨德尔、海顿,而且轮流地再现了每一位作曲家的手法。他的最后一个乐章的结尾是我们在前几个世纪的作品中遍寻而不得的一种结尾,尽管在中世纪,它是最常见的一种结尾。在最后一个和弦中没有"第三音"。莫扎特的和

490 弦既不是大调，也不是小调。也许可能是两者兼而有之。它悄然地略去了最重要的组成部分，有意地回避了对那个重大问题的回答。在这部作品前面几个段落中，他似乎已经仔细地为自己作了回答这个问题的准备，采取了明确的音乐手段。但是他不敢回答这个重大的问题。这部作品从头到尾充满了渴望，忽忧忽喜，喜怒无常。有人曾说过，它似乎羞羞答答，时而苍白无力，时而欢欣鼓舞，结尾是犹豫不定的高潮。

4. 瓦格纳的《名歌手》提供了一个极好的例证，说明音乐可以作为一个富有生动意趣的要素写进一种理念或故事中。下面的少数典型的例证，说明音乐可以补充提供一种意义，对这种意义文本或情境只能作些含糊不清的，毫无确定性的暗示或者根本不作说明。

(1) 首先，音乐可以使我们增加对汉斯·萨克斯的性格的认识。该剧第二幕的开头——第三幕的开头也是一样——可以看见汉斯·萨克斯在沉思冥想。他所思考的主题是华尔特的《春之歌》，是“如此的新鲜，又是如此的古老”。这是一首情歌，像汉斯·萨克斯在第三幕中所说，歌中所包含的精神会导致私奔而不是婚姻[①]，这首情歌是热烈而冲动鲁莽的。歌中最激昂的乐句“它是奔腾的狂澜”是给另一位歌手留下最深印象的乐句，也是给汉斯·萨克斯印象最深的乐句。但是当他们引用这个乐句时——或者更明确地

① “有人用这样的诗句和炽热情爱，
引诱良家女子去冒险；
但如果是为了爱情的婚姻，
人们会找到别的词语和方法。”

说，当管弦乐队告诉我们，在思考这个乐句的时候——前一位歌手却加重了这个乐句中包含的烦躁不安的情绪。而他们插在中间的高音“G”也使这个乐句显得不够庄重，不够和谐[①]。汉斯·萨克斯的加快使它净化，也使它美化了。在他看来，它是柔和的、忧郁的和有节制的(第 170 页)[②]，各个和声都要更丰富些，节奏要更严谨些，其中所描写的爱情成了长期忍受而又亲切的爱情。尽管外观有所改变，但它仍然是原来的爱情，原来的曲调。从华尔特的乐曲中得来的其他片段也都是这样。这些片段都是从原来的乐曲中准确地引来的，但在引来的时候，音调降低了，显得高雅些。没有什么能比这更深刻有力地使人们认识到汉斯·萨克斯的艺术天才的特征，他的成熟和平静的领悟能力。最高的决定性的才能就在于拥有这种才能的人善于选择，而且善于提高所选择的事物。我们知道，汉斯·萨克斯就具有这种完善的决定性才能。

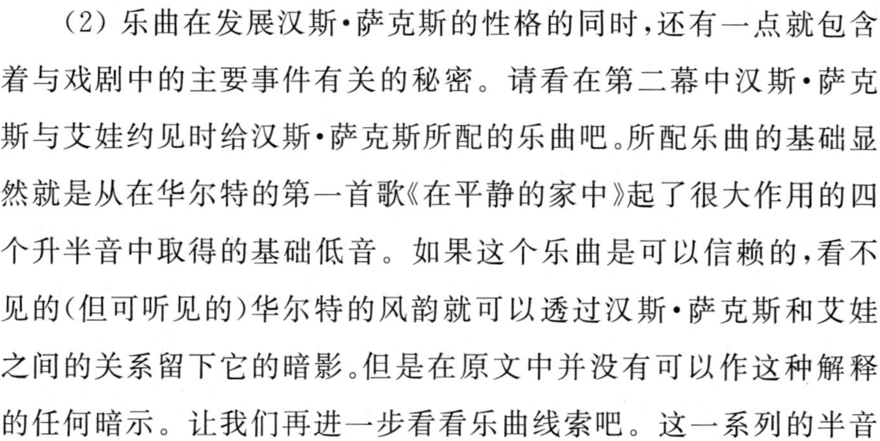

(2) 乐曲在发展汉斯·萨克斯的性格的同时，还有一点就包含着与戏剧中的主要事件有关的秘密。请看在第二幕中汉斯·萨克斯与艾娃约见时给汉斯·萨克斯所配的乐曲吧。所配乐曲的基础显然就是从在华尔特的第一首歌《在平静的家中》起了很大作用的四个升半音中取得的基础低音。如果这个乐曲是可以信赖的，看不见的(但可听见的)华尔特的风韵就可以透过汉斯·萨克斯和艾娃之间的关系留下它的暗影。但是在原文中并没有可以作这种解释的任何暗示。让我们再进一步看看乐曲线索吧。这一系列的半音

① 参看钢琴乐谱第 123 页的说明。

② 见钢琴乐谱的说明。

构成一个核心，向许多不同的方向扩展。例如，它常常伴随着一个“反题”，或者就表现在一个节奏分明的结尾中——戴维(第39页)在给歌词“忧虑和提防”配上结尾时，恰当地抓住了它的精神。汉
491 斯·萨克斯向我们表现出来的是一个真正出色的能工巧匠——一个靠勤劳刻苦学会本领的人。或者是把它同汉斯·萨克斯表白友情(编纂本第409页)的亲切而轻快的乐句联系起来(参看第124页和第314页)。要么就是反题中以萌芽形式包含了这些音符——一个下降的第6音和上升的第5音，都是小调。这两个音符后来给那段题为“妄想！妄想！”的独白加上了十分阴沉悲伤的色调和听之任之的意味。在那段独白中，汉斯·萨克斯采取了预言家的口吻，对一个悲观的问题——“为什么人们要想象虚幻的事物?”提供了一个乐观的答复——“若非如此，就一切都谈不上了”。这段独白的精神并不像虚伪的预言家精神那样怒气冲冲、华而不实或吵吵闹闹不起作用，而更多地倒是像弥尔顿笔下的曼诺亚的精神：

> “这里没有什么要流泪的，没有什么要痛哭的，
> 没有什么可痛心疾首的，没有柔弱，没有轻蔑，
> 没有指责，没有非难，只有称心和满意。”

这段独白的内容——如果我们可以引用歌德的诗句而略加改动——就是：“幻觉不再是一种恶了，因为它是普遍的。”但是在这里，乐曲只是显示了汉斯·萨克斯对思辨问题的方式和态度，对待艺术和创作的方式和态度，或者是他同友人的通常交谈中表现出来的方式和态度。它并没有说明这样一个问题：为什么汉斯·萨克斯在会见艾娃时心中总是想着华尔特?主要乐句有时还伴有从相反方向慢慢进入的第四个由半音组成的反题，正是在这里揭开了

秘密。这个乐句的细微的逐渐变化使它变成了贯穿在《特里斯坦和伊索尔德》中的那段主旋律[①]，而在这时，汉斯·萨克斯正对艾娃说："如果你答应嫁给我，你和华尔特就使我有成为一位国王的感觉。"这些歌词来得很突然，几乎是出乎意料的；但是，乐曲却一开始就预示了并展开了这种解释。乐曲，而且只有乐曲才抓住了并演示了整个情境的关键。

(3) 有一个乐句由一连串递降的四度音程和递升的三度音程组成。这个乐句先后应用于剧中每一个人物，甚至还构成他们吟唱的歌曲的一部分。在艾娃向玛格达勒尼说"我觉得我仿佛在梦境中"(第20页)的时候，就可以隐约看到这个乐句。汉斯·萨克斯有一种把嗓音和韵文结合起来的巧妙的习惯。他顺着这个乐句唱出这样一些歌词："我那可爱的青年时代的友人"(第310页)。它是华尔特的歌《在平静的家中》的序曲。华尔特在这首歌中描述了他怎样在冬天看到春天的景象。《模范情人》(第32页)也在第二场的头几个匆忙不连续的音符中再现了这个乐句。在华尔特提到"歌唱艺术"(第40页)的时候，这个乐句也出现了微弱的回声。还有一系列递降的四度音程在第二幕的汉斯·萨克斯和艾娃幽会场面(参看第352页)中占有优势地位。它是把贝克梅塞的小夜曲《奖赏歌》和主持人提到准备夏至节的庆祝会时再现的欢乐主题联系起来的共同纽带。汉斯·萨克斯在《幻想！幻想！》中显示出，夏至节主题不知不觉地融入贝克梅塞的紧张而兴奋的歌声，他所提

① 由四个升半音组成的两个序列，伴有一个反题。这个反题又是由三个降半音中的前两个组成的。

供的例证生动地说明了最后这两个主题的密切联合。只要扮演贝克梅塞剧中角色的演员表演得既灵巧又有趣，观众就很容易感到他的奖赏歌和华尔特的奖赏歌之间密切的亲缘关系。将这一切属性加在一起，可以恰当地把这个乐句称之为合乎天时地利的精神——时代精神和地缘才气融为一体。这种精神熏陶着一切人，正直的和不正直的，但是只有最高尚的人才配享有这种精神；这种
492 精神是年轻的，而且（像瓦茨的时代精神画一样）是一直向前看的，这种精神热爱优美的形式，崇敬艺术；这种精神预示着春天的诞生，而且可以说是少年德国的梦想，因为它梦想过“当这些年代逝去以后世界会是什么样子”。

(4) 这里还有一个材料，说明瓦格纳的乐曲可以把我们带到中古时代历史的核心。

人们都没有充分认识到瓦格纳的《名歌手》的乐曲使听众深切体会到中古时代的行会所造成的艺术、工业和宗教不仅是密切联系[①]的，而且是绝对一致的。以前奏曲的头四个小节为例，它们都是十分庄严壮丽的，甚至于当《模范情人》在夏至节的场合（第416和第417页）以迅速而活跃的节拍把它们再现出来时，听众也感到自从这些小节把夏至节当作一种愉快欢乐的公众假日（第二幕开头）时起，它们的精神境界就提高了一大截。这些小节在剧中最初是用来表示授予优秀歌手奖励的“特别法庭”（第22页）和那个特别法庭具有的公正特征（第127页）。在第74和第75两页，波格

① 表现英国情感的音符虽然很少，但很深刻，工业、艺术、宗教的严肃的音阶就是这样排列的。（迪斯雷利说）在瓦格纳的乐曲中，它们不是一个音阶，而是一个和音。它们不是彼此栣随，而是融合在一起。

纳着重强调艺术的高度价值以及日耳曼人对艺术的推崇——在第108页，科特纳阐述了创作名曲所必须依据的原则——他们在这两个地方都用了这个乐句。这个乐句所配的歌词表达了艺术鉴赏的崇高理想。诗乐会总是想要达到这个理想，而且在该剧的最后一场也达到了这个理想。徽章标示的外部标志和一切盛大和壮丽的场面（第24至294页），诗乐会的礼仪和程序（如第421页），外部的口头赞美（参看第408页），都是用另一种不同的乐句表现出来的。我们在讨论的这个乐句则适合于描写这个行会的精神性目标和它存在的更深刻的意义。从乐曲来说，这些目标和更深刻的意义对行会来说就是一种宗教。它们具有宗教的来源，而且至今仍然具有宗教的性质。因为这四个小节——只略去了第二小节——就是全剧开始时合唱曲的主题。在汉斯·萨克斯给华尔特的名曲命名时，也用了同样的主题。正是艺术和宗教在诗乐会中的这种结合——事实上，他们使用了一些同样的主题就有力地说明了这一点——就使得把第一幕的场景安排在圣凯瑟琳教堂前面的小礼拜堂显得自然而恰当。从这种结合中，产生和谐与安宁。在这些小节中出现了好几次在剧中反向进行的沉重音阶，一次（第72页）是为了集中表现纽伦堡人民，一次（第189页）是为了配合“让我们静静地呼吸吧”的歌词，一次（第299页）是为了配合“可爱的纽伦堡这样的安宁太平”的歌词。在工会会员们以宗教般的热情从事艺术活动中，纽伦堡达到了安宁和太平。卡莱尔在拉格比拜访了阿诺德博士以后把他所见到的景象描绘成“世界上最罕见的景象”，是“一座勤俭而宁静的殿堂”。因此，在纽伦堡人看来，他们的行业公会诗乐会也正是这样。一座宁静的殿堂：乐曲不只是

把它描绘成这样，它还使我们对这种描绘留下深刻印象，还对这种描绘加以说明和辩护。乐曲把这种描绘当作表现纽伦堡人生活的整个戏剧的内核和中心。

（5）当然，瓦格纳也在各种不同的剧本中，以各种不同的方式使用了他的“主题”或“独立插曲”或“乐句”。诗乐会独具的特点在
493 于，在这个歌剧中，乐句是用来增强或发挥观念的。正像在《模范情人》的间奏曲[1]和《来自伊甸园的夏娃》中情节开始了一系列新的观念一样。乐曲又给剧中主要人物的性格以及剧中主要人物在其中平静生活的道德和学术气氛，增添了新的意义。例如在《神界之末日》中，乐曲主要用于提示不在场的形象，指明物体的意义或模仿绘声绘色的效果。乐曲表演得非常出色，例如，为了模拟布琳希德周围的魔幻的焰火，就在每一小节的末尾有一种突然的周期性的扩展和渐强的音量，仿佛有人在给火炉吹风似的。为了模拟莱茵女儿的游泳和欢笑（过分的），就特地安排了几个连续相同的第五音编成的管弦乐曲作为“欢笑的潮水”这个隐喻的音乐描绘。还有在一个乐句中主人公被戏称为骑士，在另一个乐句中被戏称为猎人，在又一个乐句中又被戏称为追求黄金的人，等等——瓦格纳不仅用某种乐句来为主人公本身命名，而且还用某种乐句来为

① “在荆棘围篱之中，
受到猜忌和怨恨的折磨，
他不得不在那里藏身，
任凭寒冬盛怒逞威。
穿过枯萎的阔叶树在四周怒吼，
他伫立静听，
他怎么能用愉快的歌声，
造成损害呢。”

主人公的各种属性命名。此外，还用异常贴切的乐句描绘奔驰的骏马（请比较柏辽兹的《浮士德的天谴》）和幕后的号角声（请比较贝多芬的《莱奥诺拉》）以及蠕虫的爬行（请比较海顿的《创世》）。但是，我们觉得，把这一切称之为标题音乐要更恰当些。音乐专注于提示某些形象和物体，正像日常生活的语言一样，不论它在歌剧中产生多么出色的美化效果，我们觉得这还是可以省略的。语言已经把这个任务完成得非常好，为什么音乐还要在已经很好的东西上添油加醋，来说明已经很清楚的事情呢？在这种情况下，要么需要音乐担负一种特殊的任务，要么音乐就无所事事。这种批评只适用于在《尼伯龙根之歌》中使用的“主旋律”。它不适用于粗野的节奏，不精准的强音，突如其来的变化和浮华的和声。我觉得，这些东西可以把听众带入早期冰岛人世界的核心。

(6) 我们也决不能认为瓦格纳是一位完美的艺术家，甚至在《名歌手》中也不是。在这里，有两个道德观念薄弱的例证。在第189页上，汉斯•萨克斯用讥讽的口吻提到华尔特的“傲慢”，所用的乐句通常适合于爱发号施令的贝克梅塞(参看第125页)。瓦格纳的意思不大可能是要暗示贝克梅塞的精神有一部分逐渐转移到汉斯•萨克斯身上。而且，我们上面所提到的一系列递降的四度音程和递升的三度音程正是对《尼伯龙根之歌》中号角主旋律的确切描述。也许，按照一个剧中的乐句批评另一个剧中的乐句未免太苛严了，但是瓦格纳在反驳这一批评时，他自己也提到了《特里斯坦和伊索尔德》。当然，把一部音乐作品谱写成管弦乐曲是不一样的；但是，一位伟大的音乐家会如此地重视管弦乐的细节吗？勃拉姆斯像贝多芬和舒伯特一样，喜欢在他的管弦乐队的每一件乐器

494 上连续地演奏同一个乐句[①]。我们觉得，这是伟大的大师们流传给我们的真正的音乐传统，瓦格纳在他处于最佳状态时，也是严格遵循这个真正的音乐传统的——不管乐句在哪一件或哪几件乐器上演奏，都必须承认这个乐句是同一的。而瓦格纳处于最佳状态的时候并不是在他谱写《尼伯龙根之歌》的时候，而是在他谱写《名歌手》的时候。即使在《名歌手》中，他也不是一位完美的艺术家。或许，这是由于乐曲不能起到他想要它起到的那种作用吧。

① 例如，在D小调钢琴协奏曲中，先在最高音部钢琴上演奏，再在低音部大鼓上演奏。

参考书目 495

在 C. M. 盖利和 F. N. 斯科特两人编写的《美学文献指南》(*A Guide to the Literature of Æsthetics*,1891 年在美国伯克利出版),载有一份相当完备的美学史参考书目。奈特教授的《美的哲学》也提到大量的著作,特别是新近的英国和美国的文献。下面所列书籍,除了另有说明者外,都是我在准备本书时实际使用的书籍,而且对研究者来说,都无一例外地具有某种真正的益处。我希望,研究者们都能从我所列的文献中看出对他们各自适用的东西。

1. 历史著作和史料汇编

(1) 关于古代的和近代的美学理论的完整历史的著作

夏斯勒,《美学批评史》,1872 年,两卷,1218 页(两卷页数连续计算)。

齐美尔曼,《美学》,第一编,历史—批判部分,1858 年,1 卷,800 页。还可参看埃德曼的《哲学史》,3 卷(英译本),1890 年。

卡里尔,《艺术及其与文化演进和人类理想之联系》,5 卷,全集 4—9,1886 年。

萨里在《大英百科全书》中所撰写的条目《美学》。

奈特,《美的哲学》,第一编,历史部分,1889 年。

(2) 有关审美意识或艺术意识的断代和分类历史及史料汇编

i. 古代方面

爱德华·米勒,《古代艺术理论史》,2 卷,1834 年。(这是一部详尽透彻、极有价值的著作。夏斯勒的著作就是主要依据此书写成的。)

文克尔曼,《古代艺术史》,全集 3—6。最初大约发表于 1765 年。

希尔特,《古代造型艺术史》,1833 年。

里特与普雷勒尔,《哲学史原始资料摘编》。

奥韦尔贝克,《希腊造型艺术史古代文献考据》,1868 年。

奥韦尔贝克,《希腊雕塑史》,2 卷。

A. S. 穆里,《希腊雕塑史》,2 卷。

J. E. 哈里逊小姐,《古代雅典的神话和古迹》。

R. L. 内特尔希普,《柏拉图〈理想国〉中的教育理论简论》,见艾博特的《希腊文明》,1880 年。

H. 内特尔希普教授论述“拉丁语批判的文章”,见《哲学杂志》,xviii。

麦凯尔,《希腊诗歌选集》,附导论,1890 年。

W. 华莱士教授,《伊壁鸠鲁主义》。

S. H. 布彻教授,《希腊精神的某些方面》,1891 年。

伯奈斯,《关于亚里士多德的戏剧理论的两篇论文》,1857 年。

穆里撰写的条目《考古学》以及论述古代哲学家和哲学学派的许多其他条目,见《大英百科全书》。

496 需要记住的是,任何一个英国研究者都不应该满足于有关古代艺术意识的单纯的文字论著,因为他们还有别人无法相比的条件,可以到大英博物馆去研究体现古代艺术意识方面的作品。

ii. 近代方面

洛采,《德国美学史》,1868 年,672 页(从鲍姆嘉通开始)。

哈特曼,《美学》,第一编,《历史—批判部分》,1886 年,580 页(从康德到夏斯勒)。

丹泽尔和古劳尔,《莱辛的生平与著作》,附有马尔查恩和诺伯格的专文,2 卷,1200 页,1880 年。(对十八世纪德国文学界的状况有非常详尽的叙述)

马克·帕蒂森论述沃尔夫和斯卡利格的《论文集》。

佩特,《伊壁鸠鲁派马里阿斯》和《文艺复兴历史的研究》。

谢勒,《德国文学史》(英译本)。

《大英百科全书》中下列条目:《经院哲学》,A. 塞思教授;《形象崇拜》,J. S. 布莱克;《新柏拉图主义》,哈奈克教授;《地下墓穴》,卡农·维纳布尔斯;《镶嵌细工》、《绘画的学派》、《雕塑》、《木刻》,米德尔顿教授;《壁饰》,米德尔顿教授和威廉·莫里斯先生。此外,还有论述各位哲学家和学派的许多条目。

2. 分类系统著作,即对美的理论有直接贡献的全面的或专题著作

在本书正文中提到的古代和中古时代的作家,在这里就无须一一列举

了。有许多重要摘录是从比较难以看到的著作中引来的，这些摘录可以在里特和普雷勒尔的著作中找到，也可以在奥韦尔贝克的《希腊雕塑史》中找到。特别是在后一著作的《菲狄亚斯》题目下，可以找到菲洛斯特拉塔斯论述想象的著名的一段话(第801号)以及琉善关于阿帕利斯的《诽谤》的记述(第1874号)。

朗吉努斯，哈维尔的译本，附有A.兰的导言，1890年。

高乃依全集，第一卷中载有丰特奈尔撰写的高乃依的生平；第十卷中载有论述戏剧的三篇“讲话”；全书都由伏尔泰加注。

莱辛，《拉奥孔》、《汉堡剧评》及《古代人怎样描写死亡》(也可参看《萨拉·桑普逊小姐》,《明娜·冯·巴尔赫姆》及《伊米莉亚·嘉洛蒂》等剧本)。

夏夫兹博里，《特征》，第5版，1732年。

伯克，《关于崇高与美概念起源的哲学探究》，《全集》第1卷，1761年。

凯姆斯(霍姆)，《批评要素》，第9版，1817年。

荷加斯，《美的分析》(该书我未曾见到)，1753年。

雷诺兹的论述，载于《闲散者》第76、79、82各期，1758—1759年。

席勒，《全集》第11和12两卷，内中载有《关于人类审美教育书简》(另有单独的小册子)，《秀美与威严》，《论朴素的诗和伤感的诗》，《马提森诗歌评论》。

席勒与歌德，《通讯集》。

歌德：《论德意志建筑艺术》，1773年，《全集》第25卷；《收藏家和他的伙 497
伴们》，1797年，《全集》第24卷；《文克尔曼和他的世纪》，1805年，《全集》第24卷；《新哲学的作用》(未注日期)，《全集》第30卷；《真理与诗词》，1811年以后，《全集》第17卷。

弗里德里克·冯·施莱格尔：《希腊诗歌研究论文集》，《全集》第5卷，1797年；《论古代印度人的语言和智慧》，1813年(我没有见到这本书)。

康德，《全集》(罗森克兰兹编)第4卷载有：《论优美感和崇高感》，1764年；《判断力批判》，1790年。

谢林：《先验唯心主义体系》，《全集》第3卷；《艺术哲学》，《全集》第5卷；《论但丁与哲学的关系》，同上；《论造型艺术与自然的关系》，《全集》第7卷。

黑格尔：《书简》，第1—16号，1887年；《美学》，3卷；《哲学史》(和英译

本)中论述康德和谢林的部分;《美学序论》,黑斯蒂译本和鲍桑葵译本。

叔本华:《全集》(德文),第 2 卷;《作为意志和表象的世界》,第 3 卷;《艺术的对象》(特吕勃纳英译本,第 1 卷)。W. 华莱士教授和贝尔福特·巴克斯所写的叔本华传记。(还可参看华莱士教授在《大英百科全书》中所写的关于"叔本华的经历"的条目。)

赫巴特,《全集》,第 1、2 和 8 卷。

齐美尔曼,《美学》,第 2 卷,第 2 部分;《作为形式科学的普通美学》,第 2 编。

费希纳,《美学导论》。

埃德蒙·格尼,《声音的能量》(我不很了解这篇文章)以及题为《中间点》的论文集。

赫尔姆霍茨,《通俗科学讲演集》(英译本,1880 年)。

J. 瓦德,《大英百科全书》中的"心理学"和"赫巴特"条目。

索尔格,《美学讲义》,1829 年出版(误为 1819 年)。

索尔格的《埃尔温》(对话),我没有看到。

费舍尔:《美学》,两卷,1846—1847 年;《艺术》,4 卷,1851—1857 年;《批评动态》第 5、6 两期,包括《自我批评》,1866 年和 1873 年。

罗森克兰兹,《丑的美学》,451 页,1853 年。

洛采,《美学要义》(口述),1884 年。

夏斯勒:《艺术体系》(手册),1885 年;《美的科学与艺术要义》(两卷本的小部头著作),1886 年。

卡里尔,《美学》,两卷,1859 年。

哈特曼,《美学》第二编,800 页,1887 年。

J. 萨里,《大英百科全书》中的"美学"条目。

瓦德,《大英百科全书》中的"心理学"条目。

H. 斯宾塞,《科学的、政治的和思辨的论文集》(以三卷重新发表,1891 年)。

贝恩,《心理的和道德的科学》。

格兰特·艾伦,《色彩感觉》,1890 年。

科林伍德,《装饰哲学》,1884 年。

罗斯金的著作：目录和评价见科林伍德所著《罗斯金的艺术教学》，1892年；尤其要注意“论哥特式建筑的性质”这一章（载于《威尼斯的石像》）和“论深刻的想象”这一章（载于《近代画家》第2卷）。

鲍尔温·布朗教授，《美的艺术》（穆里的大学预科丛书）。 498

威廉·莫里斯：《艺术讲演集》第3版，1883年；还可参看第五和第六这两篇讲演，《图案设计史讲演》和《关于小型艺术的讲演》，载W. B. 里奇蒙、莫里斯等人合著的《艺术讲演集》（麦克米伦公司出版，1882年）。这些讲演的发表是为了支持保护古代建筑协会。还可参看他为《艺术和工艺展览会目录》所写的作为开端的论文。

爱德华·凯尔德，《文学和哲学论文集》，1892年。（其中论述卢梭、但丁、歌德和华兹华斯的论文特别重要。遗憾的是，我没有机会及时看到这些论文并从中受益。）

索　引

（所注页码均为原书页码，即中译本的边码）

图书在版编目(CIP)数据

美学史/(英)鲍桑葵著;李步楼译. —北京:商务印书馆,2017
(汉译世界学术名著丛书:120年纪念版:珍藏本)
ISBN 978-7-100-14053-9

Ⅰ. ①美… Ⅱ. ①鲍… ②李… Ⅲ. ①美学史—西方国家 Ⅳ. ①B83-095

中国版本图书馆CIP数据核字(2017)第132378号

汉译世界学术名著丛书
(120年纪念版·珍藏本)
美 学 史
〔英〕鲍桑葵 著
李步楼 译

商 务 印 书 馆 出 版
(北京王府井大街36号 邮政编码100710)
商 务 印 书 馆 发 行
北 京 冠 中 印 刷 厂 印 刷
ISBN 978-7-100-14053-9

2017年12月第1版 开本710×1000 1/16
2017年12月北京第1次印刷 印张44¼
定价:225.00元